LE MORVAND.

LE MORVAND

OU

ESSAI GÉOGRAPHIQUE

TOPOGRAPHIQUE ET HISTORIQUE

SUR CETTE CONTRÉE,

Par J.-F. BAUDIAU,

CURÉ DE DUN-LES-PLACES,

MEMBRE DE LA SOCIÉTÉ NIVERNAISE DES LETTRES, SCIENCES ET ARTS,
ET DE PLUSIEURS AUTRES SOCIÉTÉS SAVANTES.

DEUXIÈME ÉDITION.

TOME PREMIER.

NEVERS,
IMPRIMERIE DE FAY PÈRE ET FILS,
PLACE DE LA HALLE ET RUE DU REMPART, 1.

M DCCC LXV

A Mgr THÉODORE-AUGUSTIN FORCADE,

ÉVÊQUE DE NEVERS.

MONSEIGNEUR,

Depuis que la divine Providence, qui veille si visiblement sur le diocèse de Nevers, a daigné conduire Votre Grandeur au milieu de nous, vous avez, dans votre zèle apostolique, visité, chaque année, quelques parties de notre cher Morvand. Avec cet esprit observateur, ce coup d'œil judicieux, auquel rien n'échappe, vous avez su apprécier ce pays au moral comme au physique.

De leur côté, ses religieuses populations ont salué, avec amour, en Votre Grandeur, le prélat bienveillant et facile. Le pieux clergé de nos montagnes se plaît lui-même à reconnaître, dans la personne vénérée de son Évêque, un guide ferme et éclairé, un défenseur énergique de ses droits, un père digne de son respectueux dévouement.

A tous ces titres, permettez, Monseigneur, à l'un des plus humbles de vos prêtres de mettre sous votre haut patronage l'histoire du vieux *Pagus Morvinus*. Ce livre, en retraçant aux générations futures les souvenirs antiques du pays, leur rappellera, en même temps, la touchante sympathie qui exista entre Votre Grandeur et leurs aïeux. L'auteur espère donc, Monseigneur, que vous accueillerez avec bienveillance la dédicace du fruit de ses veilles, qu'il ose vous présenter moins comme une œuvre digne de fixer votre attention, que comme un gage du très-profond respect avec lequel il a l'honneur d'être,

Monseigneur,

De Votre Grandeur,

Le très-humble et très-obéissant serviteur,

BAUDIAU (1),

Curé de Dun-les-Places.

(1) Ce nom s'est écrit Bauldeau, Bandeau et enfin Baudiau.

AVERTISSEMENT.

A NOS COMPATRIOTES DU MORVAND.

L'accueil sympathique que les amis des *vieux souvenirs* ont fait au *Morvand*, l'intérêt tout particulier que vous-mêmes, chers et bien-aimés compatriotes, lui avez montré dès son apparition, nous ont touché et encouragé puissamment à revoir et à corriger ce livre. Nous en publions donc aujourd'hui une nouvelle édition plus correcte et surtout plus complète.

Des observations judicieuses nous ont été adressées spontanément; nous en avons nous-même sollicité de personnes compétentes. Aussi pensons-nous avoir expurgé toutes les erreurs presque inévitables dans un premier essai, surtout dans un ouvrage de ce genre. De nouveaux faits historiques, fruit de nos recherches personnelles ou dus à l'obligeance de quelques-uns de nos confrères et de nos amis, sont venus grossir notre premier travail. Les notices particulières ont été presque entièrement refondues. Elles offriront, nous aimons à le croire, un nouvel intérêt aux familles et au pays tout entier.

Des personnes honorables n'avaient d'abord répondu à nos demandes de renseignements qu'avec une réserve fort excusable. Depuis, elles nous ont ouvert leurs archives avec une bienveillance dont nous les remercions cordialement. Comme celles qui précédemment nous avaient aidé de leur bon vouloir, elles auront contribué à élever, selon l'expression d'un homme d'esprit, un *véritable monument* à notre pays (1).

Le Morvand a été long-temps l'objet du mépris de ses voisins. Son élévation le rendant un peu plus froid que les contrées environnantes, et sa nature granitique moins fertile, c'en était assez : il passait, en tout et partout, pour un pays sauvage, *un vrai pays de loup* (2). On ne lui tenait compte ni de sa salubrité, ni de la beauté de ses sites, ni d'aucune de ses productions. Le nom même de *Morvandeau* était devenu une épithète injurieuse que certains ignorants se plaisaient à nous jeter à la face. Qui n'a entendu répéter, quelquefois jusqu'à satiété, l'injuste dicton :

<blockquote>
Il ne vient du Morvand
Ni bon vent, ni bonne gent ?
</blockquote>

Il était temps qu'une prévention, si mal fondée, cessât, et notre livre, nous le disons sans orgueil, y aura contribué

---

(1) M. Albert de Saint-Léger, conseiller général de la Nièvre, lettre du 10 mars 1855.
(2) M. Dupin aîné, *Le Morvan*, p. 2.

pour beaucoup. « Si quelque chose, nous écrivait M. le
» Préfet, pouvait ajouter au vif désir que j'ai de faire pro-
» fiter le Morvand de toutes les améliorations, dont nous
» avons pris l'initiative dans la *Nièvre*, j'en trouverais
» une raison toute spéciale dans l'intérêt que vous avez
» su si bien inspirer en sa faveur (1). »

Des amateurs, après avoir feuilleté l'histoire du Morvand, se sont senti le désir de visiter ce pays, jadis si dédaigné. En voyant, de leurs propres yeux, ces aspects si variés, ces sites pittoresques, ils se sont écriés, pleins d'enthousiasme : « Le Morvand est un délicieux, un charmant
» pays. » « J'ai parcouru les cinq parties du monde, disait
» Mgr Théodore-Augustin Forcade, évêque de Nevers ; je
» n'ai pas trouvé de pays plus beau que le Morvand (2). »

Si nos montagnes ne sont pas citées pour l'abondance de certains produits, du moins elles donnent un peu de tout ; et si de fortes gelées, une grêle désastreuse enlèvent son seigle, le Morvandeau a son sarrasin, son avoine, ses pommes de terre, son bétail, son bois de moule, et, par-dessus tout, un air pur et salubre, des eaux limpides et abondantes.

La neige, il est vrai, y tombe plus tôt et en plus grande quantité que dans les pays de plaine ; le froid y est plus vif et plus piquant ; mais les forêts ne sont-elles pas là avec leurs produits ? La Providence a placé le remède à côté du mal.

Notre Morvand, chers et bien-aimés compatriotes, a

---

(1) M. de Magnitot, lettre du 5 décembre 1855.
(2) Visite pastorale à Montsauche, 12 juillet 1861.

donc, sous le rapport matériel, peu de chose à envier aux contrées voisines. Il ne leur cède en rien au point de vue historique. « Laissez de côté, disait un savant archéologue,
» vos injustes préventions ; lisez, et vous verrez que cette
» contrée, trop long-temps inconnue, avait aussi ses ar-
» chives, ses légendes et ses trésors historiques (1). »

Et si l'on veut bien nous permettre de parler un peu de nous-mêmes, le peuple morvandeau le cède-t-il aux autres en esprit naturel, en franche gaieté, en aptitude pour les sciences, en esprit religieux, en courage militaire? Notre pays n'a-t-il pas fourni un noble contingent aux croisades et dans toutes les guerres de la patrie? Les Chastellux, les Vauban, les Montal, les Grésigny....., n'étaient-ils pas des enfants du Morvand? « Ce pays, dit le judicieux Guy
» Coquille, produit des entendements et cœurs bons et
» excellents en assez bon nombre. »

On peut, il faut en convenir, nous reprocher quelques défauts ; mais ces défauts sont en quelque sorte la conséquence de l'air vif que nous respirons. D'ailleurs, où est le peuple qui n'ait pas les siens ? Néanmoins, travaillons à extirper de nos cœurs tout sentiment mauvais et cultivons avec zèle ces *entendements excellents* dont Dieu nous a gratifiés. Aimons, chérissons notre pays, et surtout ne le renions jamais.

Le *Morvand*, avons-nous dit, reçut, dès son apparition, un accueil sympathique des amis des *vieux souvenirs*. Souffrez, chers et bien-aimés compatriotes, que nous rappor-

---

(1) Mgr Crosnier, vic. génér. de Nevers, président de la *Société nivern. des lettres....* art. du *Journal de la Nièvre*, mars 1855.

tions ici quelques-uns de ces témoignages si honorables pour nous et un peu pour vous aussi, puisque nous vous appartenons par l'origine comme par le cœur.

Mgr Crosnier, président de la *Société nivernaise des lettres, sciences et arts,* et si connu par ses savants ouvrages d'histoire et d'archéologie, nous écrivait le 18 janvier 1855 : « J'ai lu et examiné sérieusement votre ouvrage. Je ne
» craindrai pas de faire l'article que votre imprimeur m'a
» demandé..... En somme, j'en ai été content, soit pour
» le plan, soit pour les détails, soit pour le style..... On
» peut sans crainte faire l'éloge de votre livre. »

Il parut, en effet, quelques jours après, dans le *Journal de la Nièvre*, un article brillamment écrit, qui se terminait ainsi : « Le style du *Morvand* est animé et entraî-
» nant..... C'est, sans contredit, un des meilleurs ou-
» vrages qui aient paru jusqu'à présent sur notre pays. Il
» mérite d'occuper une place honorable dans toutes les bi-
» bliothèques nivernaises... »

Mgr Dufêtre, évêque de Nevers, prélat distingué entre ses collègues de France, nous faisait l'honneur de nous adresser de Château-Chinon, le 21 mars de la même année, la lettre suivante :

« Mon cher curé, je parcours le Morvand, votre livre
» à la main. Je suis enchanté de l'abondance, de l'exacti-
» tude de vos renseignements, comme de la justesse de vos
» appréciations. Tous les hommes compétents que j'ai con-
» sultés sur les lieux pensent comme moi.

» Votre style est généralement limpide et pur ; il devient
» souvent élégant et choisi. Je vous offre mon sincère com-
» pliment pour le fond comme pour la forme. »

M. le procureur général Dupin, sénateur, ancien président de la chambre des députés, membre de l'Académie française, voulut bien lui-même nous écrire le 17 avril : « J'ai lu votre premier volume. Je vous fais mon compli-
» ment en toute connaissance de cause. Le Morvan a trouvé
» son véritable historien, surtout pour les parties nobiliaire
» et religieuse. »

M. Quantin, vice-président de la *Société des sciences* de l'Yonne, dont la profonde érudition est connue de tous, ayant été chargé par les membres de cette *Société* de donner un compte-rendu de notre livre, nous l'annonça quelques jours après en ces termes flatteurs : « J'ai lu votre ouvrage
» avec bien de l'intérêt..... Votre livre offre des re-
» cherches érudites et savantes. Vous avez rendu un véri-
» table service aux amateurs des vieux souvenirs, et l'his-
» toire du Morvand, inspirée par un amour sain et pieux
» du pays, restera comme un bon livre, où la modération
» des pensées et de l'esprit, la sagesse des appréciations
» s'unissent à une forme élégante et sobre. »

Ce compte-rendu ayant paru, en effet, dans le bulletin de la *Société*, son érudit et savant secrétaire, M. Edmond Challe, s'exprimait ainsi dans le n° 2, p. XXV, année 1857 :

« La *Société scientifique* a l'habitude de se faire rendre
» compte des ouvrages dont il lui est fait hommage, sur-
» tout s'ils intéressent le département. C'est ainsi que
» M. Quantin a consacré quelques pages à l'examen de
» l'histoire du Morvand de M. Baudiau, curé de Dun-les-
» Places. Notre confrère, bon juge en cette matière, a loué
» presque sans réserve cet ouvrage..... et a donné à tous
» l'envie de le lire. »

A ces encourageants témoignages, émanés d'hommes éminents par leur science et leur position sociale, nous joindrons celui de l'Académie des *Inscriptions et Belles lettres* de la capitale. Cette illustre société ayant admis en 1855 notre livre *au concours des antiquités de la France* (1), l'année suivante on lisait dans le *Journal des Débats*, numéro du lundi 11 août :

« Dans sa séance de vendredi dernier, 8, où se trouvaient une foule d'hommes de lettres, d'érudits et de savants, l'Académie des *Inscriptions et Belles lettres* a accordé une mention très-honorable à M. Baudiau, curé de Dun-les-Places, pour son ouvrage intitulé : *Le Morvand, ou Essai géographique, topographique et historique.....* »

La crainte d'être trop long nous oblige, chers et bien-aimés compatriotes, à passer sous silence une foule d'autres témoignages de sympathie et de bienveillance, que nous conservons précieusement dans nos archives. Ceux-ci suffiront, aux yeux de tous, pour confirmer vos propres appréciations. Puisse cette nouvelle édition, impatiemment attendue, répondre à vos espérances, que nous serions si heureux de satisfaire !

---

(1) Lettre du secrétaire perpétuel du 4 décembre 1855.

AVANT-PROPOS.

Bientôt le Morvand, sous l'influence de la civilisation moderne qui l'entoure de toutes parts, et qui a même pénétré jusqu'à son cœur, ne conservera de son ancienne physionomie que l'aspect particulier au pays : ses montagnes coniques et ses profondes vallées, ses rivières torrentueuses et ses sombres forêts, ses riantes prairies coupées de mille cours d'eau et ses champs encadrés de haies vives, limites nécessaires entre des voisins jaloux.

Déjà, en effet, l'individualité morvandelle a presque totalement disparu. Bannie des lieux que traversent les nombreuses voies de communication qui parcourent le pays en tous sens, elle semble se concentrer, comme autrefois la nationalité gauloise, autour du Beuvray, devenu comme alors son refuge contre un nouveau genre d'invasion et de conquête. Encore quelques années, et le Morvand, celui d'autrefois, n'existera que dans l'histoire et les souvenirs.

Placé entre un âge qui fuit sans retour et l'ère nouvelle ouverte devant nous, le moment nous a paru favorable pour recueillir les quelques traditions qui nous restent, et pour rassembler les divers traits historiques qui concernent ce pays que nous aimons. Attendre plus long-temps, dans l'espoir qu'une main plus habile et plus exercée viendrait remplir cette tâche importante, c'était s'exposer à voir disparaître des souvenirs précieux et des documents intéressants. Tel a été le motif qui nous porta, dès que notre savant et pieux évêque nous eut rappelé au sein de nos montagnes, à entreprendre le travail que nous offrons aujourd'hui à nos bien-aimés compatriotes..

Nous n'avons rien négligé pour le rendre aussi complet que possible. Nous avons, pour cela, rappelé nos souvenirs de jeunesse, interrogé les vieillards, observé les usages et les mœurs des habitants. Assis aux foyers hospitaliers de ce peuple de la nature, souvent nous avons pris une part active à ses conversations animées ; nous avons, et avant notre élévation au sacerdoce, et pendant que nous en consacrions les prémices aux fidèles de l'antique capitale de nos montagnes, et surtout depuis notre retour sur le sol natal, étudié avec attention ses penchants naturels, observé les mouvements divers de ses passions bonnes ou mauvaises, apprécié, en quelque sorte, ses pensées les plus intimes. Notre qualité de prêtre et de pasteur des âmes nous conviait d'ailleurs à cette étude, à ces observations.

« Pour écrire l'histoire, dit Fleury, on doit préférer
» l'habitant du pays à l'étranger, celui qui rapporte ses
» propres affaires aux personnes indifférentes. » Or, qui plus que nous réunit ces qualités premières ? Né au centre

même du Morvand, dans le lieu le plus pauvre, le plus agreste, le plus sauvage peut-être de la contrée, nous avons vécu de la vie simple, austère et frugale du Morvandeau, son langage fut notre langage ; ce sont donc *nos propres affaires* que nous allons rapporter.

Dans nos moments de loisir, nous avons visité chaque localité en particulier, étudié les monuments élevés par la main de l'homme ou produits par la nature. Ainsi, tout ce que nous dirons du Morvand, des mœurs, des usages, des coutumes des habitants, ne sera que ce que nous avons vu de nos yeux, entendu de nos oreilles, touché de nos mains.

Pour écrire l'histoire d'un pays ou d'un peuple, il ne suffit pas d'étudier ses monuments, ses traditions antiques, d'observer ses mœurs et ses usages, il faut encore s'appuyer sur les témoignages authentiques des auteurs qui nous ont précédés, et s'éclairer de leurs lumières ; aussi avons-nous appelé ce puissant moyen à notre secours. Nous avons puisé de précieux renseignements dans les *Commentaires de César*, dans *Ammien-Marcellin*, la *Gallia Christiana*; dans les divers historiens de France, comme Anquetil, Longuerue, Expilly... ; dans ceux de Bourgogne et du Nivernais, tels que *Courtépée, dom Plancher, Guy Coquille, Née de La Rochelle,* l'*Album du Nivernais*...

Les historiographes des villes d'Autun, d'Auxerre, de Vézelay, nous ont fourni de nombreux documents. Les histoires des abbayes de Saint-Martin d'Autun, de Moûtier-Saint-Jean ; des notices manuscrites sur celles de Régny, de Saint-Léonard de Corbigny, sur Château-Chinon, Lormes..., ont été des sources fécondes où nous avons puisé avec assurance.

Les archives de l'empire, celles des villes d'Auxerre, d'Autun, d'Avallon, de Dijon, de Château-Chinon, de Nevers, ont été consultées. Les châteaux de Bazoches, de Chastellux, de Coulon, de La Cour-d'Arcenay, de La Montagne, de La Roche-en-Breny, de La Roche-Milay, de Menessaire, de Saint-Brisson, de Thoisy, de Villargoix, de Vésigneux, du Jeu, d'Espoisse, de Sauvigny-le-Bois... nous ont été ouverts avec bienveillance.

Nous avons divisé le résultat de nos veilles et de nos recherches en trois parties. Dans la première, nous étudions le pays dans son ensemble ; nous relatons sa situation et l'étymologie de son nom, la nature du sol et ses productions en métaux et végétaux, ses rivières et ses ruisseaux, sa température et ses aspects divers, les monuments celtiques, romains et féodaux qu'on y rencontre, les animaux domestiques et sauvages qu'il nourrit, les mœurs, les usages et l'industrie des habitants.

Dans la seconde partie, nous mettons sous un même coup d'œil les faits historiques qui concernent le pays en général, comme guerres, désastres, famines, épidémies, et les épisodes les plus intéressants, tout en suivant la chronologie des temps, et en les rattachant le plus possible à l'histoire de France. On comprend que ce travail a dû nous offrir quelques difficultés; car, le Morvand, ne formant point une province, n'avait pas de gouvernement particulier, et, partant, ne présentait pas une marche régulière et naturelle pour la narration des faits. Néanmoins, nous croyons avoir triomphé de cet obstacle, et cette partie ne sera pas la moins intéressante aux yeux de nos lecteurs érudits.

Dans la troisième, nous donnons, dans l'ordre alphabétique, sur chaque commune une notice particulière et détaillée, où nous rapportons tout ce qui la concerne, soit au civil, soit au religieux, comme sa situation, son étendue en territoire, sa population, le style de l'église et l'époque certaine ou présumée de sa fondation, le patronage de la cure, les établissements publics qu'on y remarquait autrefois et ceux qui y ont été fondés de nos jours, les terres, fiefs, justices et seigneuries qu'elle renfermait jadis, et la chronologie de leurs anciens possesseurs.

Ce plan nous expose naturellement à quelques légères répétitions que nous n'aurions pu éviter qu'en laissant incomplète l'histoire de chaque localité. Le désir de mettre sous un même coup d'œil et sans renvois tout ce qui intéresse chaque commune nous y a contraint.

On n'est point d'accord sur les limites du pays qu'on nomme Morvand. Les uns le restreignent aux dépendances de l'ancien comté de Château-Chinon, les autres à ce qu'on appelle vulgairement le *Haut-Morvand*. Mais l'opinion publique a toujours désigné sous ce nom tout le sol granitique et montagneux, tout ce qui tient à cette nature de terrain, au type du pays, et c'est celle que nous avons suivie.

Notre entreprise n'est pas sans témérité, nous le savons; elle pourra même paraître présomptueuse. Mais l'amour de notre pays a triomphé de toutes ces considérations, et nous nous sommes déterminé à livrer au public le fruit de nos recherches. Notre but est d'être utile et d'intéresser; nous nous estimerons assez heureux si nous pouvons l'atteindre.

LE MORVAND,

ou

ESSAI GÉOGRAPHIQUE, TOPOGRAPHIQUE ET HISTORIQUE

SUR CETTE CONTRÉE.

PREMIÈRE PARTIE.

COUP D'ŒIL GÉNÉRAL SUR LE PAYS.

CHAPITRE Ier.

Étymologie du mot Morvand. — Situation de cette contrée. — Montagnes, leur élévation au-dessus du niveau de la mer, leur nature. — Forêts, genre d'exploitation. — Flottage à bûches perdues, en trains. — Rivières et ruisseaux. — L'Yonne et ses affluents. — La Cure et le réservoir des Sétons.

MORVAND (1), *Morvinus pagus*, *Morvennum*, *Morventum*, *Morundia*, est le nom sous lequel, de temps immémorial, on a toujours désigné le pays que nous décrivons. Les savants ne sont point d'accord sur l'origine et l'étymologie de ce mot. Les uns prétendent, mais sans fondement plausible, qu'il vient d'une an-

---

(1) Malgré que les anciens auteurs aient écrit ce nom sans la finale D, nous avons cru devoir, avec les écrivains modernes, l'admettre comme plus conforme à la source celtique et se prêtant mieux à la formation de l'adjectif *Morvandeau*. En écrivant *Morvan*, on devrait, il nous semble, dire *Morvanneau* et non Morvandeau.

cienne ville ou bourg appelé *Morvennum*, qu'ils placent tantôt à Château-Chinon, tantôt à Saulieu, tantôt enfin dans les environs de Cervon. Les autres en font honneur à un lieutenant de César, à *Morvinus*, qui aurait reçu cette contrée en récompense de ses services militaires. Adrien de Valois écrivait *Mort-Vent*, et prétendait, en conséquence, que le pays avait été ainsi nommé de ce qu'il y fait toujours du vent. Un autre écrivain a cru trouver l'origine de ce nom en ce que *le vent y est froid, y mord*.

Ces diverses étymologies nous paraissent ou bien hasardées ou bien puériles ; aussi aimons-nous mieux, avec les auteurs de l'*Album du Nivernais* (1), demander la signification originelle du nom à la langue des premiers habitants du pays. Nous pensons donc que Morvand vient de deux mots celtiques, *Mor* et *Vand*, qui signifient *Noires - Montagnes*. Cette étymologie nous semble la seule admissible ; du moins on ne peut disconvenir qu'elle satisfait en même temps la raison et le bon sens, et qu'elle donne une idée exacte de la physionomie du pays, surtout vu des portes d'Autun, d'où ce nom pour la première fois dut lui être appliqué.

Jadis partagé entre la Bourgogne et le Nivernais, le Morvand est aujourd'hui divisé entre les départements de la Côte-d'Or, de la Nièvre, de Saône-et-Loire et de l'Yonne. Il forme, pour ainsi dire, le centre de la France, et s'étend entre les vingt-unième et vingt-deuxième degrés de longitude, et les quarante-sixième et quarante-septième de latitude nord. Courant du nord au sud, il présente, en partant de la tour de l'horloge d'Avallon à la chaîne de *l'Appenelle*, qui domine la ville de Luzy, un massif granitique et montagneux de quatre-vingt-huit kilomètres, ou vingt-deux lieues de long, sur une largeur qui varie de trente-deux à quarante-huit kilomètres, ou huit à douze lieues. « Les » montagnes du Morvan, dit Guy-Coquille, ont leur conti- » nuation en longueur de midy à septentrion, qui est cause

(1) Tome II. p. 184.

» qu'elles n'ont le midy droict en face, ains l'ont en frayant à
» costé et à peu d'heures du jour (1). »

Cette contrée forma de bonne heure un canton, *pagus*, connu sous le nom de *Morvand*. Déjà, en 417, alors que saint Amatre, évêque d'Auxerre, le traversa pour se rendre à Autun, il portait cette dénomination. Il est à croire qu'à cette époque on y rencontrait des bêtes féroces ; du moins, au sixième siècle, Venance Fortunat, dans la *Vie de saint Germain de Paris*, l'appelle le *Pays-des-Ours*. Divers noms de lieux, comme *Vaux-Lion*, le *Crot-de-l'Ours*, le *Mont-des-Ours*...., semblent venir à l'appui de ce témoignage et lui donner quelque poids.

Le Morvand, ainsi que le décrivait, au neuvième siècle, le moine Héric (2), est un pays *montagneux et couvert de forêts*. Plus élevées à l'est et au sud, les montagnes s'abaissent successivement en collines secondaires vers l'ouest et le nord. Les sommets les plus remarquables sont : la *Vieille-Montagne*, à Saint-Honoré, qui compte cinq cent quarante-deux mètres au-dessus du niveau de la mer ; le *Haut-du-Château*, à Dun-les-Places, de cinq cent quatre-vingt-dix ; le *Vieux-Château*, à Château Chinon, de six cent vingt-six ; le *Beuvray*, de huit cent soixante ; le *Prenelay*, au-dessus de Villapourçon, de huit cent quatre-vingt-sept ; enfin le principal pic des *Bois-du-Roi*, à Roussillon, qui atteint neuf cent deux mètres. C'est le point le plus élevé du Morvand.

Toutes ces montagnes, *tirant de midy à septentrion*, donnent au pays, en général, un aspect âpre et sévère. Elles ont pour base d'énormes masses de granit, dont les principaux éléments constitutifs sont le *feld-spath*, le *quartz* et le *mica*. Le premier est une matière pierreuse composée de *silice*, d'*alumine* et de *soude* ; il se trouve aussi dans presque toutes les roches du terrain primitif et dans celles des produits plutoni-

(1) *Hist. du Nivernais*, petit in-4°, p. 353.
(2) *Hist. de Saint-Germain d'Auxerre*.

TOME I. 2

ques. Le second, ou quartz, aussi appelé *cristal de roche*, se compose de silice pure ; mais il est susceptible de divers mélanges qui produisent des variétés nombreuses. Il est toujours très-dur, et fait feu au briquet, excepté la variété dite opale ou silex résinite, qui contient de l'eau dans sa composition. Le mica est un minéral très-brillant et d'aspect métallique, dans lequel l'analyse chimique ne reconnaît que de la *silice*, de l'*alumine*, de la *magnésie*, de la *potasse*, du *fer*..... Il a fréquemment la couleur et l'éclat de l'argent, et on l'appelle l'*argent des chats* ; d'autres fois, il ressemble parfaitement à l'or, et on le nomme l'*or des chats* ; mais il suffit d'écraser et de réduire en poudre un peu de cette substance pour se convaincre que ce n'est qu'une matière terreuse, qui ne contient pas un atome des métaux précieux dont elle offre l'éclat (1).

Les roches du Morvand, selon que le feld-spath ou le quartz y domine plus ou moins, forment donc un grand nombre de variétés passant des unes aux autres, et souvent au porphyre, par des nuances insensibles. Mais la plus commune est le granit rougeâtre, rendu friable par une espèce de décomposition de la matière feld-spathique, dont est formée l'arène souvent employée, au lieu de sable, dans les constructions.

Malgré sa nature granitique, le Morvand offre très-peu de ces formes anguleuses et de ces escarpements abrupts que présentent ordinairement les terrains primitifs. On n'y voit point de cols presque infranchissables comme dans les chaînes de la *Lozère*, des *Pyrénées* et des *Alpes ;* cela vient de la tendance générale du granit à se désagréger. Toutes les montagnes, à peu d'exceptions près, offrent, au contraire, des pentes douces, livrées à l'agriculture ou couvertes de magnifiques forêts, source de richesses pour les propriétaires.

Ces bois, dont les principales essences sont le *chêne*, le *hêtre*, le *charme*, le *bouleau*, le *tremble*, l'*aulne* ou *verne*, s'exploitent en *bois de moule* pour l'approvisionnement de la capitale,

---

(1) Nérée-Boubée, p. 206, 218 et 226.

ou se réduisent en charbon pour la consommation des forges du voisinage. Le gouvernement et quelques riches particuliers coupent à *blanc*; mais la plupart des propriétaires coupent au *furetage*, ce qui se fait en abattant seulement les plus gros arbres. Ce mode d'exploitation s'appelle encore *jardiner*.

Le transport de tous ces bois s'exécute par les rivières d'*Yonne* et de *Cure*, et leurs principaux affluents, au moyen du flottage à *bûches perdues*, ce qui consiste à les lancer à l'eau et à les abandonner ensuite au courant. L'invention de ce genre de transport, si facile et si économique, date de 1549.

Avant d'arriver au flottage, on se livre à diverses opérations préalables. D'abord a lieu la *moulée* ou coupe des bois; elle se fait pendant l'hiver; puis viennent le charroi, l'empilage sur les ports, au bord des rivières et des ruisseaux flottables, qui s'exécutent dans le cours de l'été. Enfin on procède au *martelage*, c'est-à-dire à l'application de la *marque* de chaque marchand de bois aux deux bouts des bûches qui lui appartiennent, afin de les reconnaître plus tard. Ce moyen, facile pour éviter les inconvénients d'un mélange général, fut inventé en 1598. Avant cette époque, les marchands comptaient leurs bûches et en retiraient ensuite une quantité proportionnelle, tant d'une essence, tant d'une autre (1).

Lorsque le bois est *reçu* par le *facteur* ou garde de rivière de chaque marchand, et que le moment du *flot* est arrivé, toutes les populations du voisinage se lèvent; les bords des rivières et des ruisseaux, que l'on grossit à volonté, à l'aide d'étangs ou réservoirs, se couvrent d'hommes et d'enfants auxquels on donne depuis 30 centimes jusqu'à 1 fr. 25 cent. par jour. Les uns jettent le bois à l'eau; les autres, armés de longs crocs, s'échelonnent le long du courant pour surveiller le flot et empêcher que la *goulette*, ou milieu du lit de la rivière resté libre, ne se ferme.

Mais l'étroit passage vient-il, par l'inadvertance ou l'impuis-

---

(1) Paris. Archives de l'Empire.

sance de quelque surveillant, à s'obstruer, alors le bois s'amoncelle au loin, et l'eau reflue ou s'échappe à travers les bûches en bouillonnant. A l'instant la vallée retentit de cris confus, et les *flotteurs* accourent à toutes jambes, d'aval et d'amont, pour *déprendre*.

Rien de plus curieux que cette opération; elle exige quelquefois des efforts longs et pénibles; mais aussi par moment elle ne demande que l'arrachement de quelques bûches. Alors la *rôtie*, ou masse de bois arrêtée, s'ébranle tout-à-coup et s'élance avec un bruyant fracas aux applaudissements de tous les travailleurs. On voit, dans ces circonstances, les bûches rouler, pirouetter, en s'entre-choquant. Le saut de Gouloux surtout offre un intéressant spectacle en ce genre. Le bois, en se précipitant de sept à huit mètres de haut, cause un tel fracas, que tous les échos de la vallée en retentissent au loin.

Arrivé soit à Clamecy, soit à Vermenton, le bois de moule, retenu par les *arêts* placés dans la rivière, est retiré de l'eau et déposé sur le rivage. Alors commence l'opération du *triage*, vulgairement appelée le *tricage*, ou séparation de la marque de chaque marchand. Quand les divers lots sont tirés à part sous la surveillance des facteurs, et que les différentes essences, comme le *bois gris* ou le chêne et le charme, la *traverse* ou le hêtre, la *menuise* ou le petit bois, ont été placées séparément, les marchands se rendent à Paris pour en opérer la vente.

Les commerçants de la capitale, après l'acquisition, viennent à leur tour à Clamecy et à Vermenton, et font remettre le bois à l'eau pour le conduire dans leurs chantiers; mais le nouveau transport ne s'opère plus de la même manière. On lie ensemble, au moyen de *harts* ou rouettes, de longues perches avec lesquelles on forme des espèces de radeaux, et on y dépose le bois; c'est ce qu'on appelle *trains*. Chaque train se compose de vingt-cinq décastères ou cinquante cordes de bois environ, et il suffit ensuite de deux hommes pour le diriger.

L'invention de cet autre moyen de transport, si utile au

commerce, est due à Jean Rouvet, bourgeois de Paris, auquel la ville de Clamecy a élevé un buste le 8 octobre 1828. Néanmoins, il restait encore, comme nous le verrons plus bas, une difficulté à vaincre pour les forêts placées à la source des grandes rivières ou éloignées de leur cours. Jean Sallonnyer, de Château-Chinon, et Simon Sautereau, d'Arleuf, se chargèrent de parer à cet inconvénient en balisant le lit des rivières et des ruisseaux, et en construisant, à leurs sources, de vastes réservoirs, au moyen desquels ils furent rendus flottables (1).

Aucun pays n'offre peut-être autant de cours d'eau que le Morvand. Du pied et des flancs des montagnes il sort une grande quantité de petites sources, qui forment d'abord de légers ruisseaux, roulant leurs eaux limpides sur un fond transparent de sable, et dont les Morvandeaux se servent avec habileté pour arroser leurs pâturages (2). Réunis au fond des vallées, ces ruisseaux se changent tout-à-coup en torrents impétueux, et bientôt en rivières, où vivent différentes espèces de poissons, parmi lesquels la truite tient le premier rang. Toutes ces eaux coulent en deux directions opposées et sont recueillies, au sud, par la *Loire*, au moyen des rivières d'*Aron* et d'*Arroux*, et, au nord, par la *Seine*, où elles sont versées par l'*Yonne*, grossie du *Serain* et de la *Cure*.

Les affluents les plus importants de l'Aron, qui sort d'un vaste étang situé au centre du département de la Nièvre, sont : l'*Halène*, qui descend de Luzy; la *Vandenesse* ou *Dragne*, venant des vallées d'Onlay et de Villapourçon; l'*Anizy*, formé du *Gara* et du *Guignon*, après leur réunion à Moulins-

(1) Archives de l'Empire, à Paris; Inscript. tumulaire de l'église d'Arleuf.

(2) « Ce territoire, dit Guy Coquille, est abondant en fontaines, et
» les habitants du lieu conduisent les eaux d'icelles, à commencer du
» plus haut, le long des costes des montagnes, en sorte que lesdictes
» costes estant ainsi arrousées, depuis le haut jusqu'au profond des
» vallées, servent de prez, dont y a bonne quantité..... » (*Hist. du Nivern.*, p. 352.)

Engilbert; enfin le *Venon*, qui sort des environs de Saint-Hilaire.

Ceux de l'Arroux, dont la source est en Bourgogne, près Arnay-le-Duc, sont : le *Machat*, qui descend de Verrières; la *Vesvre*, qui vient de La Celle, et la *Taraine* ou *Tarnin*, aussi nommée *Creuseveaux*, qui coule de Saint-Léger-de-Fourches. Aucun de ces cours d'eau n'étant flottable, les produits des forêts de la partie méridionale du Morvand s'écoulent par le *canal du Nivernais* ou par la rivière d'Yonne.

L'Yonne, *Icauna*, *Yona*, la plus considérable des rivières qui sourdent de nos montagnes, est aussi la plus connue par l'honneur qu'elle a de donner son nom à un département, et à cause de l'immense commerce de bois qu'elle favorise. Sa célébrité n'est pas nouvelle. Dès le temps de la conquête romaine, elle était, sous le nom de *Déesse Icaune*, vénérée des Celtes du Morvand et de toutes les populations riveraines. Ici, c'était un autel grossier, formé de blocs de granit, que le druidisme avait élevé à son honneur. Là, on voyait des statues gigantesques que le paganisme de Rome et de la Grèce lui avait dédiées. Sur la base d'un monument de ce genre, trouvée à Auxerre en 1721, on lisait :

        AUG. SACR. DEÆ
             ICAUNI
     T. TETRICUS AFRICAN.
          D. S. D. D.

Auprès de l'inscription gisaient les débris d'une statue colossale qui étaient sans doute, dit l'abbé Lebeuf, les restes de celle que T. Tétricus l'Africain avait érigée à la gloire de la déesse Icaune, dont les bienfaits enrichissent encore la cité auxerroise (1).

Ainsi que les fleuves les plus importants, l'Yonne n'est, à son origine, qu'un faible ruisseau connu dans le pays sous le nom

---

(1) LEBEUF, *Hist. d'Auxerre*. — CHARDON, *Hist. de la ville d'Auxerre*.

de *Belleperche*. Il sort d'un petit étang situé près le hameau des *Lamberts*, au nord-ouest de Glux, et se précipite ensuite, de cascades en cascades, jusqu'au fond d'une étroite vallée couverte de sombres forêts. L'humble torrent se grossit bientôt de cinq autres, nommés ruisseaux des *Moines*, de *Préparny*, de la *Proye*, de la *Mothe* et de *Fachen*, et c'est alors seulement que, devenu rivière, il prend le nom d'Yonne. Une rigole de dérivation, creusée sur ses bords, porte une partie de ses eaux dans le *canal du Nivernais*, au point de partage de la vallée de son nom et de celle de l'Aron.

Les principaux affluents de l'Yonne sont : l'*Houssière*, formée de trois ruisseaux flottables, la *Montagne*, *Martelé* et *Velney*, sortis de Planchez et de Frétoy ; *Minage* et *le Bruys*, autres ruisseaux qui lui amènent, l'un les bois d'Ouroux, et l'autre ceux de Blismes ; l'*Anguison*, servant à l'écoulement des produits forestiers de Gâcogne et de Vauclaix ; l'*Auxois*, qui emmène ceux de la vallée de Lormes ; et enfin la *Cure*, qu'elle reçoit à Cravant.

La Cure, autrefois *Chors*, *Chora*, la seconde des rivières du Morvand, s'appelle ainsi du nom d'une ancienne ville, située sur ses bords, mais dont l'emplacement est encore un sujet de controverse parmi les savants (1). Elle sort d'un étang de la commune d'Anost, au département de *Saône-et-Loire*, qu'elle quitte bientôt pour entrer sur le territoire de Gien-sur-Cure. Au sud de Montsauche, elle verse ses eaux dans le vaste réservoir des Sétons ou Settons, espèce de lac de quatre cents hectares d'étendue et contenant vingt-deux millions de mètres cubes d'eau. La chaussée ou barrage, qui s'appuie, d'un côté, sur la hauteur d'Outre-Cure, et, de l'autre, sur celle des *Ponceaux*, a deux cent soixante-onze mètres de long sur vingt de hauteur, à partir du massif des fondations. L'épaisseur, à la base, est de onze mètres quarante centimètres, et de quatre mètres quatre-

---

(1) On croit que c'est aujourd'hui Saint-Moré, au-dessus de Vermenton.

vingt-dix centimètres au sommet. On y remarque trois rangées d'épanchoirs, de chacun cinq vannes, et un déchargeoir pour le trop plein.

Le réservoir des Sétons est l'une des principales curiosités du Morvand. Il occupe un vaste marais ou plaine marécageuse, que traversait la rivière, et où elle recevait le *Marconnay* et devenait flottable.

La Cure, après s'être grossie de plusieurs ruisseaux, de la rivière de *Chalaut*, qui vient d'Ouroux, reçoit enfin le *Cousin* ou *Cousain*, *Cosanus*, son principal et dernier affluent. Celui-ci, autrefois flottable, est la troisième rivière du Morvand. Il se forme du *Trinclin*, qui descend de Saint-Léger-de-Fourches, et du ruisseau de *Tournessac*, qui coule de Saint-Didier-en-Morvand, et c'est à leur confluent seulement qu'il prend le nom de Cousin ; ses abords, aux environs d'Avallon, sont extrêmement pittoresques.

CHAPITRE II.

Mines et métaux. — Thermes de Saint-Honoré. — Sol du Morvand, sa nature, cause de sa stérilité, moyens de le rendre plus fertile. — Productions : le seigle, la pomme de terre, le sarrasin, la vigne, la navette, le chanvre, les petits navets, les fruits, les simples. — Animaux domestiques. — Les bœufs, leur espèce, leur utilité. — Les chevaux, leur vigueur, leur réputation. — Les moutons. — Les porcs. — Animaux sauvages. — Aspect général du pays. — Température. — Orages. — Monuments de l'antiquité. — Dolmens druidiques. — Fées ou prêtresses gauloises. — Époque gallo-romaine. — Postes militaires. — Voies anciennes. — Le moyen-âge.

Le sol du Morvand étant exclusivement granitique, on peut en conclure que les minéraux doivent y être peu nombreux et communément peu abondants. En effet, les mines qu'on y remarque, ne sont, à proprement parler, que des accidents presque sans importance. Les principaux métaux, recélés dans les flancs des montagnes, sont : l'*argent*, l'*étain*, la *galène*, la *blende sulfurée*, le *cuivre carbonaté* et le *fer hydraté, oligiste et sulfuré*. Les deux premiers se rencontrent près le hameau de La Place, au nord d'Alligny, où ils furent exploités infructueusement en 1640. Une seconde mine de plomb argentifère fut découverte, en 1745, à Pierre-Perthuis, et une troisième à Cure, cinq ans plus tard.

La galène ou plomb sulfuré, la blende sulfurée ou zinc, la chaux et la baryte fluatées, qui s'accompagnent presque toujours, n'offrent aucun gisement important; on ne les trouve même, dit M. Gillet (1), en filons réguliers, qu'à Saint-Brisson et sous la montagne de *Gamez*, près Glux. Le minerai de fer se remarque au Vernet, au nord de Sémelay, et à Champ-Robert, commune de Chiddes, où il semble avoir été exploité anciennement.

On tire à Saint-Léger-de-Fourcheret une poudre d'or ou mica qu'on emploie dans les environs pour sécher l'écriture. La mine se trouve presque à fleur de terre et s'étend, dit-on, jusqu'à Quarré-les-Tombes. On assure qu'il existe en divers endroits, notamment auprès du moulin de *Mont-Jouant*, à peu de distance de Chiddes, une masse considérable de *kaolin* ou terre à porcelaine parfaitement blanche. La même substance, avec la couleur rouge, est beaucoup plus abondante ; mais elle ne paraît pas devoir être employée de long-temps, précisément à cause de sa couleur.

Au hameau de Champ-Robert, dont nous venons de parler, se trouve une carrière de *calcaire saccharoïde*, ou marbre statuaire blanc, qui semble se prolonger jusqu'à celui du Vernet, près Sémelay ; elle sert de gangue à un beau minerai de fer oligiste. Les fragments de marbre identique, observés dans les ruines d'anciennes constructions attribuées aux Romains, ont fait penser qu'ils connurent et exploitèrent cette carrière. Des fouilles anciennes confirment d'ailleurs cette opinion.

Un des principaux établissements fondés en Morvand par ces antiques maîtres du monde, est celui des *Eaux de Nisiné*, *aquæ Nisinei*, indiqué dans la carte de Peutinger, et connu aujourd'hui sous le nom de *Saint-Honoré-les-Bains*. Ces thermes autrefois célèbres, sont encore bien fréquentés de nos jours, à cause de leur efficacité contre les maladies cutanées. Ils se composent de neuf puits creusés au pied d'une butte de six ou sept mètres d'élévation. Après leur ruine, au commencement du cinquième siècle, suivant quelques écrivains, ou en 731, selon d'autres, ils restèrent ensevelis sous une masse de décombres,

(1) *Annuaire de la Nièvre.*

accumulés par le temps, et n'ont été entièrement déblayés qu'en 1853.

Il paraît certain que le sol morvandeau fut autrefois, au moins dans quelques endroits, bouleversé par des feux souterrains. A l'est de Moulins-Engilbert, des vestiges de cratères et des matières calcinées attestent encore l'existence d'anciens volcans.

Tout le monde sait qu'un sol granitique est naturellement peu fertile ; aussi le Morvand ne se distingue pas par ses richesses agricoles. « Ce pays, dit Guy Coquille, est assez stérile quant à » bled, car il ne rapporte que des seigles et petitement, sinon » autant que la grande industrie et culture contrainct la terre (1). » En effet, un terrain maigre et sec, qui n'est rendu productif qu'à force de soins et d'engrais, une température froide et brumeuse, s'opposeront toujours à ce qu'il devienne riche et fertile. Néanmoins, l'agiculture y a fait de grands progrès, et la plupart des habitants ont vu leurs efforts couronnés, sinon d'un plein succès, du moins d'une réussite capable de les encourager. Mais ici, plus que partout ailleurs, les capitaux manquent, et les cultivateurs, généralement pauvres, ne peuvent faire les dépenses que comporteraient leurs propriétés, sous le rapport des améliorations. La chaux, employée depuis long-temps en Angleterre, et tentée avec avantage dans le département des *Landes*, l'un des points les plus stériles de la France, se trouve trop éloignée, et coûte aussi trop cher pour devenir d'un usage commun. Pourtant on peut dire que le Morvand produit aujourd'hui à peu près tout ce qui est nécessaire à la consommation de ses habitants.

Le seigle, à l'aide d'engrais formés avec des détritus d'animaux et de végétaux, réussit partout. On y récolte aussi un peu de blé ou froment dans les enclos vulgairement appelés *ouches;* l'avoine y abonde. La pomme de terre, dont la culture s'est accrue d'une manière prodigieuse, y est d'une qualité vraiment supérieure.

Ce précieux tubercule, si nécessaire à la subsistance de nos

(1) *Hist. du Nivernais*, petit in-4°, p. 352

Morvandeaux, fut apporté en Europe par l'anglais Walter-Rawlegh, en 1590, et ne se répandit en France que cent quatre-vingts ans après. Une ignorante prévention le fit long-temps rejeter tantôt comme occasionnant la lèpre, tantôt comme engendrant des fièvres intermittentes. On sait qu'il ne se propagea que dans la dernière moitié du dix-huitième siècle, et que c'est à Antoine-Augustin Parmentier, natif de Montdidier, en Picardie, que l'on doit ce bienfait. Cet homme, bon pharmacien et agronome distingué, ayant obtenu du gouvernement une concession de terrain de vingt-six hectares dans la plaine des *Sablons*, dont la stérilité n'avait encore pu être vaincue, y planta des pommes de terre, et obtint, en dépit des plaisanteries publiques, une heureuse récolte. Au mois de juillet, il recueillit des fleurs de la nouvelle production et en composa un bouquet, qu'il offrit à Louis XVI. Ce prince, qui avait favorisé l'entreprise, daigna en orner sa boutonnière et donna ainsi un nouvel encouragement à Parmentier. Un second essai, tenté dans la plaine de Grenelle, ayant réussi également, dès lors la culture du tubercule fut décidée. La pomme de terre, dit un auteur, aurait dû être, en conséquence, appelée *Parmentière*.

Le *sarrazin*, venu cent ans plus tôt des contrées brûlantes de l'Asie, ne s'acclimata qu'après un laps de temps considérable; il est lui-même fort répandu. Grâce à ces deux utiles végétaux, les habitants de nos montagnes se trouvent à l'abri des affreuses famines qui, autrefois, désolaient le pays, et des terribles épidémies qui en étaient la conséquence.

La vigne est cultivée avec quelque succès à Bazoches, à Pouques, à Dun-sur-Grandry, à Saint-Péreuse, à Moulins-Engilbert, à Saint-Honoré, à Sémelay et à Lucenay. La navette et le chanvre réussissent presque partout. On récolte dans les communes d'Alligny, de Moux, d'Ouroux, de Planchez et de Saint-Martin-du-Puy, en octobre et en novembre, des navets excellents, justement renommés et très-recherchés des gourmets.

Les fruits sont généralement peu abondants en Morvand.

Les gelées du printemps, qui surviennent à l'époque de la floraison, les détruisent souvent, et la qualité, si peut-être on en excepte la pomme, est inférieure à celle des fruits des contrées voisines. Les communes d'Anost, de Cussy, de la Grande-Verrière, de Préporché, de Saint-Honoré, de Saint-Léger-sous-Beuvray et de Saint-Prix produisent des noix et surtout beaucoup de châtaignes ; celles-ci, quoique petites, sont estimées à cause de leur nature farineuse. Dans les montagnes croissent des simples, tels que la gentiane, l'euphraise, la bétoine, la véronique des bois ou thé de Bourgogne, la petite centaurée, l'hépatique de fontaine, la camomille, le pied-de-chat rouge et blanc, le serpolet, la digitale pourprée et autres.

Parmi les animaux domestiques que nourrissent les Morvandeaux, nous citerons, en première ligne, l'espèce bovine, l'une des principales ressources du pays, et la branche la plus importante de son commerce. La race morvandelle se distingue par la largeur du coffre, la beauté des cornes, la régularité des formes et la distribution franche et vive des couleurs. Elle a généralement les jambes grosses et courtes, mais elle est forte et vigoureuse ; c'est un type particulier, un pur-sang.

Les bœufs, presque exclusivement employés dans l'agriculture et le service rural, sont forts et adroits, et, par conséquent, très-propres aux charrois auxquels se livrent la plupart des habitants. Il est beau de les voir cheminant lentement et mesurant leur démarche sur la voix chevrotante et le chant langoureux particulier aux gens du pays ; prenant leurs précautions dans les descentes roides et abruptes ; s'avançant plus hardiment à ces mots prononcés avec assurance : « Va toujours, n'aie pas peur ; » et enfin luttant, admirables de patience, de force et de courage, contre les difficultés presque insurmontables d'un chemin étroit et escarpé. Mais cette race est, en général, moins propre à l'engraissement que la charolaise ou la nivernaise. « Vray est que la chair et la gresse des bœufs et vaches nourriz » en Morvan, n'est pas si savoureuse et n'est pas si tost acquise » aux bestes, comme en celles qui sont nourries au plat pays,

» pource qu'au plat pays y a plus de soleil, et l'herbe est natu-
» relle; et en la montagne, à cause des bois et de la hauteur
» de la montagne, y a beaucoup d'ombre et peu de soleil, et
» l'herbe y vient par force d'arrousement (1). »

Le pays possédait aussi jadis une race chevaline qui lui était propre. La conformation un peu défectueuse des chevaux morvandeaux, leur tête grosse et commune, leurs formes, souvent peu gracieuses, les faisaient repousser des amis du luxe et de l'élégance; néanmoins, ils jouissaient d'une réputation bien méritée à cause de leur excellent service, et se payaient fort cher. Élevés dans les bois comme des bêtes sauvages, vivant de peu, ces animaux étaient agiles, vigoureux et infatigables. Ils étaient très-estimés de l'armée et regardés comme éminemment propres au service de la cavalerie légère. Il est fâcheux que l'amour du frivole et du luxe ait fait déprécier cette race, tellement que la reproduction devenant de plus en plus rare, il n'en restera bientôt que le souvenir.

Les Morvandeaux nourrissent aussi de nombreux troupeaux de moutons; mais ces animaux sont d'une mauvaise espèce; leur laine, courte et frisée, est de mince qualité. On peut dire que le climat, en général, ne convient pas à la race ovine. Chaque année, en effet, le froid, l'humidité et les longs hivers en font périr une partie, tandis que l'autre dégénère de plus en plus.

Il n'en est pas de même du porc, que l'on engraisse facilement à l'aide de la pomme de terre et du sarrazin; sa chair est bonne et la graisse excellente. Le lard sert à l'assaisonnement quotidien des mets de nos Morvandeaux, qui s'en montrent très-friands.

Aujourd'hui on élève encore beaucoup de pourceaux dans nos montagnes; néanmoins cette spéculation a perdu singulièrement depuis l'invention du flottage, qui a détruit la glandée. Durant l'époque gallo-romaine, diverses localités, comme Préporché, Villapourçon..., étaient spécialement affectées à ce genre

(1) *Hist. du Nivernais*, petit in-4°, p. 352.

d'industrie. Au moyen-âge, nos vastes forêts servaient encore de paisson à des troupeaux considérables de ces bêtes « Es » bois, dit Guy Coquille, en temps de paisson, ils engressent les » porcz. » Chaque seigneurie, chaque monastère, chaque presbytère même, nourrissait plus ou moins de porcs. L'abbaye de Régny, entre autres, en vertu du droit que lui en avait donné le haut et puissant baron de Lormes, en faisait pacager cent dans les bois de cette châtellenie (1).

Les forêts du Morvand, ainsi que nous l'avons fait remarquer plus haut, ont dû être peuplées, dans les temps antiques, d'ours et autres bêtes féroces; mais aujourd'hui on n'y rencontre que des loups, des renards, des sangliers, des chevreuils, des blaireaux, des lapins, des lièvres..... Quelques terriers seigneuriaux démontrent qu'il y existait aussi des cerfs. Celui de La Roche-Milay, par exemple, fait réserve, en vertu de l'acte de concession du droit de chasse au seigneur de *Rivière*, des prises de *cerf* ou *biche*, qu'il devait rendre au château de La Roche, sous peine d'une *amende arbitraire*.

Le Morvand, dans son ensemble, présente un aspect sombre et sévère qui porte à la mélancolie. Néanmoins, peu de contrées offrent à l'amateur des charmes plus variés et partant plus récréatifs. Tantôt, en effet, le pays se montre riche du travail de ses habitants; les flancs des montagnes et les coteaux apparaissent couverts de riantes moissons. Tantôt, au contraire, il se présente sous les traits quasi-repoussants d'une marâtre qui se ferait un barbare plaisir de refuser à ses enfants les choses nécessaires à la vie; à peine produit-il de la bruyère et quelques genêts rabougris. Ici, coupé en tous sens de champs cultivés ou

---

(1) Dom George Viole, *Hist. manuscr. de Régny*.

Aubert, sire de Darnay, en Bassigny, *avoit octroyé la pesson por CC. pors et toutes pastures à pors en tous ses bois*, à l'abbaye de Morimond. Ce monastère comptait plus de vingt porcheries disséminées dans les forêts du Bassigny, et dont chacune contenait de deux à trois cents porcs. (L'abbé Dubois, *Hist. de Morimond*, p. 246.)

en jachère, de prairies que l'abondance et la fraîcheur des eaux entretiennent toujours vertes, de bouquets de bois où se montrent la digitale pourprée et le muguet odorant, la nature est riante et fleurie comme une jeune vierge le jour de ses noces. Là, morne et silencieux, sa teinte rembrunie et sauvage jette dans l'âme des sentiments involontaires de tristesse et de mélancolie.

Au sommet de cette montagne, le spectateur respire avec délices un air aussi pur que bienfaisant, tandis que son œil se promène avec ravissement sur des villes, des villages et des hameaux sans nombre, et ne s'arrête que, lorsque fatigué, il se noie dans un horizon vaporeux et n'aperçoit plus que l'air et les montagnes confondus. Au fond de ce ravin, au contraire, il sent sa poitrine comme oppressée, et ne voit, à travers les rochers et les arbres qui s'y cramponnent, que les nuages, en globes bizarres, glisser rapidement au-dessus de sa tête.

Le touriste, dans sa course aventureuse, rencontre devant ses pas tantôt une gorge profonde où bondit un torrent impétueux, tantôt un rocher gigantesque noirci par le temps et déchiqueté par les orages. Ici, il promène avec bonheur ses regards sur une verte et riante prairie ; là, sur le sommet d'une gracieuse colline, où paissent en silence de nombreux troupeaux. A droite, il contemple avec étonnement un hameau comme suspendu au flanc d'une haute montagne ; à gauche, il aperçoit, avec non moins de surprise, quelques chaumières comme ensevelies au fond d'une étroite vallée.

La route, à son tour, s'étend devant le voyageur, tantôt comme un gracieux ruban, bordée de deux haies de moissons, tantôt en présentant les plis et replis d'un énorme reptile. Ici, il parcourt avec elle de riantes campagnes; là, il s'enfonce, avec le chemin, dans une sombre forêt, autrefois séjour de quelque vieux druide, dont elle ombrageait le dolmen.

Le pays, en un mot, est tellement entrecoupé de montagnes, de ravins, de champs, de bois, de prés, de ruisseaux, d'étangs, de rivières, de chemins escarpés et de routes sinueuses, que l'art et la nature semblent s'être concertés pour en faire une contrée à part.

La température du Morvand est généralement froide et très-variable. Les hivers y sont longs et rigoureux, le froid dur et piquant. La neige y tombe de bonne heure et disparaît tard ; les gelées y sont fortes et fréquentes (1). En revanche, pendant l'été, les chaleurs, produites par la concentration des rayons du soleil dans les vallées et les gorges des montagnes, s'y font vivement sentir. Souvent il est presque impossible, vers le milieu du jour, de demeurer les pieds nus sur le sol ; tandis que sur les montagnes on respire encore un air vif et frais, dans les vallons il règne une chaleur vraiment étouffante. Aussi la végétation, qui commence ordinairement assez tard, marche avec tant de rapidité, que les arbres, en quelques jours, se couvrent de feuilles et de fleurs. Tel qui, la veille, semblait ne pas ressentir l'influence du printemps, se trouve le lendemain en pleine sève. Les moissons, encore en herbe vers le milieu de mai, mûrissent presque aussi vite que dans les pays de plaines.

Les orages, attirés par les forêts, y sont fréquents et y causent souvent de grands dégâts. C'est un moment effroyable que celui où des nuages, aux flancs ténébreux, chargés d'électricité, s'abattant tout à coup sur les montagnes, y éclatent ensuite en bruyants coups de tonnerre, que répètent au loin les échos des bois et des vallées. Il se fait alors un si horrible fracas, que l'on serait tenté de croire que le ciel ébranlé va s'affaisser sur la terre épouvantée, ou que celle-ci, croulant sur ses fondements, va s'abîmer à la suite de si fortes secousses.

Pendant le silence de mort, qui précède les plus gros coups, et surtout lorsque l'éclair, en long serpent de feu, sillonne subitement la nue, on voit les femmes et les timides enfants, saisis d'effroi, se signer dévotement et même se boucher les oreilles.

Le Morvand est peut-être de toutes les contrées de la France,

---

(1) Depuis quelques années la température s'est singulièrement adoucie. On n'y voit plus d'hivers longs et durs comme autrefois.

celle où les anciennes dominations qui, à diverses époques, pesèrent sur la patrie, ont laissé les plus nombreux vestiges. Les souvenirs et les monuments historiques s'y rencontrent presque à chaque pas ; on croirait que c'est là spécialement, sur le sol granitique, comme le plus solide, que chacune avait voulu imprimer son sceau et laisser aux générations futures un témoignage authentique et toujours subsistant de sa grandeur et de sa puissance. Parlons d'abord de l'ère celtique.

Le gouvernement des peuples de l'ancienne Gaule était essentiellement théocratique et sacerdotal : les monuments du culte devaient donc venir en première ligne ; aussi sont-ils à peu près les seuls qui nous restent de cette époque où la nature était presque l'unique architecte connu. Ces monuments, bruts et grossiers comme les peuples dont ils rappellent le souvenir, se rencontraient encore naguère tantôt au sommet des collines, tantôt au fond des plus profondes vallées, mais toujours à l'ombre des forêts les plus solitaires, les plus désertes. C'étaient des *kromlechs*, sorte de longues avenues faites avec des blocs de granit placés sur deux files droites et recouvertes de même ; des *champs de menhirs*, ou enceintes religieuses, dont les peuples n'approchaient qu'avec un respect mêlé de crainte, et consistant en d'énormes blocs de rochers fichés en terre et espacés entre eux ; des *dolmens* sur lesquels les druides immolaient leurs tristes victimes en l'honneur des dieux cruels de la Gaule, et se composant ordinairement de trois quartiers de roche, dont deux, placés verticalement, servaient de base au troisième ; des *peulvens*, ou longues pierres verticales et isolées dont on ne connaît pas bien l'usage ; des *pierres branlantes*, formées d'un énorme rocher posé sur un autre qui lui servait de base ou de pivot, mais tellement d'aplomb, qu'un seul homme pouvait le mettre en mouvement. Les communes d'Alligny, d'Anost, d'Avallon, de Château-Chinon, de Châtin, de Dun-les-Places, de Glux, de Lormes, de Marigny-l'Église, d'Ouroux, de Quarré-les-Tombes, de La Roche-Milay, de Saint-Agnan, de Saint-Brisson, de Saint-Andeux, de Saint-Léger-de-

Fourcheret, de Saint-Martin-du-Puy, de Sémelay et de Villapourçon renfermaient de ces sortes de monuments, dont plusieurs attestaient une force presque surhumaine chez nos pères. Ils ont disparu depuis que nos Morvandeaux se sont accoutumés à travailler le granit et à l'employer dans leurs constructions. On les nommait vulgairement *pierres-de-la-vierge* ou *roches-des-fées*, à cause des druidesses ou vierges gauloises qui pratiquaient l'art de la divination et avaient su, par différents prestiges connus des initiés seuls, en imposer au peuple et se rendre redoutables à ses yeux. Les habitants de nos montagnes attribuaient à ces prêtresses païennes une puissance sans bornes; et jadis encore tout ce qui frappait l'imagination populaire et paraissait, par la rapidité de l'exécution ou l'importance de l'œuvre en elle-même, dépasser le pouvoir d'un homme ordinaire, était attribué aux *fées*. C'étaient elles qui avaient bâti ce vaste château, soulevé cet énorme rocher, construit ce *chemin ferré* (1), détourné cette rivière, élevé cette montagne.....

A chacun de ces monuments agrestes s'attachait toujours une effrayante ou curieuse légende. Ici, c'était une *belle dame blanche* qui, à certains moments du jour ou de la nuit, apparaissait sur la pierre et semblait s'entretenir mystérieusement avec un être invisible. Là, une horrible procession, pendant les ténèbres de la nuit, à la lueur incertaine d'une torche, tournait, disait-on, autour du rocher; puis on entendait un bruit confus, des voix stridentes, des cris plaintifs, des refrains barbares; puis il se faisait un affreux silence....! Ne retrouve-t-on pas, dans ces sombres récits, l'histoire des druides et des lugubres cérémonies de leur culte sauvage? Ces voix, ces cris, ces chants, ne rappellent-ils pas leurs cruels et sanglants sacrifices? Ne soyons pas surpris de rencontrer en Morvand, plus que partout ailleurs, des monuments et des souvenirs celtiques; nous montrerons plus bas que les druides, persécutés par les empe-

---

(1) C'est ainsi qu'en Morvand on nomme les anciennes voies romaines.

reurs romains, avaient demandé un asile à nos montagnes, et qu'au sixième siècle les épaisses forêts du pays en étaient encore peuplées.

L'époque gallo-romaine, qui commença en l'an 52 avant Jésus-Christ, pour finir à l'invasion des Bourguignons et des Francs, et dura plus de quatre siècles, a laissé aussi sur notre sol de nombreuses traces de son passage. Ce sont d'anciens postes militaires ou camps retranchés, comme au Beuvray, à Alligny, à Avallon, à Dun-les-Places, à Bar, à Gâcogne, à Moux, à La Roche-en-Breny...; des villas, dont on retrouve des vestiges au Beuvray, à Chiddes, à Onlay, à Villapourçon, à Arleuf, à Château-Chinon, à Ouroux, à Lormes, à Marigny-l'Église, à Chastellux, à Quarré-les-Tombes, à Rouvray, à Villargoix......; des thermes, des urnes cinéraires, des statuettes, des médailles sans nombre, et enfin des voies antiques, qui traversaient le le pays en tous sens et faisaient communiquer l'ancienne Bibracte, capitale des Éduens, avec les autres cités de la Gaule.

Les principales voies romaines, qui animèrent autrefois le Morvand sont : 1º celle d'Agrippa, ainsi nommée de ce gouverneur des Gaules qui la fit ouvrir; c'était la plus importante de toutes : elle partait des portes d'Autun, passait au sud de Lucenay, à Liernais, à Saulieu, à Avallon, et courait ensuite sur Auxerre et Sens ; 2º celle qui, traversant le nord-est de la contrée, se portait, par Chissey, Saint-Brisson, Quarré-les-Tombes et Saint-Père-sous-Vézelay, dans la même direction; elle est la plus ancienne de toutes; Julien l'Apostat la suivit, en 356, pour aller combattre les barbares du côté de Sens et de Troyes; saint Amatre, évêque d'Auxerre, la prit, soixante-un ans plus tard, pour se rendre à Autun, et saint Germain de Paris, au sixième siècle, pour visiter sa patrie; 3º celle qui se rendait à Entrains par les communes d'Anost, de Planchez, d'Ouroux et de Lormes; il en restait de beaux fragments, que l'on a détruits pour confectionner le chemin de grande communication qui suit la même direction ; 4º celle qui venait d'Autun par les Pasquelins, à l'est d'Arleuf; elle passait l'Yonne au Pont-Cornotte, se bifurquait après avoir touché la montagne de Château-Chinon, au nord, et se dirigeait ensuite sur Aunay par Saint-Hilaire, et sur Lormes par Mhère.

Une cinquième voie montait d'Autun, par Verrières et Saint-Prix, au Beuvray, atteignait ensuite le bourg de Saint-Honoré, et là, se divisant en deux branches, se portait sur Decize, par Apponay, et sur Nevers par la forêt de *Vincence* et le *Bazois*. Enfin, deux autres descendaient du Beuvray et se dirigeaient, l'une au sud, par les communes de La Roche-Milay, de Chiddes et d'Avrée, et l'autre au nord, par Glux, Château-Chinon, Planchez et Saulieu.

Ces antiques voies, rompues par défaut d'entretien, ou abandonnées par suite de la décadence successive de la ville d'Autun, avaient laissé le Morvand presque inaccessible aux voyageurs, et, par conséquent, étranger au commerce, à l'industrie et à la civilisation moderne. Des chemins escarpés, ravinés et la plupart grimpant péniblement aux sommets des montagnes, pour en redescendre ensuite avec une extrême rapidité, étaient les seuls moyens de circulation qu'il offrît. Mais aujourd'hui il n'a, sous ce rapport, rien à envier aux pays les plus favorisés.

Au moyen-âge, la féodalité se partagea le sol maigre du Morvand comme le reste du territoire de la France. Les parties les plus stériles, les plus sauvages, tombèrent dans le domaine seigneurial. Alors on vit le pays se couvrir de manoirs féodaux, asiles de maîtres puissants et redoutés du peuple; mais la religion, par son influence salutaire, finit par les rendre bons et humains envers leurs sujets.

La plupart de ces nombreux castels sont tombés sous le feu de nos discordes civiles du quinzième et du seizième siècle, ou sous le marteau démolisseur des *égalitaires* de 1793. On en voit encore, de nos jours, les débris dans les villes, les bourgs, les villages et hameaux, souvent au sommet des montagnes ou au fond des vallées, et jusque dans les sombres profondeurs des forêts. Parmi les châteaux, échappés à la destruction, on remarque surtout ceux de Chastellux, de Bazoches, de Marcilly, de Thoisy, de La Roche-en-Breny, de Chassy, du Jeu, de Menessaire, de La Cour-d'Arcenay, de Villargoix, de Vandenesse.......

L'empire des idées catholiques est attesté en Morvand par des ruines nombreuses d'abbayes, de prieurés antiques, de chapelles rurales et d'oratoires que la piété de nos pères avait élevés pour la *gloire de Dieu,* l'*honneur de la religion* et le *salut des âmes.*

CHAPITRE III.

Caractère des Morvandeaux, leur origine, leur tempérament, leur amour des procès. — Leurs mœurs, leur esprit religieux, leur régularité d'autrefois, leurs jurements et superstitions. — Usages païens, vaines observances.

« C'est un beau pays que le Morvand ; là, vit une race d'hom-
» mes âpres et rudes comme la nature du sol, à la physionomie
» pleine d'expression, tranchée comme elle ; des hommes à la
» taille moyenne, trapus et bien proportionnés ; à l'allure libre
» et alerte, à l'air vif et rusé, à l'instinct prompt et hardi, à
» l'imagination forte et ardente ; des hommes à la vie de fatigues
» et de tranquillité..... (1) »

« Ils sont grands et robustes, assez bien faits, assez bons
» hommes de guerre quand ils sont une fois dépaysés........ »
écrivait l'immortel Vauban, dans sa *Description de l'élection
de Vézelay*.

Ces qualités qui distinguent, au physique comme au moral, l'habitant du Morvand, sont dues à son origine, aux habitudes particulières qu'il a conservées jusque dans ces dernières années, enfin à la nature et à la position élevée du pays.

Issu des anciens Celtes qui, pour se soustraire à l'empire et

(1) *Voix du Morvand*, p. v.

à la domination des terribles vainqueurs de la patrie, s'étaient retirés avec leurs prêtres persécutés dans les inaccessibles forêts du Morvand, l'habitant du pays, malgré la distance des temps, malgré le mélange de races, n'a pas encore dépouillé entièrement le caractère de ses aïeux.

Vivant jadis comme eux au fond des bois, sans communication avec ses voisins, ne quittant presque jamais le coin du monde où il était né, ne connaissant, n'aimant, ne chérissant que *soun endret, son cliocher, sai maïon*, il se faisait alors remarquer par sa nature âpre et rude, par ses manières brusques et peu polies. Un tempérament sanguin, disposé aux phlegmasies, une circulation active du sang, une peau ferme et colorée, une sensibilité exaltée, conséquences de l'air vif qu'il respire, annoncent ordinairement l'homme énergique et capable de grandes actions, mais aussi l'homme ardent, colère et passionné.

Livré à lui-même, et lorsqu'il n'est pas sous l'influence des passions, le Morvandeau est doux, généreux, hospitalier. Son secours et ses bons offices sont acquis à l'étranger qui parcourt le pays; il partagera même volontiers avec lui son maigre repas sans espoir de rétribution. Mais vif comme l'air qu'il respire, naturellement *peu endurant* envers ses voisins, il s'emporte, se fâche, se querelle pour des motifs souvent futiles.

Processif et chicaneur, un léger délit, un arbre mitoyen, un cours d'eau, les limites d'un champ ou d'un pré, une injure échappée dans le feu d'une dispute, deviennent presque toujours une cause de procédure et une source de malheurs pour les familles. En effet, un premier procès, par suite de l'esprit de vengeance naturel au Morvandeau comme à l'Écossais, auquel il ressemble, en engendre beaucoup d'autres qui, la plupart du temps, ne finissent que par la ruine de l'une et quelquefois des deux parties. « Il n'y a pas, dit Vauban, dans l'ouvrage cité plus » haut, de pays dans le royaume où l'on ait plus d'inclination à » plaider que dans celui-là. »

Très-défiant en matière d'intérêt, l'habitant de nos montagnes se montre, en fait de chicane, extrêmement crédule et facile à exploiter. Aussi, malheur à lui lorsque, poursuivant quelque acte de vengeance, il tombe entre les mains de personnes peu délicates; son avoir est sacrifié.

Généralement sobre et économe, néanmoins, ainsi qu'Ammien-Marcellin le rapporte des anciens Celtes, il se passionne aisément pour le vin, et, lorsqu'il s'est laissé subjuguer par la funeste habitude de la boisson, il ne connaît plus de bornes. Vainement on lui parlera le langage de la raison, inutilement une épouse en larmes lui représentera sa détresse et celle de leurs enfants, qu'il va réduire à une honteuse mendicité, c'en est fait, ses excès ne finiront qu'avec son dernier écu.

Attablé, le dimanche, dans quelque cabaret de village, il boit, chante, crie, tapage, se querelle, et finit souvent par des rixes sanglantes, dont les tribunaux retentissent plus tard.

Ordinairement pauvre comme le pays qu'il habite, la prospérité d'un voisin excite sa jalousie; il ne voit sa réussite qu'avec une peine secrète et un œil d'envie, qui le portent quelquefois à employer des moyens coupables pour la faire échouer.

Soit qu'il tînt ce penchant malheureux des anciens Celtes, soit que ce fût l'impulsion de la pauvreté, l'habitant du Morvand se laissait jadis entraîner facilement à quelque acte de rapine; naguère encore, il n'était sorte de maraudes auxquelles les charretiers, qui s'en vont pendant la belle saison hors du pays, ne se livrassent presque sans scrupule. La rigueur des lois forestières a singulièrement diminué le nombre des délits de bois, très-communs dans ces derniers temps.

Habile dans l'art de feindre, il s'est fait reprocher la duplicité et le mensonge. Curieux et avide de nouvelles, il s'insinue doucement, interroge indirectement, va, revient, tourne sans cesse jusqu'à ce qu'il sache ce qui pique sa curiosité.

Ami du merveilleux autant qu'irréfléchi, il admet comme vrais des contes souvent ridicules, quelquefois absurdes, et les propage, à son tour, avec une étonnante rapidité.

temps avec leurs troncs séculaires ; mais la dévotion aux fontaines s'est conservée jusqu'à nos jours, sous une forme généralement orthodoxe, que lui donnèrent les apôtres de l'Évangile, en dédiant à quelque saint les sources en réputation. Dès lors, leur prétendue vertu curative d'autrefois fut attribuée aux nouveaux protecteurs, dont elles portaient le nom.

Il n'est pas rare encore de voir, le matin, avant le lever du soleil, quelques femmes *endimanchées* s'agenouiller auprès de certaines fontaines, y prier dévotement pour la guérison de la fièvre ou de toute autre maladie ; elles puisent ensuite de l'eau pour les malades qui n'ont pu s'y rendre, ou y trempent des linges destinés aux infirmes.

La croyance aux *sabbats, où l'on dansait en rond autour du diable, qui y apparaissait sous la forme d'un bouc et se faisait adorer,* était naguère très-répandue dans le Haut-Morvand. Son origine remontait au druidisme, qui y conserva, jusque dans ces derniers siècles, d'aveugles sectateurs. Ceux-ci, faisant un odieux mélange des pratiques chrétiennes et des superstitions païennes, se rendaient, de nuit et en secret, au fond des forêts les plus sombres, les plus désertes, où quelque vieux druide, déguisé, pendant le jour, en pâtre ou en marchand, leur prêchait l'antique croyance de la caste et les initiait à ses rits.

Ces réunions impies furent désignées sous le nom de *sabbat*, et les sectateurs sacriléges sous celui de *sorciers*. L'imagination populaire, qui exagère et défigure tout, tenait pour certain qu'ils s'y transportaient à travers les airs, au moyen d'une graisse diabolique, dont ils se frottaient les membres.

Les druides et les druidesses ou fées du Morvand attribuaient au suc de la verveine, cueillie de la main gauche, avant le lever du soleil, et à diverses autres plantes, sacrées parmi eux, des propriétés surnaturelles, comme le pouvoir de changer les hommes en bêtes, d'occasionner des maladies secrètes, même de donner la mort. Ces contes ridicules firent croire que, en effet, des hommes pouvaient se changer en loups, enlever les troupeaux sans que les armes ordinaires pussent leur nuire (1), et les magiciens furent craints et redoutés.

On s'imaginait aussi que des hommes pervers, au moyen d'un pacte avec le diable, pour une somme d'argent convenue avec lui, étaient chargés de garder les loups au fond des forêts : on les appelait, en conséquence, *meneurs de loups*. Les personnes soupçonnées de cet affreux métier, étaient en horreur dans tout le voisinage.

L'autre, le *peut* ou le *vilain* (2), sous la forme d'une *poule noire*, apparaissait, disait-on, à la *croisée de quatre chemins*, au fond des bois, à celui qui l'appelait pendant la messe du dimanche, et il lui comptait autant d'argent qu'il en désirait, pourvu qu'il *lui engageât son âme pour l'éternité*.

Les feux-follets, qui se montrent quelquefois au bord des eaux pendant l'été, étaient aussi fort redoutés; c'étaient, selon la commune persuasion, des *culards* ou enfants morts sans baptême, qui se faisaient un jeu cruel d'entourer les passants et cherchaient à les précipiter dans l'eau. Pour s'en débarrasser, il suffisait de lancer dans la rivière, dans l'étang, un morceau de bois ou une pierre. Ces esprits malfaisants, persuadés de la réussite de leur coupable tentative, s'y précipitaient aussitôt en ricanant.

La croyance aux revenants sous la forme humaine, à l'apparition d'âmes en souffrance, était également très-répandue. Sans parler de l'ancienne doctrine païenne, qui représentait les mânes des morts rôdant sans cesse autour des habitations et des rochers, en Morvand tout conspire à frapper l'imagination des gens simples, à les effrayer pendant les ténèbres. Tantôt, en effet, un rocher d'une forme fantasque se dresse subitement devant vous, tantôt un animal sauvage fuit inaperçu. Ici, on

---

(1) Pour enlever le charme, il fallait, disait-on, faire bénir la balle ou la mordre.

(2) Noms par lesquels les Morvandeaux désignent le diable. Ils croiraient jurer s'ils prononçaient le vrai nom.

Doué d'une imagination vive et ardente, il s'exprime avec facilité, aime la conversation, et, dans sa grande démangeaison de parler, s'il ne sait autre chose, il s'entretient de son voisin, mais avec plus de légèreté que de méchanceté.

Naturellement religieux, il aime les cérémonies et les solennités de l'antique religion de ses pères. Il a conservé jusqu'à nos jours cette foi simple du chrétien et cette espérance douce et consolante en une félicité à venir, qui le soutiennent dans les misères et les privations de la vie, en même temps qu'elles le retiennent sur la voie glissante du désordre et du crime. Que Dieu lui conserve long-temps, pour son bonheur, ces deux inappréciables vertus; car, sans elles, livré à la fougue de passions ardentes, n'ayant d'autre frein que les lois civiles, il ne justifierait que trop la mauvaise opinion de ses voisins !

Pourtant, les populations du Morvand, nous le disons à regret, sont bien déchues aujourd'hui de l'antique régularité chrétienne de leur aïeux ! Les vertus patriarchales d'autrefois n'existent plus dans beaucoup de familles ; l'esprit d'insubordination et d'indépendance a soufflé par là. Les vieillards ne sont plus entourés des respects, des prévenances, de la vénération de toute la communauté. La piété filiale, jadis si florissante, qui faisait de l'aïeul le chef, le roi de sa petite tribu, n'y existe plus qu'en souvenir.

Ils sont déjà loin de nous ces temps heureux où rien ne s'agitait, rien ne s'entreprenait, rien ne se faisait sans qu'au préalable on eût pris l'avis du patriarche de la maison ! Il était beau, à cette époque de simplicité, de paix domestique, de voir toute la communauté, vraie ruche humaine, toujours composée de plusieurs générations, obéir sans réplique à la voix d'un vénérable vieillard, qui avait blanchi dans la pratique des vertus civiles et religieuses, et dont l'autorité était encore soutenue par une longue expérience !

Personne ne se dispensait alors des devoirs prescrits par la religion ; l'aïeul partait, et toute la famille suivait son exemple. L'infidélité d'un seul membre était regardée comme un déshonneur, une flétrissure ; car, on ne lui supposait naturellement aucune autre cause qu'un vice grave, ou une habitude criminelle, qui ne pouvait s'allier avec la pratique des devoirs d'un homme honnête et chrétien (1). L'incrédulité et l'indifférence étaient des monstres inconnus à nos pères; le blasphème ne souillait jamais leurs lèvres. Les seuls *jurons* en usage étaient *tounarre* et *loup-verrou*. Le premier, tenu pour le plus grave, venait, selon quelques écrivains, du nom de *Tanaris*, divinité gauloise que l'on disait présider à la foudre. Mais c'est à tort qu'on a demandé à l'antique mythologie l'origine de ce mot; dans la bouche de nos Morvandeaux, il n'a jamais eu d'autre signification que celle que chacun attache à *tonnerre*. Le second est la même chose que *loup-garou* ou sorcier. Nos bouleversements politiques et sociaux, les doctrines perverses qui ont pénétré, depuis quelques années, dans nos montagnes, les émigrations nombreuses, dont nous parlerons bientôt, ont opéré ces funestes changements.

Il n'est peut-être aucun peuple qui n'ait mêlé à la pratique de la religion si pure, si belle du Christ, quelques superstitions plus ou moins grossières. L'habitant du Morvand, lui surtout, pouvait-il en être exempt ? Mille causes, dans ses montagnes, se réunissaient autrefois pour lui inspirer de bizarres croyances et le porter à la superstition. Le druidisme, religion sombre et mystérieuse, qui prêchait le culte des fontaines, des rochers et des arbres, y avait jeté de profondes racines, et y domina long-temps après la conversion des Gaules au christianisme. Les monuments sacrés de ce culte barbare y étaient aussi nombreux que vénérés. De là vint la dévotion aux arbres et aux fontaines.

Le respect que l'on portait aux arbres a disparu depuis long-

---

(1) Le procès-verbal de la visite des paroisses, faite au nom de l'archidiacre d'Autun, en 1667, porte que tous les fidèles avaient satisfait au devoir pascal. A peine, dans quelques paroisses, trouvait-t-on une ou deux exceptions. *(Archiv. de l'évêché d'Autun.)*

entend comme des cris plaintifs s'échapper de la forêt agitée par le vent; dans le lointain, la voix d'un torrent bondit tristement... Aussi n'est-il pas de hameau qui n'ait ses apparitions à redire et ses légendes à raconter.

Pendant les longues soirées d'hiver, lorsque la famille, à laquelle viennent toujours se mêler quelques voisins, est réunie au complet autour d'un vaste foyer, dans lequel se tordent des branches vertes de genêts, ou brûle quelque vieux tronc d'arbre, à la lueur vacillante et blafarde d'une lampe nourrie avec l'huile de chenevis, les jeunes gens racontent leurs impressions de voyage, les *gallvachers* (1) les divers tours qu'ils ont joués, les vieillards leurs souvenirs de jeunesse ou les traditions qu'ils tiennent de leurs aïeux; puis viennent les légendes effrayantes de spectres et de fantômes traînant des chaînes dans de vieux châteaux, de serpents monstrueux gardant des trésors enfouis, ou les récits de vieilles chroniques féodales; puis on redit l'apparition de l'âme de tel voisin défunt, les chasses nocturnes de quelque garde mauvais chrétien (2), l'affreux métier des meneurs de loups, et encore les cures merveilleuses que tel *gougneur* a opérées à l'aide d'*herbes enchantées* ou de quelques paroles mystérieuses............

Pendant ces sombres récits, toujours écoutés avec une vive attention, souvent la neige, poussée par le vent du nord, tombe à gros flocons; de son côté, le vent, s'engouffrant dans le large tuyau de la cheminée, ronfle sourdement ou s'insinue en gémissant par les fentes d'une vieille porte disjointe. Alors la jeune fille, tremblante, n'ose mettre le pied hors de la maison paternelle, et les petits enfants, effrayés, se pressent convulsivement contre le sein de leur mère.

(1) *Gallvachers* ou vachers gaulois; nom que l'on donne aux charretiers qui vont, pendant la belle saison, travailler hors du pays.

(2) Les gardes forestiers sont généralement détestés en Morvand. On croit que Dieu, pour les punir d'injustices et autres méfaits commis, les renvoie, après leur mort, dans les forêts où on les entend chasser pendant la nuit.

Il existe dans le Morvand divers usages qui viennent évidemment du paganisme; ainsi, c'est encore la coutume, dans plusieurs endroits, à Decize, par exemple, à Planchez....., de mettre une pièce de monnaie dans la main du défunt avant de confier ses restes mortels à la terre. On sait que chez les païens elle était destinée à Caron, nocher des enfers, pour le passage des âmes à travers les marais fangeux du Styx. L'usage de brûler, en tout ou en partie, sur le chemin qui mène au cimetière, la paille du lit sur lequel le mort a rendu le dernier soupir, vient de la coutume de certains peuples, qui brûlaient le cadavre du défunt et avec lui tout ce qui avait servi à son usage particulier. Jamais on n'oublie de renouveler, au moment du trépas de quelque membre de la famille, l'eau contenue dans les vases pour le service de la maison, non comme précaution hygiénique, mais à cause de la commune persuasion que l'âme du défunt, au sortir du corps, s'y est plongée pour se purifier. On assure que plusieurs personnes, avant le décès de quelqu'un des leurs, reçoivent un *avertissement* du ciel.

Une multitude de vaines observances subsistent encore parmi nos campagnards; ainsi, il n'est pas de plus funeste présage que le chant de la pie; cet oiseau, naturellement curieux et babillard, importune souvent de ses cris les passants, qu'il poursuit; le Morvandeau, qui croit qu'il a *sept poils du diable sur la tête*, n'aime pas à le voir, encore moins à l'entendre autour de sa maison : c'est un signe certain de mort. Le vendredi est un jour néfaste, durant lequel on ne doit ni changer de linge, ni déménager, sous peine de mourir dans l'année. Un chien qui hurle, la nuit, devant le logis de son maître, une poule qui contrefait le chant du coq, sont d'autres signes de mort; aussi malheur aux deux téméraires animaux ! Le chien, s'il en est quitte pour une *volée de coups de bâton*, devra s'estimer heureux. Quant à l'imprudent volatile, pondît-il des œufs d'or, s'il est connu, il payera son escapade de sa tête. Une belette vient-elle à *croiser la porte* d'un malade, plus d'espoir de le sauver; un quadrupède sauvage *coupe-t-il le chemin* devant un voyageur, inutile de continuer sa route, le but en est manqué. La rencontre d'une femme, au départ, n'est pas de meilleur augure. Si une maîtresse de maison se permet de coudre *entre les fêtes* de Noël et de la Circoncision, tout le bétail de la ferme devient boiteux.......

CHAPITRE IV.

Nourriture des Morvandeaux, leur santé robuste, leurs vêtements. — Costumes. — Industrie agricole. — Émigrations, leurs conséquences. — Patois, sa formation. — *La Veuve et le Trésor des Rameaux*, légende morvandelle.

Les habitants du Morvand vivent ordinairement fort mal. « Tout ce pauvre peuple, dit Vauban dans sa *Description de
» l'élection de Vézelay*, ne se nourrit que de pain d'orge et
» d'avoine, dont il n'ôte pas même le son, ce qui fait qu'il y a
» tel pain qu'on peut lever par les pailles d'avoine dont il est
» mêlé. Ils se nourrissent encore de mauvais fruits, la plupart
» sauvages, et de quelques herbes potagères de leurs jardins,
» cuites à l'eau avec un peu d'huile de noix ou de navette, le
» plus souvent sans ou avec peu de sel. Il n'y a que les plus
» aisés qui mangent du pain de seigle mêlé d'orge et de fro-
» ment. »

Ce triste régime s'est un peu amélioré depuis qu'ils se sont mis à cultiver avec soin leurs héritages, et surtout depuis l'introduction du sarrasin et de la pomme de terre. Celle-ci entre aujourd'hui dans la composition de presque tous leurs repas. Ils apprêtent avec elle, ou avec le sarrasin et l'avoine, des bouillies qu'ils nomment *gaudes*, *pouls*, *poulites* et *picoulée*, et dont ils sont très-friands. Cette nourriture, fort saine, se prend ordinairement en commun, c'est-à-dire dans la même gamelle, autour de laquelle petits et grands viennent se ranger en cercle. Ils ne mangent de la viande et ne boivent du vin, en famille, qu'aux principales solennités de l'année.

Néanmoins, ils jouissent généralement d'une santé robuste, vivent long-temps, et toujours avec un teint frais et vermeil. Il n'est pas rare de trouver des nonagénaires et même des centenaires conservant encore toutes leurs facultés intellectuelles. Ces avantages sont dus à leur frugalité habituelle, à la vie calme et tranquille qu'ils ont menée jusqu'à nos jours, à la limpidité de l'eau, leur boisson ordinaire, et surtout à la pureté de l'air qu'ils respirent.

Si nous jetons maintenant un coup d'œil sur les pays calcaires ou argileux, nous rencontrons une population généralement faible et rachitique, des tempéraments débiles, prédisposés aux fièvres intermittentes, une peau flasque et décolorée, un esprit lourd et une imagination sans couleur. Nous en trouvons aussi la cause dans les eaux croupissantes accumulées dans les bas-fonds et dans les marais qu'elles y forment. Ces eaux stagnantes, en se desséchant par l'évaporation, dégagent des exhalaisons méphitiques qui, respirées avec l'air, lorsqu'elles retombent, après le coucher du soleil, occasionnent dans l'économie animale les plus funestes effets (1).

Les vêtements de nos Morvandeaux étaient jadis simples comme leurs habitudes, et aussi peu coûteux que leur nourriture. Ils se composaient exclusivement d'étoffes fabriquées dans la maison. C'était de la *toile*, du *poulangis*, du *barraige* à l'usage des deux sexes.

Le costume des femmes n'était ni plus recherché, ni plus soigné que celui des hommes ; mais cette grande simplicité a presque totalement disparu. Le luxe, compagnon funeste de

(1) Nous avons administré, pendant dix ans, la paroisse de Montigny-sur-Canne, et nous avons pu constater ces tristes effets du climat.

notre civilisation moderne, a fait irruption jusqu'au cœur de nos montagnes pour y porter l'immoralité et le malaise (1).

Les Morvandeaux, en général, sont industrieux, intelligents et adroits. Leurs occupations ordinaires sont : l'élève des bestiaux, l'exploitation et le flottage des bois, le charroi dans les forêts et l'agriculture, pour laquelle ils montrent aujourd'hui du goût et du zèle. Mais Vauban, dans l'ouvrage déjà cité, raconte qu'il en était tout autrement de son temps. « Les terres, » disait-il, en parlant du Morvand, y sont mal cultivées, les » habitants lâches et paresseux jusqu'à ne pas se donner la » peine d'ôter une pierre de leurs héritages, dans lesquels ils » laissent croître les ronces et les méchants arbustes. Ils sont » d'ailleurs sans industrie, arts, ni manufactures aucunes qui » puissent remplir le vide de leur vie. »

S'ils ont pu mériter ce reproche, le temps et les circonstances les ont tirés de cette négligence et de cette apathie. Un heureux changement s'est opéré parmi eux. Laissons parler ici l'illustre patron des agriculteurs nivernais :

« Si ce grand génie pouvait de nouveau visiter ses terres de » Bazoches et de Vauban, s'il parcourait les anciennes paroisses » de l'élection de Vézelay, il verrait combien de lieux, dans ce » Morvand si dédaigné, ont changé de face et présentent aujour- » d'hui un aspect différent....! Il verrait avec bonheur les habi-

---

(1). Le costume des hommes consistait en une paire de sabots assez grossièrement faits, en deux guêtres boutonnées le long de la jambe et attachées au-dessous du genou avec une longue jarretière de laine; en un haut-de-chausses de même étoffe, une *daumère* ou surtout de toile grise tombant presque aux talons, un bonnet de laine........

Celui des femmes se composait d'une paire de sabots découverts et sans brides, d'un *cotillon* ou jupe de toile ou de *barraige*, d'un *corset* ou corsage à manches courtes et collantes; d'un *mouchoir de cou* ou fichu couvrant à peine les épaules, d'un *devantié*, ou tablier de toile, et d'une coiffe à barbe de même. En voyage ou dans les champs, elles se couvraient d'une *cape* ou *capote* de poulangis, assez semblable, ici, à la cucule romaine, là, au *sagum* des Gaulois.

» tants, presque tous devenus propriétaires, logés la plupart dans
» leurs maisons, et cultivant avec un soin particulier leur petit
» domaine. Il verrait combien de terres, jadis délaissées, ont
» été mises en culture ! combien de champs de seigle sont deve-
» nus des terres à froment ! Chaque année voit un certain nombre
» de parcelles, travaillées avec amour......, revêtir la qualité
» d'ouches, c'est-à-dire passer dans la classe de ces terres pri-
» vilégiées, véritables oasis du Morvand, offrant le spectacle
» d'un sol qui ne se repose jamais, et qui produit, tour à tour,
» du froment, du chanvre, des plantes oléagineuses et toutes
» sortes de légumes. Combien de ces portions de terre ont ainsi
» passé, presque subitement, de l'évaluation la plus vile au prix
» le plus élevé, au point de se vendre jusqu'à trois à quatre
» mille francs l'arpent (1). » Il est donc certain que les Morvandeaux ont fait de grands progrès agricoles et qu'ils marchent
vers un état d'aisance inconnu à leurs pères au commencement
du dix-huitième siècle.

Bon nombre d'entre eux émigrent au printemps pour ne rentrer qu'avec l'hiver. Les jeunes gens vont à Paris et dans sa banlieue en qualité de manouvriers. Dans beaucoup de communes, les chefs de famille, sous le nom barbare de gallvachers, descendent des montagnes, chacun avec une ou deux voitures d'une forme particulière au pays, et se livrent aux charrois dans les provinces voisines que, par opposition à la situation élevée du Morvand, ils nomment *les pays-bas*.

Rentrés dans leurs foyers, vers la Saint-Martin d'hiver, nos charretiers s'occupent à la réparation de *leurs harnais pour la campagne suivante*, à la moulée dans les forêts, au flottage des bois sur les rivières et ruisseaux, à la confection des sabots pour la famille, au tissage de la toile. D'autres vont, en qualité de *couvreurs en paille*, dans la Bresse et le Bourbonnais pour réparer les toits de chaume.

Les jeune femmes, devenues mères, quittent bientôt elles-

(1) M. Dupin, *Comices agricoles*, p. 20.

mêmes leurs ménages, leurs maris et leurs petits enfants, pour aller à Paris nourrir les enfants des familles riches. Leur santé vigoureuse, leur constitution robuste, leur teint frais et vermeil, leur tournure gracieuse, les font presque toujours préférer aux *nourrices sur lieu*, venues des autres contrées. Le fils de l'Empereur Napoléon Ier, les enfants du roi des Belges, les petits-fils de Louis-Philippe, le fils de Napoléon III, et presque tous les enfants des grandes maisons de la capitale ont été allaités par des *Bourguignones* du Morvand.

Il résulte de ces diverses émigrations un relâchement déplorable dans la morale chrétienne et un affaiblissement sensible de la foi qui, tôt ou tard, auront un fatal résultat pour le pays. Déjà l'antique simplicité, qui était si grande, dit Née de la Rochelle (1), qu'elle égalait à peu près celle où vivaient nos premiers parents, a disparu. Un demi-siècle a suffi pour en effacer presque jusqu'aux derniers vestiges. Le langage y a gagné beaucoup; mais cet avantage est loin de compenser les inconvénients que nous venons de signaler,

Le patois morvandeau, que l'on ne retrouve plus, dans son originalité native, que vers le centre de la contrée, par exemple à Planchez, à Arleuf, à Villapourçon, variait d'un village, et même d'un hameau à l'autre. Il se composait de mots celtiques, latins et français mélangés, confondus et défigurés. Ce patois, malgré sa rusticité et sa pauvreté naturelles, est alternativement doux et véhément, semé d'images et de comparaisons, toujours fortement accentué et souvent hérissé d'énergiques interjections. Il admet rarement la participe et l'adjectif.

L'auteur que nous venons de citer, écrivait en 1746 : « qu'il
» était *si particulier* qu'on aurait pris les Morvandeaux pour
» des gens d'un autre continent; qu'il aurait fallu rester long-
» temps avec eux, et même s'attacher beaucoup à leurs termes
» pour les entendre (2). »

(1) *Mémoires sur le Nivernais*, p. 264.
(2) *Ibid*, p. 264.

Cette assertion nous a paru exagérée. Pour donner une idée exacte de ce langage, nous allons raconter une légende du pays en patois du Haut-Morvand.

LA VEUVE

ET LE TRÉSOR DU DIMANCHE DES RAMEAUX.

Aine poore fonne vivot chu l'coôté d'aine das montées du Morvand. Oll' v'not d'parde soun honme que n'li aivot laiché, poo toot ben, qu'aine méçante caihute, aine p'tiote uice et ain zouli enfant qu'totot encoi.

Opheurline d'vant qu'date voive, oll' n'aivot don pus qu'son p'tiot qu'peuïot l'aitaicer ai l'ai vie.

L'toorment li fié bentoôt parde sai poore zeunesse et sai biauté ; iot chi p'sot d'çoore que d'noos ! Sas groos œillots nars feurent bentoôt çanzés aitoot. Sas zoos aloient pus bliâmes ! lai mégreur d'son corps montret, hailas, Saigneur ! qu'oll'aivot ben souffri. Son soin s'tairissé.

L'hivar feut ben deur et feut ben long aitoot. L'petiot p'sot qu'oll' aivoient raimaissé en loo camp et las répis qu'oll aiveient liannées pendimant l'temps d'lai mouchon atoient chu l'point d'fini.

Lai misére toornot ailentoor d'sai maïon, toot c'ment ain loup aifeumé qu'airot aitiré l'goût d'ain cailabre.

Quand oll' v'not ai penser qu'oll' n'airot bentoôt pu ran p'las chub-

Une malheureuse femme vivait sur le flanc d'une des montagnes du Morvand. Elle venait de perdre son mari, qui ne lui avait laissé, pour toute fortune, qu'une pauvre cabane, une petite ouche et un bel enfant encore à la mamelle.

Orpheline avant d'être veuve, elle n'avait plus que son fils qui pût l'attacher à la vie.

Le chagrin ternit bientôt sa belle jeunesse et tous ses charmes ; c'est si peu de chose que l'homme ! Ses grands yeux noirs furent aussi bientôt changés. Ses joues pâles, la maigreur de son corps accusaient, hélas ! de bien grandes souffrances. Son sein s'était tari.

L'hiver fut rigoureux et bien long. Le peu qu'ils avaient récolté dans leur champ, et les épis qu'ils avaient ramassés dans le temps de la moisson étaient au moment d'être épuisés.

La misère rôdait autour de sa maison, comme un loup affamé, attiré par l'odeur d'un cadavre.

Lorsqu'elle se prenait à réfléchir qu'ils n'auraient bientôt plus rien

sister, lé et son poore petiot, oll' s'bootot ai réboler d'toote sai téte zeusqu'oll' en feusse ben lasse. Ol timbé m'laide! Iatot impoussibe qu'ol en airiveusse auteurment!

Çaiq'zoor, quand lai peurmére écliarcie du maitingne baillot, et qu'oll' paissot autraivars d'sai poor loize du bon Dieu, ç'te mis'rable, que n'dremot pas toote lai neut! s'toornot vée son p'tiot, l'ergardot pidieusement et l'airoosot d'sas plieurs en l'biquant; et peus oll' le bootot aiprés son soin l'ai vòu quot n'y aivot pu ran. Enchuite oll' le mettoot chu son cuchin ben mou et chi fred qu'lai liaice. Mas lé, héreusement, oll' n'atot pas fraidélioure.

Ç'pendimant l'hivar s'en ailot et las ouïaux c'moinccient d'çanter. Las abres ateient chu l'point d'ébaumi; in viot dizai lai d'volée qu'vardissot. D'toot coôté ç'atot d'lai zouas. Mas lé, lai voive du zeune Morvandiau, toozors fabihe, toozors m'laide, oll' n'aivot pas tancheul'ment l'aitente de voui ervenir ain d'sas poores biaux zoors! Lai çoore que fiot toote son erconsolation, son fiot, ot dépérichot, quoi! toots las zoors!

Ai coôté d'sai loize, ol y aivot ain groos carté d'raice, lai qu'ot dicient qu'in viot, aine piarre lai voù qu'las fées v'neient las autefois s'aichéte. Ol y fiot toot d'moinme quéequ'fois aine peute çarue! Mais oll' y atot aibituée, oll' n'y peurnot pas garde, et poo ben dire, oll' n'atot pas zadoure.

pour se nourrir, elle et son enfant, elle se mettait à pleurer jusqu'à ce qu'elle fût bien fatiguée. Enfin, elle tomba malade; pouvait-il en être autrement?

Chaque jour, quand les premiers rayons de l'aurore brillaient à travers les crevasses de sa misérable cabane, cette malheureuse, après une nuit passée dans l'insomnie, se tournait vers son enfant, le regardait avec tendresse et l'inondait de ses larmes en le couvrant de baisers; puis elle le suspendait à son sein vide, et enfin le replaçait sur sa couche humide et froide comme la glace. Quant à elle-même, elle n'était pas frileuse.

Cependant l'hiver s'en allait, et les oiseaux, avec les beaux jours, avaient retrouvé leurs chants. Les arbres commençaient à se couvrir de feuilles et la vallée se parait de verdure; de toutes parts on ne voyait que joie. Mais elle, la veuve du jeune Morvandeau, toujours faible, toujours malade, n'avait pas même l'espoir de voir revenir un seul de ses beaux jours! Son fils, qui faisait toute sa consolation, dépérissait à vue d'œil.

A côté de sa cabane, on remarquait un bloc de rocher où il se faisait diverses apparitions : une grosse pierre sur laquelle les druidesses du pays venaient s'asseoir autrefois. On y entendait, en effet, de temps en temps, un bruit effrayant; mais elle y était accoutumée, et n'y faisait pas même attention; puis, à vrai dire, elle n'était pas peureuse.

Ain zoor que l'soulot aivot trépocé las breugnes qu'entoorneient lai montée, oll' ailé s'couicer aivou son p'tiot ai l'aibri darré c'te piarre, du coôté du soulot; iatot poortchi vée lai mis-mait'née.

V'lai qu'toot d'ain coup, conme oll' ne pensot ai ran, oll' vié aine tapée d'zeunes fonnes et d'zeunes feilles qu'aileient ai la grand'messe du villaize. Oll' sigueient ain santé qu'dasçoindot p'las çamps, et qu'moignot toot dret ai l'église. In viot ben d'lai l'clieucé qu'teurluot au soulot. Ças fonnes aiveient en loos maignes das p'tiotes brinces vardes qu'oll' brandineient en l'ar. C'te poore mis'rable compeurné qu'iatot lai fête de Pâques fluri, l'zoor das Raimeaux. Quée pidié! oll' ne c'nuessot l'zoor qu'poo lai cliarté, les dimoinces qu'poo lai soun'rie das clieuces et toote sai vie p'lai dooleur!

Qu'ç'lai li fiot d'lai poigne! Oll' atot plieine d'erlizion, ç'te poore fonne, et oll' n'peuïot ailer ai lai messe ain chi biau zoor!

Oll' atot mére, et, en quée-qu'zoors oll' n'airot pus d'paingne ai bailler ai son poore petiot! Oll' s'booté ai récueurier; c'n'atot pas d'graiche, crayez-moi!

Aiprée quoll' aivut ben rébolé, oll' s'erlevé, et v'lai quoll' sbooté ai zenoot. — Aipeus oll' peurné son poore petiot devant lé poo l'bootte de sai peuriéle en zoignant sas deux maingnes chu soun astoomach. Oll' d'moiré long-temps coume çai.

Quand sai peuriéle feut finie,

Un jour, comme les rayons du soleil avaient percé les fumées qui enveloppaient la montagne, elle alla, avec son enfant, se coucher au soleil, derrière ce rocher; c'était vers neuf heures du matin.

Tout-à-coup, comme elle était là triste et rêveuse, elle aperçut une troupe de jeunes femmes et de jeunes filles qui allaient à la grand'-messe du village, et suivaient un sentier qui descendait à travers champs et menait droit à l'église, dont le clocher brillait aux rayons du soleil. Elles avaient dans leurs mains de petites branches vertes qu'elles agitaient dans l'air. Cette malheureuse comprit alors que c'était le jour de Pâques fleuries, le jour des Rameaux. Elle ne connaissait, hélas! le jour que par la clarté, les dimanches que par le carillon des cloches, et toute son existence par la douleur!

Quel tourment! Cette pauvre femme, elle si religieuse, si pieuse, ne pouvait assister à la messe un si beau jour.

O tristesse! elle était mère, et, quelques jours encore, elle n'aurait plus de pain à donner à son enfant! Elle poussa alors des gémissements, des cris arrachés par une trop légitime douleur!

Après qu'elle eut bien pleuré, elle se leva et se mit à genoux, ayant soin de placer son enfant devant elle, et de joindre ses mains sur sa poitrine pour le mettre de sa prière. Elle demeura long-temps à prier ainsi.

Lorsqu'elle eut achevé : « O mon

v'lai quoll' li dié : « O mon poore petiot, et en diant çai, oll' le biquot ch'lai zoo, et p:u oll' plieurot toozors, iot auz'dé qu'las trésors s'euvront. Y'ai sou'ent vu dire à ton poore pére, que l'bon Dieu li fiait pax et mis'ricorde ! qu'ol y en a nivot ain soos ç'te piarre ; chi peuïoos don l'voui ! y prenroos ain p'sot d'arzent poo t'aivoir du paingne. »

En ç'pendimant las chueurtiens ateient ervenis d'lai poocession et s'ateient airotés ai lai porte de l'église. L'préte coognot aivou l'bâton d'lai crouée, en çantant : Allollite porlas..... ç'atot l'moument du miraclihe. V'lai qu'toote lai montée s'booté ai trimbier ; las abres branleient toot c'ment en ain oraize ; las ouïaux s'coohièrent ; lui fontaingne, qu'atot ai coôté, s'airôté ; et v'lai qu'lai raice s'euvré. Oll' vié auchitoôt aine grand'caivarne laivoù qu'tootteurluot d'dans. Ç'n'atot qu'das chandelles, das mirouées, et peus, poor stchi lai, das tas d'oor et d'arzent ; zaimas ran d'chi brave ! Oll' aivot ce coup lai, c'qu'oll' dasirot.

Toot d'chuite oll' se s'té dans c'te gueurdine de caivarne ; oll' ne peurné pas tancheul'mant l'loihi d'pooser son poore petiot aivant qu'd'entrer. V'lai qu'ben via oll' le booté ch'ain meule de luis d'oor, et peus oll' remplissé son d'vanté pendimant que l'poore énocent s'aibuïot aivou das récus. Lai v'lai don partie aitoot sai çarge. Oll'

pauvre enfant, lui dit-elle, en le couvrant de baisers et de larmes, c'est aujourd'hui même que s'ouvrent les trésors. J'ai entendu dire maintes fois à ton pauvre père, que Dieu lui fasse paix et miséricorde, qu'il y en avait un sous ce rocher. Si je pouvais donc le voir et y prendre de l'argent pour t'acheter du pain !

Cependant les fidèles de la paroisse, de retour de la procession, s'étaient arrêtés à la porte de l'église. Le curé, debout, frappait avec le bâton de la croix en chantant : Allollite porlas... c'était juste le moment du miracle. Toute la montagne trembla ; les arbres s'agitaient comme dans un orage ; les oiseaux se turent ; la fontaine, qui coulait à côté, s'arrêta, et le rocher, en s'ouvrant, laissa voir une grotte spacieuse où tout brillait de l'éclat le plus enchanteur. De magnifiques glaces, où mille lumières venaient se refléter, en couvraient toutes les parois, et, çà et là, des monceaux d'or et d'argent gisaient sur la dalle. C'était un coup d'œil magique ! Le désir de la veuve se trouvait accompli.

Aussitôt elle se précipite dans cette maudite grotte, sans se donner le temps de déposer son enfant sur le gazon. Vite elle le place, sans la moindre défiance, sur un monceau d'or, et tandis que cet innocent s'amuse avec des pièces de monnaie, elle remplit son tablier qu'elle emporte dans sa cabane. Elle ne perdit pas de temps ; néan-

s'dépoiçot ben poortant ! Mas quand oll' ervené p'en prenre encoi, lai clieuce atot miotte, lai poocession atot entrée dans l'église; las abres aiveient fini d'bondir; las ouïaux aiveient ercoomoincé d'çanter; liau d'lai fontaingne coulot toot c'ment las autes fois, et v'lai qu'oll' vié aine groosse sarpent que s'sauvot p'las feuillas drait laivoù qu'oll' s'atot aiz'noillée poo peurier; oll' en tressauté d'pou. Mas n'iatot ran qu'çai : lai raice s'atot erfromée chu son poore petiot. L'sang en feurmi dans las voignes ran qu'd'y penser !

moins, quand elle revint, croyan faire un nouveau chargement, la cloche avait cessé de sonner, et la procession était rentrée dans l'église; les arbres de la forêt avaient cessé leurs sourds murmures, les oiseaux faisaient de nouveau entendre leurs harmonieux ramages, et l'eau de la fontaine gazouillait comme à l'ordinaire. A son approche, un énorme serpent s'échappa du lieu où elle s'était, un peu auparavant, agenouillée pour prier, et fit bruire, dans sa fuite, les feuilles sèches qui jonchaient la terre. Un frisson courut dans tous ses membres. Mais, chose plus terrible ! le rocher s'était refermé sur son enfant. Triste aventure dont la seule pensée glace le sang dans les veines !

C'te poore mis'rabe s'trou'é pus toormentée qu'zaimas. Lai v'lai de de s'toirde las bras; d's'airaicer las pois, de s'boordouler en las ronces et las répeunes, de fére toots las traingnes. Oll' cueriot, oll' rébolot, enfingne, sans comparaïon d'chueurtien et d'baiptame, oll' heulot toot c'ment aine loure qu'airot pardu sas p'tiots. Çai tirot las plieurs das œillots !

Cette malheureuse se trouva donc plus affligée qu'auparavant. Elle se tordait les membres, elle s'arrachait les cheveux, se roulait dans les ronces et les épines, battant la terre de son corps. Elle criait, elle sanglotait; enfin, hors la qualité de chrétien et la sainteté du baptême, elle hurlait comme une louve à laquelle on aurait enlevé ses louveteaux ! A la voir, on ne pouvait retenir ses larmes.

Aiprée qu'oll' aivut fé toot c'breut, oll' couéré cez lé, peurné c'gueux d'arzent qu'atot lai cause d'son toorment, oll' le z'té ai clian poing dans las boochons, toozoors en cueuriant, d'aine voix enrooguée, son poore petiot.

Après tout ce désespoir, elle court chez elle, prend cet argent, la cause maudite de son chagrin, et le jette à pleines mains dans les buissons, en appelant, d'une voix rauque et entrecoupée par les sanglots son cher enfant.

Quand çai feu fé, oll' ervené toote assoufflée, oll' s'couicé ai bas,

Revenant ensuite tout essoufflée, elle se couche au pied du rocher,

au pied d'lai raice ; oll' booté soun aireille d'conte et oll' acoutot ch'oll' n'entendrot pas cueurier son poore enfant; mas ran! Et lai v'lai d'ercoomoincer sas cris, sas rébolements et toots sas éconforts. Oll' daraicinot las harbes et las r'zetons qu'ateient en las cueurvaisses das piarres; oll' fié chi ben, qu'oll' pardé sas forces et timbé en fabliesse, sans c'nuessance, préequ'morte.

Quand oll' ervené ai lé, l'soulot atot couicé. Oll' s'trâné aivou ben d'lai poigne en sai s'tite caihute. Poore fonne, poore mis'rabe, quée vide autoor de lé ! Toote soule, toote soule aivou son toorment ! Y n'vaurot-ti pas autant murir quand on ai toot pardu ?

Oll' zeuré d'paisser l'reiste de sas zöors ai peurier au pied d'lai raice. Quand oll' n'aivut pu d'peurvions, oll' vendé aiprée c'qu'oll' aivot p'aiceter l'paingne qu'fiot, aitoot l'iau d'lai fontaingne, toote sai poore nuriteure. Toot las maitingnes l'zoor lai peurnot ai z'nots vée l'autel das Fées, toos les sarts ot li laichot d'moinme; puch' qui voos dis qu'çai fiot pidié !

Ot y aivot ain an qu'ç'lai deurot, quand toot d'ain coup lai montée trémoincissé coome en ain trimbeul'ment d'terre. Yatot encoi l'dimoince das Raimeaux, ai lai moinme heure. Lai raice s'euvré d'nouviau.

En viant d'vant lé das meules d'oor, c'te poore fonne sinté c'ment

applique son oreille contre ses parois, et écoute si elle n'entendrait pas la voix de son tendre fils ; mais c'est en vain ! Aussitôt la voilà de recommencer ses cris, ses sanglots et toute sa douleur; elle déracinait les herbes et les arbustes qui avaient crû dans les fentes du rocher; elle fit tant, qu'elle perdit ses forces et tomba en faiblesse, sans connaissance, presque morte.

Lorsqu'elle eut repris ses sens, le soleil était déjà descendu derrière l'horizon. Elle se traîna alors, aussi morte qu'envie, dans sa triste cabane. Pauvre femme, quel vide autour d'elle! Seule, seule avec sa douleur! Ah! ne vaudrait-il pas mieux mourir quand on a tout perdu ?

Elle fit vœu de passer les jours qui lui restaient à vivre à prier au pied du rocher. Lorsque ses provisions furent épuisées, elle vendit par parcelles sa petite fortune pour se procurer le pain qui, avec l'eau de la fontaine, composait sa maigre nourriture. Tous les matins le jour la surprenait à genoux près de la roche des Fées ; tous les soirs il la laissait dans la même attitude. Elle excitait la compassion !

Il y avait un an entier qu'elle menait cette triste vie, lorsqu'elle sentit tout à coup la montagne s'agiter comme dans un tremblement de terre. C'était encore le dimanche des Rameaux, vers la même heure. Le rocher s'ouvrit de nouveau.

A la vue des monceaux d'or qui vinrent frapper ses regards, cette

ain grand feurson qu'li couérot dans toots las membres, et toot son toorment s'révoillé : « O mon poore petiot, qu'oll' s'booté ai dire en rébolant et d'aine voix qu'bouesscient las soupis, laivoù qu'ol ot don mon poor enfant ! » Et peus oll' z'té las œillots en l'fond d'lai caivarne, lai voù qu'oll' le vié qu'ol atot fros et quot riot en fiant souner las luis d'or vée las piarres.

Quée zoie, mon Dieu ! soun âme n'atot p'aissez grande poo t'ni toot son bounheur et son aïété ! Sas poores œillots n'peuïcient pliourer d'peus ben long-temps, mas ot s'y r'bootérent ben ! Ç'atot toot c'ment deux rouchaux chu sas deux zoos !

Auchitoôt oll' prend couéraize ; d'ain élan lai v'lai vée son fiot, d'aine aute enzambée oll' atot d'hiors de ç'te sailoprie d'caivarne qu'li aivot bailié ain chi grand toorment. Mas ç'coup chi oll' l'empoortot chu son cou ! Y n'faut pas d'mander ch'oll' atot aïhe !

En ç'mooment lai, ain zeune honme vitu d'haibits pus blancs qu'lai noize, et qu'oll' n'aivot pas été l'temps d'voui vée son fiot, oll' atot chi aïhe ! li dié : « Fonne, qu'l'oor du trésor ne t'tente pus ai ç't'heure ! Soovins-toi qu'lai plus groosse ricesse d'aine mére, iot son p'tiot. »

pauvre femme éprouva un frisson convulsif dans tous les membres, et toute sa douleur se réveilla : « O mon cher enfant, s'écria-t-elle en sanglotant et d'une voix entrecoupée par les soupirs, où est-il mon cher enfant ! » Puis aussitôt, plongeant son regard au fond de la grotte, elle l'aperçut, frais et joyeux, s'amusant à faire sonner des pièces d'or contre les pierres.

Quelle joie, grand Dieu ! Son âme était trop étroite pour contenir son bonheur. Ses yeux qui, depuis long-temps, n'avaient plus de larmes, en retrouvèrent alors ; elles coulèrent sur ses joues comme deux ruisseaux.

Recueillant aussitôt toutes ses forces, d'un bond elle arrive près de son fils ; d'un autre bond elle sort de cette funeste grotte, qui lui avait causé tant de chagrin. Quelle ne fut pas sa joie ! Elle emportait son enfant dans ses bras.

Alors, un jeune homme, vêtu d'habits plus blancs que la neige, et que, dans sa joie, elle n'avait pas remarqué auprès de son fils, lui dit : « Femme, que l'or du trésor ne te tente plus désormais. Souviens-toi que la plus grande richesse d'une mère, c'est son enfant ! »

DEUXIÈME PARTIE.

HISTOIRE GÉNÉRALE DU MORVAND.

CHAPITRE Ier.

Coup d'œil sur la Gaule celtique, sa situation, son étendue, sa capitale. — Émigrations gauloises. — Usages des Celtes, leur caractère, leur religion. — Les druides, leurs croyances, leur autorité, leur culte. — Gouvernement du peuple éduen.

Les Gaules, au rapport de César, étaient divisées, avant l'occupation romaine, en trois grandes parties connues sous les noms de Celtique, Belgique et Aquitanique. La première, la seule dont nous ayons à nous occuper ici, s'étendait de la Seine au Rhône, et du Rhin à l'Océan. Elle comprenait plusieurs peuples libres et indépendants, qui formaient autant de républiques gouvernées despotiquement. Celle des Héduës ou Eduens, dont le territoire couvrait une grande partie de la Bourgogne, de la Bresse, du Lyonnais, ainsi que le Charolais et le Nivernais, tenait le premier rang. Plusieurs cités puissantes, telles que celles des Bellovoques, des Bituriges et des Sénons, reconnaissaient son protectorat ou vivaient dans sa dépendance. Bibracte, sa capitale, que l'on croit communément avoir été fondée avant Rome, était la plus ancienne, la plus grande, comme la plus peuplée et la plus opulente de la Celtique et même de toutes les Gaules.

Guy Coquille, notre vieil historien nivernais, prétend que, dans une haute antiquité, elle occupa le sommet du Beuvray, « où se voit, dit-il (1), une belle et grande planure, ayant la » terre relevée ès-entours, qui sont les vestiges d'une ancienne » cité ». Il est vrai que, jusqu'ici, on n'y a remarqué aucune ruine importante, sinon de gigantesques terrassements, contournant, selon l'usage des anciens peuples, les sinuosités du terrain, *sans apparence de murailles et de portaux* (2); néanmoins, aux yeux des érudits, son opinion n'est point sans fondement, puisque « les Gaulois ne munissoient pas leurs villes » de murailles de pierre, mais de grandes travées de bois entre-» lacées en grande hauteur (3). »

« Il est vraisemblable, ajoute-t-il, que les plus anciennes » villes, basties après le déluge, ayent esté mises ès-cimes des » montagnes, et depuis, à cause de l'incommodité des lieux » hauts, ayent été transférées en lieux plus bas et de plus facile » accez. » Ainsi en fut-il de l'antique « *Gergobia* qui, du temps » de Jules César, estoit en une fort haulte montagne d'Auvergne, » estant de difficile accez de toutes parts, qui est le puy de » Dôme, où se voit une belle plaine comme en la cime de la » montagne de Beuvray. »

Ce sentiment, contredit par Saint-Julien de Baleure, par Nicolas Samson, Thomas Holsterius, d'Anville et Courtépée, a été adopté par Marlien, Orteillius, Dominicus Niger, Volaterra et divers autres écrivains. Moreau de Mautour, membre de l'Aca-

---

(1) *Histoire du Nivernais*, in-4°, p. 6.
(2) Malgré cette absence de vestiges de portails, les populations des alentours du Beuvray racontent encore qu'on entendait de Nevers le bruit des portes lorsqu'elles roulaient sur leurs gonds.
(3) *Histoire du Nivernais*, p. 11.

démie française, l'a soutenu dans une longue dissertation sur une très-ancienne médaille.

De nos jours, M. Bulliot, président de la *Société éduenne*, et Mgr Crosnier, président de la *Société nivernaise des lettres, sciences et arts*, ont également embrassé cette opinon. Le premier, dans son savant ouvrage intitulé : *Essai sur le système défensif des Romains dans le pays éduen*, auquel nous renvoyons le lecteur, nous semble avoir donné des preuves quasi-démonstratives en faveur de ce sentiment. Nous pensons avec lui et avec Guy Coquille qu'on ne peut raisonnablement supposer que, six ou huit siècles avant Jésus-Christ, les Gaulois aient fondé, sans motif, la capitale des Eduens dans une plaine, tandis que l'usage était alors de rechercher les montagnes (1). Strabon, en parlant de Bibracte, emploie le mot *prourion*, que nous rendons en latin par *oppidum munitum*, et en français par ville forte, citadelle. Or, cette qualification ne convenait nullement à l'*Augustodunum* des Romains. Sa forme carrée, ses voies coupées à angle droit, la correspondance de ses portes, sa situation au bord d'une rivière, sur une côte doucement inclinée, tout indique une ville de luxe, de commerce, mais nullement une place de guerre, une forteresse. Posée au sommet du Beuvray, la plus haute montagne du pays éduen, entourée de retranchements gigantesques, de terrassements énormes, Bibracte devenait nécessairement un *oppidum munitum*, une place de guerre de premier ordre, tel qu'il convenait à la puissante république éduenne, telle qu'était Gergovie chez les Arvernes. Qui ne reconnaîtrait d'ailleurs le nom de Bibracte dans l'ancien *Biffractum* des chartes? Quelle position plus convenable? De là, l'œil embrassait presque toute la confédération éduenne. Dominant les voies, les vallées, défendu par des pentes escarpées, le Beuvray se recommandait tout d'abord au choix des Gaulois et offrait aux Eduens, comme le puy de Dôme aux Arvernes, une position inexpugnable.

(1) *Système défensif des Romains*, p. 134.

Une tradition locale, aussi constante qu'ancienne, porte qu'Autun se trouvait autrefois au sommet du Beuvray. Le paysan montre encore l'emplacement des *grandes portes* qu'on entendait à vingt lieues de distance, quand elles roulaient sur leurs gonds. Les Cordeliers, qui possédaient, au quatorzième siècle, un couvent sur cette montagne, l'appelaient la *maison de Bibracte, monasterium Bibractense*. Divers titres anciens désignent les fossés qu'on y remarque sous le nom de *fossés de la cité de Beuvray* (1).

Il est donc très-probable, à peu près certain, que le Morvand a eu l'honneur de posséder, au sein de ses montagnes, la vieille capitale des Eduens, ville puissante et célèbre, que les Romains, après la conquête des Gaules, ne dédaignèrent pas de nommer *la sœur et l'émule de Rome*, ni d'admettre ses habitants dans leur alliance avec le titre si honorable de *frères*. Plus tard, Auguste, qui faisait la guerre aux places fortes aussi bien qu'aux souvenirs des Gaulois, et dont la prudente politique n'aurait pu consentir à laisser entre leurs mains une forteresse inexpugnable, telle que la ville du Beuvray, la transféra au lieu qu'elle occupe actuellement et lui donna son nom : ou plutôt il bâtit une nouvelle ville, dont la somptuosité éclipsa rapidement la vieille cité gauloise. La population de Bibracte, attirée par la civilisation et le commerce, prit bientôt le chemin d'*Augustodunum*, et c'en fut fait de l'antique capitale des Eduens, comme de Gergovie, comme d'Alise. « Si les forêts, couvrant aujour-
» d'hui ses retranchements, venaient à disparaître, on serait
» étonné, dit M. Bulliot, de la ressemblance de son plateau avec
» ceux de ces deux anciennes villes (2). »

Possesseur de la cité la plus célèbre des Gaules, ou au moins assis à ses portes, le vieux *pagus Morvinus* se trouva nécessairement mêlé à tous les grands événements de l'ancienne patrie. Nul doute qu'il n'ait fourni son contingent dans ces

---

(1) Archives du château de Glux, titre de 1627.
(2) *Système défensif des Romains*, p. 135

excursions fameuses et ces émigrations armées, qui remplirent le monde du bruit de la valeur de nos pères. Qui n'admettrait qu'une partie de sa population ne se soit unie à cette foule de Gaulois qui allèrent, sous la conduite de Sigovèse, s'établir en Germanie, au nord de la *forêt Hercinienne*, aujourd'hui la *Forêt-Noire?* Nul doute que la jeunesse de Bibracte ne se soit jointe à cette jeunesse inquiète et turbulente que Bellovèse, pour en décharger la patrie, conduisit de l'autre côté des Alpes, où elle conquit l'Insubrie sur les Tusces et les Ombres, et bâtit les villes de Milan, de Parme, de Padoue, d'Aquilée, de Bresse et de Sienne.

Personne n'ignore non plus cette autre excursion des Eduens qui, unis aux Sénons et aux Lingons, quittèrent, l'an de Rome 364, les forêts de la Gaule et fondirent, sous la conduite de *Brennus*, sur l'Etrurie, où ils furent, dit-on, attirés par la douceur du vin de ces climats. Ils prirent la ville de Clusium, livrèrent un combat meurtrier aux Romains, qu'ils vainquirent sur les bords de l'*Allia*, et, marchant ensuite droit sur Rome, ils emportèrent cette ville et la livrèrent aux flammes, après l'avoir pillée.

Si on en croit Tite-Live, la fortune changea bientôt pour nos pères. Vaincus, à leur tour, par Camille, auquel cette brillante affaire aurait mérité le titre de nouveau *Romulus*, ils n'échappèrent qu'en petit nombre à un affreux massacre. Mais Polybe, plus ancien et moins partial que l'historien latin, dit simplement que les Gaulois, après avoir fait la paix, regagnèrent tranquillement leur patrie.

Ces peuples, selon d'anciens auteurs, durent leur victoire de l'Allia moins à leur courage et à leur bravoure, qu'à leur taille gigantesque et aux cris effroyables qu'ils avaient coutume de pousser au milieu des combats, et dont les Romains furent si épouvantés, qu'ils jetèrent leurs armes, et s'enfuirent sans disputer la victoire. Depuis cet événement, si funeste pour Rome, le nom gaulois inspira toujours tant de terreur sur les bords du Tibre que, dans les guerres contre cette nation, tout privilége cessait et tout citoyen devenait soldat de droit.

Tome I. 5

On croit généralement que les Gaulois bâtirent des villes fort tard. Jusque-là, ils menèrent une vie nomade et vécurent sous des tentes. Ils trouvaient alors dans leurs nombreux troupeaux de bœufs, de porcs, de chèvres et de moutons, dans la chasse et la pêche, tout ce qui était nécessaire aux besoins, d'ailleurs très-restreints, de la vie pastorale ; à peine essayaient-ils, çà et là, une culture ingrate et stérile. Ils mangeaient assis par terre sur des peaux de loups et de chiens, buvaient tous dans la même coupe, qui passait successivement du plus ancien jusqu'au plus jeune de la famille, et se saluaient avant d'y mouiller leurs lèvres, ce qui, plus tard, amena l'usage de boire à la santé et de trinquer. Aucun peuple n'a conservé plus religieusement cet antique usage que les Morvandeaux. Boire sans saluer nommément la plus considérable des personnes présentes et *toute la compagnie*, serait regardé comme une grave impolitesse ; ce serait une grossièreté.

La boisson des Celtes du Morvand, comme celle du reste des Gaulois, était ordinairement de la bière, du cidre et des liqueurs fortes qu'ils composaient eux-mêmes. Ils ne connurent le vin que bien tard ; mais dès-lors ils le recherchèrent avec fureur. Ils sacrifiaient souvent les choses les plus précieuses pour s'en procurer ; aussi leur a-t-on reproché, malgré la frugalité de leurs repas, l'excès dans la boisson. Nous avons vu qu'après vingt siècles, la même passion se retrouve encore dans nos Morvandeaux, leurs descendants.

Ammien-Marcellin, après Polybe, assure que les Celtes avaient la peau blanche, la taille haute, les cheveux blonds ou dorés, les yeux bleus, le regard sévère et menaçant ; qu'ils étaient prompts et querelleurs, surtout en présence de leurs femmes, qui se mêlaient souvent de la partie ; mais qu'en revanche, ils étaient dociles quand on savait les flatter. Il ajoute que leur passion pour le jeu était effrénée et leur curiosité proverbiale.

Hospitaliers et avides de nouvelles, ils allaient au-devant des étrangers, les conduisaient poliment sous leurs tentes et leur servaient, sans rétribution aucune, une part copieuse des provisions de bouche destinées à la famille. Jamais voyageur n'eut à se plaindre de ses hôtes ; chez eux l'hospitalité était sacrée. Mais ils ne purent pas en dire toujours autant des étrangers, qui abusèrent souvent de leur extrême crédulité. Ces traits divers du caractère de ces anciens peuples ne présentent-ils pas encore une analogie frappante avec celui de nos Morvandeaux ?

Les métaux étaient peu connus parmi eux, aussi leurs instruments étaient presque toujours de bois ou de pierre. Ils marchaient au combat la poitrine couverte d'une cuirasse d'osier ou de planche, et portant à la main une hache de pierre. La forme et la nature de leurs armes nous sont attestées par l'histoire et les découvertes faites en divers lieux du Morvand, entre autres sur la hauteur des *Plats*, près Marigny-l'Église.

Simples dans toutes leurs habitudes, ces peuples l'étaient aussi dans leurs vêtements. Ils ne se couvrirent d'abord que des peaux des bêtes qu'ils tuaient à la chasse ou des animaux qu'ils nourrissaient pour les besoins de la famille. Mais les Phocéens, renommés par leurs ouvrages en fer et leurs tissus de toile, s'étant établis en Provence, où ils bâtirent Marseille et Nîmes, ils apprirent d'eux l'art de travailler les métaux, où ils excellèrent bientôt ; celui de faire la toile, dont ils se firent des habits, et ils se mirent à cultiver le chanvre. La laine de leurs troupeaux fut utilisée ; ils la convertirent en étoffes propres à les protéger contre les rigueurs du froid, et portèrent le *sagum*, sorte de manteau court qu'ils arrêtaient par-devant avec une boucle. Ce manteau était assez semblable à celui que portent encore nos Morvandelles, lorsqu'elles vont aux champs.

La religion des Celtes du Morvand ne fut d'abord qu'un fétichisme grossier ; ils adoraient les plantes et les arbres, les rochers et les fontaines. Le vent qui desséchait leurs campagnes, l'éclair qui éblouissait leurs regards, la foudre qui les effrayait par son épouvantable fracas, reçurent leurs hommages. Ce culte semble assez naturel chez un peuple de bergers, qui n'avait point été divinement éclairé (1).

Dans le cours du cinquième siècle avant l'ère chrétienne, une multitude de Cimbres ou Kimris, sortis du nord de la Germanie, avec leurs femmes et leurs enfants, sous la conduite de Hû ou Hésus-le-Puissant, s'avancèrent, après bien des combats, jusqu'au cœur de la Gaule et arrivèrent aux monts éduens, aujourd'hui le Morvand (2). Ces étrangers avaient amené avec eux leurs prêtres, connus sous le nom de druides, c'est-à-dire sages. Ceux-ci prêchèrent aux indigènes leur religion, leur en enseignèrent les dogmes et la morale, et bientôt les croyances des deux peuples se confondirent pour ne former qu'une même théologie et une seule religion, le druidisme.

Ce culte avait pour base le dogme de l'immortalité de l'âme par la métempsycose, et celui de l'unité de l'Être suprême, ce qui donnait à sa théologie une sublimité et une supériorité incontestables sur celle des Celtes et autres nations païennes. Sa morale se réduisait à ces trois points fondamentaux : « Adorer » Dieu, ne faire jamais le mal, se distinguer par sa bravoure. »

Comme les Perses, les druides n'avaient pas de temples ; ils croyaient même que c'était dégrader la majesté suprême que de prétendre la renfermer dans un lieu ou de la représenter sous la figure humaine. Le chêne était le signe auquel ils avaient plus particulièrement attaché le souvenir de la divinité. Cet arbre en était, à leurs yeux, le symbole et l'oracle ; ils devinaient et prédisaient l'avenir par le mouvement de ses feuilles. Ces prêtres païens en avaient une si haute idée, ils lui avaient voué une si profonde vénération, qu'ils portaient sur leur front, dans toutes les cérémonies du culte, une couronne de ses rameaux (3).

---

(1) DELANDINE DU SAINT-ESPRIT, *Fastes de la France ancienne*; CHARDON, *Hist. d'Auxerre*, tome I.

(2) *Ibid*, tome I.

(3) *Jam per se roborum eligunt lucos, nec ulla sacra sine eâ fronde conficiunt.* PLINE, lib. XVI.

Les druides aimaient, en conséquence, le séjour des plus sombres forêts. Les lieux isolés, capables d'inspirer de la crainte et une sorte d'effroi religieux, étaient surtout recherchés de ces docteurs mystérieux et redoutés des peuples. C'était là qu'ils cultivaient les hautes sciences religieuses, civiles et philosophiques; car ils étaient, en même temps, pontifes, législateurs, juges, médecins, philosophes et poètes. C'était là aussi que se trouvaient les divers monuments de leur culte. Les forêts du Haut-Morvand, depuis le Beuvray jusqu'à Quarré-les-Tombes, en renfermaient jadis un grand nombre (1).

Les druides croyaient aussi que les lieux éminents étaient autant de sanctuaires élevés par la nature à l'Être suprême; de là leur établissement au Mont-Dru, à Bar, au Beuvray, à Saint-Marc.... Ils formaient quatre classes distinctes, ayant chacune son rang et ses attributions diverses. Les vaccies s'occupaient des fêtes et des mystères de la religion, et en enseignaient les dogmes et la morale à la jeunesse. Les eubages ou ovates allaient dans le monde, étudiaient les sciences naturelles, telles que la médecine, l'astronomie, et s'occupaient de divination. Les sarronides, ainsi nommés du roi Sarron, l'un des premiers qui régnèrent sur les Celtes et leur confièrent des emplois publics, rendaient la justice et présidaient aux contrats. Enfin les bardes célébraient sur les instruments les vertus civiles et religieuses des citoyens illustres, et les hauts faits des guerriers, qu'ils accompagnaient jusque dans les combats pour stimuler leur courage, soutenir leur ardeur, et leur inspirer le mépris de la mort (2). Leur influence était si grande, qu'ils arrêtaient quelquefois la fureur des combattants, et réconciliaient deux armées prêtes à se livrer bataille et à s'entr'égorger.

Les décisions des druides étaient rarement transgressées; car, malheur à qui l'eût osé. Il était aussitôt frappé d'anathème,

---

(1) *Légendaire d'Autun*, tome ii, p. 285.
(2) Anquetil, *Hist. de France*, tom. i; Delandine de Saint-Esprit, *Fastes de la France ancienne*; Chardon, *Hist. de la ville d'Auxerre*, tome i.

et, par là, exclu de la société même de ses proches ; on le fuyait, on l'abhorrait comme un scélérat, un pestiféré, qui aurait traîné après lui le déshonneur, la contagion et la mort ; on ne lui rendait pas même la justice. C'était, dit César, la peine la plus redoutable, la plus terrible de toutes (1).

Il y avait aussi en Morvand, comme dans le reste des Gaules, des druidesses, vulgairement connues sous le nom de *fées* ou *vierges*. De là, ainsi que nous l'avons déjà fait remarquer ailleurs, ces nombreux dolmens du Haut-Morvand communément dits *pierres de la vierge* et *roches des fées*. Elles s'occupaient de divination et de prédictions ; leur influence était aussi fort grande parmi le peuple, qui les croyait capables de faire les plus étonnantes merveilles, et surtout d'opérer les plus terribles maléfices, comme de changer les hommes en bêtes, de faire périr les animaux, d'exciter les tempêtes en trempant seulement *leur baguette* dans l'eau d'une fontaine. Elles étaient extrêmement redoutées en Morvand.

Une des cérémonies les plus solennelles de la religion des druides, était la recherche du gui de chêne, plante parasite, sacrée parmi eux. On lui attribuait la plus sublime vertu, comme de rendre féconds les femmes et les animaux stériles, et de guérir toutes sortes de maladies. La cueillette s'en faisait le sixième jour de la première lune, et c'était celui d'un chêne de trente ans qui était préféré. On s'assemblait au solstice d'hiver, c'est-à-dire vers le commencement de l'année, pour courir à la recherche de l'arbre qui portait la plante sacrée (2). Lorsqu'on

---

(1) *Druides rebus divinis intersunt,.... ad hos magnus adolescentium numerus, disciplinæ causâ, concurrit, magnoque ii sunt apud eos honore. Nam ferè de omnibus controversiis, publicis, privatisque, constituunt.... Si quis aut privatus, aut publicus eorum decreto non stetit, sacrificiis interdicunt. Hæc pœna apud eos est gravissima ; quibus ita interdictum est, ii numero impiorum ac sceleratorum habentur ; iis omnes decedunt.... neque iis petentibus jus redditur....*
(De Bello Gallico, *lib.* VI, *cap.* XIII.)

(2) L'année druidique commençait au solstice d'hiver, à la sixième

l'avait découvert, le pontife, suivi d'un nombreux cortége, se rendait au lieu désigné, détachait l'objet vénéré avec une serpette d'or, et en faisait, par des ministres subalternes, la distribution à toutes les personnes présentes. Celles-ci le recevaient avec les signes d'une extrême vénération, et le conservaient ensuite très-précieusement dans leurs maisons ou sous leurs tentes. Vingt fois les sombres forêts du Morvand, parcourues en tous sens par une multitude recueillie, ont retenti du cri sacré : « Au gui l'an neuf; » vingt fois les rochers et les échos des bois ont répété ce cri religieux de nos pères. La cérémonie, commencée par des prières publiques, se terminait par le sacrifice de deux taureaux blancs (1).

Jusqu'ici le druidisme, religion mystérieuse et défiante, qui ne confia jamais ses dogmes à l'écriture et se propagea toujours par initiation, n'avait, du moins en apparence, rien de profondément immoral (2). Mais dans les dangers extrêmes de la nation, au moment d'une guerre périlleuse, dans les temps de fléaux et de malheurs publics, venaient les sacrifices humains, et c'est alors qu'elle revêtait un caractère barbare, qui la fit détester, et servit de prétexte, aux empereurs romains, devenus maîtres des Gaules, pour la proscrire (3).

Lors donc qu'un sacrifice d'abomination était offert à *Esus*, ce dieu cruel et sanguinaire, *le père du carnage*, ou à Teutatès, l'ami du silence, *le père des hommes*, ou enfin à Dis, *le père de la nuit*, on voyait un eubage s'approcher mystérieusement du cadavre de la malheureuse victime, gisant aux pieds du sacrificateur, en retirer, aux applaudissements d'une multitude

---

nuit de la première lune; on l'appelait *nuit-mère*, comme produisant toutes les autres. Les Gaulois, se disant fils de Pluton et de l'Erèbe, comptaient, en conséquence, les semaines non par les jours, mais par les nuits.

(1) PLINE, liv. XVI.
(2) *De Bello Gallico*, lib. VI, cap. XIII.
(3) Ibid., *lib.* VI, *cap.* XVI, XVII *et* XVIII.

insensée, les entrailles encore palpitantes, les interroger d'un œil scrutateur et inquiet, et prédire ainsi l'issue d'une guerre imminente ou la fin d'une calamité désastreuse.

Outre l'ordre si puissant des druides, il en existait encore un autre chez les Celtes, c'était celui des chevaliers ou nobles, qui se transmettait héréditairement (1).

Le gouvernement du peuple éduen était une république administrée despotiquement par un vergobret, sorte de magistrat suprême, élu chaque année par un sénat composé des prêtres et des nobles de la nation. Il avait, pendant toute la durée de sa charge, droit de vie et de mort sur tous les citoyens ; mais, par une précaution salutaire, il lui était défendu de sortir des limites du pays de sa domination, et à ses parents d'entrer au sénat tant qu'il serait en exercice.

(1) *De Bello Gallico*, lib. VI, cap. XV.

CHAPITRE II.

Alliance des Éduens et des Romains. — Guerre des Séquanes. — Émigration des Helvètes. — Troubles à Bibracte, assemblée à Decize. — Éporédorix et Virdumare. — Soulèvement général contre les Romains. — Vercingétorix élu généralissime, sa défaite, sa retraite sur Alise. — Conquête des Gaules.

Tel était l'état des Gaules, et en particulier de la Celtique, lorsque les Romains, maîtres de la Narbonnaise, formèrent avec les Éduens cette confédération fameuse dans laquelle ils se donnèrent mutullement le titre d'alliés et de frères (1).

Aidés de l'appui de leurs nouveaux amis, les Romains entreprirent d'autres conquêtes, et les Éduens, que cette alliance rendit plus fiers et plus téméraires, tentèrent d'opprimer leurs voisins. Ils attaquèrent donc, sous le commandement d'Éporédorix, les Séquanes ou Francs-Comtois, qui appelèrent à leur secours le bouillant Arioviste, chef de plusieurs tribus germaines. On en vint aux mains, et bientôt les Éduens furent forcés de se repentir de leur témérité. Vaincus en deux batailles sanglantes et réduits à la dernière extrémité, ils mirent bas les armes, et implorèrent la clémence des vainqueurs. Ceux-ci les obligèrent à livrer leurs enfants en otage, à faire promesse de

---

(1) Augustin Thierry, *Hist. des Gaulois*, tome II, p. 168.

ne jamais réclamer le secours des Romains, et à rester éternellement dans leur dépendance.

A cette funeste nouvelle, toute la République fut dans les larmes, et plus d'une fois les tristes échos du Morvand répétèrent les cris déchirants des mères qu'on allait priver de leurs enfants.

Touché du malheur de sa nation, Divitiac, alors revêtu de la dignité suprême de vergobret, et le seul qui eût refusé de souscrire à ces ignominieuses conditions, malgré la loi qui lui interdisait de quitter sa patrie, vola à Rome pour implorer, au nom des traités, l'assistance du sénat. Mais celui-ci, soit que le soin de déjouer les projets de Catilina, qui menaçait de renverser le gouvernement établi, ne le lui permît pas, soit qu'il fût guidé par une politique astucieuse, ou que son mépris pour des barbares le retînt, ne se laissa point toucher par ses instantes prières; les Eduens et les Séquanes durent donc régler eux-mêmes leurs affaires.

A cette époque (1), les événements qui devaient amener enfin la ruine de l'antique république éduenne se succédaient rapidement. Il arriva bientôt que les Helvètes ou Suisses, mécontents de leurs vallées étroites, voulurent aller chercher au loin une patrie plus douce. Ils brûlèrent donc, pour s'interdire toute pensée de retour, leurs villes, bourgs et villages (2), et partirent, au nombre de trois cent soixante-neuf mille, pour le pays des Santons, aujourd'hui la Saintonge.

Déjà ces peuples s'apprêtaient à traverser la *Province romaine* ou *Provence,* lorsque la nouvelle en parvint à César, qui gouvernait ce pays en qualité de proconsul. Accourant donc de Rome en toute hâte, ce général ramasse ses légions, attaque brusquement les Helvètes et les repousse avec perte; force leur fut de tenter le passage sur un autre point. Ils envoyèrent alors

---

(1) An 58 avant Jésus-Christ.
(2) Savoir : douze villes et quatre cents bourgs. *De Bello Gallico*, lib. I, cap. v.

des ambassadeurs aux Éduens, et, sans attendre leur réponse, ils entrèrent sur le territoire de la République (1).

Ceux-ci, ayant pris aussitôt les armes, couvraient déjà la ligne de la Saône, lorsque César, avec ses légions, arriva à leur secours. Vaincus en deux batailles sanglantes et réduits à cent trente mille, les Helvètes durent se soumettre et rentrer dans leurs montagnes, qu'ils avaient eux-mêmes si imprudemment ravagées. Le tyran de la Celtique, Arioviste, fut aussi deux fois battu, et contraint de repasser le Rhin avec ses Germains (2).

Après ces brillants exploits, les Éduens et leurs voisins espéraient que le calme allait renaître dans leur patrie; mais ce n'était, à proprement parler, que le commencement de ses malheurs et de son complet asservissement.

Le proconsul, au lieu de ramener ses légions dans les pays soumis à la domination romaine, les cantonna sur le territoire qu'il venait de débarrasser des barbares, ce qui constitua une violation flagrante du droit des gens, et excita l'indignation publique. Les Belges furent les premiers à jeter le cri d'alarme et à courir aux armes; les Sénons les imitèrent. Les Éduens, au contraire, toujours fidèles à leur vieille alliance avec l'étranger, eurent la faiblesse de combattre sous ses drapeaux, et l'aidèrent puissamment à obtenir la victoire sur leurs voisins.

Pourtant nos pères ne tardèrent pas à ouvrir les yeux; ils comprirent enfin, non sans un morne chagrin, la grandeur du danger que courait l'indépendance nationale. Honteux d'une alliance qui tournait à l'asservissement des Gaules, ils prirent, mais trop tard, la résolution de travailler à l'abaissement de l'ennemi commun. Ils commencèrent donc à montrer un refroidissement calculé et une hésitation que César ne parvint à vaincre qu'à l'aide du parti puissant qu'il s'était, à force d'intrigues, ménagé dans la cité éduenne. Ce n'est pas d'aujourd'hui que l'on ren-

---

(1) *De Bello Gallico*, lib. I, cap. X et XI; *Hist. des Gaulois*, tom. II, p. 318-40.

(2) *De Bello Gallico*, lib. I, cap. XXVI.

contre dans la société de ces hommes ambitieux et cupides, toujours prêts à se vendre à qui veut les acheter.

Les choses en étaient là, lorsqu'un événement qui survint mit toute la république dans la rumeur, le trouble et l'agitation : il s'agissait d'une double élection de vergobret. Une guerre civile allait infailliblement éclater, lorsqu'on résolut, afin de prévenir un tel malheur, d'envoyer une ambassade à César pour le prier d'interposer son autorité. Celui-ci se trouvait alors à Bourges, qu'il venait d'emporter après un siége aussi long que périlleux (1).

Informé de ce qui se passait de l'autre côté de la Loire, le général romain, malgré les embarras d'une guerre qu'il voulait pousser sans désemparer, résolut néanmoins de se rendre aux vœux de ses alliés, et convoqua, en conséquence, le sénat et toute la noblesse éduenne à Decize, petite ville bâtie dans une île formée par la Loire. Il se trouva lui-même au lieu du rendez-vous le jour qu'il avait fixé. De mémoire d'homme, les montagnes du Morvand n'avaient vu défiler une foule plus nombreuse et plus animée. Presque tous les citoyens de Bibracte et les hommes marquants du reste de la République se rendirent, à la suite du sénat, au lieu désigné pour vider un débat des plus graves. Là, sans perdre de temps, César, siégeant en juge et le code des lois du pays en main, écoute attentivement les raisons alléguées de part et d'autre ; puis, en homme prudent, il valide l'élection de Convictolitan, qui était le résultat du concert du sénat et des prêtres de la nation, et force Cotus, bien que chaud partisan des Romains, mais dont le choix n'avait été fait que par quelques nobles, au mépris des usages antiques, à se démettre de sa prétendue dignité (2).

Cette affaire ainsi réglée, le proconsul, suivi de la cavalerie éduenne qu'il s'était fait amener, se porta, à marches forcées, sur Gergovie, capitale des Arvernes, où ces peuples se trouvaient

---

(1) *De Bello Gallico*, lib. vii, cap. xxxii.
(2) Ibid, lib. viii, *cap.* xxxiii.

réunis sous le commandement de Vercingétorix, l'homme le plus considérable d'entre eux. Quelques jours après, dix mille hommes de pied, que César avait aussi obtenus du vergobret et du sénat, sortaient de Bibracte et marchaient dans la même direction sous les ordres de Litavic, jeune capitaine issu d'une des plus anciennes et des plus puissantes familles de la Celtique, et, en secret, ennemi juré des Romains.

Le proconsul n'ayant pu, malgré des efforts surhumains, se rendre maître de Gergovie, abandonna brusquement le siége de cette ville, où il avait vu sa fortune près de succomber sous la valeur gauloise, et se porta du côté du pays des Eduens. Mais la renommée, qui a des ailes, l'y avait précédé, et toute la nation, au bruit de l'échec qu'il venait d'éprouver, s'apprêtait à courir aux armes.

Informés de ce qui se passait dans leur patrie, Eporédorix, jeune guerrier aussi remarquable par son courage que par la noblesse de son origine, et Virdumare, fier enfant du Morvand (1), qui commandaient la cavalerie, obtinrent du général romain la permission de précéder les légions, sous prétexte de calmer les esprits et de faire rentrer leurs concitoyens dans le devoir.

A leur arrivée à Nevers, ils connurent avec certitude ce qui se passait à Bibracte. Ne doutant plus que l'heure de la délivrance de leur patrie n'eût sonné, ils égorgent la garnison, pillent les trésors et les bagages de l'armée romaine, font partir pour Bibracte les otages de la Gaule que César y avait laissés et mettent le feu à la ville. Puis, sans perdre de temps, ils échelonnent des postes militaires le long des bords de la Loire pour arrêter l'ennemi et le forcer à se retirer dans le pays de sa domination (2).

C'en était fait des Romains, enfermés dans un pays saccagé et entourés d'une population soulevée, si la prudence ordinaire de leur général lui eût fait défaut en cette périlleuse circonstance;

---

(1) On croit qu'il naquit à Verrière-sous-Roussillon.
(2) *De Bello Gallico*, lib. VII, cap. LV.

mais l'indomptable proconsul d'un coup d'œil a compris sa position. Accourant donc rapidement vers le nord, il passe, contre l'espérance des Gaulois, la Loire à gué, et entre dans le pays insurgé. Il connut alors qu'il n'avait pas affaire seulement aux Eduens, mais à tout ce qui conservait encore un cœur généreux dans la Celtique. En effet, nos pères, soit à prix d'argent, soit par la puissance de leur ascendant, soit enfin par menace d'égorger les otages enlevés à Nevers, étaient parvenus à soulever leurs voisins, et une ligue, la plus formidable que les Gaules eussent jamais conçue, s'était subitement formée.

Pendant que l'ennemi guerroyait du côté de Sens, on tint à Bibracte une assemblée générale pour s'entendre sur la nouvelle guerre. Tous les peuples des Gaules, à l'exception des Rhêmes et des Lingons, restés fidèles à l'alliance romaine, et des Trévires, occupés contre les Germains, s'y rendirent. Jamais la vieille cité éduenne n'avait vu dans ses murs un concours de peuple plus nombreux et plus animé; car jamais affaire plus importante, plus sérieuse, ne s'y était traitée (1).

Une guerre d'extermination contre les Romains y fut résolue à l'unanimité et Vercingétorix élu généralissime des troupes alliées par les suffrages de tous. Cette préférence, donnée aux Arvernes dans la personne de leur prince, blessa vivement l'orgueil éduen. Éporédorix et Virdumare, tous deux égaux, sinon en naissance, du moins en courage et en patriotisme, en ressentirent un amer chagrin; ce ne fut qu'avec une extrême répugnance que ces deux jeunes guerriers de la plus haute espérance, l'orgueil de la patrie, se virent contraints d'obéir à un chef étranger à leur république. Pourtant la gravité des circonstances fit taire tout ressentiment, et le désir de recouvrer l'indépendance nationale éteignit toute rivalité dangereuse (2).

(1) *De Bello Gallico*, lib. VII, cap. LXIII.
(2) Ibid.

Le général en chef, immédiatement après son élection, se fit amener des otages par tous les peuples confédérés pour s'assurer de leur fidélité et de l'exécution de ses ordres. Il fixa ensuite le contingent en troupes à fournir par chaque cité. Celui des Éduens et des Ségusiens, leurs clients, fut de dix mille hommes de pied et de huit cents chevaux, à la tête desquels on plaça le frère d'Éporédorix.

Tandis que ce dernier allait avec ces forces porter la guerre dans le Dauphiné, les Arvernes et ceux du Gévaudan partirent pour ravager le Vivarais, le Rouergue, le Quercy et tous les pays limitrophes de la Gaule narbonnaise. Vercingétorix, bien résolu à ne point tenter de sitôt la fortune et à ne point engager d'affaire décisive, se mit aussi, avec les quinze mille hommes de cavalerie qu'on lui avait amenés à Bibracte, à courir la campagne, détruisant les habitations, brûlant les foins et les récoltes, afin d'affamer l'armée ennemie, bêtes et hommes (1).

César, en voyant tant de bras levés contre lui, se crut un instant perdu, et, dans sa détresse, il voulut se diriger vers le pays de son gouvernement. C'est alors que Vercingétorix, dans la crainte qu'il ne lui échappât, changea tout-à-coup de tactique, et le fit vivement attaquer par ses Gaulois.

On combattit de part et d'autre avec une ardeur extrême, un acharnement désespéré; mais la fortune trahit les alliés qui, dans cette première affaire, perdirent beaucoup de monde. Parmi les prisonniers, restés au pouvoir de l'ennemi, se trouvaient trois fameux Éduens: Cotus, commandant de la cavalerie; Cavarillus, général d'infanterie, et ce même Éporédorix qui avait commandé en chef la malheureuse expédition contre les Séquanes (2).

Tout le monde connaît la trop fameuse retraite de Vercingé-

---

(1) *De Bello Gallico*, cap. LXIV.
(2) Ibid, *lib.* VII, *cap.* LXVII; Augustin THIERRY, *Hist. des Gaulois*, tom. III, p. 174.

torix sur Alise, capitale des Mandubiens (1), où vinrent expirer la liberté et la nationalité gauloises. Cette ville était très-forte à cause de sa position au sommet d'une montagne, dont le pied est baigné par deux rivières. Le général, au moyen des travaux d'art qu'il y fit exécuter, la rendit inexpugnable, et s'y renferma avec les quatre-vingt-dix mille hommes d'infanterie et les huit mille chevaux qui lui restaient. C'est là qu'il résolut, après quelques sorties malheureuses, d'attendre les renforts qu'il avait fait solliciter dans toutes les Gaules, et sur lesquels il comptait pour se dégager de la triple circonvallation dans laquelle le général ennemi l'avait renfermé (2).

Ces recrues, quoique moins considérables qu'il ne l'avait prescrit, s'élevèrent néanmoins à deux cent quarante mille hommes de pied et huit mille chevaux. Dans ce nombre, les Éduens et les peuples qui leur étaient soumis figuraient pour vingt-cinq mille. Elles se réunirent, des diverses parties de la Gaule, sur le territoire de la république éduenne, où elles furent passées en revue par leurs principaux chefs : Comminus, d'Arras, Éporédorix, Virdumare et Vergasilaune, parent du général en chef; puis elles partirent, bouillantes de courage, de patriotisme et pleines de confiance dans la victoire qui devait encore cette fois leur échapper (3).

Ces troupes ne furent pas plutôt arrivées devant Alise, qu'un combat aussi meurtrier qu'acharné s'engagea. Pendant deux jours et une nuit on fit, de part et d'autre, des prodiges de valeur. On sentait, des deux côtés, tout ce qu'il y avait de décisif dans cette affaire, et on se chargeait avec la fureur du désespoir. Mais la tactique militaire triompha du nombre

---

(1) Aujourd'hui Sainte-Reine. Elle occupait un plateau ovale soutenu par des rochers qui forment tout autour comme une ceinture de murailles.

(2) *De Bello Gall.*, lib. VII, cap. LXXI.

(3) Ibid, *lib.* VII, *cap.* LXXVI. *Omnes alacres, et fiduciæ pleni, ad Alesiam proficiscuntur.*

et du courage, et la liberté de la Gaule expira avec l'élite de ses enfants (1).

Voyant donc que tout était perdu, Vercingétorix, l'âme navrée de douleur, saute sur son cheval de bataille, qu'il avait fait richement harnacher, et part au galop du côté du camp ennemi. Arrivé devant la tente du général, il tire sa glorieuse épée, la jette aux pieds du proconsul, et s'avoue vaincu. César, sans se laisser toucher par tant de générosité et par de si profonds malheurs, le fait aussitôt garotter et conduire à Rome, où il est jeté dans un obscur cachot. Ce guerrier, digne d'un meilleur sort, y resta privé de toute consolation jusqu'à ce que, six ans plus tard, il plut au tyran de sa patrie de l'en tirer pour le faire servir à son triomphe, et ce jour-là même, il trouva, sous la hache du bourreau, la fin de ses souffrances et le terme de ses humiliations (2).

Le proconsul, après l'éclatante victoire qui lui assurait l'empire des Gaules, renvoya aux Éduens et aux Arvernes, par ménagement pour ces deux peuples, les plus puissants du pays, vingt mille des leurs, faits prisonniers, et distribua le reste à ses soldats à titre de récompense. Il vint ensuite lui-même passer l'hiver à Bibracte, qui s'empressa de lui ouvrir ses portes, et il s'y fit amener, des diverses parties du pays conquis, de nombreux otages. De cette époque, qui fut l'an 52 avant Jésus-Christ, l'étranger gouverna en maître chez nos pères (3).

---

(1) *De Bello Gallico*, lib. VII, cap. LXXXVIII.
La plaine des *Laumes*, située au pied du Mont-Auxois, que couronnait Alise, et où se livra la bataille, a été ainsi appelée, dit-on, en souvenir de cet événement malheureux; car ce nom serait un corrompu du mot *lacrymæ*, larmes.
(2) *Dio. Cass.*, lib. XL.
(3) *De Bello Gall.*, lib. VII, cap. XC; COURTÉPÉE, tom. III, p. 389.

CHAPITRE III.

Révolte et guerre du Morvand. — Tribus insoumises, leur défaite à Moux, à Montsauche, à Dun-les-Places. — Les druides en Morvand au sixième siècle. — Les Romains construisent des voies militaires, des villas, des thermes. — Le culte de Rome est substitué à celui de la Gaule. — Proscription des prêtres gaulois par Auguste. — Le christianisme aux prises avec le druidisme.

Tandis que les divers peuples des Gaules abattues s'empressaient de déposer aux pieds du vainqueur le gage de leur soumission, une contrée de l'Éduinie n'en parut que plus hostile au nouveau maître : c'était le pays des Noires-Montagnes ou le Morvand. Il renfermait alors plusieurs peuplades, fort jalouses de leur indépendance, auxquelles s'étaient venus joindre quelques nobles débris de l'armée gauloise, chefs et soldats, qui avaient préféré le séjour des bois à la perte de leur liberté, et une vie à demi sauvage, à l'humiliation générale (1).

Excitées par les prédications journalières des druides, qui peuplaient leurs sombres forêts, soutenues par les rapports et les exemples de ceux qui avaient échappé, par la fuite, au fer de l'ennemi, ces audacieuses tribus, ainsi que nous l'avons vu dernièrement pour les peuplades arabes de nos possessions d'Afrique, jurent une haine implacable aux vainqueurs de la patrie. Elles massacrent impitoyablement les Romains qu'elles

(1) *De Bello Gall.*, lib. VIII, cap. XXIV.

rencontrent, et courent ensuite se cacher au fond de leurs inaccessibles vallées. Mais ces mouvements partiels n'étaient que les dernières pulsations d'une vieille nationalité expirante et d'une liberté à l'agonie.

César, pour tenir en bride ces fiers enfants du Morvand et pour assurer la liberté des voyageurs et du commerce, établit, pendant les deux ans qu'il passa encore dans les Gaules, des postes militaires aux principaux points du pays insurgé, et les fit soigneusement garder (1). On en retrouve encore des vestiges et des souvenirs au Beuvray, à Château-Chinon, à Ouroux, à Gâcogne, aux Alleux, à La Roche-en-Breny, à Alligny, à Bar-le-Régulier, à La Celle-les-Autun.....

Entre ces divers camps retranchés, se trouvait une contrée marécageuse et sauvage, d'assez vaste étendue. De hautes montagnes boisées formaient tout autour comme une ceinture de murailles, élevées par la nature, pour lui servir de remparts et la protéger. Elle fait actuellement partie des cantons de Montsauche et de Lormes (2). C'est là, si on en croit la tradition populaire et quelques antiques manuscrits, que, refoulés par la présence des soldats romains, les derniers ennemis de la domination nouvelle s'étaient réfugiés, avec leurs femmes et leurs enfants, résolus de mourir jusqu'au dernier plutôt que de subir une honteuse servitude. Tandis que, protégés par ces retranchements naturels, les femmes et les vieillards veillent sur leurs nombreux troupeaux; errant en liberté dans les bois et sur le bord des rivières, les hommes valides, capables de porter les armes, se répandent dans les pays d'alentour et font aux étrangers une rude guerre de partisans. Les soldats isolés sont massacrés, les voyageurs dépouillés, les convois attaqués sur les voies publiques et pillés, les troupeaux enlevés....

Les vainqueurs ne pouvaient tolérer long-temps un tel état de choses. Bientôt, en effet, lassés de ces excès, qu'ils regardent

---

(1) *Annuaire de la Nièvre*, 1847; *Notice manuscr.*
(2) Elle forme le centre du premier et la partie sud-est du second.

comme autant de brigandages, ils pensent à y mettre fin, et une guerre d'extermination est résolue. Sortant donc de leurs cantonnements, les cohortes romaines s'avancent de divers points à la fois et pénètrent dans l'intérieur du pays, en suivant avec précaution les défilés des bois et les contours des montagnes.

Au nord-ouest de Moux, à deux kilomètres de distance environ, se trouve une plaine marécageuse, qu'un ancien terrier de la seigneurie de Menessaire appelle le *Champ-des-Gaulois* (1); on y remarque, ainsi qu'au sommet de *Mont-Moux*, montagne dominant ces parages, des restes de castramétations, qu'on attribue communément aux Romains. C'est là qu'une nombreuse tribu de Celtes avait fixé ses tentes, espérant y trouver un asile assuré contre les nouveaux dominateurs. Mais, trompée dans son attente, elle est brusquement attaquée par les cohortes ennemies, qui en font un horrible carnage. On croit retrouver un souvenir de cette défaite dans le nom d'une métairie, bâtie plus tard sur le lieu du combat. En effet, *Palmerot* (2) est évidemment formé de ces deux mots latins : *Palma Romanorum*, c'est-à-dire : Victoire des Romains.

A l'est de Montsauche, sur la rivière de Cure, on rencontre une autre plaine semblable, connue également autrefois sous le nom de *Champ-des-Gaulois* (3), et où, d'après la tradition populaire, il exista anciennement une grande ville. Là, s'étaient retirés, comme dans un lieu inaccessible aux tyrans de la Celtique, quelques débris de l'ancienne armée gauloise. Attaquée comme la première, cette tribu, malgré une défense vigoureuse, fut bientôt culbutée, anéantie. Là aussi, comme à Moux, le souvenir de cette sanglante affaire s'est conservé dans le nom du hameau de Palmaroux, *Palma Romanorum*.

---

(1) COURTÉPÉE, tome IV ; *Annuaire de la Nièvre*, 1847.
(2) Aujourd'hui *Pommereau*.
(3) Ce nom revit dans celui de *Champ-Galleron* (*Campus Gallorum*), aujourd'hui *Champ-Gazon*, hameau bâti dans ces parages. Le peuple prononce encore *Champ-Garron*.

Mais nul endroit n'offrait un refuge plus sûr contre les vainqueurs, que le territoire de la commune de Dun-les-Places. Son éloignement des lieux occupés par les légions, les hautes montagnes et les forêts qui l'enveloppent de toutes parts, en faisaient comme un boulevard naturel contre une armée envahissante; c'est pourquoi les Celtes révoltés des environs s'y étaient rassemblés en grand nombre et fortifiés. Les druides, persécutés, avaient abandonné eux-mêmes le séjour du Beuvray et y avaient cherché aussi un refuge. Ils avaient érigé, çà et là, dans les forêts, de sombres dolmens sur lesquels ils offraient sans cesse d'abominables sacrifices pour le salut de la Gaule (1). La hauteur de *Saint-Marc*, plus particulièrement (2), avait, en quelque sorte, remplacé le Beuvray et était devenue la montagne sainte du nord; on voyait fréquemment les tribus accourir à son sommet, où se trouvaient réunis tous les monuments sacrés du culte gaulois. Ici, en effet, s'élevait un chêne séculaire aux branches duquel pendaient des têtes d'animaux de toutes espèces, des armes, des vases....; plus loin, un champ de menhirs, un peulven redoutable..... Au flanc de la montagne coulait une source sacrée, dont l'eau claire et argentine murmure encore doucement en se précipitant par cascades jusqu'au fond du ravin. En avant et en arrière de l'antique village de Dun, on remarque deux profondes tranchées connues, dans les vieux titres, comme au Beuvray, sous le nom de *fossés de Saint-Marc*. Elles coupaient, en courant d'un précipice à l'autre, le seul côté accessible de la montagne. C'est là, au sein d'une

---

(1) Aucun lieu du Morvand ne renfermait plus de monuments druidiques que la commune de Dun et ses environs. A peu de distance du chef-lieu, on remarquait jadis un champ de menhirs et un dolmen, dits l'un *Roche-des-Pierres*, et l'autre *Pierre-de-l'Église*. Dans la *Forêt-au-Duc*, on visite la *Pierre-des-Fées*; dans celle de *Haute-Roche*, la *Pierre-de-la-Vierge* et le *Château-des-Fées* ....

(2) Elle a été ainsi appelée d'un ancien prieuré fondé au douzième siècle. Le nom de Marc rappelait aux indigènes celui de Mars, auquel cette montagne avait été consacrée.

nature déchirée, affreusement bouleversée, que le chef des druides, réunissait de temps en temps les peuplades fidèles, leur rappelait l'antique amour de leurs pères pour l'indépendance et la liberté, et leur prêchait la *haine de l'étranger*. C'est là qu'il leur racontait l'immensité des maux de la patrie vaincue, et les flots de sang répandus par le glaive de l'ennemi (1).

« Enfants de Teutatès, leur disait-il, s'il nous reste encore
» une ombre de liberté, si les divinités de la Gaule ont daigné
» nous ménager, au sein de ces montagnes solitaires, un asile
» contre la tyrannie de nos ennemis, hâtons-nous d'en profiter
» pour apaiser les dieux irrités. Peut-être que, touchés par nos
» soupirs et nos supplications, ils feront triompher la justice
» de notre cause et extermineront les bourreaux de la patrie.
» O Hésus! ô Salk! père du carnage, Dis, et toi surtout
» incomparable Teutatès, exauce les vœux que poussent vers
» toi des cœurs généreux, et rends le bonheur et la joie, s'il
» est possible encore, à des malheureux exilés au sein même
» de leur patrie. »

Soudain toutes les bouches s'ouvrent comme à un signal donné et répètent la même invocation; mais d'une voix si stridente, si forte, que les échos des bois et des vallées en retentissent au loin; puis un sourire indécis de joie et d'espérance erre sur les lèvres de tous les assistants.

Continuant son discours : « Braves et valeureux Gaulois, dit
» le druide, si je ne me trompe, les destins vous réservent
» encore des jours heureux et prospères; mais hâtez-en le
» retour par un sacrifice capable de fléchir nos divinités pro-
» tectrices. Choisissez parmi vous la victime destinée à leur
» être offerte en holocauste. Que dis-je, la victime! les dieux
» se la sont eux-mêmes procurée. Ne vois-je pas ici un des
» ennemis de la patrie, un des bourreaux de la Gaule?

(1.) *Annuaire de la Nièvre*, 1849; *Album du Nivernais*, tome II; *Archives de l'Empire*; Tradition locale.

» Pourquoi l'ont-ils, en effet, conduit entre vos mains, si ce
» n'est afin que son sang impie coule en expiation de tant de
» sacriléges ? »

Un cri approbatif part aussitôt de toute l'assemblée, et on amène, garotté et tremblant, un jeune guerrier surpris dans une embuscade. C'est un soldat romain que la mort avait épargné sur les champs de bataille, et qui va tomber sous le couteau d'un druide barbare. Bientôt, en effet, des cris lamentables se font entendre, le sang de la victime coule, et tandis que la voix des ministres, commençant l'hymne du sacrifice, couvre ses derniers râlements, le peuple, en silence, se prosterne la face contre terre.

Ces odieux sacrifices s'étaient renouvelés déjà bien des fois, lorsque apparut l'armée romaine. Les Gaulois, enveloppés de toutes parts, sont passés au fil de l'épée. On en fit un si grand carnage, que la tradition rapporte qu'il n'en échappa qu'un seul. Mais il est plus probable qu'un bon nombre gagna les forêts, ce qui obligea les Romains à se fixer quelque temps sur le plateau de Saint-Marc (1).

Par suite de ces sanglantes expéditions, le Morvand se trouva soumis, et la paix, une paix de mort, régna au centre de la contrée. Néanmoins, saint Germain, évêque de Paris, nous apprend qu'à chacun des voyages qu'il faisait dans ce pays qui l'avait vu naître, « il entendait, en traversant les
» montagnes, courir à grand bruit, à travers les forêts, des
» légions de druides, *mauvais génies*, qui lui criaient du fond
» des vallées : *Laisse, laisse au moins à des misérables la*
» *solitude des bois et la paix du désert* (2).

---

(1) L'ancienne chapelle prieurale de ce nom est bâtie dans l'enceinte du camp retranché qu'ils y avaient formé.

(2) Dom Pitra, *Hist. de saint Léger*, p. 160.

Si de locis cultis nos inconsiderantcr repellis, vel habitare concede sylvarum per solitudinem, ut liceat miseris per deserta securos errare. (Vita sancti Germani, episcopi par., n° 29 ; sæc. 1 Ben.)

Paisibles possesseurs des Gaules, les Romains s'appliquèrent à les tirer de leur état de barbarie, et commencèrent l'exécution de ces nombreuses voies de communication ou *chemins ferrés* qui sillonnaient autrefois le Morvand. Ils occupèrent à cette œuvre utile les bras de leurs vaillantes cohortes, devenus oisifs, par suite de la cessation des guerres. Le souvenir de la célérité avec laquelle les légions exécutaient ces antiques chemins, s'est conservé jusqu'à nos jours parmi les Morvandeaux ; ils les croient l'*ouvrage des fées et d'une seule nuit*. C'est ainsi que, parmi le peuple de nos campagnes, l'histoire la plus authentique revêt, avec le temps, le caractère ou l'apparence de la fable, et que les faits anciens sont généralement cachés sous le voile du merveilleux.

Voulant se procurer dans leur patrie adoptive les douceurs et les jouissances qu'ils avaient goûtées dans la voluptueuse Italie, les vainqueurs se mirent à bâtir des palais, des cirques et des amphithéâtres. Il n'y eut pas jusqu'aux simples officiers, auxquels étaient échues quelques portions de notre maigre contrée, qui ne cherchassent à s'y créer des habitations agréables et commodes ; de là ces nombreuses *villas* qu'on y remarquait, et dont on retrouve encore, çà et là, de magnifiques débris. Nous citerons, entre autres, la superbe mosaïque de Chastellux. La plupart de ces antiques villas devinrent, à l'époque de la féodalité, le siége d'autant de baronnies, desquelles relevaient plusieurs fiefs et seigneuries. On en comptait environ quarante en Morvand.

Mais ce que recherchaient plus particulièrement les Romains, accoutumés dans leur patrie à une vie molle et efféminée, c'était les bains, dont l'usage était devenu pour eux comme un besoin naturel, une nécessité. Aussi se hâtèrent-ils de construire, sur les sources chaudes, ces établissements grandioses que nous admirons encore après plus de dix-huit siècles d'existence. Telle fut l'origine des anciens thermes de Saint-Honoré, où les vétérans que César avait laissés dans le Morvand et la Nivernie, sous le commandement de Caius Antistius Reginus, trouvèrent la guérison d'une lèpre hideuse (1). Jusque-là, la source morvandelle avait été, pour les Celtes, l'objet d'une profonde vénération ; son humble bassin avait vu souvent des bandelettes sacrées et des ex-voto, suspendus aux saules, se refléter dans son onde ; mais tout s'était borné à cette aveugle superstition. Elle trouva dans les Romains des appréciateurs plus éclairés, qui surent mettre sa vertu curative à profit. Comme les maladies cutanées étaient fort communes dans ces temps antiques, il s'y fit bientôt un grand concours de baigneurs ; aussi la petite bourgade, bâtie auprès, acquit une importance considérable, et renferma, selon quelques écrivains, jusqu'à quinze mille âmes (2).

L'embellissement matériel des villes, les chemins, les thermes ne furent pas les seules choses qui excitèrent le zèle éclairé des vainqueurs ; les mœurs et la religion fixèrent aussi leur attention. Ils étaient trop judicieux pour ne pas sentir toute leur importance dans une société civilisée et leur nécessité dans tout gouvernement régulier et sage. L'empereur Auguste fonda à *Augustodunum,* dont on a fait Autun, des écoles publiques où les familles opulentes durent envoyer leurs enfants ; elles acquirent bientôt une célébrité aussi étendue que bien méritée. Les langues grecque et latine, l'histoire, la rhétorique, la philosophie, la législation romaine et les sciences physiques y étaient enseignées avec une rare distinction. Ces avantages et les somptueux monuments dont le prince dota la cité, en firent une ville célèbre où affluèrent les étrangers et qu'enrichit le commerce. De cette époque, le code de la législation romaine fut mis en usage, et il fut défendu aux juges d'appliquer d'autres lois que celles de l'empire.

Le culte public, d'ordinaire si influent sur les idées et les habitudes nationales, ne fut pas seulement profondément modifié, mais complètement changé. A la religion des druides,

---

(1) Aimoin, *Histoire de France* ; *Album du Nivernais,* tome II, p. 185
(2) *Ibid* ; *Annuaire de la Nièvre,* 1847.

professée par tous les Celtes, on substitua celle de Rome et de la Grèce. Les cérémonies religieuses les plus solennelles, qui, jusque-là, s'étaient faites au fond des forêts, furent prohibées sous des peines sévères; on en institua d'autres plus pompeuses au sein des villes. Les prêtres gaulois, jadis si puissants, si respectés, furent proscrits, comme leurs sacrifices, et leur tête mise à prix (1). Plusieurs tombèrent sous le fer de leurs persécuteurs, d'autres s'expatrièrent et passèrent en Allemagne. Mais ceux du Morvand et des environs demandèrent un asile à ses sombres forêts et se cachèrent dans les grottes les plus obscures, les plus solitaires, où ils vécurent dans la misère et les privations. Auguste, en les proscrivant, voulait, avant tout, éteindre dans leur sang l'amour sacré de la patrie et de l'indépendance, que ces docteurs de la Gaule essayaient de rallumer dans les cœurs. La politique eut donc autant de part dans les motifs qui déterminèrent la persécution contre eux, que l'horreur qu'inspirait leur culte. L'empereur interdit aussi l'exercice de l'ancienne religion aux simples citoyens, sous peine d'être privés des honneurs et des charges publiques, même du droit de cité.

Le culte des vainqueurs, par le spectacle de la nouveauté et l'attrait des passions qu'il favorisait, s'établit assez facilement dans les villes. Les hautes classes, guidées par l'ambition, la jeunesse des écoles, entraînée par l'éducation et par ses rapports journaliers avec les Romains, se conformèrent sans difficulté aux nouveaux rites; mais, plus que tous les autres, les habitants d'Augustodunum, oubliant pour ainsi dire leur vieille nationalité, devinrent Romains par le langage et les habitudes comme par les lois et la religion.

Tandis que les Eduens, serviles imitateurs de leurs maîtres, s'endormaient ainsi dans leurs chaînes dorées, les agrestes et robustes populations du Morvand conservaient toujours leur esprit d'indépendance et persévéraient dans l'observation des préceptes

(1) Courtépée, tome i; Chardon, *Histoire de la ville d'Auxerre*.

et des cérémonies de l'antique religion de leurs pères. Erreur pour erreur, autant valait-il, en effet, conserver les dogmes anciens. Néanmoins, notre contrée ne fut pas la seule qui montrât un profond attachement pour le druidisme. L'histoire nous apprend que quand l'empereur Claude parcourut les villes des Gaules, il reconnut, dans le cours de ses visites, que l'ancienne croyance était encore fortement enracinée dans l'esprit du peuple et que les druides continuaient toujours leurs odieux sacrifices. En conséquence, il proscrivit de nouveau ces prêtres, fit mourir tous ceux qu'il put découvrir, et en chassa un plus grand nombre par la terreur. Il défendit, en outre, sous peine de mort, de porter ou d'arborer aucun signe qui rappelât la religion du pays.

Qui le croirait? Malgré cette nouvelle persécution, plus terrible que la première; malgré la vigilance extrême exercée par ordre de l'empereur, tant est grande la force de l'habitude chez un peuple! tant les préjugés sont difficiles à détruire! lorsque le christianisme pénétra dans le Haut-Morvand, il y trouva le druidisme encore dominant, et c'est avec lui qu'il eut les plus fortes luttes à soutenir. Le concile d'Arles, tenu en 452, disait : « Si les fidèles allument des flambeaux ou révèrent des arbres, » des pierres, des fontaines, et que l'évêque néglige d'abolir » cet usage dans son diocèse, il doit savoir qu'il est lui-même » sacrilége. » Les apôtres de l'Évangile s'appliquèrent, en conséquence, avec un zèle ardent, à faire disparaître les objets les plus révérés de ce culte grossier et barbare. Ils abattirent les arbres sacrés, renversèrent les dolmens les plus vénérés, et souvent construisirent à leur place, comme au Beuvray, à Dun-les-Places, à Alligny, à Saint-Germain-de-Modéon, à Ouroux, à Corancy, à Château-Chinon, des chapelles qu'ils placèrent sous le vocable de saints, dont le nom ou les actes présentaient des rapprochements avec le culte détrôné. La sainte Vierge, saint Marc, saint Martin furent ainsi substitués aux déesses Maires, à Flore, à Maïa, à Mars. C'était la substitution de la vertu au vice, du spiritualisme à la matière, du sacrifice à la sensualité.

C'était la résurrection de la dignité de l'homme. Mais restaient les fontaines, auprès desquelles les fidèles, nouvellement convertis, continuaient à se rendre en dévotion, alliant à la pratique de la vraie religion une superstition toute païenne. Les prêtres chrétiens imaginèrent encore, ainsi que nous l'avons déjà fait remarquer, de donner au moins une forme orthodoxe à ces pélerinages, en dédiant les sources les plus vénérées, les plus célèbres, à quelques saints dont le nom s'alliait avec celui de ces divinités topiques. De cette manière, ils *christianisèrent* ce reste de dévotion druidique qu'ils ne pouvaient empêcher (1).

(1) Courtépée; Anquetil, *passim*.

CHAPITRE IV.

L'Évangile est prêché en Morvand. — Saint Andoche à Autun, à Saulieu, son martyre. — Le Beuvray, sa consécration au culte païen, concours à son sommet. — Saint Martin à Autun, au Beuvray. — Les barbares envahissent les Gaules. — Les Bourguignons et les Francs. — Saint Germain à Saulieu, sa mort à Ravenne, son convoi à travers le Morvand; — sainte Magnance. — Attila et les Huns, leur irruption, leur défaite.

Il y avait deux siècles environ que les Gaules vaincues reposaient en paix à l'ombre des aigles romaines; le Morvand lui-même, dépeuplé, presque désert, s'était depuis long-temps soumis à l'empire des Césars, lorsque commença à poindre l'aurore d'une ère nouvelle. Le moment fixé par la Providence pour dissiper les ténèbres de l'idolâtrie qui, depuis tant de siècles, enveloppaient nos montagnes, arriva enfin. Déjà Rome et l'Italie étaient pleines de chrétiens; déjà Arles s'était réveillée à la voix puissante de Trophime; Lyon lui-même comptait par milliers les adorateurs du Christ; mais Autun et tous les pays de sa dépendance avaient à peine entendu parler du christianisme et des vertus sublimes qu'il sait inspirer. Tout-à-coup, au lointain rivage, on voit aborder de nouveaux apôtres; ce sont Andoche, Bénigne, Andéol et Thyrse, tous quatre disciples de saint Polycarpe, tous quatre pleins de zèle et de charité, de dévouement et de courage.

A peine ont-ils posé le pied sur le sol de la Gaule, qu'ils se mettent à l'œuvre et prêchent l'Évangile sur les bords du Rhône, où l'un d'eux, Andéol, fixe le siége de son apostolat. Quant à Andoche, Bénigne et Thyrse, n'écoutant que l'ardeur du zèle qui les presse, ils s'avancent plus avant dans les terres, parcourent les pays riverains de la Saône en annonçant la bonne nouvelle, et arrivent enfin à Autun.

Reçus dans la maison de Fauste, noble sénateur de la ville et déjà chrétien, nos glorieux apôtres eurent la consolation de baptiser son fils Symphorien, alors âgé d'environ douze ans (1). Tout le monde connaît le glorieux martyre de cet illustre jeune homme qui, le premier, à Autun, eut le bonheur de sceller sa foi de son sang. Qui n'a entendu parler du courage héroïque d'Augusta, cette mère éminemment chrétienne, soutenant de la parole et du geste son fils près d'être immolé pour son Dieu! Lorsque dernièrement, l'âme émue, nous visitâmes le théâtre du martyre de notre saint, il nous semblait entendre cette pieuse femme criant encore du haut des remparts de la ville : « O mon fils! mon cher Symphorien, regarde le ciel et prends » courage; aujourd'hui, mon enfant, si on t'arrache la vie, » c'est pour la changer en une vie meilleure. »

D'Autun, où ils avaient fait briller le flambeau de la foi chrétienne, nos trois ouvriers évangéliques, poussés par le désir de porter plus loin la lumière du salut, marchent à de nouvelles conquêtes; tandis que Bénigne se rend à Dijon, Andoche et Thyrse, son diacre fidèle, à la prière de Fauste, se dirigent vers Saulieu, dont il était seigneur. (2).

Arrivés dans cette petite ville, tout enorgueillie de son fameux temple du Soleil, nos deux héros chrétiens se mettent aussitôt

---

(1) BOUGAUD, *Histoire de saint Bénigne*, p. 12 et suiv.; SAINT-JULIEN DE BALEURE, p. 270 et 394. *Obtulit Faustus filium suum Symphorianum.* (SURIUS.)

(2) *Sancti Andochius et Thyrsus ad rus ejusdem Fausti, quod sede locus ex antiquo vocabulo dicitur, secesserunt.* (Act. sancti Benigni.)

à prêcher l'Évangile, et, à leur voix, une multitude d'idolâtres renoncent à l'erreur et demandent le baptême (1). Les prêtres païens, menacés de voir leurs idoles abandonnées, en conçoivent un naturel ombrage. Ameutant donc la populace, qu'ils soulèvent par la crainte de la colère des dieux, ils excitent contre Andoche et Thyrse une sédition formidable, dans laquelle ils enveloppent aussi Félix, honnête marchand, qui les avait reçus dans sa maison (2).

Saisis par une troupe de forcenés, ces hommes vertueux, dont tout le crime était d'avoir voulu éclairer de misérables aveugles, sont abreuvés d'outrages, traînés par les rues et déchirés à grands coups de verges et de cordes nouées. Puis, les membres en lambeaux et les mains attachées par-derrière, ils sont suspendus en l'air pendant toute une journée, afin d'épouvanter, par la vue de ces tourments, ceux qui seraient tentés d'abandonner le culte des dieux du pays. Comme ils vivaient encore lorsqu'on les descendit, on appliqua sur leurs membres meurtris des charbons ardents, et les bourreaux les achevèrent à coups de leviers, le 24 septembre 178 ou 179. Alors les fidèles, qu'ils avaient si douloureusement enfantés à Jésus-Christ, recueillirent leurs restes mortels et les inhumèrent, dans l'endroit de leur supplice, sous la direction de Fauste, leur seigneur, accouru d'Autun tout exprès (3). Une chapelle ayant été construite sur le lieu où reposaient leurs corps, il s'y fit, dans la suite, un concours considérable de pèlerins. Les aumônes qu'on y déposait devinrent si abondantes, qu'on songea, au sixième siècle, à y élever une abbaye pour

---

(1) *Sancti viri Andochius et Thyrsus in sedelocensi villa plurimos suis divinis prædicationibus ad religionem christianam traduxerunt.* (Surius, 17 januarii.)

(2) *Légendaire d'Autun*, tome II, p. 287. — Quelques auteurs pensent que l'empereur Marc-Aurèle, revenant de Sens, passa par Saulieu, fit arrêter les confesseurs et fut lui-même leur juge.

(3) M. Dinet, *Hist. de S. Symphor.*, p. 169.

les moines chargés de veiller sur le tombeau des martyrs. Ce monastère fut sécularisé vers l'an 1127 (1).

Le sang des glorieux apôtres du Morvand fut, pour la contrée, une semence féconde de chrétiens. Néanmoins le paganisme, bien qu'agonisant au quatrième siècle, dans toutes les Gaules, conservait encore, dans nos compagnes, des sanctuaires vénérés et des sectateurs extrêmement entêtés de ses dogmes superstitieux. Mais nulle part le culte des idoles n'était plus enraciné et plus fort qu'au Beuvray.

Au temps du paganisme, cette montagne, si elle ne fut pas le siége de l'antique Bibracte, était au moins le sanctuaire des dieux de la Gaule; là, au sein des forêts et du silence, devaient avoir lieu les assemblées les plus solennelles et les cérémonies les plus pompeuses de la religion. C'est sur son vaste plateau, souvent enveloppé de la foudre et des éclairs, que devaient se rendre les Eduens, tantôt pour adorer l'Être suprême, entendre prêcher la haute morale ou la profonde philosophie de leurs pontifes; tantôt pour discuter, dans les assemblées politiques du printemps ou de l'automne, ou dans quelque autre grande occasion, les intérêts publics les plus graves (2). Il dut être même, pour la Celtique, ce qu'était pour Rome le Capitole, une sorte de forteresse où les femmes, les enfants et les vieillards trouvaient un asile sûr en cas d'invasion.

Sous les Romains, son plateau reçut les cohortes chargées de tenir en échec les tribus insoumises du Morvand; les dieux de la Grèce et de Rome y reçurent des hommages. Flore, Maia, l'une déesse des fleurs et l'autre déesse de la jeunesse; Mercure, le dieu des marchands, et jusqu'à l'impudique Vénus, y eurent leurs autels.

La jeunesse gauloise, bientôt corrompue par les doctrines d'une religion licencieuse, s'y rendait en foule dans les beaux

---

(1) *Légendaire d'Autun*, p. 288 et 289; COURTÉPÉE, tome VI, p. 190.
(2) *Annuaire de la Nièvre*, 1839.

jours du printemps pour célébrer les fêtes de ces divinités impures. Ainsi se formèrent ces concours périodiques qui amenèrent si long-temps, au sommet de la montagne sainte du Morvand, une foule immense de peuple. Les voies indestructibles que, dans leurs moments de loisir, les soldats romains avaient construites le long de ses flancs, en favorisaient d'ailleurs l'accès (1).

Telle était, sous le rapport religieux, la situation des choses au Beuvray, lorsque saint Martin, ce glorieux apôtre des Gaules, cet athlète si redoutable au culte des faux dieux, fit, en 376, son entrée dans Augustodunum. Simplicius, connu lui-même par son zèle contre le culte des idoles, en était évêque. Ce vertueux pontife, malgré ses constants efforts, n'était pas encore parvenu à purger tout son diocèse des restes du paganisme, tant il y avait jeté de profondes racines! On sait que sous les murs mêmes d'Augustodunum il existait alors un temple fameux que Martin entreprit de démolir, et un chêne sacré qu'il renversa au grand péril de sa vie. Sur l'emplacement de ce dernier, on éleva d'abord une chapelle, puis une vaste abbaye qui porta, jusqu'à nos jours, le nom du saint évêque de Tours. Après cette périlleuse victoire, remportée sur ce puissant foyer de l'erreur, le pieux prélat pouvait-il laisser debout, au sommet du Beuvray, qui se dressait devant lui, les autels et les statues des dieux du paganisme? L'aspect sombre de la montagne, la réputation de cruauté des peuples des environs, rien ne peut l'arrêter. Il prend donc son humble monture, et, vêtu d'une longue tunique et d'un manteau noir en tissu de poil, il s'avance vers ce nouveau champ de bataille sans autre escorte que quelques guides, sans autres armes que la prière et sa confiance en Dieu (2).

---

(1) GUY COQUILLE, *Histoire du Nivernais*, p. 345; *Album du Nivernais*, tomes I et II; BULLIOT, *Histoire du Beuvray*, p. 8; DUVIVIER, *Promenade au Beuvray*; *Légendaire d'Autun*, tome II, p. 285.

(2) M. BULLIOT, *Le Beuvray*, p. 2.

Que se passa-t-il sur la montagne? L'histoire se tait et la tradition reste muette. Néanmoins on croit que là, comme sous les murs d'Augustodunum, il faillit être lapidé par des païens ameutés, et qu'il n'échappa à la mort que par miracle. Tout porte à penser, en effet, que le Beuvray est l'un des deux endroits de l'Autunois où sa vie courut les plus grands dangers (1). Sa présence y était attestée jadis par un ancien oratoire élevé en son honneur, et par une fontaine pour laquelle les fidèles des environs professent une grande dévotion. Il se faisait autrefois, aux deux fêtes du saint, un grand concours à cet oratoire, que desservait un moine du prieuré de Saint-Symphorien d'Autun, dont les religieux reconnaissaient saint Martin *comme leur père* (2).

Le pieux évêque, après avoir accompli sa sainte, mais dangereuse mission au Beuvray, en descendit par l'autre versant. Il suivit la voie romaine qui, de cette montagne, se dirigeait, par les *Eaux-de-Nisiné*, du côté d'Anizy, et alla, dans le Bazois, renverser un temple célèbre de Diane, élevé au milieu des forêts, dans un lieu encore aujourd'hui appelé Dienne. Là, plus fidèle, la tradition a conservé un souvenir toujours vivant de son passage au milieu des campagnes; les populations ne prononcent son nom qu'avec une touchante vénération. Là aussi, comme au Beuvray, des monuments religieux, où il se fait encore des pélerinages, attestent et sa présence et son apostolat (3). Le grand nombre d'abbayes, de prieurés, d'églises et de chapelles placés sous son invocation, en Morvand, sont peut-être un autre témoignage de la visite de cet illustre thaumaturge des Gaules dans nos montagnes. Quelque temps après,

---

(1) *Le Beuvray*, p. 2.
(2) *Missel* du septième siècle; M. Bulliot, p. 12.
(3) A l'ouest de Montigny sur Canne est un rocher où le peuple croit reconnaître les vestiges des pieds du cheval de saint Martin. Il s'y fait un grand concours contre la fièvre intermittente, si commune en ces parages. On l'appelle a *Pierre-de-Saint-Martin*.

en 417, le pays fut traversé, du nord au sud, par saint Amatre, évêque d'Auxerre; il se rendait à Autun pour solliciter du gouverneur l'admission du comte Germain dans son clergé. Au sein des forêts, entre Quarré-les-Tombes et Saint-Brisson, il rencontra de pauvres bûcherons qui, l'ayant reconnu pour évêque au petit reliquaire qu'il portait à son cou, coururent se jeter à ses pieds, le priant de les bénir et de guérir un des leurs que le ciel, disaient-ils, avait justement puni. Le pieux prélat se rendit à leurs vœux et obtint de Dieu le miracle qu'ils demandaient. Ils en furent si reconnaissants, qu'ils se mirent à réparer les chemins par où il devait passer et voulurent lui servir d'escorte.

Un peu plus loin, l'évêque vit accourir un noble citoyen d'Alise, Soffronius, poursuivant, avec ses gens, des voleurs qui avaient enlevé son argenterie. Ces coupables étaient-ils des habitants du Morvand? On l'ignore. Seulement la direction qu'ils avaient prise porte à le croire. Quoi qu'il en soit, déjà Soffronius les avait atteints et s'apprêtait à tirer une rude vengeance du crime, lorsque Amatre implora le salut des ravisseurs; il fit tant par sa charité et l'autorité de sa parole, que le seigneur mandubien se contenta qu'ils jurassent sur le tombeau de saint Andoche qu'ils changeraient de vie (1).

Cependant la puissance des maîtres du monde commençait à s'affaiblir. Tant que Rome eut des ennemis à combattre et des provinces à conquérir, elle fut grande, forte et invincible; maîtresse de l'univers, elle s'endormit dans une vie molle et voluptueuse. Tertulien dit quelque part que la toge a fait plus de mal que la cuirasse au corps de la République. Tandis que le courage de ses enfants s'énervait dans les douceurs d'une paix plus funeste pour elle qu'une guerre malheureuse, la division des chefs préparait sa ruine et amenait la chute d'une grandeur acquise par des travaux immenses. L'empire, après de si glo-

---

(1) Lebeuf, *Mémoires*, édition de 1848, tom. i, pag. 22.

rieuses victoires, de si magnfiques conquêtes, chancelait sur sa base, déjà même il croulait de toutes parts.

Enhardis par ce funeste état de choses, les barbares qui, jusque-là, n'avaient tenté que quelques excursions, plus ou moins heureuses, dans les Gaules, d'où ils avaient été, à chaque fois, rejetés dans les forêts de la Germanie, reprennent courage. Ils se réunissent donc en foule, s'acheminent vers cette Gaule, objet de leur convoitise, et forcent de nouveau les frontières de l'empire. Cette multitude innombrable, composée d'Alains, de Burgondes, de Gépides, de Goths, de Suèves et de Vandales, passa le Rhin, du côté de Mayence, le dernier jour de l'année 406, et se mit à ravager le pays, qu'elle parcourut en tous sens. Les Vandales surtout exercèrent si horriblement leur fureur, accumulèrent tant de ruines sur leur passage, que si l'Océan tout entier, dit saint Prosper d'Aquitaine, se fût répandu sur les champs de la Gaule, ses vastes flots auraient fait moins de dégâts (1).

Ne trouvant plus dans les Gaules saccagées de quoi assouvir leur avidité, les Alains, les Suèves et les Vandales se dirigent du côté des Pyrénées et passent en Espagne. Mais les Burgondes, plus pacifiques, s'établissent, du consentement de Constantin, impuissant à les repousser, entre le Jura et la Saône, sous le titre *d'hôtes et de confédérés* (2). Ainsi fixés, ces peuples voulurent se donner un gouvernement régulier et élurent un roi dans la personne de Gondicaire, leur chef. Ce prince, dont l'ambition croissait à mesure que l'empire s'affaiblissait, résolut de reculer les limites de son petit royaume. Il réunit de nouveau ses guerriers, se met à leur tête et s'avance du côté de Lyon; puis, passant le Rhône, il s'empare de l'antique métropole de Vienne, dont il fait sa capitale. Autun lui-même tomba bientôt en son pouvoir; le Morvand, ainsi que les autres pays de la

---

(1) *Si totus gallos sese effudisset in agros Oceanus, vastis plus superesset aquis....* (De Providentiâ divinâ, p. 618.)

(2) Courtépée, *Descript. de Bourg*, tom. i.

dépendance de cette antique cité, fut alors compris dans ce premier royaume de Bourgogne.

Jaloux de partager une proie dévolue aux barbares, les Francs eux-mêmes, qui avaient déjà fait plusieurs tentatives sur les provinces gauloises de l'empire, s'avancent de leur côté et poussent leurs conquêtes jusqu'aux montagnes du Morvand. L'Yonne, la principale rivière de cette contrée limita naturellement les possessions des deux peuples. De cette époque, qui était l'an 427, notre pays fit partie de deux royaumes, sans cesser, pour cela, de rester sous la juridiction spirituelle des évêques d'Autun (1).

Pendant soixante-six ans, les choses, selon Guy Coquille, en restèrent là. Mais « pour ce que les Bourguignons et les Fran-
» çois estoient, chacun en sa conqueste, seigneurs souverains,
» ne reconnaissant rien de l'un de l'autre, fut avisé que la part
» du diocèse d'Ostun demeurée à la conqueste des François,
» auroit un évesque et diocèse à part, et fust establi un siége
» épiscopal à Nevers, qui ne fut pas attribué à la province de
» Lyon, parce que cette ville estoit aux Bourguignons, mais....
» à la province de Sens, qui estoit aux François (2). » Dès-lors la rivière d'Yonne sépara les deux nations au spirituel comme au temporel.

Dans le cours de ces divers événements, le Morvand fut visité par saint Germain, évêque d'Auxerre, prélat le plus célèbre des Gaules après saint Martin. Le grand nombre d'églises, placées sous son invocation, montre que son culte était tout aussi répandu dans nos campagnes que celui du pieux évêque de Tours. Le moine Héric raconte que, de son temps, on trouvait, presque de lieue en lieue, des églises qui lui étaient dédiées et que la dévotion à ce saint évêque était si grande, qu'on y entretenait, le jour et la nuit, des lampes ardentes en son honneur.

---

(1) Guy Coquille, *Histoire du Nivernais*, petit in-4°, p. 29 ; Dom Bouquet, *Collection des hist. de France*; De Gingins.

(2) *Histoire du Nivern.*, p. 29.

Cet illustre serviteur de Dieu, partant pour l'Italie, afin de remplir une mission de charité auprès de l'empereur Valentinien, qui tenait alors sa cour à Ravenne, prit la voie d'Agrippa et vint à Saulieu, où il s'arrêta pour annoncer la parole de Dieu, et s'agenouiller sur le tombeau de saint Andoche et de ses deux compagnons.

Poursuivant sa route, le vertueux évêque arriva enfin au terme de son voyage et fut reçu par la cour avec tous les honneurs dus à son rang et à sa haute réputation de sainteté. Sa mission accomplie, Germain s'apprêtait à reprendre le chemin de la Gaule, lorsqu'il tomba malade et mourut le 31 juillet 448.

Cette triste nouvelle étant parvenue à Auxerre, toute la cité fut dans le deuil, et son clergé, par un dévouement sans exemple, partit aussitôt et s'avança jusqu'au pied des Alpes, pour recevoir son corps et le conduire dans sa ville épiscopale, où il avait voulu être inhumé. Lorsque le funèbre cortége traversa le Morvand, au chant des psaumes, on vit les populations se lever en masse et accourir avec leurs prêtres sur son passage, pour donner aux restes mortels d'un si grand évêque le témoignage d'une vénération bien méritée. Godescard rapporte que les flambeaux et les torches allumés autour du char funèbre étaient si nombreux, que la lumière s'en faisait remarquer en plein jour (1).

Parmi la foule qui accompagnait le saint corps, on remarquait quatre pieuses vierges italiennes, qui, par dévotion, ne voulurent plus s'en séparer. Toutes sont honorées d'un culte public dans le diocèse de Sens. Magnance, l'une d'elles, soit fatigue, soit épuisement ou toute autre cause, tomba malade dans la traversée du Morvand et y mourut. Elle fut enterrée sur le bord même de la voie d'Agrippa, non loin de l'antique village de Cordois, *prope vicum Cordubensem*, et resta oubliée pendant plus de deux siècles. Mais enfin ses reliques, ayant été miraculeusement découvertes, comme nous le dirons plus tard, elles

(1) *Vie de saint Germain*, 26 juillet.

furent transférées dans l'église, où il se fit un si grand concours de fidèles, que le pays quitta son nom et prit celui de la vertueuse étrangère. Dès-lors, le Morvand compta un saint de plus (1).

Quatre ans après, tandis que les Burgondes et les Francs, en paix entre eux, jouissaient sans trouble de leurs conquêtes respectives, un horrible fléau vint fondre sur le pays, à peine remis des maux que l'invasion de tant de barbares lui avait causés. Les Huns, nation cruelle et sanguinaire, sortie de la Tartarie, ayant à leur tête le terrible Attila, surnommé le *Fléau de Dieu* (2), se portèrent sur les Gaules comme un torrent dévastateur, après avoir fait trembler Théodose sur son trône d'Orient.

Arrivés sur les bords du Rhin, en 452, ces barbares écrasèrent sans peine l'armée burgonde qui tenta de s'opposer à leur passage, et pénétrèrent, au nombre de cinq cent mille combattants, jusqu'au cœur du pays, en laissant derrière eux une longue traînée de feu et de sang. Le Morvand, dit-on, aurait été traversé par ces hordes sauvages, qui ne le traitèrent pas mieux que les pays qu'elles avaient déjà parcourus. Quelques détachements, las de suivre ce chef aventureux, se seraient même fixés dans nos montagnes, et le visage des Morvandeaux conserverait encore beaucoup de traits de ressemblance avec celui des Huns. Mais nous pensons que cette prétendue ressemblance n'existe que dans l'imagination de ceux qui émettent ce sentiment.

Quoi qu'il en soit, les Huns, après avoir brûlé Auxerre, étaient arrivés sous les murs d'Orléans qu'ils tenaient étroitement serrés; déjà ils avaient forcé les portes de la ville. Les

---

(1) COURTÉPÉE, tome VI; *Légendaire*, tome II, p. 401.

(2) Saint Loup, évêque de Troyes, s'étant présenté avec une pieuse audace devant le conquérant, près d'entrer dans sa ville épiscopale, et lui ayant demandé intrépidement : « Qui es-tu? » en reçut la fameuse réponse : « *Je suis Attila, le fléau de Dieu.* » Le barbare, charmé de la fière attitude de l'évêque, épargna la ville et passa outre. (*Les Moines d'Occident*, tome I, p. 231.)

habitants, consternés, s'attendaient aux derniers malheurs, lorsque apparut fort à propos une puissante armée de Romains, de Burgondes, de Francs et de Visigoths, qui avaient senti la nécessité de s'unir contre un ennemi commun (1).

Forcé d'abandonner sa proie, le féroce Attila, frémissant de rage, se retira dans les plaines catalauniques (2), où il fut contraint d'accepter le combat, qui fut horrible. Avant d'en venir aux mains, il harangua ainsi ses farouches soldats : « Méprisez ce ramas d'ennemis désunis par les mœurs et le
» langage et réunis par la peur. Précipitez-vous sur les Alains
» et les Goths qui font toute la force des Romains; le corps ne
» peut se tenir debout quand les os en sont arrachés. Courage!
» que la fureur accoutumée s'allume. Le glaive ne peut rien
» contre des braves avant l'ordre du destin. Cette foule épou-
» vantée ne pourra regarder les Huns en face. Si l'événement
» ne me trompe, voici le champ qui nous fut promis par tant de
» victoires. Je lance le premier trait à l'ennemi : quiconque
» oserait devancer Attila au combat est mort (3). »

Il dit, et aussitôt lui et les siens s'élancent au combat. Le choc fut terrible et le carnage affreux. Les vieillards de son temps, dit Jornandès, se rappelaient avoir vu le ruisseau, qui coulait au milieu du champ de bataille, grossi tout-à-coup par le sang, devenir un torrent. En effet, cent quatre-vingt mille hommes, au rapport des auteurs contemporains les moins exagérés, et plus de trois cent mille, selon Isidore et Idace, restèrent sur le terrain. Attila, vaincu et réduit à une poignée de monde, se sauva en Pannonie, d'où il se porta, plus tard, aussi terrible sur l'Italie (4).

(1) COURTÉPÉE, *Descrip. de Bourg.*
(2) Les *plaines catalauniques et mauraciennes* ne sont point les environs de Châlons-sur-Marne, comme l'ont pensé quelques auteurs, mais bien, selon une saine critique, ceux de Mauriac, dans le Cantal.
(3) JORNANDÈS, CHATEAUBRIAND.
(4) COURTÉPÉE, *Descrip. de Bourgogne.*
L'auteur d'une notice manuscrite fait livrer cette bataille en Morvand,

Près d'un siècle s'était déjà écoulé depuis ce grand événement, lorsque mourut Godomar, dernier prince de la maison de Bourgogne, assiégé et pris dans Autun, où il s'était réfugié. En lui finit ce fameux royaume de la première Bourgogne, après une durée de cent vingt ans, sous quatre générations de rois. Le Morvand et les autres pays de sa dépendance passèrent alors au pouvoir des rois francs.

---

aux environs de Chalaut, où il a cru reconnaître des preuves confirmant ce qu'il avançait. Ainsi, il fait des *Plats* de Chalaut les plaines catalauniques. Il trouve un souvenir des Goths et des Visigoths dans le nom de la ferme des *Goths* ou *Gaux* et dans celui de *Vésigneux*.

CHAPITRE V.

Progrès de la religion chrétienne; elle devient dominante. — Fondation d'abbayes. — Saint Merri en Morvand, sa retraite à La Celle-lès-Autun, il est découvert par ses moines. — Les Sarrasins envahissent les Gaules, leurs ravages. — Ils sont vaincus par Charles Martel. — Saint-Andoche de Saulieu, Saint-Martin d'Autun, Saint-Prix de Flavigny sont dépouillés de leurs biens par ce guerrier. — Mort de Charlemagne, règne tumultueux de son fils. — Les Normands parcourent la France, ils sont vaincus dans l'Avallonnais.

Au milieu de ces agitations, de ces bouleversements, qui troublèrent la patrie et changèrent la face des choses, la religion du Christ ne laissa pas de répandre au loin ses rayons bienfaisants. Dès la fin du cinquième siècle, toute la France, à peu d'exceptions près, était chrétienne. Elle avait appelé à elle les barbares, qui entendirent sa voix, embrassèrent ses dogmes consolants, sa morale sublime, et lui montrèrent, dans la suite, une soumission vraiment filiale.

Placée sur le trône par les rois burgondes, puis, avec plus d'éclat, par les rois francs dans la personne du grand Clovis, cette religion de charité, qui avait désarmé des peuples jusque-là féroces, et les avait amenés à des sentiments doux et humains, rayonnait de cette gloire pure qu'elle tire de son essence divine. Elle donnait, de toutes parts, de fréquents exemples de ces vertus sublimes et héroïques qu'elle seule peut inspirer. Les grands comme le peuple l'aimaient et se soumettaient avec bonheur à ses sages prescriptions. On ne s'en tenait pas là;

chacun voulait apporter son tribut à l'édifice spirituel, qui répandait un éclat si pur sur la France entière. Les riches payaient de leur fortune, le peuple de sa personne. C'est ainsi que s'élevèrent, de tous côtés, des monastères où le puissant et le faible, indistinctement, se retiraient pour se dérober au monde et rivaliser ensuite de piété et de ferveur.

Le Morvand, au milieu de cet élan général, ne resta point en arrière. On vit s'élever, dans ses montagnes, les abbayes de Saint-Péreuse, de Saint-Andoche de Saulieu, et de Saint-Eptade de Cervon. La première fut bâtie sur le tombeau du saint martyr de ce nom, que l'on peut mettre au nombre des apôtres du pays, et dont un village rappelle encore le souvenir; la dernière fut fondée par un saint prêtre, né dans les environs d'Autun (1), et qui, pour échapper à l'honneur de l'épiscopat, dont il se jugeait d'autant plus indigne qu'il le méritait mieux, s'enfuit dans le Morvand (2). Après avoir parcouru les lieux les plus déserts, il s'arrêta à Cervon, dont le territoire était alors couvert de bois. Plusieurs disciples étant venus se ranger sous sa conduite, il fut obligé de bâtir, pour les recevoir, le monastère qui porta depuis son nom, et que Charles-le-Chauve donna dans la suite à l'église d'Autun.

Dans le siècle suivant, les forêts du Morvand donnèrent asile à un autre serviteur de Dieu, qui vint y chercher aussi un refuge contre ce qu'il appelait les dissipations du cloître; c'est saint Médéric ou Merri, quatrième abbé de Saint-Martin d'Autun. Sa famille, l'une des plus nobles et des plus illustres de la cité éduenne, s'opposa d'abord vivement au dessein qu'il avait formé de se consacrer à Dieu sous l'habit monastique. Mais,

---

(1) Quelques savants prétendent qu'il naquit à Lormes ou dans les environs.

(2) On croit qu'il se réfugia dans la paroisse de Quarré-les-Tombes, au hameau des Mathieux, qui n'était alors qu'une forêt, à 500 mètres environ de l'ancienne voie qui traversait ces parages agrestes. On y bâtit plus tard une chapelle dédiée sous son nom.

bientôt vaincue par ses pieuses sollicitations, elle alla elle-même le présenter à l'abbaye où vivaient cinquante-quatre religieux, unis dans un parfait esprit de pénitence et de mortification.

Merri, associé à ces bons moines, les édifia par son humilité, sa douceur, sa charité, ses mortifications, et surtout par sa profonde obéissance. Tant de vertus lui méritèrent l'estime et la confiance de la communauté qui, à la mort de l'abbé, l'élut unanimement pour la gouverner. Mais ce ne fut qu'avec une extrême répugnance que notre fervent cénobite accepta l'honneur de commander aux autres. Cependant, la crainte de résister à la volonté de Dieu le porta à se soumettre.

Cette nouvelle dignité ayant mis plus en relief les vertus et la sainteté de Merri, une foule de personnes, de toutes conditions, venaient, chaque jour, l'assiéger pour recevoir ses avis, auxquels on se soumettait ensuite avec une religieuse exactitude. Mais bientôt l'humble abbé conçut des craintes pour ce genre de vie qu'il regardait comme trop extérieur. Un jour que cette pensée agitait son âme plus fortement, et que de nombreuses distractions lui avaient inspiré un désir plus ardent de la solitude, il sortit secrètement de son monastère, et prit la route du Morvand, qui se montrait sombre et solitaire vers l'ouest. Il erra plusieurs jours aux sommets des montagnes les plus âpres, les plus sauvages. Il parcourut les vallées les plus profondes, les plus solitaires, celles où la voix du torrent et le cri des bêtes fauves seuls se faisaient entendre, et finit par se fixer dans un lieu entouré de rochers et de précipices, nommé depuis *Cellule-de-Saint-Merri*, aujourd'hui *La Celle-lès-Autun*.

Ses moines, désolés, le cherchèrent long-temps sans découvrir le lieu de sa retraite. Enfin, soit par la vertu d'en haut, soit par l'effet d'un heureux hasard, ils connurent la direction qu'il avait prise, et bientôt l'endroit même où il s'était retiré. Ils sortent donc de leur monastère pleins de joie, accourent auprès de lui, et se jetant à ses pieds :

« Très-excellent père, lui disent-ils, que vous ont donc

» fait vos enfants pour que vous les ayez ainsi abandonnés sans
» guide et sans conseils? Depuis votre départ, ils n'ont goûté
» ni repos, ni bonheur. Les maigres racines dont ils se nourris-
» sent n'ont été, pendant tout ce temps, assaisonnées qu'avec
» leurs larmes. Les dalles du sanctuaire elles-mêmes vous
» diront, très-excellent père, toute la désolation, toute l'afflic-
» tion de vos fils en Jésus-Christ; car elles sont encore hu-
» mides des pleurs qu'ils ont versés. Prosternés, nuit et jour,
» devant la face du Seigneur, ils le conjuraient de leur rendre
» ce père, dont la présence seule suffisait pour les animer à
» la vertu et les soutenir dans la voie difficile de la perfection.
» Revenez, ah! revenez au milieu de vos enfants. S'ils ont
» blessé votre cœur paternel par quelque manque d'égards ou
» de soumission, oubliez, ils vous en supplient, tout ce qu'il
» y a de coupable dans leur conduite. Ils vous promettent qu'à
» l'avenir vous serez, après Dieu, l'objet constant de leurs
» respects et de leur amour. Si leur peu de progrès dans la
» perfection de leur saint état a pu vous affliger et vous dégoûter
» de vivre parmi eux, ils s'engagent, avec l'aide de Dieu,
» l'appui de vos conseils et de vos exemples, à marcher d'un
» pas plus ferme dans le sentier de la vertu. »

Ils allaient en dire davantage, lorsque Merri leur répondit :
« Non, mes bien-aimés frères, non, laissez dans son désert un
» pauvre pécheur décidé à expier, dans la pénitence et les
» larmes, ses fautes passées. La solitude des forêts n'est pas
» trop profonde pour cacher ses misères, ni les rochers trop
» élevés pour protéger sa faiblesse contre le monde. Si je suis
» venu m'ensevelir dans ces gorges sombres et solitaires, n'en
» accusez que moi seul : ah! j'en rougis encore, moi qui aurais
» dû être votre modèle comme j'étais votre père, je ne vous
» donnais que l'exemple d'une vie dissipée et toute terrestre.
» Combien de fois votre pieux recueillement a accusé ma
» dissipation, et votre ferveur mon relâchement dans le service
» de Dieu! Frères charitables, priez le Seigneur qu'il daigne,
» dans sa miséricorde, avoir pitié d'un moine indigne, et

» retournez en paix dans l'asile de vos vertus; les vœux et les
» prières du pauvre pécheur vous y accompagneront. Pour moi,
» il en est temps, il faut que je m'accoutume à la sainte loi du
» silence et du recueillement; il faut que je commence enfin à
» mener la vie d'un moine. »

Pendant qu'il parlait ainsi, de grosses larmes roulaient sous sa paupière, et les bons frères pleuraient aussi. Ils renouvelèrent plusieurs fois leurs instantes prières et leurs pressantes sollicitations; néanmoins, ils durent se résoudre à reprendre seuls le chemin de la ville, et ils rentrèrent dans leur monastère aussi tristes qu'ils en étaient sortis joyeux. Quelque temps après, ils firent de nouvelles tentatives; mais toujours ils trouvèrent l'homme de Dieu aussi ferme que le rocher qui lui avait ouvert ses flancs. Désespérant donc de vaincre par eux-mêmes sa résolution et de triompher de son amour pour la solitude, ils s'adressèrent à Hermenaire, prélat d'une haute piété et digne successeur de Léodégar ou Léger. Ils le conjurèrent d'user de son autorité et de ramener le saint abbé au milieu d'eux par quelque moyen que ce fût. L'évêque écouta avec bonté leurs supplications et se rendit lui-même dans la solitude de Merri. Il trouva le saint homme livré à une profonde méditation; s'adressant à lui :

« Revenez, mon père, dit-il, revenez dans la sainte maison
» dont Dieu vous a confié le gouvernement. Comme vous,
» pendant sa vie mortelle, Jésus-Christ voulut s'ensevelir dans
» la solitude du désert; mais, au bout de quarante jours, il
» rentra dans le monde pour travailler à la conversion des
» hommes. Imitez son exemple, et revenez au milieu de vos
» fils spirituels, qui gémissent sur votre absence. »

Merri refusa, en prétextant son indignité et le besoin de travailler à sa propre sanctification. Alors l'évêque le menaça d'excommunication s'il n'obéissait à ses ordres. L'humble abbé se soumit et reprit, avec le prélat, la route d'Autun, non sans un amer regret de se voir arracher à des lieux où il avait trouvé tant de calme et goûté tant de bonheur.

Merri, après avoir édifié encore pendant quelques années les bons moines de Saint-Martin, se retira à Paris, où il mourut, vers l'an 700, dans une grande réputation de vertu et de sainteté. Les fidèles élevèrent, peu de temps après, sur son tombeau, une chapelle qui devint, dans la suite, église paroissiale : elle porte encore aujourd'hui son nom. Sa solitude du Morvand acquit aussi une grande célébrité. La cellule, témoin des austérités de sa vie et de la ferveur de ses prières, fut changée elle-même en une chapelle, que visitèrent pendant long-temps de nombreux pélerins. C'est actuellement une des paroisses du doyenné de Lucenay-l'Évêque (1).

Cependant, des jours si heureux, si prospères pour l'Église de France et pour l'État, vont bientôt disparaître. Des invasions et des guerres de toutes sortes troubleront, pendant plus de cent ans, le bonheur et la paix publics. Le Morvand, enveloppé dans le malheur commun, verra de nouveaux barbares couvrir ses montagnes, inonder ses vallées. Ses paisibles échos retentiront long-temps du bruit des armes et du cri des guerriers. Déjà, en effet, l'horizon se grossit de nuages du côté du sud, et un orage épouvantable s'apprête à

---

(1) COURTÉPÉE, tome VI; GODESCART, *Vie des Saints*, 29 août; M. BULLIOT, *Hist. de Saint-Martin d'Autun*.

L'abbaye de Saint-Martin, ordre de saint Benoît, possédait plusieurs terres et prieurés en Morvand. Ils lui furent donnés, en 592, par la reine Brunehaut, sa fondatrice. Ruinée en 883 par une *troupe d'impies*, Charles-le-Chauve la tira de dessous ses décombres par les soins d'un religieux, nommé Grégoire, qu'il avait mis à sa tête. Déjà détruite de fond en comble, en 731, par les Sarrasins, elle avait été restaurée par le comte Badilon, qui s'y fit moine. Son emplacement fut celui d'un chêne druidique renversé par saint Martin, de Tours. Le pape saint Grégoire-le-Grand l'avait exemptée de toute juridiction humaine. Alexandre III permit à l'abbé d'officier pontificalement même avant d'être béni, et la soumit directement au saint-siège. Elle posséda jusqu'à cent mille *manses* de terre ou journaux de bœufs de deux cent quarante pieds carrés chacun. Elle avait le patronage de soixante douze églises.

fondre sur la France ; ses plus belles provinces vont être ravagées.

Les Sarrasins, appelés par Moronte, gouverneur de Marseille, et favorisés par les seigneurs de Bourgogne, qui cherchaient à se rendre indépendants, parcourent le pays comme un torrent dévastateur. Lyon, Mâcon, Chalon-sur-Saône sont pillés, saccagés. Autun, emporté d'assaut, est dévasté et réduit en cendres le 22 août 731 (1). Ces barbares portèrent un coup si terrible à cette grande ville, qu'elle ne s'en est jamais bien relevée. Les Arabes, se divisant ensuite en plusieurs colonnes, se donnent rendez-vous sous les murs d'Auxerre. Ils traversent donc le Morvand en suivant les trois principales voies romaines qui le sillonnaient, et renversent tout ce qu'ils rencontrent sur leur passage. Les villas de Lucenay, de Brazey, de Liernais, sont culbutées. Saulieu, attaqué brusquement, n'offre bientôt plus, ainsi que son abbaye, qu'un monceau de ruines. Mais au milieu des décombres gisait un trésor bien précieux, surtout à cette époque de foi : c'était le tombeau des apôtres du pays, qui échappa, comme par miracle, aux mains sacrilèges de ces barbares. C'est à la conservation des restes vénérés de saint Andoche, on ne peut en douter, que la ville, comme le monastère, dut l'avantage de sortir de nouveau de ses ruines. Sans les reliques de ce glorieux martyr, Saulieu, comme tant d'autres villes gallo-romaines, ne présenterait probablement qu'une masse informe de débris gisant sous terre ou dispersés par le soc de la charrue. Son nom ne nous serait peut-être pas même connu (2).

Après le sac de Saulieu, les barbares, poursuivant leur route, arrivèrent sur le territoire de La Roche-en-Breny, où ils trouvèrent une bourgade gallo-romaine, qu'ils nivelèrent avec le sol ; elle ne sortit plus de dessous ses décombres. Puis ils se

---

(1) COURTÉPÉE, tome VI ; dom PITRA, *Hist. de saint Léger*.
(2) *Ibid* ; notice inédite.

ruèrent sur Avallon, renversèrent ses murailles, pillèrent ses maisons et égorgèrent une partie de ses habitants.

Sur la voie du centre, au lieu qu'occupe aujourd'hui Ouroux, se trouvait un *horreum* ou magasin de vivres et de fourrages, d'où est venu au pays son nom actuel ; les barbares le pillèrent et le brûlèrent, ainsi que l'attestent les couches de charbon, gisant çà et là, à un mètre au-dessous du sol (1). D'anciennes ruines gallo-romaines, découvertes autrefois dans le voisinage de Lormes, prouvent que, là aussi, ils exercèrent leur fureur.

Au sud, les ravages ne furent pas moins terribles. Un corps d'armée, formant la principale force des infidèles, si on en juge par le nombre et la grandeur des désastres qui marquèrent son passage dans nos montagnes et le Nivernais, monta au Beuvray, d'où il descendit sur l'établissement des Eaux-de-Nisiné, pilla la ville et y mit le feu. Les thermes, construits avec tant de soins et de dépenses, furent culbutés et ensevelis sous une épaisse couche de débris, dont ils n'ont été entièrement dégagés qu'en 1853 (2).

De là, les Sarrasins se répandirent en Nivernais, ruinèrent plusieurs bourgs et villages, et promenèrent le fer et le feu jusqu'à Auxerre. Repoussés de Sens par le courageux archevêque Ebbon, qui fit, à la tête de son peuple, une vigoureuse sortie contre eux, ils s'en retournèrent par la Bourgogne en commettant les mêmes dégâts. On sait qu'ayant osé reparaître l'année suivante, Charles Martel, uni au duc d'Aquitaine, leur livra, sous les murs de Poitiers, une si terrible bataille, que plus de cent mille de ces farouches ennemis, avec Abdérame, leur chef, restèrent sur le terrain. De cette époque, le redoutable croissant ne reparut plus dans le centre de la France (3).

---

(1) Tradition locale.

(2) *Le Nivern.*, tome II, p. 186 ; Notice manuscr. Quelques auteurs pensent que la plupart de ces dévastations furent l'œuvre d'autres barbares, au cinquième siècle.

(3) Lebeuf, *Hist. d'Auxerre* ; *Annuaire de la Nièvre*, 1847 ; Feller.

Après cette éclatante victoire, le vainqueur, pour récompenser ses leudes, qui l'avaient si puissamment secondé dans cette importante et glorieuse circonstance, leur distribua les biens des monastères renversés par les infidèles. Saint-Andoche de Saulieu, Saint-Martin d'Autun, Saint-Prix de Flavigny......, perdirent ainsi presque toutes leurs possessions du Morvand; mais Charlemagne, prince généreux et chrétien, rétablit le premier avec une magnificence vraiment royale, et lui restitua tous ses domaines ; aussi cette abbaye regarda toujours ce pieux monarque comme son véritable fondateur, et prit le titre d'*église royale*. Le clocher lui-même, surmonté d'un triple dôme, était destiné, par sa forme, à rappeler la triple couronne impériale (1).

A la mort de Charlemagne, son fils, Louis-le-Débonnaire, prince d'un excellent naturel, mais sans énergie, monta sur le trône. Son règne fut extrêmement agité et tumultueux. Victime lui-même de son excessive bonté et de la mollesse de son caractère, il fut renfermé par ses propres enfants dans un obscur cachot, d'où il ne sortit que par un effet de la fidélité et du dévouement de Bernard, comte d'Autun, qu'appuyaient énergiquement ses vassaux de l'Autunois et du Morvand (2). Sa mort fut, en 840, le signal de nouveaux troubles et de plus grands malheurs. Ses fils dénaturés se firent, pour le partage de ses États, une guerre à outrance, qui se termina à Fontenoi par une bataille sanglante où cent mille Français se firent égorger pour la querelle de leurs princes. Dans le partage qui suivit, le Morvand fit partie des États de Charles-le-Chauve, quatrième fils de Louis, et depuis empereur. Ce monarque rendit à l'abbaye de Saint-Martin d'Autun les terres de La Celle, de Beunas, de Commagny, de Sommant, de Thil, de Verrières et autres. Peut-être même quelques-unes de ces propriétés furent-elles un don particulier de Charles, pour lequel le monastère conserva toujours un profond respect.

(1) EXPILLY ; dom PLANCHER, *Hist. de Bourg.*
(2) COURTÉPÉE, tome I.

Cependant les Normands, auxiliaires des princes aquitains, enhardis et favorisés par les discordes des enfants de Charles-le-Chauve, et par leur impuissance à les repousser à cause des guerres civiles, pénètrent dans l'intérieur de la France, et y commettent d'affreux ravages (1).

Indignés de tant de brigandages, l'évêque d'Auxerre, à la tête de ses vassaux, et secondé par les seigneurs du pays, se met à leur poursuite et les atteint dans l'Avallonnais, où ils se livraient au pillage. Les troupes épiscopales les attaquent brusquement, les jettent dans les montagnes et les y suivent résolument (2). L'histoire rapporte qu'arrivés à Quarré-les-Tombes, où commencent les forêts du Haut-Morvand, les Normands furent contraints d'accepter le combat; il fut terrible, car il resta six mille morts sur le champ de bataille. Bientôt forcés de lâcher le pied, les barbares se jettent dans la vallée de la Cure, passent cette rivière et arrivent sur les hauteurs de Chalaut, à l'est, où un nouveau combat achève la destruction de ces pillards. On raconte que des buissons d'épines crurent sur les fosses des infidèles, et que des tombes, envoyées du ciel, renfermèrent les corps des soldats chrétiens, morts pendant l'action. C'est ainsi que le peuple explique la présence, à Quarré, des nombreuses tombes qu'on y remarque et qui ont donné au pays son surnom (3).

---

(1) COURTÉPÉE, t. 1, p. 119.
(2) *Ibid*, tom. I, p. 119; *Le Nivernais*, tom. II, p. 196; LEBEUF.
(3) *Voir* la notice de cette commune.

CHAPITRE VI.

La féodalité, son origine, ses conséquences. — Aspect des campagnes et des villes au moyen-âge. — Prieurés et paroisses établis. — Siége et prise d'Avallon par le roi Robert. — Horrible famine de 1030. — Pélerinages pieux — Première croisade. — Le pape Calixte II à Saulieu. — Assemblée de Vézelay, deuxième croisade. — Artaud de Chastellux et les preux du Morvand. — Mauvais succès des croisés, leur mort en route. — Parlement de Pierre-Perthuis, condamnation de Gérard de Vienne. — Fondation de la chartreuse d'Apponay. — Troisième croisade.

Les discordes civiles qui divisèrent la patrie, et les guerres que la France eut à soutenir dans ces temps malheureux, furent une source empoisonnée de calamités et engendrèrent ce gouvernement connu sous le nom de féodalité. Tous les officiers, commandant les divisions et les subdivisions du territoire national, regardant la contrée soumise à leur autorité comme leur bien propre, s'y perpétuèrent et la transmirent à leurs descendants à titre d'héritage. Comme ils continuèrent à observer entre eux la hiérarchie de leurs grades respectifs, de là vinrent les ducs, les marquis, les comtes des provinces et des villes, les barons des campagnes....... Une ordonnance de Charles-le-Chauve, portée à Quercy en 877, confirma ces diverses usurpations qu'avaient nécessitées les circonstances (1). La permission accordée plus tard aux évêques, aux abbés des mo-

---

(1) CHARDON, *Hist. de la ville d'Auxerre.*

nastères, et généralement à toutes les personnes libres, de posséder des fiefs, amena cette foule de seigneurs subalternes, dont le nombre fut tel en Morvand, que chaque paroisse en compta souvent depuis un jusqu'à six. Le reste de la population, mélangée de Gaulois, de Romains, de Bourguignons et de Francs, tomba dans une dépendance absolue, et ne connut plus d'autres lois que la volonté de ses maîtres; c'est ce qu'on appela le servage.

Guy Coquille nous donne une idée assez juste de l'étendue de la puissance des seigneurs dans cette maxime : « Il n'y a
» point de terre sans seigneur, dit-il, et chacun est seigneur
» dans tout le ressort, sur teste et col, vent et prairie, tout est
» à lui, forest chenue, oiseaux dans l'air, beste au buisson,
» cloche qui roule, onde qui coule (1). » Ainsi, le serf n'avait rien en propre, ni ne pouvait rien transmettre; lui, sa femme et toute sa lignée, née ou à naître, appartenaient au seigneur. Le serf était tellement attaché à la glèbe, que la terre ne pouvait être vendue sans lui, ni lui sans la terre. Rien ne pouvait l'affranchir, ni la fuite, ni la prêtrise, s'il l'avait reçue sans la permission de son maître, pas même l'épiscopat; ainsi en fut-il, au quatorzième siècle, de Jean Germain, que quelques auteurs font naître en Morvand, mais qui vit, plus probablement, le jour à Cluny en Mâconnais. Ce grand homme, que Philippe-le-Bon, duc de Bourgogne, avait fait chancelier de son ordre de la *Toison-d'Or*, son conseiller et son ambassadeur; que sa science et son mérite personnel portèrent successivement sur les siéges épiscopaux de Nevers et de Chalon-sur-Saône, naquit serf et mourut dans cette triste condition (2).

La féodalité grandit rapidement et acquit bientôt un tel degré de puissance, qu'elle éclipsa presque l'autorité royale. Le monarque ne fut plus qu'un grand seigneur, suzerain de tous les

---

(1) *Coutume du Nivernais.*
(2) Guy Coq., *Hist. du Nivern.*; Née de La Rochelle, p. 382; dom Pitra, *Hist. de saint Léger*, p. 12; *Annuaire de la Nièvre*, p. 122 et suiv.

autres, et se vit souvent dans la nécessité de guerroyer contre les grands vassaux de sa couronne. L'insubordination de ceux-ci était d'autant plus condamnable, qu'ils se montraient eux-mêmes plus exigeants envers leurs propres sujets.

La France entière offrait alors le plus triste spectacle. Des divisions, des luttes continuelles, des guerres toujours renaissantes de pays à pays, de province à province, de seigneur à seigneur, de vassal à roi, l'agitaient continuellement. Dans ces guerres, souvent cruelles et toujours dévastatrices, on pillait, on brûlait, on égorgeait, et l'homme libre, comme le serf, était contraint de prendre les armes et de suivre son seigneur toutes les fois que son propre caprice ou celui du suzerain l'exigeait (1). En arrachant ainsi les cultivateurs à leurs champs, les guerres devenaient des causes de fréquentes disettes qui, jointes à celles qu'occasionnaient les éléments, produisaient souvent des famines. D'ailleurs, le Morvand, à cette époque, n'avait, pour toutes ressources, que le seigle et l'avoine ; il ne retirait presque aucun produit de ses vastes forêts. Aussi ne sera-t-on pas surpris d'apprendre que, dans ces tristes conjonctures, il fut, tous les huit ou dix ans, en proie à de cruelles disettes.

A ce genre de fléau, s'en joignait presque toujours un autre non moins terrible, la peste, qui décimait ensuite une population malheureuse, exténuée de besoins et de privations. Notre misérable contrée offrait, en outre, le plus sombre aspect. Le pays était généralement entrecoupé de landes stériles, de mauvaises prairies, de buissons, de marais, d'étangs fangeux, dont les émanations méphitiques viciaient l'atmosphère. Les maisons étaient basses, humides et sans ouvertures qui pussent y renouveler l'air. La même pièce servait ordinairement d'habitation aux hommes et d'étable aux animaux. Existait-il une cloison entre les uns et les autres, ce n'était le plus souvent qu'un treillage en bois, qui ne parait qu'aux inconvénients les

---

(1) CHARDON, *Hist. de la ville d'Auxerre.*

plus graves d'une demeure commune? Ajoutons à cela la malpropreté des vêtements, le défaut de linge...., et nous aurons un aperçu, à peu près exact, de l'état de misère qui régna dans nos campagnes pendant plusieurs siècles. Les villes n'étaient guère mieux partagées. Les rues, étroites, tortueuses et malpropres, n'étaient pas pavées, et l'on rencontrait, çà et là, des mares d'eau croupissantes infectant l'air. Les hautes murailles, dont il fallait les entourer pour les préserver des déprédations et du pillage, auxquels se livraient journellement des troupes de maraudeurs, empêchaient l'air de circuler librement. Château-Chinon, Avallon, Corbigny, Cervon, Lormes, Luzy, Moulins-Engilbert, Pierre-Perthuis, La Roche-en-Breny, La Roche-Milay et Saulieu se virent ainsi resserrés entre des murs, qui contribuèrent long-temps à leur insalubrité, en même temps qu'ils gênaient leur développement.

Au dixième siècle, le Morvand, encore peu habité, surtout vers le centre, ne possédait qu'un bien petit nombre d'établissements religieux. Ils consistaient en trois ou quatre abbayes, quelques prieurés et diverses chapelles desservies de loin en loin par les moines, et où se rendaient les fidèles des environs pour l'accomplissement de leurs devoirs spirituels. Ces chapelles, comme la plupart des prieurés, devinrent, dans la suite, le siége d'autant de paroisses rurales; mais elles ne jouirent de ce titre qu'après de longues années. A peine quelques-unes avaient-elles, sous le nom modeste de chapelain, un prêtre attaché à leur desserte. Le titre de curé était alors inconnu. Mais quand l'an mil, moment si redouté des peuples, qui s'imaginaient que le monde allait finir, fut passé, et que l'espérance et la joie furent rentrées dans les cœurs, en vit les pieuses fondations se multiplier, les édifices religieux s'agrandir et de nouveaux s'élever çà là. Les prieurés existants à cette époque, ou qui furent fondés vers ce temps-là, étaient ceux de Saint-André-lès-Luzy, de Sémelay, d'Avrée et de Saint-Christophe de Château-Chinon, dans la dépendance de l'abbaye de Cluny; ceux de Commagny, de James, de Saint-Martin d'Avallon, de Sommant et de Thil-sur-Arroux, soumis à l'abbaye de Saint-Martin d'Autun; ceux d'Anost et de Moux, appartenant au monastère de Saint-Symphorien de la même ville; ceux de Brassy, de Saint-Honoré, de La Vallée, de Vanoise, donnés aux bénédictins de La Charité-sur-Loire ; le prieuré de Montreuillon, filiation de l'abbaye de Saint-Martin de Nevers ; ceux d'Abon et de Poussignol possédés par l'abbé de Saint-Léonard de Corbigny ; celui de Bar-le-Régulier, ordre de saint Augustin ; de Saint-Léger-de-Fourcheret, à la collation de l'abbé de Sainte-Magdeleine de Vézelay ; enfin, ceux de Saint-Germain-de-Modéon, de Sainte-Magnance et de Saint-Marc, dépendant de l'abbaye de Saint-Jean-de-Réôme ou Moûtier-Saint-Jean.

On érigea aussi, vers ce temps-là, quelques paroisses; mais la plupart de celles que nous remarquons aujourd'hui dans le Morvand, au nombre de cent vingt environ, ne datent que des douzième, treizième et quatorzième siècles ; quelques-unes même n'ont été fondées qu'au dix-septième. Toutes ces paroisses, pour la partie relevant de l'ancien évêché de Nevers, étaient comprises dans la circonscription des archiprêtrés de Châtillon-en-Bazois et de Moulins-Engilbert qui, avec ceux de Decize et de Thianges, formaient le ressort de l'archidiaconé de Decize, vulgairement dit du *Morvand*, érigé en 1293 (1). Les autres, en plus grand nombre, faisaient partie du diocèse d'Autun et des archiprêtrés d'Anost, d'Arnay-le-Duc, d'Autun, d'Avallon, de Corbigny, de Luzy, de Quarré-les-Tombes et de Saulieu.

Si l'époque qui suivit le siècle de torpeur, en excitant la reconnaissance des peuples envers Dieu, fut favorable à la religion, elle vit aussi les guerres, depuis quelque temps assoupies, se rallumer de nouveau. L'année 1005 offrit le scandale d'un sujet révolté contre son souverain, ou plutôt la triste nécessité où se trouva un roi de guerroyer contre un des grands vassaux de sa couronne. Ce grave différend devait venir se

---

(1) Guy Coquille, *Hist. du Niv.*, p. 70.

terminer sur les confins du Morvand avec les horreurs ordinaires à cette époque.

Henri-le-Grand, duc de Bourgogne, étant mort sans postérité, avait légué ses États à Otte-Guillaume, issu d'un premier mariage de Gerberge, son épouse, avec Adalbert, roi des Lombards et marquis d'Ivrée. Mais le roi Robert refusa de reconnaître la validité de cet acte et arma contre le nouveau duc; il entra en Bourgogne, où il prit plusieurs places, et vint mettre le siége devant Avallon, qui lui avait fermé ses portes. Les troupes royales, cantonnées aux Alleux, position que les Romains avaient occupée plusieurs siècles auparavant, se répandirent, durant un siége de sept mois, dans le nord du Morvand, et y commirent de grands dégâts. Le pays faisait des vœux pour l'éloignement de ces hôtes incommodes, lorsqu'il en fut enfin débarrassé par l'occupation de la ville, qui se rendit par famine. Le roi, qu'une si longue résistance avait exaspéré, ne tint pas compte aux habitants de leur soumision tardive; la place fut pillée, démantelée, et la garnison passée au fil de l'épée. Robert, son fils, qui disputait la couronne à Henri, son frère aîné, parut, à son tour, en 1031, sous les murs d'Avallon, et s'en empara.

A cette époque eut lieu la famine la plus horrible dont l'histoire fasse mention. Des pluies torrentielles n'avaient pas permis d'ensemencer convenablement les terres, ni de récolter le peu qu'elles produisirent. Les moissons, déjà très-mauvaises en elles-mêmes, ne mûrirent qu'à demi. Aussi la disette qui suivit fut affreuse. Elle commença en 1030 pour ne finir que trois ans après. La dernière année, on broutait l'herbe dans les champs, on arrachait la racine et l'écorce des arbres, on disputait aux animaux leur nourriture la plus grossière; on attaquait les voyageurs, disent les historiens du temps, non plus pour les dépouiller, mais, chose à jamais lamentable! pour assouvir, avec leurs membres encore palpitants, une faim dévorante. L'histoire nous a conservé le souvenir des horribles repas qui furent apprêtés à Mâcon et à Tournus avec de la chair humaine. Une peste horrible suivit cette épouvantable famine; elle sévit avec tant de fureur que les vivants suffisaient à peine pour ensevelir les morts (1).

On comprend aisément ce que nos malheureux pères eurent à souffrir dans ces déplorables circonstances. Le Morvand fut une seconde fois presque dépeuplé. On rencontrait çà et là, sur le bord des chemins, les cadavres maigres et décharnés de personnes qui avaient succombé dans les tortures atroces de la faim; plusieurs même furent dévorés par les loups. Dieu, après avoir éprouvé aussi rudement son peuple, envoya, en 1033, une moisson si abondante, qu'elle surpassa celle de cinq années ordinaires (2).

Dans le courant de ce siècle, les lointains pèlerinages devinrent un des principaux actes de dévotion des chrétiens. On voyait sur les chemins de Rome, de Jérusalem, d'Éphèse, de Compostelle et de Tours, d'infatigables pèlerins marchant bardés de fer et chargés de chaînes ou de meules énormes qu'ils avaient fait vœu de porter jusqu'au terme de leur voyage (3). De nombreux fidèles du Morvand, entraînés par le mouvement général, descendaient, chaque année, des montagnes et s'acheminaient particulièrement vers la Judée, témoin des mystères de la vie mortelle de l'Homme-Dieu. Mais ce fut en 1095 surtout, alors que toute la France, émue jusqu'aux larmes par les prédications touchantes de Pierre-l'Ermite, se levait comme un seul homme pour arracher le tombeau du Christ des mains des infidèles, qu'on vit les seigneurs et les preux chevaliers du pays abandonner femmes et enfants, manoirs et seigneuries, pour aller se mesurer avec les terribles sectateurs de Mahomet. Seguin de Lormes, l'un d'eux, donna les dîmes

---

(1) GLABER; ANQUETIL, *Hist. de France*; LEBEUF, *Mémoires*, tome III, p. 60.

(2) COURTÉPÉE, tome III.

(3) *Vita sancti Thomæ*, abb. Farg.; dom. PITRA, *Hist. de saint Léger*, introduct., p. CVI.

de sa terre de Château-Chinon à la cathédrale de Saint-Cyr; Hugues de Chastellux rendit dépositaire de ses bienfaits le chapitre de Saint-Lazare d'Avallon et acquérait ainsi, pour lui et ses successeurs, le droit d'inhumation dans la collégiale de cette ville; Hugues de Magny, Guillaume Besors de Villarnoult, Ponce de Glane, Guillaume de La Roche, Guy de La Bussière, Hugues de Marry et plusieurs autres se signalèrent par leur courage et leurs aumônes (1).

Quelques années après leur retour, en 1116, les seigneurs de la Bourgogne et du Nivernais, plusieurs prélats et abbés s'acheminèrent vers l'antique manoir des sires de Chastellux, où un rendez-vous leur avait été donné pour traiter des affaires publiques. Jamais, depuis sa fondation, la vieille forteresse féodale n'avait réuni, dans son enceinte, une plus nombreuse et plus illustre assemblée (2).

Un peu plus tard, en 1119, presque tous les habitants du pays, nobles, bourgeois et manants, se levaient à la nouvelle de l'arrivée du chef de l'Église dans leurs montagnes. Le pape Calixte II, assisté de plusieurs archevêques et évêques, se rendit, cette année-là, le jour de Saint-Thomas, à Saulieu, pour consacrer la nouvelle église de Saint-Andoche. Il fit, en même temps, la translation solennelle des reliques du saint patron, qu'il tira de la crypte, où elles reposaient depuis plus de neuf cents ans, et les porta dans l'église supérieure. Le jour anniversaire de cette imposante cérémonie amena long-temps, dans cette petite ville, un concours considérable de fidèles, qu'y attiraient les indulgences accordées par le pontife.

Cependant, les affaires des chrétiens de l'Orient, depuis le départ des croisés, avaient été toujours en empirant. Le trône de Godefroy de Bouillon n'avait pas encore un demi-siècle d'existence, que déjà il chancelait sous les coups sans cesse répétés des Sarrasins, anciens possesseurs du pays. Toujours

(1) *Notice manuscr.*, *Gallia Christ.*
(2) *Chroniq. de Saint-Pierre-le-Vif de Sens.*

aux prises avec ces irréconciliables ennemis du nom chrétien, affaiblis par leurs propres victoires, les fils des croisés se virent bientôt dans la nécessité de tourner leurs regards du côté de l'Occident et d'implorer, à mains jointes, l'appui et le secours de leurs anciens compatriotes, de leurs frères.

Ce ne fut pas en vain. Au triste récit de l'état de détresse où ils étaient réduits, les cœurs généreux s'émurent. Les Français surtout sentirent se ranimer leur belliqueuse ardeur, et une nouvelle croisade était résolue au fond des âmes. Convenait-il, en effet, de laisser périr sous le glaive des infidèles de valeureux guerriers, auxquels on était attaché par les liens du sang et la profession d'une même religion ?

Aussi, lorsque le roi Louis-le-Jeune fit, aux fêtes de Pâques 1146, un appel à ses fidèles sujets, l'élan fut-il général et spontané. Tous les seigneurs du Morvand, suivis de leurs hommes, se rendirent à Vézelay, où saint Bernard, accomplissant la mission que venait de lui confier le pape Eugène III, inspira soudainement, par la seule puissance de sa parole, un enthousiasme irrésistible à une multitude innombrable de gentilshommes, de prélats, d'abbés et autres personnes de toute condition accourus des diverses provinces de la France alors si religieuse, si chrétienne. Le roi présidait lui-même cette assemblée dans tout l'appareil de la royauté.

Qui ne connaît ce cri immense, prompt comme l'éclair, fort comme la voix du tonnerre, qui, partant de toutes les bouches à la fois, fit retentir long-temps les échos de la vallée d'Asquins: *Diex li volt, Diex li volt, la croix!* Le monarque la reçut le premier ; c'était celle que le pape lui avait spécialement destinée. Paré de ce signe sacré, Louis VII s'adresse lui-même à la foule et invoque, au nom des chrétiens de l'Orient, l'appui de la nation généreuse dont il est le chef suprême, et l'enthousiasme est à son comble. Mille bouches s'ouvrent en même temps pour réclamer la croix, mille bras s'élèvent pour recevoir ce gage vénéré d'un engagement solennel et irrévocable. Ces engagements furent si nombreux, que bientôt les monceaux de croix, que saint Bernard avait apportés, se trouvant épuisés, le pieux abbé se vit dans la nécessité, pour satisfaire aux vœux de la multitude, de mettre ses vêtements en pièces.

Le peuple rivalisait de zèle avec les seigneurs. La population du Morvand presque tout entière s'était rendue à Vézelay, à la suite de ses nobles maîtres. Elle les suivit en si grand nombre en Judée, que les villes, les bourgs et les villages, comme les châteaux, demeurèrent presque déserts. Dans nos campagnes, comme en beaucoup d'autres endroits, c'est à peine s'il restait *un homme pour sept femmes* (1).

Dans ces temps de dévouement et d'héroïsme de la foi religieuse, il était d'usage de chercher à se rendre le ciel propice par de pieuses fondations ou par des aumônes généreusement distribuées aux serviteurs de Dieu les plus renommés pour leur régularité. Chaque seigneur s'efforçait d'obtenir, par ce genre de bonnes œuvres, un heureux retour au manoir de ses aïeux, ou de s'assurer, au moins, les suffrages de l'Eglise en cas qu'il succombât sous les fatigues et les périls d'un si long voyage. C'est sous de telles inspirations qu'Artaud de Chastellux, entre autres, *près de partir avec ses fils pour Jérusalem*, donna à l'abbaye de Régny, que l'on remarquait sur la rive gauche de la Cure, à quatre kilomètres au sud-ouest de Vermenton, *usage et pacage* dans les terres de sa seigneurie. L'acte éminemment chrétien de cette donation fut dressé, au château d'Avallon, en présence d'Humbert, évêque d'Autun, d'Odon, duc de Bourgogne, et de plusieurs autres personnes de distinction, tant ecclésiastiques que séculières.

« Qu'il soit connu de tous les hommes présents et à venir, y
» est-il dit, que par la divine Providence, Artaud de Chastellux
» s'est proposé d'aller, pour ses péchés, à Jérusalem, avec ses
» fils et l'armée royale ; et se ressouvenant qu'on peut se rache-
» ter de la mort par ses aumônes, parce qu'il est écrit : *L'au-
» mône délivre l'homme de la mort;* et le Seigneur, dans son

---

(1) Lettre de saint Bernard à un ami.

» saint Évangile, dit : « *Donnez l'aumône, et toutes choses vous*
» *seront pures ;* » et Tobie : « *L'aumône est, pour ceux qui la*
» *font, un grand motif de confiance ;* » et Daniel : « *Rachetez*
» *vos péchés par l'aumône ;* » s'étant rappelé toutes ces choses
» pour le salut et la rédemption de son âme, et de celles de son
» épouse et de ses prédécesseurs, il a donné à perpétuité, à
» l'église de Sainte-Marie de Régny et aux frères qui y servent
» Dieu, la paisson de leurs porcs dans tous les bois situés entre
» la Cure et le Cousin, et le passage à travers ces forêts sans
» indemnité, ainsi que le panage et tous les autres droits connus
» sous le nom d'*accense* (1). »

Parmi le grand nombre de seigneurs du Morvand qui suivirent l'armée royale, outre Artaud de Chastellux, nous citerons, Milon, Artaud, Guy et Guillaume, ses fils, Hugues Ier, seigneur de Château-Chinon et de Lormes; Séguin de La Tournelle, son frère; Erard de Magny, Anseric, vicomte d'Avallon; Guy Besors, seigneur de Villarnoult; Gauthier de Presle, Hugues de Sainte-Magnance, Étienne de Pierre-Perthuis, Lambert de Rouvray, Guillaume de La Roche-en-Breny, Barthélemy de Liernais, Anselme de Saint-Andeux, tous bienfaiteurs insignes de l'abbaye de Régny; Hugues d'Aligny, Savaric de Reclennes, Jean de Roussillon, Jean de La Roche-Milay, Renaud de Glane, Pierre de Luzy, Hugues et Guy de La Bussière, Guy de Marry, Geoffroy de Rémilly, Odon Ier de Mary, et une foule d'autres qu'il serait trop long de nommer (2).

Cette expédition s'annonça d'abord sous d'heureux auspices; mais elle finit par des désastres, et la plupart des croisés moururent d'une manière déplorable. Comment en eût-il été autrement? L'histoire rapporte que cette multitude, se montant à plus de deux cent mille personnes de tout âge, de tout sexe et de toute condition, s'avançait confusément, sans frein comme sans ordre. Elle nous apprend encore qu'il n'est crimes

---

(1) Dom Georges VIOLE, *Hist. manuscr. de Régny.*
(2) *Ibid*; GAGNARD, *Hist. de l'église d'Autun.*

si atroces, brigandages si révoltants, actions si honteuses, qu'on ne soit en droit de reprocher au plus grand nombre. Comment Dieu aurait-il bénit une entreprise, dont le but était louable et pieux sans doute, mais dont les moyens furent si coupables, qu'ils firent maudire le nom chrétien !

Si cette expédition ne fut point avantageuse aux chrétiens de l'Orient, elle fut utile au roi ; il vit augmenter son autorité aux dépens de celle des seigneurs, qui, la plupart, périrent en route. Les autres s'étant chargés de dettes pour fournir à l'équipement de leurs vassaux, Philippe-Auguste profita de leur affaiblissement pour leur enlever l'administration de la justice. Il créa, à cet effet, les baillis, qui remplacèrent les vicomtes et les seigneurs justiciers. Bientôt la juridiction et la puissance des nouveaux officiers s'accrut à tel point, qu'on les vit jugeant la noblesse comme le peuple ; menant à la guerre les nobles de leur circonscription, percevant les deniers publics, pourvoyant aux divers offices subalternes..... Aussi leur autorité portant, à son tour, ombrage aux rois et aux ducs de Bourgogne, ils leur ôtèrent d'abord la direction des finances, puis le commandement des armées, et établirent des gouverneurs dans les provinces et les villes. Enfin Charles VI leur donna le dernier coup en leur retirant, en 1413, l'administration de la justice elle-même pour la conférer à des lieutenants, qui continuèrent à la rendre aux risques et périls des seigneurs.

A leur retour de la croisade, plusieurs chevaliers, pour remercier Dieu de les avoir préservés, de préférence à tant d'autres, des maux qui fondirent sur l'expédition, jetèrent les fondements de nouveaux établissements religieux. Artaud de Chastellux, en particulier, se montra fort reconnaissant et bâtit, selon toute apparence, l'abbaye de Chors ou Cure, sur la rive gauche de la rivière de ce nom, où on en remarque encore d'imposants débris (1). Nous montrerons, en son lieu, que les auteurs, qui

---

(1) COURTÉPÉE, tom vi, p. 13 ; *Le Nivernais*, tom. ii, p. 155 ; archives de Chastellux.

ont attribué la fondation de ce monastère à Mahaut, comtesse de Nevers et veuve d'Hervé de Donzy, se sont trompés.

Tandis que quelques gentilshommes, comme Artaud de Chastellux, en usant de leur fortune pour l'honneur et le bien de la religion, méritaient l'estime et l'amour des peuples, d'autres, vrais fléaux de l'humanité, pillaient les églises, dévastaient les couvents. De ce nombre fut Gérard de Vienne, comte de Mâcon, homme puissant et toujours en guerre avec ses voisins. Ce seigneur, dérogeant à l'honneur de son antique race, commit plusieurs vols sacriléges et se rendit redoutable aux moines, qu'il maltraitait inhumainement après les avoir dépouillés; les voyageurs sur les grands chemins n'étaient pas plus en sûreté. Châtié par Louis-le-Jeune, il cessa ses déprédations. Mais, cédant bientôt à ses mauvaises habitudes, il recommença à piller les établissements religieux, et se livra à toutes sortes d'excès. Enfin Philippe-Auguste, sur la plainte des évêques, arrêta ces violences. Ce monarque étant venu, en 1180, à Vézelay, se rendit de là à Pierre-Perthuis, où il avait convoqué les barons de la Bourgogne et du Nivernais. Gérard, sur la sommation qui lui en avait été donnée, s'y rendit aussi. Convaincu, en pleine assemblée, des crimes qui lui étaient reprochés, il fut condamné, tout d'une voix, à réparer ses nombreux méfaits. « Et pour mieux rabattre » ses outrecuydances et lui oster les moyens de se rébeller et » faire le mauvais, le monarque lui défendit de mettre en for- » teresse chose que ce fust, hormis la tour que d'ancienneté lui » appartenoit (1) ». Le comte se soumit à la trop légitime sentence qui le frappait et répara, en effet, ses injustices et ses crimes (2). De tels excès se renouvelèrent sans doute plusieurs fois dans les siècles suivants; car François Ier porta contre les voleurs de grands chemins des peines qu'on ne peut expliquer que par la grandeur du mal. « Les bras leur seront brisés, y est-il dit, et

---

(1) Saint-Julien de Baleure, p. 100 et 288.
(2) Dom Martenne, *Amplissima Collectio*; Martin, *Chronique de Vézelay*, p. 163; *Le Nivernais*, tom. II, p. 150.

» rompus en deux endroits, tant hault que bas, avec les reins,
» jambes et cuisses, et mis sur une roue haulte, plantée et élevée,
» le visage contre le ciel, où ils demeureront vivants, pour y
» faire pénitence, tant et si long-temps qu'il plaira à Notre-Sei-
» gneur les y laisser, et morts, jusqu'à ce qu'il en soit ordonné
» par justice, afin de donner terreur et exemple à tous aultres
» de ne choir, ne tomber en tels inconvénients (1) ».

Le douzième siècle ne devait point finir sans que le Morvand vît s'élever, sur ses limites méridionales, un vaste établissement religieux : c'était la célèbre chartreuse d'Apponay; elle a subsisté pendant six cent quatre ans, sous soixante-dix prieurs. Ce lieu, aujourd'hui riche de culture, n'était encore, en 1185, qu'un désert marécageux où à peine quelques cases de pauvres serfs montraient, çà et là, leurs toits de roseaux. L'évêque de Nevers, Thibaut, du consentement de son chapitre, le donna, cette même année, aux vertueux enfants de saint Bruno pour y fonder une maison de leur ordre, mais sous la clause expresse que le tout ferait retour à son église, *sans opposition ni contradiction*, si ces religieux venaient un jour à abandonner le nouvel établissement. C'est à cette condition sage que la chartreuse dut l'honneur d'arriver jusqu'aux mauvais jours de la révolution de 1789, sans avoir été abandonnée par les moines, qui, plusieurs fois, en eurent la tentation (2).

Cependant des divisions intestines bouleversaient le royaume de Jérusalem à l'intérieur, tandis que les Sarrasins, sous la conduite du fameux Saladin, sultan d'Égypte et de Syrie, l'attaquaient à l'extérieur. Un trône, déjà si faible par lui-même, ne pouvait manquer de s'affaisser sous tant de secousses et d'attaques; aussi le sceptre échappait-il, en 1187, des mains de Guy de Lusignan, et Jérusalem se rendait-elle par capitulation, le 2 octobre de la même année.

Touchés de tant de malheurs, Philippe-Auguste et Richard Ier,

---

(1) PIERROT, *Histoire de France*, tom. VII, p. 324.
(2) *Gallia Christ.*; charte de fondation; chronique.

TOME I. 9

roi d'Angleterre, se liguèrent pour arracher les Saints-Lieux des mains des infidèles, et se donnèrent rendez-vous à Vézelay, où ils se joignirent en 1190 (1). Ils y rencontrèrent une foule de seigneurs, accourus de tous les environs avec leurs écuyers et leurs hommes d'armes. Parmi eux, on remarquait Aubert et Hugues de Chastellux, Hugues II de Château-Chinon, Seguin de La Tournelle, Hugues de Magny, Ponce de Glane, Jean II de La Roche-Milay, Jean II de Roussillon, Arérius de Quarré, Ponce de Pierre-Perthuis, Simon de Semur, baron de Luzy; Guy Besors II, seigneur de Villarnoult; Guy ou Guillaume II de La Roche-en-Breny, Hugues de Vernou, Hugues de Lanty, Jean d'Aligny, Guillaume de Saulieu et beaucoup d'autres. La plupart se signalèrent par leurs bienfaits envers les diverses maisons religieuses des environs. L'abbaye de La Bussière, celles de Régny, de Saint-Martin de Chors, de Saint-Martin d'Autun, de Sept-Fonts, de Vézelay...., virent ainsi leur dotation s'accroître sensiblement. Les ecclésiastiques et les laïques qui ne purent, en cette circonstance, prendre part à l'expédition, furent obligés, par ordre du roi, de payer le dixième de leurs revenus et de leurs biens meubles pour les frais de la guerre. Ce tribut s'appela, de son objet, *la dime saladine*.

Arrivés devant Saint-Jean-d'Acre, les croisés en formèrent aussitôt le siége, et s'en rendirent maîtres le 13 juillet 1191. Plusieurs seigneurs du Morvand, entre autres Seguin de La Tournelle et Hugues de Magny, guerriers pleins d'audace et de courage, succombèrent pendant l'attaque. Les autres, après quelques nouveaux et glorieux succès, rentrèrent en France, l'année suivante, avec le roi (2).

(1) Martin, *Chronique de Vézelay*.
(2) Courtépée, tom. v; dom Viole. *Hist. manuscr. de Régny*; archives de l'empire et de Chastellux.

CHAPITRE VII.

Affranchissement de Vézelay, d'Avallon, de Saulieu, de Château-Chinon, de Lormes, de Luzy, de Corbigny... — Ligue contre la France. — Bataille de Bouvines. — Pierre de La Tournelle, son courage. — Hugues de Lormes, ses bienfaits. — Il fonde la chartreuse du Val-Saint-Georges. — Croisade de Thibault IV, comte de Champagne. — Maladie de saint Louis, son vœu. — Quatrième croisade. — Seigneurs du Morvand. — La lèpre, sa nature, ses effets. — Léproseries fondées. — Saint Louis à Vézelay. — Guerre du comte de Nevers et de l'évêque d'Autun. — Bataille de Saint-Verain. — Dreux de Mello. — Invasion des Anglais, leurs ravages. — Le roi Jean est fait prisonnier. — Les écorcheurs, leurs brigandages.

Les seigneurs, obligés d'équiper leurs hommes d'armes à leurs frais et de pourvoir à leurs besoins pendant le cours de ces lointaines expéditions, contractèrent des dettes considérables. La plupart furent contraints d'affranchir les villes et les principaux de leurs sujets, et même d'engager leurs fiefs en tout ou en partie pour se procurer quelque argent. La ville de Vézelay, la première, obtint un acte d'affranchissement de l'abbé de Sainte-Magdeleine, et s'érigea en commune. Quelques années après, en 1199, le duc de Bourgogne, Eudes III, accordait la même faveur à celle d'Avallon. Mais cette ville pourtant n'eut ses échevins et son corps municipal qu'en 1214. Bien décidé à ne plus revenir sur une concession qu'il avait faite librement, le duc, à la prière des Avallonnais, écrivit, la même année, à l'évêque d'Autun en ces termes : « Je prie instamment votre
» paternité, en cas que je révoque la franchise et la liberté que

» j'ai données à mes sujets d'Avallon, de mettre ma terre en
» interdit à leur réquisition, et de leur donner sur ce toute l'as-
» surance qu'ils vous demanderont (1). »

Ce prince écrivit aussi, dans le même sens, à l'évêque de Langres, dont le diocèse était compris dans ses États. Il le pria, en cas d'oubli des conventions qu'il venait de prendre, de lui rappeler ses engagements, et de le contraindre, lui et ses successeurs, par tous les moyens que Dieu avait mis entre ses mains, à les observer fidèlement (2).

De tout temps la religion a été l'appui et la sauvegarde du pauvre contre le riche, du faible contre le fort, et des petits contre les grands. Que serait-il arrivé, si, dans ces siècles de despotisme, la foi n'avait été plus vive, si les préceptes divins n'avaient été plus respectés que de nos jours? La religion et ses anathèmes, dont se moquent sottement nos prétendus *esprits forts*, étaient alors le seul frein qu'on pût invoquer efficacement contre des maîtres absolus et tout-puissants, auxquels il eût été loisible de reprendre le lendemain ce qu'ils avaient accordé la veille. Aussi nulle convention, quelque peu importante, ne se fait entre les seigneurs et leurs sujets, sans que ceux-ci ne réclament l'intervention de l'Église. C'est de son concours qu'ils attendent la garantie et la sûreté pour l'avenir.

A peine un quart de siècle s'était-il écoulé depuis cet acte d'affranchissement, que l'évêque d'Autun, Guy de Vergy, accordait la même faveur à ses sujets de Saulieu, et faisait ensuite souscrire cette concession par Jean Ier, abbé de Vézelay, et par Guillaume Ier, abbé de Corbigny. Vers le même temps, Hugues III, seigneur de Lormes et de Château-Chinon, affranchissait ces deux petites villes (3). Le comte de Nevers en fit autant pour Moulins-Engilbert, et Jean de Châteauvilain pour Luzy.

(1) COURTÉPÉE, tom. v.
(2) *Ibid.*
(3) Nous répondrons en son lieu à ceux qui prétendent que Château-Chinon était un municipe romain et qu'il ne fut jamais affranchi.

En 1228, comme le monastère de Corbigny se trouvait grevé de dettes, l'abbé Gauthier, pour sortir de cette fâcheuse position, eut aussi recours à un affranchissement. Il accorda donc à ses sujets, moyennant une somme de 500 livres, monnaie de Provins, et une rente annuelle de *dix sols* par personne, le droit de *bourgeoisie*, *à perpétuité*, et fit, à leur prière, confirmer cette concession, l'année suivante, par le pape Grégoire IX (1).

Dans ces conjonctures, la France, que nous avons vu porter la guerre si loin de ses foyers, et tirer sa glorieuse épée contre les ennemis du nom chrétien, fût obligée de défendre, au prix de beaucoup de sang répandu, sa propre nationalité contre des voisins puissants. L'empereur Othon IV, Richard, roi d'Angleterre, Ferrand, comte de Flandre, et Renaud, comte de Boulogne, s'avancèrent contre elle à la tête d'une armée de cent cinquante mille hommes, au moins. Les alliés comptaient sur une victoire certaine, décisive, dont la conséquence devait être le partage de nos belles provinces, objet d'une longue et incessante convoitise.

Philippe-Auguste, de son côté, s'apprêta à les recevoir avec vigueur. Il convoqua donc tous ses vassaux; mais il ne put, malgré ses instances et tous ses efforts, réunir que cinquante mille combattants. Il fallut se résoudre à livrer bataille avec des forces aussi inégales, et, le 25 juillet 1214, on en vint aux mains dans les plaines de Bouvines, où, le courage suppléant au nombre, les Français remportèrent cette mémorable victoire qui sauva la patrie.

La noblesse du Morvand, qui avait répondu généreusement à l'appel du monarque, se couvrit de gloire dans cette brillante affaire. Pierre de La Tournelle, noble chevalier, issu de l'une des plus anciennes et des plus illustres maisons de la contrée, eut l'insigne honneur d'abattre, sous son cheval, le comte de Boulogne, l'un des chefs de l'armée ennemie, et de l'amener prisonnier à son roi. Cette action hardie ne contribua pas peu

---

(1) Chronique manuscrite de l'abbaye; archiv. de l'empire.

au gain de la bataille, et lui assura l'estime et l'amitié du prince (1). A ses côtés combattait vaillamment Hugues de Lormes, son parent, *homme de tête et de résolution*, et aussi le plus riche, le plus puissant et le plus généreux des seigneurs du Morvand. Il commandait à un bon nombre de chevaliers et d'écuyers, assistés de leurs hommes d'armes, presque tous sortis de nos montagnes.

Hugues, que de vieilles chroniques disent avoir été *d'une extrême dévotion*, avant de confier sa vie aux hasards des combats, fonda son obit à Saint-Martin d'Autun, et fit du bien à cette abbaye. Cinq ans plus tard, il légua la *grande dîme* de Saint-Germain-des-Champs à celle de Régny, ainsi que la *paisson et le droit de pacage pour cent porcs* dans l'étendue de sa châtellenie de Lormes (2).

Tandis que notre vertueux baron en usait si bien envers les bons moines de Régny, modèles de toutes les vertus, d'autres seigneurs du Morvand, moins religieux que lui, leur suscitaient mille tracasseries, ravageaient leurs terres et maltraitaient horriblement leurs gens. De ce nombre furent Guillaume Besors, baron de Villarnoult, et Robert de Corbigny, seigneur du Parc, de Dun-les-Places et de Quarré en partie, tous deux vassaux de Hugues. En 1231, il s'éleva, entre le premier et l'abbé Hugues II, un différend, qui pouvait avoir les suites les plus graves, concernant les dons faits anciennement au monastère par les ancêtres de Guillaume. Le baron de Lormes, ami de la paix autant que de la religion, se porta médiateur entre les deux parties, et fit si bien, par ses sages conseils et l'ascendant de son autorité, qu'il les réconcilia. Le sire de Villarnoult se désista non-seulement de ses injustes réclamations, mais encore fit du bien aux moines, et vécut, dans la suite, en des rapports de bon voisinage avec eux (3).

(1) Chronique manuscrite; *Annuaire de la Nièvre*, 1847.
(2) Dom Viole, *Hist. de Régny*.
(3) *Ibid*; arch. de l'empire.

L'année suivante, Robert, qui prétendait *tout plein de droits* sur Montgaudier, hameau situé près Quarré, et dont les moines de Régny étaient seigneurs en partie, ne se mit pas en peine de faire valoir, par des voies légales, ses prétentions. Il trouva plus facile et plus expéditif de se faire, selon l'usage des seigneurs de cette époque, justice à lui-même. Réunissant donc ses gens à la hâte, le fougueux Robert entre sur les possessions des moines et se porte aux plus coupables violences, aux plus graves excès sur les personnes et les choses. Plusieurs des hommes du monastère sont indignement maltraités ou mis à mort, les troupeaux enlevés et les maisons incendiées (1).

Une conduite si déloyale et si barbare méritait une forte et sévère correction; aussi ce seigneur fut-il, à la prière des moines, excommunié avec les fauteurs de ses désordres. Ce châtiment était le seul qui pût être efficacement employé contre lui; l'Eglise, protectrice-née du faible, y eut donc recours. Frappé et comme atterré par ces foudres spirituelles, Robert se soumit, reconnut ses torts et promit de les réparer. Mais il est probable que la parole de ce seigneur ne parut pas un gage suffisant de l'exécution de ses promesses; car, le baron de Lormes, son suzerain, dut se rendre *pleige* ou caution pour lui. Ce ne fut qu'à cette condition que la sentence d'excommunication fut levée (2).

L'illustre et puissant seigneur de Lormes et de Château-Chinon, malgré ses immenses aumônes envers les monastères, malgré la protection si méritante dont il les avait couverts, ne crut pas avoir fait assez pour le bien de la religion et le salut de son âme; il voulut encore, l'année qui précéda sa mort, doter son pays d'un établissement religieux qui rappelât aux générations futures et sa munificence et sa piété. Il fonda donc, *pour*

---

(1) Dom Viole. Trinclin et Vau-Marin, hameaux situés dans le voisinage, et qui dépendaient aussi des moines de Régny, eurent le même sort.

(2) *Ibid, Hist. manusc.*; archiv. de l'empire.

le salut de son âme, et de celles de sa noble épouse, Helvis de Montbard, de leurs parents vivants et morts; pour le bien spirituel des âmes de tous ses prédécesseurs; pour la gloire et l'honneur de Dieu, de notre sauveur Jésus-Christ, de sa benoiste mère, de saint Jean-Baptiste, de saint George, martyr, et de tous les saints, un couvent de chartreux qu'il nomma *Sainte-Marie-du-Val-Saint-George,* et qu'il dota richement (1). Hugues fit ratifier, la même année, cette pieuse fondation par sa vertueuse épouse, par le comte et la comtesse de Nevers, qui prirent ce monastère sous leur garde et leur protection, et par l'évêque d'Autun, Guy de Vergy, son proche parent.

Le digne fondateur poussa si loin le zèle pour le nouvel établissement, qu'il voulut que les seigneurs de Lormes, ses descendants, fussent tenus de défendre les droits des frères comme les leurs propres et de réparer, à leurs frais, tous les dommages qui pourraient, dans la suite, leur être causés, de quelque manière que ce fût. Il pria aussi le comte de Nevers, son suzerain, et ses successeurs, après lui, au cas où ils le négligeraient, de les y contraindre *sans miséricorde;* il conjura de même l'évêque d'Autun de mettre en interdit leur seigneurie, jusqu'à ce qu'ils eussent satisfait à cette obligation, et il soumit, pour cela, tous ses biens aux évêques de ce siége (2).

Telles étaient les précautions que l'on croyait devoir prendre dans ces temps où l'empire des lois civiles était nul, ou plutôt à une époque où il n'existait aucune loi. C'est à toutes ces garanties, dont le fondateur entoura son berceau, que la chartreuse du Val-Saint-George dut le bonheur de traverser, sans secousses, ni désastres, une période de 554 ans. Emportée enfin par le torrent révolutionnaire de 1789, qui renversa tous les établissements religieux, elle n'offre plus guère aujourd'hui

(1) *Gallia Christ.,* tom. IV, *inter instrum,* p. 96.
(2) Ibid.

que des débris, que les antiquaires peuvent visiter à un kilomètre environ au sud de Pouques.

Cependant le zèle qui entraînait les grands et le peuple vers les plages lointaines de la Judée n'était pas encore totalement éteint. Thibault IV, comte de Champagne, devenu roi de Navarre, avait fait publier, dans un moment de ferveur, une nouvelle croisade, et il était ensuite parti avec ses vassaux pour la Palestine. Comme les précédentes, cette expédition n'eut pas un résultat heureux. Thibault, après l'occupation de Jaffa, qu'il fut bientôt contraint d'évacuer, regagna sa patrie avec une poignée de monde seulement; le reste avait péri (1).

Saint Louis occupait alors le trône de France. Ce prince, sans paraître vivement affecté du revers de son vassal, avait pris néanmoins la résolution secrète de venger les victimes malheureuses d'un zèle louable à tous égards. Une maladie grave, qui lui survint peu de temps après et le conduisit aux portes du tombeau, le détermina, sans retour, à exécuter cette résolution généreuse, et il s'engagea, en présence de toute sa cour, par un vœu solennel, à prendre la croix s'il en échappait. Sa santé s'étant tout-à-coup améliorée, le pieux monarque ne s'occupa plus que des moyens d'exécuter un engagement auquel il ne doutait pas qu'il dût son prompt rétablissement. Il appela donc tous les seigneurs à partager avec lui la gloire et les dangers de sa périlleuse entreprise, et, à sa voix, la bravoure se réveilla aussitôt.

La noblesse du Morvand se montra encore digne de ses glorieux ancêtres, digne de son roi. Mais avant de venir se ranger sous l'étendard des lis, chaque seigneur voulut, comme ses aïeux, attirer les bénédictions du ciel sur son voyage et s'assurer, en cas de mort en route, les suffrages de l'Église. On les vit alors rivaliser de générosité envers les monastères et les doter par diverses concessions. Dreux de Mello, seigneur de Lormes et de Château-Chinon, donna, du consentement d'Helvis,

---

(1) LEBEUF, *Mémoires*, 1848, tom. III, p. 173.

son épouse, pour fonder leur obit, à l'abbaye de Régny, déjà si bien traitée par ses prédécesseurs, *cent soudées de terre de fort nivernais* dans sa seigneurie de Lormes, et ratifia toutes les donations de ses ancêtres. Artaud III de Chastellux, noble seigneur, honoré de l'amitié de son roi, combla de nouvelles faveurs la *Cordelle* de Vézelay, qu'il avait fondée quelques années auparavant. Guy Besors III, seigneur de Villarnoult, légua à Régny les dîmes de sa baronnie, ce qu'amortit gratuitement, *pour l'amour de Dieu*, Eudes, duc de Bourgogne (1). Guillaume de La Tournelle, que la grande considération attachée à sa personne avait fait accepter par le roi de France, en 1217, pour caution du serment de Pierre de Courtenay, fit du bien à l'abbaye de Bellevaux. Odon de Châtillon, sire de La Roche-Milay, en fit aussi au même monastère. Guy de La Roche-en-Breny et Henri, son frère, léguèrent des rentes à celui de La Bussière et au prieuré du Val-Croissant. Henri de Quarré, Hugues II de Magny, Jean, Hugues et Guillaume de Rouvray, Bernard de Luzy, seigneur de Velars; Anselme III de Saint-Andeux, rendirent le monastère de Régny dépositaire de leurs bienfaits. Enfin Guillaume de Barges, Hugues de Vésigneux, Renaud de Conforgien, Jean II d'Aligny, Eudes de Roussillon, Hugues de Glane et un grand nombre d'autres seigneurs morvandeaux suivirent l'élan général et se joignirent à l'armée royale (2).

Ces diverses expéditions, et les pélerinages qui entraînèrent si souvent les grands et le peuple dans les montagnes de la Palestine, eurent un fatal résultat pour l'Europe : ce fut d'y introduire la lèpre, maladie affreuse qui, du dixième au quatorzième siècle, infecta la population du Morvand aussi bien que celle du reste de la France. Les seigneurs du pays furent contraints de fonder, à côté des villes, bourgs et villages, des établissements de charité où l'on recueillait les personnes

---

(1) Dom Viole, *Hist. manuscr. de Régny*.
(2) *Ibid*; Courtépée; archiv. de l'empire et de Chastellux.

atteintes du mal. Avallon, Château-Chinon, Lormes, Luzy, Magny-lès-Avallon, Moulins-Engilbert, La Roche-Milay, Rouvray, Saulieu..., eurent, à leurs portes, des *léproseries* ou *maladreries* dotées à cet effet. La religion, qui se dévoue naturellement au soulagement de toutes les infirmités, vint au secours des malheureux lépreux, et les confia au zèle charitable, aux soins paternels des *frères de Saint-Lazare*. La lèpre, la plus ancienne des maladies, dont l'histoire fasse mention, était aussi la pire de toutes. Gallien, Arnaud de Villeneuve et quelques autres médecins en ont laissé des descriptions qui inspirent de l'horreur et de l'effroi (1).

Au retour de la Terre-Sainte, saint Louis se rendit, avec les seigneurs de sa suite, à Vézelay, où il assista, le dix-huitième jour d'avril, qui était le dimanche de *Quasimodo*, à la translation des reliques de sainte Marie-Magdeleine. Cette cérémonie avait attiré, dans la ville monastique, une foule immense de personnes, de tout âge et de toutes conditions, qui montait, si on en croit quelques auteurs, à plus de cent mille âmes. Comme il

---

(1) Cette maladie rend, disent-ils, la voix rauque et *enrouée comme celle d'un chien qui a long-temps aboyé*. Le visage du patient ressemble à un charbon à demi éteint; il est onctueux, enflé, luisant et semé de boutons fort durs, dont la racine est *verte* et la *pointe blanche*. Ses yeux, saillants, immobiles, rouges et enflammés, *éclairent comme ceux d'un chat*. Sa langue, noire, sèche, gonflée, ulcérée et raccourcie, est couverte de sillons et de grains blancs. Ses narines sont ouvertes et les conduits rétrécis par les ulcères. L'aspect général de son corps est repoussant. La peau, sur laquelle l'eau coule comme sur un objet gras et huileux, est couverte d'ulcères, qui s'amortissent et *reverdissent les uns sur les autres*; elle est insensible, et, soit qu'on la pince, soit qu'on la perce, elle rend, au lieu de sang, une eau sanieuse et visqueuse qui dégoûte. Les poils sont courts, hérissés, déliés, et ne peuvent être arrachés sans emporter avec eux la chair pourrie à laquelle ils adhèrent..... Enfin les oreilles, le nez, les doigts, les mains, et quelquefois les membres entiers se détachent, tombent et préviennent la mort du malade, qui languit encore long-temps dans ce triste et pitoyable état. (NÉE DE LA ROCHELLE, p. 891.)

était impossible de loger tant de monde dans les hôtelleries, on joncha de paille les rues et les places publiques, que les étrangers affermèrent à la toise pour y passer la nuit. Ce jour, qu'on appelait *la fête des pardons*, amenait, chaque année, à Vézelay, un concours prodigieux, à cause des indulgences accordées aux pélerins. On voyait toujours, dans cette foule, de nombreux fidèles partis de tous les points du Morvand (1).

En 1253, Jean de La Roche-Milay, homme ardent et belliqueux, commit un acte qui prouve toute son audace. Après la montre ou revue solennelle de ses vassaux, le premier mercredi de mai, au sommet du Beuvray, il se rendit, avec eux et les autres seigneurs de sa suite, en armes, *cum armis et equitaturis*, au Château-d'Autun, afin de délivrer Guy de la Perrière, que les chanoines y retenaient prisonnier pour un grave méfait. La forteresse fut, en effet, emportée d'assaut, et le prisonnier rendu à la liberté. Mais une telle infraction aux lois de l'époque méritait une sévère correction ; aussi Jean fut condamné, au mois de juin, à suivre, nu-pieds et en chemise, une procession dans les églises d'Autun, de Chalon-sur-Saône, de Langres, de Mâcon et de Nevers, où, sans doute, il possédait des terres. Il dut, en outre, tenir sa baronnie de La Roche-Milay en arrière-fief des chanoines, et leur payer, sa vie durant, une rente de vingt livres (2). Cet acte de sévérité pourra paraître excessif aujourd'hui ; mais il ne faut pas oublier qu'il entrait alors dans les mœurs publiques, et qu'il devenait nécessaire, à une époque où l'empire des lois civiles était nul, surtout contre des seigneurs tels que celui de La Roche-Milay.

Cinq ans après, nos montagnes eurent à déplorer les suites d'une guerre seigneuriale comme nous en avons signalé ; d'une de ces guerres dans lesquelles les règles, communément obser-

---

(1) *Hist. d'Angleterre* ; Velly, *Hist. de France* ; Martin, *Chron. de Vézelay.*

(2) Courtépée, tome III, p. 449 ; *Le Beuvray*, p. 14 ; Gagnard, *Hist. de l'église d'Autun, inter instrumenta,* p. 622.

vées aujourd'hui, étaient alors remplacées par des surprises et des atrocités ; d'une guerre, en un mot, où le vaincu, s'il n'échappait par la fuite, était massacré de sang-froid, sinon, enfermé dans les flancs ténébreux de quelque tour, au fond de quelque obscur cachot, où il expiait, le reste de sa vie, l'audace et la témérité d'avoir voulu se mesurer avec un voisin plus fort que lui (1).

Le comte de Nevers et l'évêque d'Autun, n'ayant pu terminer, à l'amiable, un différend qui avait surgi entre eux concernant la châtellenie de Glane (2), dont le sombre manoir couronnait un rocher escarpé, qui s'élève dans un bois, à l'ouest de Verrières, en vinrent aux armes. Il y eut des meurtres, des incendies et autres méfaits graves commis de part et d'autre. Après diverses escarmouches, les deux rivaux firent entre eux un accommodement tardif dans lequel ils arrêtèrent : « *Qu'on ne pourroit rien* » *se demander pour raison de blessures, infractions, incen-* » *dies de villes et de maisons faits par les gens de chaque* » *parti* (3). »

« C'est ainsi, ajoute l'historien auquel nous empruntons ce » fait, que les seigneurs se faisaient justice aux dépens des » pauvres. »

Philippe-le-Bel, justement indigné des coupables excès auxquels on se livrait dans les guerres privées, résolut enfin d'y apporter un terme, et, par son ordonnance de l'an 1303, les proscrivit sous des peines sévères. Cette défense du monarque, en les rendant plus rares, ne les fit pas cesser entièrement ; car nous voyons, cinq ans plus tard, Odoard de Montaigu et Érard de Saint-Verain se livrer une bataille en règle, à laquelle prirent

---

(1) Châteaubriand raconte qu'un seigneur ayant désarçonné et abattu, sous son cheval, un autre gentilhomme, et n'ayant alors pas d'épée pour l'égorger, il fut convenu, sur parole, que le vaincu attendrait, et qu'en effet, le vainqueur, à son retour, le trouva dans la même place.

(2) On dit aujourd'hui Glaine ou Glenne.

(3) Courtépée, *Description de Bourg.*, tome VI ; *Annuaire de la Nièvre*, 1847.

part plusieurs seigneurs morvandeaux. Dreux IV de Mello, seigneur de Château-Chinon et de Lormes, et son frère s'engagèrent dans le parti du baron de Saint-Verain, leur parent, et combattirent vaillamment sous ses étendards. Dreux surtout se comporta en héros. Ce fut lui qui, en faisant prisonnier le dauphin d'Auvergne, Bérault de Mercueil, le plus puissant des seigneurs du parti d'Odoard, força la victoire à se déclarer pour Érard.

Plein de fierté, de Mercueil crut qu'il serait trop humiliant pour lui de se rendre à un gentilhomme qui, quoique d'une très-ancienne noblesse, était néanmoins inférieur à son rang; il refusa donc opiniâtrément de remettre son épée au seigneur de Château-Chinon, et ne consentit à la déposer qu'entre les mains du comte de Sancerre. Comme cette bataille s'était donnée contre la défense expresse du roi, Érard de Saint-Verain, le comte de Sancerre, Dreux de Mello et son frère furent arrêtés et renfermés, savoir : les deux premiers à Melun, et les deux autres dans la maison des hospitaliers de Saint-Jean-en-l'Isle, près Corbeil (1).

L'ordonnance de Philippe-le-Bel avait déplu singulièrement à la noblesse, qui regardait le droit de guerroyer comme un de ses plus beaux priviléges; aussi celle du Morvand, de la Bourgogne, des évêchés d'Autun et de Langres s'adressa, en 1315, à Louis-le-Hutin, qui venait de monter sur le trône, et le pria d'avoir égard à ses griefs, en lui représentant que depuis saint Louis on avait porté plusieurs atteintes *à ses franchises, libertés et coustumes anciennes.*

Le roi, faisant droit à cette requête, s'exprima ainsi dans l'article VI de sa réponse : « Pour que les nobles puissent et
» doivent user des armes quand leur plaira, et qu'ils puissent
» guerroyer et contregaigier, nous leur octroyons les armes et
» les guerres en la mainière qu'ils en ont usé et accoustumé
» anciennement ; et se de guerre ouverte les uns avoient prins

---

(1) GUY COQUILLE, *Hist. du Nivern.*; *Album du Nivern.*

» sur l'autre, ils ne seroient tenus de rendre (1). » Cette condescendance malheureuse perpétua encore, pendant un siècle, l'usage barbare qui fit verser tant de sang, et occasionna de graves et nombreux désordres en France.

A cette époque, le comté de Chastellux formait une puissante seigneurie en franc-alleu, avec justice souveraine, qui relevait directement du roi. En vertu d'un traité amiable, qui eut lieu en 1328, entre le noble possesseur et Eudes IV, duc de Bourgogne, alors dans son château d'Avallon, et d'une autre transaction, passée, trois ans plus tard, avec le comte de Nevers, cette terre devint mouvante en partie du duché de Bourgogne et en partie du comté de Nevers. Ce fut alors seulement que les deux provinces reconnurent des limites certaines de ce côté. Par suite de cette dernière convention, Marigny-l'Église, Bazoches et leurs dépendances formèrent une importante châtellenie mouvante de Monceaux-le-Comte ; mais elle fut démembrée dans la suite.

Le milieu du quatorzième siècle fut une époque de malheurs et de calamités pour le Morvand, et même pour toute la France. Sans nous arrêter à cet affreux ouragan qui se déchaîna, en 1349, sur notre contrée, qu'il couvrit de ruines, et à cette terrible épidémie, le choléra de ce temps-là, qui, sur cent personnes, au rapport d'un contemporain, n'en épargnait que neuf, venons à la désastreuse invasion qui désola la patrie.

L'Angleterre, l'*ancien ennemi de la France*, comme la nomment les chartes et les chroniques, lança sur nos belles provinces ses redoutables bataillons, qu'appelaient en secret quelques grands vassaux de la couronne. Vainqueurs à Crécy, en 1347, les terribles insulaires ne méditent rien moins que la ruine de la France entière. A peine, en effet, la trève conclue en ces funestes circonstances expirait-elle, que, divisés en deux corps d'armée, ils se jettent sur elle comme des lions affamés sur

---

(1) *Ordonnances des Rois*, 2 vol. in-folio, p. 6 et 155.

leur proie, pillant, brûlant et égorgeant tout ce qui se rencontre sur leur passage.

Exaspéré par tant de cruautés, le roi Jean, à la tête de son armée, s'avance contre la division du prince de Galles, l'attaque dans un lieu désavantageux, près Poitiers, et perd, malgré des prodiges de valeur, la liberté avec la bataille, le 17 septembre 1356. Cette funeste journée priva la France de ses plus vaillants défenseurs. Plusieurs seigneurs du Morvand, entre autres Gauthier de Brienne, duc d'Athènes, baron de Lormes et de Château-Chinon, qui venait d'être élevé à la dignité de connétable, y trouvèrent une mort glorieuse. Jean III de Châlons, son oncle, avec lequel il avait partagé, l'année précédente, la baronnie de Lormes, s'y comporta en héros (1).

Maîtres du pays, après leur victoire de Poitiers, les Anglais parcourent le centre de la France comme un torrent de feu. Arrivés dans l'Auxerrois, ils attaquent l'abbaye de Régny, la prennent et la pillent. Ils s'emparent, en outre, de l'abbé qui s'était retiré, avec une partie de ses trésors, dans la forteresse de Vermenton, et ce ne fut qu'au prix de grosses sommes d'argent qu'il put se tirer de leurs mains. De là, les ennemis s'avancèrent du côté du Morvand, où ils arrivèrent en commettant les plus tristes dévastations. Dix-huit métairies, appartenant au monastère dont nous venons de parler, et situées, la plupart, dans nos montagnes, furent réduites en cendres. Le vaste étang de *Chaux* et la ferme de ce nom, que l'on remarquait dans la commune de Dun-les-Places, furent ruinés. Lorsque l'abbé voulut, en 1377, réparer le premier, il fut contraint d'*imposer ses sujets à cent francs d'or* pour couvrir les dépenses (2).

Mais nul endroit, plus que Saulieu, n'eut à souffrir de la fureur de ces redoutables ennemis de la nationalité française. Prise en 1359, malgré les efforts du *gardien* ou capitaine qui y avait été

---

(1) Archiv. de l'empire; *Annuaire de la Nièvre*, 1847.

(2) Dom Viole, *Hist. manusc. de Régny*; *Gallia Christ.*, tom. XII, p. 131.

établi en vertu de l'ordonnance de Philippe V, de l'an 1317, cette ville fut pillée, saccagée et en partie brûlée; l'église collégiale ne fut pas plus respectée, et n'offrit bientôt que des ruines. Urbain V et Clément VII, pour en favoriser la restauration, accordèrent, quelques années après, des indulgences aux fidèles qui y contribueraient par leurs aumônes (1).

Les malheurs de Saulieu et des lieux circonvoisins jetèrent tout le Morvand dans la crainte et la consternation. Tremblants pour leurs manoirs, les seigneurs se hâtent d'en réparer et d'en augmenter les fortifications. De toute part, on voit les retrayants occupés à faire guet et bonne garde alentour. Chastellux, Bazoches, Lormes et Pierre-Perthuis, entre autres, offrent un aspect vraiment guerrier. Enfin, après bien des malheurs et des désastres, le traité de Guillon, en vertu duquel il leur fut payé une somme de *mille moutons d'or*, débarrassa, en 1359, le pays de ces terribles hôtes (2).

La paix et la tranquillité, qui suivirent le départ des Anglais, ne furent pas de longue durée. Une bande de malfaiteurs, vulgairement appelés *Écorcheurs*, nom qu'ils ne portèrent que trop légitimement pour le malheur des endroits où ils passaient, vint, quatre ans après, ainsi qu'une troupe de vautours, s'abattre sur le versant oriental du Morvand. C'était un débris des *grandes compagnies*, qui s'étaient formées par suite du traité de Brétigny, du 8 mai 1360. Les garnisons qui sortaient, mécontentes et mal payées, des villes et places fortes livrées aux Anglais, se réunirent aux Allemands et autres étrangers qu'Édouard, roi d'Angleterre, renvoyait de dessous ses drapeaux, et parcoururent la Bourgogne, en ravageant les campagnes. Ces misérables s'étant emparés, en 1363, du fort de La Vesvre, situé à l'est de La Celle-lès-Autun, se répandirent de là dans les environs qu'ils rançonnèrent durement. Sortant, chaque matin, de leur repaire, ils se livraient, pendant le jour, à toutes sortes de brigandages et

---

(1) Courtépée, tom. vi, p. 205; Expilly; Longuerue.
(2) Archiv. de Chastellux.

d'horreurs, et souvent ne rentraient, le soir, qu'à la lueur des incendies qu'ils avaient allumés. Il fallut encore, pour s'en débarrasser, composer avec eux, et leur compter *deux mille cinq cents francs d'or* (1). L'année suivante, le duc de Bourgogne, pour prévenir le retour d'un pareil fléau, fit raser la place, et l'incorpora à la châtellenie de Glaine.

A peine trois ans se sont-ils écoulés, qu'une autre bande de gens de même espèce se cantonne au château de Visigneux, près Lucenay-l'Évêque, et commet de semblables dégâts dans les villages d'alentour. Une troisième, sous la dénomination de *Tard-Venus* qu'elle s'était donnée, parce que, disaient ces pillards, ils *ne faisaient que glaner où leurs devanciers avaient moissonné*, s'empare de Villaines-les-Prévôtes, et s'y fortifie. Insatiables de crimes et de vols, ces brigands, après avoir ravagé l'Auxois, s'avancent sur Saulieu, qu'ils se promettent de traiter durement; mais le comte de Fribourg, maréchal de Bourgogne, accourt à leur rencontre, les attaque et les taille en pièces auprès de Chanteau. Le chef de cette troupe d'hommes sauvages portait, sur sa bannière, ces mots, écrits en gros caractères : *L'ami de Dieu, l'ennemi des hommes.* Qu'on juge de là ce que l'on pouvait espérer de pareilles gens (2).

En 1368, une armée de *routiers* ou *robeurs*, autre espèce de malfaiteurs, sortis des vallées de la Navarre, s'avança jusqu'à Cravant, dont elle espérait se rendre maîtresse, afin d'y exercer ensuite impunément les désordres et les excès révoltants, auxquels elle s'était livrée partout sur son passage. Mais la noblesse du comté d'Auxerre prend aussitôt les armes, vole au secours de la place et la délivre. Ces misérables, repoussés vigoureusement, se portèrent en désordre du côté du Nivernais et du Morvand, où ils pensaient continuer leurs ravages. Mais les nobles défenseurs de Cravant les suivirent résolument, et ne s'arrêtèrent que

(1) Courtépée, tom. i et vi
(2) *Ibid*, tom. vi, p. 301.

lorsqu'ils les eurent entièrement défaits à Sémelay, au nord de Luzy (1).

Le pillage et le vol n'étaient pas toujours le fait de brigands de bas étage ; on voyait souvent des seigneurs de *haut lignage* s'y livrer sans honte, ni retenue. Robert de Martimpuys, écuyer, gentilhomme picard, bailli d'Autun et de Montcenis, justement surnommé Robert-le-Diable, se porta aux plus coupables excès contre l'évêque Geoffroy Pauteix et ses clercs. Associé à Huguenin de Juilly, seigneur de Gouloux, à Girard de Thury, à Hugues de Champdivers, au sire de Montmorillon, à Simon de l'Estang-Verdel, à Guillaume de Saisy, à Joachim Langlois, à Jean Crochaut, au bâtard de Tintry et à divers autres chevaliers d'industrie, armés jusqu'aux dents, il s'empara successivement des châteaux de Lucenay, de Thoisy-la-Berchère, d'Issy-l'Évêque... Il y passa, avec eux, des semaines entières, pillant les pauvres villageois des environs et se livrant, contre les sujets de l'Église, aux plus criminelles voies de fait. En se retirant, ces misérables enlevèrent l'or, l'argent, les joyaux, le linge, les matelas et autre mobilier ; le vin *en tonnes et en pots*, le blé, l'orge, l'avoine et jusqu'au poisson des étangs. Ils chassèrent devant eux des troupeaux de bœufs, de vaches, de chevaux, de moutons, de pourceaux... qu'ils emmenèrent dans sa *maison de Marchaud* et au château de Montcenis. Lorsque les pauvres paysans voulurent défendre leurs biens, ils furent traités par ces barbares avec la plus atroce cruauté. Etienne Corney et Regnaud Loisey, hommes taillables de l'évêque, à Thoisy, furent couverts de plaies, et Hugon Dubois fut accablé de coups, mis aux fers et détenu long-temps au *carcere duro*. André Faicent, portier du château de Lucenay, dépouillé de ses vêtements, fut étendu sur des charbons ardents pour le contraindre à indiquer certains objets précieux qu'ils cherchaient. Ce malheureux endura de

---

(1) Mgr CROSNIER, *Tableau chronologique; Album du Nivernais*, tom. II, p. 196; *Annuaire de l'Yonne*, 1840, p. 69; LEBEUF, *Mémoires*, tom. III, p. 251.

si affreux tourments, qu'il en perdit la vue et expira bientôt sous les yeux de ces hommes féroces.

Non contents de ces brigandages et de ces atrocités, ils s'introduisirent dans la chapelle de l'évêque et la dépouillèrent des calices, ciboires, reliquaires, livres enrichis de pierres fines, en un mot, de tous les vases en argent et autres ornements qui s'y trouvèrent. Enfin, le lendemain de la fête du Saint-Sacrement de l'an 1365, ils pénétrèrent, par escalade, dans le monastère de Saint-Jean d'Autun et y causèrent le plus grand effroi. Robert de Martimpuys s'introduisit, par une fenêtre, dans la cellule d'Isabeau de Savigny, l'une des novices, et se serait porté sur elle au plus criminel excès, si cette pieuse fille, s'échappant de ses mains, ne [se fût soustraite à sa honteuse passion à la faveur des ténèbres et du trouble qu'il avait excité dans le couvent.

Les excès de cet homme, si cruel envers les gens attachés à la personne de l'évêque, et surtout envers les clercs, jetèrent parmi eux tant d'effroi et de crainte, que nul n'osait plus sortir du palais épiscopal, ni se montrer en ville. Il n'avait à la bouche que des blasphèmes ou les mots grossiers de b......, *garciones*, dont il se servait même envers l'évêque. Le trait suivant achèvera de peindre ce barbare.

Le sire de Rahon n'ayant pas fait, dans les délais voulus par la coutume, aveu pour sa maison forte de Chazeu, Robert, furieux, s'y transporte avec ses gens, s'empare du château de vive force et en chasse le seigneur et ses serviteurs. Ayant aperçu, parmi les expulsés, Guillaume Bernard avec une couronne cléricale, il se jeta brutalement sur lui et le renversa dans les fossés, où ce malheureux se meurtrit le corps.

Tant d'horreurs méritaient une répression exemplaire. Le roi l'ajourna, le 1er septembre 1369, par-devant sa cour du parlement; mais Martimpuys se donna garde d'y paraître en personne. Il se contenta d'envoyer à ses juges une longue justification écrite, où il disait « que il estoit un bon escuyer, de haut lignage et de
» noble extraction; que il estoit très-bon homme d'armes et

» expert et bien taillé pour gouverner gens d'armes et pour
» estre bon capitaine et bien le sçait faire. Que il est et a
» toujours esté de bonne renommée et de conversation honeste,
» sans vilain reproche et sans avoir esté rioteux, ne noyeux à ses
» voisins, ne aux seigneurs du pays, avec lesquels il a conversé
» et fréquenté; que il a accoustumé, et ainsi l'a-t-il faict
» toujeours, de bien servir le roy, nostre sire, et loyaulment en
» faict d'armes, où il a très-grandement employé son corps et
» sa chevance, et par plusieurs fois...... »

Robert, persuadé sans doute que ses crimes parleraient plus haut que sa justification, prit le parti de quitter le pays et se retira à Montluçon, où il mourut en 1373, mais en vrai pénitent. Par son testament, du 14 novembre de la même année, il légua à l'église Sainte-Marie de cette ville l'armure de son corps et son cheval gris, *equum seu cursorem meum grisum*, et *quarante francs d'or* au chapitre d'Autun, afin de fonder un anniversaire pour le *remède* de son âme et une *chapellenie* en l'honneur de *Notre-Seigneur Jésus-Christ*.

Ses cruels complices ne finirent pas aussi heureusement leur vie. Huguenin de Juilly, seigneur de Gouloux, fut pendu, comme nous le dirons en son lieu, un samedi de carême, en 1377, avec plusieurs autres malfaiteurs, au gibet de la Genetoie, près Autun, où il fut conduit honteusement sur une charrette (1).

Tant de déprédations et de crimes, qui se renouvelaient sans cesse, firent penser aux habitants des villes et des bourgs à se fermer de murailles ou à réparer les vieilles fortifications. Les *bourgeois* de Moulins-Engilbert, les premiers, obtinrent en 1386, de Marguerite de Flandre, comtesse de Nevers, la permission de clore leur ville. Ceux de Château-Chinon, de Corbigny, de Lormes, de Luzy, de La Roche-Milay, de Saulieu, de La Roche-en-Breny, de Rouvray, d'Avallon, de Pierre-Perthuis..... firent de même, peu de temps après.

(1) Archives d'Autun; notice de M. César Lavirotte, 1838.

CHAPITRE VIII.

La France est divisée en deux factions puissantes. — Les Armagnacs s'emparent de Château-Chinon. — Les Bourguignons assiégent cette ville, ils y entrent par composition. — Assassinat de Jean-sans-Peur. — Le dauphin, depuis Charles VII, est exclu du trône; guerre à cette occasion. — Claude de Beauvoir prend Cravant, il rend cette ville au chapitre de Saint-Étienne d'Auxerre. — Siége et prise d'Avallon. — Famine, pain de racines de fougère. — Menessaire et Reclenne brûlés par les troupes du dauphin. — Rédaction de la coutume du Nivernais, assemblée à Moulins-Engilbert. — Louis XI monte sur le trône, troubles. — Charles-le-Téméraire brûle Château-Chinon. — Il envoie le comte de Roussy tomber sur le Nivernais. — Prise de Moulins-Engilbert. — Bataille de Sermages. — Louis XI en Morvand. — Le duc de Bourgogne meurt, réunion de cette province à la couronne. — Prise de Saulieu et des châteaux de Maraut, Villarnoult.... — Grand hiver, gelée des seigles, processions.

Si le quatorzième siècle n'offre, comme nous venons de le voir, que des maux et des calamités, le suivant va nous présenter le triste spectacle de divisions intestines, de guerres civiles et de tous les malheurs qu'elles entraînent après elles. Jamais, depuis la conquête romaine, les paisibles échos du Morvand n'avaient retenti, si fréquemment et si long-temps, du bruit des armes et du cri des combattants. En effet, il s'était écoulé à peine quelques années depuis le commencement du quinzième siècle, que toute la France, tranquille au dehors, se laissait aller, au dedans, aux plus funestes divisions, aux plus terribles vengeances. Le duc d'Orléans ayant été assassiné le 23 novembre 1407, par des sicaires soudoyés par Jean-sans-Peur, duc de Bourgogne, les haines et les ambitions rivales, qui semblaient s'apaiser, recommencèrent avec plus d'acharnement qu'auparavant. Deux factions puissantes, celle des Orléanais, dite des *Armagnacs*, à cause de Bernard VII, comte d'Armagnac, qui en devint le chef, et celle des Bourguignons, se partagèrent la patrie, qu'elles remplirent de sang et de carnage. Les seigneurs du Morvand, et toute la population avec eux, s'étant jetés dans le parti Bourguignon, les Armagnacs firent marcher des troupes de ce côté et s'emparèrent de Château-Chinon, capitale de la contrée.

Maîtres de cette ville, ils se répandirent dans les environs, prirent Lormes, le pillèrent et brûlèrent ses deux châteaux. Ceux de Vermenoux, de Beauregard, de La Tournelle, de Glane, de Roussillon, de La Roche-Milay, de La Vieille-Montagne, de Marry, du Bruys, d'Aron, de Maison-Comte, d'Aringette, d'Argoulais, et beaucoup d'autres, éprouvèrent le même sort. Plusieurs ne furent pas rebâtis (1).

Instruit des maux que ces troupes causaient, chaque jour, sur les terres du roi et sur les siennes, Jean-sans-Peur prit la résolution d'en débarrasser le pays, à quelque prix que ce fût. Il écrivit donc de Belgique, où il était occupé à guerroyer, à Marguerite de Bavière, son épouse, tant au nom du roi qu'au sien propre, et la pressa vivement de faire mettre le siége devant Château-Chinon, afin d'obtenir au plus tôt la reddition de cette place. Il manda en même temps à Renaud de Thoisy, son receveur général, de verser trois mille quatre cents livres pour les frais de l'expédition ; il lui ordonna, en outre, de *fournir et de faire conduire les poudres, canons, arbalètes, boulets et autres choses nécessaires à l'attaque et réduction de la ville* (2).

Marguerite ayant aussitôt convoqué les vassaux du duché, ceux-ci s'empressèrent de répondre à ses ordres, et partirent

---

(1) Dom PLANCHER, *Hist. de Bourgog.*; COURTÉPÉE, *Descript. de Bourg.*; l'*Album du Nivernais*, tom. II; notice manuscrite sur l'ancien comté de Château-Chinon.

(2) Dom PLANCHER, *Hist. de Bourgog.*, tom. III, p. 319.

avec leurs écuyers et leurs hommes de guerre pour le lieu du rendez-vous. On remarquait parmi les chefs de l'expédition: Jean, seigneur de Rochefort, chevalier banneret; Girard de La Guiche, bailli de Charollais; Jean de Saulx, seigneur de Courtivron et chancelier du duc; Jean de Neuchâtel, seigneur de Montaigu; Guy de Bar, chevalier banneret, seigneur de Presle et bailli d'Auxois; Huguenin de Mont-Saint-Jean, bailli d'Autun; Jean de Saint-Hilaire, bailli de Chalon-sur-Saône; enfin Jean de Neuville, bailli de Saint-Pierre-le-Moûtier.

Réunies sous les murs de Château-Chinon vers le commencement du mois de juillet 1412, ces troupes, au nombre de trois mille hommes, en formèrent aussitôt le siège. Les sommes que le duc de Bourgogne avait destinées pour cette entreprise furent bientôt dépensées, et néanmoins la ville tenait bon. Marguerite, qui avait appris que le duc de Bourbon, l'un des princes ligués, devait venir au secours des assiégés, fit des emprunts et ordonna de pousser plus vivement l'attaque. Les Bourguignons, en conséquence, redoublent d'ardeur, et foudroient sans relâche les murs de la place, sans pouvoir s'en rendre maîtres, bien que les secours attendus n'arrivassent pas. Enfin ils y entrèrent, vers la fin de juillet, par capitulation, et le capitaine Baquin-Beul et toute la garnison en sortirent avec les honneurs de la guerre (1).

Les vainqueurs démantelèrent presque entièrement la ville, ruinèrent le château et se retirèrent après avoir pris quelques jours de repos. Comme l'expédition avait coûté au duc des sommes assez considérables, Charles VI, intéressé lui-même à cette guerre, lui assigna, en dédommagement, quatorze cents livres sur le revenu des décimes accordés par *les gens d'église* des diocèses d'Autun, de Châlons et de Lyon.

Le 5 juin 1414, Jean-sans-Peur, duc de Bourgogne, et Jean, duc de Bourbonnais, comte de Beaujolais, de Forez, seigneur de Combrailles et de Château-Chinon, firent entre eux, par leurs commissaires Guichard Dauphin, sire de

---

(1) Dom Plancher, *Hist. de Bourg.*, tom. III, p. 349.

Jalligny, grand maître de l'hôtel du roi, et Louis de Listinois, baron de Montaigu, *un traité de paix et abstinence de guerre* pour tous ces pays. Ce traité fut ratifié le 21 du même mois par le duc de Bourbonnais, et le 2 juillet par Marie de Berry, sa femme. Renouvelé plusieurs fois depuis, notamment en 1424 et 1431, par la duchesse, pendant la captivité de son époux en Angleterre, le Haut-Morvand se trouva ainsi à l'abri des guerres (1).

Jean-sans-Peur ayant été assassiné, à son tour, le 10 septembre 1419, par Tanneguy du Châtel, sur le pont de Montereau, Philippe-le-Bon, son fils et son successeur, jura de venger sa mort d'une manière exemplaire. Pour parvenir à cette fin, le prince bourguignon résolut de s'unir aux ennemis de la France, et convoqua, en conséquence, une assemblée de grands seigneurs à Arras, à laquelle fut invité Henri V, roi d'Angleterre, qui se trouvait alors à Rouen. Le monarque anglais s'y étant, en effet, rendu, on ébaucha un traité qui fut ratifié à Troyes, le 21 mars de l'année suivante, et cimenté par le mariage de Catherine de France, dernière fille de Charles VI, avec Henri. Par ce honteux traité, plus funeste pour la France que la malheureuse journée d'Azincourt, et que signa un père en délire, que ratifia une mère dénaturée et qu'approuva un conseil aveugle, le dauphin était déclaré exclu du trône, et la couronne devait être transférée sur la tête d'un prince étranger.

A la mort du roi, en novembre 1422, Charles VII, que ses ennemis nommaient par dérision le *roi de Bourges*, en appela à Dieu et à son épée, et se mit aussitôt en devoir de revendiquer ses droits avec un petit nombre de sujets demeurés fidèles. La guerre, qui s'ensuivit, ne dura pas moins de vingt ans. Pendant tout ce temps, la France fut continuellement divisée ; le trouble et le carnage régnaient partout.

Les seigneurs du Morvand, dévoués à Philippe-le-Bon comme à son père, se rangèrent en foule sous ses étendards, et com-

---

(1) Archives de la ville de Dijon, liasse cotée Château-Chinon.

battirent avec lui contre les intérêts de leur légitime souverain. Leur en ferons-nous un crime et les accurerons-nous de révolte ? Il y aurait de la sévérité. Dans ces temps de troubles et de luttes intestines, il fut souvent difficile de démêler de quel côté se trouvaient le bon droit et le véritable intérêt de la patrie. Les choses en étaient venues à ce point, dit Fiévée, « qu'on vit alors
» dans le royaume deux rois, deux régents, deux connétables,
» deux chanceliers. Tous les grands corps de l'Etat furent
» doubles, les charges eurent chacune deux titulaires, et la
» guerre civile se continua sous des formes si régulières, qu'il
» étoit impossible qu'il se fît le moindre mal qui ne fût appuyé
» d'une autorité reconnue. »

Aucun des preux chevaliers du Morvand ne montra, dans ces tristes circonstances, autant de courage et de bravoure que Claude de Beauvoir, sire de Chastellux, que ses brillants exploits ont fait mettre au rang des plus grands capitaines de son temps. En 1423, le bâtard de La Baulme et Tanneguy du Châtel, qui soutenaient le parti de Charles VII, s'étant présentés devant la ville de Cravant, alors l'une des clés de la Bourgogne, s'en emparèrent et y laissèrent une garnison. Marchant ensuite du côté du sud, l'armée royale se rendit maîtresse d'Avallon, d'où elle se répandit dans les montagnes, et prit plusieurs châteaux, entre autres ceux de Maraut et du Meix de Saint-Germain.

Tandis que les royalistes étaient ainsi occupés en Morvand, peut-être aussi pour faire diversion et les éloigner de ses domaines, le maréchal de Chastellux attaqua la ville de Cravant et s'en rendit maître à l'aide de quatre cents hommes seulement.

Informés de ce coup de main, de La Baulme et du Châtel, revenant aussitôt sur leurs pas, reparurent sous les murs de la place, résolus à la reprendre à quelque prix que ce fût. Ils en formèrent donc de nouveau le siége, et la tinrent pendant cinq semaines étroitement serrée. Le sire de Chastellux ayant alors réparti ses quatre cents héros sur les remparts et les tours, se prépara à soutenir avec eux l'attaque; il fut assez heureux pour y réussir et attendre qu'une armée de quatre mille Anglais, sous le commandement du comte de Salisbury, vînt le secourir. Il était temps; car les assiégés, pressés par la famine, avaient déjà mangé leurs chevaux. Le lendemain, samedi 31 juillet, le maréchal sortit à la tête de sa petite armée, livra un si terrible combat aux assiégeants, qu'il les mit en pleine déroute et leur tua ou fit prisonniers cinq mille hommes environ (1).

Mais écoutons plutôt le vainqueur rendant compte lui-même de cette chaude affaire dans le langage naïf du temps :

« ..... Sçavoir faisons que comme naguère la ville de Cravant,
» héritaige et de toute ancienneté appartenante aux doyen et
» chapitre de l'église d'Auxerre, fust occupée, prinse, et destenue
» de larrons, pilleurs et robeurs, tyrans mouvais, et se, chose
» licite est de dire, ennemis de Dieu, de l'Esglise, du roy, du
» royaulme et du monde, et pour recouvrer icelle et mettre hors
» de leurs mains, pour l'honneur et resvérence de Dieu, de la
» très-glorieuse vierge Marie et du benoist saint Estienne,
» premier martyr, patron d'icelle esglise, et pour nous acquitter
» loyaulment envers le roy, nostre souverain seigneur, nous
» soyons employez de puissance d'armes, avec nos bons parens,
» amis et alliez, en telle mainiesre que, par la grâce de Dieu,
» notre benoist Créateur, icelle avons recouvrez à grands périls
» et souffretez de nos corps, fraix, missions et despens, depuis
» laquelle recovrance avons en icelle ville esté assiesgez par les
» dessus dits ennemis et aultres, l'espace de cinq semaines et
» plus grande pouretez de vivres et aultres besoins, tant que
» contraints avons esté de illeques mangier nos chevaulx, en
» très-grande partie, et aultres bestes, soffert aussi plusieurs
» assaults, jusqu'à ce que le siége devant nous apposé par lesdits
» ennemis, en très-grand nombre et multitude de gens, comme
» de quinze mille et plus, a esté levez et despartis par bataille...

(1) Charte de concession de Cravant au chapitre d'Auxerre; notice hist. sur Auxerre; LEBEUF, *Mémoires*, tom. III, p. 299.

» où ont esté de quatre à cinq mille hommes morts, prins et
» emmenez..... » On voit, par les termes mêmes de la charte,
que Claude de Beauvoir et tous les autres seigneurs du Morvand
étaient dans la bonne foi et croyaient combattre pour la bonne
cause. Le mariage du roi d'Angleterre avec la fille de Charles VI,
et le traité, ratifié à Troyes par ce prince et les grands de la
couronne, avaient produit dans eux cette conviction malheureuse.

Le maréchal de Chastellux, après cette brillante affaire, qui
eût été plus honorable encore s'il eût combattu en faveur de
l'héritier légitime de la couronne, s'empressa de rendre Cravant
au chapitre de la cathédrale d'Auxerre, seigneur de cette ville
de toute ancienneté. Celui-ci s'en montra fort reconnaissant et
lui accorda un titre de chanoine, pour lui et ses successeurs
mâles, par ordre de primogéniture, et, *à défaut de mâles, au
mari de la fille qui seroit dame de Chastellux*, avec la jouissance,
à perpétuité, d'une prébende et le droit de sépulture dans cette
église (1).

Les royalistes perdirent aussi, peu de temps après, la ville
d'Avallon, que défendait le capitaine Jacques d'Espailly, dit *le
capitaine Fortépice*, à la tête de deux cents hommes. « C'estoit,
» dit Monstrelet (2), la fleur des gens d'armes, roides et instruits
» de la guerre, qui moult vaillamment se défendirent, » lorsque
Pierre de Charni, Thomas de Vaudrey, Jean, bâtard de Saint-
Paul et d'Humières, vinrent, en 1433, avec un corps d'armée
considérable, attaquer la place. Les Bourguignons, d'abord
repoussés avec perte, revinrent à la charge, et firent tant, *par
leur adresse et leurs engins*, qu'ils s'en emparèrent, malgré
le courage et les efforts des assiégés qui, en cette grave
circonstance, *firent devoir plus que d'hommes*, si ce n'est
Fortépice. La lâcheté de cet indigne capitaine, qui était

(1) LEBEUF, *Mémoires sur l'hist. civile d'Auxerre*, tom. II, p. 498;
tom. III, p. 300 et suiv.
(2) Chroniques ou hist. curieuses.

Nivernais, et son impertinence envers les dames de la ville, furent cause de l'ancienne antipathie des Avallonnais contre les habitants de cette province (1). Les assiégeants, maîtres de la ville, la pillèrent et en traitèrent les hommes et les femmes avec beaucoup de rigueur et d'insolence.

Il y avait près de vingt ans que ces funestes divisions désolaient la France, lorsque intervint, en 1438, le traité d'Arras, où le duc de Bourgogne fit son accommodement avec Charles VII et le reconnut pour son roi et légitime souverain. Néanmoins, les Anglais ne furent expulsés complètement de la France qu'en 1450.

Trois ans après ce traité, que Philippe-le-Bon aurait dû, pour le bonheur de sa patrie, conclure long-temps auparavant, une famine affreuse, accompagnée d'une violente épidémie, vint, à son tour, désoler nos provinces et y porter le deuil et l'épouvante. Il était rare, dans ces temps reculés, que ces trois terribles fléaux : la guerre, la famine et la peste, ne se suivissent de près. Le boisseau de froment monta alors à trente sous et l'avoine à dix, somme considérable, si on se rappelle que, quatorze ans auparavant, le seigle ne coûtait qu'un sou la mesure, ainsi que le constate le marché passé, en 1426, entre le curé de Cussy, *agent d'affaires* de Guillaume de Clugny, seigneur de Menessaire, et Pierre de Montagu, bourgeois de Saulieu (2).

Dans ces malheureuses circonstances, on vit des milliers de personnes succomber, chaque jour, victimes de la faim et de sa cruelle compagne et expirer au milieu de violentes convulsions et d'inexprimables souffrances. Les habitants du Morvand, qui ne possédaient encore ni le sarrasin, ni la pomme de terre, eurent recours aux racines de fougère, dont ils composèrent un pain aussi insipide que malfaisant; on l'eût facilement pris pour des mottes à brûler. Les archives de l'abbaye de Saint-Martin d'Autun nous apprennent que les pauvres des environs

---

(1) Du Haillant, *Hist. de France*; Courtépée, tom. v, p. 593.
(2) *Ibid*, tom. vi, p. 279; Expilly; pièces manuscr.

de la ville en firent avec une espèce d'argile que l'on tirait auprès du monastère (1).

Aux guerres que le traité d'Arras avait fait cesser, devait bientôt en succéder une autre plus scandaleuse, celle d'un fils contre son père. On a dit de Charles VII qu'il fut malheureux par son père et par son fils. En effet, le dauphin, depuis Louis XI, se révolta deux fois contre lui, et le força d'armer pour sa propre défense. Ces nouveaux démêlés ne devaient pas encore se terminer sans que le Morvand en ressentît les tristes conséquences. En 1444, Louis s'étant enfui en Bourgogne, auprès de Charles-le-Téméraire, y fut aussitôt suivi par les troupes de son père qui rencontrèrent ses gens dans l'Autunois, et les dispersèrent. Comme toujours, le pays en souffrit. Les faubourgs d'Autun furent pillés, le monastère de Saint-Symphorien livré aux flammes, les villages de Monthelon, de Reclenne, de Menessaire et autres, en partie incendiés (2).

Dans tous les temps, même dans les siècles de ferveur religieuse, il y eut des hommes orgueilleux et opiniâtres qui, préférant leur sens propre au jugement de l'Église, se laissèrent entraîner à l'erreur. En 1450 un malheureux prêtre, nommé Jean Champion, accusé et convaincu d'hérésie, fut traduit à l'officialité d'Autun et condamné à faire pénitence, *au pain de la douleur et à l'eau de la tristesse*, au fond du puits du château épiscopal de Touillon, près Montbard. Il fut livré aux bouchers de la ville, qui le conduisirent à Lucenay-l'Évêque et le remirent eux-mêmes aux habitants de ce bourg, chargés de le rendre, selon l'ancien usage, à sa triste destination (3).

A cette époque, le Haut-Morvand, celui qui formait les

---

(1) M. Bulliot, *Hist. de Saint-Martin.*
(2) Notice historique.
(3) *Vobis universis et singulis castellaniis mandamus quatenùs Johannem Champion, presbyterum, prisonnarium et ad peragendam pœnitentiam in pane doloris et aquâ tristitiæ, in puteo Tullionis condemnatum..........., ut ab antiquo consuetum est, usque ad castrum Tullionis, ducatis, aut ducere faciatis.* (Archives de l'évêché.)

dépendances de l'ancien comté de Château-Chinon, était régi par une coutume particulière. Née de La Rochelle (1), et une notice manuscrite déposée aux archives nationales, nous apprennent qu'en vertu de cette coutume, qui ne se composait que de quelques articles, les appels des jugements rendus dans les bailliages de Château-Chinon, de Lormes, d'Ouroux et de Brassy-et-Dun, se portaient alors au parlement de Dijon (2).

En 1463, comme ces deux coutumes ne formaient pas encore un corps de lois, mais consistaient seulement en divers usages généralement adoptés, et que de leur élasticité résultaient naturellement différents abus, le comte de Nevers, Charles de Bourgogne, résolut de les réunir en un code authentique et régulier, duquel les juges et autres officiers publics ne pussent s'écarter à l'avenir. Il convoqua donc, à cet effet, les États de la province à Moulins-Engilbert, et se rendit lui-même dans son château, dont on remarque encore d'imposants débris au sommet du rocher qui commande cette petite ville. Les seigneurs laïques et ecclésiastiques du Morvand répondirent à cet appel, et accoururent, comme ceux du reste de la province, au lieu du rendez-vous. De mémoire d'homme on n'avait vu une multitude plus considérable de personnes de qualité s'assembler au confluent du *Gara* et du *Guignon*.

Pendant tout le temps que durèrent les États, on se réunit chaque jour, dans la grande salle du château, et on y arrêta tous les articles dont se composait la coutume du Nivernais, à l'exception des neuf derniers, sur lesquels on ne put s'entendre. On se réunit de nouveau, en 1490, à Nevers, mais cette fois encore sans résultat (3).

---

(1) *Mémoires sur le Nivern.*, p. 421.

(2) Cette coutume était régie par celle du Nivernais, dont le comté de Château-Chinon formait une enclave.

(3) Gillet, *Annuaire de l'an XIII*; Née de La Rochelle, tom. II, p. 336; coutume manuscr. de Saint-Pierre-le-M.; *Le Nivernais*, tom. II, p. 214.

Cependant l'horizon politique de la France se grossissait de nuages. Louis XI, parvenu à la couronne en 1461, traita son royaume en pays conquis. Il ôta aux magistrats et aux officiers leurs charges et leurs dignités pour les donner à ses créatures, aux rebelles qui l'avaient soutenu dans sa révolte contre son père. Il dépouilla les grands, ne traita pas mieux le peuple, qu'il accabla d'impôts, et abolit la pragmatique-sanction (1). Tant de violences et de vexations excitèrent des mécontentements dans tout le royaume. Les meilleurs citoyens, poussés à bout, prirent une résolution extrême, celle d'une résistance à main armée. Une ligue formidable, dite du *Bien-Public*, et dans laquelle entrèrent Charles, duc de Berry, frère du monarque, le duc de Bretagne, Charles-le-Téméraire, comte de Charollais et de Château-Chinon, le comte de Dunois, et la foule des mécontents, se forma contre lui.

Irrités contre Charles-le-Téméraire, leur seigneur, avec lequel ils étaient en procès, au parlement, pour la *mainmorte et la taillibilité à volonté* (2), la ville et tout le comté refusèrent d'entrer dans le parti des ennemis du roi et même de payer les deniers du comte. Louis XI, en vertu de cette fidélité, adressa de Tours, le 15 juillet 1461, aux habitants, une lettre par laquelle il s'engageait à *transiger* de tous leurs différends avec Charles et Isabeau de Bourbon, sa femme.

Cette promesse du roi ne reçut point d'exécution ; car, nous voyons les gens des onze paroisses du comté, réunis en assemblée générale, nommer, le 9 août suivant, des députés pour traiter avec leur seigneur.

« Tous habitans, demeurans et résidans ès-terres et sei-
» gneuries de Chastel-Chinon, l'Orme, Ouroux, Brassy, les
» Places et appartenances......, chacun d'eulx pour soi et pour le
» tout..., et eulx faisant forts pour tous les aultres habitans des-
» dictes terres et seigneuries, ont fait constitué, ordonné et établi

---

(1) ANQUETIL, *Hist. de France.*
(2) Archiv. impér.; notice manuscr. de 1768.

» leurs procureurs généraux et certains messagers spéciaux,
» Huguenin de La Cour............; donnant et octroyant lesdicts
» constituants, aux noms que dessus, conjointement et indivise-
» ment, à leurs dicts procureurs, tous ensemble et à chacun
» pour soi et pour le tout, plein pouvoir, autorité et mande-
» ment spécial de traiter, accorder, transiger, apaiser et mettre
» fin ès-procès en la cour du parlement, sur l'état de leurs
» personnes, et en cas de servitude et aultrement..... »

Les sujets du comte refusaient de payer la mainmorte et les tailles, parce qu'ils se disaient libres et affranchis en *vertu de certaines chartes*, qu'ils ne purent produire. Le comte de Charollais soutenait, au contraire, « que tous les habitans desdictes
» terres, justices et seigneuries avoient esté de toute ancienneté,
» et encore estoient ses hommes serfs, de serve condition, tailla-
» bles à volonté raisonnable, une fois l'an, au terme de Sainct-
» Barthélemy, corvéables, de poursuite et de mainmorte, pour
» tels tenus et réputés publiquement, notoirement et selon la
» coutume en tel cas gardée et observée en la châtellenie dudict
» Chastel-Chinon; selon laquelle coutume mondict seigneur ou
» ses gens et officiers, au nom de luy, peuvent et doivent, et ont
» droit, faculté et accoustumé, *de toute ancienneté*, de indire
» et imposer taille, par teste, auxdicts habitants, et à chascun
» d'eulx, à sa volonté raisonnable, chacun an, à la Sainct-
» Barthélemy; et icelle taille, ainsi indite et imposée, lever ou
» faire lever... sur lesdicts habitans, avec les courvées et
» mainmorte, toutes et quantes fois que elles y écherront et des
» droits dessus dites et aultres touchant et concernant la nature
» et condition des gens serfs, mainmortables, corvéables,
» taillables à volonté, et de poursuite, et que l'on a accoustumé
» de lever, recevoir et percevoir sur gens de telle condition,
» avoit mondict seigneur, tant par luy que par messeigneurs, ses
» prédécesseurs, dont il a cause en cette partie, joui, usé pour
» tel et si long-temps, qu'il n'estoit mémoire du commencement,
» et au contraire, au vu et au scu desdicts habitans et de leurs
» prédécesseurs, et de tous aultres qui l'avoient voulu voir

» et scavoir, sans contredict ou empêchement quelconque,
» jusques puis naguères que lesdicts habitans y avoient contre-
» dict et de l'exécution desdictes tailles avoient interjetté plusieurs
» appellations en la cour du parlement du roy, notre sire, à
» Paris, en troublant et empeschant mondict seigneur, en ses
» dicts droits possessoires et pétitoires, à tort et sans causes
» raisonnables, induement et contre raison ».

C'était la lutte du pot de terre contre le pot de fer. Épuisés et vaincus, les habitants furent amenés à confesser « que ils
» ne s'estoient mis en contradiction contre mondict seigneur, n
» contre feu le duc de Bourbon, en manière que ils ne fussent
» tenus envers luy esdicts droits de servitude par luy prétendue;
» mais pour ce seulement que les officiers dudict feu monsei-
» gneur duc de Bourbon leur avoient faict plusieurs rigueurs,
» excès et déplaisirs à lever lesdictes tailles et non pour aultres
» causes ».

Enfin le traité eut lieu le 6 novembre 1461, *en l'hostel épiscopal d'Ostun*, où vinrent et comparurent « en très-grande
» humilité, par-devant mondict seigneur le comte et les gens
» de son conseil (1), tous les devant nommés habitans et pro-
» cureurs....., lesquels, en leurs noms et comme habitans, et
» par le pouvoir à eulx donné, en cette partie, par les aultres
» habitans, et eulx faisant forts comme dessus, ont très-hum-
» blement supplié et requis, et faict supplier et requérir qu'il
» plust à mondict seigneur, de sa grâce, avoir pitié et merci
» d'eulx et leur pardonner l'offense que ils avoient faicte, en
» tant que ils s'estoient mis en contradiction à l'encontre de luy
» et de ceux dont il avoit cause, à tort et sans causes, desdictes
» tailles, courvées, mainmorte et aultres droits ou servitude, en

---

(1) Savoir: Jean Jacquelin, maître des requêtes ordinaires et gouverneur de la chancellerie; Claude de Montaigu, baron de Couches, Jean de Neuchâtel, seigneur de Montaigu; Jean Bondault, bailli de Château-Chinon; maître Girard Burry, docteur ès-lois, et Guillaume de Clugny, maître des requêtes ordinaires et archidiacre d'Avallon.

» confessant par lesdicts procureurs es noms que dessus, iceulx
» estre tenus, liés, astraints et affects envers mondict seigneur
» audict nom de servitude et condition serve, mainmortables,
» taillables à volonté raisonnable, corvéables et de poursuite,
» selon la coutume dessus dicte et les conclusions des écritures
» baillées et mises devant la cour par mondict seigneur et son
» procureur.....; et ont promis faire, parfaire et accomplir, de
» point en point, à mondict seigneur, à ce présent et acceptant
» pour luy et ses successeurs, les devoirs que ils lui sont tenus
» et accoutumé de faire d'ancienneté, par et selon ce que dessus
» ont déclaré...... toutes et quantes fois que requis en seront ».

Le comte de Charollais avait à ses pieds ses sujets vaincus et enchaînés désormais dans les liens de l'esclavage ; il crut faire assez, pour les consoler, « de leur promettre, octroyer et accorder » de les tenir et entretenir, garder et deffendre comme ses bons » et vrais subjects ».

L'année suivante, soit que ce fût dans son intérêt et celui de sa seigneurie, soit qu'il voulût tenir aux habitants sa promesse d'être *bon seigneur*, Charles de Bourgogne sollicita du roi la création d'une élection à Château-Chinon et fit ériger la *chambre à sel* en grenier proprement dit. Jusque-là cette ville et les quarante-deux paroisses de sa dépendance avaient fait partie de l'élection de Bourbonnais et du grenier à sel de Moulins, sa capitale.

Il remontra donc au monarque « que la baronnie, terre et
» seigneurie de Chastel-Chinon, qui luy avoit esté baillée au
» moïen et par le contrat de mariage de luy et d'Isabeau de
» Bourbon, sa femme, est située en pays maigre et stérile, et
» habitée de très-pourre peuple, subject à servitude. Estant ces
» habitans, en iceluy et en le temps passé, tellement chargés et
» opprimés, tant durant le temps des guerres passées, comme
» pour occasion de tailles et grants impôts, dont ils ont esté et
» son chargez et aultrement ; tellement que grant partie dudict
» peuple s'est absentée et s'absente chaque jour, mesmement
» pour ce que ils sont de l'élection de Bourbonnais et que la

» chambre à sel est dudict grenier ; et quant il survient procès
» ou débat pour occasion des deniers levés en ladicte terre, ils
» sont contraincts aler audict lieu de Molins, et leur est grant
» peine, travail et dépense, et interruption de leur besongne et
» labeur, pour la grant distance, qui est comme de dix-huit
» lieues ou environ ; et est souvent advenu que plusieurs desdicts
» habitans aimoient mieulx à perdre leurs droits à cause que
» il falloit aler si loing au remède ».

Mû par tous ces motifs, Louis XI, dans une ordonnance du 7 juin 1462, où il créa ces deux établissements à Château-Chinon, s'exprime en ces termes : « Notre chier et amé
» fresre et cousin Charles de Bourgogne, comte de Charol-
» lois, nous a faict remontrer...... et nous a faict supplier et
» requérir que, attendu que ladicte terre et seigneurie de
» Chastel-Chinon est de grant et longue étendue, et afin que le
» peuple d'icelle soit mieulx soulagé, il nous plaise créer et
» faire audict lieu de Chastel-Chinon une élection distincte pour
» les subjets et habitans d'icelle, afin que ils puissent avoir pro-
» vision et remède de justice touchant le faict de nos deniers, et
» aussi ordonner et establir grenier à sel au lieu de ladicte
» *chambre*, auquel se puissent servir de sel les hommes et
» subjects demeurans en icelle terre et seigneurie de Chastel-
» Chinon, et luy octroyer que il puisse nommer aux offices de
» l'élection et grenier, ainsi que font, par octroy de nous, les
» aultres seigneurs de notre sang, en leurs terres et seigneuries,
» et sur les choses dessus dictes luy eslargir notre grâce.........
» Voulant en ce lui complaire, et inclinant bénignement à sa
» requeste, pour ces causes et considérations et aultres à ce nous
» mouvant, avons, de nostre certaine science et grâce spéciale et
» autorité royale, créé et institué, ordonné et establi, et nous
» créons et instituons, ordonnons et establissons, par ces pré-
» sentes, une élection et grenier à sel audict lieu de Chastel-
» Chinon.

» Pour exercer lesquels offices, voulons et ordonnons que il y
» ait gens et officiers à ce nécessaires. C'est à savoir : pour la-

» dicte élection, ung eslu, ung receveur et ung greffier. Et
» pour ledict grenier à sel, ung grenetier, ung contrôleur et ung
» mesureur. A tous lesquels offices nous voulons, ordonnons et
» consentons estre nommé par notre dict fresre et cousin de
» Charollois toutefois que il echeyra vacation, et nous les don-
» nerons, à sa nomination, aulx gens et personnes que par luy
» nous seront présentés et non aultrement, pourveu que il fera
» soin nommer gens idoynes et suffisans.

» Et laquelle terre et seigneurie de Chastel-Chinon, en tant
» que touche ladicte élection et le faict du grenier à sel, nous
» avons disjoints et séparés, disjoignons et séparons du tout, par
» lesdictes présentes, de l'élection de Bourbonnais et du grenier
» à sel de Molins, sans que lesdicts hommes et subjects de la-
» dicte terre et seigneurie..... soient et puissent estre doréna-
» vant contraints, ne tenuz aler devant lesdicts eslus de
» Bourbonnais, ne que ils soient aulcunément à eux subjects
» touchant le faict de ladicte élection et dudict grenier à sel.....

» Et seront tenus tous les habitans d'icelle terre et seigneurie
» prendre sel audict grenier de Chastel-Chinon selon les limites
» et tout ainsi que ils ont fait par cy-devant en ladicte chambre
» à sel dudict lieu.......... »

Le roi abandonna, en même temps, au comte de Charollais *les profit*, *revenu et émolument* du huitième du vin, qui serait vendu en détail, et des autres aides ordonnées pour la guerre, et qui pouvaient lui appartenir dans la ville et dans toute la seigneurie.

En 1466, les habitants du comté, malgré le traité dont il a été parlé, se refusèrent de nouveau à payer les deniers de Charles-le-Téméraire. En plusieurs endroits, entre autres, à Brassy et aux Places, la population se souleva et maltraita les receveurs. Celui de Château-Chinon courut aussitôt à Autun en porter la nouvelle à Guillaume de Clugny, alors gouverneur de la châtellenie, qui s'empressa, à son tour, d'en informer Charles de Bourgogne.

Le comte de Charollais n'était pas homme à souffrir que ses

droits fussent méconnus impunément par ses propres sujets. Il se met aussitôt à la tête d'une armée d'Anglais, qu'il avait à son service, traverse les montagnes du Morvand, en passant par Lormes, et vient mettre le siége devant la ville. Les assiégés opposèrent une vigoureuse résistance aux ennemis, et montrèrent, en cette circonstance, comme en 1412, un courage à toute épreuve; mais enfin, malgré leurs efforts, la place succomba. C'était en 1467. Le fougueux comte la livra au pillage, en ruina les fortifications et y mit le feu. Le château fut lui-même en partie détruit. Mais jugeant bientôt que cette forteresse pourrait servir, plus tard, à ses desseins, il la fit réparer et y laissa une petite garnison (1).

Quelques temps après, en 1473, comme on voulait asseoir l'impôt, les habitants abandonnèrent leurs foyers, et on trouva *les maisons vides, ce qui fit croire à une émigration* (2).

L'année suivante, les Français firent diverses incursions dans le Morvand, où ils s'emparèrent, au nom du roi, de Château-Chinon, des châteaux et places fortes de La Tournelle, de Saint-Péreuse et autres. Cette nouvelle fut portée par le receveur de la ville au gouverneur Jean de Villarnoult, qui se trouvait alors à Saulieu, lequel en informa Charles-le-Téméraire. Ce prince convoqua aussitôt les seigneurs de Bourgogne, et les envoya, sous la conduite du comte de Roussy, maréchal de Bourgogne, tomber sur le Nivernais, dont il haïssait de tout cœur le comte, Jean de Clamecy, bien qu'il fût son proche parent. Celui-ci s'était déclaré pour le roi, c'en était assez pour qu'il le rayât de l'ordre de la *Toison-d'Or* et lui vouât une haine irréconciliable.

Traversant donc de nouveau les montagnes du Morvand, les Bourguignons viennent mettre le siége devant la ville de Château-Chinon, qu'ils reprennent au mois de juin 1475. De là, ils

(1) Dom Plancher, *Hist. de Bourg.*; *Annuaire de la Nièvre*, 1847; M. Crosnier, *Tab. chronolog.*
(2) Archives de Dijon (B. 4,001).

se portent sur Moulins-Engilbert, puis sur Châtillon-en-Bazois, qui tombent aussi en leur pouvoir (1). Charles-le-Téméraire, sans perdre de temps, s'occupe du soin de conserver ses nouvelles conquêtes, et s'entend avec ses vassaux des environs, afin de mettre à couvert leurs châteaux contre un coup de main. Jean II, sire de Chastellux, qui, toujours fidèle à son suzerain, combattait, avec ses hommes d'armes, sous ses étendards, reçut l'autorisation *d'establir dans son chasteau et forteresse de Chastellux, pour veiller à sa garde, une compagnie d'archers en tel nombre qu'il luy plairoit* (2).

Louis XI, de son côté, ne se montrait ni moins actif ni moins vigilant que son rebelle vassal. Le duc de Bourbon, par son ordre, réunit les francs-archers d'Auvergne, du Beaujolais et du Bourbonnais, ramasse toutes les troupes éparses dans le Nivernais et s'avance, à leur tête, du côté du Morvand, à la recherche de l'ennemi. Il rencontra, selon le sentiment le plus probable, l'armée bourguignonne sur les *frontières du Nivernais*, entre Moulins-Engilbert et Château-Chinon, auprès du village de Sermages, et en vint incontinent aux mains sur un plateau, qui a toujours porté depuis le nom de *Champ-de-la-Bataille*. On y découvrit jadis des fragments d'armes et des ossements humains, mêlés à des débris de chevaux. Cela prouve évidemment que Jean de Troyes, qui, dans sa *Chronique scandaleuse*, place cette bataille dans le champ d'*Eguy ou du Roi*, au nord de Château-Chinon, s'est trompé. On combattit, de part et d'autre, avec un égal courage et une même fureur. Les Bourguignons, qui avaient l'avantage de la position, repoussèrent d'abord vigoureusement l'attaque de l'armée royale; mais celle-ci revint bientôt à la charge avec une telle ardeur, que leurs nombreux bataillons, culbutés et enfoncés sur tous les points, furent contraints de se débander et de prendre la fuite. Le champ de bataille resta couvert de deux mille morts; un plus grand

(1) Veilly, tom. xviii, p. 74.
(2) Archiv. de Chastellux.

nombre, étant tombés au pouvoir des vainqueurs, furent faits prisonniers. Deux cents lances de Lombardie, à la solde du duc de Bourgogne, furent entièrement défaites.

Parmi les prisonniers, on remarquait le général en chef lui-même, comte de Roussy et de Charny; Louis de Montmartin, Hugues de Thoisy, seigneur de Mimeure et de La Mothe, bailli d'Auxois et chambellan du duc; Jean Reignier, seigneur de Montmercy et bailli d'Auxerre; le sire de Longvy, les barons de l'Isle, de Couches et de Montaigu; les seigneurs de Dignoine, de Reugny, de Chaligny; les fils du baron de Vitteaux, dont l'un était comte de Joigny; l'enseigne du comte de Beauchamp et plusieurs autres gentilshommes de distinction. Bernard, dauphin d'Auvergne, qui combattait vaillamment dans les rangs de l'armée royale, se couvrit de gloire dans cette mémorable journée. On croit que ce fut lui qui arrêta le général en chef et décida, par cette action éclatante, le sort du combat (1).

L'armée victorieuse, après cette brillante affaire, qui se donna le mardi 20 juillet 1475, se rendit à Château-Chinon, où elle prit quelques jours de repos, et se dirigea ensuite sur Autun et Cluny, dont elle s'empara. Châtillon-en-Bazois, Moulins-Engilbert, La Roche-Milay et tout le pays rentrèrent sous l'obéissance du roi et du comte de Nevers (2).

Louis XI voulut voir lui-même ses nouvelles conquêtes et les lieux témoins de la valeur de ses fidèles sujets. Il visita le champ de bataille avec un vif intérêt. Il y trouva le comte de Nevers, Jean de Clamecy, qui était venu l'attendre à Moulins avec toute sa cour. Le monarque, après avoir passé dans cette ville les jours de fête que le comte lui avait préparés à l'occasion de la victoire de Sermages, partit avec lui pour Nevers, et de là se rendit à Clamecy (3).

(1) Dom PLANCHER, *Hist. de Bourg.*
(2) *Ibid*, tom. IV, p. 437; *Le Nivernais* tom. II, p. 214; *Annuaire de* 1847, p. 157; *Tablettes de Bourgogne pour* 1759, p. 31 et 32; LEBEUF, *Mémoires*, tom. III, p. 349.
(3) *Ibid.*

A la nouvelle de la défaite de ses troupes, Charles-le-Téméraire se laissa aller à un vif chagrin. Dans la perplexité où il se trouvait, il leva le siége de la petite ville de Nuits, qu'il tenait investie depuis près d'un an, et nomma le sire de Chastellux *commandeur et conservateur*, dans le bailliage d'Auxois, de la trêve de dix ans, qu'il venait de faire avec la France, en remplacement du comte de Roussy et de Charny, détenu prisonnier de guerre (1). Il manda au seigneur de Neuchâtel, lieutenant au duché de Bourgogne, de venir prendre le commandement des troupes.

Les Français, en diverses incursions, avaient réduit tout le pays dans le plus triste état de désolation. Ils avaient pillé les habitants, brûlé les maisons, détruit les moulins..... Mais écoutons plutôt les sujets du comté, savoir : ceux de Château-Chinon, Saint-Hilaire, Dommartin, Ouroux, Planchez, Lormes, Brassy, les Places..... racontant eux-mêmes la grandeur de leurs maux dans une requête adressée au duc de Bourgogne, leur seigneur, à l'effet d'obtenir un soulagement de charges : « Au moïen et occasion des guerres et divisions,
» naguères régnantes, iceulx habitans auroient eu à soutenir
» plusieurs grandes pertes et dommaiges inestimables, parce
» que icelle ville de Chastel-Chinon est située et assise en fron-
» tière et sur les limites de France (2), et que durant icelles
» guerres et divisions, les François y auroient continuellement
» faict de grandes courses et pilleries, et principalement l'an
» passé, tellement que, à cette cause, iceulx habitans estoient
» totalement déserts, détruits, et de leurs biens et chevances de
» tout desmis ; leurs maisons et habitations bruslées, les places
» desmolies ou conquestées, et la plupart d'eulx par lesdicts
» François prins et emmenés prisonniers ; auxquels ils auroient
» paié de grandes et grosses finances, selon leur estat et faculté,
» plus que ils n'avoient vaillant.

(1) Dom PLANCHER, *Hist. de Bourgogne* ; archiv. de Chastellux.
(2) La Bourgogne, sous le titre de duché, formait alors un royaume totalement séparé du reste de la France.

» Et, à l'occasion d'icelles guerres, leur avoit convenu s'ab-
» senter desdictes villes et places, vivre et demourer ailleurs, en
» grant pourreté et misère. » Ils ajoutent : « que, à l'occasion
» des tresves prinses, conclutes et acceptées entre le roy et
» mondict seigneur le duc, au moïen desquelles chascun retour-
» neroit et devoit retourner au sien, iceulx habitans désiroient
» retourner ung chascun au lieu de sa première demourance,
» dont ils s'estoient départis... et retraits ès-bois, pour demourer
» toujours bons, loyaulx et obéissants subjects envers mondict
» seigneur..... tant que ils vivroient ; et afin de réédifier leurs
» dictes maisons, pour la plupart bruslées, et mettre sus au
» mieulx que ils pourroient. »

Mais « que ils doubtoient eulx retourner en leurs premiesres
» demoures et résidances », parce que « le receveur dudict
» Chastel-Chinon vouloit les contraindre à payer à mondict sei-
» gneur les cens, rentes, coutumes, bourgeoisies, bourdelaiges,
» tailles à volonté, questes, qui pouvoient estre dus pour l'année
» finie au dernier jour de septembre M.CCCC.LXXV ; attendu mes-
» mement que iceluy receveur s'estoit jà ingéré par force en
» contraindre aulcuns qui jà y estoient retournés, se il eust
» trouvé de quoy ; que lesdicts habitans, se ils estoient contraints
» à païer lesdictes redebvances pour ladicte année, ne aussi
» pour le temps à venir, jusque ils feussent aulcunement remis
» sus, ne y pourroient en tout, ne en partie satisfaire, ne
» fournir.......... que par la prinse et emprisonnement de leurs
» corps.

» Et se n'avoient lesdicts habitans, de quoy remettre sus leurs
» héritaiges et labouraiges, ils seroient contraints estre et
» demourer absens desdictes villes et terres, pourquoy elles
» seroient et demoureroient inhabitées, et, par conséquent, en
» peu de temps gastées et désolées, et leur seroit mieulx aler
» ung chascun à son aventure, et tourneroit à mondict seigneur
» à grant intérest, préjudice et dommaige, se par luy n'estoit
» convenablement pourveu..... »

Charles-le-Téméraire se sentit touché du profond malheur

de ses sujets du Morvand, et, *de sa plus ample grâce*, donna
quicte, et leur remit « la juste moitié de ce à quoi monteroient
» les redebvances dessus dictes pour les deux années en suivant,
» commençant au premier jour d'octobre M.CCCC.LXXV et finissant
» au dernier jour de septembre M.CCCC.LXXVII, pourveu que
» iceulx habitans seront tenuz de païer et païeront, pour mondict
» seigneur et à son prouffit, ès-mains dudict receveur..., l'autre
» moitié desdicts tailles, cens, rentes, bourgeoisies, coutumes
» bourdelaiges, questes et aultres redebvances (1) ».

Le duc de Bourgogne ne se contenta pas de la concession de ces faveurs, il appuya, de son crédit, une seconde supplique des habitants, adressée au roi, pour être soulagés d'impôts. Louis XI, prenant en pitié leur pauvreté, rendit une ordonnance où il s'exprime ainsi : « .... En faveur et contempla-
» tion de nostre très-chier et amé fresre et cousin, le duc de
» Bourgogne, et pour la considération de la grant pourreté en
» quoy sont constitués les hommes et subjets de la terre et
» seigneurie de Chastel-Chinon, ainsi que il nous a esté faict
» remontrer, nous avons ordonné, consenti et octroyé, ordon-
» nons, consentons et octroyons, de grâce spéciale, par ces
» présentes, que iceulx hommes et subjects... soient tenuz quictes,
» exempts de corvées, tailles, qui ont esté et seront mises sus
» de par nous en notre royaulme, et, en oultre, du païement de
» nos gens de guerre, et également des aides pour subvenir à
» nos affaires, tant pour cette présente année, commençant le
» premier jour de janvier que pour les années à venir, desquelles
» corvées, tailles..... nous les avons quicttés et exemptés,
» quicttons et exemptons, de notre plus ample grâce, par ces
» présentes......... »

Encouragés par ces faveurs, les habitants rentrèrent dans leurs foyers, rebâtirent leurs maisons et promirent, de nouveau, de se montrer bons et loyaux sujets envers leur seigneur; mais le duc ne devait pas jouir long-temps de la reconnaissance de

---

(1) Archiv. de Dijon.

ses vassaux du Morvand; car il fut tué, le 5 janvier 1477, devant Nancy. Il avait alors quarante-trois ans. Marie de Bourgogne, sa fille et unique héritière, ayant épousé, la même année, Maximilien d'Autriche qui, dans la suite, devint empereur, lui porta le comté de Château-Chinon, la baronnie de Lormes et tous les grands biens de sa maison, à l'exception de la Bourgogne, que Louis XI, qui la convoitait depuis long-temps, réunit à la couronne. Le monarque, quelque peu rusé, prétexta que ce grand apanage, étant un fief masculin, devait, par suite de la mort du dernier duc *sans hoirs masles*, rentrer naturellement dans le domaine de l'État.

Cette prétention n'était pas sans fondement quant à la Bourgogne proprement dite; mais elle était beaucoup plus contestable pour le comté, autrement la Franche-Comté. Maximilien voulut revendiquer les droits de son épouse, et commença des préparatifs de guerre. Louis XI arma de son côté, et il s'ensuivit des divisions et des troubles. Saulieu et plusieurs autres villes de la province se déclarèrent pour l'héritière de leur ancien souverain, et jurèrent fidélité à Marie de Bourgogne; la plupart des grands vassaux en firent autant. Le roi, pour les punir, fit entrer ses armées en Bourgogne et former le siége des villes rebelles. Celle de Saulieu, entre autres, fut investie en 1478, par les troupes de Charles d'Amboise, seigneur de Chaumont et gouverneur du duché pour le roi. Elle se défendit vaillamment, pendant plusieurs semaines; mais enfin la crainte d'être emportée d'assaut l'obligea à se rendre. D'Amboise l'imposa à une contribution de vingt mille livres, qu'elle dut payer sur-le-champ, pour se racheter du pillage. Il y laissa, en outre, une garnison pour la maintenir dans le devoir (1).

Après la reddition de Saulieu, le gouverneur de Bourgogne s'avança vers le Nord, et pénétra plus avant dans le Morvand. Son but était de châtier quelques seigneurs, tels que

---

(1) Dom PLANCHER, *Hist. de Bourgogne*; EXPILLY; COURTÉPÉE, tome VI,

Guillaume de Jaucourt, baron de Villarnoult et possesseur de treize autres terres, *d'autant de châteaux et maisons fortes avec tours, fossés et ponts-levis*. Ce puissant seigneur étant entré au service de Maximilien, était devenu son maître d'hôtel, et avait, en outre, obtenu le commandement général de ses armées. On comprend que Louis XI, prince ombrageux et défiant, ne devait pas voir cette conduite d'un œil calme et tranquille. D'Amboise attaqua, par ses ordres, les châteaux du baron, les prit, les pilla et les renversa ensuite à coups de canon. Ceux de Ruère, de Saint-Andeux, de Rouvray, de Villarnoult, de Maraut, du Vault....., n'offrirent bientôt plus que des ruines, si ce n'est les tours de ces deux derniers, qui restèrent debout. Le roi, pour compléter le châtiment, confisqua tous ses domaines et les donna à Aubert de Jaucourt, frère puîné du vassal rebelle. Mais Aubert, en homme désintéressé, les lui rendit après la conclusion de la paix, en 1493, et donna ainsi un grand exemple d'amour et de dévouement fraternels. Hugues, fils de Guillaume, s'étant aussi déclaré, malgré le châtiment infligé à son père, pour Marie de Bourgogne, en fut puni de la même manière par Charles VIII, qui confisqua sa terre et seigneurie de Maraut; mais Louis XII, à son avènement au trône, en 1498, lui restitua tous ses biens (1).

Le quinzième siècle, déjà si fécond en événements malheureux, ne devait pas se terminer sans que, de leur côté, les éléments vinssent affliger les habitants du Morvand. En 1490, un hiver, le plus rigoureux qu'ils eussent encore vu peut-être, les jeta dans une profonde désolation. Une épaisse couche de neige, qui tomba dans les premiers jours de novembre, et ne disparut que dans le courant de mai, tint le pays comme enseveli, pendant six mois, sous ce fatal linceul. Les seigles, pour lesquels on avait conçu des craintes sérieuses, furent, en effet, gravement endommagés. Néanmoins, ils avaient repoussé avec les chaleurs douces qui suivirent, et déjà ils

---

(1) COURTÉPÉE, tome VI, p. 24 ; notice manuscrite.

montaient en épis, lorsqu'il survint tout-à-coup de la neige et une gelée si forte, que la tige disparut entièrement et avec elle l'espoir des cultivateurs.

Désolés à la vue de ce fléau, les habitants du Morvand et de l'Autunois eurent recours au Dieu de leurs pères, et redemandèrent au ciel les biens que les éléments leur avaient ravis. Les reliques de saint Lazare, déposées dans l'église cathédrale, inspiraient alors aux fidèles des environs la plus vive confiance ; ils recoururent à ce grand saint, et se rendirent processionnellement à son tombeau. Les prêtres, revêtus de leurs ornements sacerdotaux, portaient les reliques des saints, qui formaient le trésor de leurs églises, *en chantant des psaumes et des hymnes ;* les enfants s'avançaient en chemises ; les filles, ayant quitté leurs parures, marchaient *échevelées et voilées ;* les femmes et les hommes têtes et pieds nus. On compta cent vingt-sept paroisses, tant du Morvand que des environs, qui se rendirent ainsi de douze à quinze lieues à Autun (1).

De si unanimes et de si vives supplications ne pouvaient rester sans fruit ; Dieu les exauça au-delà de toute espérance. Au mois de juin, il repoussa d'autres tiges au pied de celles qui avaient été détruites par la gelée, bientôt de nouveaux épis reparurent, et avec eux l'espérance et la joie rentrèrent dans les cœurs (2).

(1) Courtépée, tome III, p 441 ; notice manuscrite,
(2) *Ibid.*

CHAPITRE IX.

La féodalité tombe. — Louis XII en Morvand. — Saulieu ravagé par la peste. — Robeurs défaits à Lucenay. — Translation des reliques de saint Lazare d'Avallon. — Luther dogmatise. — Les huguenots à Corbigny. — Siége d'Avallon par le duc des Deux-Ponts. — Les calvinistes brûlent les églises, leur cruauté, leurs prêches. — Arrêt des Tixier. — Ligue catholique. — Épidémie, elle ravage Château-Chinon. — Henri IV parvient à la couronne. — Prise de Saulieu. — Attaque de Lormes, il est défendu par les femmes. — Prise de Château-Chinon. — Pillage de cette ville. — Lormes se rend. — Attaque et prise d'Avallon. — Invention du flottage.

Le seizième siècle, où nous entrons, va nous offrir encore des pestes, des meurtres, des guerres et autres fléaux de ce genre; mais aussi nous y verrons poindre l'aurore d'une ère nouvelle. Impatient du joug que la féodalité lui avait imposé, le peuple des campagnes, comme celui des villes, va essayer de se tirer de la possession de ses maîtres et obtenir un commencement de liberté dans les divers affranchissements qu'il achètera au prix de lourds sacrifices.

Les seigneurs, bien que très-puissants encore, étaient pourtant déjà loin de cette indépendance qui en avait fait, par le passé, comme autant de petits rois. L'esprit du temps commençait à entrevoir un avenir plus favorable au peuple, et tendait à la liberté, mais timidement encore. Moins soumis à la volonté de leurs maîtres, les campagnards eux-mêmes osaient, de temps en temps, lever la tête, et réclamaient hautement contre les charges arbitraires qu'on leur imposait, ou contre la violation de leurs droits par les seigneurs. C'est ainsi que l'on vit les habitants de Chalaut et de Marigny-l'Église lutter jusqu'en parlement contre les tailles exorbitantes que le sire de Chastellux exigeait d'eux; ceux d'Ouches et de Montmardelin, se refuser à l'acquittement du *droit d'indire*, sorte d'impôt très-onéreux, généralement admis en Bourgogne, mais inconnu en Nivernais (1); ceux de Saint-Germain-des-Champs et du Meix, se faire poursuivre en justice pour refus de guet-et-garde autour de la forteresse féodale de la seigneurie, et enfin les sujets du comté de Château-Chinon réclamer contre la dilapidation des forêts, faite aux dépens de leur droit d'usage et pacage (2).

En 1501, Louis XII, que sa bienfaisance et son zèle pour le soulagement de ses sujets ont fait surnommer le *père du peuple*, se rendit en Italie avec un brillant cortége. A son passage à Avallon et à Saulieu, les populations se pressèrent sur ses pas et montrèrent un vif enthousiasme, qu'il récompensa par de nombreuses largesses. Ce prince étant revenu, douze ans plus tard, à Avallon, dont il était seigneur direct, reçut des habitants, pendant son séjour dans cette ville, un accueil si bienveillant, qu'il en fut touché jusqu'aux larmes, et qu'il leur accorda à tous, sans exception, un nouveau titre de *bourgeoisie* (3).

Six ans après, en 1519, un hôte bien différent visitait les montagnes du Morvand et y portait la désolation et la mort. Une peste terrible se déclara sur plusieurs points à la fois; mais nulle part, elle ne sévit avec plus de violence qu'à Saulieu.

(1) Ce droit consistait à payer double les cens, rentes, tailles, usages, coutumes et autres redevances seigneuriales, dans les quatre cas suivants, savoir : lorsque le seigneur était promu à l'ordre de la chevalerie, lorsqu'il mariait sa fille aînée, ou qu'il entreprenait un voyage d'outre-mer, ou enfin pour sa rançon, s'il était fait prisonnier de guerre.

(2) Archiv. de Chastellux et de Château-Chinon.

(3) Courtépée, tome v, p. 594.

Elle y faisait, chaque jour, un si grand nombre de victimes, que les habitants abandonnèrent leurs foyers et allèrent se *baraquer* dans les bois de Breny. Aussi, lorsque François Ier y fit son entrée, le 12 août 1521, il trouva la ville presque dépeuplée. Néanmoins, les échevins, fidèles aux usages reçus, lui offrirent des présents, dont il se montra plein de reconnaissance. Poursuivant ensuite sa route, le monarque arriva bientôt en vue d'Autun. Cette vieille cité renfermait alors de nombreux monuments et des ruines extrêmement riches, qui la firent nommer, par ce prince, la *Rome française*. Déjà Louis XII l'avait surnommée la *ville aux biaulx cloichiers* (1).

Deux ans plus tard, des aventuriers, connus sous le nom de *robeurs*, firent invasion en Morvand, au nombre de huit cents, et commirent de terribles dégâts dans les environs de Lucenay-l'Évêque. Des pillages, des meurtres, des incendies marquèrent partout leur passage. Les populations, désolées, ne savaient comment se débarrasser de ces dangereux hôtes, lorsque les habitants d'Autun, sous la conduite du vierg Charvot, s'avancèrent contre eux, les attaquèrent courageusement et en firent une horrible boucherie. Le roi, pour récompenser cette belle conduite, accorda de nouveaux priviléges à leur ville (2). Ces robeurs furent les derniers qui parurent en Morvand.

En 1535, un fait d'un tout autre genre remuait les populations de nos montagnes. Le chapitre d'Avallon, qui venait de faire exécuter une magnifique châsse d'argent, fit annoncer une translation solennelle des reliques de saint Lazare, son patron. Cette cérémonie, qui dura huit jours entiers, attira dans la ville une foule de pèlerins. On en porte le nombre à plus de cent mille. La Bretagne, la Normandie, la Picardie, le Poitou, la Touraine, l'Allemagne même, fournirent leur contingent. Les habitants du Morvand ne restèrent point indifférents. On

---

(1) Courtépée, tome VI.
(2) *Ibid.*

les vit, chaque jour, descendre en foule de leurs montagnes, bannières déployées, pour aller gagner l'indulgence et s'en retourner, dans le même ordre, au chant des psaumes (1).

Mais le moment approchait où une guerre terrible allait être déclarée à ce genre de dévotion, alors si populaire et si général. Déjà les erreurs pernicieuses de Luther, ce moine orgueilleux, impudique et apostat, qui avait commencé, en 1517, à dogmatiser en Allemagne, pénétraient en France et y excitaient une sourde rumeur, pour y porter bientôt des fruits de malédiction. A peine, en effet, quelques années se sont-elles écoulées, que les fanatiques partisans de la nouvelle hérésie s'attroupent audacieusement, attaquent avec fureur l'antique religion de leurs pères, pillent et brûlent les églises, profanent et détruisent les objets les plus vénérés du culte. Partout où ils passent, ils marchent à la lueur des incendies et les pieds dans le sang.

La première profanation, commise dans nos environs par les sectaires, eut lieu à Autun, dans l'église souterraine de Saint-Jean-de-la-Grotte. Le 15 mai 1541, les portes du tabernacle furent brisées et les hosties répandues sur le pavé. Les deux coupables : Pierre Moreau, praticien, et Nicolas Charbonnier, prirent aussitôt la route du Morvand pour se soustraire au juste châtiment réservé à leur crime. Mais ils furent arrêtés à La Bussière, près Semelay, et ramenés, chargés de fers, sur le lieu du sacrilége. Condamnés à être brûlés comme luthériens, ils subirent leur peine, le 4 juin suivant, sur le *champ Saint-Ladre*, en présence d'une foule de spectateurs, indignés de leur criminelle audace.

En 1563, le Morvand, pour la seconde fois, ressentit les effets de la cruauté des novateurs. Le calviniste Nazot, maréchal de la compagnie de La Fayette ; le capitaine René de Monceau, sieur de Blannay, et Louis de Blosset, seigneur de Précy, de retour de la bataille de Dreux, perdue par les huguenots, le 19 décembre de l'année précédente, se présentèrent le 29 janvier, au point

(1) COURTÉPÉE ; notice manusc.

du jour, sous les murs de Corbigny, où ils parvinrent à s'introduire, avec leurs gens, par la trahison de leurs coreligionnaires de la ville. Aussitôt entrés dans la place, ils se mirent en devoir de venger leur défaite de Dreux. L'abbaye de Saint-Léonard fut pillée et dévastée, les reliques furent brûlées, les églises profanées, les prêtres et les moines inhumainement maltraités ou égorgés (1).

De cette petite ville, et de Vézelay, dont ils étaient maîtres, les sectaires se portèrent dans tous les environs et s'y livrèrent aux plus coupables excès. L'église de Mouron fut pillée, celles de Gâcogne, de Mhère, de Ruère, d'Ouroux, de Dun-les-Places.... furent brûlées.

De là, le capitaine Blosset « signait *certains commandements*, » par lesquels il imposait, jusqu'à huit-vingts livres par mois, » les habitants des villages, bourgs et bourgades du voisinage » et même de lieux très-éloignés, tels que Lucenay-l'Évêque, » Reclenne, Verrières-sous-Glaine.... et leur ordonnait de rendre » leurs deniers audit Vézelay, dans bref temps, à peine de feu ». Le château de Coulon servit de prêche aux calvinistes des environs. Une pièce de l'aile gauche porte encore le nom de *Salle des commandements*, à cause du décalogue, qu'on y voit écrit en lettres d'or et selon le texte de l'Exode (2).

Vers le même temps, le capitaine de Traves, seigneur de Vautheau, près Verrières, ouvrait un *prêche* dans son château, où se réunissaient jusqu'à *sept cents huguenots*. De là, il se répandait, avec ses gens, dans les campagnes, pillant et brûlant aussi les églises, sans épargner celle de Saint-Léger-sous-Beuvray, sa paroisse, par alternat.

Un gentilhomme huguenot ayant voulu faire inhumer son enfant, le vicaire s'y refusa. Aussitôt le sire de Traves ramasse ses hommes. On court à Saint-Léger; on entre en furieux dans l'église. Les images et les statues des saints sont brisées,

---

(1) Chroniq. manuscrite.
(2) Regist. paroiss.

le grand autel vole en éclats, et l'enfant est enterré dans la place.

Six ans plus tard, en 1569, le duc des Deux-Ponts, Wolfang-le-Cruel, qui se portait, avec vingt mille Allemands et vingt pièces de canon, au secours de ses coreligionnaires de La Charité, traversa le nord-est du Morvand, et commit mille dégâts depuis Saulieu jusqu'à Avallon. Arrivé sous les murs de cette ville, et la jugeant, sans doute, un poste important et utile au parti, il tenta de s'en emparer. Mais les Avallonnais, par crainte des huguenots, qui *journellement questoient et assailloient la ville*, avaient eu soin de fermer de murs les deux *Cousains* et de réparer les fortifications de la place ; aussi furent-ils assez heureux pour rendre inutiles tous les efforts du farouche duc. Forcé d'abandonner sa proie, Wolfang eut recours aux moyens ordinaires de la secte, et mit lâchement le feu aux faubourgs et aux villages voisins ; puis, à la lueur de l'incendie, il s'avança du côté de Vézelay (1).

Au mois de juillet de l'année suivante, l'amiral de Coligny, à la tête de l'armée huguenote, ravagea, à son tour, le sud du Morvand. Ce chef du protestantisme, seul chargé des intérêts et de la direction des affaires du parti, depuis la mort du prince de Condé, tué à Jarnac le 13 mars 1569, n'en était devenu que plus actif et plus entreprenant. Au sortir de la bataille d'Arnay-le-Duc, gagnée le 27 juin 1570, sur le maréchal Arthur de Cossé-Brissac, il se dirigea, avec six mille hommes, du côté d'Autun, et arriva sous les murs de la place, le 29 du même mois, entre six et sept heures du matin. Grâce aux mesures de sûreté, que les habitants avaient prises d'avance, et à la bonne garde que l'on faisait, jour et nuit, la ville ne fut point inquiétée, et les huit cents calvinistes, qu'elle renfermait, ne purent exécuter leurs projets sacriléges de pillage et de profanation ; mais le prieuré de Saint-Symphorien fut dévasté et incendié ; l'abbaye de Saint-Martin pillée, l'église profanée, les autels

---

(1) Expilly ; Courtépée, tome v, page 595.

furent brisés, les statues mutilées, les livres et les ornements lacérés (1).

Poursuivant sa route, l'armée calviniste, où l'on remarquait le roi de Navarre, à la tête d'un escadron de cavalerie, les princes de Condé et de Nassau, ses cousins, traversa les montagnes du Morvand, marquant partout son passage par le pillage et l'incendie. Elle traînait avec elle plusieurs prisonniers. Jacques Jaulpoy, marguillier de l'abbaye de Saint-Martin, lui échappa à Verrières-sous-Glaine, et Pierre Boreault, habitant de Saint-Symphorien, s'enfuit de Saint-Honoré. « Quant aux autres, » on ne sait ce qu'ils devinrent, n'en ayant été reçu aucune » nouvelle, depuis qu'ils eurent été emmenés par les enne- » mis (2) ».

Les religionnaires se répandirent sur le versant occidental de cette partie du Morvand, où ils se signalèrent par les mêmes dévastations. L'abbaye de Bellevaux, ordre de Prémontré, fut saccagée et réduite en un monceau de décombres; les chartes furent brûlées et les moines égorgés (3). Les églises de Vandenesse, de Préporché, de Saint-Honoré furent pillées et incendiées. La chartreuse d'Apponay ne pouvait manquer d'exciter la cupidité des sectaires. Ils se ruèrent sur elle, comme des lions affamés sur leur proie, et n'y laissèrent que les murs. Ils se saisirent même du prieur, dom Claude Guyot, de dom Jean Offroy, son procureur, et les emmenèrent à La Charité, non sans les maltraiter inhumainement. Il en coûta de grosses sommes aux religieux pour les arracher de leurs mains (4).

Tandis que ceci se passait au sud, une bande de reitres, que

---

(1) Feller, art. *Coligny*; Anquetil, *Hist. de Fr.*, édit. de 1845, tome II, p. 576, *Hist. de Saint-Martin*.

(2) Archives d'Autun.

(3) *Gall. Christ.*, art. *Diocèse de Nevers*; Martin, *Chroniq. de Vézelay*, p. 206; Née de La Rochelle, *Le Nivernais*, tom. II, p. 223.

(4) Chroniq. manuscr.; Duvivien, *Hist. de la chartreuse d'App.*, p. 13; transaction manuscr. du 10 juillet 1578.

commandait Jacques de Jaucourt, baron de Villarnoult, se livrait aux plus terribles dévastations vers le nord, pillant et brûlant aussi les églises. L'abbaye de Régny vit ses hommes égorgés et toutes ses terres du Morvand une seconde fois ravagées. Le 15 novembre 1594, les habitants de Trinclin, de Courtemel et de Montgaudier, près Quarré-les-Tombes, firent constater, par un acte authentique, que leurs villages étaient *deshabitez*, *les labourages failliz et les bâtiments desmoliz*, en sorte qu'il n'y restait pas la quatrième partie des gens *que y soulloyent estre*, et que ceux qui s'y trouvaient alors, n'étaient que de *posvres mercenaires et femmes vefves*, qui ne faisaient *aulcuns labourages*, parce qu'ils avaient perdu, *drès le commencement des guerres*, leur bétail et autres biens (1).

Dans leurs courses dévastatrices, les huguenots n'épargnaient rien. « Ce n'étoient que meurtres, outrages, combustions et » voleries sur les personnes et les biens. » S'étaient-ils emparés d'une ville ou de quelque château fort, ils en sortaient, chaque jour, pour courir la campagne, et rentraient toujours chargés de butin, et quelquefois en traînant à leur suite de malheureux prisonniers, qu'ils accablaient d'injures et de coups, quand ils ne leur arrachaient pas la vie. Mais c'était particulièrement contre les moines et les prêtres que se déchaînait toute leur fureur. En voici un exemple à jamais exécrable, et qui montre l'esprit de cruauté qui animait ces farouches réformateurs.

Un jour, c'était en 1568, comme ils étaient maîtres de Vézelay, quelques-uns des leurs, en courant la campagne pour piller et brûler, surprirent le curé d'Asquin, le P. Brille, gardien de la Cordelle, et François Garille, religieux de ce monastère. Les saisir et les garotter fut un jeu et un moment de bonheur pour eux. Les trois prisonniers furent aussitôt ramenés sous les murs du couvent, où on délibéra, en leur présence, sur le genre de supplice qu'on leur ferait subir. Bientôt une pensée

---

(1) Archiv. de la préfecture d'Auxerre.

diabolique traverse l'esprit d'un de ces monstres, les autres l'adoptent avec une joie barbare, et de suite on se met en devoir de l'exécuter. On creuse donc trois fosses où les victimes sont enterrées jusqu'aux épaules ; puis on se saisit d'une boule, et chacun s'escrime contre les têtes des malheureux captifs, jusqu'à ce qu'elles aient volé en éclats. En attendant, chaque coup, qui porte juste, excite parmi ces cannibales des cris d'une joie sauvage (1).

Tant d'excès, commis par les prétendus réformés dans toute l'étendue de la France, les embarras sans nombre que, depuis douze ou quinze ans, ils causaient à Charles IX, exaspérèrent tellement ce prince et la reine-mère, qu'ils résolurent, d'un commun accord, d'y apporter une fin, mais une fin atroce, que la religion et l'humanité condamnent également. On connaît le massacre général qui eut lieu pendant la nuit de la fête de saint Barthélemy de l'année 1572, nuit affreuse, qui vit périr quinze mille quatre cent soixante-huit Français, égorgés par la main de leurs concitoyens (2) ; exemple terrible de représailles commises contre des gens, dont les désordres n'avaient que trop poussé un prince malheureux à cette extrémité à jamais déplorable.

A cette époque, l'erreur avait quelque peu envahi le Morvand. Le peuple des campagnes, objet de la constante vigilance des pasteurs, était resté fidèle à la religion de ses pères ; mais la noblesse et la bourgeoisie, en assez grand nombre, avaient donné dans la nouveauté. Château-Chinon, Corbigny, Lormes et Saulieu, dit Courtépée, étaient *empoisonnés de huguenots* (3).

---

(1) TURGOT, *Manuscrit hist. sur Vézelay* ; MARTIN, *Chroniq. de Vézelay* ; *Annuaire de l'Yonne*, 1840, p. 203.

(2) FELLER, art. *Charles IX* ; PIERROT, *Hist. de France*, tom. VIII, p. 247. Il en périt 10,000 à Paris, 1,850 à Orléans, 1,800 à Lyon, 600 à Rouen, 306 à Toulouse, 274 à Bordeaux, 225 à Meaux, 37 à Troyes, 26 à Angers et à Saumur, 23 à Bourges, 20 à La Charité-sur-Loire et 7 à Romans. (*Martyrologe des huguenots.*)

(3) *Description de Bourg.*, tom. III.

Plusieurs châteaux, tels que Villarnoult, Ruère, Conforgien, Brazey, Coulon, le Pontot, Montécot, étaient devenus des lieux de réunion pour les sectaires. La maison de Jaucourt, nombreuse et puissante en Morvand, était toute dévouée au parti. Elle avait même poussé le zèle pour la réforme, jusqu'à établir, dans son château de Villarnoult, un ministre protestant, nommé Jacques Louet, qui, de là, se rendait dans les divers prêches des environs. Un autre, Jacques Miqueley, résidait momentanément à Conforgien, où les huguenots de Saulieu et du voisinage se rendaient pour le prêche. Les ministres d'Arnay-le-Duc, de Châtillon et de Couches faisaient aussi de fréquentes visites dans cette partie de la contrée, tandis que ceux de Corbigny et autres se montraient souvent sur le versant opposé (1).

Malgré les excès aussi révoltants que nombreux, auxquels les réformés s'étaient livrés en Morvand, nous ne voyons nulle part que quelqu'un ait péri lors du massacre de la Saint-Barthélemy. Peut-être furent-ils sauvés, ici comme en Bourgogne, par l'éloquence et l'humanité du président Jeannin, que le pays peut revendiquer comme l'un de ses enfants, puisqu'il naquit à Autun d'un père sorti, depuis quelques années seulement, du village d'Alligny. Cet homme illustre, modèle parfait de vertu, de probité autant que de loyauté, l'ami et le confident de Henri IV, voyant le comte de Charny prêt à faire exécuter, dans l'étendue de son gouvernement, des ordres aussi cruels, l'engagea vivement à en suspendre l'accomplissement, « *parce* » *que*, assurait-il, *le roi ne tarderoit pas à s'en repentir, et* » *qu'il faut obéir lentement aux souverains, quand ils com-* » *mandent en colère.* » Quelques jours après, en effet, arriva l'ordre de cesser les meurtres (2).

La terrible leçon de la nuit de saint Barthélemy ne rendit les sectaires ni plus circonspects, ni moins cruels. Tauvenay de

---

(1) COURTÉPÉE, tome III, p. 567; tome V, p. 603, et tome VI; notices manuscr.

(2) *Ibid.* tomes III et VI ; FELLER, art. *Jeannin*

Bricquemault, calviniste exalté, seigneur de Ruère par Anne de Jaucourt, son épouse, s'étant échappé de Paris, se retira dans son château, que l'on remarque encore près les bois, au sud-est de Saint-Léger-de-Fourcheret, et s'y livra aux plus monstrueuses atrocités. Chaque jour, ainsi qu'un tigre affamé de sang et de carnage, il en sortait, comme d'un repaire ténébreux, pour suivre ses instincts sanguinaires. Les moines étaient plus particulièrement le but de ses violences. Il mutilait, d'une manière cruelle et barbare, tous ceux qu'il rencontrait, et se faisait, de ces honteux trophées, un collier qu'il portait avec une impudente audace. Cette affreuse conduite ne pouvait rester long-temps impunie; arrêté et conduit à Paris, il fut pendu avec Cavagnes par ordre de Charles IX (1).

A Saulieu, les réformés ne se rendirent pas moins redoutables. Ils y commirent un grand nombre de meurtres. Là, comme ailleurs, le clergé était spécialement l'objet de leur haine et de leur férocité; aussi tuèrent-ils tant de prêtres, que les chanoines, quelques années après, n'en pouvaient trouver pour desservir la paroisse.

Vers ce temps-là, mourut Denis Tixier, issu d'une ancienne famille de Saint-Saulge, qui possédait le fief de Ravisy. Il était lui-même seigneur de quelques terres en Morvand. Sa succession fut la cause d'un grave débat entre Félice Tixier, sa sœur, et Julitte Mige, dame de Coulon et veuve de Paul Tixier, son frère. Celle-ci prétendait, en vertu de la forclusion (2), exclure sa belle-sœur de toute participation à l'héritage du défunt. L'affaire fut portée devant les tri-

---

(1) COURTÉPÉE, tome VI; *Annuaire de la Nièvre*, 1847; BRANTÔME; PIERROT, *Hist. de France*, tome V, p. 248.

(2) La forclusion était l'exclusion des femelles au profit des mâles dans les successions collatérales en degré égal. « En succession collatérale, » dit l'art. XIV de la *Coutume du Nivernais*, le frère forclost sa sœur, » et aussi les enfans du frère, soient masles ou femelles, forcloent leur » tante, sœur de leur père, et les enfans descendans d'elle, soient masles » ou femelles, à sçavoir forcloent leurs dites tantes des immeubles, et

bunaux et terminée, le 15 mai 1574, par un arrêt célèbre du parlement de Paris, qui décida que la prévôté de Corbigny et tous les lieux où l'abbaye de Saint-Léonard avait droit de justice, le comté de Château-Chinon, la baronnie de Lormes-Châlon, celle de Saint-Martin-du-Puy, la justice de Vésigneux, les terres et seigneuries de Ruère, de Parjot, du Pontot, la prévôté de Domecy-sur-Cure, et généralement tout le pays situé entre l'Yonne et la Cure, étaient exempts de la forclusion, comme faisant autrefois partie de la Bourgogne, où cet usage n'était point établi. Cette décision, connue depuis sous le nom d'*arrêt des Tixier*, servit, dans la suite, de base pour les droits de succession dans le Morvand (1).

La même année, le duc et la duchesse de Nevers, Ludovic de Gonzague et Henriette de Clèves, « surhaussant, de » jour à autre leur dévotion et ferveur à exécuter œuvres de » piété et de charité », firent une fondation importante « en » tous leurs pays, terres et seigneuries ». Ils voulurent que soixante filles pauvres fussent mariées annuellement à leurs frais, et léguèrent à chacune d'elles *cinquante francs*, « *vallans seize écus deux tiers d'écus*, payables par les » receveurs et fermiers de leurs châtellenies sur le plus clair » revenu d'icelles. »

Ainsi sept jeunes Morvandelles avaient part, chaque année, à ces bienfaits (2).

Cependant Charles IX étant mort le 31 mai 1574, à l'âge de vingt-quatre ans seulement, son frère Henri quitta aussitôt son royaume de Pologne pour venir régner en France au milieu des troubles et des factions, et fut sacré à Reims le 15 février suivant. Ce prince, fatigué des divisions qui agitaient

---

» non pas des meubles, qui appartienent à leur ditte tante comme plus » prochaine de la chair du défunct............ » L'art. XV exceptait seulement les châtellenies de Metz-le-Comte, de Monceaux et de Neuffontaines.

(1) Guy Coquille, *Coutume du Nivern.*, p. 398 et suiv.; Née de La Rochelle, p. 417.

(2) Guy Coquille, *Hist. du Nivern.*, p. 82.

la France, crut y apporter un terme par un édit de pacification, donné à Nérac en l'année 1576 ; mais ce fut, au contraire, comme une étincelle qui embrasa tout le royaume. Cet édit accordait, en effet, des conditions très-favorables aux réformés ; aussi les catholiques en conçurent de l'ombrage, et, appréhendant dès-lors que le calvinisme ne devînt la religion dominante, ils coururent aux armes, résolus de défendre, jusqu'à la mort, leur croyance et leur culte. Les novateurs, de leur côté, devenus plus audacieux et plus entreprenants, s'armèrent aussi, et bientôt la France entière se trouva divisée en trois camps. Le premier, celui de la *ligue catholique*, se personnifiait dans Henri, duc de Guise, dit *le Balafré* ; le second, le parti huguenot, reconnaissait pour chef Henri de Béarn, et le troisième, dit *des politiques* ou des royalistes, se rangea sous l'étendard du roi Henri III lui-même, qui devint ainsi chef de parti. La guerre qui suivit fut surnommée la *guerre des trois Henri*.

Toujours dévoués à l'antique religion de leurs pères, les habitants du Morvand embrassèrent avec zèle le parti des Guises ou des catholiques. Les villes d'Autun, d'Avallon, de Château-Chinon, de Lormes et de Saulieu, s'étant déclarées dans le même sens, se montrèrent ardentes pour sa défense. Mais la plupart des seigneurs entrèrent dans le parti du roi, ou se jetèrent dans celui des sectaires. Aussi, une défiance marquée s'établit, dès-lors, entre eux et les sujets de leurs terres. Ceux-ci se refusèrent généralement à acquitter les redevances féodales, et le guet-et-garde, devenu plus nécessaire que dans aucun temps autour des forteresses seigneuriales, ne s'exécuta plus ou très-faiblement.

Dans ces entrefaites, il survint une violente épidémie qui ralentit les projets des divers partis. Comme elle sévissait avec fureur dans le Morvand, en 1587, on n'y entendit plus parler de divisions ; le soin des malades, la sépulture des morts occupaient tous les instants, et la terreur tenait les esprits en suspens. A Château-Chinon, la maladie n'épargna que deux notables. Le nombre des personnes atteintes fut si grand, qu'il fallut improviser, hors des murs de la ville, une espèce de maladrerie où l'on transportait les *pestiférés* (1).

L'année suivante, comme cette terrible maladie avait cessé, ou s'était considérablement ralentie, les *manans* de notre contrée durent reprendre l'exercice du guet-et-garde autour des manoirs de leurs seigneurs respectifs. Mais la plupart, entre autres ceux de la baronnie de Chastellux, s'y refusèrent formellement, et il fallut avoir recours à une sentence du *bailliage d'Auxois* pour les y contraindre. Compter sur le zèle et la fidélité de pareils gardiens, n'était guère possible, encore moins prudent. Aussi le comte de Tavannes, gouverneur de Bourgogne, *les tenant pour suspects d'affection pour la ligue et ennemis du roi*, envoya-t-il *douze soldats françois aguerris* pour *tenir garnison permanente à Chastellux* (2).

La ligue ayant acquis de nouvelles forces à la mort du roi, arrivée le 2 août 1589, par suite du coup de poignard que lui avait porté, la veille, l'infâme Jacques Clément, il fallut doubler la défense des châteaux, dont les possesseurs combattaient sous un autre drapeau que celui des Guises. La garnison de la forteresse de Chastellux fut, en conséquence, portée à *vingt-cinq hommes de guerre*, avec un capitaine pour la commander, et une somme de *quinze sols* fut levée, tous les mois, par ordre de Tavannes, *sur chaque sujet tenu au guet-et-garde* (3). François de Beaucaire, abbé de Régny, et tous ses moines, ayant embrassé le parti de la ligue, en furent punis par la confiscation de leurs dîmes et autres revenus du Morvand, en faveur d'Olivier de Chastellux (4).

---

(1) Archiv. de l'empire; *Le Nivernais*; tome II; *Annuaire de la Nièvre*, 1847.
(2) Archiv. de Chastellux.
(3) *Ibid*, inventaire des titres.
(4) *Ibid*.

La nouvelle de l'avènement de Henri IV à la couronne jeta la France entière dans la plus vive agitation. Si la naissance de ce prince l'appelait au trône, sa qualité de chef du parti huguenot l'en excluait par une loi que les catholiques regardaient comme tout autrement sacrée et inviolable que la loi salique. De tous côtés on courut donc aux armes, et la ligue, déjà si formidable sous le monarque défunt, grandit encore considérablement; elle finit par se donner un fantôme de roi dans la personne du vieux cardinal de Bourbon, qui prit le nom de Charles X.

Nos Morvandeaux, comme les autres catholiques du royaume, sentirent alors l'esprit de foi se réveiller en eux, et jurèrent de mourir pour la défense de leur religion. Toutes les villes de la contrée, à l'exception de celles de Luzy et de Moulins-Engilbert, que le duc de Nevers avait maintenues dans le service du roi, s'apprêtèrent à une énergique résistance et réparèrent leurs murs pour se défendre. De son côté, Henri IV ne négligea rien pour amener ses sujets à l'obéissance et les réunir tous sous son sceptre. L'année même de son avènement, il envoya le comte de Tavannes attaquer la ville de Saulieu pour la forcer à reconnaître son autorité. Celui-ci se présenta, en effet, sous les murs de la place avec une armée considérable et en forma le siège. Les habitants se défendirent d'abord avec vigueur; mais bientôt, réduits à l'extrémité, ils furent contraints de se rendre. Tavannes, pour engager les autres villes à se ranger sous la puissance du nouveau monarque, se contenta de leur faire prêter serment de fidélité, et leur laissa ensuite le brave Des Barres pour gouverneur, et une garnison de deux cents hommes à la solde du roi (1). Le prince écrivit, sur ces entrefaites, au sire de Chastellux pour l'engager à se joindre à la noblesse du pays, à l'effet de maintenir, sous son obéissance, les contrées environnantes, et lui donna, ainsi qu'à Blanchefort, en *considération de leurs bons et fidèles services, tous les bois de*

---

(1) EXPILLY; dom PLANCHER; COURTÉPÉE, tome VI.

moule placés sur la rivière de Chors et appartenants aux marchands résidants en pays rebelle (1).

Deux ans après la prise de Saulieu, Champommier, gouverneur de Clamecy, entreprit de faire rentrer la ville de Lormes dans le devoir. Il choisit un lundi de Pâques de l'année 1591, pensant, sans doute, qu'il l'aurait à meilleur compte, parce que, ce jour-là, avait lieu, à Corbigny, une grande solennité religieuse où les hommes accouraient ordinairement en foule. Il parut donc sous les murs de la place, à la tête des gens de son gouvernement, et la tint assiégée pendant deux jours; mais repoussé avec perte, il fut forcé de se retirer honteusement du côté de Brèves, dont il se rendit maître (2).

Le principal honneur de cette glorieuse défense revient, dit-on, aux dames lormoises qui, à l'exemple des héroïnes de Beauvais, ne craignirent pas de se présenter sur la brèche, et firent pleuvoir sur les assiégeants une grêle de pierres et une pluie d'eau bouillante (3).

Tandis que ceci se passait vers l'ouest, le comte de Châteauroux, dit le maréchal d'Aumont, se préparait à opérer sur le côté opposé. Le 18 mai de la même année, il se présenta sous les murs d'Autun avec une armée de huit mille hommes, dont deux mille chevaux et cinq pièces de campagne, et attaqua la ville *à grands coups de canon*. Il avait fait une longue brèche *au châtel de Rivaux*, lieu le plus fort de la place, lorsque le 20 juin, dans la soirée du samedi, apparut au ciel, *pendant le grand effort de l'assaut*, et sur cet endroit de la ville, *à grand nombre de gens de bien et dignes de foi, la face du bon et précieux saint Léger*, les mains jointes et en habits pontificaux, qui priait Dieu pour la protection et la défense des Autunois (4). On vit aussi *plusieurs magistrats et femmes*

---

(1) Archiv. de Chastellux, inventaire des titres.
(2) Née de La Rochelle; *Le Nivernais; Annuaire de* 1847.
(3) Notice manuscrite; tradition locale.
(4) Dom Pitra, *Hist. de saint Léger; Analecta*, p. 443.

encuirassées se battre sur la brèche, de vingt-deux pas de long, à coups de hallebardes et de pierres (1).

D'Aumont, désespérant, après trente-quatre jours de siége, d'emporter cette place, se retira avec ses troupes et son artillerie, le vendredi 21 juin, à Saulieu, dont les habitants l'avaient secondé dans son entreprise, et y donna quelques semaines de repos à ses soldats. Au mois d'août, il en sortit pour se porter, par Alligny et Planchez, sur Château-Chinon, ville toute dévouée à la ligue. Arrivé sous ses murs, il en forma le siége de concert avec le duc de Nevers, Louis de Gonzague, qui s'y était rendu par le côté opposé. Les assiégés, aidés d'une garnison de deux cents hommes, se défendirent avec un courage inouï. Néanmoins, la ville succomba au bout d'un mois et fut emportée d'assaut. D'Aumont, exaspéré d'une si longue résistance, et pour se venger sur elle de l'échec honteux qu'il avait éprouvé, deux mois auparavant, à l'attaque d'Autun, la livra au pillage, et fit passer la garnison et les citoyens, les plus connus par leur attachement à la ligue, au fil de l'épée (2). De là, il s'achemina du côté de Lormes, dont les habitants, effrayés par le massacre de Château-Chinon, ne se défendirent pas et lui ouvrirent leurs portes. Il en ressortit bientôt pour se porter sur Pierre-Perthuis, dont il prit et rasa le château.

Le comte de Châteauroux espérait que, précédé par le bruit de sa récente et horrible victoire, rien ne résisterait à ses armes. Il vint donc, dans cet espoir, attaquer la ville ligueuse d'Avallon, et investit cette place vers la fin du mois de septembre de la même année 1591 ; mais il fut trompé dans son attente. Les habitants se défendirent avec un courage au-dessus de tout éloge, et force lui fut de lever le siége. Néanmoins, peu s'en fallut que la ville ne tombât en son pouvoir le 28 du même mois, par l'effet d'une *saucisse* ou pétard de cent cinquante

---

(1) COURTÉPÉE, tome VI ; manuscrit.
(2) NÉE DE LA ROCHELLE ; *Le Nivernais*, tome II ; *Annuaire de* 1847 ; archiv. de l'empire.

kilogrammes de poudre, qu'il avait fait placer sous un égout, et qui fit, en sautant, une brèche d'environ trois mètres (1).

Les ligueurs, par suite du danger que la place avait couru, et par crainte *des royalistes et des bannis* qui rôdaient sans cesse autour, prirent le parti d'y jeter quelques troupes; mais les habitants n'eurent guère à s'en louer; car, ces gens les traitèrent avec beaucoup de hauteur et les pillèrent.

Malheureusement le parti catholique avait dévié de son but, et la plupart de ceux qui s'en disaient les soutiens, ne se couvraient du manteau de la religion et ne se nommaient *défenseurs de la sainte union,* que pour commettre plus facilement toutes sortes de vexations. Aussi les Avallonnais se repentirent bientôt de leur attachement au parti, et prirent secrètement les moyens de secouer son despotisme. Ils y réussirent, le 27 mai 1594, par le secours d'Edme de Rochefort-Pluvault, gouverneur de Vézelay, qui vint mettre le siége devant la ville, et s'en rendit maître en moins d'une heure. Henri IV donna aux habitants des lettres d'abolition, et rappela le bailliage qui avait été transféré à Montréal (2).

Si la dernière moitié du seizième siècle fut pour la France une époque de troubles et de malheurs, elle fut pour le Morvand le commencement d'une ère prospère par suite de l'invention du flottage. Jusque-là, le pays n'avait retiré, sauf la glandée et le pacage, aucun produit vraiment notable de ses immenses forêts. Le bois, quand il ne pourrissait pas sur place, était réduit en cendres, que l'on vendait ensuite à vil prix. Les principaux seigneurs avaient tenté d'en tirer un meilleur parti en établissant, dans leurs domaines, ici une verrerie, là une forge à fer; mais comme il fallait aller chercher la matière première ou le minerai au loin, et souvent à dos de mulets, les dépenses absorbaient toujours les produits. Les comtes de Château-Chinon, les sires de La Tournelle et autres convertissaient, à la vérité,

---

(1) Courtépée, tome v, p. 597.
(2) Expilly; Courtépée, 1re édit., tome v, p. 598.

leurs hautes futaies en bois de charpente; mais ils étaient obligés de faire voiturer les pièces, par des chemins vraiment impraticables, jusqu'au port d'Aringette, près Chaumard, où l'Yonne, grossie de l'Houssière, prend quelque importance. Là, on les jetait à l'eau dans les temps de crue, et des chevaux, à l'aide de cordages, les tiraient en aval. Ce moyen était trop dispendieux pour donner des résultats satisfaisants. Enfin, on imagina, en 1549, d'exploiter les forêts en bois de moule pour l'approvisionnement de la capitale et de le flotter à bûches perdues jusqu'à Clamecy et à Vermenton, d'où Jean Rouvet se chargea de le transporter en trains à Paris.

On avait fait un grand pas, et dès-lors le Morvand put sourire à l'avenir. Mais toutes les difficultés n'étaient pas vaincues; il restait l'embarras des charrois à travers des montagnes escarpées et des vallées étroites et rocheuses, avec une distance considérable; car, le flottage, pour l'Yonne, se borna long-temps au port d'Aringette. Jean Sallonnier vint lever cet inconvénient, en 1598, en rendant cette rivière flottable, depuis sa source, au moyen de réservoirs qu'il creusa pour en grossir le cours à volonté. Il voulut, malgré sa qualité de gentilhomme, surveiller lui-même l'exécution de l'entreprise, dont les seigneurs du voisinage profitèrent largement. Le roi Henri IV et le comte de Château-Chinon lui adressèrent des lettres de félicitations bien méritées; car, il avait rendu un immense service à son pays et à la capitale.

Simon Sautereau, bourgeois d'Arleuf et marchand de bois, acheva de perfectionner l'art du flottage, en 1743, en creusant, à ses frais, de vastes réservoirs ou étangs à la source des divers affluents de l'Yonne, qu'il rendit flottables, et, de cette manière, il mérita lui-même la reconnaissance des propriétaires forestiers, éloignés des grands cours d'eau.

CHAPITRE X.

Mort de Henri IV, troubles à cette occasion. — Garnison à Chastellux, prise et reprise de cette forteresse. — Le comte de Montal. — Le maréchal de Vauban et le prince de Condé. — Grandes gelées. — Peste à Avallon. — Disette terrible. — Établissements religieux en Morvand.

Le temps où le Morvand et toute la France allaient enfin, après de longues et déplorables divisions, jouir du calme et de la paix, approchait. Henri IV, en abjurant, le 25 juillet 1593, les erreurs du calvinisme, avait écarté le véritable obstacle qui s'opposait à sa paisible possession de la couronne, et Paris, l'année suivante, lui ouvrait ses portes. Bientôt la France, heureuse sous son sceptre paternel, l'aima autant qu'elle l'avait détesté d'abord; mais ce bonheur de la patrie ne devait pas durer long-temps. En effet, le 14 mai 1610, le populaire monarque tomba sous le couteau de l'infâme Ravaillac, jeune fanatique venu tout exprès des bords de la Charente. Cette triste nouvelle plongea toute la France dans le deuil, et chaque citoyen, dit un auteur, se lamentait comme s'il eût perdu son propre père.

Les habitants du Morvand, que nous avons vus si dévoués à ses ennemis, le pleurèrent sincèrement; et lorsque assis, chaque dimanche, sous l'orme ou le tilleul de la paroisse, ils racontaient quelque trait de la bonté du monarque, entre autres, la *poule au pot*, ils maudissaient la main parricide qui l'avait enlevé à leur amour. Heureux le prince qui sait faire bénir son nom par ses sujets reconnaissants; c'est le titre de gloire le plus honorable que puisse ambitionner un noble cœur.

La mort du roi fut le signal de nouvelles divisions. La reine-régente, Marie de Médicis, ayant changé tout-à-coup le système politique suivi jusque-là, et dépensé en profusions, pour se faire des créatures, ce que Henri-le-Grand avait amassé pour rendre la nation heureuse et puissante, les princes du sang et les grands seigneurs du royaume, le maréchal de Bouillon à leur tête, se révoltèrent contre son gouvernement et remplirent la France de factions. La plupart des seigneurs du Morvand grossirent le parti des mécontents. Presque tous les châteaux reprirent alors une apparence guerrière, et les retrayants furent appelés à en réparer les fortifications et à augmenter leurs moyens de défense. De tous côtés le guet-et-garde recommença autour avec une vigilance extrême. Mais celui de Chastellux surtout, par sa position forte, excitait l'attention. Le 20 mars 1614, le comte de Clermont-Tonnerre, lieutenant général de Bourgogne, prescrivit aux sujets de la baronnie de *veiller, nuit et jour, autour de cette forteresse.* Le 13 octobre de l'année suivante, le prince de Condé, du camp de Merry-sur-Seine, ordonna qu'il y serait établi *une compagnie de cent hommes de pied pour être en assiette propre et commode de bien faire la guerre* (1). Par une autre ordonnance, en forme de manifeste, datée du lendemain, il commanda à Olivier de Chastellux de lever *une compagnie de soixante chevau-légers et d'établir, dans son château et place de Chastellux, un lieutenant* et autres officiers pour le commandement. Il l'autorisa, en même temps *à faire la guerre, prendre villes et places, comme aussi de lever tailles et subsides* avec les impôts divers des élections d'Avallon, de Semur et de Vézelay, pour l'entretien de ces troupes (2).

(1) Archiv. de Chastellux.
(2) *Ibid.*

Le 13 novembre suivant, comme le baron de Chastellux était sorti à la tête de sa compagnie et opérait dans les environs, le capitaine Pantin, qui courait le Morvand avec ses gens, s'empara de la forteresse et s'y établit. Olivier, en ayant reçu la nouvelle, accourt aussitôt en toute hâte, attaque la place avec vigueur et l'emporte. Le capitaine ennemi et un soldat trouvèrent la mort dans l'action; les autres furent faits prisonniers (1).

Ce seigneur avait amené avec lui, cinq ans auparavant, de la Thierrache, pays ruiné par les guerres, une colonnie de Picards, hommes, femmes et enfants, auxquels il donna des terres à défricher dans diverses parties de ses seigneuries de Marigny-l'Église et de Quarré-les-Tombes. C'est ainsi qu'ont été fondés les hameaux de *Queuzon*, des *Bois-de-Chastellux* et des *Champs-de-Bornoux*. Olivier mourut en 1617 et fut inhumé dans l'église de Quarré, où l'on remarque encore son mausolée. Hercule, son fils, lui succéda dans son gouvernement de Cravant, et obtint du roi Louis XIII, en 1621, l'érection de sa baronnie en comté (2).

A partir de cette époque, l'histoire de nos montagnes n'offre plus guère d'intérêt. Ce ne sont que des faits particuliers et locaux, dont nous parlerons dans les notices des villes, bourgs ou villages qu'ils concernent. La féodalité avait alors perdu toute son ancienne puissance. Les seigneurs n'étaient plus, sous Richelieu et le grand roi, dont il prépara le règne glorieux, que des sujets soumis et dévoués au chef de l'État, qui avait concentré dans ses mains tous les pouvoirs. On n'entendit plus parler de guerres civiles, encore moins de guerres seigneuriales. La France, forte au dedans, respectée au dehors, ne tirait plus sa puissante épée que contre les ennemis de la patrie, auxquels elle fit sentir souvent toute la pesanteur de son bras. Le bruit des armes ne retentit plus en Morvand, et ses paisibles échos

---

(1) Grand inventaire de Chastellux.
(2) *Livre noir*, p. 40.

ne répétèrent plus les cris tumultueux des combattants comme dans les siècles qui précédent. La renommée seule y apportera désormais le récit des glorieux triomphes dus à la valeur incomparable des Condé, des Turenne et autres vaillants chefs de nos invincibles soldats.

Le Morvand peut se glorifier d'avoir fourni, dans ces temps de gloire et d'héroïsme, aux armées de la patrie, plusieurs capitaines très-distingués. Nous citerons, au premier rang, Charles de Montsaulnin, chevalier, comte de Montal, et Sébastien Le Prestre de Vauban, guerriers renommés par leur courage et leur profonde théorie de l'art militaire. Le premier naquit, en 1619, aux Aubues, manoir seigneurial situé au pied de la montagne de Lormes. Il prit, de bonne heure, du service et montra tant de bravoure, qu'il mérita le titre glorieux de *héros du Morvand*, que lui donnèrent à l'envi ses contemporains et ses frères d'armes. Il se fit remarquer particulièrement dans *la défense des places fortes*, et Louis XIV, dont le témoignage es de la plus grande valeur, disait, avec une sorte d'orgueil, *que ses ennemis le respecteraient toujours dans ses places* (1). Il mourut à Dunkerque, le 21 septembre 1696, avec le titre de lieutenant général des armées du roi, et n'eut pas le temps de recevoir le bâton de maréchal que le monarque lui destinait. C'est en sa faveur que la seigneurie de Montal, située dans la commune de Dun-les-Places, fut érigée en comté. Le prince lui avait aussi fait don de quatre pièces de canon prises sur l'ennemi, et que l'on voyait alors dans son château de Thostes (2).

Le second, celui que le Morvand compte encore avec plus d'orgueil au nombre de ses enfants, et que son génie, sa science et son courage ont porté au faîte de la gloire et au plus haut grade militaire, naquit, le 14 mai 1633, à Saint-Léger-de-Fourcheret, près de Quarré-les-Tombes, où l'on conserve pré-

---

(1) Anquetil, *Hist. de France*; Courtépée, tome vi.
(2) *Ibid*; pièces manuscrites.

cieusement son acte de baptême, qu'il nous a été donné de lire et de transcrire.

Vers ce temps-là, l'antique manoir de Vésigneux, situé au nord de Saint-Martin-du-Puy, était le rendez-vous ordinaire de toute la haute noblesse des environs. Le comte Jean-Louis de Bourbon-Busset, dont la fortune égalait la naissance, y faisait alors sa résidence habituelle. Il aimait à s'y entourer d'une petite cour, et, chaque année, dans la belle saison, il y donnait des fêtes brillantes, auxquelles les princes du sang eux-mêmes ne dédaignèrent pas de prendre part. Le grand Condé y venait souvent se délasser des fatigues de la guerre, et y respirer l'air pur et frais des montagnes (1).

En 1649, ce prince qui, l'année suivante, devait voir se fermer sur lui les portes de Vincennes, passa à Vésigneux quelques jours de repos. Sa présence fut le signal d'un concours considérable de seigneurs du voisinage, et le château prit l'air le plus animé, un air de fête. On remarquait, parmi la foule des visiteurs, un jeune homme à la chevelure blonde, à la figure ouverte, mais dont les manières timides attestaient l'inexpérience autant que la jeunesse; c'était Vauban, qu'on était venu présenter au héros en qualité de conscrit. Condé, avec cette perspicacité et ce jugement solide qui caractérisent les grands hommes, s'écria devant toute l'assemblée : « Je me trompe beaucoup, ou le petit bonhomme ira loin un » jour; » et il l'admit dans son régiment (2). Dès-lors, un vaste champ s'ouvrant devant lui, notre jeune Morvandeau put donner carrière à son immense et brillant génie, et cultiver, avec fruit, ces incomparables talents militaires, qui lui ont valu une réputation européenne.

Son activité était sans égale; « aussi, dit Fontenelle (3), » c'est le seul homme de guerre pour qui la paix ait été aussi

---

(1) Archives de Vésigneux; manuscrit.
(2) Archives de Bazoches; manuscrit de 1820; tradition locale.
(3) OEuvres diverses.

» laborieuse que la guerre même. » « C'était, ajoute Cour-
» tépée, un Romain qu'il semblait que le dix-septième siècle
» eût dérobé aux plus heureux temps de la république. » Il a
réparé trois cents places anciennes, et en a fait trente-trois
neuves. Il a conduit cinquante-trois siéges, dont trente-deux
sous les yeux du roi, et s'est trouvé à cent quarante actions
de vigueur. Plein de fidélité envers son souverain, mais
aussi plein d'indépendance, il aima toujours mieux servir que
plaire.

Louis XIV, pour récompenser ses immenses services, érigea
sa seigneurie de Bazoches en comté, sous le nom de Vauban,
et lui fit don de quatre pièces de canon, prises à Philisbourg,
qu'il plaça dans son château. Enfin, en 1703, le monarque le
créa maréchal de France; mais il ne jouit pas long-temps de sa
nouvelle dignité; car il mourut quatre ans après. Le roi et tous
ses contemporains le regrettèrent sincèrement. Son cœur, qui
avait été déposé dans le caveau de l'église de Bazoches, fut
solennellement transporté, en 1805, par ordre de l'Empereur,
sous le dôme des Invalides, à Paris (1).

Le Morvand fut affligé, pendant le cours du dix-septième
siècle, de divers fléaux, qui se succédèrent tour à tour.
Le 24 mai 1635 et les deux jours suivants, il survint de si
fortes gelées, que les vignes, les seigles et la dernière pousse
des arbres furent presque entièrement gâtés. Les populations
en furent désolées, et l'auteur du manuscrit auquel nous
empruntons ces détails, s'écrie plein d'effroi : « Dieu veuille
» apaiser son ire (2). »

Deux ans après, une terrible épidémie ravagea plusieurs
localités de la partie nord de notre contrée; mais aucune n'eut
plus à souffrir que la ville d'Avallon. Plus de sept cents personnes, de tout âge, y perdirent la vie dans cette fatale circonstance. Un drapeau noir flottait aux sommets des tours et des

---

(1) FELLER, art. *Le Prestre*; manuscrit.
(2) Manuscrit de Berthaud, curé de Rouvray.

clochers des églises en signe d'affliction (1). Nous lisons dans les archives de Vésigneux que les seigneurs du Morvand défendirent à leurs sujets d'y mettre le pied, sous peine d'une amende de cinquante livres; mais cette précaution n'empêcha pas la maladie de suivre son cours.

En 1638, un malheureux prêtre, Sébastien Tridon, curé de Poussignol et chanoine d'Avallon, affligea douloureusement le clergé et les catholiques du Morvand par le déréglement de ses mœurs. Renfermé d'abord dans les prisons de l'officialité de Nevers, il fut, au bout de quinze jours, renvoyé dans sa paroisse, qu'il continua à scandaliser. L'official l'ayant de nouveau décrété de prise de corps, Tridon se rendit, le 5 septembre, au prêche de Coulon, où il abjura publiquement le catholicisme et fit profession ouverte de la religion prétendue réformée. Puis, poussant le cynisme jusqu'au bout, il voulut épouser Marie Bruandet, fille d'un procureur et notaire à Château-Chinon. Mais ses frères, dont l'un était lieutenant général au bailliage de cette ville, en hommes d'honneur, s'opposèrent à ce mariage scandaleux. Une sentence, rendue le 23 mars 1639, par le bailli de Saint-Pierre-le-Moûtier, fit défense à Étienne de Montsanglard, ministre réformé, de procéder à cette union sacrilége, sous peine de mille livres d'amende, et d'une pareille somme contre chacun des coupables.

Au milieu des afflictions, causées à l'Église par de tristes, mais rares défections, une pensée console les cœurs catholiques; c'est que ceux qui désertent nos rangs ne sont que des gens scandaleux, tandis que ceux qui nous viennent du camp opposé, sont des hommes savants et consciencieux, ce que le protestantisme a de plus droit, de plus pur. Qui ne sent la force de cet argument en faveur de la religion que nous professons?

En 1660, de fortes gelées, qui survinrent au printemps, endommagèrent les récoltes. Les habitants de l'Autunois et du

(1) COURTÉPÉE, tome VI.

Morvand, confiants dans la protection de saint Lazare, eurent encore recours à son intercession. On fit nombre de quatre cents processions qui se rendirent à Autun. Les bourgeois, les chanoines et les chapelains les reçurent avec une extrême bienveillance et s'efforcèrent de procurer des vivres aux pèlerins. Dieu exauça tant d'humbles supplications; l'année fut abondante (1).

De cette époque jusqu'à 1693, l'histoire ne nous dit pas s'il survint des calamités désastreuses; mais alors le pays fut affligé d'une terrible disette, qui dura une année entière, et qui s'étendit sur toute la France. Les diverses sortes de provisions étant consommées, nos malheureux pères eurent recours, comme en 1440, aux racines de fougère, dont ils composèrent un pain aussi détestable que grossier. Le célèbre Tournefort, auquel on en présenta, à Paris, dit qu'il était si mauvais, qu'on l'eût pris facilement pour des mottes à brûler. Pourtant la France avait alors pour la gouverner un des plus grands et des plus puissants princes dont son histoire fasse mention; on ne parlait que de gloire, que de triomphes! L'homme peut subjuguer ses semblables, faire plus ou moins de bruit durant son passage sur cette terre; mais, dans la réalité, qu'il est petit et impuissant, surtout quand il faudrait vaincre les éléments et arrêter les calamités (2)!

Aucun siècle ne fut peut-être plus fécond en établissements religieux que le dix-septième. Aussi formera-t-il toujours un glorieux contraste avec le suivant, qui les détruisit tous. N'en cherchons pas la cause ailleurs que dans l'esprit de foi, qui vivifie tout et qui dominait alors dans notre société française; tandis que, dans le dix-huitième, c'était le philosophisme et l'incrédulité, dont le propre est de tuer et de détruire. Ne croirait-on pas que l'Église, prévoyant dès-lors les coups que l'impiété se préparait à porter à la religion, voulût tenter

---

(1) *Légendaire*, tome II, p. 225.
(2) *Annuaire de la Nièvre*, 1847; pièces manuscrites.

d'opposer, par toutes ces pieuses fondations, une digue à ses flots impurs et dévastateurs.

En 1607, les Minimes s'établirent à Avallon, où ils furent appelés par la pieuse générosité de Léonor de La Magdelaine, marquis de Ragny. Ces bons religieux rendirent les plus grands services aux habitants de la ville pendant l'épidémie qui les décima en 1637. Ils soignèrent, avec un zèle admirable, les malades, et quand leurs excellents soins ne purent les arracher à la mort du corps, du moins ils leur rendirent la vie de l'âme. Les Ursulines, dont l'institut est si précieux pour l'éducation des jeunes personnes, formèrent, quelques années après, divers établissements en Morvand. Saulieu, le premier, leur ouvrit ses portes en 1624; c'était une colonie de celles de Chaumont-en-Forez. Avallon en reçut de Dijon, la même année, et Corbigny d'Auxerre. En 1635, celles de Nevers fondèrent à Moulins-Engilbert une maison de leur ordre, qui devint bientôt très-prospère; car, moins d'un siècle après, on y comptait plus de soixante religieuses. Lormes eut aussi son couvent d'Ursulines en 1645. Il fut fondé, en partie, par les bienfaits de la princesse de Carignan, comtesse de Château-Chinon, et de Jean de Mesgrigny, baron de Lormes-Challon (1).

De leur côté, les Capucins s'établirent en 1625 à Saulieu, où ils furent appelés par Claude de Ragny, évêque d'Autun et comte de la ville. Sept ans plus tard, Pierre Pitoys, seigneur de Quincize, gouverneur de Château-Chinon, aidé des secours de la duchesse de Longueville et de la princesse de Carignan, fondait, dans cette ville, un couvent de ces révérends pères. Les libéralités du président, Pierre Odebert, les appelèrent aussi à Avallon en 1659. Les religieux du tiers-ordre de Saint-François, autrement dits Picpus ou Pénitents, se fixèrent, en 1629, à Moulins-Engilbert, dans une maison fondée par la pieuse

(1) COUTÉPEÉ, tome v et iv; NÉE DE LA ROCHELLE, *Hist. du Nivernois*; *Annuaire*, 1847; *Album du Nivernais*.

générosité de Gabriel Reullon, juge-lieutenant au bailliage de cette ville, et de Marguerite Robert, sa femme. Enfin, les dames de la Visitation, de Semur, s'établirent à Avallon en 1646 (1).

(1) COURTÉPÉE, tome v, p. 618; *Album du Nivern.*, tome II; archiv. de Quincize.

CHAPITRE XI.

Hiver extrêmement rigoureux. — Disette. — Épizootie, elle ravage la France. — Famine. — Orage furieux. — Nouvelle épizootie dans toute l'Europe. — Les seigles germent dans les champs, les foins pourrissent dans les prés. — États généraux, la révolution éclate. — Nouvelle organisation de la France. — Constitution civile du clergé, persécution. — Collot-d'Herbois et Laplanche en Morvand. — Mort de Robespierre. — Amour des Morvandeaux pour Napoléon 1er.

Le dix-huitième siècle, qui s'ouvre devant nous, commença par des fléaux pour finir par une horrible catastrophe. A peine, en effet, était-on arrivé à la neuvième année de cette période séculaire, qu'une cruelle disette réduisit les habitants du Morvand à la dernière extrémité. L'hiver, qui commença le 6 de janvier, fut extrêmement rigoureux. Pendant les trois premières semaines, le froid fut si excessif, les gelées devinrent si fortes, que dès le second jour, les rivières, aussi bien que les étangs, furent couvertes de glace d'une telle épaisseur, *qu'elle portait comme la terre.* Plusieurs manuscrits s'accordent à dire qu'en Morvand, la plupart des ruisseaux et des étangs gelèrent jusqu'à fond en moins de quatre heures, et que l'on vit, lorsque le dégel fut arrivé, des morceaux de glace de trois pieds d'épaisseur. A peine put-on, malgré les plus grands soins, conserver quelques pièces de vin dans les meilleures caves. Les arbres se fendirent et gelèrent jusque dans leurs racines; les noyers, les vignes (1), les genêts et les arbrisseaux furent presque tous perdus; le gibier périt dans les champs. Des voyageurs furent trouvés morts sur les chemins. Les seigles et les froments furent presque totalement détruits dans tous les pays du voisinage, tellement qu'il fallut ensemencer les terres avec du vieux blé, *quand on put en trouver*. La plupart des cultivateurs laissèrent leurs terres en friche, parce qu'on ne pouvait avoir de semence, *ni pour argent, ni pour or*. Le Haut-Morvand, couvert d'une couche de neige très-épaisse, fut un peu moins maltraité. Les écrivains du temps rapportent que la paroisse de Saint-Brisson fut assez heureuse pour conserver plus de la moitié de sa récolte (2). La famine, qui suivit ce désastre, fut terrible. Le seigle, qui, l'année précédente, ne coûtait que dix-huit ou vingt sous, monta subitement à sept livres, mesure de Rouvray, et douze livres celle de Moulins-Engilbert. Les riches furent réduits à manger du pain d'avoine et les pauvres à brouter, au printemps, *l'herbe des prés comme les bêtes*. La mort moissonna des familles entières. On vit des paroisses perdre les trois quarts de leurs habitants. A Commagny, il y eut 191 décès sur 32 naissances; à Moulins-Engilbert 151 sur 30; à Préporché 96 sur 29..... Beaucoup de familles, chargées d'enfants, les firent conduire à l'hôpital. Il en périt quatre mille à celui de Saint-Didier de Nevers (3).

Le vin, qui se payait, année commune, deux liards la pinte, se vendit jusqu'à douze sous, ce qui portait le litre à quarante-huit, somme exorbitante, si on se rappelle la valeur de la monnaie à cette époque (4).

(1) Les vignes gelèrent encore le 17 mai.
(2) *Annuaire de l'Yonne*, 1851, p. 308; manuscrits de Noël Berthaud, curé de Rouvray; notes de Caziot, curé de Saint-Honoré, et de Guillot, curé de Maux.
(3) Registres des communes de Maux, de Préporché.....
(4) Archiv. de Montsauche.

La détresse et la misère engendrent naturellement le vol et le désordre. Aussi vit-on, çà et là, des troupes de pauvres affamés courir les campagnes et se livrer à toute espèce de rapines, dévorant les animaux domestiques et broutant les blés, tellement qu'il fallut solliciter des ordonnances afin d'établir des *messiers* ou gardes pour veiller sur les champs ensemencés. Le brigandage devint même si excessif, que l'on planta des poteaux, avec carcans, où l'on attachait les voleurs pris en flagrant délit. Dans plusieurs localités, comme à Rouvray, on organisa, à l'époque de la moisson, des patrouilles pour veiller sur les récoltes pendant la nuit (1).

A peine cinq années s'étaient-elles écoulées, qu'un autre fléau, qui désola successivement l'Alsace, la Franche-Comté, la Bourgogne et le Nivernais, vint affliger le Morvand. Une terrible épizootie se répandit sur tous les points de la contrée, et enleva une quantité prodigieuse d'animaux de l'espèce bovine, si nombreuse dans nos montagnes, dont elle forme la principale ressource. On employa divers genres de traitements; mais la maladie, continuant toujours ses ravages, on eut recours aux supplications publiques, et des processions eurent lieu dans toutes les paroisses. On se rendit aussi en pèlerinage aux lieux renommés, pour cet effet, par la dévotion populaire. Mais nulle part on ne vit une si grande affluence qu'à la chapelle de Saint-Grégoire, située au nord-ouest de Sainte-Magnance, village du canton de Quarré-les-Tombes. Il y vint des pèlerins de l'Autunois, de l'Auxois, du Nivernais, et même du Charollais et du Chalonnais, tellement que, selon l'estimation commune, le nombre s'éleva à plus de dix mille (2).

En 1736, la famine se déclara de nouveau en Morvand. L'année précédente, une effrayante couche de neige, de plusieurs pieds d'épaisseur, avait couvert, pendant près de six mois, le centre de la contrée. Les moissons, presque détruites,

---

(1) Manuscrit de l'abbé Berthaud.
(2) Manuscrit par un contemporain.

avaient peu produit, et déjà les populations éprouvaient une une sorte de disette, lorsque des gelées terribles survinrent au mois de juin, et détruisirent l'espérance du laboureur.

Du 12 au 15 juillet même, elles se firent encore sentir rigoureusement dans des pays beaucoup plus tempérés, tels que l'Auxois et l'Auxerrois. Les chenevières, les vergers, les avoines et les orges furent entièrement gâtés (1).

Un mémoire, présenté alors au contrôleur général de Bourgogne, porte que le froment valait soixante livres le setier de Paris, le seigle trente, le sarrasin autant, et l'avoine vingt-quatre, et que même on ne pouvait en avoir pour de l'argent (2). Le Morvand souffrit horriblement, et un grand nombre de personnes moururent dans les affreuses convulsions d'une faim dévorante.

Neuf ans après, un orage, tel que de mémoire d'homme on n'en avait vu d'aussi terrible, se forma tout-à-coup du côté de l'ouest, *sur Châtillon-en-Bazois* (3). Bientôt on le vit s'avancer avec un sourd et lugubre fracas, qui laissait pressentir facilement tout ce que l'on avait à en redouter. Les coups de tonnerre devinrent épouvantables, et la foudre et la grêle s'unirent incontinent pour renverser et pour détruire. Tout fut saccagé, anéanti de l'ouest à l'est, depuis Châtillon-en-Bazois jusqu'à Sainte-Reine. Nos campagnes furent couvertes de débris des maisons, renversées sur leurs habitants, et les forêts encombrées d'arbres brisés ou déracinés (4).

Ce n'est pas tout; une épizootie, plus terrible encore que celle que nous avons relatée plus haut, et qui, au rapport des mémoires du temps, épargnait à peine deux animaux sur cent, fondit sur l'espèce bovine et la détruisit presque tout entière en Morvand. La chartreuse d'Apponay perdit tout le bétail de ses domaines.

---

(1) *Annuaire de l'Yonne pour* 1851, p. 308; notice manuscrite.
(2) Archiv. du château de La Roche-en-Breny.
(3) *Description de Bourg.*, tome I.
(4) *Ibid*; notice manuscrite.

Plus de onze cents pièces périrent dans la paroisse de Montsauche. Brassy, Dun-les-Places, Marigny-l'Eglise, Moux, Alligny, Ouroux, Planchez, Quarré-les-Tombes..... en conservèrent à peine pour cultiver les terres. Pendant deux ans entiers, on n'en vit plus aux marchés des environs. A Ouroux, par exemple, à la foire du 23 novembre 1745, il n'y eut, pour tout bétail, que sept chèvres. Deux ans plus tard, il y avait en Morvand, le 3 avril, un pied et demi de neige (1).

Moins de quinze ans après, en 1758, des pluies torrentielles, qui commencèrent le 27 juin pour ne finir que le 7 septembre, ne permirent pas de rentrer les récoltes. Les foins pourrirent dans les prés et les seigles germèrent dans les champs. Une disette devait être la conséquence de ce contre-temps; elle eut lieu. Mais les années qui suivirent, et surtout la quatrième, furent si abondantes, que le seigle ne valut que quinze ou seize sous la mesure de Lormes, et le vin dix-huit livres le tonneau (2).

Le Morvand éprouva de nouveau, en 1766, un hiver semblable à celui de 1709. Le froid commença le 13 décembre et la neige le 22, et continuèrent simultanément jusqu'au 17 février. Pendant cet intervalle, il mourut beaucoup de monde. On trouva des personnes gelées sur les chemins.

En 1770, il se déclara un autre hiver extrêmement rigoureux. Une épaisse couche de neige couvrit, pendant plusieurs mois, le pays tout entier et le tint comme enveloppé d'un funeste linceul. Des gelées désastreuses survinrent ensuite et détruisirent toutes les semences, à tel point *qu'il n'y eut pas de seigle dans tout le Haut-Morvand*. Des pluies continuelles, comme celles dont nous venons de parler, désolèrent la France entière. Cette année encore, on ne put enlever les blés, qui germèrent dans les champs, et les foins ne furent rentrés,

---

(1) *Hist. de la chartreuse d'Apponay*, p. 25; archiv. de la paroisse de Montsauche; registre paroiss. d'Ouroux.
(2) Archiv. de Montsauche et de Marigny-l'Eglise.

dans nos campagnes, qu'au mois de septembre. Les céréales devinrent bientôt fort rares et se vendirent, savoir : le froment, dix livres la mesure de Lormes, et le seigle neuf (1). La population du Morvand eut encore à traverser une époque bien difficile; mais la récolte qui suivit fut très-abondante. En 1778, la neige dura si long-temps que les semences pourrirent.

Il semble que, pendant le cours de ce siècle, nos malheureux pères ne dussent sortir d'une calamité, que pour retomber dans une autre. Une contagion ou peste, qui couvrit le pays de deuil, ravagea notre contrée en 1773; mais nul endroit plus que Saulieu n'eut à souffrir de ses funestes atteintes (2).

Au mois de décembre 1788, il survint un givre si extraordinaire, que les arbres, en grand nombre, furent brisés dans les forêts. On entendait, de toutes parts, d'horribles craquements. Les chemins étaient encombrés de débris. La gelée arrêta le cours des rivières. Les moulins ne pouvant plus tourner, on fut obligé d'en établir à bras pour se procurer du pain. Les étangs de Lormes gelèrent jusqu'à fond. Le peuple a toujours désigné cette époque sous le nom d'*année du grand verglas*.

Nous touchons enfin à ce moment terrible, à cette crise effrayante, qui va bouleverser la France tout entière, la couvrir, de l'orient à l'occident, de débris et de ruines, changer les institutions antiques de la monarchie et du royaume, proscrire la religion et le culte de Dieu, et, par-dessus tout, inonder la patrie du sang de ses enfants.

Depuis plusieurs années, une fermentation sourde régnait dans les esprits. Les finances de l'État étaient obérées. La philosophie, prêchée par les Voltaire, les Jean-Jacques Rousseau, les Diderot, les d'Alembert, avait porté des fruits de mort. L'incrédulité avait gagné les hautes classes, assez aveugles pour ne pas voir l'abîme qui se creusait sous leurs pas. Un amour effréné de la liberté et de l'indépendance

---

(1) Archives de Montsauche.
(2) COURTÉPÉE, 1re édition, tome VI.

dominait toutes les consciences. On demandait, de toutes parts, des réformes, et les privilégiés ne voulaient entendre à aucune composition. Enfin, chacun se sentait mal à son aise. La partie saine et éclairée de la nation comprenait qu'un changement et une amélioration dans le système politique et administratif étaient nécessaires, le roi lui-même les désirait; mais la difficulté était d'y arriver. Le mot d'*États généraux*, échappé comme par hasard, fit fortune et courut bientôt dans toutes les bouches; la convocation en fut résolue. Mais avant leur réunion, le monarque voulut connaître les vœux et les besoins du peuple, et il y eut, pour cela, des assemblées du tiers-état dans les grands bailliages royaux et seigneuriaux. Les *cahiers de doléances, plaintes et remontrances*, où l'on exposait les abus à retrancher et les réformes à opérer, y furent rédigés au mois de mars 1789.

A Autun, à Saulieu, à Avallon, eurent lieu de ces sortes de réunions pour la partie du Morvand qui dépendait de la Bourgogne; à Nevers, pour celle qui relevait du Nivernais, et enfin à Saint-Pierre-le-Moûtier, le 16 mars, pour le comté de Château-Chinon et ses dépendances, et les autres francs-alleux, compris dans la province. L'assemblée du tiers-état de ce bailliage royal, à laquelle assistèrent les députés des paroisses de Château-Chinon, de Lormes, de Brassy, de Dun-les-Places, de Gien-sur-Cure, de Planchez, d'Ouroux, de Saint-Hilaire, de Saint-Léger-de-Fougeret, de Saint-Martin-du-Puy..... rédigea, le 22 mars, un cahier de doléances, composé de quatre-vingt-dix-huit articles, dont plusieurs sont empreints de beaucoup de sagesse, et nous montrent les nombreux abus qui existaient à cette époque. Nous citerons, pour exemple, le quarante-troisième :

« Que les justices seigneuriales, qui donnent aux paysans la
» faculté de plaider, qui augmentent la masse des procédures,
» qui multiplient les degrés de juridiction, qui favorisent la
» chicane, qui occasionnent la ruine des parties, en les obligeant
» à perdre beaucoup de temps et à faire des frais énormes pour

» les plus minces objets, qui manquent presque toutes
» d'auditoires et de prisons, et qui n'ont communément, pour
» juges, que des praticiens ignorants, qui tiennent leurs
» audiences dans les cabarets, et sont dans la dépendance
» absolue des seigneurs, qui ont le droit et le pouvoir de les
» destituer arbitrairement, soient supprimées..... »

Convoqués le 4 mai, les États généraux prirent, le 17 juin suivant, à la majorité de quatre cent quatre-vingt-onze voix contre quatre-vingt-dix, le titre d'*Assemblée nationale*. Dèslors, il en fut fait de la vieille société française, la révolution était opérée.

Elle débuta terrible, le 14 juillet 1789, par la prise de la Bastille par le peuple. Les prisons ouvertes mirent en liberté une foule de malfaiteurs, qui épouvantèrent la France. Une terreur panique se répandit dans tout le royaume et s'empara subitement de nos campagnards, qui, armés de faux, de piques, de cognées, coururent, à l'annonce de l'arrivée des *brigands*, d'un village à l'autre, sans jamais les rencontrer. Tel village, disait-on, est pillé, saccagé, *tout y est à feu et à sang*. On arrivait, c'était plus loin. Cette époque a toujours été nommée depuis, par les Morvandeaux, *l'année de la peur*.

Si les doctrines philosophiques et antichrétiennes avaient, comme nous l'avons dit plus haut, infecté les hautes classes, le peuple, lui, au moins, avait conservé l'antique esprit de foi et de religion. Les villageois du Morvand surtout se faisaient remarquer par leur attachement profond aux croyances de leurs pères. Aussi virent-ils, avec chagrin, les spoliations opérées de toutes parts, en vertu du décret du 2 novembre 1789, qui déclarait les biens ecclésiastiques *propriétés nationales*. Ces biens, fruit de legs pieux et de fondations pour la *mémoire perpétuelle* des défunts, avaient été jusque-là, et à bon droit, respectés comme une chose sacrée; l'aliénation et l'acquisition devaient naturellement en être regardées comme criminelles, comme des actions impies *qui porteraient malheur*.

On comprend aisément que, sous l'influence de semblables

idées, qui honorent nos pères, les acquéreurs durent se présenter en petit nombre, lorsqu'on vendit ces immeubles dans les divers districts du voisinage. Aussi, en Morvand, cette vente produisit peu au trésor public. Elle ne fut réellement avantageuse qu'à quelques particuliers, moins délicats, ou moins religieux, qui s'enrichirent à peu de frais. On cite tel domaine payé avec le prix d'une partie du cheptel ; telle forêt qui ne coûta que le montant de quelques paires de bœufs. Une espèce de réprobation publique était restée, jusque dans ces derniers temps, attachée à ces sortes d'acquisitions.

L'Assemblée constituante ayant supprimé les provinces, et décrété, le 26 janvier 1790, une nouvelle division administrative de la France, le Morvand fut alors partagé, comme nous l'avons dit plus haut, entre les départements de la Côte-d'Or, de la Nièvre, de Saône-et-Loire et de l'Yonne ; puis subdivisé entre les districts de Saulieu, de Semur, de Château-Chinon, de Corbigny, de Moulins-Engilbert, d'Autun et d'Avallon.

Les districts ayant été supprimés, à leur tour, par la constitution de l'an VIII, le pays fut réparti entre les arrondissements communaux de Beaune et de Semur, de Château-Chinon et de Clamecy, d'Autun et d'Avallon, et telle est la division administrative encore aujourd'hui existante. Plusieurs cantons, comme ceux d'Arleuf, de Brassy, de Cervon, de Montreuillon, d'Ouroux, de La Roche-Milay, de Rouvray et de Saint-Didier-sur-Arroux, furent aussi supprimés.

L'Assemblée nationale ne se renferma pas, comme on le sait, dans le cercle des affaires civiles et politiques. Poussée par la passion des innovations, qui s'était emparée des esprits, elle voulut aussi introduire dans l'organisation religieuse, les changements qu'elle venait d'opérer dans l'administration civile. Elle décréta donc, le 8 juillet, suivant, sur le travail de Bois-Landry, *marchand* de la rue Saint-Denis, une nouvelle circonscription des diocèses, dont elle réduisit le nombre à celui des départements, et auxquels elle assigna les mêmes limites, ce qui amena la *constitution civile du clergé*. Le Morvand, presque tout compris dans l'antique diocèse d'Autun, fut alors divisé entre ce dernier, ceux d'Auxerre, de Dijon et de Nevers. Un serment, contraire aux principes canoniques (1), ayant été exigé ensuite de tous les prêtres, un certain nombre furent assez faibles pour se conformer à cette loi inique. Quelques-uns, qui n'en avaient pas senti d'abord toutes les conséquences, ou qui avaient été entraînés par l'exemple de leur évêque, comme dans le diocèse d'Autun, se rétractèrent bientôt, et le corps du clergé se trouva divisé.

Les ecclésiastiques qui se soumirent et acceptèrent le nouvel ordre de choses, furent désignés, par leurs confrères, sous les noms de *prêtres constitutionnels*, *intrus*, *assermentés* ou *jureurs*. Ils restèrent, jusqu'à l'entière suppression du culte, tranquilles à la tête des paroisses, tandis que les prêtres fidèles et courageux, sous le nom d'*insermentés* ou *réfractaires*, furent repoussés, poursuivis et traqués comme des bêtes fauves. Plusieurs d'entre eux s'expatrièrent et allèrent chercher à l'étranger la sûreté qu'ils ne trouvaient plus dans leur malheureuse patrie. D'autres, protégés par de pieux fidèles, qui s'exposaient ainsi à la persécution, même à la mort, échappèrent à toutes les recherches; mais le nombre en fut bien petit. La plupart, découverts et arrêtés, expièrent dans de sombres cachots ou au fond de cale de quelque galiote, leur fidélité à Dieu et à leur conscience. Parmi ces derniers, nous citerons J. Adelon, curé de Neuffontaines; Gagnard, curé de Marigny-l'Église; Moreau aîné, jésuite résidant à Château-Chinon; Moreau jeune, son frère, curé de cette ville; Berthaut aîné, curé d'Arleuf; Berthaut jeune, son frère, curé de Glux; Massin, curé de Saint-Léger;

---

(1) Voici ce serment : « Je jure de veiller avec soin sur les fidèles de » la paroisse qui m'est confiée; d'être fidèle à la nation, à la loi et au » roi; de maintenir, de tout mon pouvoir, la constitution décrétée par « l'Assemblée nationale, et acceptée par le roi ». Ce serment devint exigible en vertu d'un décret de l'assemblée du 25 octobre 1790, sanctionné par le roi le 27 décembre suivant.

le pieux Boussière, qui gouvernait avec beaucoup d'édification la paroisse de Chalaut; Commaille, curé de Dommartin; Pirel, qui administrait celle de Saint-Hilaire; Pannetrat, curé de Poussignol, mort chanoine honoraire de Nevers; Bouffechon, religieux capucin, à Château-Chinon; Mallapart, curé de Luzy; Durand et Saclier, ses deux vicaires, et enfin l'abbé Ducrot, qui remplissait les mêmes fonctions à Bazoches.

Tous ces généreux confesseurs de la foi furent d'abord renfermés à Nevers, dans l'ancien grand séminaire, avec cinquante autres de leurs confrères des environs; puis transportés, par la Loire, jusqu'à Brest, en vertu du décret de la Convention du 26 mai 1792. Qui pourrait dire toutes les privations, toutes les souffrances qu'ils endurèrent pendant leur dure captivité! Comme le bienheureux Ignace, évêque d'Antioche, ils pouvaient s'écrier que les hommes, pour eux, s'étaient changés en bêtes féroces, et que leurs gardiens étaient autant de léopards; que le bien qu'ils tâchaient de leur faire, rendait encore plus furieux et plus méchants (1). On ne leur parlait qu'en jurant, ou en blasphémant. Il ne leur était pas permis, même en maladie, de se procurer quelques adoucissements. A Nantes, ils furent jetés au fond de cale d'une galiote, qui leur servit pendant quelque temps de prison. L'air qu'ils y respiraient, était si fétide, si corrompu, qu'un médecin, envoyé pour les visiter, se sentit, en entrant, suffoqué et couvert de sueur; aussi s'écria-t-il en se retirant promptement : « Si on mettait là quatre cents » chiens pendant une nuit seulement, le lendemain on les trou- » verait morts ou enragés (2). »

Des quatorze vertueux prêtres du Morvand, neuf succombèrent sous le poids de leurs maux. Cinq seulement revirent, après un martyre de plus de deux ans et demi, les montagnes témoins de leur zèle et de leur ferveur; ce furent les dignes

---

(1) GODESCAR, *Vie de saint Ignace*, 2 février; *Bréviaire parisien*.
(2) *Légendaire d'Autun*, tome I, p. 282; journal manuscrit d'un déporté.

abbés Berthaut jeune, Pannetrat, Moreau jeune, Durand et Saclier (1).

Cependant quelques prêtres, qui avaient échappé à toutes les recherches, se livraient, malgré le zèle barbare et la surveillance inhumaine de leurs persécuteurs, à l'exercice du saint ministère, baptisant les nouveau-nés, entendant les confessions des adultes et célébrant les divins mystères tantôt dans une grange obscure, tantôt aux abords d'une sombre forêt, ainsi que le fit long-temps le vénérable Charles-Gabriel Laumain, curé de Brassy; et toujours une foule considérable, accourue en secret, se pressait à ces sacrifices nocturnes, offerts à Dieu par un proscrit.

La profanation des églises était la conséquence naturelle de la rude persécution exercée contre les prêtres. Des révolutionnaires exaltés renversèrent les autels, brisèrent les croix et les statues des saints, et changèrent ensuite ces asiles de la piété en lieux de réunions profanes et sacriléges. Ce fut *l'abomination de la désolation* prédite par le prophète.

En 1793, le farouche Collot-d'Herbois et le cynique Joseph Laplanche furent envoyés, par la Convention nationale, dans le département de la Nièvre, en qualité de commissaires extraordinaires. Ils arrivèrent le 26 avril à Château-Chinon, où ils furent froidement reçus, et tinrent, le même jour, à cinq heures et demie du soir, une assemblée générale dans l'église des Capucins. Là, se trouvaient réunis les administrateurs du district, le conseil général de la commune, le tribunal du district, le juge de paix et ses assesseurs, le comité des douze, le commissaire particulier du pouvoir exécutif, les agents militaires et les habitants extraordinairement convoqués.

Après la lecture de quelques décrets de la Convention, le citoyen Laplanche prit la parole, et ce fut d'abord pour se plaindre de la réception trop peu enthousiaste qu'on leur avait faite. « Il rappela, à cette occasion, à l'assemblée la grandeur

(1) *Notice historique sur l'abbé Imbert.*

» du caractère, dont les représentants du peuple étaient
» revêtus, reprocha vivement aux autorités constituées de la
» ville d'avoir voulu avilir la représentation nationale au lieu
» de voler à leur rencontre ; il fit sentir que ce n'était point pour
» eux personnellement qu'ils demandaient des honneurs, mais
» pour le caractère sacré, dont ils étaient revêtus ; qu'ils les
» refusaient ces honneurs, lorsqu'on s'empressait de les leur
» rendre. Enfin, il se plaignit de ce que l'officier du poste de
» la garde nationale avait voulu les conduire au *comité des*
» *douze*, pour les faire reconnaître, quoiqu'ils se fussent
» annoncés pour être les représentants du peuple. »

Le citoyen Collot-d'Herbois, ayant pris la parole après le furieux Laplanche, adressa à l'assemblée les mêmes reproches, assaisonnés de sarcasmes encore plus violents, qui pénètrent *de la plus vive douleur les autorités constituées* ; « il fit sentir
» combien la Convention nationale s'occupait du bonheur du
» peuple et développa tous les avantages qu'il devait recevoir
» bientôt des travaux de ses représentants ».

Puis « il engagea tous les citoyens à dénoncer hautement les
» administrateurs infidèles, les magistrats prévaricateurs, les
» mauvais citoyens et les aristocrates ».

Alors plusieurs assistants dénoncèrent, en effet, Pétitier, l'aîné, « pour avoir outragé la révolution, et lui reprochèrent
» d'avoir tenu des propos injurieux contre le nouvel ordre de
» choses dans un plaidoyer devant le tribunal du district ».

Après avoir fait rendre compte aux divers administrateurs de leur gestion, les fougueux commissaires exposèrent *que les canons étaient plus utiles que les cloches*, et ordonnèrent qu'on ne laissât, dans chacune des églises, que la plus grosse, et que les autres fussent descendues sans délai. Ils firent ensuite prêter, par tous les fonctionnaires, ce serment républicain :
« Je jure de maintenir l'unité et l'indivisibilité de la République,
» d'exterminer tous les tyrans et toutes les personnes qui pro-
» poseraient une dictature de triumvirs, ou un régent, comme
» encore de poignarder quiconque chercherait à dissoudre

» ou à avilir la Convention et enfin de vivre libre ou de
» mourir. »

De là, ils se transportèrent au pied de l'arbre de la liberté, où ils firent brûler toutes les archives du comté, en présence des autorités constituées et du peuple, qui, cette fois, fit entendre les cris de *vive la République, vive la Convention, vivent les commissaires-représentants.*

En traversant la ville pour se rendre à l'assemblée, Collot et Laplanche avaient aperçu, sur des puits, certaines grilles avec des fleurs de lis. Ils témoignèrent à la municipalité tout *leur étonnement, toute leur indignation*, de voir ainsi *des signes qui pouvaient encore rappeler l'ancien régime*, et exigèrent que ces grilles fussent brisées sur-le-champ et qu'il en fût fait un *auto-da-fé au pied de l'arbre de la liberté* (1).

De Château-Chinon, les farouches représentants se rendirent à Moulins-Engilbert, où ils tinrent une pareille assemblée dans l'église paroissiale. C'est là que l'impur Laplanche invita les jeunes filles de la ville à se prostituer pour donner des citoyens à la patrie! Honte éternelle à un cynisme si révoltant!

Au mois de septembre suivant, le conventionnel Joseph Fouché vint aussi dans la *Nièvre* en qualité de commissaire de la Convention. Il y prit bientôt un arrêté, en vertu duquel nous voyons les municipalités du Morvand délibérer « qu'il n'existe
» plus dans la République aucunes fêtes ni dimanches; qu'il
» est enjoint aux habitants de travailler comme les autres jours,
» et qu'il n'y a d'autres fêtes que celles prononcées par l'arrêté
» du citoyen Fouché, qui sont les derniers jours de chaque
» décade » (2).

---

(1) Archives de la sous-préfect. de Château-Chinon, registres du district.

(2) Registre des délibérat. de la municipalité de Bazoches, p. 36, verso.

Il ordonna que chaque commune choisirait, pour les séances de sa municipalité, *un lieu isolé et planté d'arbres*, et qu'on élèverait *au milieu une statue du Sommeil* (1)!

Le 24 octobre, il requit la démolition des clochers des églises, des tours des châteaux et des colombiers, parce qu'ils *blessaient l'égalité*. On sait que, plus tard, sa modestie égalitaire ne s'effaroucha pourtant pas du titre, quelque peu aristocratique, de duc d'Otrante. Par ses ordres, l'argenterie des églises fut enlevée, et il en envoya, le 1er novembre, dix-sept caisses pleines à Paris. Il ordonna aussi que les cloches seraient descendues des beffrois, et nomma, à cet effet, des sous-commissaires, qui visitèrent les divers districts du département. Fr... et Louis R... furent députés dans celui de Château-Chinon, dont ils parcoururent toutes les communes, où ils se montrèrent dignes de leur commission. Ils rencontrèrent souvent une énergique opposition de la part des habitants. Mais alors ils avaient recours à la ruse, au mensonge, et promettaient qu'en retour de l'enlèvement des cloches, on ferait réparer les églises (2).

Le 23 mars 1794, César-Alexandre Lefiot de Lavaux, autre commissaire de la Convention dans les départements de *la Nièvre* et *du Loiret*, arriva dans la petite ville de Lormes, sa patrie. Le lendemain il monta à l'église avec le révolutionnaire Jacques B..., brisa les autels et les statues des saints et y tint une assemblée tumultueuse pour *l'épuration et la réorganisation* des autorités constituées (3). Il en fit autant à Château-Chinon, à Moulins-Engilbert..... Les officiers du district de cette première ville se montrèrent empressés à exécuter toutes les prescriptions des divers commissaires. Le 11 avril 1794, ils ordonnèrent d'enlever les vases sacrés de toutes les églises. Dans leur zèle patriotique pour le culte de *la raison*, ils défen-

---

(1) Registre des délibérat. de la municipalité de Bazoches, p. 60.
(2) Registre des délibérat. d'Alligny, 17 sept. 1793.
(3) *Idem* de Lormes.

dirent, le 26 mai, aux cabaretiers de toute la circonscription de vendre du vin *les jours des ci-devant dimanches et fêtes, aux campagnards*, qui ne voudraient pas chômer le *décadi*. Une proclamation en ce sens fut, en même temps, adressée à toutes les communes. Elle est assez curieuse pour trouver place ici :

« Le bon citoyen ne se contente pas de ce que la loi exige de
» lui, il va encore au-devant de ce qu'elle semble désirer.
» La Convention ayant reconnu l'imperfection de l'ancien
» calendrier et l'inconvénient d'un trop grand nombre de jours
» de repos, vient de nous donner un calendrier simple, et de
» déterminer les jours de repos, que pourront prendre les
» fonctionnaires publics. Ces jours sont les derniers de chaque
» décade, appelés *décadis*. Quel est celui d'entre vous, citoyens,
» qui ne sent pas la sagesse d'un pareil décret?

» Les vertus sont l'apanage des républicains et les vertus
» ne s'acquièrent que par le travail. Les vices contraires sont
» l'apanage des royalistes, et tous ces vices ont leur source
» dans l'oisiveté.

» Pourquoi donc, braves habitants des campagnes, vous qui
» aimez la révolution, vous qui êtes si fort intéressés à l'aimer
» et à la défendre, et qui la défendez, en effet, par les bras de
» vos enfants, actuellement sur les frontières, pourquoi le jour
» du *décadi* n'est-il pas votre jour de fête et de repos? Pourquoi
» y substituez-vous les jours que la République ne reconnaît
» pas, ceux dont le fanatisme se servit si long-temps pour vous
» tromper et vous dépouiller?

» Citoyens, dans une famille de frères il ne saurait y avoir
» de lignes de démarcation. Nous sommes tous républicains,
» nous devons tous marcher d'un pas uniforme. Voyez la beauté
» et la richesse de nos campagnes. Le plus âgé d'entre vous
» se ressouvient-il d'une année aussi précoce et qui ait donné
» d'aussi belles espérances? Non, sans doute; l'Être suprême,
» celui qui donne la vie et imprime le mouvement à toutes
» choses, seconde nos efforts et va nous aider puissamment à

» franchir le court intervalle, qui se trouve encore entre la
» disette et l'abondance.

» Frères et amis, nous vous y invitons de toute notre âme,
» défaites-vous de ces craintes chimériques, qui ne conviennent
» qu'à des esclaves. Apprenez de nous, en deux mots, ce que
» c'est que la religion; la bonne consiste à faire le bien et à
» s'abstenir du mal.

» D'après cela, citoyens frères et amis, nous avons tout lieu
» d'espérer que nous ne verrons plus, dans ce district, cette
» différence de conduite, qui nous afflige si fort; que le *décadi*
» sera, pour tous, un jour de joie et de repos; que vous l'em-
» ploierez à entendre, au temple de la Raison, la lecture des
» lois bienfaisantes que nous donne la Convention, celles des
» rapides conquêtes de nos armées, des actions héroïques de
» nos braves volontaires, vos enfants; que vous l'emploierez
» encore en d'innocents, fraternels et paisibles divertissements,
» et que le reste de la décade, sans aucune distinction de
» jours, vous vous livrerez à vos travaux ordinaires, à la culture
» de vos champs, qui vous promettent un ample dédomma-
» gement de vos travaux, et tous ensemble nous nous
» écrierons : Vive la République! vive la Convention! vive la
» Montagne! (1) »

Cette proclamation n'atteignit pas son but. Nos Morvandeaux continuaient toujours à observer le jour du dimanche au mépris de la *sainte décade*. Aussi, le 12 juin suivant, nommait-on des *apôtres révolutionnaires* pour l'*instruction morale* et républicaine des communes du district, aux jours de décadi, et invitait-on les municipalités à avoir pour l'*apôtre envoyé, tous les égards dus à une si honorable mission!!!*

O charlatans! le peuple se moquait et nous nous moquons encore de vos folies!

Mais citons une autre pièce curieuse qui prouve l'attache-

---

(1) Sous-préfecture de Château-Chinon, délibérations du district, tome II.

ment de nos Morvandeaux au jour du repos observé par leurs pères. Le 3 floréal an VII, ou 23 avril 1799, l'adjoint d'Arleuf, faisant les *fonctions de police*, après avoir dit que le peuple voulait la solennisation du dimanche et abandonnait le décadi, continue son rapport en ces termes :

« Le royalisme et le fanatisme, agissant de concert, ont fait
» tous ces progrès sur l'esprit public de ce canton ! Ces deux
» monstres se sont ligués ensemble, se sont conjurés contre
» les institutions républicaines !

» Le Haut-Morvand, depuis peu, est le refuge d'un grand
» nombre de prêtres réfractaires ; ils célèbrent leurs offices
» aussi publiquement que les prêtres assermentés. Ces derniers
» avaient presque partout cessé leurs fonctions, ou les avaient
» transférées au décadi. Enfin le culte de la *raison* semblait
» sur le point d'être substitué à celui de la superstition. Les
» institutions républicaines allaient devenir en honneur ; le
» peuple commençait d'en faire son culte principal et d'aban-
» donner les anciens préjugés. Les prêtres réfractaires ont
» reparu en plus grand nombre qu'avant le 18 fructidor an V ;
» les prêtres assermentés, craignant pour eux, ont repris leurs
» fonctions et l'esprit public a fait un pas rétrograde.

» Les royalistes, de leur côté, ont maintenu, protégé les an-
» ciennes institutions, telles que les foires et marchés aux jours
» de l'ancien calendrier.... L'esprit public, loin de s'améliorer,
» se perd et se détruit ; l'exemple, en ce cas, devient funeste ;
» il est difficile d'arrêter le torrent du mal.

» Les moyens de remédier à ces maux consistent à purger le
» Morvand de tous les prêtres réfractaires qui l'infectent, et
» d'amener, par la raison, les prêtres *sermentés* à célébrer leur
» culte les décadis ou à les forcer à courber leurs têtes altières
» et superstitieuses devant les institutions républicaines. Si les
» prêtres réfractaires n'habitent point votre canton et n'y font
» aucune fonction, ils le cernent de toutes parts ; il semble que
» c'est un fort qu'ils veulent prendre d'assaut. Beaucoup de
» citoyens de ce canton ont été réellement fanatisés ; depuis

» que l'on a cessé de dire la messe, les dimanches, ils se rendent
» pour le culte dans les communes voisines (1). »

De leur côté, les administrateurs du district de Moulins-Engilbert ne se montraient pas moins zélés contre la religion. Ils écrivaient au *comité de Salut public*, à Paris :

« Les églises sont fermées dans tout le district...... Tous les
» prêtres, vu que leur conduite retardait les progrès de la raison,
» qu'elle pouvait encore entretenir quelques âmes faibles dans
» des principes de superstition, sur la demande de l'adminis-
» tration, homologuée par le représentant du peuple, ont été
» arrêtés..... Aussi les temples, où ces ministres trompaient et
» égaraient le peuple, vont devenir les temples de la raison....
» Le fanatisme, ajoutaient-ils, est entièrement anéanti.... On ne
» remplit plus aucune fonction du culte catholique..... Avant
» peu on ne parlera pas plus de prêtres que s'ils n'avaient
» jamais existé (2). »

Ces zélés parlaient d'après les sentiments de leurs cœurs, mais non selon la vérité. Le peuple, malgré tous les efforts faits pour le séduire, n'oubliait pas, comme nous venons de le voir, la religion de ses pères ; il n'aspirait qu'après le bonheur d'en reprendre l'exercice. Écoutons, entre autres, l'expression des sentiments des habitants de la commune d'Alligny-en-Morvand :

« Nous demandons que le culte catholique soit immédiatement
» rétabli et notre curé rappelé à ses fonctions. Nous ne con-
» naissons pas de loi qui l'empêche de dire la messe, comme à
» l'ordinaire. La Convention nationale ayant décrété le *culte*
» *libre*, nous entendons et voulons suivre le culte catholique,
» comme nous avons fait ci-devant (3). »

Les profanations de nos églises attristaient profondément les populations fidèles du Morvand, et toute l'ostentation contraire

---

(1) Archiv. de la sous-préfect. de Château-Chinon, registres des délibérations de la municipalité d'Arleuf.
(2) Registres du district de Moulins-Engilbert.
(3) Registres des délibérations d'Alligny-en-Morvand.

de quelques impies ne pourra prouver leur connivence au sacrilège. On tenait même ces actions odieuses pour si exécrables, qu'on ne pouvait supposer que Dieu les laissât impunies, même dans cette vie. Ainsi, il n'est nulle commune du pays, où l'on ne cite quelques exemples d'un terrible châtiment, infligé par la Providence, aux coupables profanateurs des temples chrétiens. Il faut convenir, en effet, que la main de Dieu a paru s'appesantir sur la plupart de ces hommes criminels et que beaucoup ont fini d'une manière vraiment malheureuse.

Enfin, l'époque des violentes réformes touchait à son terme. L'affreuse anarchie, qui pesait sur la patrie et l'avait couverte de deuil, était tombée, le 29 juillet 1794, avec la tête du farouche Robespierre et celles de ses terribles suppôts. Délivrée des monstres qui lui avaient déchiré le sein, la France respira, un peu moins oppressée, sous le gouvernement directorial qui suivit. Mais débile comme un malade au sortir d'une longue et douloureuse agonie, succombant presque sous le poids de ses maux, elle appelait, de tous ses vœux, une main hardie et forte qui pût cicatriser ses plaies et l'arracher à ses funestes angoisses. Un soldat, sans autre recommandation que son épée fortement trempée, se présente ; elle l'accepte avec une espèce d'enthousiasme, et bientôt, d'autant plus joyeuse qu'elle avait été plus affligée, elle lui posait sur la tête le diadème des empereurs.

La population du Morvand, naturellement amie de la gloire et des hauts faits militaires, bien que pourtant elle ait peu de sympathie pour le maniement des armes, s'attacha fortement au nouvel empereur, et lui voua un amour sincère. Le guerrier était pour elle une espèce de demi-dieu; volontiers elle l'eût cru immortel. En effet, long-temps après que Napoléon Ier eut payé, sur le rocher de Sainte-Hélène, son tribut à la nature, les Morvandeaux refusaient de croire à sa mort, comme si un héros ne devait jamais mourir. Ils prouvèrent surtout leur attachement pour le grand homme, quand, en 1815, il quitta l'île d'Elbe pour venir régner encore *cent jours* à Paris. A son passage à Saulieu, à Rouvray, à Avallon, il fut accueilli aux cris mille fois répétés de : *Vive l'Empereur!* au bruit de la mousqueterie et au son des cloches, lancées à toute volée. Nos bons campagnards, ivres de joie, se portèrent à sa rencontre et le saluèrent avec le plus vif enthousiasme. On vit, dans ces villes, de vieux militaires, des larmes dans les yeux, s'approcher de sa voiture et en baiser les roues.

Pourtant, nous devons le dire, son ambition, qui coûta tant de sang à la France et porta la désolation et le deuil en tant de familles, avait enlevé, chaque année, au Morvand, un bon nombre de ses enfants. Plus d'une mère, près de se séparer d'un fils bien-aimé, qu'elle n'espérait plus revoir, avait maudit, dans son cœur ulcéré, l'auteur de sa peine. Combien de familles avaient été mises à une dure contribution, parce que leurs enfants, retenus par les larmes d'une mère désolée, ou désertant les champs de bataille, où la mort moissonnait en reine, avaient fui au sein des forêts! N'importe; à peine les pleurs avaient-ils cessé de couler que tout était oublié, et que l'Empereur régnait sur les cœurs ; tant était grand le prestige qui s'attachait à sa personne, tant était fort l'amour qu'on lui portait!

CHAPITRE XII.

Chute de l'Empire, invasion. — Le camp des Latois. — Arrestation de l'estafette Franz Meuzel. — Attaque du château de Lucenay-l'Évêque. — Hubinet au pont de Souvert — Le chambellan de Forbin-Janson. — Abdication de l'Empereur, départ pour l'île d'Elbe, son retour en France. — Nouvelle invasion. — Le curé et le gendarme. — Famine. — Une bande de voleurs. — La Restauration. — Révolution de juillet 1830. — Bruit d'incendie, agitation populaire. — Putréfaction des pommes de terre.

Tout le monde connaît les désastres qui amenèrent la chute de l'Empire. L'affreuse déroute de Russie avait anéanti, en 1812, la plus belle armée du monde. L'année suivante, une autre armée de cinq cent mille hommes était écrasée successivement en Allemagne par l'Europe coalisée, et Napoléon, l'âme navrée de douleur, repassait, le 3 novembre 1813, le Rhin pour la dernière fois.

Arrivé à Paris, son premier soin fut de convoquer les grands corps de l'État. « D'éclatantes victoires, leur dit-il, ont illustré » les armées françaises dans cette campagne ; mais des défec- » tions sans exemple ont rendu ces victoires inutiles. Tout a » tourné contre nous. La France même serait en danger sans » l'énergie et l'union des Français. »

Le danger n'était que trop réel. La grande armée de la *Sainte-Alliance* passait, le 21 décembre, le Rhin sur les ponts de Bâle, de Schaffouse et de Lauffenbourg, d'un côté, entre Coblentz et Manheim de l'autre, et envahissait la France. Les glorieuses journées de Montmirail, de Champaubert, de Vaux-champs et de Vertus ne firent que retarder la marche des alliés sur la capitale. Néanmoins elles inspirèrent de la confiance à la nation. On vit alors, malgré la proclamation de Schwarzemberg, menaçant les paysans *de la potence, s'ils étaient pris les armes à la main*, se former en Alsace, en Lorraine, en Franche-Comté et dans le Morvand, des corps de partisans pour harceler l'ennemi et le tenir en échec.

Au commencement de février 1814, le maire d'Alligny, Laurent Primard, manifesta au sous-préfet de Château-Chinon le désir de se mettre à la tête de ses administrés et d'établir un corps d'observation sur la route de Saulieu à Autun. Ce projet généreux n'obtint pas les sympathies de cet administrateur; car il écrivait au préfet : « Cette intention est très-dangereuse
» par les mouvements irréguliers d'une bande indisciplinée, qui
» peut fixer l'attention de l'ennemi sur nos communes et attirer
» sur cet arrondissement, trop heureux jusqu'à présent d'être
» resté intact, toutes les horreurs de la guerre (1).

» Le maire, ajoute Le Payen de Vigneul, est peut-être ce
» qu'il y a de mieux; mais c'est un homme allant à la journée
» et qui n'a pas *cinquante francs de revenu foncier*. Doux et
» honnête, il est entraîné, comme un jeune homme, doué de
» bonnes vues, mais sans expérience, par un tas de ses admi-
» nistrés, dont une grande partie ne jouit pas de la meilleure
» réputation. »

Cependant le maire d'Alligny, suivant son ardeur patriotique, que le sous-préfet *n'osait pas blâmer ouvertement*, et guidé par *le curé, dont il avait épousé la nièce*, ramasse ses gens et va se poster avec eux à la jonction des départements de la *Nièvre*, de la *Côte-d'Or* et de *Saône-et-Loire*, au lieu dit *les Latois, Latebræ*, nom qui exprime assez bien l'aspect de la localité.

Le 5 mars, un détachement de cinq cents Autrichiens, dont

1) Correspondance du sous-préfet, tome x, 17,928.

cent cavaliers, traversait Saulieu, se rendant à Autun, où il entrait le soir. Nos Morvandeaux n'eurent garde de l'inquiéter; mais, dans la nuit, revint un caporal étranger, nommé Franz Meuzel, dans une voiture *courant la poste*. Il portait des dépêches au prince de Lichsteinten, resté à Montbard. Aussitôt les hommes du poste s'élancent, saisissent le cheval et font l'estafette prisonnière. Ils la fouillèrent et la trouvèrent munie de trois lettres, en langue allemande, que le percepteur Rasse porta à Saulieu, afin d'en connaître le contenu (1). Elles annonçaient, entre autres, que, de Saulieu à Autun, il y avait deux routes, l'une passant par Arnay-le-Duc, plus sûre, mais beaucoup plus longue; l'autre par Lucenay-l'Évêque, plus courte, mais très-dangereuse, à cause des bois qu'elle traverse et des défilés qu'on y rencontre, surtout entre la Pierre-Écrite et Chissey; *qu'une poignée d'hommes, embusquée là, suffirait pour arrêter une armée entière.*

Meuzel fut conduit, le 7, escorté d'un piquet de gardes nationaux d'Alligny, à Château-Chinon, où il fut écroué. Le sous-préfet l'annonça à son supérieur en ces termes : « Le » caporal autrichien était dans une voiture *courant la poste*. » On a saisi ses papiers, son argent, ses armes, sur un grand » chemin, au milieu de la nuit, parce qu'on était soixante » contre un ! Qui nous dira que bientôt on n'arrêtera pas les » voyageurs français, les diligences.... et qu'on ne pillera pas » tout ce qui se trouvera sous la main? C'est une bande » d'hommes, la plupart braconniers, voleurs de bois, voleurs » de bestiaux entre eux..., contenus peut-être un instant par » le maire qui, pour cette fois, était avec eux, mais qui n'a » rien du caractère nécessaire pour retenir de pareils gens. » Aujourd'hui ils n'auront fait que ce qu'il fallait; demain, ils » s'épancheront dans les campagnes, et, n'étant nullement » organisés, ils nous reproduiront le tableau des hauts faits des

---

(1) Sous-préfecture de Château-Chinon, correspondance du sous-préfet, 1814, tome x, n° 17,927.

» Vandales, des Huns.....; au moins faudrait-il un chef, fût-il
» un Attila, qui répondît de leur conduite !

» Au même instant où toute cette horde est en marche, à
» côté d'elle, devant, derrière, sont des détachements ennemis,
» infanterie, cavalerie, qui peuvent tout-à-coup tomber sur
» elle, brûler, saccager les maisons des habitants, violer leurs
» femmes.....! De proche en proche, j'aperçois déjà l'incendie
» qui nous gagne.....! Et cependant, dans ma réponse au
» maire, je n'ose pas toucher cette corde délicate ! Tout est de
» bonne prise sur l'ennemi (1). »

Le bon sous-préfet était loin d'être brave. Il tremblait à la pensée de l'étranger; il n'osait parler ouvertement à son subordonné !

Le lendemain cet administrateur se transporta à la prison et procéda à l'interrogatoire du soldat détenu. L'Autrichien avait refusé de répondre un seul mot aux gens d'Alligny et à ses conducteurs, bien qu'il entendît et parlât assez correctement le français. « Entre Chissey et la Pierre-Écrite, dit-il, j'ai été
» arrêté, à la pointe du jour, par un grand nombre de paysans,
» qui étaient plus ou moins bien armés, une partie avec des
» fusils, que j'estime avoir été cent.

» Ils m'ont fait descendre de voiture, ajoute-t-il, ils m'ont
» fouillé, déshabillé de la tête aux pieds..., m'ont pris mes dépê-
» ches, consistant en trois lettres à l'adresse du prince de
» Lichsteinten, une paire de pistolets d'arçon, mes cartouches,
» mon sabre, mon casque, deux mouchoirs, un gilet, et cent
» vingt francs en argent, partie en pièces de cinq francs, partie
» en écus de Russie et d'Autriche. » Les conducteurs, au contraire, soutenaient ne lui avoir pris que dix francs.

« Il assure, écrivait le sous-préfet, avoir été terrassé, lors de
» sa capture, et avoir reçu beaucoup d'avanies. Il se plaint
» particulièrement d'avoir été renversé, en chemin, par son
» escorte, fouillé *in extremis* et dit que les troupes, actuelle-

---

(1) Correspondance du sous-préfet, tom. x, n° 17,927.

» ment à Autun, sont au nombre de trois mille. On connaît,
» dans cette ville, l'arrestation de Meuzel et sa translation ici.
» Les autorités locales, les habitants, tout le monde s'inquiète
» du résultat ; on aurait voulu que le prisonnier fût relâ-
» ché. »

Il rapporte ensuite un fait semblable, arrivé à Joigny, et qui attira des maux sur la ville. « Les habitants de Château-Chinon,
» poursuit-il, craignent, avec raison, que l'ennemi, se portant
» en force à Alligny, se replie sur cette ville et qu'il lui en
» mésarrive (1). »

Le 8, un détachement de trois cents cavaliers autrichiens traversa Saulieu pour se rendre à Autun. Arrivés aux Latois, ils trouvèrent la route couverte de gens armés, qui leur fermèrent le passage ; mais ils se jetèrent *dans la traverse* et purent ainsi continuer leur route.

Bientôt le tocsin se fait entendre dans toutes les communes environnantes, et les campagnards, armés de fusils, de faux et de piques, se portent aux Latois. Quinze cents à deux mille hommes s'y trouvent réunis sous le commandement du percepteur Rasse, auquel s'adjoignirent bientôt Collenot, capitaine de la garde nationale de Moux, et Hubinet, colonel de celle de Chissey.

« Les campagnes, écrivait le sous-préfet, se donnent la
» main, particulièrement dans *Saône-et-Loire;* dans les mêmes
» vues, plusieurs communes de l'arrondissement de Château-
» Chinon se trouvent entraînées à les imiter. Elles sonnent le
» tocsin. Cela peut produire un effet pour déjouer les projets
» de l'ennemi, tant qu'il ne sera pas en force ; mais à quels
» malheurs devrait s'attendre l'habitant des campagnes, si
» l'ennemi se trouve en nombre suffisant.....! Il doit être
» permis à un administrateur qui, comme moi, a toujours
» servi de père à ses administrés, de concevoir des craintes
» d'une conduite irréfléchie, tenue par des bandes d'hommes

---

(1) Correspondance du sous-préfet, 17,930.

» se jetant au hasard où ils croient produire de l'effet, mais
» sans être dirigées par aucun commandant habile et sage. »

Cependant M. B..., maître de poste à la Pierre-Écrite, *par crainte d'être saccagé*, avait consenti à faire parvenir à Semur et à Montbard deux dépêches autrichiennes. Cette condescendance attira sur sa maison la colère des partisans, qui la mirent à contribution et lui auraient fait à lui-même *un mauvais parti, s'il n'avait fui inaperçu*. « Les habitants de
» la commune, écrivait le maire d'Alligny, et ceux des com-
» munes environnantes, sont indignés de cette conduite. J'ai
» fait tous mes efforts pour retenir le peuple, mais je n'en
» réponds plus ; les esprits sont montés au plus haut point. Que
» puis-je faire, d'ailleurs, pour ce particulier, qui n'a pas craint
» de me dénoncer à l'ennemi et qui a dit ouvertement que s'il
» passait près de nous, il le dirigerait sur moi et sur d'autres,
» qui ont montré autant d'enthousiasme que de bravoure ?

» A l'instant, ajoute-t-il, les habitants sous les armes, et
» revenant de la route, me rapportent que la force armée des
» communes voisines, et faisant le même service que nous sur
» le chemin, s'est portée chez B... et l'a fait contribuer
» en pain, en vin et autres denrées. Des portes ont été
» enfoncées, des croisées brisées. Heureusement que les gens
» de la commune n'y ont participé en rien (1). »

Jusque-là, le camp n'avait rien entrepris *de sérieux* ; mais alors il fut informé que trente cavaliers ennemis se trouvaient au château de Lucenay-l'Evêque. L'occasion était favorable pour signaler son zèle contre les envahisseurs de la patrie et jeter la terreur parmi les ennemis. L'attaque fut résolue. Nos Morvandeaux se divisent en deux bandes, ayant à leur tête Collenot et Rasse. La première arriva, sans donner l'éveil, jusque sous les murs du château. La seconde, entravée dans sa marche par les habitants de Lucenay, qui redoutaient, pour leur bourg, les conséquences de ce coup de main, fut le salut

---

(1) Correspondance du sous-préfet, 17,930.

des Autrichiens ; ils s'enfuirent par une porte mal gardée, et en furent quittes, malgré deux décharges consécutives, pour un homme tué et quelques chevaux blessés (1).

Ce premier succès, quoique faible, produisit l'effet qu'on en attendait. Le camp grandit en renommée et les montagnards s'y rendirent en foule. On y vit arriver trente gardes forestiers, bien armés, envoyés par Brochot, inspecteur des forêts.

Cependant Hubinet, renfermé dans son château de Chissey, avec des gens déterminés, attendait l'occasion de frapper un coup. Elle se présenta bientôt. Il avait été dénoncé au commandant des forces alliées, à Autun, qui pensait le surprendre avec tous ses partisans. Le général autrichien envoya donc, de nuit, deux à trois cents cavaliers contre lui. Mais Hubinet, ayant été prévenu par Desbois, aubergiste à Lucenay, venu à Chissey à course de cheval, s'avança avec ses gens jusqu'au pont de Souvert, où il les embusqua. La nuit était profonde. Quand le détachement ennemi fut entièrement passé, il commanda une décharge générale, qui abattit plusieurs hommes et un plus grand nombre de chevaux. Les étrangers, n'osant repasser sur le pont, se jetèrent à droite et à gauche de la route et furent poursuivis par les paysans, qui en firent un carnage, de manière qu'il n'en rentra que quelques-uns à Autun.

Cette seconde affaire répandit une sorte de stupeur parmi les alliés. Ils résolurent aussitôt de former un camp d'observation de 40,000 hommes aux environs d'Autun.

Le 15 mars, le sous-préfet, en vertu d'ordres supérieurs, écrivit au maire d'Alligny pour une levée en masse des habitants, et nomma Dutout, brigadier à Montsauche, pour les commander. « Le choix qui est fait de vous, lui disait-il,
» d'après les bons rapports de votre lieutenant, vous est hono-
» rable, puisqu'il est fondé sur l'estime de vos chefs. Vous en
» userez avec courage et avec prudence (2). »

---

(1) Communiqué.
(2) Correspond. du sous-préfet, 17,949 et 17,950.

Cependant l'Empereur, informé de ce qui se passait en Morvand, ordonna à son chambellan, de Forbin-Janson, de se rendre au camp des Latois et d'en prendre le commandement avec le titre de colonel. Il se trouva donc, le 19 mars, avec son état-major, à Château-Chinon, d'où il se dirigea sur Alligny et alla loger au presbytère, qui devint son quartier général. Le 21, le maire reçut l'ordre de se soumettre au chambellan de l'Empereur pour la direction des forces locales et pour la défense du pays, tandis que les communes étaient invitées à fournir des vivres pour les hommes et des fourrages pour les chevaux (1). Le lendemain, Hubinet réunit ses forces à celles de Forbin-Janson, qui se trouva ainsi seul chargé du commandement général (2).

Le colonel se mit aussitôt en communication avec les maires des communes, stimula leur zèle patriotique et prescrivit des levées en masse, afin de se porter sur Autun et d'empêcher la livraison de contributions énormes, imposées par les ennemis. Après avoir arrêté des troupeaux de bœufs, que l'on conduisait au camp des Chaises, il voulut tenter un coup de main sur le camp lui-même et s'emparer de quelques pièces de canon. Il choisit donc, pour cette tentative hardie, quatre à cinq cents des plus braves de ses partisans, s'avance en silence avec eux et pénètre dans le camp, au milieu de la nuit. Mais l'alarme ayant été donnée, il se vit bientôt enveloppé par quatre mille Autrichiens et forcé de chercher son salut dans la fuite. « Mes » amis, s'écrie-t-il alors, nous sommes cernés ; du sang-froid et » du courage. Suivez-moi ! » Puis il commande un feu de peloton, qui force l'ennemi à ouvrir un passage. La petite troupe gagna, à travers bois, le château de Montjeu. De là, de Forbin-Janson se rendit à Château-Chinon, où il trouva onze caisses d'armes avec des détachements d'hommes et de chevaux,

---

(1) Correspond. du sous-préfet, 17,965, 17,968, 17,972.
(2) *Ibid*, 17,987. Pendant les jours que Forbin-Janson passa à Alligny, il fut parrain d'un enfant de la paroisse.

qui lui étaient destinés ; mais il apprit bientôt la capitulation de Paris et l'abdication de Fontainebleau. Dès-lors il licencia ses hommes pour se retirer dans ses foyers. Tout était terminé.

Quinze jours après, l'Empereur partait pour l'île d'Elbe, qui lui avait été donnée en toute souveraineté avec deux millions de revenu. Un empire de vingt-cinq à trente lieues de tour, et qui ne renfermait pas plus de treize mille sujets, ne pouvait satisfaire le héros, qui avait dicté des lois à l'Europe presque entière. Aussi, quittait-il secrètement cette île, le 27 février de l'année suivante, pour venir en France reconquérir le trône brillant dont il était descendu. Dans sa course rapide et triomphante, des bords de la Méditerranée à la capitale, Napoléon traversa le nord-est du Morvand, où il reçut, comme nous l'avons vu, des témoignages de la plus vive sympathie de la part des habitants de la contrée, et se reposa quelques instants au château de Chissey. Mais la fortune, qui l'avait élevé si haut, et qui parut lui sourire encore un moment, l'abandonna enfin pour toujours. La bataille de Waterloo, perdue le 18 juin 1815, fut la consommation de la ruine du puissant empire qu'il avait fondé au prix de tant de victoires et de tant de sang répandu. Une seconde invasion s'ensuivit.

De nouveau maîtresses de la France, les armées étrangères se répandirent dans les provinces de la rive droite de la Loire, et le Morvand fut parcouru en tous sens. Bien qu'elles n'y aient séjourné que peu de temps, le pays en fut grevé et s'en ressentit douloureusement. A Bazoches, par exemple, on estime, à vue de pièces, que le montant des fournitures faites en ce lieu et dans les environs, s'éleva à 22,239 fr. Les habitants des campagnes, effrayés, s'enfuirent à leur approche et coururent se cacher, avec leurs troupeaux, au fond des bois ; à peine quelques villageois, plus intrépides, se hasardèrent-ils à rester au hameau, devenu désert et silencieux.

Dans ces graves circonstances, la petite ville de Luzy fut occupée par un corps d'armée de trois mille hommes de pied et de six mille chevaux, sous le commandement du comte de Franqmont, officier général au service du roi de Wurtemberg. Une ville de si peu d'importance ne pouvant loger tant de monde, les Wurtembergeois furent forcés de se jeter dans la banlieue et même de former un camp dans la prairie voisine.

Il arriva, dans l'intervalle de leur séjour, que le feu prit, au milieu de la nuit, dans un magasin de fourrages et menaça la ville d'un embrasement général. Aussitôt le lugubre tocsin retentit au beffroi et appelle les habitants à la défense de leurs foyers en péril. Dans un instant, toute la population est sur pied. On accourt incontinent de tous les coins de la ville, on se mêle, on se heurte, et il s'ensuit un bruit confus et extraordinaire.

Tandis que ceci se passait en ville, le camp, de son côté, entrait dans l'agitation et le trouble. On avait cru à un soulèvement du pays. Les soldats, à la voix des chefs, étaient accourus aux armes, et des courriers avaient été expédiés, en toute hâte, aux divers détachements cantonnés dans les environs. Mais la cause du mouvement ayant été bientôt connue, le camp rentra dans le calme, et, de part et d'autre, on en fut quitte pour la peur et un sommeil troublé.

A leur passage à Alligny, les alliés, qui s'y étaient réunis en force, à cause de la réputation de *bonapartisme* que le camp des Latois avait faite au pays, en traitèrent assez durement les habitants. On s'attendait même au pillage et à l'incendie; néanmoins, tout se borna aux menaces et à la crainte, si ce n'est à l'égard du curé, homme bon et généreux, mais connu par ses opinions politiques, qui lui avaient valu, dans les *Cent-Jours*, la décoration de la *Légion-d'Honneur* (1).

Plusieurs officiers de l'état-major ayant pris leur logement au presbytère, traitèrent d'abord leur hôte avec toutes sortes d'égards et de bienveillance. Mais devenu bientôt l'objet de la

---

(1) Il reçut la croix des mains de l'Empereur lui-même, à Chissey.

surveillance la plus rigoureuse, le curé comprit que des délations malveillantes avaient été faites contre lui. En effet, il avait été accusé, outre ses opinions politiques, d'avoir reçu chez lui les chefs du camp des Latois, de s'être entendu avec eux sur les mesures à prendre, et même d'avoir laissé fondre, dans son propre foyer, des balles pour cette destination.

Le jour du départ arrivé, sa maison fut dévastée, son mobilier chargé sur des chariots, et lui-même emmené prisonnier à la suite de l'armée. A quel sort dut-il dès-lors s'attendre ? Les tristes pensées qui agitèrent son âme et le blanchirent pendant la première nuit qu'il passa à Autun, montrent assez qu'il sentait toute la gravité de sa position. Heureusement pour lui, ses supérieurs, prévenus à temps, étaient accourus et l'avaient réclamé auprès des chefs. Ceux-ci, sur leurs instantes sollicitations, consentirent enfin à le leur remettre, sous la condition d'une grave correction, qui fut laissée à leur choix.

Ce n'était pas la première fois que le bon curé avait vu sa tête menacée. Déjà prêtre en 1789, il avait dû, pendant la terreur, pour éviter la hache révolutionnaire, quitter le costume ecclésiastique et revêtir l'uniforme de soldat. Gendarme à Arnay-le-Duc, sa nouvelle profession l'obligea, quelquefois, à poursuivre, en vertu d'ordres barbares, ses confrères dans le sacerdoce, métier pénible pour lui sans doute, et presque aussi terrible que la mort.

Il lui arriva donc, un jour, d'être envoyé, sur une dénonciation, avec un de ses nouveaux collègues, pour arrêter un prêtre, un de ceux qu'on nommait alors *réfractaires*. Mais que faire dans cette funeste occurrence ? Se saisir de l'innocente victime pour l'envoyer au supplice, cela répugnait à son cœur d'homme et encore plus à sa conscience de prêtre ; la laisser publiquement s'échapper, c'était se dévouer lui-même à une mort certaine ! Telles étaient les pensées que, chemin faisant, il roulait dans son âme.

Cependant nos deux gendarmes approchaient de la maison qui avait donné asile au vertueux prêtre ; déjà ils étaient près d'arriver, lorsque s'adressant tout-à-coup à son compagnon d'armes : « Camarade, lui dit-il, il ne faut pas que le *gibier* » *nous échappe*, cernons la maison; » et tandis que le satellite dévoué aux ordres de Robespierre, se postait d'un côté, lui accourait lestement par la porte opposée. Le misérable dénonciateur avait dit vrai ; le prêtre fidèle était là, payant une dette sacrée ; il récitait son bréviaire.

A la vue du redoutable uniforme, l'ecclésiastique frissonne, le livre lui échappe des mains. « Sauve, sauve, lui dit alors une » voix amie, sauve bien vite; sous ce costume qui t'effraie, » reconnais un confrère, un ami; néanmoins, sauve-toi bien » vite, car je ne suis pas seul ; » et le prêtre, stupéfait, s'échappait rapidement, et le gendarme, grommelant de ce que, disait-il, on les avait trompés, rejoignait son collègue qui ne soupçonna pas la pieuse fraude (1).

L'année qui suivit le départ des alliés, fut une époque bien cruelle pour la France. La présence de tant d'étrangers, qu'il fallut nourrir et payer, l'avait épuisée. Les récoltes, que des pluies continuelles avaient gâtées, produisirent peu et mûrirent fort mal. Aussi, une disette terrible et dont le Morvand, en particulier, souffrit beaucoup, se manifesta bientôt. Au printemps de l'année 1817, le blé devint si rare, qu'il coûtait 12 ou 13 fr. la mesure ; le pain se payait jusqu'à 60 c. le demi-kilogramme chez les boulangers; les pommes de terre se vendaient 16 à 18 fr. les deux hectolitres; le vin valait 1 fr. la bouteille.

La plupart de nos Morvandeaux se ruinèrent pour se procurer quelque peu de mauvais pain. Beaucoup n'en mangèrent pas depuis le commencement du printemps jusqu'à la moisson, qui heureusement fut précoce et abondante. On se nourrit, dans les campagnes, d'herbes sauvages, cueillies dans les prés, de racines arrachées dans les forêts, et d'autres végétaux aussi malsains que dégoûtants. On rencontrait, çà et là, des personnes pâles, livides, exténuées de besoin, et même tombant de faiblesse le

(1) Ces faits nous ont été racontés par le héros lui-même.

long des chemins. L'enfant, à la mamelle, demandait en vain au sein maternel une nourriture que les privations avaient tarie ; son aîné réclamait-il du pain, il ne recevait, le plus souvent, que de brûlantes larmes, dont une mère désolée inondait son visage ! Et pourtant on ne murmurait point, on n'accusait personne ; on se résignait. Nos mœurs ont bien changé ! Le peuple des campagnes a toujours désigné cette funeste époque sous le nom de *mauvaise année*.

Dans ces tristes circonstances, une bande de dix-sept voleurs, poussés par la passion du mal autant que par le besoin, forma une horrible société, qui porta la crainte et l'effroi dans la partie sud de notre contrée. Ces misérables, réunis des communes de Préporché, de La Roche-Milay, de Sémelay et de Villapourçon, se livrèrent à divers excès; ils attaquèrent, entre autres, le château de Bouton, près Verrières-sous-Glaine, où l'un d'eux trouva la mort devant la résistance énergique du propriétaire. Une autre bande, composée de huit malfaiteurs, ourdit, en revenant d'une foire de Château-Chinon, l'abominable complot d'assassiner un pauvre meunier de Villapourçon, avec toute sa famille, pour enlever l'argent qu'il possédait. Ce projet fut exécuté, en partie, avec les horribles circonstances que nous rapporterons ailleurs. Ces brigands étaient vulgairement nommés *chauffeurs*, à cause de la barbarie avec laquelle ils brûlaient les membres de leurs victimes, pour les forcer à déclarer où était leur argent.

Arrêtés par suite de cet affreux assassinat, ces derniers furent traduits devant la cour prévôtale de la Nièvre, et condamnés au supplice capital, qu'ils subirent à Château-Chinon. Le terrible instrument de la justice humaine fut dressé sur la principale place de la ville, où sept d'entre eux furent exécutés en présence d'un foule immense de personnes, que la nouveauté du spectacle avait attirées. Le gouvernement, en punissant ces grands coupables dans les lieux qui avaient été témoins de leur crime, voulut donner, par là, un exemple salutaire à notre population et la détourner à jamais de pareils attentats.

Les années qui suivirent furent une époque de prospérité et de bonheur pour le Morvand, comme pour toute la France. Les guerres continuelles qui, pendant plus de vingt ans, ensanglantèrent le sol de l'Europe et arrachèrent tant de bras à l'agriculture, avaient entièrement cessé. Nos Morvandeaux s'occupaient activement de la culture de leurs champs, tandis qu'un gouvernement doux et paternel faisait fleurir le commerce et l'industrie. Aussi, le règne de Louis XVIII, qui finit par la mort de ce prince, le 16 septembre 1824, laissa de précieux souvenirs parmi eux. « C'était un bon roi, celui-là, » répètent-ils encore ; mais leur extrême crédulité, exploitée en 1830, leur a imprimé un tout autre sentiment sur son successeur, comme nous le dirons bientôt.

Par suite du concordat de 1801, le Morvand tout entier, si ce n'est la partie comprise dans le département de l'Yonne, qui fut unie au diocèse de Troyes, était repassé sous la juridiction des évêques d'Autun. Mais les antiques sièges de Nevers et de Sens ayant été rétablis en vertu d'un nouveau concordat, conclu le 11 juin 1817, entre le roi de France et le souverain pontife, la partie comprise dans le département de la Nièvre fut attribuée, en 1822, au diocèse de Nevers ; celle renfermée dans le département de l'Yonne, à celui de Sens. Les nouveaux prélats, après les soins donnés aux affaires les plus urgentes, s'empressèrent de visiter leurs diocésains du Morvand. Partout les populations montrèrent le zèle le plus ardent, et accoururent, en foule, sur leurs pas. Mais nulle part peut-être l'affluence ne fut aussi grande qu'à Ouroux, à Montsauche, à Alligny, où Mgr Millaux, évêque de Nevers, administra, au mois de septembre 1825, le sacrement de Confirmation. De mémoire d'homme ces paroisses n'avaient reçu de visite épiscopale ; aussi l'élan fut-il général. Le nombre des fidèles fut si grand, que le prélat se vit contraint, à cause de l'insuffisance des églises, de confirmer sur les cimetières et les places publiques. Le jubilé séculaire, qui se célébra, deux ans plus tard, fut aussi une époque d'enthousiasme religieux pour le Morvand ;

la foi et la piété, que nos bouleversements politiques avaient tant affaiblies, se ranimèrent alors dans les cœurs.

La révolution du mois de juillet 1830, qui renversa le trône de Charles X, trouva de nombreux partisans parmi nos Morvandeaux. On répandit alors le bruit que ce prince voulait *rendre les dîmes au clergé, rétablir les corvées*, et même *faire manger de l'herbe au peuple*. C'en était assez pour qu'ils applaudissent à la chute du monarque régnant et de sa dynastie, et pour rendre populaire l'avènement de la branche d'Orléans. En effet, rien n'effraie autant nos bons compatriotes que la pensée du rétablissement de la dîme ecclésiastique; c'est pour eux un véritable cauchemar. Aussi, à la faveur de cet épouvantail puéril, on leur fera croire les choses les plus ridicules et les plus absurdes. Cela se comprend, en quelque sorte, de la part d'une population généralement pauvre, et qui, d'ailleurs, accorde beaucoup à la crédulité et peu au raisonnement.

Le règne de Louis-Philippe, qu'on a nommé, à juste titre, *le gouvernement d'argent et du bien-être matériel*, a été, nous devons le reconnaître, très-favorable, sous ce rapport, au Morvand, jusque-là si abandonné. C'est pendant les dix-huit années qu'il dura, que furent jetés sur les rivières et les torrents ces ponts nombreux, que nous remarquons dans nos montagnes, et que furent exécutées ces routes magnifiques qui les parcourent en tous sens. L'agriculture, de son côté, fut encouragée et fit des progrès notables. L'instruction fut aussi propagée; mais, malheureusement, l'éducation n'ayant pas marché de front, il s'ensuivit, ici, comme dans le reste de la France, une désorganisation funeste dans les idées et dans les principes religieux, tellement que nous reconnaissons à peine aujourd'hui le Morvand d'autrefois. Mais suivons l'ordre des événements.

En 1832, le samedi 28 juillet, un effroyable incendie consuma, en moins de deux heures, le village de Planchez et en fit un monceau de décombres. Soixante-sept familles furent réduites à une extrême détresse, sans vêtements, sans pain, sans asile. A cette triste nouvelle, les cœurs s'émurent, et la compassion, naturelle aux Morvandeaux, produisit des merveilles. De toutes parts, des quêtes s'organisèrent, d'abondantes aumônes furent recueillies, et le désastre fut promptement réparé. Cette année-là, un léger tremblement de terre agita tout le Morvand. Déjà, cinquante ans auparavant, on avait ressenti une semblable secousse.

Rien n'est plus nuisible à notre contrée qu'une longue sécheresse. Le sol, par suite de sa nature arénacée et de sa position presque partout très-inclinée, s'égoutte rapidement. Il a besoin, par conséquent, d'être fréquemment arrosé. En 1834, une température extrêmement élevée se déclara au commencement du printemps, et, pendant deux mois entiers, les moissons subirent les rayons brûlants d'un soleil de feu. Bientôt la végétation s'arrêta et le pays fut menacé d'une épouvantable stérilité.

Naturellement religieuse, la population du Morvand devait, en cette inquiétante conjoncture, se tourner vers le ciel et sentir se ranimer ses sentiments de foi et de confiance. Elle eut, en effet, recours au Dieu de ses pères, et réclama hautement ses anciennes miséricordes. Bientôt des processions se forment de toutes parts et se rendent pieusement aux lieux les plus renommés par la dévotion populaire. La ville de Château-Chinon tout entière, les paroisses d'Anost, d'Arleuf, de Chaumard, de Corancy, d'Ouroux, de Planchez, s'acheminent vers la chapelle de Notre-Dame-de-Faubouloin, bâtie sur un rocher, au milieu des bois, à l'est de Corancy. Celles de Saint-Bernard de Chassy, de Notre-Dame-de-Grâce à Bar-le-Régulier, de Saint-Marc à Dun, de Saint-Grégoire à Sainte-Magnance....... devinrent le but de semblables pélerinages. La pluie, qui tomba le lendemain du rendez-vous général à Notre-Dame-de-Faubouloin, augmenta singulièrement la confiance des fidèles envers la sainte Vierge, honorée d'un culte spécial en cette solitude.

Depuis cette époque, jusqu'à l'année 1846, le Morvand nous offre peu de faits d'un intérêt général et dignes de remarque. Il était alors tout occupé à la confection de ses chemins et à fonder les ponts qui servent à franchir les rivières et les torrents. L'une des routes les plus importantes, qui traversent le Haut-Morvand, celle de Nevers à Dijon, fut exécutée, de 1836 à 1840, aux frais communs de l'État et des départements de la Côte-d'Or et de la Nièvre. Le pont, sur lequel elle traverse la rivière de Cure, auprès de Gouloux, coûta quatre-vingt mille francs. Il est, par sa masse et son élévation, par sa longueur et l'importance de la chaussée, qui unit deux montagnes, le plus remarquable de tous. L'année de son achèvement, il fut solennellement inauguré, en présence de M. Dupin aîné, procureur général à la cour de cassation et député de Clamecy, des autorités administratives de l'arrondissement de Château-Chinon et d'un grand concours de peuple. Il reçut alors le nom de *Pont-Dupin*, en souvenir de l'homme à la puissante influence duquel il était dû; mais il est plus connu aujourd'hui sous celui de *Pont-du-Saut*, à cause de la magnifique cascade qui bondit à cent mètres plus haut et forme une des curiosités naturelles du Morvand (1). Trois ans plus tard, on inaugurait aussi le superbe pont-aqueduc de Montreuillon, ouvrage digne des Romains; il sert au passage de la rigole de dérivation, qui porte une partie des eaux de la rivière d'Yonne dans le *canal du Nivernais*.

L'année 1844 vit la bénédiction de la première pierre de la somptueuse basilique de Dun-les-Places. Cette cérémonie, la plus solennelle dont nos campagnes eussent été témoins depuis long-temps, se fit aussi en présence de M. Dupin, des curés et des maires de toutes les communes environnantes, d'une foule de peuple, et aux détonations, cent une fois répétées, de deux canons braqués sur le sommet de la montagne dite le *Haut-du-Château*, qui domine le village des Places, au nord.

---

(1) Une croix en fer, érigée en 1863 sur le parapet d'aval, porte deux plaques métalliques sur lesquelles on lit :

Pont-Dupin.
Ordonnance royale du 17 avril 1840.

Deux ans après, aux mois d'août et de septembre, le Morvand tout entier fut livré au trouble le plus profond, à l'agitation la plus tumultueuse. Il s'agissait d'un bruit d'incendies, qui s'était propagé de toutes parts avec une excessive rapidité. Des chaleurs, aussi longues que fortes, avaient rendu les toits de chaume extrêmement inflammables ; il en était résulté quelques sinistres. L'imprudence et la malveillance en causèrent bientôt un plus grand nombre. Les communes de Magny-Lormes, de Marigny-l'Eglise, de Saint-Brancher, de Saint-Germain-des-Champs, de Saint-Léger-de-Fourcheret, eurent leurs incendies.

Soudain mille bruits étranges se répandent. Des troupes d'incendiaires, dit-on, peuplent les forêts, rôdent autour des haies et des buissons ; ici, on en a vu quelques-uns fuyant avec la rapidité du chevreuil ; là, quelques autres ont été arrêtés, encore munis d'objets propres à propager l'élément dévastateur......... Chaque jour, la renommée, qui grossit tout, apporte la nouvelle de plus terribles désastres et assigne à telle ville, à tel bourg, à tel village le jour où il sera incendié.

Effrayés par ces contes, nos crédules campagnards s'attendent, à tout instant, au malheur redouté ; ils ne goûtent plus de repos. Qui n'en a pas été témoin, ne peut se faire une idée exacte de l'agitation et de l'effervescence qui régnaient dans toute la contrée, mais particulièrement au nord. A peine le soleil était-il descendu sous l'horizon, que le son du tambour, les décharges répétées d'armes à feu, des cris lugubres, annonçaient au loin que les villageois, de retour des travaux des champs, se tenaient sur leurs gardes et veillaient sur leurs habitations.

Les sous-préfets d'Avallon, de Clamecy, de Château-Chinon, assistés des procureurs du roi, parcoururent les communes de leurs ressorts pour rassurer les habitants ; mais leurs avis et leur autorité furent presque toujours méconnus par des gens disposés à ne céder qu'à la peur ; quelques-uns, en proie à l'exaltation, osèrent même les menacer de violence. Un fort détachement de dragons, envoyé de Nevers, parcourut la partie nivernaise du pays, afin d'y rétablir l'ordre. Un semblable détachement, venu d'Auxerre, en fit autant pour la partie avallonnaise.

Qui serait étonné qu'au milieu d'une telle agitation et sous l'influence de semblables idées, on crut voir partout des incendiaires ? En effet, un oiseau qui s'envolait inaperçu d'un buisson, un animal dans sa ronde de nuit, ou toute autre cause, devenaient autant de sujets d'alerte, qui mettaient tout un village en émoi. Et comme les battues n'amenaient aucun résultat, on se livrait aussitôt aux réflexions les plus ridicules, les plus absurdes. Ici, c'étaient des *physiciens, qui aveuglaient le monde*; là, des hommes malfaisants, qui avaient le talent de se métamorphoser *en bêtes, à volonté !*..... Pauvre peuple ! quelle triste ignorance au milieu *du siècle des lumières !*

De la précipitation et de la méprise résultèrent souvent de graves accidents. A Brassy, à Island-lès-Avallon et en divers autres endroits, des gardiens de nuit tuèrent ou blessèrent des voisins inoffensifs. Inutile de dire qu'il eût été, dans ces graves circonstances, imprudent et fort dangereux de voyager, surtout pendant la nuit.

Tous ces bruits, toutes ces alarmes, toute cette effervescence cessèrent avec la pluie qui tomba vers le 20 du mois de septembre. Revenus au calme et à la réflexion, nos campagnards, qui avaient accusé les prêtres et les nobles d'être les instigateurs et les soutiens de ces malfaiteurs imaginaires, eurent honte de leurs discours absurdes et injurieux, et déposèrent leurs préventions. Mais ils ne reviennent quelquefois d'une idée ridicule que pour en adopter une plus ridicule encore. A cette époque commença la putréfaction des pommes de terre, et cette maladie qui, chaque année depuis, a atteint ce précieux tubercule, fut encore attribuée aux prêtres.

Pourquoi le peuple cherche-t-il dans le clergé la cause de la plupart des maux qui l'affligent ? Pourquoi, trop souvent, s'obstine-t-il à voir des ennemis dans ses pasteurs, eux qui, par état et par éducation, sont appelés à prendre part à toutes ses misères et à soulager, par tous les moyens en leur pouvoir, ceux qui sont dans la souffrance et les peines? Où en trouver la source, sinon dans une injuste prévention, née de nos bouleversements politiques et sociaux, et dans les mauvaises doctrines, répandues à profusion dans ces derniers temps?

Par suite de la putréfaction des pommes de terre et de la mauvaise récolte de 1846, une disette assez forte affligea toute la France et particulièrement nos montagnes, toujours peu approvisionnées. Mais, grâce à la charité publique, qui fit des prodiges de générosité, nos Morvandeaux éprouvèrent une gêne inaccoutumée et non une famine. Le prix du blé n'excéda pas huit francs le double-décalitre, et celui du pain trente-cinq centimes le demi-kilogramme.

Comme il arrive souvent, l'abondance remplaça bientôt la disette. La récolte de 1847 fut si productive, que le même poids de pain descendit subitement à douze centimes. Le seigle ne valut plus que un franc trente-cinq centimes. Les autres céréales et le vin subirent la même décroissance de prix.

CHAPITRE XIII.

Révolution de février. — Proclamation de la république. — Émeutes à Arleuf, à Planchez, à Bazoches, à Chastellux. — Le choléra à Château-Chinon, à La Chaise. — Fondation d'établissements religieux; construction d'églises. — La basilique de Dun-les-Places, sa consécration. — Le réservoir des Settons, son inauguration. — Ouragan. — Crime de Claude Jeannin, son exécution.

Telle était l'aisance générale, lorsqu'une révolution subite, inattendue, renversa, le 24 février 1848, le trône et la dynastie qu'une autre révolution avait fondés, dix-huit ans auparavant, et amena la proclamation de la république. Cet événement, prompt comme la foudre, jeta tous les honnêtes gens dans la stupeur et la consternation. On craignait, avec raison, que cette jeune république ne marchât sur les traces de son aînée. Le souvenir des proscriptions et des exécutions sanglantes de 1793 était encore si présent à tous les esprits! Mais le peuple de nos campagnes, toujours ami de la nouveauté, salua son avènement avec enthousiasme. Il pensait que son tour de dominer était arrivé, et il espérait que le nouveau gouvernement lui fournirait le moyen d'augmenter son bien-être aux dépens des personnes dont la fortune excitait sa jalousie. C'est avec une véritable tristesse que nous constatons ici le funeste changement qui s'est opéré dans l'esprit des Morvandeaux depuis la douloureuse époque de 1793. Il nous est également pénible de dire, avec tous les hommes sensés, que le gouvernement de Louis-Philippe y avait coopéré, en ne propageant pas suffisamment et en ne soutenant pas, avec assez de zèle, les principes vrais et solides, sans lesquels nulle société ne peut subsister long-temps. L'expérience ne l'a depuis que trop prouvé.

Au récit des événements accomplis dans la capitale, nos campagnards commencèrent à sourire, et bientôt à parler plus haut que de coutume. Dans plusieurs localités on en vint à l'émeute proprement dite. Les anciens droits d'usage et pacage, dans les forêts seigneuriales, en furent partout le prétexte et souvent la cause première ; on en demandait la restitution prompte, immédiate. Il faut convenir que le dépouillement de ces antiques concessions, faites à des conditions onéreuses, ainsi que la rigueur des lois forestières actuelles, ont réduit la population du Morvand à un grand état de gêne pour la nourriture des bestiaux et le chauffage.

Vers le milieu de mars, les habitants d'Arleuf, réunis en foule et armés, se portèrent sur Château-Chinon, où résidait le haut administrateur de la terre de La Tournelle. Le 20 du même mois, les gens de la commune de Planchez, soulevés au son lugubre du tocsin, accouraient tous, armés de fusils, de faux, de cognées, de piques, au chef-lieu, dans le but de revendiquer *leurs droits*. Ces deux émeutes furent réprimées par l'énergie du sous-préfet de Château-Chinon, appuyé de la garde nationale de cette ville, et surtout par de prudentes concessions, faites au nom des propriétaires.

Tandis que ceci se passait vers le centre du pays, on vit arriver à Bazoches un rassemblement de plus de cinq cents personnes. Cette foule d'émeutiers était composée des habitants des communes de Fontenay, de Metz-le-Comte, de Nuars et de Teigny, qui prétendaient aussi se faire réintégrer, de gré ou de force, en certains droits dans les forêts du voisinage.

A leur arrivée, ils investirent le château, dont ils trouvèrent les portes fermées, et se préparèrent à le forcer. Dans la cour on voyait, rangés en bataille, les brigades de Lormes et de Vézelay et environ trente hommes de cœur, bien armés, qui, au bruit du soulèvement, étaient accourus à la défense des nobles châtelains. Quelques concessions, dictées par la prudence, calmèrent cette populace. Sur un signal de ses chefs, elle effectua sa retraite sans qu'on eût aucun malheur à déplorer.

La maison de Chastellux, connue par ses bienfaits autant que par l'ancienneté de sa noblesse, entendit aussi gronder l'émeute autour de son manoir ; mais la garde nationale d'Avallon dissipa bientôt l'attroupement. Nos campagnards, en voyant la répression énergique des soulèvements populaires et la condamnation sévère des chefs les plus compromis, comprirent enfin que le mot *république* ne signifiait pas littéralement *désordre*, *anarchie*, et rentrèrent dans le calme.

Dès-lors, le nouveau régime devait naturellement moins leur sourire ; mais, lorsqu'ils virent surtout que, malgré la rareté du numéraire, que la défiance avait fait disparaître, il fallait payer l'impôt de *quarante-cinq centimes par franc*, frappé par le *gouvernement provisoire*, ils n'eurent pour la république que des paroles de malédiction, et ce mode de gouvernement leur parut le pire de tous. Aussi les entendait-on journellement réclamer un *gouverneur*, et quand, au 10 décembre 1848, ils furent appelés à élire un président, leur joie fut au comble. Ils votèrent tous, comme un seul homme, pour le prince Louis-Napoléon Bonaparte, persuadés qu'ils nommaient un empereur.

Sans nous arrêter à décrire le terrible incendie qui, le dimanche 14 mai de la même année, dévora l'église de Brassy et une partie de ce village, et le vol sacrilége qui, dans la nuit du 25 au 26, dépouilla la vieille église de Dun-les-Places de tous ses vases sacrés, venons au choléra, ce terrible enfant du Caucase. Il semble qu'à chaque fois que la France fait une révolution, cette cruelle épidémie se charge de l'en punir. En 1832, Paris et la plupart de nos villes de province furent décimés par ce fléau, contre lequel les secours de l'art ont été jusqu'ici impuissants; mais il avait respecté le Morvand, bien qu'il eût ravagé Auxerre, Clamecy et Nevers. Il n'en fut pas de même lorsque, en 1849, il reparut tout aussi redoutable que la première fois. Alors nos campagnes, moins heureuses, en éprouvèrent les tristes atteintes. La présence du *mal asiatique* fut constatée, au mois de juin, à Château-Chinon, pays à l'air pur et sain. Sur soixante-treize personnes, qui présentèrent les effrayants symptômes de la maladie, trente-sept succombèrent sous la violence des spasmes. De ce nombre furent la supérieure de l'hôpital et la sœur infirmière; celle-ci mourut victime de sa charité. Le lendemain, toute la ville, en larmes, accompagnait les restes mortels de la *bonne sœur* à leur dernière demeure; tandis que Dieu, dans le ciel, couronnait ses vertus chrétiennes et héroïques. A La Chaise, près Planchez, vingt personnes furent emportées au mois de septembre. A Bazoches on signala cinq cas seulement. Le choléra se déclara aussi dans les faubourgs de Cousin, à Avallon; mais il y fit peu de victimes.

Tandis que cette redoutable épidémie agissait sur les corps, une autre maladie, non moins terrible dans ses effets, travaillait les esprits et les pervertissait de toutes parts, en Morvand comme dans le reste de la France; nous voulons parler du socialisme. Les doctrines funestes, les écrits incendiaires, répandus avec une effrayante profusion et une infernale persévérance, produisirent bientôt des fruits empoisonnés. Nos Morvandeaux, si accessibles à la corruption, ne surent pas se préserver des atteintes du mal qui minait notre vieille société française, et menaçait de remplacer la civilisation européenne par la barbarie et l'impiété. Déjà, en 1849, ils avaient, par leur vote, envoyé à l'assemblée législative des représentants de la nouvelle hérésie politique; déjà la partie nivernaise s'applaudissait d'avoir contribué à l'élection de deux socialistes, sortis de ses montagnes, lorsque les idées démagogiques, grandissant toujours, finirent par diviser les voisins, et même les familles, et portèrent le trouble et la discorde partout. On proférait, de tous côtés, des menaces contre l'ordre et la paix publics; les hommes honnêtes, même ceux qui s'étaient montrés les plus bienfaisants, s'entendaient assigner effrontément à 1852, époque fatale où tous les pouvoirs politiques devaient être renouvelés, lorsque le Prince-Président de la république, par son coup d'Etat du 2 décembre 1851, vint, en accomplissement de sa promesse, *rassurer les bons et faire trembler les méchants*. L'hydre du désordre, blessée à mort, fit entendre d'horribles sifflements. Elle agita ses sept têtes et montra autant de gueules béantes et prêtes au carnage. A Paris, à Clamecy et dans plusieurs autres villes, les nouveaux Robespierres montrèrent ce qu'ils réservaient à la société si, par malheur, ils avaient été les maîtres. Mais vaincus et désarmés partout, ils allèrent, dans la personne de leurs chefs, expier dans les prisons des erreurs bien déplorables et trop nombreuses. A Avallon, à Quarré-les-Tombes, à Château-Chinon, à Lormes, à Luzy, à Montsauche, à Moulins-Engilbert, à Ouroux, à Saulieu et dans plusieurs autres endroits, il y eut des arrestations; mais au bout de quelques semaines de détention, la clémence du Prince-Président rendit les inculpés, à peu d'exceptions près, à la liberté. Plaise à Dieu qu'elle les ait aussi rendus à de meilleurs sentiments.

Mais laissons ces récits affligeants pour jeter un coup d'œil rétrospectif sur la première période séculaire qui vient de s'écouler. La main qui détruit est toujours plus habile que celle qui édifie. Il suffit, à la fin du dernier siècle, de quelques instants pour anéantir les établissements religieux fondés par la piété de nos pères. Les abbayes, les prieurés, les couvents de toute espèce, qui avaient coûté tant de sacrifices, et où la piété et la vertu avaient fleuri si long-temps, disparurent tout-à-coup de la surface du sol morvandeau. Plusieurs églises, bâties à grands frais, furent démolies ou affectées à des usages profanes. Ce que le dix-huitième siècle avait pris à tâche de détruire, le dix-neuvième s'est efforcé de le réparer, non pas sur une aussi vaste échelle, mais du moins autant que les circonstances et ses ressources le lui ont permis. Ainsi, pendant ces derniers cinquante ans, nous avons vu les *Ursulines* rentrer dans leurs établissements d'Avallon et de Corbigny ; les sœurs de la *Charité chrétienne de Nevers* reprendre le soin des hôpitaux de Château-Chinon et de Moulins-Engilbert, fonder des maisons à Lormes, à Saint-Hilaire, à Onlay, à Vandenesse, à Ouroux et à Planchez ; celles de *Saint-Vincent-de-Paul* revenir à l'hôpital d'Avallon ; celles de la *Providence de Vitteaux*, appelées à la direction de celui de Saulieu, fonder un second établissement dans cette ville, à Rouvray, à Quarré-les-Tombes ; celles de la *Providence de Portieux* à Montreuillon, à Alligny ; celles du *Saint-Sacrement d'Autun* à Anost, à Lucenay ; les religieuses de *Saint-Joseph de Bellay* s'établir à Sermages, à Saint-Léger-de-Fougeret ; celles de *Saint-Paul de Chartres* prendre le gouvernement de l'hôpital de Luzy ; celles de la *Croix-de-Saint-André de Poitiers* former des succursales à Bazoches, à Chastellux ; celles de la *Sainte-Famille* s'établir à Saint-Honoré ; celles de Ligny-le-Châtel prendre la direction de la *salle d'asile d'Avallon*..... On trouve des frères de la doctrine chrétienne à Château-Chinon, à Corbigny, à Lormes, à Avallon, à Alligny.....

Mais le principal de tous ces établissements, celui qui, par son importance, rappelle les anciennes abbayes fondées par nos pères, est le monastère de Bénédictins de *Sainte-Marie-de-la-Pierre-qui-Vire*, situé au sein des forêts, qui couvrent la partie méridionale de la commune de Saint-Léger-de-Fourcheret, près Quarré-les-Tombes. Il a été ainsi nommé d'une claire fontaine, dédiée à la sainte Vierge, on ne sait quand, ni par qui, et d'un dolmen druidique, monument grossier d'un autre âge. Le lieu où il s'élève est un désert inculte, dont le silence n'est troublé que par la voix du torrent, qui bondit au pied du rocher sur lequel il est bâti. Il fut cédé gratuitement au vénérable abbé Jean-Baptiste Muard, fondateur et premier supérieur, par la maison de Chastellux, dont nos montagnes publieront long-temps les vertus et les bienfaits.

Le nouveau monastère, construit en juillet 1849, n'était qu'à demi-achevé, lorsque les bons religieux voulurent prendre possession de leur solitude et commencer leur vie austère et pénitente. La bénédiction des pieux cénobites et leur prise d'habits eurent lieu, le 3 octobre de l'année suivante, dans l'église paroissiale de Saint-Léger, juste au milieu du dix-neuvième siècle.

A cette touchante cérémonie assistaient plus de quatre-vingts prêtres, toutes les autorités de la commune, la garde nationale et une foule de fidèles, de tout âge et de toute condition, au nombre d'environ quatre mille personnes. Des larmes d'émotion et d'attendrissement coulèrent de presque tous les yeux, lorsque les révérends pères, étendus sur la dalle du sanctuaire, prononçaient les vœux solennels d'un engagement volontaire, et commençaient le sacrifice, qui ne doit finir qu'avec leur vie. Le soir, l'assemblée tout entière, rangée en une longue procession, voulut accompagner, à travers les forêts, jusqu'à leur solitaire demeure, les dignes religieux, dont elle semblait ne se séparer qu'à regret. Il n'est donné qu'à la religion de produire, d'un côté, un dévouement si admirable, et d'exciter, de l'autre, un si vif et si attendrissant enthousiasme!

Pillées par les révolutionnaires, en 1793, les églises du Morvand conservèrent long-temps les traces de leurs mains sacriléges et présentèrent, pendant bien des années, l'aspect le plus pauvre, le plus affligeant. Privées de leurs pasteurs dans ces circonstances malheureuses, la plupart demeurèrent dans une longue et triste viduité. Lorsque des jours meilleurs eurent permis au clergé de se recruter et de réparer ses pertes, le veuvage cessa, et les nouveaux pasteurs s'occupèrent avec zèle du soin de la maison de Dieu et pourvurent à son embellissement autant que leurs faibles ressources le permirent.

Plusieurs de ces églises, ne présentant plus une grandeur en rapport avec le nombre des fidèles qui y venaient prier, furent augmentées. Nous citerons, entre autres, celles de Luzy, de Blismes, d'Anost, de Cussy-en-Morvand, d'Etang, de Cervon, de Glux, d'Alligny, de Gouloux, de La Roche-en-Breny, de Molphé, de Planchez, de Quarré-les-Tombes, de Liernais, de Saint-Brisson;..... d'autres n'offrant ni l'espace nécessaire, ni une solidité suffisante, ont été reconstruites en entier; ce sont celles de Château-Chinon, de Chalaut, de Menessaire, de Saint-Didier-en-Morvand, de Saint-Didier-sous-Arroux, de Dun-les-Places, de Montsauche et de Mhère. Celle de Dun-les-Places, bâtie au centre de la commune, à plus de trois kilomètres de l'ancienne, est un magnifique monument de style roman, exécuté d'après les plans de Louis Lenormant, architecte à Paris.

Depuis sept ans on travaillait à la construction de cet édifice; les rochers de granit, arrachés, par blocs énormes, du sein des montagnes boisées du voisinage, s'étaient, sous la main de l'artiste, façonnés de mille manières et entassés, par assises régulières, de la base au sommet; de riches verrières brillaient dans ses quarante-trois fenêtres, et une croix, ruisselante d'or et attestant la munificence du fondateur, étincelait à la pointe de sa flèche de granit. Le moment était donc venu de le consacrer solennellement. Le 9 septembre 1851, jour choisi pour la cérémonie, Mgr Dominique-Augustin Dufêtre, évêque de Nevers, assisté de ses vicaires généraux, se rendit aux Places, où il fut bientôt entouré d'environ cent vingt ecclésiastiques, tant de son diocèse que de ceux de Dijon et de Sens; des autorités civiles, administratives et judiciaires du département; des brigades de gendarmerie des villes voisines, et d'une foule de personnes, de tout âge et de toute condition, accourues du Morvand et des environs, au nombre de huit à dix mille. Les places qui avoisinent l'édifice, les chemins, les champs étaient encombrés de brillants équipages : on eût dit les Champs-Élysées de la capitale, en un jour de fête. C'est au milieu de cette nombreuse assistance que s'accomplit cette imposante cérémonie, dont nos montagnes, depuis des siècles peut-être, n'avaient pas été témoins; aussi en conserveront-elles long-temps un précieux souvenir.

Pie IX, pour récompenser les sacrifices immenses et le religieux dévouement du fondateur, Marie-Augustin-Xavier Feuillet, lui fit remettre, en ce jour solennel, la décoration de chevalier de son ordre pontifical. Quelques semaines après, l'empereur Napoléon III, alors président de la république, s'associant aux sentiments de gratitude du pontife, l'élevait au grade d'officier de l'ordre de la Légion-d'Honneur. Cet heureux et touchant accord du chef de la société religieuse et du chef de la société civile, pour reconnaître une grande et sainte œuvre, offre un spectacle vraiment édifiant pour tous et encore plus glorieux pour celui qui en était l'objet.

Nous avons vu plus haut qu'on a établi sur le cours de la rivière de Cure, au marais des Settons, un vaste réservoir pour faciliter la navigation de la Basse-Yonne. Les premières études du projet eurent lieu en 1787; mais nos divers bouleversements politiques en avaient toujours fait ajourner l'exécution. Enfin les travaux furent définitivement adjugés à Nevers, en 1854, et effectués sous la surveillance des ingénieurs Cambuzat, Lepeuple et Otry de Labrit. Les dépenses, nécessitées par l'acquisition des terrains et la confection des travaux, se sont élevées à 1,250,000 fr.

En 1858, l'entrepreneur, Perrichon, avait à peu près terminé son œuvre; déjà le réservoir offrait aux yeux des spectateurs son immense surface de vingt-deux millions de mètres cubes d'eau. Alors eurent lieu l'inauguration solennelle du lac et la bénédiction de la croix monumentale érigée sur le parapet extérieur du barrage.

Le jour fixé pour cette cérémonie, le 13 mai, fête de l'Ascension, M. de Magnitot, préfet de la Nièvre, se rendit aux Settons accompagné de ses sous-préfets et d'une foule de personnes de distinction (1).

---

(1) MM. Breynat et Marlière, sous-préfets de Château-Chinon et de Clamecy; le comte Le Peletier d'Aunay, député; Albert de Saint-Léger, Eugène de Chambure, Millereau de Vauban, Decray, Coujard de La

Près du barrage, au nord, on voyait, adossé à la montagne, un autel champêtre, dont le ciel formait le dôme et les forêts faisaient l'ornement naturel. Au-dessous, sur les pentes voisines, se pressaient les flots des populations du Haut-Morvand, accourues dans leurs costumes de fête et que reflétaient les eaux pures du lac.

A un signal donné, la foule tombe à genoux et la messe commence au milieu du recueillement public.

Le saint sacrifice terminé, M. Pierre Cortet, vicaire général de Nevers, que le Morvand s'honore de compter au nombre de ses enfants les plus distingués, et que le premier pasteur du diocèse, retenu par une grave indisposition, avait délégué pour le remplacer en cette solennelle circonstance, prit la parole. Il électrisa tous les assistants par son éloquence vive et pleine d'à-propos.

« Messieurs, dit-il, je dois l'honneur de présider cette céré-
» monie religieuse à une circonstance trop pénible, pour ne
» pas commencer par confondre mes regrets avec les vôtres.
» Vous auriez été heureux de voir Monseigneur rehausser, par
» sa présence, l'éclat déjà si imposant de cette fête. Sa parole,
» vive et pénétrante, aurait doucement remué vos cœurs, en
» même temps qu'elle eût éveillé les échos de ces monts. Oui,
» Messieurs, je me représente notre illustre évêque, grand,
» sublime, comme la France l'a vu dans des circonstances ana-
» logues, et je crois ne rien exagérer en disant, avec nos saints
» livres, que ces eaux eussent frémi aux accents de sa voix

Planche, Ravault, conseillers généraux de la Nièvre ; du Broc de Segange, conseiller de préfecture ; Picard, conseiller général de la Seine ; Moreau et Faulquier, présidents des tribunaux de Château-Chinon et de Clamecy ; Cambuzat, Boucaumont aîné, Boucaumont jeune, de Marne, ingénieurs en chef ; comte de Ravel, général, commandant en chef le département ; Le Cler, sous-intendant militaire ; Leclerc, capitaine de recrutement ; de Passy, Marini, Humblot, Dumoulin, Mehaye et Vallée, ingénieurs ; de Ruffey, juge de paix du canton de Montsauche ; le chevalier Feuillet, fondateur de l'église des Places...

» puissante, et que ces montagnes, en l'entendant, eussent
» bondi sur leur base : *Flumina plaudent manu, simul montes*
» *exultabunt*......

» Qu'il me soit permis de désirer, au moins pour cette cir-
» constance, quelque chose de son esprit et de son cœur, pour
» féliciter cette société d'aujourd'hui, qui s'efforce de combler
» l'abîme vraiment effrayant que la société d'hier avait creusé
» entre elle et Dieu.

» Oui, honneur à cette société intelligente et chrétienne qui
» vient faire hommage à Dieu des conquêtes de la pensée,
» et demander à la religion, pour ses œuvres les plus gran-
» dioses, ces bénédictions puissantes, qui les élèvent à la dignité
» d'une chose sacrée !

» Honneur à ces magnifiques intelligences qui, perfection-
» nées par l'étude, ont enfanté les merveilles que nous avons
» sous les yeux ! A ces hommes, dont le génie ne se montre
» jamais plus grand et plus fort, que quand il s'incline devant
» l'éternel foyer d'où lui vient la lumière !

» Honneur à ces magistrats qui, tout en s'occupant, avec un
» zèle aussi actif qu'éclairé, des intérêts de leurs concitoyens,
» dans la vie présente, comprennent qu'il faut encore leur
» donner l'exemple d'une foi vive et sincère aux biens impé-
» rissables de la vie future !

» Honneur aussi et félicitations bien cordiales à ces popula-
» tions éminemment religieuses, qui sont fondées, enracinées,
» immobiles dans la foi de leurs pères, comme leurs montagnes
» sont immobiles sur leur base ?

» Mais gloire surtout, honneur, jubilations, actions de grâces
» au Roi immortel des siècles, au Créateur tout-puissant, qui de
» rien fit toutes choses ! Car, si nous admirons le génie de ceux
» qui ont emprisonné ces vingt-deux millions de mètres cubes
» d'eau dans ce lit naturel que la main de la Providence avait
» creusé, comme exprès, pour leur servir de berceau, que
» dirons-nous en considérant la puissance de Dieu qui a pris,
» comme en se jouant, ces masses d'eau sur les profondeurs

» des mers, et qui, après les avoir balancées mollement sur nos
» têtes, s'en est servi pour arroser ces montagnes : *Rigans*
» *montes de superioribus*, et pour fournir, avec leur surabon-
» dance, de quoi remplir cet immense réservoir ! »

L'orateur chrétien, en considérant que cette masse d'eau, qu'il a devant les yeux, présente un poids de plus de vingt-deux milliards de kilogrammes et que tous les moyens de locomotion de la France seraient impuissants à mouvoir, s'écrie, plein d'enthousiasme : « Dieu seul est grand, et l'univers et tous ceux
» qui l'habitent ne sont que comme une goutte de la rosée du
» matin !..... »

Puis il en tire cette heureuse induction : « Voyez cette digue;
» elle réunit des eaux auparavant disséminées et inutiles, et,
» après les avoir un instant comprimées, elle les laisse à votre
» disposition pour les besoins de l'industrie et du commerce.
» Voyez encore cette masse liquide, et dites-moi si les barrières
» qui la retiennent étaient tout-à-coup brisées, ne la verriez-
» vous pas bondir aussitôt en torrents impétueux et dévasta-
» teurs? Eh bien ! une main sage concentre autour d'elle les
» forces vitales de la France, pour les répandre ensuite en
» institutions salutaires au sein de la société, en même temps
» qu'une volonté ferme et résolue s'oppose, comme une digue
» puissante, aux passions mauvaises qui, sans elle, porteraient
» au loin la ruine et la dévastation qu'elles recèlent dans leurs
» flancs.

» Prions donc Dieu, avant d'achever les rites sacrés de
» l'Église, de diriger toujours la main qui nous gouverne : prier
» pour l'Empereur, c'est prier pour la France; c'est demander
» à Dieu que notre belle patrie soit toujours, pour le salut du
» monde, la plus chrétienne et la plus grande des nations ! »

M. le Préfet, prenant ensuite la parole, expose chaleureuse-
ment sa sympathie pour le concours de la religion dans les
œuvres du génie ; il dit toutes les améliorations de la France
sous le gouvernement impérial, les avantages immenses apportés au département de la Nièvre par l'achèvement prochain des

voies de communication, des canaux et des chemins de fer, et il continue en ces termes : « Dans ces montagnes où les mêmes
» voies rapides ne sauraient pénétrer, mais où la nature semble
» avoir réuni et les richesses de notre sol forestier et les nom-
» breux ruisseaux si ingénieusement utilisés, depuis des siècles,
» pour le flottage à bûches perdues, l'art et la science, obéissant
» aux pensées généreuses du gouvernement, ont recherché les
» moyens d'assurer, en tout temps, l'exercice régulier de cette
» industrie ».

Il raconte ensuite les travaux faits dans la Basse-Yonne pour faciliter le flottage en trains, puis il ajoute : « Seuls, l'Yonne
» supérieure, la Cure et leurs affluents n'avaient pas encore été
» soumis à des améliorations. Tantôt leurs eaux, abondantes et
» impétueuses, s'élançaient du haut des montagnes dans les
» vallons, qu'elles inondaient ; tantôt diminuées dans leur
» volume par l'étanchement des sources qui les alimentent,
» elles ne présentaient pour le flottage et, plus bas, pour la
» navigation, que des moyens insuffisants. L'industrie de ces
» contrées était en chômage, et ses produits, accumulés sur
» des rives desséchées, y séjournaient pendant plusieurs mois,
» souvent même pendant toute une année, représentant ainsi
» d'immenses capitaux, dont l'intérêt se perdait. Honneur à la
» science, au génie, qui ont su trouver les moyens de faire
» cesser ces conditions désastreuses....

» Habitants du Morvand, vous vous réjouissez des nouveaux
» éléments de prospérité que ces eaux, désormais dociles et
» obéissantes, vous assurent...; et vous, représentants du com-
» merce de bois de la Cure, vous entrevoyez, dans le régime
» moins incertain de vos ruisseaux flottables, la perspective
» de l'exercice plus régulier de votre industrie. A l'avenir, les
» produits de vos forêts trouveront un débouché plus facile,
» et la concurrence, fort inquiétante, que le combustible
» minéral leur faisait sur le marché de la capitale, sera d'autant
» moins redoutable, espérons-le, que les frais de transport
» seront plus diminués. Ces avantages, qui ne vous ont pas

» échappé, braves et fidèles habitants du Morvand, expliquent
» votre présence à cette fête..... »

Après la cérémonie, un somptueux banquet, offert par le commerce de bois de Paris, et dressé sous deux tentes, formées avec des bouleaux fleuris, réunissait quatre-vingts convives, l'élite de l'assistance. Vers la fin du repas, M. le Préfet, se levant, porta à l'Empereur un toast où il rappela ce passage de l'adresse des habitants de Château-Chinon, après l'odieux attentat du 14 janvier : « Sire, la nouvelle de ce criminel
» attentat nous a fait tressaillir d'horreur, et, en l'apprenant,
» il n'est pas un seul d'entre nous qui n'eût été jaloux d'inter-
» poser sa poitrine entre la personne de Votre Majesté et les
» balles des assassins. »

« Nobles et touchantes paroles, ajouta-t-il ! Elles expriment
» les vœux des populations de ces montagnes, où la foi politique
» s'est perpétuée comme un symbole ».

Le cri unanime : *Vive l'Empereur! vive l'Impératrice! vive le Prince Impérial!* fut la réponse de l'assistance.

M. le comte d'Aunay, se levant à son tour, porta un toast très-convenable dans la bouche du noble représentant de la contrée et qui avait tout le mérite de l'à-propos :

« Au Morvand! s'écria-t-il; à ce pays qui, naguère privé
» de chemins, semblait déshérité....., et qui maintenant, sil-
» lonné de routes magnifiques, voit affluer, de tous les points
» du département, la nombreuse assistance qu'attirent ici les
» gigantesques travaux exécutés par nos habiles ingénieurs!

» Au Morvand! pour lequel s'ouvre aujourd'hui, en quelque
» sorte, le chemin de la capitale. Les vastes forêts qui couvrent
» ce pays de montagnes, restaient avilies, parce que le
» transport des bois sur Paris n'était jamais assuré..... Mais,
» grâce à cet immense barrage, qui vient d'être si habilement
» et si rapidement terminé, plus de vingt millions de mètres
» cubes d'eau seront emmagasinés, pour être ensuite distribués
» suivant les besoins du flottage et de la navigation.

» Désormais, le transport des bois ne rencontrera plus d'obs-

» tacles. C'est une ère nouvelle, qui commence pour la richesse
» forestière de cette contrée, et cette belle fête, qui nous
» réunit, est vraiment la fête du Morvand. »

Enfin, M. Albert de Saint-Léger, dans un spirituel toast, proclame les bienfaits de l'eau. Le moment était très-opportun, alors qu'il se trouvait en présence *de ce beau lac, le plus grand que la science ait produit dans notre Europe occidentale* (1); *de ce lac des Settons, que le voyageur, se détournant de sa route, ira voir et dont il admirera les belles eaux* (2).

Quelques mois après, une autre cérémonie, toute religieuse, mettait encore en mouvement la population du Haut-Morvand. Au sommet d'une de ses montagnes les plus élevées, qui se dresse à l'est de Mhère, et d'où l'on jouit du plus magnifique coup d'œil, une jolie chapelle venait d'être érigée, en l'honneur de la sainte Vierge, par la munificence de M. Dupin, procureur général près la cour de cassation et sénateur. Elle a été construite sur les plans et devis de Louis Lenormant, architecte de la basilique des Places et de l'église de Vandenesse. Son style est le roman du onzième siècle. Le clocher, qui s'élève en avant du portail, domine tous les environs et s'aperçoit de plus de douze lieues, à l'ouest. Jamais lieu plus pittoresque, plus grandiose, pour l'effet, ne pouvait être choisi.

Le 21 septembre, Mgr l'évêque de Nevers, répondant à l'appel de l'illustre fondateur, se rendit, accompagné de ses vicaires généraux, sur le *Haut-du-Banquet*; c'est le nom de la montagne honorée désormais d'un des sanctuaires les plus révérés du pays. Une foule de peuple, parmi laquelle on remarquait tous les prêtres des environs, toutes les notabilités des villes de Lormes, de Corbigny, de Clamecy et de Château-Chinon, couvrait la montagne. Ce fut au milieu de cette nombreuse assistance que le prélat bénit solennellement la chapelle,

(1) *Journal de la Nièvre*, du samedi 15 mai 1859.
(2) Lettre de M. Dupin, aîné.

sous le titre de *Notre-Dame-du-Morvand*, nom à jamais cher à nos montagnes.

Les rites religieux achevés, le pontife, vivement ému à la vue de l'immense concours de pieux fidèles qui l'entourait, et inspirant sa mâle éloquence au contact de toutes les circonstances qui donnaient à cette fête un cachet tout particulier de grandeur locale, fit long-temps retentir les échos d'alentour de cette voix puissante, qui portait sa parole jusqu'aux derniers rangs des masses les plus compactes et les plus nombreuses. Il paraphrasa ce passage de nos saints livres : *Habebitis hunc diem celeberrimum*, qui se prêtait si bien au lieu et à la cérémonie, puis il ajouta :

« Oui, religieux habitants de ces montagnes, il sera à
» jamais mémorable pour vous, ce jour qui offre à votre
» admiration un aussi grand et aussi magnifique spectacle !.....
» Je ne m'étonne pas de la solennité donnée à cette fête, de
» ce pompeux appareil, de cette multitude immense, accourue
» de toutes parts ; il s'agit de proclamer Marie *souveraine du*
» *Morvand*.

» Quand un prince prend possession d'une province, il
» arbore son étendard, il fait flotter au vent sa glorieuse bannière, et les acclamations retentissent avec enthousiasme en
» son honneur. Eh bien ! Marie établit aujourd'hui son empire
» au milieu de vous..... Dites-lui donc avec le prophète :
« Paraissez, ô Marie, dans votre beauté et votre majesté;
» montez sur votre trône et régnez. Oui, régnez souverai-
» nement sur ces montagnes, sur tous les fidèles de cette
» contrée, si ferme dans sa foi, si dévouée à ses antiques
» croyances !

» Il était juste, vertueux habitants du Morvand, que, comme
» tant d'autres pays, où l'on trouve des sanctuaires célèbres
» sous les noms de *Notre-Dame-de-Fourvières*, *Notre-Dame-*
» *de-la-Garde*, *Notre-Dame-du-Refuge*......, vos montagnes,
» d'ailleurs si religieuses, eussent aussi un lieu de pèlerinage
» en l'honneur de la reine de la terre et des cieux, une rési-

» dence privilégiée, où elle pût recevoir les hommages de ses
» sujets et réunir tous les cœurs dans un fraternel amour. Dé-
» sormais cette faveur vous est assurée, grâce à la munificence
» de celui qui, après avoir rendu de si éclatants services
» à sa patrie, veut encore être le bienfaiteur du pays qu'il
» habite. »

L'éloquent évêque toucha l'assemblée par sa parole toute de feu et d'à-propos. Chacun se félicitait d'avoir pu assister à une fête si émouvante. En 1863, le souverain pontife Pie IX, sur la prière du fondateur, a enrichi le sanctuaire de *Notre-Dame-du-Morvand*, de précieuses indulgences (1). Aussi, le 8 septembre, jour de la fête de la chapelle, on voit accourir sur le *Haut-du-Banquet* de nombreux pèlerins, attirés par ces pieuses faveurs.

Le 22 juin 1861, un orage, en tout semblable à celui de 1745, se forma du côté de Decize. On le vit bientôt, avec effroi, s'avancer sur le Morvand, où il éclata, vers cinq heures du soir. Vingt communes au moins de la partie méridionale furent ravagées. Le terrible fléau détruisit les moissons, arracha les arbres, culbuta des maisons.

Poursuivant sa course dévastatrice, l'ouragan arrive sur le Morvand autunois, où il exerce les mêmes dégâts, renverse sur l'église de Sommant son joli clocher, achevé depuis quelques années seulement, écrase celle de Barnay, et passe ensuite dans le département de la Côte-d'Or, où il réduit à une profonde misère les habitants de cinquante communes.

Il nous en souviendra long-temps. Nous étions loin du théâtre où la tempête exerçait ses fureurs. Nous revenions d'un long voyage ; cependant nous pûmes pressentir tout le danger qui menaçait les campagnes. Une indicible anxiété nous oppressa jusqu'à notre arrivée dans la paroisse confiée à nos soins. Des quêtes furent organisées dans les diocèses voisins, et les secours de la charité publique vinrent adoucir, s'ils ne les

(1) Bref du pape du 26 juin. — *Voir* l'article de Mhère.

réparèrent pas complètement, les malheurs des victimes du fléau.

Dans la nuit du 7 au 8 novembre de la même année, un crime jeta, par son cynisme, la stupeur parmi les populations du Haut-Morvand. Un misérable jeune homme, perverti par ces émigragrations, trop communes de nos jours, arrachait, sous un faux prétexte, à ses foyers, un malheureux villageois de Brassy et l'assassinait près Saint-Brisson. Claude Jeannin, après avoir fouillé sa victime, jette le cadavre dans des broussailles et s'enfuit avec la voiture qui les avait transportés. Arrêté le 18 à Paris, dans une maison infâme, et ramené sur le théâtre du crime, il fut jugé à Nevers, condamné à mort, et exécuté à Château-Chinon, le 12 avril 1862.

TROISIÈME PARTIE.

DESCRIPTION ET HISTOIRE LOCALE DU MORVAND.

Le pays des Noires-Montagnes, ainsi que nous l'avons déjà fait observer, se partageait autrefois entre le Nivernais et la Bourgogne. De là vint la distinction de la contrée en *Morvand nivernais* et en *Morvand bourguignon*. Le premier comprenait à peu près toute la partie renfermée aujourd'hui dans le département de la Nièvre ; la seconde possédait le reste. La ligne de séparation commençait aux montagnes de Dône, montait au Beuvray, se dirigeait, par Glux, à la montagne des *Poiriers*, à l'ouest d'Anost ; courait entre Gien-sur-Cure et Menessaire et venait toucher le *Mont-Moux*. De là, elle tirait à la montagne du *Grand-Habre*, que l'on croit être l'*Arbor...* de la carte de Peutinger, au nord-ouest d'Alligny ; passait entre Saint-Brisson et Saint-Agnan, et allait joindre, près de la *Roche-de-Vignan*, à Dun-les-Places, le cours de la rivière de Cure, qu'elle ne quittait plus jusqu'à Pierre-Perthuis, si ce n'est à Chastellux, pour donner cette paroisse seule à la Bourgogne.

MORVAND NIVERNAIS.

La partie nivernaise du Morvand était la plus considérable, comme la plus âpre et la plus sauvage. Les montagnes, presque toutes couvertes de forêts, s'y dessinent, en effet, en tableau plus sombre et plus *noir*. Les vallées y sont plus abruptes et plus profondes, le sol plus maigre et la température plus froide. En un mot, c'est le Haut-Morvand, le Morvand par excellence.

Le Morvand nivernais se subdivise actuellement entre les arrondissements communaux de Château-Chinon et de Clamecy. Le premier, si on en excepte le canton de Châtillon-en-Bazois et deux communes de celui de Moulins-Engilbert, est complètement granitique; le second ne compte en Morvand que deux cantons, ceux de Lormes et de Corbigny, encore ce dernier n'y est compris qu'en partie.

L'assemblée nationale, en décrétant, le 15 janvier 1790, une nouvelle division territoriale de la France, eut égard aux anciennes juridictions; ainsi, la province de Nivernais forma le département de la *Nièvre*, le comté de Château-Chinon devint un district de même nom, et la châtellenie de Moulins-Engilbert un second district, qui avait dans son ressort les paroisses de son antique dépendance, celles du comté de La Roche-Milay et quelques-unes de la baronnie de Luzy. Aux bailliages seigneuriaux, elle substitua les justices de paix, avec le titre de canton; ainsi, Château-Chinon, Arleuf, Luzy, La Roche-Milay, Moulins-Engilbert, Montreuillon, Ouroux et Montsauche devinrent autant de chefs-lieux.

La constitution de l'an VIII s'affranchit de ces considérations et ne tint compte que des besoins du pays, de la valeur relative des localités ou de leur situation centrale. C'est alors que les deux districts, dont nous venons de parler, furent réunis pour composer l'arrondissement communal de Château-Chinon, et que les dix cantons de leur dépendance n'en formèrent plus que cinq.

CANTON DE CHATEAU-CHINON.

Ce canton, qui ne comptait, dans l'origine, que sept paroisses, renferme aujourd'hui quatorze communes. Son territoire, formé en partie des plus hautes montagnes du Morvand, comprend une superficie de trente-quatre mille neuf cent quarante-deux hectares, dont treize mille neuf cent cinq sont en forêts. Il donne naissance à l'Yonne et à plusieurs autres rivières et ruisseaux.

Les différents âges y ont laissé de nombreux vestiges de leur passage. L'ère celtique ou gallique y est attestée par quelques dolmens et autres tracès du culte druidique; le souvenir de la domination romaine revit en diverses ruines et des fragments de voies antiques; celui de la féodalité dans les débris de ses vieux manoirs. Enfin, la civilisation moderne l'a doté de ponts, de routes, qui y favorisent le commerce et y entretiennent une circulation active.

I.

CHATEAU-CHINON, *Castrum Caninum, Castrum Canum.*

Cette ville nommée, pendant la terreur, *Chinon-la-Montagne*, prenait jadis le titre de capitale du Morvand, dont elle occupe, à peu près, le point central. Elle est bâtie en amphithéâtre, sur le flanc méridional d'une haute montagne, que sa forme conique et son isolement firent remarquer dès les premiers temps de l'ère celtique. L'Yonne en baigne le pied, à l'est. Cette situation élevée la rend froide et désagréable en hiver; mais, en revanche, le séjour en est délicieux pendant la belle saison. On y respire en tout temps un air vif et salubre. Ses rues, peu alignées, présentent quelques pentes rapides. On y remarque trois places de forme irrégulière. Celle du *Champlin*, qui sert de champ de foire, était autrefois le lieu d'exécution des sentences criminelles rendues dans les bailliages du comté. On y voyait alors un signe patibulaire à six piliers. En 1462, Philippe Mignot, de Lormes, convaincu du *crime d'hérésie et de sorcellerie*, y fut livré au bûcher (1). L'année suivante, Michot Pitois et Isabeau Billard, coupables des mêmes crimes, y subirent aussi la peine du feu (2). Un mendiant, nommé Noël Ribout, coupable d'assassinat, y fut rompu vif, en 1756. Vers le même temps, deux femmes de même profession, convaincues d'incendie, y furent brûlées vives. En 1817, les têtes des sept voleurs, qui avaient assassiné le meunier de Fragny, y tombèrent sous le glaive de la justice, en présence d'une foule de curieux. Claude Jeannin, meurtrier de Lazare Râteau, cultivateur à Brassy, y subit le dernier supplice, le 12 avril 1862.

On a construit, en 1851, dans la partie inférieure, sur les plans de l'architecte Amé, d'Avallon, une halle monumentale, dont les dépenses ont été de cinquante-quatre mille francs. Le beau palais de justice et la prison, que l'on remarque sur le côté ouest de la ville, datent de 1853. Le premier a coûté quatre-vingt-dix mille deux cent vingt-sept francs, et la prison quatre-vingt mille sept cent trente-deux.

La seconde place, celle de Notre-Dame, vulgairement dite *place d'En-Bas*, où viennent aboutir toutes les routes rayonnant autour de Château-Chinon, a été ainsi nommée d'une antique

---

(1) Ses biens, confisqués au profit du seigneur, furent adjugés ensuite à Jean Mignot, son fils, comme plus offrant, au prix de quinze livres tournois.

(2) Les biens de leurs successions furent vendus vingt-une livres. (Archives de Dijon, liasse 3997, folio 95.)

statue de la sainte Vierge, qui décorait la porte par laquelle elle communique avec l'intérieur de la ville.

La troisième, appelée autrefois *place Saint-Christophe*, puis *place de la Mission*, en souvenir d'une célèbre retraite donnée par les pères Jésuites, en 1821, était ornée d'une croix de pierre érigée en cette occasion. Ce monument a été transféré, en 1858, au sommet de la montagne et remplacé par une fontaine jaillissante.

Château-Chinon, comme son nom l'indique, a été ainsi appelé d'une ancienne forteresse féodale, couronnant autrefois le pic qui le domine, au nord. Cet édifice, demeure imposante des hauts et puissants seigneurs du pays, éprouva, ainsi que la ville, dont il protégea le berceau, de grands désastres, auxquels il n'a pu survivre. Des fragments de tours, des pans de murs d'enceinte, dont chaque année emporte quelques parties, des souterrains, sur lesquels croissent des moissons, et que ni le soc de la charrue, ni le hoyau n'ont pu entièrement détruire, sont tout ce qui subsiste actuellement de ce château.

Nous ne connaissons rien de plus beau, de plus émouvant en ce genre, que le magnifique coup d'œil dont on jouit du haut de ces antiques ruines. Ici, c'est la ville gisant sous vos pieds ; là, une rivière torrentueuse, bondissant dans un ravin étroit et de grande profondeur. Du nord au sud, d'âpres et rudes montagnes dressent, dans les airs, leurs noires chevelures de forêts ; à l'ouest, s'ouvre une vallée large, immense, sans bornes. Çà et là, de blanches nappes d'eau scintillent aux rayons du soleil ; des routes sinueuses paraissent et disparaissent, tour à tour, sur les flancs des montagnes et dans les profondeurs des vallées ; enfin, de gracieuses villas, avec leurs bouquets de verdure, achèvent le tableau.

Mais à quelle époque avait été élevé le vieux monument ? Quel fut l'audacieux mortel qui osa le jeter dans les airs ? D'où lui vint le nom de *Castrum Caninum* ou *Castrum Canum*, dont on fit, dans la suite, Chastel-Chinon, puis enfin Château-

Chinon ? C'est ce qui, de tout temps, a exercé la science des uns et piqué la curiosité de tous.

Quelques historiographes de la ville d'Autun ont prétendu que cette forteresse avait été élevée pour protéger, au septentrion, l'antique Bibracte, au temps qu'elle couronnait le Beuvray; et, comme ils ont attribué la fondation de celle-ci à Samothès, petit-fils de Japhet, ils ont aussi fait honneur de celle-là à *China,* sa femme, d'où lui serait venu le nom de Château-de-China ou Château-Chinon. Mais hâtons-nous de dire que cette opinion est si évidemment fabuleuse, que nous ne la rapportons que comme un rêve curieux.

La plupart des écrivains sérieux, qui ont parlé du vieil édifice, s'accordent à dire qu'il était de fondation gallo-romaine. Le genre de construction, les statuettes, les médailles des empereurs (1), les débris de tuiles, de vases trouvés dans les décombres, ne laissent aucun doute sur la présence de Romains en ce lieu. Mais la récente découverte d'une médaille celtique en argent, de fragments de poterie noire, à la bordure au pouce, et de divers autres objets antiques, sont venus démontrer, jusqu'à l'évidence, que les Gaulois les avaient précédés sur cette montagne.

Jusqu'ici, les auteurs ont été divisés sur l'étymologie du nom, comme sur l'origine de ce château. Étienne Ladone, Guy Coquille, Née de La Rochelle, qui en attribuent la fondation aux Romains, ont pensé que ces anciens maîtres du monde, après avoir bâti cette forteresse, y introduisirent le culte d'Anubis, divinité égyptienne, représentée d'abord avec un corps humain, surmonté d'une tête de chien, et plus tard sous la figure complète de cette espèce d'animal, et que de là elle prit le nom de *Castrum Canum* ou Château-des-Chiens. *Est et Castrum Caninum, in Æduorum finibus positum, ab eodem latratore Anubi sic appellatum* (2).

---

(1) Ces médailles sont celles de Tibère, de Germanicus, de Néron, d'Othon, de Vespasien, de Domitien, de Marc-Aurèle, de Dioclétien...
(2) *Recherches sur les antiquités d'Autun*, p. 50.

Adrien de Valois, d'après une vieille tradition, a cru que ce château avait été bâti par Jules César pour se donner le plaisir de la chasse et renfermer sa meute. *Castrum Caninum.... sic nuncupatum mihi videtur quod ibi canes venatici asservarentur : est totum ferè nemoribus circumdatum* (1). Mais qui ne sait que ce grand capitaine, tout adonné aux affaires de la guerre et au gouvernement des peuples, devait naturellement s'occuper peu de la chasse aux bêtes et encore moins bâtir une forteresse tout exprès ?

D'autres, raisonnant d'après la même tradition, ont pensé que le prétendu chenil des chiens de César est un souvenir confus d'un poste militaire établi par les Romains, au sommet de la montagne, pour contenir les peuplades insoumises du Morvand.

Nous estimons, avec Mallet et divers autres, que le nom *Caninum* vient de deux mots celtiques : *can*, *nein*, qui signifient *blanche cime*. Les récentes découvertes, dont nous avons parlé, nous y ont invinciblement déterminé. Ainsi *Castrum Caninum* équivaut tout simplement à *Château-de-la-Blanche-Cime*. Le sommet rocheux et dénudé de cette montagne, entourée d'autres monts couverts de forêts, la neige qui le blanchissait souvent, auront pu déterminer cette appellation.

L'antique forteresse, que les Francs, selon Guy Coquille, occupèrent après les Romains, devint, sous la féodalité, la résidence des maîtres de la contrée et le siége d'une puissante châtellenie, de laquelle relevaient cent quatre-vingt-quinze fiefs et seigneuries.

Au quinzième siècle, le château se composait d'un corps de logis flanqué d'un gros donjon et de quatre tours nommées : *Tour-du-Jour*, *Tour-d'Occident*, *Tour-Saint-Christophe* et *Tour-Saint-Romain* (2). On y trouvait une chapelle seigneuriale, dédiée à *monseigneur saint Laurent*, que desservait,

---

(1) *Ex notitia Galliarum* Adr. Valesii, p. 134.

(2) Jean Tridon, intendant de Charles-le-Téméraire, le fit reconstruire, en partie, en 1467.

sous le titre d'aumônier, un prêtre séculier, chargé d'y célébrer trois messes par semaine. Il recevait, pour ce service, cent livres par an (1). Le duc de Bourgogne, comte de Château-Chinon, entretenait dans ce château une petite garnison pour sa défense. Elle était, en 1474, de cinq archers, aux gages de quinze livres chacun, par mois (2). Les matériaux du portail extérieur furent octroyés par le prince de Condé, en 1561, aux bourgeois de Château-Chinon, qui bâtirent avec eux la porte Notre-Dame. C'est donc de cette époque que date la complète destruction du *Castrum Caninum*.

Il est probable que jusqu'au dixième siècle, on ne vit à Château-Chinon que la forteresse seigneuriale et les maisons qui composent actuellement le *Grand-Faubourg*, les seules qui soient portées dans les plus anciens terriers. Vers ce temps-là, les évêques d'Autun, possesseurs de la terre, y ayant fondé un prieuré de Bénédictins, sous le nom de *Saint-Christophe*, il se forma bientôt autour un groupe de maisons, qui s'accrut assez rapidement. L'aumône générale que les moines étaient tenus, selon le vœu des fondateurs, de faire chaque semaine, contribua sans doute beaucoup à son développement.

Le prieuré de Saint-Christophe, composé d'un grand pavillon carré et de quelques autres édifices, se trouvait près de l'église paroissiale, au nord. C'était, dans l'origine, une maison assez importante ; car, on y vit jusqu'à douze religieux, chargés de la desserte de la paroisse de Château-Chinon et de quelques autres du voisinage, telles que Châtin et Saint-Hilaire ; mais, en 1768, elle n'en comptait plus que quatre. Ses revenus, qui étaient considérables, avaient, par le malheur des temps et l'injustice des hommes, décru dans la même proportion. Ils ne s'élevaient plus qu'à deux

---

(1) Les chapelains connus sont : Georges Gonault, en 1445 ; Aimé Lautrier, 1460 ; Hugues Forestier, 1466 ; Pierre de Coujard, 1474....

(2) C'étaient Adrien de Buxy, écuyer ; Guillaume du Pont, Gallois, Pierre et Odinet Bernard.

mille quatre cents livres, et consistaient surtout dans le produit du fief de Vissingy, près Chaumard, en dîmes, en rentes..... Les comtes de la ville lui devaient, chaque année, au jour de l'Assomption, huit livres un sou huit deniers en argent, et vingt-cinq bichets de blé, valant *six sextiers et deux boisseaux*, pour diverses fondations (1)

Le prieur conservait encore, dans ces derniers temps, le patronage des cures de Château-Chinon et de Châtin, dont il était décimateur (2). L'église prieurale, dédiée à saint Christophe, ressemblait presqu'à une crypte; car, il fallait descendre plusieurs degrés pour y entrer. Son style était le roman du onzième siècle dans toute sa rudesse. Le pape saint Grégoire VII, par une bulle de l'an 1076, confirma ce prieuré à l'abbaye de Cluny, à laquelle les fondateurs l'avaient soumis (3).

Le *bourg et villaige* de Château-Chinon se développa de jour à autre sous l'aile des moines et la haute protection des seigneurs du pays. Les habitants, déjà nombreux, ayant obtenu, dans la première moitié du treizième siècle, une charte d'affranchissement (4), s'érigèrent en commune et élurent un

---

(1) Paris, archives de l'empire; Dijon, archiv. départem.

(2) Prieurs connus : Baudoin de Barbery, en 1396; N. de Rochebaron, en 1466; Claude Tridon, qui assista, le 11 avril 1515, à la rédaction de la coutume, à Saint-Pierre-le-Moûtier;..... Alexandre de La Tournelle, en 1670; Roger de La Tournelle, 1718; ..... don Forneron, 1789.

(3) Le prieuré et ses biens furent acquis, le 17 septembre 1790, par Jean Comte de Rochambeau.

(4) Malgré l'absence de preuves authentiques et contre le sentiment de quelques savants, qui avancent que la communauté de Château-Chinon jouissait de divers priviléges à titre de municipe romain seulement, nous persistons à croire que cette ville avait été réellement affranchie, et que les chartes auront péri dans la guerre désastreuse des Armagnacs. Nous avons vu plus haut les habitants se dire, en 1445, exempts de *la mainmorte et taillabilité, en vertu de certaines chartes qui avaient péri*, et soutenir, pendant seize ou dix-huit ans, un dispendieux procès dans ce but. Comment auraient-ils osé, sans motif

corps municipal pour administrer les affaires publiques. Ce corps administratif se composait du gouverneur, de deux échevins, de trois conseillers de ville, d'un lieutenant du roi, d'un receveur, d'un syndic ou procureur du fait commun, d'un greffier et de douze notables (1). Dans le siècle suivant, ils élevèrent, autour de leurs habitations, une ceinture de murailles pour protéger leurs personnes et leur fortune contre les nombreux pillards de l'époque.

En 1563, cette enceinte, d'abord modeste comme le bourg lui-même et faible comme les moyens d'attaque d'alors, tombait de vétusté et n'offrait plus, d'ailleurs, une force suffisante contre les projectiles usités. Les Château-Chinonois s'adressèrent au roi François Ier, et obtinrent de ce prince, le 10 novembre, la permission de *clore et fortifier leur bourg et villaige, déjà circuit de murailles.*

La communauté n'était pas riche ; car, désespérant, *obstant poureté, de parachever* son entreprise, elle sollicita, en même temps, l'autorisation de lever, *à chascun jour de foire et de marché ordinaires, six deniers tournois sur chascun bœuf et taureau, deux sur chascun pied fourché et dix sur pied*

aucun, entreprendre une affaire de ce genre contre un prince aussi puissant que le duc de Bourbonnais ? Charles-le-Téméraire les contraignit, il est vrai, en 1461, à *crier merci*; mais pour qui connaît ce prince, la lutte était-elle égale ? Ils se soumirent en droit, mais jamais en fait. Faire de Château-Chinon un municipe romain, c'est lui attribuer, il nous semble, une antiquité insoutenable.

(1) En 1755, il n'avait pas été nommé d'échevins depuis dix ans; le syndic seul administrait les affaires de la communauté. Les membres du bailliage et les principaux habitants adressèrent alors une supplique à l'intendant de Bernage, qui les autorisa à se réunir en assemblée générale pour en élire et pour louer une maison qui servit d'hôtel de ville. La mairie actuelle est l'ancien hôtel des Mascrany.

Les échevins connus sont : ...... Philibert Buteau et Jacques-Claude Tépenier, en 1756; Joseph-Marie Feuillet, Tépenier, 1760; Philippe-Gaspard Girardot, Pierre Lefèvre, 1762; François Mouillefert, Jean-François-Bénigne Buteau, 1763...........

rond, tant sur le vendeur que sur l'acheteur. Le monarque leur octroya les lettres patentes nécessaires, à condition que le produit serait employé, *jusques à concurrence de deux cents livres, aux réparations et fortifications dudict lieu et non ailleurs* (1).

Le roi Henri II, par d'autres lettres patentes du 8 janvier 1556, et Henri III, par les siennes du 23 juin 1575, renouvelèrent ou confirmèrent cette concession. Le dernier de ces princes y ajouta même, quatre ans plus tard, un droit de *vingt deniers* sur chaque minot de sel, puis celui de *courte-pinte* ou le dixième du prix du vin qui se débiterait dans la ville.

Aidés de ces secours, les habitants de Château-Chinon purent achever leurs travaux, et la ville, par ce moyen, se trouva fermée de murailles *plus hautes et plus épaisses* que les premières. Ils élevèrent, en outre, huit grosses tours, avec meurtrières et machicoulis, et creusèrent des fossés larges et profonds, que l'on franchissait sur des ponts-levis. Ces fortifications commençaient à la porte Notre-Dame, dont nous avons parlé, suivaient le *Cours*, à l'est, remontaient le Champlin, en laissant cette place en dehors; puis, se repliant derrière l'église et le prieuré, revenaient au point de départ en longeant le *Terreau*. Ainsi, la majeure partie de la ville actuelle se trouve en dehors de cette ligne.

On pénétrait dans la place par deux portes principales : celle de *Notre-Dame*, au sud, et celle de *Saint-Christophe*, au nord. Deux autres petites portes, sous les noms de *Guichet-Sallonnyer* et *Guichet-de-l'Hôpital*, communiquaient, l'une avec le Champlin, l'autre avec l'hôpital et la campagne, à l'ouest.

On voit par là que l'établissement de charité, sous le nom de *Maison-Dieu*, ne se trouvait pas alors au lieu qu'il occupe aujourd'hui, mais à l'ouest de l'église paroissiale, dans l'endroit encore naguère dit le *Vieil-Hôpital*. Il avait été bâti par les

---

(1) Archiv. de l'empire.

anciens seigneurs, qui, à titre de fondateurs, conservèrent toujours la collation de la chapelle. Celle-ci était, à cette époque, sous le vocable de saint Maurin, diacre nivernais. Le prêtre, pourvu de ce bénéfice, devait y célébrer au moins une messe par semaine et recevait un traitement annuel de cent livres.

Le 22 mai 1665, les administrateurs de l'établissement acquirent, pour une somme de deux mille livres, l'emplacement actuel, et y transférèrent l'hôpital. Cette situation, aussi agréable que salubre, est préférable, sous tous les rapports, à l'ancienne. La chapelle est dédiée aujourd'hui à sainte Reine, vierge et martyre de Bourgogne. On voit dans le fond, en face de l'autel, un monument en bronze représentant le marquis d'Aligre et L.-C.-A. Camus de Pontcarré, son épouse, dans l'attitude de la prière.

Une inscription, gravée en lettres capitales romaines, sur une plaque de cuivre, rappelle que Jean Rousselot, curé de Saint-Léger-de-Fourcheret, près Quarré-les-Tombes, et originaire de Château-Chinon, légua à cette maison, le 26 septembre 1756, une somme de six mille livres, et une autre de sept mille sept cent soixante quinze, par son testament du 23 avril 1771. Cette donation fut faite, à condition que l'hôpital payerait une pension de trois cent dix-huit livres quinze sous à Toussine Jacob, sa cousine, durant sa vie, et qu'il serait célébré, dans la chapelle, pour lui, pour Nicolas, son frère, et leurs parents défunts, *deux services, composés de Vigiles, Matines, Laudes, Grand'Messe, De profundis et grand Libera*, le 9 mai et le 26 juin, à perpétuité. Le curé de la paroisse, chargé de ces offices, devait les annoncer au prône, le dimanche précédent; il lui était dû quatorze livres pour ses honoraires.

Le marquis d'Aligre fit don, en 1830, d'une somme de trois mille francs, avec laquelle on bâtit une salle, qui reçut son nom. Cette attention délicate valut encore, à sa mort, en 1847, à l'établissement, un legs de *trois cent mille francs*, pour lequel les administrateurs ont soutenu un dispendieux procès contre ses héritiers.

Rosalie Goy, veuve de François-Antoine-Marie Deschamps, lui a légué, le 17 février 1858, veille de sa mort, un capital de six mille francs, afin de fonder un lit pour une vieille femme pauvre, et autant pour élever deux orphelines.

Les revenus de cet hôpital n'étaient, au dernier siècle, que de *trois mille livres*. Ils se composaient des dîmes de la paroisse d'Ouroux en partie et de diverses rentes léguées par les fondateurs et autres bienfaiteurs. Le procureur de *Saint-Lazare* entreprit, en 1680, de faire réunir cette maison à *l'ordre*, et en saisit les revenus; mais il ne put réussir, et la saisie fut levée quelque temps après.

Les sœurs de Nevers, au nombre de trois, prirent possession de l'établissement en 1706, et le gouvernèrent jusqu'aux mauvais jours de la révolution. Revenues en 1818, elles y ont fondé un nombreux pensionnat de jeunes filles, que leur envoient les familles aisées du pays.

Dans la partie inférieure de la ville, on remarquait, au dernier siècle, un autre établissement très-utile pour l'instruction religieuse des gens de la campagne : c'était un couvent de capucins ou cordeliers. On en voit encore les anciens bâtiments au-dessous du *Champlin*. Il avait été fondé, en 1637, par Pierre Pitoys, écuyer, seigneur de Quincize et gouverneur de Château-Chinon. L'église, dédiée à saint Pierre, patron du fondateur, était vaste et bien bâtie. On y voyait une belle chapelle, construite en 1700, et destinée à la sépulture de la famille Pitoys. Une pierre, *d'un pied et demi en carré*, placée au-dessus de l'arcade de communication, portait une plaque de marbre noir, où était gravé un écusson armorié; au bas, on lisait : *Chapelle et sépulture des Pitoys, seigneurs de Quincize, Estoules et Saint-Maurice, fondateurs de ce couvent*. Plusieurs membres de cette famille y furent, en effet, déposés.

Les pères, d'abord installés au prieuré de Saint-Christophe, au nombre de quatre prêtres et deux frères, y firent leur entrée en 1640. Le révérend Bouffechon, gardien de ce couvent, fut emprisonné à Nevers en 1793, et mourut, l'année suivante, à Brest, martyr de la foi.

La ville de Château-Chinon forme seule une commune de trois mille habitants. Son territoire ne compte que quatre cent quatorze hectares, dont cent quatre-vingt-quatorze sont en bois. C'est le plus exigu de tout le Morvand. Sa banlieue, sous le nom de *Château-Chinon-Campagne*, constitue une seconde commune, dont nous parlerons plus bas. Toutes deux, réunies pour le spirituel, composent la paroisse de Saint-Romain, que dessert un curé, aidé de deux vicaires. Avant 1789, elle était dans la dépendance de l'archiprêtré de Châtillon-en-Bazois. C'est actuellement un des six archiprêtrés et des vingt-six doyennés du diocèse de Nevers. La collation de la cure appartenait jadis au prieur de Saint-Christophe, qui percevait la plus grande partie des dîmes de la paroisse, à condition de desservir une rente de mille livres au vicaire perpétuel ou curé. Le chapitre de Saint-Cyr, se fondant sur un prétendu droit de *mettre un vicaire* dans l'église Saint-Romain, que lui aurait donné, vers 1168, l'évêque Bernard de Saint-Saulge, lui disputa souvent le patronage, notamment en 1670, où il lui suscita un long procès.

Koo, le plus ancien des curés connus de Château-Chinon, vivait en 1315 (1). A cette époque, l'église paroissiale ne se distinguait ni par sa magnificence, ni par son étendue. C'était,

---

(1) Ses successeurs furent : ...... Guillaume Pougault, garde-scel du comte de Château-Chinon, en 1420 ; ...... Guillaume de Courgenay, 1499 ; Jean Louhault, 1530 ; Jean Mathey, nommé le 5 juillet 1538, se démit cinq ans après, en faveur de Claude Segault ; celui-ci résigna, à son tour, la paroisse à Odot Boillot ; Michel James prit possession le 30 novembre 1550 ; Claude Levitte, en 1570 ; Vincent Amiot fut envoyé par le chapitre de Nevers, le 7 avril 1587 ; Paul Etignard, 1590 ; Vincent Jouant, installé en 1634, céda sa cure, neuf ans plus tard, à Jean Thoumelin ; celui-ci portait : *D'or, à quatre pals de gueules, et une fasce d'argent brochant sur le tout.* Claude Coujard, nommé par le prieur Alexandre de La Tournelle, le 2 juillet 1669, se vit disputer son bénéfice par

comme celle de Saint-Christophe, un édifice de style roman, dont l'insuffisance se faisait de plus en plus sentir. Guillaume de Courgenay, nommé à la cure vers les dernières années du quinzième siècle, en obtint, peu de temps après, la reconstruction (1). On y érigea, le 3 mars 1522, la *noble confrérie*

François Sallonnyer du Perron, choisi par le chapitre de Saint-Cyr, et ensuite par Philippe de Vallery, qui prit, en décembre de la même année, le titre de curé de Château-Chinon; mais la sentence de 1670 fit cesser toute division, et Claude Coujard resta paisible possesseur du bénéfice paroissial, qu'il résigna, le 2 septembre 1678, à Jean II Thoumelin, neveu du curé de ce nom. Jean Sainton, 1710. Claude-Marie Buteau, pieux et savant ecclésiastique, curé en 1736, fut honoré du titre d'archiprêtre de Châtillon-en-Bazois. Il commença, l'année de sa nomination, un grand catalogue des naissances, mariages et décès, très-précieux pour la généalogie des familles, et qui remonte à 1621. Gaspard-François Moreau, son successeur, lui-même docte et savant ecclésiastique, le continua en 1774. Ce dernier administrait encore la paroisse au moment de la révolution. Arrêté, en 1792, avec Philippe, son frère aîné, jésuite alors résidant à Château-Chinon, il fut détenu dans les prisons de Nevers, pendant quinze mois, et enfin transporté jusqu'à Nantes, où ce dernier mourut, puis à Brest, d'où il revint après la mort de Robespierre, et se fixa à Avallon. (Archiv. impér.)

Jean Roux, prêtre constitutionnel, ancien curé de Chitry, administra ensuite sacrilégement la paroisse, et termina sa vie par une mort digne d'un apostat, au château de Masilles-lès-Luzy.

François-Denis Roman, chanoine d'Autun et prieur de Vouillon-en-Berry, nommé en 1803, mourut deux ans après; Étienne Pastoris décéda en 1822; Étienne Charollois, homme d'une bonté proverbiale, ancien vicaire de la paroisse, puis curé de Saint-Léger-de-Fougeret, et enfin de Château-Chinon, mourut en 1840; nous exerçâmes sous lui les fonctions de vicaire. Jean-François-Paul Fliche, ancien curé de Pougues, d'abord vicaire administrateur de la ville, quitta la cure de Château-Chinon en 1847, pour prendre la direction du petit séminaire de Corbigny; il fut ensuite supérieur du grand séminaire de Troyes, et vicaire général de ce diocèse. Louis-Laurent Mézières, doyen de Brinon, est aujourd'hui curé-archiprêtre de Château-Chinon.

Les seigneurs devaient une rente de vingt sous au curé.

(1) Cette nouvelle église se composait d'un chœur ogival, surmonté

du Corps-de-Dieu, dont firent partie, jusqu'à nos jours, toutes les notabilités de la ville (1). Elle se composait de quatre-vingt-quatre membres, en l'honneur des douze apôtres et des soixante-douze disciples. Le curé avait le titre de *père spirituel* des confrères. Une autre association pieuse, dite du *Saint-Rosaire*, avait son siége dans la chapelle de ce nom (2). Jean de Pont, écuyer, seigneur d'Aringette et de Chaligny, ayant contribué pour une somme assez considérable aux dépenses de l'édifice sacré, obtint, en reconnaissance, la propriété d'une chapelle qui porta depuis son nom, et qui appartenait, à la fin du dernier siècle, à la maison de Chabannes, d'Argoulais (3). En 1617, on bénit trois grosses cloches pour cette église. La principale eut pour parrain Pierre Pitoys Ier, écuyer, bailli et gouverneur de la ville, et pour marraine *très-haute et très-puissante dame* Anne de Montafié, comtesse douairière de Château-Chinon et de Soissons. En 1699, Pierre Pitoys III, seigneur de Quincize et de Saint-Maurice, petit-fils du précédent, fonda, dans la chapelle du Saint-Rosaire, au moyen d'une rente de *cinquante-six livres*, une messe haute, chaque ven-

d'une haute tour avec une flèche en bois, de deux chapelles, et d'une nef. *Dans le chœur, joignant le sanctuaire, étoit le siège des seigneurs, occupé, en leur absence, par leurs officiers.* (Proc.-verb. d'estimat., p. 2.)

(1) Parmi les associés, nous voyons, au seizième siècle, les familles de Champs, de Montleverain, de Vallery, de Coujard, de Vaulin, de Monbaron, du Châtel, de La Vernhée, de Vaucoret, de Tilleux, Baudeau, Tridon, Richou, Millin, Gudin.

(2) Il y avait encore d'autres confréries, savoir : celles de l'Ascension, pour les couvreurs; de Saint-Blaise, pour les drapiers et les cardeurs; de Saint-Éloi, pour les selliers, les serruriers, les maréchaux et les taillandiers; de Saint-Crépin et de Saint-Crépinien, pour les cordonniers; de Saint-Côme et de Saint-Damien, pour les médecins et les chirurgiens; de Saint-Yves, pour les procureurs et les avocats; de Sainte-Catherine, pour les jeunes filles, et, enfin, de Saint-Nicolas, pour les écoliers.

(3) Archives du château de La Montagne et de la sous-préfecture de Château-Chinon.

dredi de l'année, et six messes basses, fixées aux principales fêtes de la sainte Vierge. Il abandonna, pour l'acquit de cette rente, à la fabrique de l'église, l'*ouche et le pré des Fontenottes*.

Trois siècles après sa fondation, cette église était devenue, à son tour, insuffisante pour le nombre des fidèles de la paroisse. La célèbre mission qu'y donnèrent, en 1821, les pères jésuites, et qui produisit de grands fruits de salut, fit sentir tout l'inconvénient d'une dimension trop restreinte (1). Dès-lors, on pensa sérieusement à la reconstruire. Une pieuse veuve, Madeleine Prégermain, ayant légué, à cette intention, une somme de quarante mille francs, un plan fut dressé, et on éleva, en 1824, l'édifice actuel. Malheureusement, on eut recours à un architecte qui n'avait aucune connaissance de l'art religieux; il bâtit une église mesquine, sans majesté, comme sans style. Elle est à trois nefs, séparées par des colonnes en bois, revêtues d'un plâtrage. Le chœur, de forme absidale, est flanqué de deux petites chapelles, dont l'une, celle du nord, est dédiée à la sainte Vierge, et l'autre à la patronne de la bienfaitrice (2). La tour, qui occupe l'angle méridionale du pignon de l'ouest, n'est pas de meilleur goût.

Sous l'ancien régime, Château-Chinon, malgré sa petitesse, possédait une foule d'administrations civiles, qui lui donnaient une importance réelle et l'assimilaient aux grandes villes de l'époque, aux capitales de province. Aussi, disait-on vulgairement et comme en proverbe :

> Château-Chinon,
> Petite ville et grand renom.

Elle était, en effet, le siége d'un gouvernement particulier,

---

(1) Cette mission fut close solennellement par Mgr Roch-Étienne de Vichy, évêque d'Autun, qui administra la confirmation à une foule de fidèles.

(2) On y célèbre annuellement un service pour le repos de son âme.

d'une subdélégation, d'une élection, d'un grenier à sel, d'un bailliage seigneurial important, d'une direction des aides, d'une maréchaussée, d'une maîtrise particulière des eaux et forêts, d'un bureau de contrôle......

Le gouvernement de Château-Chinon était indépendant de celui du Nivernais; aussi, lorsque ces deux charges furent réunies dans les mêmes mains, comme en 1646, le gouverneur de la province était tenu de se faire recevoir en particulier pour le comté. Ce gouvernement valait d'ordinaire cent livres de gages, et cent cinquante, quand le titulaire cumulait, ainsi qu'il arrivait souvent, l'office de capitaine de la ville (1).

La subdélégation, dans la dépendance de la généralité de Moulins-en-Bourbonnais, comprenait tout le comté. Ses attri-

---

(1) Capitaines-gouverneurs connus : Jean de Péarne, garde du scel de Dreux de Mello, et bailli en 1315; Simon Le Moncheux, 1350; Palamède Tridon, 1400; Perrin Grisard, 1431; Guillaume Rolin, chevalier, seigneur de Beauchamp, conseiller et chambellan du duc de Bourgogne, châtelain, capitaine et gouverneur en 1445; Jean Tridon, intendant de Charles-le-Téméraire, 1460 ; Guillaume de Clugny, protonotaire apostolique, conseiller du duc, 1466; Jean Bondault, écuyer, seigneur du Bruys, 1470; Charles de Ternant, capitaine, *idem*; Ferri de Cusance, chevalier, seigneur de Beauvoir, chambellan du duc, nommé, *en considération de ses bons et notables services*, capitaine en 1472; Jean de Jaucourt, baron de Villarnoult, aussi chambellan gouverneur, 1473; Guillaume d'Orchamps, capitaine; Denis de La Tournelle, 1475 ; il fut destitué par le comte de Roussy et remplacé momentanément par le baron d'Epiry; le duc de Bourbon, vainqueur à Sermages, le rétablit; Philibert de La Platière, 1490; Jean de Jaucourt, chevalier, chambellan de Maximilien, empereur d'Allemagne, 1512; Étienne Tridon, 1552; noble Hubert de Champignolles, seigneur de Villemolin, 1560; N. de Champ-Girault, 1569 ; Pierre Pitoys, écuyer, seigneur de Quincize, 1600 ; Robert de Bussy-Rabutin, gouverneur de Nivernais et du comté de Château-Chinon, 1646; Antoine de Choiseul, chevalier, baron d'Esguilly, 1682; Pierre Pitoys II, grand bailli d'épée du bailliage royal et siège présidial de Saint-Pierre-le-Moûtier, 1736; Lazare-Alexis Richou, bailli et gouverneur en 1787.

butions étaient, à peu près, celles d'une sous-préfecture. La maison Sallonnyer a fourni plusieurs subdélégués à Château-Chinon (1).

L'élection, créée à la prière du comte de Charollais, par l'édit du roi Louis XI, du 7 juin 1462, et pour les motifs cités plus haut (2), était, dit Née de La Rochelle, la plus petite du royaume. Elle comptait quarante-deux paroisses ; mais plusieurs n'en dépendaient qu'en partie. Charles VIII la confirma par lettres patentes du 20 décembre 1492. Le personnel se composait d'un président, de quatre élus, ayant le titre de conseillers du roi, d'un procureur, d'un receveur et d'un greffier (3).

Le grenier à sel, administré par un président ou grenetier, un contrôleur, un procureur et un receveur, avait été établi en même temps que l'élection et pour les mêmes paroisses (4). Il remplaça *une chambre à sel* dépendante de celui de Moulins-en-Bourbonnais, et que Charles VI y avait fondée en vertu de lettres patentes, données au château de Compiègne, le 28 juin 1394. Antérieurement, la châtellenie relevait du grenier à sel de Saulieu.

La justice se rendait à Château-Chinon, au nom du comte, dans un bailliage seigneurial créé par lettres du roi, en 1395. Il avait dans sa dépendance la ville, sa banlieue et plusieurs paroisses voisines, en tout ou en partie. De ce bailliage ressortissaient les jugements des justices féodales de la mouvance du comté, dont les officiers étaient tenus de se présenter aux

---

(1) Philippe Goguelat était subdélégué au *département* de Château-Chinon en 1762.

(2) *Voir* p. 165.

(3) Avant cette époque, la ville et toute la châtellenie payaient leurs *aides et subsides* à Autun. Charles VI, sur la demande de Louis II, duc de Bourbonnais et comte de Château-Chinon, son oncle, les avait soumises, par lettres patentes du 8 juin 1394, au receveur du Bourbonnais.

(4) Présidents : Jacques Petitier du Breuil, 1697 ; Philippe Goguelat, 1750.

assises du bailli, lorsqu'ils y étaient convoqués. Les appels se faisaient directement au siége présidial de Saint-Pierre-le-Moûtier, sauf les sentences criminelles de mort et de mutilation des membres, qui se portaient à la cour souveraine du parlement. Le personnel se composait d'un bailli de *robe longue* (1), aux gages de cinquante livres; d'un lieutenant général, à quarante; d'un lieutenant particulier, sans rétribution; d'un procureur fiscal, à cinquante livres; d'un procureur du roi, d'un huissier audiencier et de plusieurs sergents, *sans gaiges*, tous à *la nomination et prenants provision des seigneurs, moyennant finance* (2).

La maîtrise particulière des eaux et forêts, ou gruerie pour les délits forestiers, consistait en un maître particulier ou juge gruyer, aux gages de vingt livres; d'un lieutenant et d'un procureur fiscal, qui étaient ordinairement les officiers du bailliage (3).

La direction des aides ou droits réunis se composait d'un directeur, d'un receveur, d'un secrétaire et d'un premier commis, et la maréchaussée d'un exempt ou lieutenant des maréchaux de France, et de quatre cavaliers.

Toutes ces juridictions tenaient leurs *audiences et expéditions de causes* dans une *grande salle haute, lambrissée et voûtée jusqu'au haut du toit*, où l'on voyait le siège de tous les officiers. Au-dessous de cette salle se trouvaient la chambre du concierge, les prisons et les cachots, mais

---

(1) Baillis : Jean de Péarne, en 1315; Jean de Lavault, 1445; Jean de Lormes, 1449; Pierre de Clugny, 1455; Jean Bondault, 1460 ;......... Pierre Pitoys, 1645 ;...... Jean Millin, 1755; François Blandin, lieutenant général, 1762 ; de Valery, bailli, 1783 ; Lazare-Alexis Richou, 1787.

(2) Contrat de vente du comté, 1719.

(3) Charles Bondault était maître particulier des eaux et f., en 1445; Jean Bondault, en 1460;.... Oudot de Molins, procureur fiscal de la châtellenie, en 1494, recevait cent livres tournois de gages; le portier du château, dix livres en argent et six setiers de seigle, à la mesure de Château-Chinon. Guillaume Gillot était portier en 1462.

ruineux et en mauvais état, et ne rapportant aucun revenu (1).

Château-Chinon ayant perdu, en 1790, ses priviléges féodaux, devint, comme nous l'avons vu, chef-lieu d'un district, formé de son canton et de ceux d'Arleuf, d'Aunay, de Montreuillon, de Montsauche et d'Ouroux. Dix ans plus tard, il y fut établi une sous-préfecture, qui compte aujourd'hui seize titulaires (2). Le tribunal civil, de première instance, qui avait été fixé à Moulins-Engilbert, y fut transféré par décret impérial, en 1810, et solennellement installé le 10 octobre, après de longs débats.

Cette ville jouissait en paix de son triomphe, lorsqu'une ordonnance royale, du mois de janvier 1815, le rendit à Moulins-Engilbert, où il devait être réinstallé le 14 avril suivant, malgré les délibérations de quarante-cinq communes, sur cinquante-neuf, et de quatre juges de paix sur cinq, en faveur de la possession. Dans ces entrefaites, arrivèrent les *Cent-Jours*, qui en suspendirent l'effet. Enfin, des démarches actives et influentes obtinrent, le 31 décembre de la même année, une nouvelle ordonnance qui le fixait définitivement à Château-Chinon (3).

On trouvait autrefois dans cette ville une manufacture de gros draps, réputés à cause de leur qualité et recherchés pour l'habillement des troupes. Cette industrie commença à dégénérer à l'époque de l'invention du flottage (4). Notre luxe moderne lui

---

(1) Procès-verbal d'estimation de 1686.

(2) Le Payen de Vigneul, 8 avril 1800; Janole, 2 novembre 1814; François Sallonnyer de Chaligny, 12 août 1815; de Laissac, 14 septembre 1830; le chevalier de Courchamp, 5 juin 1831; F.-M.-R. Gautherin, 7 août 1833; Maigneret, 21 avril 1846; le comte de Malartic, 16 janvier 1847; Hilisberg, 5 juillet 1848; de Pongerville, 17 mars 1849; Bérard, 7 décembre 1849; de Mons, 1er décembre 1851; Breynat, 1852; Clairion de Beauval, 1862; Bouchetal-Laroche, 1864.

(3) Présidents : Simon-Pierre-Jean Pétitier, Louis Moreau.

(4) Archives impériales.

a porté le dernier coup. Le faubourg *Saint-Christophe* ou *Grand-Faubourg*, couché au pied du vieux château, est renommé pour sa tisseranderie. A la *Grande-Fontaine* (1), le quartier des chiffonniers, on trouve une brasserie et des bains publics.

Le commerce consiste principalement en vins de Bourgogne, dont Château-Chinon est l'entrepôt pour une partie du Haut-Morvand, en bois de moule, en bestiaux et en céréales. « Cette » ville, dit le procès-verbal d'estimation de 1686, avec ses » faubourgs, est peuplée de trois cent trente feux ; elle est fort » marchande, tant par le commerce de bestiaux qui s'y fait, que » par celui des bois-taillis, qui se débitent par les rivières » d'Yonne et de Cure pour la provision de Paris, ce qui fait » que, outre deux marchés par semaine, qui produisent minage » et aultres droits au seigneur, il y a encore six foires considé- » rables et plusieurs aultres moindres, où lesdicts seigneurs » perçoivent des droits. »

Ces droits étaient de *vingt deniers* tournois sur cheval ferré, de *huit* sur celui qui ne l'était pas, de *cinq* par bœuf ou vache, de *un* par brebis et chèvre, et de *deux* par pourceau. Le minage consistait en une écuelle de grains ou le *vingtième* de chaque mesure de froment, de seigle, d'avoine et de sarrasin qui se vendait à la halle.

Le lundi après la Pentecôte 1312, Jean d'Aunay, prêtre et chanoine.... céda, pour une somme de *cent cinq livres tournois*, à Dreux de Mello IV, seigneur de Château-Chinon, tous les droits, produits, revenus et actions quelconques qu'il possédait sur le marché de cette ville, tant sur les grains que sur les étoffes, habits, chaussures.... et généralement sur tout ce qui s'y vendait, de quelque nature et de quelque nom que ce fût (2).

---

(1) Ce quartier est ainsi nommé d'une source abondante, que l'on croit avoir été vénérée au temps des Celtes. Les curés de la ville s'y rendent, chaque année, en procession pour en bénir l'eau.

(2) .... *Joannes de Onayo, presbiter et canonicus.... filius quondam Hugonis, militis, publicè et in jure confessus est, certus, providus, spon-*

Peu de villes ont eu plus à souffrir des maux de la guerre que celle de Château-Chinon. Prise en 1412 par les Armagnacs, ces gens en rançonnèrent durement les habitants, qui perdirent une partie de leur fortune et virent *périr* les chartes les plus précieuses.

Le duc Jean-Sans-Peur ayant appris en Belgique, où il était occupé à guerroyer, la grandeur des ravages exercés sur les terres du roi et sur celles de son fils, alors comte de Nevers, résolut de déloger ces pillards du château et de la ville, où ils s'étaient cantonnés. Il écrivit, en conséquence, à Marguerite de Bavière, son épouse, de convoquer, à cette fin, les vassaux du duché, ceux du comté de Nevers...... et de pousser activement la reddition de la place.

Les seigneurs, accompagnés de leurs hommes d'armes, se rendirent à l'appel de leur suzerain et arrivèrent, dans les premiers jours de juillet, sous les murs de la ville. Ils furent bientôt suivis par les convois de *pouldres*, *canons*, *arbalètes*, *boulets* et autres machines de guerre que Renaud de Thoisy, receveur général du duc, y fit conduire par ses ordres. On

---

laneus et consulens, non vi, non dolo, non metu, nec machinatione aliquá, sed diligenti deliberatione præviá ductus, et dicebat se vendidisse, et per præsentes vendit... quittat, perpetuo jure, sine spe quálibe, revocandi.... et sine retentione aliquá, nobili viro Droconi de Mellotot domino Castri Canini.... et suis hæredibus.... pro centum et quinque libris turon...... sibi solutis, de quibus dictus Joannes venditor quittavit dictum dominum Droconem et suos hæredes, omnia et omnimoda explectamenta, emolumenta, omnia jura et omnimodas actiones quæ et quas... habet et habebat.... in mercato de Castro Canino et in ipsius mercati venditis sive sint in bladiis, vestibus, pedagiis, costumiis, seu in rebus aliis, quæcumque sint et quocumque nomine censentur.... ipsum que dictum Droconem.... saisivit et investivit de ipsis rebus venditis...... et misit in possessionnem et saisinam corporalem.... sub feodo à dicto domino de Melloto absque omni alio onere, censu... feodo, retrofeodo... in perpetuum.....

Datum anno Domini M.CCC.XII. (Paris, archiv. de l'empire, p. 1380, charte 3237.)

remarquait, parmi les assiégeants, Jean de Neuchâtel, seigneur de Montaigu, chevalier banneret, ayant sous son commandement cinq autres chevaliers bannerets (1), seize chevaliers bacheliers, cent cinquante écuyers, autant d'archers et d'arbalétriers, deux trompettes et deux ménétriers ; Jean de Rochefort, chevalier banneret, avec deux chevaliers bacheliers et cent vingt écuyers (2); Girard de La Guiche, chevalier bachelier, bailli de Charollais, à la tête de quatre-vingt-sept écuyers ; Guy de Bar, chevalier bachelier, baron de Presle et bailli d'Auxois, ayant sous ses ordres quarante-huit écuyers, une trompette et deux ménétriers (3) ; Jean de Saulx, seigneur de Courtivron et chancelier du duc, commandant un chevalier, quarante-sept écuyers et une trompette (4) ; Clavin du Clou, écuyer, ayant sous son commandement quarante-six autres écuyers, une trompette et

---

(1) Savoir : Thibault de Neuchâtel, Jean de Rougemont, le sire de Raon, Richard d'Oiseler et Mathey de Rie.

(2) Nous citerons, parmi eux, les noms qui nous paraissent appartenir au Morvand et au Nivernais, savoir: Erard de Marcilly, Girard de Châteauneuf, Philibert de L'Espinasse, Thibault de La Rochette, Guyot de Jaucourt, Jean de Damas, Guyot de Chassy, Guillaume et Tristan de Maison-Comte, Philibert de Billy, Guillaume de Marry, Jean de Chappes, le sire d'Anlezy, le bâtard de La Trémouille, Guillaume de Méry de Fontaines, Jean de Frasnay, Jean de Laforest, Hugues du Clou, Guyon de Pouligny, Jean de Montron, Jean de Chasaux, Philippe de Bucle, Guillaume et Pierre des Prez, Jean de Charency, Guillaume Borne, Jean de La Chaume, Jean de Liénart, Jean d'Auxonne, Guyot de Pont, Hugues de Lacroix, Guyot de Michaugues, Hugues de Bazoy, Perrault de La Buxière, Guyot de Lanty, le bâtard de Corvol, Etienne de La Garenne, Etienne Bondault, Pierre de La Bussière, Jean de Guipy, Philippe de Lucenay, Etienne Copin, Roland Le Breton, Buxeul de Frasnay, Jean Genou, Guillaume de Maumigny, Jean Lebault........

(3) Savoir: Jean de Sermiselle, Guyot de Roussillon, Jean d'Ocle, Geoffroy de Versault, Jacot Espiard, Odot de Buxy, Jean Davoult, Guillaume de Pont......

(4) Guy de Salins, Guyot de Magny, Etienne de Saint-Andeux, Jean de Bisot, Jean de Villers, Hugues de Rouaulx, Jean des Champs, Jean de Glane, Guillaume de Solière, Hugues de Marcy........

deux ménétriers; Huguenin, seigneur de Montjeu, bailli d'Autun et de Montcenis, avec un chevalier bachelier et quarante-sept écuyers (1); Jean de Saint-Ylaire, chevalier bachelier, bailli de Châlons-sur-Saône, qui dirigeait vingt écuyers; Jean de Neufville, chevalier bachelier, bailli de Saint-Pierre-le-Moûtier, conduisant trois chevaliers bacheliers et quarante-un écuyers (2).

Ces troupes furent passées en revue, le 3 juillet et les jours suivants, par Guillaume de Maisière, seigneur du lieu, chambellan du duc, qui dirigeait le siége, et se mirent à foudroyer la place à coups de canon, pendant plusieurs semaines, sans pouvoir s'en rendre maîtresses. Le capitaine Baquin-Beul, que les Armagnacs avaient laissé, avec une petite garnison, pour la garder, se défendit vaillamment; mais voyant que le duc de Bourbon, qui avait promis de venir à son secours, n'arrivait pas, et craignant que la ville ne finît par être emportée d'assaut, il résolut de capituler. On entra donc en pourparlers, et on convint qu'il serait compté aux assiégés une somme de cinq cents livres, et qu'ils sortiraient de la place avec les honneurs de la guerre, ce qui eut lieu, en effet, le dernier mardi de juillet. Le même jour, les Bourguignons entrèrent dans la ville, la démantelèrent et rasèrent le château.

Au commencement de juin 1431, le capitaine de Beaucaire entra à Château-Chinon, à la tête de cinq à six cents cavaliers, et y prit garnison au nom de Charles VII. Son dessein « étoit » de faire la plus forte guerre, que il seroit possible, aux pays

(1) Savoir: Jean de Lugny, Jean de Bussière, Pierre de Braigny, Guillaume du Verne, Jean de Montarmin, Guyot d'Aigrevault, Guillaume de La Vesvre, Jean Borde, Simon du Fresne, Othenin de Barnay, Jean Quarillon, Jean Davoult, Huguenot de Bèze, Jean de Nevers, Jean de La Mothe, le bâtard de Clugny, Guillaume de Vaulcery, Robert de Lugny, Jean de Marrey, Guillaume d'Ocle, Hugues de Montceau, Etienne de Montholon, Guillaume de Cluguy, Girard Borne, Pierre Maréchault, Guillaume Perrin, Guillaume du Blé........

(2) Dom PLANCHER, *Hist. de Bourgog.*, tome III, p. 346; archives de Dijon.

» de Bourgogne et de Nivernois ». Il attaqua et prit le château de Maison-Comte ; se porta ensuite vers le sud, « gastant et » assaillant tout jusqu'à Maulay », où étaient logés les gens de Girard de La Guiche. De Beaucaire leur livra un combat meurtrier, les défit complètement, et rentra avec quarante prisonniers, parmi lesquels se trouvaient les fils du commandant et quinze gentilshommes de distinction. Le chancelier, Nicolas Rolin, lui écrivit alors, au nom du duc de Bourgogne, son maître, pour lui faire des représentations; mais il lui répondit: « Que il n'agissoit que par ordre ; que l'on pouvoit s'adresser à » Jacques de Chabannes, que *Monsieur* de Clermont avoit » établi son lieutenant en ce pays », et il continua ses courses dans les environs.

En 1462, Château-Chinon, mécontent du traité qui assujettissait les habitants du comté à la *mainmorte et taillabilité* (1), se révolta contre Charles-le-Téméraire, refusa les tailles et chassa les officiers du duc. Le fougueux Charles arrive, l'année suivante, avec une armée d'Anglais, qu'il avait à son service, assiége la ville et l'emporte le 14 juillet. Le pillage et l'incendie furent le châtiment des malheureux révoltés.

Quelques années après, en 1474, le duc de Bourbon vint l'attaquer au nom de Louis XI et s'en empara. L'armée française commit les plus grands dégâts dans le Morvand (2).

Au seizième siècle, la ville s'étant jetée, en haine de l'hérésie, dans le parti de la Ligue, attira de nouveau sur elle le terrible fléau de la guerre. Le maréchal d'Aumont, uni au duc de Nevers, se présenta en 1591, au mois d'août, sous ses murs avec une armée de trois mille hommes et la somma de lui ouvrir ses portes. Les habitants, soutenus par une garnison de deux cents héros, refusèrent hautement d'obtempérer à des ordres qui semblaient compromettre leur conscience, et se préparèrent à une défense extrême. Forcé d'en former le siège, le maréchal

---

(1) *Voir* plus haut p. 160 et suiv.
(2) *Voir* page 169.

la prit d'assaut, après trente jours d'investissement, pendant lesquels il perdit un bon nombre d'hommes. On reconnaissait encore naguère, sur la route d'Autun, près de l'ancienne *croix de mission*, les traces du camp des assiégeants.

Furieux d'une si longue résistance, le vainqueur entre dans la place, fait passer au fil de l'épée ses braves défenseurs avec les habitants les plus compromis et permet le pillage. Qu'on se figure tout ce que la ville eut à souffrir d'une soldatesque effrénée et composée en partie de huguenots (1). L'humanité et la morale réprouvent également de semblables actes.

Dix ans après cet horrible échec, Château-Chinon eut à subir les fureurs d'un autre genre d'ennemi. Une affreuse épidémie qui, au rapport d'un registre de la paroisse, n'épargna que deux des notables : Denis Pitoys, receveur au grenier à sel, et Jean Vaucoret-Grosbois, ravagea la ville et la dépeupla. Les vivants suffisaient à peine à enterrer les morts. On improvisa, en ces fatales circonstances, hors des murs, une espèce d'hôpital où l'on transportait les personnes atteintes de la contagion. La *fontaine des Pestiférés* en rappelle le souvenir. En 1849, le choléra y fit trente-sept victimes sur soixante-treize malades.

Château-Chinon est la patrie du grammairien Bazot; de l'abbé Cassier, son élève, auteur de *la Roussillonnade*, poème où brillent un esprit enjoué, une verve délicate, et de plusieurs autres pièces de poésie ; de Jean Sallonnyer, auquel le flottage doit de la reconnaissance....... La famille de Montlevrain a donné plusieurs membres à l'Église, entre autres, un curé à Lormes, en 1670. Elle tenait en fief une maison, connue alors sous le nom de *Pain-de-Seigle*. Madeleine Guillaume, veuve de Jacques Bruandet, avocat en parlement, en fit aveu en 1776.

---

(1) Dom PLANCHER, *Hist. de Bourgog.*, tom. IV, p. 606. NÉE DE LA ROCHELLE, *Mémoires*, p. 213.

ANCIEN COMTÉ.

L'antique seigneurie de Château-Chinon ne fut, dans l'origine, qu'une baronnie mouvante de l'évêché d'Autun, à cause de la châtellenie de Glaine, ainsi que le constate l'acte de foi et hommage donné par Jean de Châtillon-en-Bazois, chevalier en 1260. Ce seigneur, dans l'aveu qu'il fit, cette année-là, à l'évêque Girard de La Roche de Beauvoir, reconnut, en présence de celui de Nevers, des abbés de Sept-Fonts et de Bellevaux, qu'il tenait en fief du prélat, à cause de cette châtellenie, la terre de Château-Chinon telle que le seigneur de l'époque la possédait (1). Il semble qu'elle passa, plus tard, dans la mouvance du comté de Nevers, au moins en arrière-fief. Quoi qu'il en soit, le roi Charles VI l'ayant confisquée, comme nous le verrons plus bas, en 1389, l'affranchit de toute dépendance, l'érigea, selon l'opinion commune, avec la châtellenie d'Ouroux, une partie de la baronnie de Lormes et les seigneuries de Brassy et des Places, en comté, et la joignit ensuite à la province de Nivernais, à titre d'enclave (2). Depuis cette époque, Château-Chinon ne reconnut d'autre suzerain que le roi, qui la mit dans la mouvance de son *boulevard et grosse tour* de Saint-Pierre-le-Moûtier.

(1) *Nos Girardmus, episcopus Nivernensis, et nos.... frater Septemfontium et nos Guillelmus Bellivallis abbates, notum facimus quod nobilis vir Joannes dominus Castellionis in Bazeio....... in præsentiâ nostrâ propter hoc titulus..... recognovit et recognoscit etiam se tenere in feodum à venerabili patre Girardo, Dei gratiâ eduensi episcopo, in nomine episcopatûs eduensis et ratione castri et castellaniæ Glanæ, feodum Castri Canini, sicut dominus Castri Canini, qui nunc est, vel qui pro tempore erit, tenet à dicto Joanne in feodum, et de præfatis omnibus præfato eduensi episcopo homagium fecisse..... Actum anno Domini* M.CC.LX.

(2) Millin, dans sa notice manuscrite, fait remarquer que le roi eût élevé le comté de Château-Chinon au rang de province, si ses dépendances avaient été un peu plus considérables.

Le haut titre et les priviléges attachés à cette terre assignaient à ses seigneurs le premier rang après les ducs et pairs. Aussi n'eut-elle, à partir de là jusqu'en 1719, pour possesseurs que des princes issus de sang royal. Le comté de Château-Chinon, non compris les mouvances, s'étendait sur onze paroisses. L'acte de vente du 4 mars 1719, consenti par Amédée de Savoie, prince de Carignan, à Louis de Mascrany, s'exprime en ces termes : « Le comté, terre et
» seigneurie de Château-Chinon, Ouroux, la moitié de la terre
» et baronnie de Lormes, Brassy et Dun-les-Places, scitués
» en Morvant, coutume du Nivernois, confins de Bourgogne,
» mouvans en plein fief, foi et hommage immédiatement du
» roy, à cause de sa grosse tour de Saint-Pierre-le-Moûtier,
» consistent en haute, moyenne et basse justice, bailliages,
» droits de foires et de marchés, droits de greffe et de scel aux
» contrats, actes de justice, fiefs et arrière-fiefs, droits d'usage,
» cens, rentes, bourdelages, champarts, minages, profits de
» fiefs, en cas de mutation par vente et aliénation, droits hono-
» fiques, droits de chasse et de pesche, bannalités des rivières
» et ruisseaux, nomination des chapelains des hôpitaux de
» Château-Chinon et de Lormes, ensemble des officiers ès-
» bailliages de Château-Chinon, Lormes, Ouroux, Brassy et
» Dun-les-Places, et aussi des notaires ès-dits lieux, deffauts et
» amendes, épaves, confiscations, droits de retenue et de re-
» version ; plus, en trois mille sept cents arpents de bois-taillis.
» Le tout d'un revenu ordinaire de plus de 100,000 fr. (1). »

(1) Ces revenus se formaient du produit des cens, rentes, poules, à raison de 8 sous l'une, donnant ensemble 435 livres 2 sous 2 deniers ; des bourdelages en argent, poules et grains, 319 livres 6 sous ; du greffe du bailliage et de celui des eaux et forêts, 530 livres ; du scel aux contrats et actes de justice, 120 livres ; du droit d'usage, à 2 sous par feu, 49 livres 10 sous ; des champarts, de 21 gerbes l'une, 90 livres ; du fermage de quelques pièces de terre et pré, 60 livres ; des cens et rentes sur 1,745 arpents de bois donnés à rentes par le bailli de Noyers, à 2 sous par arpent, 174 livres 10 sous ; des minages et droits de foires de

Rien ne démontre mieux l'importance de la seigneurie de Château-Chinon, que la grande quantité de fiefs qui en mouvaient. Ces fiefs, selon un état dressé par Frossard et Sallonnyer, en 1668, étaient au nombre de cent quatre-vingt-quinze, dont quatre-vingt-cinq nobles, avec haute justice, et cent dix ruraux, et d'environ deux cent quarante, en y comprenant ceux qui relevaient de la baronnie de Lormes. La plupart étaient considérables et situés *très-avant* dans la Bourgogne et le Nivernais (1). En cas de vente, le comte prenait le *quint denier, si mieux il n'aimoit user du droit de retenue, en remboursant les prix et loyaulx coûts.* Cette seigneurie eut autrefois sa coutume particulière ; mais elle se composait de très-peu d'articles, parce qu'elle était régie par celle de la province. Elle n'admettait pas la forclusion.

Château-Chinon et d'Ouroux, 450 livres ; du greffe d'Ouroux, 90 livres ; des cens, rentes à *idem*, 37 livres 9 sous ; des bourdelages de cette paroisse, 367 livres 13 sous 5 deniers ; enfin de la coupe des bois.....

(1) Nous citerons les suivants : Les Anglois, Arcilly, Argoulais, Argoulois, près Montsauche, Aron, Aringette, Ars, Aunay (le Bas-Fort), Le Bazoy, Beauregard, Bernay, Beuret-Boguet, Blismes, Boue, Le Bouquin, Bouteloing, Le Breule, Brinay, Le Bruys, Buchot, Bussière, Buxy, Buxy, près Anost, Chailloux-le-Vieux, Chailloux-le-Neuf, Chaligny, La Chaize-lès-Saint-Léonard, Champs, Champs-l'Abbaye, Chantulle, Châtin, Chaumien, Chaumes, Certaines, Chevigny, près Saint-Germain-des-Bois, Chitry, Chougny, Colméry, Chaumard, Commagny, Corcelle, Coulon, Crée, Crot-d'Achun, le Grand et Petit-Cuy, Cuzy, Drazilly, Dun, Epiry, Estoules, Fachen, Frétoy, Gâcogne, Germenay, La Grenouillère, Guipy, Héry, Huban, Jailly, Lantilly, Lavaux, Laverdoux, Lichy, Louvreau, Maison-Comte, Mazignen, Meix-Linard, Menessaire en partie, Mornant. Le Montal, Monbaron, Montbois, Montaron, Montgaudier, Moncey, Montseaunin, Montmort, Montperroux, Mouasse-la-Fosse, Nanvigne, Noury, Le Pavillon, Pazy, Poissons, Poussains, Poussignol, Le Pontot, Poussery, Prélichy, Pressy, Quincize, Raffigny, Razou, Ravery, Saint-Germain-du-Bois, Saint-Germain-des-Champs, Saint-Léger-de-Fougeret, Saint-Péreuse, Salorges, Sarre, Solière, Sardy, Surpalis, Sermages, Tard, La Thibert, La Tournelle, Traclin, La Trouillère, Ugny, Vandenesse, Vauchisson, Vauclaix, Vermenoux, Villemolin......

La terre de Château-Chinon a souvent changé de maîtres. Possession de l'église d'Autun, qui l'avait reçue de la munificence de nos rois, elle passa, dès les premiers temps de la féodalité, dans les mains d'une puissante famille, qui tenait en même temps, dans sa main, plusieurs fiefs importants, et était alliée aux maisons de Glane, de Châtillon-en-Bazois, de Roussillon.....

Seguin, le plus ancien seigneur connu de Château-Chinon et de Lormes, vivait à la fin du onzième siècle. Il engagea, en 1086, sa terre de *Saint-Victor* ou Biches, au comte de Nevers, et partit, à la suite du concile de Clermont et des prédications de Pierre l'Ermite, avec ses fils et ses hommes d'armes, pour la Palestine. Il donna, avant son départ, afin d'attirer les bénédictions du ciel sur son périlleux voyage, une partie des dîmes de ses terres à la cathédrale de Nevers.

Hugues Ier de Château-Chinon, que l'on croit fils du précédent, fut un seigneur digne de ses nobles aïeux. Il assista, en 1146, à l'assemblée de Vézelay, et vola, l'année suivante, avec Louis-le-Jeune et toute la noblesse française, à la défense des Saints-Lieux.

De retour en 1153, il donna, du consentement de Parisie, sa femme, de Hugues et Seguin, ses fils, à l'abbaye de Régny, certains droits d'usage et pacage dans sa terre de Lormes, en actions de grâces de son heureux voyage (1).

Hugues II de Blain, *Hugo de Blino*, nom qu'il porta du vivant de son père, fut un preux et noble chevalier. En 1177, comme il se disposait à partir pour la Terre-Sainte, il donna, du consentement d'Aremburge, son épouse, de Seguin, de Hugues et d'Adelis, ses enfants, en présence d'Étienne, évêque d'Autun, de Thybault, évêque de Nevers, les terres, prés et bois de Serault, près Planchez, à l'abbaye de Régny, dépositaire des bienfaits de ses ancêtres, et fit confirmer cette

---

(1) Dom G. Viole, *Hist. manusc. de Régny.*

concession par Antelme, son beau-père, par Élisabeth, femme de Seguin, et Adelis, sa fille (1).

Seguin et Hugues s'acheminèrent, en 1190, vers la Judée, d'où l'aîné ne revint pas. A son retour, en 1193, Hugues donna, pour *le remède de l'âme* de son bien-aimé frère, les dîmes qu'il possédait dans sa terre de Château-Chinon, à l'abbaye de Bellevaux.

Hugues III, de Lormes, *Hugo ab ulmis*, seigneur du lieu, de Château-Chinon, de Blain,........ était fils de Hugues et petit-fils de Hugues II de Château-Chinon (2). Il hérita, à la mort

(1) *Ego Stephanus, Dei gratiâ eduensis episcopus, et ego Theobaldus eâdem gratiâ nivernensis humilis minister, præsentibus et futuris notum fieri volumus quod Hugo de Castro Canino, Aremburgis, uxor ejus, et filii sui, Seguinus et Hugo, dederint et concesserint Deo et Sanctæ Mariæ reginensi, pro remedio animarum suarum et antecessorum suorum, in loco qui dicitur* Cerault, *omnem terram planam et prata quæ ibi sunt, et quidquid ibi poterit appretiari. Concesserunt etiam illis (monachis) omnem* Booletum *et quidquid ibidem poterint extirpare vel exarare, et omnia exarta in nemoribus suis sine decimis, sine tertiis, ut quietè et jure perpetuo possideant, et neque sibi, neque aliis, pro his omnibus aliquam consuetudinem reddant.*

Insuper concesserunt eis, sine ullâ retentione, omne nemus à viâ quæ ducit à Planchore usque ad Laudas domini Hugonis de Ulmo; et à Landis usque ad Coram fluvium. In nemoribus verò aliis, quæ in suâ proprietate remanserint, dederunt eis semper et concesserunt quidquid voluerint accipere ad ædificationem et ad usum ibidem habitantium, excepto pastinagio porcorum. Si examen apum ibi invenitur, dimidium domini erit et dimidium sibi pertinebit. Pasturas bestiarum semper in omnibus locis suæ possessionis illis concesserunt. Si ipsi fortè vel canes eorum aliquam feram ibi capiunt, in omni occasione habebunt. Hæc omnia laudaverunt Antelmus, pater uxoris suæ, Elisabeth, uxor filii sui, et Adelaïs, filia sua. Testes Seguinus, abbas Corbiniacensis, Nicolaus, monachus ejus, Hugo, archipresbiter, Raimundus, frater abbatis de Guispio, Raimundus de Bello loco. Et ut hæc omnia rata et illibata permaneant, sigillorum nostrorum auctoritate munimur et corroboramus. Anno ab incarnatione Domini M.C.LXXVII.

(2) Ainsi que l'atteste la charte suivante, confirmative de la donation de *Cerault*, faite par Hugues II, de Château-Chinon :

Ego Hugo, dominus Blini et Castri Canini, notum fieri volo præsen-

de son aïeul et de ses deux oncles, Seguin et Hugues, de la châtellenie de Château-Chinon, dont il était déjà seigneur en partie. De vieilles chroniques disent qu'il fut *un seigneur de teste, de résolution et d'une extresme dévotion*. Il confirma, en 1208, les donations pieuses de sa famille et en ajouta de nouvelles. Le vendredi avant la Pentecôte 1219, étant sur le point de partir pour la guerre contre les Albigeois, il donna, à l'abbaye de Régny, *le grand dîme* de Saint-Germain-des-Champs, la moitié des dîmes de Charpuye, le moulin, le battoir avec l'étang de Lavaut, près Brassy, et le pacage pour cent porcs dans la châtellenie de Lormes. Il gratifia la chartreuse d'Apponay et le prieuré de Collonge, près Cercy-la-Tour, d'une rente annuelle de douze minées de blé, moitié froment et moitié seigle, don que ratifia sa pieuse épouse, Elvis de Montbard, dame d'Espoisse, et proche parente de la maison de Vergy (1).

Ce noble seigneur se trouvant, en 1223, au château de Druye-en-Puysaie, où le comte de Nevers tenait sa cour, souscrivit, avec les autres barons du Nivernais, l'acte d'affranchissement que la comtesse Mahaut accorda à ses sujets d'Auxerre, et, huit ans après, celui qu'elle octroya, du consentement de Guy de Forez, son second mari, à ceux de Nevers (2). Il fonda, en 1235, la chartreuse du *Val-Saint-George*, et mourut, l'année

---

libus et futuris, quod vir bonæ memoriæ Hugo, dominus Castri Canini, avus meus, Aremburgis, uxor ejus, et filii ejus, Seguinus et Hugo, avunculi mei, dederunt et concesserunt Deo et Sanctæ Mariæ de Regniaco et fratribus ibi Deo servientibus, pro remedio animarum suarum et antecessorum suorum, in loco qui dicitur Seraulx, *omnem terram planam.....*

(1) *Ego dominus Ulmi et Castri Canini, laudante et concedente* Elvis, *uxore meâ, pro remedio animarum nostrarum et omnium antecessorum nostrorum, cum vellem agredi iter contrà Albigenses, dedi domui de* Apponay *unum modium bladi et aliud modium domui de* Collonge, *qui duo modii reddentur annuatim de agriculturâ meâ de Bischiis, ad mensuram Castellionis, medietatem de frumento, et medietatem de Siligine..... Actum ... anno Domini. M.CC XIX.*

(2) Lebeuf, *Mémoires*, nouv. édit., tom. III, p. 163.

suivante, dans une grande vieillesse (1). Hugues ne laissa qu'une fille, nommée Elvis, comme sa mère. Selon le père Anselme et Courtépée, elle ne fut que sa nièce, étant fille d'André d'Espoisse.

Dreux Ier de Mello ou de Merlot, le jeune, chevalier, seigneur de Breschard, fils puîné de Guillaume, dit Porte-Paix, baron de Saint-Bris, et d'Elisabeth de Mont-Saint-Jean, devint seigneur de Château-Chinon, d'Espoisse..... par son mariage avec l'héritière de Hugues (2). Sa maison, originaire de Picardie, était l'une des plus illustres du royaume. Elle portait: *D'argent, à deux fasces de gueules, accompagnées de huit merlettes de même, en orle.* Guy, son frère, fut évêque de Verdun, puis d'Auxerre.

Après la mort de Hugues de Lormes, Dreux s'empressa de confirmer les pieuses fondations des ancêtres de sa femme, et légua lui-même, en 1248, à l'abbaye de Saint-Marien d'Auxerre, *cent sous* de rente perpétuelle sur sa terre d'Espoisse, pour fonder son anniversaire et celui de sa digne épouse, et *cent soudées de terre de fort nivernais*, dans sa châtellenie de Lormes, à celle de Régny. Il vendit le *bourg de Couches*, près Varzy, en présence d'Ancel, évêque d'Autun, aux chanoines d'Auxerre, et suivit saint Louis en Judée (3). Courtépée prétend qu'il mourut dans ce voyage; mais il est plus probable que ce ne fut qu'après son retour, en 1252. Il laissa trois enfants (4). Sa veuve fonda son anniversaire au prieuré de Château-Chinon, pour une rente en blé.

Dreux II de Mello, seigneur de Château-Chinon, de Lormes..... s'empressa, à l'exemple de son père, et selon

---

(1) *Voir*, pour plus de détails, les art. de Lormes et Pouques, tom. II.
(2) Du Bouchet, *Histoire générale de la maison de Courtenay*, liv. VIII; Née de La Rochelle, *Mémoires*, p. 269.
(3) Lebeuf, *Mémoires*, 1848, p. 269.
(4) Dreux II, qui suit; Guillaume, seigneur d'Espoisse, marié à Jeanne de Saint-Verain, et Isabelle, qui épousa, en 1265, Guy de Mauvoisin III, seigneur de Rosny, auquel elle porta 36,000 livres de dot.

l'usage et la nécessité du temps, de confirmer les nombreuses fondations de sa famille, notamment celle du Val-Saint-George. Il épousa une fille d'Anséric de Montréal et de Marie de Garlande, comtesse de Grandpré, et soutint, en 1259, pour ses terres de l'Isle-de-France, qui mouvaient du roi, un long procès contre le comte de Grandpré, oncle de sa femme. Il amortit, en 1282, quelques pièces de terre en faveur de l'église d'Auxerre, et mourut peu de temps après.

Dreux III de Mello, fils du précédent, fut reçu chevalier banneret quelques mois après la mort de son père. Il s'unit à une noble héritière, Eustachie de Luzignan, fille de Geoffroy et de Jeanne, comtesse de Châtellerault, et mourut le 23 avril 1310. Cette dame lui apporta les seigneuries de Jarnac, de Châteauneuf et de Sainte-Hermine, et surtout beaucoup d'illustration; car, elle était cousine d'Édouard, roi d'Angleterre, et sa maison était l'une des plus anciennes de France (1). Dreux fonda son anniversaire et celui de son épouse au monastère de Fontenet, en Bourgogne, pour une rente annuelle de dix livres, rachetable au capital de deux cents, qu'il assit sur ses seigneuries de Château-Chinon et de Lormes. Il laissa de son union trois enfants : Dreux, qui suit, Mathieu et Jeanne (2).

Dreux IV de Mello reprit de fief pour ses seigneuries l'année même de la mort de son père. Il se trouva, deux ans auparavant, le 9 octobre 1308, à la bataille de Saint-Verain, et fut renfermé, pour avoir combattu contre l'ordre du roi, avec Mathieu, son frère, dans la maison des hospitaliers de Saint-Jean-en-l'Isle, près Corbeil. Il se conduisit en héros dans cette affaire, qui fut décidée en faveur du baron de Saint-Verain.

---

(1) Elle était originaire d'une petite ville du Poitou, dont le château était réputé imprenable. Le vulgaire prétendait qu'il avait été bâti par une fée moitié femme et moitié serpent. Cette maison a donné un roi à Jérusalem et à l'île de Chypre, dans la personne de Guy, mort en 1194.

(2) Mathieu fut la souche de la branche de Saint-Parize. Jeanne épousa le fils d'Érard, baron de Saint-Verain.

Dreux s'u... à Jeanne de Toucy, fille d'Othon, amiral de
France, d... il eut une fille, nommée Jeanne, et, en secondes
noces, à E... ...nore de Savoie, veuve de Guillaume de Châlons,
comte d'A... ...rre, qui lui donna une autre héritière, Marguerite. Il étai... ...ort en 1328, époque où ses deux filles transigèrent
avec l'abbé... ...e Corbigny, pour la terre de Vellerot, près Cervon.
La premiè... ...épousa, en 1319, Raoul Ier, fils de Jean II de
Brienne, c... ...le Jeanne, comtesse de Guines; Marguerite s'unit,
en seconde... noces, à Jean de Châlons, baron de Vitteaux.

Raoul Ier... ...e Brienne, dit de Nesle, duc d'Athènes, comte
d'Eu et de G... ...ines, seigneur de Château-Chinon, de Lormes,...
était issu d'... une des plus nobles maisons de France, qui tirait
son nom de... la petite ville de Brienne-sur-Aube; elle donna un
roi à la Sic... ...e, et un autre à Jérusalem, dans la personne de
Jean de Brienne, que les barons français élurent empereur de
Constantinople, en 1229.

La haute extraction de Raoul devait naturellement le conduire
aux premières charges du royaume. Le roi le créa, en effet,
connétable de France en 1330. Quatorze ans après, il se trouva
à un tournoi donné à l'occasion des noces de Philippe de
France, duc d'Orléans, et y reçut un coup de lance, dont il
mourut. Il laissa trois enfants: Raoul, qui suit, Jeanne, mariée
à Gauthier de Brienne, duc d'Athènes, son cousin, et Marie
d'Eu, morte sans postérité.

Sa veuve donna, peu de temps après, par acte entre-vifs, à
son *chier et féal cousin*, Guillaume de Mello, seigneur
d'Espoisse, en considération des ses *bons, grands et agréables
services*, une rente annuelle et perpétuelle de trois cents livres
tournois, sur son château, sa châtellenie de Château-Chinon
et leurs dépendances (1).

---

(1) « A tous ceux qui ces présentes lettres verront, Jeanne de Mello,
» comtesse d'Eu, salut: savoir faisons que, pour considération des bons,
» grands et agréables services que notre chier et féal cousin, Guillaume de
» Mello, seigneur d'Espoisse, nous a faict en temps passé et faict encore

Raoul II de Brienne, comte d'Eu et de Guines, seigneur de Château-Chinon, de Lormes... hérita de la haute dignité de son père comme de ses biens. Chargé par le roi, en 1346, de défendre la ville de Caen contre une armée d'Anglais, débarquée sur les côtes de Normandie, il eut la douleur de voir, malgré tous ses efforts, la place tomber au pouvoir des insulaires. Il fut lui-même fait prisonnier et emmené en Angleterre.

Dévoré d'ennui et poussé par le désir de revoir sa patrie, il se décida, au bout de quatre ans, à traiter de sa rançon avec le roi Édouard. Le prix de sa liberté fut fixé à quatre-vingt mille *écus dupleix*. On arrêta, en outre, que si cette somme n'était pas payée à l'époque convenue, le monarque anglais entrerait de droit en possession du comté de Guines, où se trouvaient plusieurs places qu'il convoitait.

Ce traité malheureux, conclu à l'insu du roi Jean, fit soupçonner le connétable de trahison. A peine était-il entré à Paris, qu'il fut arrêté, le 15 novembre 1350, dans son hôtel de Nesle, et condamné, deux jours après, sans information préalable, sans procès en règle, à avoir la tête tranchée. L'exécution suivit de près; elle eut lieu à minuit, dans son hôtel même, en présence de plusieurs grands seigneurs de la cour (1). Le roi

---

» de jour en jour, en récompensation de ses soins, avons donné et
» transporté, donnons et transportons, par la teneur de ces présentes,
» audict notre cousin, trois cents livres tournois de annuelle et perpétuelle
» rente, à prendre, lever et percevoir, chacun an perpétuellement et lever
» noblement par luy, ses hoirs et par ceux qui de luy auront cause en
» temps à venir, sur notre chastel et chastellenie de Chastel-Chinon et
» sur tous les lieux dépendants d'iceux, et aultres choses appartenantes
» audict chastel et chastellenie; lesquelles trois cents livres de rente, ainsi
» données et transportées, nous avons vestu et saisi notre dict cousin
» par la tradition des présentes et l'avons reçu en notre foi et hom-
» mage..... » (Archives de l'empire, p. 1380, charte 3240).

Elle affranchit en 1346, Perrinet, fils de feu Henri-Marie de Larue; Jean et Huguenot Cornillat, l'année suivante.

(1) Nicolas GILLES, *Hist. de France*; NÉE DE LA ROCHELLE, *Mémoires*, p. 276; notice manuscrite de Millin.

confisqua, en même temps, ses biens. Le comté de Guines fut uni à la couronne et celui d'Eu donné à Jean-Sans-Terre, comte d'Artois. Ainsi l'ambition d'Édouard se trouva déçue ; elle n'eut d'autre résultat que d'amener la perte du malheureux connétable.

Quant aux seigneuries de Château-Chinon et de Lormes, le roi les abandonna à Jeanne d'Eu ou de Brienne, sœur de Raoul, pour ses droits dans la succession paternelle et pour différents legs que Blanche d'Eu, sa tante, lui avait faits.

Gauthier IV de Brienne ou de Bercy, duc d'Athènes, mari de Jeanne, jouit de ces seigneuries, par indivis, avec Jean de Châlons, oncle de sa femme, jusqu'au 5 octobre 1355, qu'ils les partagèrent. Sa portion se composa de la châtellenie de Château-Chinon et d'Ouroux, de la moitié de la baronnie de Lormes et des seigneuries de Brassy et des Places. Il fut créé lui-même connétable au mois de mai 1356, et tué en septembre suivant, à la bataille de Poitiers.

La duchesse, sa veuve, lui survécut jusqu'au mois d'août 1389. Elle jouit paisiblement de ses terres du Morvand, qu'elle légua, avant de mourir, à Guy de La Trémouille et à Marie de Sully, sa femme ; à Jean de Châlons, seigneur d'Arlay, et à Henri de Châlons, baron d'Argueil (1). Mais, à la nouvelle de son décès, le bailli de Saint-Pierre-le-Moûtier, par ordre du roi, se rendit à Château-Chinon et confisqua tous ses biens au profit du monarque. Les légataires universels de la duchesse ayant formé opposition à cet acte, il leur fut répondu que le roi ne lui avait abandonné une partie des biens du connétable, après sa mort, qu'à titre de reversion à la couronne, en cas de décès sans enfants légitimes, ce qui était arrivé.

Les héritiers de la comtesse de Château-Chinon soutenaient, avec raison, que la confiscation n'était pas légitime, attendu qu'il n'y avait eu ni information faite, ni procès instruit, ni juge-

---

(1) Elle affranchit, en 1376, Jeannot et Huguenin, fils d'Olivier Regnault, de Château-Chinon.

ment prononcé contre le connétable ; qu'en supposant même la confiscation légale, il aurait fallu distraire la part de la duchesse d'Athènes, à laquelle il était dû *dix mille livres de terre* sur sa dot; les droits de Marie d'Eu, décédée après Raoul, son frère, et enfin ceux de Blanche d'Eu, leur tante.

Ils en appelèrent donc en parlement. Mais Charles VI, sans attendre la décision des juges, échangea Château-Chinon et toutes ses dépendances, le 28 juin 1394, avec Louis II, duc de Bourbon, son oncle, pour les terres de Gaille-Fontaine, Rozoy et Saint-Saen, en Normandie, que ce prince tenait de Mahaut de Saint-Pol, son aïeule. Le mardi, 15 décembre suivant, il écrivit au bailli de Saint-Pierre-le-Moûtier et au capitaine de Château-Chinon : « Comme nous avons baillé, cédé et trans-
» porté par nos lettres patentes, scèlées en lacs de cire verte,
» à notre très-chier et très-amé oncle, le duc de Bourbon, pour
» luy, ses hoirs, successeurs et ayant-cause, les ville, chastel et
» chastellenie de Chastel-Chinon, Ouroux, Lormes, Bracy et
» les Places, avesques leurs appartenances et dépendances
» quelconques, tant en fiefs, arrière-fiefs, comme en rentes,
» deniers....... estangs, bois, prez, terres,....... hommes et
» femmes, serfs de corps, tailles, comme toute justice haulte,
» moyenne et basse, et généralement tout et tel droit que nous
» y avons..... sans y aulcune chose retenir, excepté la foy et
» hommage, et le ressort, nous vous mandons de le mettre en
» bonne possession et saisine..... (1) »

Cependant le procès s'instruisait. Le roi avait écrit, le 14 novembre 1394, au duc de Bourbon pour lui annoncer qu'il en supporterait tous les frais. Néanmoins ce prince consentit, au nom de Charles VI, le 20 décembre suivant, à traiter avec les héritiers de la duchesse d'Athènes. Il leur fut payé une somme de *vingt-cinq mille livres tournois* et ils se désistèrent de toutes leurs prétentions sur la châtellenie et ses dépendances. Cet

---

(1) Inventaire des titres du Bourbonn., folio 43, verso, p. 1357; arch. de l'empire, 3240.

accord, homologué le 29 mars 1395, par un arrêt du parlement, mit fin à tous débats, et le nouveau seigneur resta paisible possesseur du comté (1).

Louis II, duc de Bourbon, surnommé le Bon, pair et chambrier de France, était issu de Pierre et d'Isabelle, fille du roi Philippe de Valois. Cet excellent prince, auquel Château-Chinon dut l'établissement d'une chambre à sel, mourut le 19 août 1410. Il laissa d'Anne, son épouse, fille et unique héritière de Beraud II, comte de Clermont, de Forez,...... dauphin d'Auvergne, quatre enfants.

Jean Ier, duc de Bourbonnais et d'Auvergne, comte de Clermont, de Forez, seigneur des Dombes et de Château-Chinon, pair et chambrier de France après son père, naquit à Nemours, en 1380. Il fut capitaine général des pays de Guyenne et de Languedoc. Le 21 juin 1414, il ratifia le *traité de paix et abstinence de guerre* fait par ses commissaires avec le duc de Bourgogne, et partit, l'année suivante, pour la bataille d'Azincourt, où il commandait l'avant-garde. Il tomba au pouvoir des Anglais, qui l'emmenèrent prisonnier à Londres, où il mourut en 1433. Marie de Berry, sa femme, fille de Jean de France et de Marie d'Armagnac, renouvela, en 1420, 1427 et 1431, le traité de paix dont nous avons parlé, et le fit publier par son bailli à Château-Chinon et à Lormes.

La duchesse de Bourbonnais embrassa avec un zèle qui lui fit honneur le parti du légitime souverain, Charles VII. La *petite reine*, Odette de Champdivers, lui envoya, en 1426, à Chantelle, où elle faisait sa résidence, un cordelier du Beuvray, Étienne Charlot, pour lui annoncer *qu'il y avoit plusieurs gens à Lyon qui avoient vendu cette ville au comte de Salisbury, général du roi d'Angleterre, et qu'on y devoit égorger tous les partisans du Dauphin.* Marie s'empressa d'expédier le religieux au prince et lui donna *des lettres pour porter* à Bourges, où il tenait alors sa petite cour. Le cordelier, arrivé

---

(1) Paris, Archives de l'empire, p. 1380, charte 3240.

en cette ville, *alla le lendemain matin*, ac[...]pagné de Charles de Bourbon, fils de la duchesse, et l'un [...] plus puissants soutiens de Charles VII, trouver ce prince, [...]quel il dit *ce qu'on l'avoit chargé de luy faire savoir* (1) [...] comtesse de Château-Chinon mourut à Lyon en l'année 14[..] [...]).

Charles Ier, son fils, duc de Bourbonnais et [...]uvergne, comte de Clermont, de Forez, de Beaujeu, seigne[...] e Château-Chinon..., pair et chambrier de France, fut [...]s-utile au Dauphin, en l'obéissance duquel il conserva le La[...]edoc, où il assiégea et prit Béziers, la Guienne, le Nivernais [...] Bourbonnais, le Beaujolais, le Forez, le Lyonnais et le Mâc[...]is, dont il avait le commandement. Il eut l'honneur de conc[...], au nom de Charles VII, le 21 septembre 1435, le traité d'A[...]vec le duc de Bourgogne. Cinq ans après, il s'éleva, entre l[...] ses sujets du Morvand, touchant la *mainmorte et taillabi*[...] *volonté*, de graves démêlés, qui furent portés en parlemen[...]. Il obtint contre eux, le 26 mai 1447, un arrêt qui d[...]uait deux membres de cette cour pour aller à Château-Ch[...] faire une

(1) Archives de Dijon.

(2) Elle laissa deux fils, Charles, qui suit, et Louis, [...] de Montpensier, marié à Gabrielle de La Tour, fille de Bera[...], comte de Boulogne et d'Auvergne. (Guy Coquille, *Hist. du Niv.*[...] petit in-4°, p. 305 et 307.)

(3) Le duc soutenait *quod ab omni œvo talique ut tant[...]ore de quo contrarium in memoriâ hominum non extaret, terr[...]ælæ castellaniæ loci dicti Castri Caionis et tota patria ejusdem c[...]iæ fuisset et adhuc de présenti esset notariè terra serva, terraq[...]ilulis, ac talis notariè et semper tenta et reputata fuisset, persc[...] in eâdem castellaniâ morantes ac eamdem habitantes essent ser[...]nditionis, taillabiles et questabiles ad voluntatem... alté et b[...] secundùm facultatem corumdem, nec non corveabiles, de pou[...] et manu mortuâ secundùm consuetudinem ejusdem castellaniæ*.

Les habitants disaient, au contraire, qu'en vertu de [...]ines chartres, qui *avoient péri*, ils avaient été affranchis de toutes [...] edevances. Mais l'arrêt du parlement, du 29 septembre 1449, mai[...] le duc en possession du droit de tailles *ad voluntatem suam rat*[...]*lem super quodlibet principale caput cujusque domûs dictorum a*[...] *antium*.

enquête. Le 29 septembre 1449, il intervint une condamnation qui ne mit pas fin aux débats. Charles I*er* affranchit, cinq ans après, Laurent Merlo, Pierrette, sa femme, et Guillaume, leur fils, de Château-Chinon, et mourut en 1456, laissant d'Agnès de Bourgogne, fille du duc Jean-Sans-Peur et de Marguerite de Bavière, onze enfants (1).

Isabeau de Bourbon, sa fille, fut mariée, le 30 octobre 1454, au comte Charollais, son cousin, auquel elle porta en dot le comté de Château-Chinon, avec *cent mille francs d'or*. Olivier de La Marche prétend que les fiançailles eurent lieu, à l'insu du père de la princesse, par les intrigues de Jean-le-Bon, qui ambitionnait ce comté pour le joindre à la Bourgogne, où se trouvaient, *jusques bien avant dedans*, plusieurs fiefs importants, qui en mouvaient (2).

Charles-le-Téméraire, comte de Charollais, puis duc de Bourgogne, seigneur de Château-Chinon du chef de sa femme, força ses sujets du Morvand à se soumettre à la *mainmorte et taillabilité*. Nous avons vu ailleurs que, dans une réunion au palais épiscopal d'Autun, le 6 novembre 1461, ils le supplièrent par leurs procureurs *très-humblement* et requirent *qu'il plût à leur seigneur, de sa grâce spéciale, avoir pitié et merci d'eulx...., confessant par lesdicts procureurs....., estre tenus, liés, astraints et affects envers luy audict nom de servitude et condition serve, mainmortables, taillables à volonté raisonnable, corvéables et de poursuite.....; promettant accomplir de point en point à mondict seigneur, à ce présent et*

---

(1) Jean, duc de Bourbonnais, marié à Jeanne, fille de Charles VII; Philippe-Pierre II de Bourbon, comte de Beaujeu, puis duc de Bourbonnais, mari d'Anne de France, fille de Louis XI; Louis, duc de Bouillon, évêque de Liége; Jacques II; Charles, cardinal, archevêque de Lyon; Marie, femme de Jean d'Anjou, duc de Calabre; Isabeau, qui suit; Catherine, mariée à Adolphe d'Aigremont, duc de Gueldres; Jeanne, qui s'unit à Jean de Châlons, prince d'Orange; Marguerite, épouse de Philippe II, duc de Savoie.

(2) Mémoires ou chroniques de 1435 à 1492.

acceptant pour luy et ses successeurs, les devoirs que ils luy sont tenus et accoutumés de faire d'ancienneté........ toutes et quantes fois que requis en seront. La raison du plus fort, dit-on, est toujours la meilleure. Le comte, voyant enfin ses sujets abattus à ses pieds, daigna leur promettre *de les tenir et entretenir, garder et deffendre comme ses bons et vrais subjects.* Le bon et magnifique prince ! comme il les dédommage généreusement de la perte de leurs franchises !

Le seigneur de Château-Chinon obtint, en 1462, du roi Louis XI, la création d'une élection et d'un grenier à sel dans cette ville ; mais il eut soin de se faire concéder, en même temps, la nomination de tous les officiers (1).

Malgré le traité précédent, les Morvandeaux osèrent encore, cinq ans plus tard, refuser les tailles. Charles-le-Téméraire punit les habitants de Château-Chinon et de Lormes en brûlant leurs villes. L'année suivante, et en 1473, il fit exécuter d'importantes réparations au château. Enfin il fut tué, après de tristes revers, devant Nancy, le 7 janvier 1477. Le lendemain, on trouva son corps couvert de sang et de boue, la tête prise dans les glaçons, et tellement défiguré qu'il était méconnaissable. Ainsi périt le prince le plus puissant de son temps, justement surnommé le Terrible, le Hardi, le Guerrier ou le Téméraire. Ses sujets du Morvand se réjouirent de sa mort. Qui pourrait les blâmer ? Il leur avait fait tant de maux ! Charles fut marié trois fois. Marguerite d'Yorck, la dernière de ses femmes, était fille du roi d'Angleterre. Il ne laissa néanmoins qu'une fille unique, Marie de Bourgogne, issue de son union avec Isabeau de Bourbon, sa seconde épouse, morte le 13 septembre 1465 (2).

---

(1) *Voir* page 160.

(2) Ce prince fastueux, voulant un jour montrer à un haut personnage les clés des villes qu'il avait prises, commanda à son fou de les lui apporter. Celui-ci partit aussitôt et ne revint pas. Le duc, lassé d'attendre, le fit appeler de nouveau et lui reprocha sa lenteur à exécuter ses ordres. « Prince, lui dit-il, je cherchais les clés de Beauvais. » On sait

L'illustre héritière de Bourgogne épousa, en 1478, Maximilien Ier, archiduc d'Autriche, fils de Frédéric III, et empereur d'Allemagne après son père. Ce prince fit la guerre, plusieurs années, à Louis XI, à cause du duché de Bourgogne, que le monarque avait réuni à la couronne comme fief masculin. Il perdit sa femme, le 25 mars 1482, par suite d'une chute de cheval au milieu d'une brillante partie de chasse (1). De son union étaient nés deux enfants : Philippe et Marguerite, qui jouirent successivement du comté de Château-Chinon.

Philippe, surnommé le Beau, parce qu'en effet il était le prince le plus beau, le plus généreux et le plus facile de son temps, épousa, en 1490, à l'âge de douze ans à peine, Jeanne-la-Folle, fille et unique héritière de Ferdinand V, roi d'Aragon, et d'Isabelle, reine de Castille (2). Cette union lui valut le trône d'Espagne. Il se fit rendre foi et hommage par tous ses vassaux du Morvand en 1504, et mourut, deux ans après, à l'âge de vingt-huit ans. Il laissa deux fils : Charles et Ferdinand (3).

Charles, l'aîné, archiduc d'Autriche, roi d'Espagne, puis empereur d'Allemagne, sous le nom célèbre de Charles-Quint, porta le titre de comte de Château-Chinon depuis la mort de son père jusqu'au 17 février 1508. Alors le conseil de famille disposa de cette seigneurie, des comtés de Bourgogne, de Charollais, de Noyers, et des terres de Chaussin, de La Per-

---

que Charles-le-Téméraire avait été repoussé honteusement, en 1472, des murs de cette ville, qu'il tenait assiégée avec une nombreuse armée.

L'ambition du duc avait toujours été d'imiter Annibal, général des Carthaginois. Battu à Grandson et à Morat, en 1475, par les Suisses, qu'il voulait anéantir, il fut encore cette fois forcé de fuir ignominieusement. Comme il se sauvait à toute bride, ce même fou courait derrière lui, de toutes ses forces, en criant : « Ah! monseigneur, nous voilà bien » annibalés. » (GARNIER, continuateur de VELLY, tom. XVIII, p. 58, 207 et 250.)

(1) FELLER, art. *Maximilien.*
(2) *Ibid.*, art. *Philippe-le-Beau.*
(3) DÉZOBRY, *Dictionn. génér. de géogr*, art. *Philippe-le-Beau.*

rière..., en faveur de Marguerite d'Autriche, sa tante, fille de Maximilien. Cette princesse en fit foi et hommage au roi, à Bourg, le 4 mai de la même année.

Digne petite-fille de Charles-le-Téméraire, et héritière de son ambition, Marguerite chercha bientôt à s'agrandir aux dépens de ses voisins. Elle usurpa sur Jeanne de Hocberg, duchesse de Longueville, les châteaux et seigneuries de Joux, de Châtillon-sur-Meische, de Cuhans, de Mortaut, d'Uziez, de Vercol et de Villefaut. François Ier, indigné de tant d'audace, l'obligea, par le traité de Noyon, du 13 août 1516, d'abandonner, en compensation des terres usurpées, les comtés de Château-Chinon et de Noyers, et les seigneuries de Chaussin et de La Perrière (1). Cet échange fut consommé par le procès-verbal de commissaires spéciaux, le 20 mai de l'année suivante.

Jeanne de Hocberg-de-Bade, était fille de Philippe, prince souverain de Neuchâtel, baron d'Espoisse... Elle avait épousé Louis Ier d'Orléans, duc de Longueville, comte de Dunois, marquis de Rothelin, chambellan et connétable héréditaire de

---

(1) Cette princesse avait été fiancée, dès l'âge de trois ans, au Dauphin, depuis Charles VIII; mais elle fut, dans la suite, repoussée et dut céder sa place à Anne de Bretagne. Ferdinand V, roi d'Aragon, l'ayant demandée pour Jean de Castille, son fils, elle partit, à l'âge de dix-sept ans, du port de Flessingue, pour aller joindre ce prince. Une tempête si furieuse assaillit, dans la Manche, le vaisseau qui la portait, que l'équipage perdit, un moment, tout espoir de salut. Marguerite, tranquille et résignée, au milieu des horreurs de cette position, écrivit cette épitaphe badine, qui peint tout son sang-froid :

« Ci-gît Margot, la gente demoiselle,
» Qu'eut deux maris et se mourut pucelle. »

Elle échappa pourtant, et arriva en Espagne; mais elle ne fut pas heureuse pour cela; car, elle perdit son époux au bout d'un an. Remariée en 1501, à Philibert II, duc de Savoie, trois ans après elle était encore veuve. C'est cette princesse qui, en exécution d'un vœu, fait par Marguerite de Bourbon, sa belle-mère, bâtit la magnifique église de Brou, près de Bourg-en-Bresse. (*Hist. pittoresque des Cathéd.*, 1846, p. 57; archiv. nation.; FELLER.)

Normandie, qui mourut en 1516, après douze ans de mariage. De cette union était né un fils, nommé Charles, lequel fut tué, au siége de Pavie, en 1525. N'ayant donc pas d'héritiers directs, elle donna les comtés de Château-Chinon et de Noyers, le 10 septembre 1536, en dot à François d'Orléans, issu d'une première union de son mari avec Marie de Lorraine, et mourut, le 5 juillet 1545, au château d'Espoisse, où l'on voit un fragment de sa tombe.

Le nouveau seigneur, prince digne des plus grands éloges, ne jouit pas long-temps de ses domaines du Morvand, étant mort lui-même à Noyers en 1548. Il laissa, de Jacqueline de Rohan, son épouse, deux enfants, Léonor et Françoise d'Orléans. Le premier reprit de fief pour Château-Chinon, seize ans plus tard, et abandonna ensuite cette terre à sa sœur, pour ses droits maternels.

Françoise d'Orléans épousa, le 8 novembre 1565, Louis Ier de Bourbon, prince de Condé, l'un des plus chauds partisans du calvinisme, et déjà veuf d'Éléonore de Roye, dont il avait eu huit enfants. Ce seigneur ayant été tué, le 13 mars 1569, sur le champ de bataille de Jarnac, Charles IX confisqua ses biens; mais il rendit, l'année suivante, à la requête de Jacques de Savoie, le comté de Château-Chinon à sa veuve. Condé, pour faire face aux dépenses de la guerre du parti des réformés, avait affranchi un bon nombre de ses sujets du Morvand. La princesse prit des lettres de rescision et fit assigner les serfs, pour voir déclarer nul leur affranchissement. Elle fit refaire, en 1575, le terrier du comté, où les héritages étaient énoncés comme tenus en mainmorte et de servitude. Mais vingt-quatre particuliers, au nom de tous les autres, formèrent opposition et soutinrent « que de tout temps et d'ancienneté, par coutume
» légitimement prescrite et observée, les héritages des gens
» serfs pouvoient estre aliénés par eulx à personne franche ou
» à personne serve, ce qui montroit que lesdicts héritages
» estoient francs, tenans de franchise et de censive, et non de
» servitude ».

La douairière de Bourbon-Condé mourut le 11 juin 1601. Charles, son fils, comte de Soissons, pair et grand-maître de France, gouverneur de Dauphiné et de Normandie, entra alors en jouissance des terres du Morvand, dont il reprit de fief des mains du roi. Ce prince ambitieux et versatile mourut lui-même le 1ᵉʳ novembre 1612 et laissa Anne de Montafié, son épouse, avec trois enfants, savoir : Louis, tué à la bataille de Sedan ; Louise, mariée, le 11 avril 1617, à Henri II d'Orléans, duc de Longueville, et Marie, qui s'unit, le 6 avril 1625, à François-Thomas de Savoie, prince de Carignan, grand-maître de la maison du roi et généralissime de ses armées d'Italie.

Le bailli de Noyers, s'étant rendu à Château-Chinon en 1617, concéda, au nom d'Anne de Montafié, aux habitants, pour mille livres de bellemain et une rente annuelle de trois sous par feu, huit cent onze arpents de bois et buissons, qui leur furent contestés dans la suite. Quatre ans après, le 25 mai, comme on préparait les éléments d'un nouveau terrier, eut lieu à Château-Chinon une enquête, qui démontre que la plus grand partie des titres de la seigneurie avaient été brûlés par les gens de guerre. Le terrier fut, en effet, dressé, et les sujets firent leurs reconnaissances le 2 décembre 1623.

Anne de Montafié eut la douleur de perdre, le 9 septembre 1637, la duchesse de Longueville, dont la fille unique, Marie d'Orléans-Longueville, princesse de Neuchâtel, épousa Henri II de Savoie, duc de Nemours et de Genevois. Elle mourut elle-même, le 17 juin 1644.

Le prince de Carignan prit alors possession du comté de Château-Chinon et des autres biens de la maison de Bourbon Condé, qu'il administra, tant en son nom qu'en celui de Marie d'Orléans, sa nièce, jusqu'à sa mort, en 1656. Ce seigneur, vif et impétueux, mais très-inconstant, laissa deux fils, Emmanuel-Philibert, prince de Carignan, né sourd-muet, et Eugène-Maurice, comte de Soissons, lieutenant général des armées du roi et gouverneur de Champagne. Marie de Bourbon-Condé, sa veuve, lui survécut jusqu'au 4 juin 1692, qu'elle mourut, à l'âge de quatre-vingt-sept ans. Elle a laissé des *Mémoires*, écrits avec fidélité, mais d'un style très-léger. Elle y fait des portraits pleins d'esprit, de finesse et de vérité, des principaux auteurs de la Fronde.

Cette princesse et la duchesse de Nemours et de Genevois, sa nièce, reprirent de fief pour Château-Chinon, en 1658. Les habitants soutinrent contre elles, en 1677, un procès pour le minage; mais une sentence des requêtes de l'hôtel les condamna, peu de temps après, à payer cette redevance. Un arrêt, rendu sur appel, le 15 juillet 1685, confirma purement et simplement la décision des premiers juges.

L'année suivante, comme elles voulaient enfin arriver au partage de leurs domaines, elles en firent faire une estimation intrinsèque et détaillée (1). Celle du comté de Château-Chinon porte qu'elles prétendaient rentrer dans la propriété des bois concédés aux habitants *tant pour vice du traité...... faict par une personne sans pouvoir et n'ayant esté suivi d'aulcune ratiffication, que parce que, en tout cas, ledict usage n'avoit esté accordé que dans neuf-vingts arpens de bois et buissons, au lieu que ce dont jouissoient lesdits habitans et dans quoy ils prétendoient usage, moyennant lesdits trois sous de rente, contenoit plus de mille ou douze cents arpens.*

Le partage projeté eut lieu au mois d'avril 1688, et fut définitivement réglé par un arrêt de la cour du parlement, du 12 mai suivant, qui attribuait le comté de Soissons à la duchesse de Nemours, et celui de Château-Chinon à la princesse de Carignan. Celle-ci, pensant que l'aîné de ses fils, à cause de son infirmité, ne se marierait pas, avait donné au comte de Soissons, le puîné, par son contrat de mariage, du 21 février 1657, avec Olympe Mancini, nièce du cardinal Mazarin, tous ses biens de

---

(1) Cette estimation fut faite par Claude Pagani, seigneur de La Chaise et d'Ugny, commissaire de la princesse de Carignan, et par le baron d'Arcy, expert de la duchesse de Nemours.

France. Mais le prince déshérité épousa néanmoins, en 1684, Angélique-Catherine d'Est-Modène, et en eut un fils, Victor-Amédée de Savoie-Carignan, et deux filles.

Comme son frère, Eugène-Maurice, était mort en 1673, il intenta, après son mariage, un procès à ses enfants (1) pour obtenir la reconnaissance et la possession de ses droits. Un arrêt du parlement lui attribua les deux cinquièmes du comté de Château-Chinon. Il força les créanciers de Louis-Thomas, son neveu, d'accepter le remboursement de la portion qu'ils s'étaient fait adjuger, acquit, de 1697 à 1699, celles de ses autres neveux, et s'en trouva ainsi seul possesseur.

Voulant faire renouveler le terrier de la seigneurie, il fit sommation, le 13 mars 1702, aux habitants de fournir une déclaration semblable à celle de 1623 ; mais ils s'y refusèrent avec opiniâtreté. Un jugement par défaut les condamna, le 17 avril 1704, à reconnaître au prince le droit de *cens local* ou de lods et ventes, comme seigneur direct, et une sentence de la cour des requêtes du palais l'inséra d'office au terrier, le 19 août de la même année.

A sa mort, en 1709, Emmanuel-Philibert se trouvait criblé de dettes. Il devait aux banquiers Facio, de Turin, une somme de cent trente-deux mille livres, en nantissement de laquelle il leur avait donné le comté de Château-Chinon. Cette position critique obligea enfin son fils, Victor-Amédée, à l'aliéner. Il le vendit donc, le 4 mars 1719, du consentement de Victoire-

---

(1) Eugène-Maurice avait laissé cinq enfants : Louis-Thomas, comte de Soissons ; François-Eugène, qui porta d'abord le petit collet, et se nomma l'abbé de Carignan ; Philippe, chevalier de Malte et abbé de Corbie ; Marie-Jeanne, demoiselle de Soissons, et Louise-Philiberte.

Le second, François-Eugène, ayant quitté le petit collet, demanda un régiment à Louis XIV et en reçut un refus humiliant. Dès-lors il entra au service de l'empereur d'Allemagne, qui le fit généralissime de ses armées ; il devint célèbre sous le nom de *prince Eugène*. Louis XIV n'eut pas de plus redoutable ennemi.

Mariane de Savoie, son épouse (1), pour *trois cent vingt-cinq mille livres*, à Louis de Mascrany, chevalier, marquis du lieu et de Paroy, seigneur de Villers-sous-Saint-Leu, conseiller du roi, président de son grand conseil, maître de ses enquêtes... (2). On voit, par l'acte de vente, que cette terre était, *par son étendue et par les beaux droits dont elle étoit décorée, une des plus belles du royaume, et que parmi les cent quatre-vingt-quinze fiefs qui en mouvoient, trois ou quatre valoient mieux de deux millions de livres.*

Le nouveau seigneur ayant fait publier un *décret de ses droits*, scellé le 30 septembre 1723, François Vaucoret refusa néanmoins d'acquitter le cens local, et il s'ensuivit un procès, auquel Claude-François Sallonnyer de Monbaron et treize autres vassaux du comté s'associèrent; il dura quarante-un ans. Cependant on publia, de part et d'autre, des *mémoires* plus ou moins offensants. Celui de Sallonnyer de Monbaron attaquait assez vivement l'honneur et la réputation du marquis de Mascrany qui, pourtant, ne lui intenta pas d'affaire correctionnelle.

Le comte de Château-Chinon vit bientôt surgir contre lui un autre procès, plus inquiétant que le premier. Neuf ans après la vente, le prince de Carignan avait eu soin de prendre des lettres de rescision et demandait à rentrer dans la propriété de la seigneurie comme lézé de plus des sept douzièmes. Une expertise ayant été ordonnée, l'arpentage des forêts fut fait en 1728, par Girard de Montbernard. Il fut alors constaté que les bois, malgré des défrichements successifs, présentaient encore une masse de *trois mille neuf cent un arpents*. L'estimation de la terre, faite par des commissaires *ad hoc*, en porta la valeur intrinsèque à *un million trois cent trente-trois mille cinq cent quatre-vingt-deux livres douze sous huit deniers*, d'où

---

(1) Elle était fille naturelle du duc de Savoie.

(2) Comment comprendre qu'il ait pu vendre pour 325,000 livres une terre qui, en 1688, avait été estimée 594,000 ?

M. de Buffon concluait qu'il y avait évidemment lésion. Néanmoins, un arrêt du parlement, de l'année 1764, maintint le marquis de Mascrany dans la possession pure et simple du comté. Les créanciers du prince de Carignan obtinrent encore des lettres de requêtes civiles contre cet arrêt; mais une sentence du 2 septembre 1768 rejeta l'entérinement de ces lettres, et l'acquisition fut consommée. Louis de Mascrany mourut sept ans plus tard, laissant de Marie Picot de Clos-Rivière, son épouse, huit enfants (1).

François-Marie, l'aîné, avait reçu le comté par son contrat de mariage avec Catherine-Claudine-Camille Douet de Vichy, le 1er mars 1756. Il vint à Château-Chinon avec sa femme, en 1776, et alla loger au château de Quincize. Le but de son voyage était évidemment de transiger avec ses sujets. Les habitants tinrent, en effet, une assemblée générale le 7 juillet, et reconnurent *le cens local*, objet naguère de si longs débats. De son côté, il leur fit remise, le 4 août suivant, de tous les arrérages des *droits sur les communaux, de toute amende, droits, actions et prétentions sur lesdits*, et les reconnut *hommes francs et libres*. Un arrêt du 15 mai 1777 confirma ces divers arrangements.

Le comte laissa de son union quatre filles. L'une d'elles épousa Louis-Gabriel-Laurent Planelli de Lavalette, marquis de Maubec, lieutenant en premier au régiment des gardes françaises, seigneur de Bourgoing, de Saint-Alban, baron des Esparres...; un autre s'unit au marquis de Maurepas..... Le premier fut élu de la noblesse aux États généraux de 1789 et émigra deux ans après. La terre de Château-Chinon fut alors confisquée au profit de la nation. Le gouvernement impérial ayant rendu les forêts aux dames de Mascrany, celles-ci les vendirent à la famille Bureau, de Paris. Acquises, vers 1825,

(1) François-Marie, qui suit; Joseph, lieutenant des gardes françaises; Étienne, vicaire général de Toulouse; Louis, Louise, Marie, Charlotte et Marie. Ces deux dernières prirent le voile.

par le duc de Choiseul-Praslin, elles sont devenues la propriété de M. le comte de Béarn, son gendre.

Les archives de l'ancien comté de Château-Chinon, qui auraient été si précieuses pour l'histoire du pays, n'existent plus. Les représentants du peuple Collot-d'Herbois et Laplanche, en mission dans le département de la Nièvre, les firent brûler, comme nous l'avons vu plus haut, dans la nuit du 26 avril 1793, au pied de l'arbre de la liberté (1). Honte éternelle à ce vendalisme insensé !

La banlieue de la ville, sous le nom de *Château-Chinon-Campagne*, forme une seconde commune, peuplée d'environ quinze cents habitants, répandus sur une surface de trois mille huit cent quatre-vingts hectares, dont quinze cent cinquante-sept sont en forêts. Dans celles du sud, sur l'ancien chemin de Moulins-Engilbert, on voyait jadis un oratoire, connu sous le nom de *Chapelle-du-Chêne*, et dédié à la sainte Vierge, qu'on y vénérait d'un culte tout particulier. Deux gros tilleuls en marquent l'antique position. Leurs troncs séculaires sont chargés de christs, de madones et autres emblèmes chrétiens. A côté, coule une source limpide et abondante, autrefois en renom.

On croit que cette chapelle, démolie en 1793, sous prétexte qu'elle pourrait servir de repaire à des voleurs, avait été construite sur l'emplacement d'un chêne druidique. Son nom, sa situation près d'une source vénérée, sur un plateau ombragé par des forêts, la tradition locale, tout concourt à confirmer cette opinion.

Le souvenir du druidisme s'est, en outre, conservé dans le nom du hameau d'Atruys, *villa Druidum*, que l'on remarque au pied de la montagne de Château-Chinon, à l'ouest. On pense communément que les druides y avaient un collége, auquel succéda une villa romaine. Des fragments de marbre, des dé-

(1) On dit qu'un manuscrit de l'histoire du Nivernais et de Château-Chinon, depuis le quatrième siècle jusqu'au seizième, fut arraché des flammes. Qu'est-il devenu ?

bris de mosaïque, et divers autres objets antiques, découverts en ce lieu, attestent l'existence de cette dernière.

Au nord de la ville, sur le sommet d'une montagne conique, qui domine le cours de l'Yonne et la pittoresque vallée de Corancy, est une autre chapelle, encore debout, dite *chapelle de Montbois, capella de Bosco*. Elle est dédiée à saint Roch, qu'on y invoquait autrefois contre la peste. On s'y rend encore en procession le 16 août, jour de la fête du saint patron. Elle fut cédée à la fabrique de Château-Chinon, le 26 février 1859, par M. Édouard-Charles de Saint-Phalle. Cette cession fut approuvée par décret impérial le 15 janvier, quatre ans après.

Les dîmes de tous les hameaux de cette commune rurale, au nombre de dix-huit environ, appartenaient autrefois à l'ancienne abbaye de Bellevaux ; elles lui avaient été données, en 1193, par Hugues de Château-Chinon, pour fonder l'anniversaire de Seguin, son frère, mort en Palestine, et de ses aïeux. Cent dix-huit ans plus tard, en 1311, il s'éleva, concernant ces dîmes, entre l'abbé Jean et le curé Pierre, un grave différend, qui se termina, le jeudi dans l'octave de la Nativité de saint Jean-Baptiste, par un accord amiable. Les dîmes, *tant anciennes que novales*, des hameaux de Précy, de Coujard, de Fachen, de Léré, de Montsaulnin, des *Prés*, de Monbaron, de Montbois, des Bruyères, de *Crissigny*, de *Risdon*, de *Laproye* et de Salorges, furent alors reconnues appartenir à l'abbé, et les dîmes, *anciennes et novales*, des biens de la cure, du prieuré de Saint-Christophe, des hameaux *dou Monceau*, *de Cors*, *de Lautrecors*, *dou Chaalier* et des Chevannes, celles de chanvre, de millet...., au curé. L'abbé s'obligea, en outre, à lui payer, chaque année, à perpétuité, six bichets, moitié seigle et moitié avoine, à la mesure de Château-Chinon (1).

(1) *Universis præsentes litteras inspecturis, nos frater Joannes, humilis abbas monasterii Bellevallis, totus que ejusdem loci conventus..... salutem in Domino. Noveritis quod cùm discordia mota esset inter nos, ex unâ parte, et Petrum, presbyterum et curatum ecclesiæ parochialis de*

L'abbé Pierre de Pont inféoda la portion du monastère, en 1543, à Pierre IV de La Tournelle, pour une rente annuelle et perpétuelle de quarante-cinq livres. Nous en trouvons plusieurs reconnaissances faites par ses descendants aux comtes de Château-Chinon.

Monbaron, *Monbaro*, dans la vallée, à l'ouest, et Montbois étaient deux fiefs simples qui furent érigés en justice et

Castro Canino... ex alterá parte ; super eo videlicet quod nos opponebamus et dicebamus contrà ipsum curatum, nomine nostro et monasterii nostri supradicti, decimas novalium seu rupticiorum factorum et faciendorum, in totá parochiá de Castro Canino, ad nos pertinere et nostras esse debere eá portione quá veteres decimæ nos contingunt.... et propter privilegia nobis à sede apostolicá concessa et etiam virtute dictorum privilegiorum ; dicto verò curato contrarium affirmante et dicente dictas decimas novalium seu rupticiorum ad ipsum curatum nomine dictæ ecclesiæ suæ de Castro Canino, de jure communi, pertinere et esse ipsius curati nomine ecclesiæ suæ supradictæ.

Tandem post multas rationes et alterquationes, à nobis et à dicto curato appositas, concordatum est et pacificatum extitit inter nos et prædictum curatum, de concilio proborum virorum et maximè de concilio plurimorum parochianorum dictæ ecclesiæ, in hunc modum : Videlicet quod nos et successores nostri, nomine nostro et monasterii nostri supradicti, amodò percipiemus et habebimus decimas novalium seu rupticiorum factorum et faciendorum in villis, locis et territoriis inferiùs annotatis ; videlicet in villá de Faschen, de Cors, de Pressiaco, de Crossigniaco, de Curtis, *in tenemento et territorii de* Risdone. *Veteres decimas et novas in villá de* Pratis, de Moncellano, *in villis et pertinenciis de* Liriaco, de Bosco, de Saalorgiis, de Monbarone, *in villá de* Brueriis *et in tenemento tisserii de* Laproie, *et in omnibus territoriis et locis ad dictas villas pertinentibus et etiam in omnibus aliis villis seu villagiis dictæ parochiæ de Castro Canino....... in quibus....... veteres decimas nos percipere consuevimus et habere. Quæ villæ sunt in dictá parochiá et metis infràscriptis : Videlicet in ripariá Yonæ prout profluit dicta riparia à prædicto latere inversùs Pontem de Beardo, et inversùs territorium parochiæ de sancto Hylario et inversùs territorium parochiæ de sancto Leodegario, salvis siquidem et retentis eidem curato*

eigneurie avec Argoulais, le 24 juillet 1781. Le premier, avec *les hommes, meix et tènements*, appartenait, en 1353, à Jeannot et Pierre de Pièmère, frères. En 1504, il était à Jean de Marry, chevalier. Pierre Tridon le vendit, en 1665, à noble Jacques Sallonnyer, écuyer, sieur d'Argoulais, dont le fils puîné, Claude-François, en prit le nom. Celui-ci soutint, ainsi que nous l'avons dit plus haut, un long et dispendieux procès, pour les lods et ventes, contre le seigneur de Château-Chinon. Il fit intervenir plusieurs vassaux dans cette affaire et publia un mémoire diffamatoire contre son suzerain. Il mourut en 1740. Jean-Marie Sallonnyer de Monbaron, seigneur de La Montagne, en reprit de fief en 1770, et le laissa, onze ans après, aux enfants de Paul de Chabannes, ses neveux.

Montbois, *Boscum, Mons de Bosco*, avec L'Huis-Gaudry, fut long-temps possédé par la famille Gascoing. Claude-Marguerite, issue de cette maison, le porta, en partie, en 1667, à Jacques Sallonnyer, auquel noble Jean Gascoing, écuyer, sieur de Patinges, vendit le reste en 1701. Il passa, avec le précédent, à la maison de Chabannes. Près de Montbois, au sud, est le champ *d'Eguy* ou *du Roi*, ainsi nommé du campement des troupes de Louis XI en 1474. Quelques-uns croient même que

---

et suis successoribus, *in totá parochiá de Castro Canino, decimis*..... *panicii et canabi et etiam decimis omnium terrarum ad dictam ecclesiam de Castro Canino ad præsens pertinentibus...... Et etiam salvá et retentá decimá novalium quæ........... in prioratu de Castro Canino. Et nos tradidimus..... prædicto curato et successoribus suis...... omnes decimas veteres quas nos habere et percipere consuevimus in villis et territoriis, videlicet* dou Monceau, de Cors, de Lautrecors, dou Chaalier et des Chevannes *et etiam decimas novalium in prædictis villis........ At sciendum est quod pro hujusmodi concordatione et compositione nos tenemur et debemus solvere, annis singulis, prædicto curato et successoribus suis, et eorum mandato, sex bichetos bladi ad mensuram de Castro Canino, per medium siliginis et avenæ, apud Liriacum villam parochialem de Castro Canino annuatim......*

la bataille de Sermages, dont nous avons parlé, fut livrée en ce lieu.

Précy ou Pressy, *Pressiacum*, dans le flanc d'une montagne, au sud-est, était tenu en fief, en 1756, par Jacquette, Étiennette et Henriette Étignard. Henri, fils de Jacques Étignard, fit aveu pour le moulin en 1777. Andoche Desportes de Précy donna dénombrement, la même année, pour ce fief, et le vendit ensuite à N. Auger, pour payer sa charge d'huissier ordinaire de Monsieur, frère du roi.

Coujard a été le berceau de la famille de ce nom, que l'on voyait encore à Château-Chinon au seizième siècle. Jean Gudin en fit reconnaissance en 1781. Gabrielle Goy, veuve de Jean-Philippe Lagarde de Villaine, décédée le 27 janvier 1858, a légué une rente de deux cents francs à la *société de Saint-Vincent-de-Paul* de Château-Chinon, et une autre de quinze cents au bureau de bienfaisance, dont trois cents sont spécialement affectés aux pauvres de Montsaulnin, de Précy et de Vermenoux. Elle a hypothéqué le tout sur le domaine de Coujard.

Vermenoux, dans la vallée de l'Yonne, posséda autrefois une maison-forte. Il formait une seigneurie en toute justice, jouissant de la banalité sur une partie du cours de la rivière. Adrien de Houppes, écuyer, en fit foi et hommage à Château-Chinon en 1403. Il la laissa à Charles, son fils, issu de son union avec Héliette de Frasnay. Philibert de Houppes, seigneur de Lichy, époux d'Étiennette de Loron, la possédait en 1590. Louis Étignard, dit le marquis de Martray, en reprit de fief en 1770, et la vendit à Jacques Girardot de Chamont, bourgeois de Paris. Celui-ci y joignit Les Anglois, Boutetoing, Tilleux et Traclin. Louise-Marie Foissin, sa veuve, en fit aveu huit ans après. Paul Girardot de Préfond et Jacques Girardot de Champdauphin, leurs fils, vendirent le tout, le 28 mai 1783, à Jacques Étignard de La Folotte.

Près de là, est le pont Charreau, où les comtes de Château-Chinon percevaient un droit de péage, comme à Corancy.

Un peu plus bas, sont les moulins d'Yonne et le fief de la

Vallée-de-Cours, dont Guilaume et Guyot de Pont étaient seigneurs en 1412. Guillaume II reconnut, plus tard, devoir cinq sous tournois de cens, à la Notre-Dame de mars, au comte de Château-Chinon.

Montlevrain, dans les bois, a donné son nom à une famille aujourd'hui éteinte.

Montsaulnin ou Monceaulnin, *Moncellanum*, au sud, était autrefois le siége d'une seigneurie en toute justice. Son ancien château, détruit depuis long-temps, a été le berceau d'une noble famille, qu'illustra Charles de Montsaulnin, comte de Montal, mort lieutenant général des armées du roi.

Robert et Perrein de Montsaulnin en reprirent de fief du duc d'Athènes, en 1351. Ils possédaient en même temps Bouteloing Montigny-en-Morvand et Chaumard en partie. Guillaume en donna dénombrement en 1407. Jean Ier de La Rochette en renouvela le devoir en 1443, et Claude en 1473. Jean II de La Rochette, et *honnête homme* Pierre du Four en jouissaient en 1504. Pierre Pitoys, écuyer, seigneur de Quincize, possédait Montsaulnin au commencement du dernier siècle. Vaucoret, qui en est voisin, a aussi donné son nom à une famille actuellement éteinte.

Fachen, *villa de Faschen*, en 1311, dans les bois, au sud, formait, avec Le Grand-Village et Les Morvands, une seigneurie avec justice haute, moyenne et basse, dans la mouvance du comté. Noble Guyot de Frasnay en reprit de fief en 1504, au nom d'Anne de La Tournelle, sa femme. Rentrée dans la maison de ses anciens maîtres, elle fut unie au marquisat de La Tournelle, dont elle ne fut plus séparée.

On remarque à Fachen une chapelle de la sainte Vierge bâtie en 1843. Au bas de ce hameau coule un ruisseau flottable de son nom, qui se jette dans l'Yonne.

II.

ARLEUF, *Aridus locus.*

Cette commune, l'une des plus considérables du Morvand, est située sur la rive droite de l'Yonne, à huit kilomètres de Château-Chinon. Elle occupe un sol généralement maigre et froid, d'où lui vint le nom d'*Aride-Lieu*, encore peu altéré. Sa population est de trois mille cinquante-trois habitants et sa surface de cinq mille neuf cent soixante-treize hectares, dont trois mille cinq sont en forêts. Le sommet de *Brenet*, le point le plus élevé de son territoire, compte huit cent quatre mètres au-dessus du niveau de la mer. On y rencontre plusieurs torrents ou ruisseaux flottables, tous affluents de l'Yonne. Le *Touron*, qui sort d'un étang de ce nom, la *Mothe* (1), la *Proye* et *Préparny*, sont les principaux. Une voie romaine, dont on retrouve des vestiges aux Pâquelins, la traversait de l'est à l'ouest. La route impériale de Nevers à Autun la parcourt dans le même sens.

Outre cette antique voie, il existe, en plusieurs endroits, des restes gallo-romains. Aux Bardiaux, *de Beardo*, où le peuple croit qu'il y eut une *ville*, on a découvert de nombreuses médailles et d'autres objets curieux, qui furent vendus, en 1857, pour trente francs, à un colporteur (2). Au Champ-du-Clou, *Clausum*, sont des fossés profonds et réguliers, et des indices de souterrains, sur une vaste échelle. Là, le soc de la charrue met, à tout moment, au jour, des fragments de tuiles à rebords, de briques romaines et des pierres étrangères à la localité.

---

(1) Il existe, sous la chaussée de l'étang de La Mothe, des ruines que l'on croit être les restes d'un château ou d'une ancienne usine.

(2) Parmi ces médailles, nous citerons celles d'Auguste, de Vespasien, de Domitien, Adrien, Gallien, Julia-Paula, Salonin, Posthume, Victorin, Claude-le-Gothique, Quintilla, Numérien, Dioclétien, Magnance........

L'ancien château de Beauregard fut bâti sur les ruines d'une villa. Les bords du Touron se recommandent à la curiosité des antiquaires. On croit y reconnaître divers monuments celtiques.

Le territoire de la commune renferme, notamment dans la forêt de Montarnu, du minerai de fer, qui paraît assez riche.

Sous l'ancien régime, la paroisse d'Arleuf relevait, au civil, du comté de Château-Chinon, de l'élection et du grenier à sel de cette ville. En 1790, il y fut créé un chef-lieu de canton, avec justice de paix, et Glux pour dépendance (1); mais il fut supprimé en 1800, et réuni à celui de Château-Chinon. Au spirituel, elle dépendait du diocèse d'Autun et de l'archiprêtré d'Anost. Le patronage de la cure appartenait alors à l'évêque. Jean-Baptiste Berthault, curé d'Arleuf pendant trente-quatre ans, fut honoré, à cause de ses mérites, du titre d'archiprêtre. La révolution ne put ébranler sa foi, ni sa vertu. Il refusa courageusement le serment schismatique. Emprisonné à Nevers, puis transporté à Brest par la Loire, il y mourut martyr avec son frère, Michel, curé de Glux. Il était âgé de soixante-trois ans (2).

L'importance de la paroisse d'Arleuf lui a valu d'être érigée, en 1827, en cure de deuxième classe. Elle était autrefois dans l'usage de se rendre, en procession générale, le lundi de Pâques à la chapelle de Faubouloin, le 1er mai à celle de Beauregard, et le jour de Saint-Jean-Baptiste à l'église de Roussillon.

Le chef-lieu, échelonné sur la route, au sommet des montagnes, n'est pas considérable, mais assez bien bâti. On y

---

(1) Vaucoret en fut juge de paix.

(2) Curés connus d'Arleuf : ... Henri Paulard, en 1542; Blandin, 1610; Jean Defosse, 1628; Jean Defosse, son neveu, 1660; François Martin, 1684; Jean Martin, 1731; Jean-Baptiste Berthault, 1758; Barrillot, intrus, 1792, puis chirurgien de l'armée révolutionnaire, et enfin nommé, en 1806, curé de Châteauneuf, où il mourut; Regnard, 1805; Demommerot, 1813; il est transféré à Saint-Saulge; Pétilier, 1823; il passe à Brinon-les-Allemands; M. Pratmel, ancien curé de Villapourçon, lui succède en 1850.

trouve une maison de *sœurs de l'Enfant-Jésus*, fondée en 1855 par le vicomte Foullon de Doué, propriétaire de La Tournelle, pour l'instruction des jeunes filles et la visite des malades.

L'église paroissiale, située en tête d'une prairie, est dédiée à saint Pierre-ès-liens; c'est une des plus misérables du Morvand. Il serait bien temps que les habitants d'Arleuf, à l'exemple de tant d'autres communes, dotassent leur pays d'un édifice plus en rapport avec la population et plus digne de leur foi. Le chœur, seul voûté, fut reconstruit au seizième siècle, par Guy de La Tournelle, seigneur du lieu. Un caveau, régnant dessous, servait de sépulture à cette noble famille. La nef, surmontée d'un mauvais clocher en bois, renferme le mausolée de Simon-Pierre Sautereau, riche bourgeois, auquel le flottage doit de la reconnaissance, et celui de Marie-Anne Marceau, sa femme. On lit sur ce monument funèbre :

« Ce marbre, sous lequel reposent
» Deux cœurs dignes de vos regrets,
» Ce marbre, que mes pleurs arrosent,
» Vous instruira de leurs bienfaits. »

Une inscription latine rappelle que Simon-Pierre Sautereau nourrit, à ses dépens, un grand nombre de malheureux, pendant la disette de 1742; que, l'année suivante, il fit creuser, près du hameau du Châtelet, l'étang du Pont-d'Yonne, où il réunit les eaux d'alentour, et rendit ainsi la rivière flottable à volonté. Cet homme, honorable et fort respecté, mourut en 1768, âgé seulement de soixante-quatre ans (1).

Au côté sud de l'église, il existe une chapelle de Saint-Jean-Baptiste, sans style, où se trouvait jadis le mausolée dont nous venons de parler.

(1) . . . .
Ille cives suos, fame pereuntes, importatis undique frugibus, refecit et servavit unus omnes. Ille, suismet impensis, omnes hujusce regionis aquas, dispersim vagantes, industriè redegit in commune receptaculum, reservavitque emittendas in Ycaunam, tenue flumen, anteà navigationi rarò sufficiens (Germain DE CRAIN.)

En 1660, le pape Alexandre VII accorda, pendant sept ans, une indulgence plénière à tous ceux qui visiteraient l'église d'Arleuf, le jour de la fête patronale. Cette faveur y attira, chaque année, une foule prodigieuse de fidèles. On y remarquait alors une nombreuse confrérie de Notre-Dame et on y faisait une distribution considérable de pain (1).

Le cimetière primitif, qui entourait l'église, montre, par son exiguité, que la paroisse était autrefois peu populeuse. Un second, établi dans la prairie, au sud, fut abandonné en 1845, à cause de sa situation aquatique.

Dans les mauvais jours de la révolution de 1789, l'église d'Arleuf reçut le nom de *Temple décadaire* et vit s'accomplir toutes les orgies du temps. Mais ces profanations ne furent le fait que de quelques exaltés. Le peuple resta fidèle à la religion de ses pères; aussi, lorsque le schismatique Barillot, soi-disant ministre du culte catholique, transféra, pour *favoriser de plus en plus les institutions républicaines*, l'office du dimanche au décadi, il y eut un cri général de réprobation, et il ne parut plus personne à ses sacriléges cérémonies. Écoutons-le dans une requête qu'il adressa, en ces circonstances, à la municipalité, qui passa à l'ordre du jour sur sa demande : « J'avais cessé » d'exercer mes fonctions tous les autres jours, excepté le jour » de la décade. Le peuple va à la messe, les jours usités, dans » les communes voisines et dans les réduits des prêtres réfrac- » taires. Ces derniers surtout leur inspirent des principes anti- » républicains. J'ai pensé dès-lors qu'il serait intéressant, pour » maintenir le bon esprit qui règne dans la commune, de » recommencer à dire la messe tous les jours, jusqu'à ce qu'il » y ait une législation positive à cet égard. »

Lors de la proclamation de la république, en 1848, les gens d'Arleuf crurent que le moment était favorable pour rentrer de force dans les anciens droits d'usage et pacage, dont un arrêt de la cour royale de Bourges, rendu en 1828, après quarante-huit

---

(1) Archiv. de l'évêché d'Autun.

ans de débats, les avait tous déboutés, à l'exception de sept familles, qui purent justifier clairement de leurs titres (1). Ils se levèrent donc en masse et se portèrent, armés de faux, de piques, de cognées, à Château-Chinon, où résidait le fondé de pouvoirs des propriétaires de La Tournelle. Mais reçus vigoureusement par la garde nationale de cette ville, ils regagnèrent, fort désappointés, leurs foyers.

Près des forêts, au sud-ouest du bourg, on remarque le château de La Tournelle, *castellum de Tornellâ*, si connu à cause de l'illustre famille, aujourd'hui éteinte, dont il fut le berceau. Au quinzième siècle, son aspect était formidable: tours crénelées, donjon hérissé de machicoulis, murailles épaisses, fossés profonds, lourd pont-levis, chapelle castrale, tout annonçait la demeure d'un haut et puissant seigneur. Ses fortifications semblaient défier l'ennemi le plus résolu. Néanmoins, l'armée de Louis XI, en guerre avec Charles-le-Téméraire, duc de Bourgogne et comte de Château-Chinon, se présenta, au mois de juillet 1474, devant cette place et en forma le siége. Malgré les efforts d'une petite garnison, le château tomba au pouvoir de l'ennemi, qui le rasa. Arleuf fut brûlé et les habitants perdirent leurs biens en partie (2).

Reconstruit l'année suivante, le manoir ne présenta plus la même magnificence. Il est formé actuellement d'un grand corps de logis, flanqué de deux pavillons, et n'est que l'ombre de lui-même. La longue avenue de tilleuls, par laquelle il communiquait avec Arleuf, fut abattue, en 1793, par l'acquéreur, Jean-Marie Duvernoy, qui vendit aussi la belle grille de fer qu'on y voyait.

(1) Ces sept familles étaient les descendants de Jean Bonnot, du hameau de Montrion, aujourd'hui les Blandins, affranchi par Balthazar de La Tournelle, le 22 mai 1547, et auquel ce seigneur avait accordé d'amples droits d'usage et de pacage dans ses forêts. (Titres de procédure.)

(2) Dijon, archives départementales. On croit que ce château se trouvait alors dans le pré de La Mothe, où il existe des restes de fossés. Près de là est la fontaine de *La Dame*.

La terre de La Tournelle, seigneurie avec justice haute, moyenne et basse, était un ancien démembrement du comté de Château-Chinon, dont elle mouvait en plein fief. En cas d'aliénation, le suzerain percevait *le quint denier en montant*, c'est-à-dire, le quart du prix de la vente, *si mieulx il n'aimoit retenir ladicte terre en payant les loyaulx coûts*. Elle se composait de quatorze domaines, d'une masse de forêts de plus de huit mille arpents et de dix étangs servant au flottage. Charles de La Tournelle la fit ériger en marquisat, au mois de juin 1680. Arleuf, Corancy, Chaumard et les chapelles de Beauregard et de Fauboulein formèrent les cinq clochers alors nécessaires pour une semblable érection. Sa haute justice prit le titre de bailliage et gruerie ; néanmoins elle continua de ressortir, par appel, à celui de Château-Chinon, et, de là, au siége présidial de Saint-Pierre-le-Moûtier. Tous les sujets, à l'exception de quelques familles, affranchies à titre particulier (1), étaient *mainmortables, serfs et de serve condition, corvéables et taillables à merci, une fois chacun an;* ils n'échappèrent à cette triste condition qu'en 1789.

La seigneurie de La Tournelle appartenait, au onzième siècle, à la puissante maison de Château-Chinon, et formait ordinairement l'apanage du puîné de la famille. Seguin, le premier seigneur connu, qui en ait porté le nom, était un chevalier aussi distingué par sa piété que par sa noblesse. Il donna, en 1105, pour *le remède* de l'âme de Hugues, son père, et de celles de ses ancêtres, du consentement de Magnance, sa mère, de Guillaume-le-Fort, son beau-père..... *à Dieu et à Sainct-Martin de Nevers*, les églises de Guipy, de Saint-Germain et de Saint-Didier-sur-Yonne, avec leurs dépendances. Pour reconnaître cette pieuse générosité, l'abbé de Saint-Martin et

---

(1) Vincent Amyot et ses hoirs furent affranchis en 1506; Jean Bonnot et les siens, en 1547; Jean Rollot, dix ans plus tard; Léonard de Montlevrain et ses frères, en 1555; Denis Paquelin, en 1566; Guy de Fosse, en 1577; Philippe Baudeau, de la Vallée-de-Cours, en 1578....

les religieux du prieuré de Guipy l'admirent, lui et ses *descendants et ascendants*, en participation de leurs prières.

Seguin fut présent, en 1143, à la rédaction de la charte par laquelle Guillaume II, comte de Nevers, approuvait les dernières acquisitions du prieur de La Charité. L'année suivante, le premier jeudi de carême, *in capite jejunii*, il assista, au château d'Auxerre, à la donation que le comte fit aux religieux de Saint-Marien. Il signa aussi une transaction, arrêtée par saint Bernard, entre ce prince et l'évêque Humbault.

Au sortir de l'assemblée de Vézelay, en 1146, il se rendit dans sa terre de Biches, où il confirma, en présence de Geoffroy, évêque de Nevers, et d'un grand nombre de seigneurs, la donation qu'il avait faite aux moines de Saint-Martin. Il y ajouta encore le dixième du droit de *paisson des porcs* dans ses bois de Guipy, d'Héry..... « Comme il est écrit, dit-il,
» que c'est la fin et non le combat qui obtient la couronne de
» la vie, moi, Seguin, partant pour Jérusalem, et plus préoc-
» cupé, dans ma vieillesse, de mon salut, je donne et concède
» auxdicts religieux la terre de Guillaume d'Arci, près de la
» ville de Boscherolles, et je leur laisse l'église de Saint-Martin
» de Guipy, franche de toutes coutumes ou servitudes envers
» mes enfants, les plaçant sous la garde-gardienne d'iceulx. »

Ce seigneur mourut dans une extrême vieillesse et laissa six enfants.

Seguin II, l'aîné, confirma, en 1156, la fondation du prieuré de Guipy, et Hugues, son frère, du consentement de sa femme et de ses deux enfants, transigea, douze ans après, avec Seguin, abbé de Corbigny, leur parent.

Pierre Ier, sire de La Tournelle, se montra, par son courage et sa bravoure, digne de ses nobles aïeux. Il abattit, comme nous l'avons vu plus haut, sous son cheval, le 25 juillet 1214, à Bouvines, le comte de Boulogne, l'un des princes ligués contre la France. Guillaume, son frère, fut un seigneur non moins recommandable. Le roi Philippe-Auguste, en l'acceptant comme pleige ou caution de Pierre de Courtenay, montre assez l'estime et la haute considération dont il jouissait dans son esprit. Guy de La Tournelle était évêque de Clermont en 1217.

Le sire de La Tournelle avait épousé Havoie, nièce de Pierre, abbé de Moûtier-la-Celle. Ce mariage, traité d'incestueux par le vénérable Alain, évêque d'Auxerre, donna lieu à de vifs et longs débats (1). Pierre laissa au moins trois enfants (2).

Seguin III, l'aîné, sire de La Tournelle, seigneur de Fachen..., reprit de fief en 1275, et se reconnut homme-lige de l'évêque d'Auxerre pour certaine terre qu'il tenait de lui (3).

Renouard de La Tournelle fit aveu, en 1336, pour sa maison-forte du lieu, *les foussés d'alentour et appartenances*. Il renouvela ce devoir en 1353, avec Guyot, son frère, chambellan du duc de Bourgogne. Jean reconnut, en 1350, tenir de lui, en fief, divers biens, pour lesquels il lui fit foi et hommage.

Guillaume, chevalier, seigneur de La Tournelle, de Beauregard....., fut capitaine de la ville et du château de Châtillon-sur-Seine, et pannetier de Jean-Sans-Peur. La duchesse, Marguerite de Bavière, le commit, par lettres du 5 juillet 1413, pour faire la visite des villes de la province, afin de s'assurer si l'artillerie était en bon état. Catherine de Bourgogne, duchesse d'Autriche, légua, en 1404, un cheval à Jean, son frère, seigneur de Maison-Comte (4).

Pierre III, sire de La Tournelle, fit foi et hommage, pour sa maison-forte et ses dépendances, en 1443. L'acte d'aveu rappelle que Jean, Pierre et Philibert de Frasnay, frères, tenaient de lui plusieurs terres en fief. Il épousa Jeanne de Lugny, fille de Robert, seigneur de Visigneux-lès-Lucenay, dont il eut

---

(1) Lebeuf, *Mémoires*, nouvelle édit., tom. I, p. 326.

(2) Seguin, qui suit; Hugues, seigneur de Maison-Comte, souche de la branche de ce nom, et Étienne.

(3) Il eut, selon toute apparence, cinq fils : Renouard, Guyot, Jean, Guillaume, qui suivent, et Guy, prieur de Saint-Léger de Champeaux, en 1324.

(4) Dom Plancher, *Histoire de Bourgogne*.

trois enfants, qui se firent le partage de ses biens en 1463 (1).

Denis, le puîné, sire de La Tournelle, capitaine-gouverneur de Château-Chinon, fut nommé, en 1474, par Charles-le-Téméraire, *conservateur des trèves aux frontières du comté*. Il eut la douleur de voir son château pris et rasé par les troupes de Louis XI, et ses sujets pillés. Ce gentilhomme avait épousé, par contrat du 11 septembre, huit ans auparavant, Suzanne de Rabutin, dame d'Epiry. Il ne vivait plus en 1490, puisque cette dame est qualifiée *veuve* dans l'acte d'aveu qu'elle fit, la même année, au nom de ses quatre enfants (2), et dans une transaction faite entre elle et Jean de Marry, seigneur de Poissons.

Guy, l'aîné, sire de La Tournelle, donna dénombrement de sa maison-forte et de ses dépendances, de Montjardin, de Poissons, de Beauregard....., en 1532. On le voit assister au mariage de Jacques d'Esguilly et de Claude de Chastellux, et tester le 14 novembre 1572. Il fut déposé dans le chœur de l'église d'Arleuf, où Claudine de Chissey, sa veuve, fut elle-même inhumée, huit ans plus tard. On y remarque encore leurs tombes.

Pierre IV, son frère, gentilhomme de la chambre du roi, porta le titre de sire de La *Jeune* Tournelle. Il acquit, le 22 août 1543, de Pierre de Pont, abbé de Bellevaux, la

---

(1) Jean, marié à Jeanne de Lose, dont il eut Charles, qui entra fort jeune au service du duc de Bourgogne; Denis, qui suit; et Étienne, seigneur de Beauregard. Jean d'Auxy, évêque d'Auxerre en 1352, était, selon Lebœuf, issu de la maison de La Tournelle.

(2) Guy et Pierre IV, qui suivent; Antoine, marié à Anne de Chandio, d'où vinrent Pierre et Anne, seigneurs de Villaines-lès-Clamecy; Anne, dame de Fachen et femme de Guyot de Frasnay. Jean de La Tournelle se disait seigneur du lieu en partie, en 1514. Nous ne savons de qui il était fils. Noël de La Tournelle, prêtre, curé de Nicey, fit creuser, en 1490, l'étang du *Gué-d'Arsure*, et donna quarante pieds d'épaisseur à la chaussée, à sa base. Le prix fut de cent livres en argent, six setiers de seigle, deux de froment, huit d'avoine, trois poinçons de vin et quatre charretées de foin. (Titre original.)

moitié des dîmes de Précy et de Coujard, pour une rente annuelle de quarante-trois livres. Ce seigneur s'unit à Jacqueline de Beaudiment, qui lui donna sept enfants (1). Guy en laissa six (2). Claudine de Chissey, sa femme, lui donna, en 1552, l'usufruit de tous ses biens, à charge de nourrir leurs enfants, de *bailler* à Lazare, leur fils aîné, cinquante écus par an, ou la terre de Beauregard, et de marier Claudine, leur fille, selon l'état et noblesse de la famille. Quant aux deux autres, Melchionne et Catherine, elle *entend* qu'elles soient religieuses. Guy légua, par son testament, toutes ses terres du Nivernais à son aîné, et celles de Bourgogne à Hugues, son troisième fils.

Lazare, sire de La Tournelle, enseigne de cent hommes d'armes, plaida, en 1583, avec Charles de Morot, abbé de Bellevaux, pour les dîmes de Précy, et acquit, la même année, les seigneuries d'Aron et d'Aringette. Il affranchit, quatre ans après, la famille Bonnot, d'Arleuf, et *sa postérité née et à naître*, et lui confirma le droit d'usage dans ses forêts. Il avait épousé, le 26 septembre 1574, Jeanne de La Courcelle, fille de Jacques, dont il eut Pierre V, sire de La Tournelle. Celui-ci ajouta à ses domaines, le 10 août 1610, la terre de Poissons, le 10 novembre 1624, celle de Fachen et reprit de fief pour sa maison-forte et ses dépendances, pour Maison-Comte, Beauregard.... Il fut capitaine de chevau-légers, gouverneur de la ville et du château de Beaugey-en-Bresse; il fit refaire le terrier de ses seigneuries en 1616, et mourut neuf ans après.

(1) Balthazar, seigneur de La Tournelle en partie, de Montjardin, de Poissons, homme violent et emporté, qui affranchit, en 1547, Jean Bonnot, du hameau de Montrion, et lui accorde des droits d'usage et pacage; Pierre, Guy, doyen d'Autun; Gaspard', Melchionne, mariée à Jean de Loron, seigneur de Domecy-sur-Cure; Jeanne et Nicole, religieuses.

(2) Lazare, qui suit; Guy, seigneur de Fangy; Hugues, sire de Muzigny; Catherine, qui épousa Hugues de Chaulgy, baron de Roussillon; Melchionne et Catherine.

De son union avec Madeleine Bernard de Montessus, fille de Melchior, vinrent Lazare, tué sur mer, près de l'île de Rhé, le 15 août 1627, par les Anglais; Charles, qui suit; Jacques, Roger, religieux profès à Saint-Bénigne de Dijon......

Le premier succéda à son père dans toutes ses seigneuries, telles que La Tournelle, Beauregard, Poissons, Aron, Maison-Comte, Lugny...... Il jouissait d'une grande considération à la cour de Louis XIV. Ce prince, pour lui témoigner son estime, érigea, en 1680, ses terres en marquisat, sous le nom antique de La Tournelle, et ses justices en bailliage et gruerie. On le voit figurer plusieurs fois, notamment en 1685, aux États de Bourgogne, comme élu de la noblesse. Il avait épousé, le 14 février 1638, Marie, fille de Gilles, comte de Brachet, seigneur de Villars, et en eut trois fils : Nicolas-François Roger, qui portèrent successivement le titre de marquis de La Tournelle, et Gilles, seigneur d'Enest et de Reugny. Le premier s'unit à Louise-Anne-Marie Le Vaïer, et en eut un fils, nommé Charles, qui mourut jeune. Il était mort lui-même en 1724.

Roger, d'abord prieur de Saint-Christophe de Château-Chinon, épousa Jeanne-Charlotte du Deffend de Lalande, et laissa deux enfants (1). Jean-Baptiste-Louis, son fils, marquis de La Tournelle, gouverneur de Cravant, s'unit à Marie-Anne-Judith de Chastellux, fille du comte Guillaume-Antoine. Cette dame, remarquable par les qualités de l'esprit et du cœur, a laissé un *Essai sur la vie de Mme la comtesse de Chastellux*, sa mère, où brille à la fois un style simple et élégant (2). Le marquis de La Tournelle vendit sa terre, le 30 mars 1765, à Julien Guillain de Pestre, écuyer, comte de Séneffe, en Belgique, conseiller du roi, *maison couronné de France et ministre de ses finances*, qui en reprit de fief le 13 septembre de l'année suivante, et le 26 octobre 1769. Le nouveau seigneur laissa, d'Elisabeth-

---

(1) Jean-Baptiste-Louis et Marie-Louise. Roger était mort en 1722.
(2) Archives de Chastellux.

Claire Coghels six enfants (1). Isabelle-Joséphine-Jacqueline de Pestre, sa fille, porta le marquisat, en 1774, à Joseph-Pierre-François-Xavier Foullon, baron de Doué, intendant de la généralité de Moulins-en-Bourbonnais et conseiller d'État (2), dont le père, Joseph-François, contrôleur général des finances et ministre d'État, périt, le 22 juillet 1789, à Paris, victime de la fureur populaire avec son gendre, Louis-Bénigne-François Berthier de Sauvigny. Il fut lui-même obligé de chercher son salut à l'étranger pendant la terreur. Son château fut pillé, ses archives furent brûlées au pied de l'arbre de la liberté, à Arleuf, et ses biens vendus nationalement ou confisqués au profit de l'État. Mais les forêts furent rendues à ses six enfants, qui s'en firent le partage en 1828 (3). Joseph-Julien, son fils aîné, général de brigade, commandeur de l'ordre de la Légion-d'Honneur, chevalier de quatrième classe de Saint-Ferdinand d'Espagne, avait racheté le château. Il est mort en 1861, sans laisser de postérité de Zénobie-Marie-Louise de Doncquer de T'serroclofls.

(1) Jean-Baptiste, Paulin-Julien, Jeanne-Agnès, Gabrielle, Julien-Joseph et Isabelle-Joséphine-Jacqueline, qui suit.
La comtesse douairière, leur mère, était remariée, en 1783, à Louis-Albert-Aymard Le Fournier, comte de Wargemont, brigadier des armées du roi, chevalier de Saint-Louis, commandeur de l'ordre de Saint-Lazare.
(2) La maison Foullon de Doué, d'une noblesse de robe et d'épée, est ancienne. Ses armes sont : *De gueules, à deux lions affrontés d'or, langués et onglés de sable, tenant dans leurs pattes de devant une croix de calvaire d'argent, fichée dans une terrasse de sinople.*
(3) Savoir : Isabelle-Joséphine, mariée à François-Marie-Thérèse, comte de Toustain-Viray ; Joseph-Julien, qui suit ; il fut créé vicomte Foullon, par lettres du roi du 12 février 1820 ; Louis-Joseph, célibataire ; Adélaïde-Charlotte, femme de Louis-Marie-Melchior Chartier, baron de Coussay, conseiller au parlement de Paris, dont la fille unique a épousé le marquis de La Rochejaquelein ; Amélie-Joséphine, mariée à Jacques-Marie-François de Beviers, comte de Mauny ; Appolline-Fortunée, qui s'unit à Louis-Marie Lévesque, comte de La Ferrière, lieutenant-général, grand-croix de Saint-Louis et de la Légion-d'Honneur.

Beauregard, *de Bello visu,* le fief le plus important après la Tournelle, était situé au nord-ouest, dans une vallée, près du torrent de ce nom. On y remarquait autrefois une maison-forte avec une chapelle, pour laquelle les fidèles du voisinage professaient une grande dévotion. Cette chapelle, située en tête d'un bois et fort ancienne, était dédiée à saint Jacques et à saint Philippe. Elle fut démolie en 1788, par le régisseur Cellier, à cause d'un meurtre qui s'y commit. Nous avons vu que la paroisse était dans l'usage de s'y rendre autrefois en procession générale le 1er mai de chaque année. La terre de Beauregard, seigneurie en toute justice, mouvait noblement du comté de Château-Chinon. Elle appartenait, en 1378, à noble Étienne de La Tournelle, chevalier, seigneur de Domecy-sur-Cure et de Chalaut. Il accorda, quelques années après, du consentement d'Églantine du Bouchet, sa femme, des droits d'usage et pacage dans sa forêt de *Faulin* à Seguin Chauveau, *son homme de chef et de corps.* Le comte de Nevers le nomma, pour services rendus, son écuyer d'écurie. Yolande, sa fille, porta Beauregard à Girard de Digoine, seigneur de Champseron. Ce gentilhomme intenta un procès pour les droits d'usage à Perrenet, Regnault, Léger et Gautheron Chauveau, fils de Seguin; mais ces usagers exhibèrent des titres si formels, qu'il fut obligé, en 1426, d'en admettre la légitimité (1).

(1) Il reconnut que « ils pouvoient prendre le mort-bois pour eulx
» chauffer, abattre des pièces pour faire toutes leurs nécessités, comme
» forestaige, mairins, pièces pour bastir dix maisons, de toutes mesures
» et de toutes façons, chaque maison de quatre tirans, en payant vingt
» sous tournois de perpétuelle rente, monnoie courante, aux jour et feste
» de saint Ligier; que ils auroient, eulx et leurs hoirs, plein usage et
» *l'engras* pour pasturer et engraisser quarante porcs, au temps de
» paisson; moyennant deux deniers par porc, à la feste de sainte Luce;
» que ils pourroient bastir six maisons à Arleuf, outre celles qui y
estoient; que, après la construction desdites maisons, ils prendroient
» seulement le bois pour les soutenir, sans pouvoir en vendre ne don-
» ner; que si l'un d'eulx, ou de leurs hoirs, mésusoit desdits bois, il pour-
» roit estre fors clos desdicts bois et usage. »

Philippine et Marie de La Tournelle firent passer Beauregard à nobles Hugues et Jacques du Bois, écuyers, seigneurs du lieu et d'Ausserain, et reprirent de fief, en 1444, pour leur château de Beauregard, *foussés séans à l'environ d'iceluy et dépendances* (1).

Le dernier laissa trois enfants : Claude, seigneur de Commune, Antoinette, mariée à Odile de Montjeu, et Philiberte, femme de Pierre de Luzy, puis d'Etienne de Salins, sieur de Corrabeuf, qui vendirent la moitié de Beauregard, en 1468, à Philippine de La Tournelle, leur tante, dame de l'autre partie.

Cette terre passa bientôt à Jean Pioche, écuyer, seigneur d'Aunay, par suite de son mariage avec Claudine de Ferrière. Claude et Philippine, leurs filles, s'unirent, l'une à Simon de Loges, qui affranchit, en 1506, Vincent Amyot, pour *douze écus soleil, six moutons, bons et marchands*, et *cent livres de suif;* et l'autre à Claude de Rouvray.

Claudine de Montjeu porta ensuite Beauregard en partie à Adrien de Mailly, qui le laissa à Simon, son fils, seigneur de Maisière, et celui-ci à noble Philippe de Montjeu, seigneur du lieu et d'Anthully, son héritier sous bénéfice d'inventaire. Il accorda, le 27 mars 1538, à Pierre Guenard, le droit de prendre dans ses forêts le bois mort et le mort-bois, *cheu et debout*, pour son chauffage et ses autres nécessités, et celui de vaine paisson, hors le temps de grainier. Hugues de Montjeu, son fils, gendre de Pierre de La Tournelle, vendit Beauregard, le 5 décembre 1542, pour une somme de six cents livres tournois, avec extinction d'une rente de trente livres, assise sur cette terre, et d'une autre de trente-deux, hypothéquée sur celle de Sivry, à Guy de La Tournelle, écuyer, et à Claudine de Chissey, sa femme. Pierre de La Tournelle, qui stipulait pour Guy, son frère, alors absent, se chargea de faire ratifier ces conventions par Anne, leur sœur, et par Balthazar, son

(1) Paris, archiv. de l'empire, charte 6618.

propre fils. Depuis cette époque Beauregard resta uni à la terre de La Tournelle (1).

Guy céda, deux ans après, à Jean Rollot, le foulon de Beauregard, *à fouler drap et le tondre*, et nouvellement construit, pour quatre livres tournois de cens, une géline, *bonne et suffisante*, payables le 26 décembre, en la chapelle du lieu. Il est à remarquer que toutes les rentes de la seigneurie se soldaient dans cet oratoire.

On a découvert à Beauregard des médailles d'Auguste, de Vespasien, de Domitien, d'Adrien, de Dioclétien....., des fragments de vases antiques et de tuiles à rebords, qui prouvent qu'il y exista autrefois une villa romaine.

Poissons, *villa de Piscibus*, dans une vallée, au nord d'Arleuf, était le siége d'une autre seigneurie en toute justice, qui reconnaissait la même mouvance. Elle appartenait aussi à la maison de La Tournelle, dont une branche prit ce nom. Etienne de La Tournelle, seigneur de Poissons, transigea, vers 1310, avec les enfants de Hugues de Diennat pour les droits prétendus par eux dans la maison de ce fief. Jean et Robert de Poissons en firent aveu au duc d'Athènes en 1351. Jean II, fils du premier, Hugues et Guillaume renouvelèrent ce devoir en 1396. Gillette, fille de ce dernier, porta cette seigneurie à Jean de Coussay, qui en prit le nom. Cette dame fit hommage, en 1444, pour Champfeur et Raunon.

Jeanne de Poissons porta cette seigneurie à Jean, écuyer, sire de Marry, qui partagea, en 1483, avec Denis de La Tournelle, les hommes serfs de Fougney. Charles de La Tournelle, seigneur de Poissons, de Maison-Comte et de Villaines, en 1510, laissa ces terres à Antoine, son fils, marié à Jeanne de Chandio, dame du lieu et de Montjardin, dont il eut Pierre et Anne. Le premier épousa Bonne de Barnault, qui se remaria, en 1558, à Balthazar de La Tournelle, homme violent et emporté, qui tua de sa main, en 1586, un pauvre manant de

---

(1) Archiv. de la Nièvre, liasse de La Tournelle.

ses sujets. Revenu de son emportement, il donna à sa veuve et à ses enfants d'amples droits d'usage dans ses forêts. Anne s'unit à Jean de Saint-Père, qui devint ainsi seigneur de Poissons, en partie, et de Chandiou. Antoinette, leur fille, les porta à Philippe de Bigny, dont le fils, Claude, vendit Poissons, du consentement de Louise de Moissons, sa femme, le 10 août en 1610, à Pierre de La Tournelle. Guillaume des Près en était possesseur, en partie, en 1638.

Le Chaz, avec la moyenne et la basse justice, appartenait, en 1330, à la maison de Barges, dont une fille, Marguerite, épousa Jean de Pallual, écuyer. Ce seigneur reprit de fief à Château-Chinon en 1350, pour *sa maison dou Chaz, foussés et dépendances*. Trois ans après, Simon *dou Chaz* et Guillaume de La Baume, son beau-frère, renouvelèrent ce devoir. Étienne Berthaud vendit ce fief en partie, en 1620, à Pierre de La Tournelle (1).

La commune d'Arleuf comprend beaucoup de hameaux portant presque tous le nom de leurs anciens habitants. Nous citerons, entre autres, les Barats, les Brenays, les Bouchoux, les Carnés, les Blandins, les Chaintres, les Bardeaux, les Gorys, les Manges, autrefois *Mangematin*, les Moreaux, les Mouillefers, les Pâquelins, les Rollots, les Trinquets, les Voucoux... Ces noms se rencontrent encore en grand nombre dans la population.

Les Carnés, au sud-ouest, dans les bois, près de l'Yonne, sont connus par leurs blanchisseries de toile.

Les Pâquelins, à l'est, étaient traversés par l'ancienne voie romaine dont nous avons parlé. Des découvertes de médailles des empereurs Auguste, Vespasien, Domitien, Adrien, Dioclétien, et de divers autres objets antiques, attestent en ce lieu le séjour des Romains. Ce hameau est renommé dans les environs à cause de ses excellents fromages.

---

(1) Paris, archiv. de l'empire; Aveux et dénombrements du comté de Château-Chinon.

III.

CHATIN, *Castinum*.

Si la commune qui précède est une des plus considérables du Morvand, celle-ci est une des plus petites. Châtin ne renferme, en effet, que trois cent cinquante habitants, et son territoire ne compte, en étendue, que douze cent quatre-dix-neuf hectares, dont six cent vingt-neuf sont en bois. On n'y rencontre aucun cours d'eau.

Ce village est situé au sommet d'un mamelon, d'où la vue se porte agréablement vers Château-Chinon, perché sur sa montagne comme un aigle sur son aire. Il était, au dernier siècle, le siége d'une ancienne paroisse, actuellement réunie à celle de Saint-Hilaire. Le patronage de la cure appartenait au prieur de Saint-Christophe; le curé était décimateur et avait droit à une rente de dix sous sur le comté de Château-Chinon, au jour de la Toussaint (1).

L'église paroissiale, édifice roman de la fin du onzième siècle, fut démolie dans la révolution. Elle était dédiée à saint Pierre et à saint Marc. Au-dessus du chœur, terminé en abside, s'élevait un clocher de même style. Dans le tympan du portail de l'ouest on voyait, sculptée en relief, une crosse abbatiale, indiquant que cette église avait été fondée par des moines. Le cimetière a été converti en jardin potager. Ainsi l'histoire et la tradition seules attesteront désormais, à la postérité, que ce village, composé de

---

(1) Curés connus de Châtin : Guy Darnay, en 1474; Bregnot, 1654; Picoche, 1655; Moreau, 1682; Sinton, 1695; Moreau, 1702; P. Clément, 1719; Jacquand, 1722; Bernier, 1746; Taillefer, 1753; Clergeault, 1756; Clémendot, 1759; Moreau, 1765; Martin, 1774; Cossard, 1786; Regnard 1789.

quatre ou cinq habitations, fut autrefois honoré du titre de paroisse.

D'abord propriété monastique, Châtin devint, dans la suite, un fief seigneurial, dans la mouvance du comté de Château-Chinon. Jean Lebault fit aveu, en 1396, pour sa maison, assise devant l'église. Guillaume de La Corcelle, écuyer, donna dénombrement en 1473. Étienne, Olivier et Blesset, ses fils, seigneurs de Pressy et de Villemolin, renouvelèrent ce devoir en 1504.

Le Crot-de-Châtin, en partie, était possédé, à titre de fief simple, en 1720, par Jean Girardot, dont la fille, Marie, épousa François Guillaume, procureur fiscal du comté de Château-Chinon. Marie Guillaume, leur fille, le porta à Étienne-Antoine Létouffé, qui fit reconnaissance en 1771.

Isaac Drouillet légua l'autre partie, en 1750, à Jeanne, sa sœur, dame de Poujantier et femme de N. Gondier de La Vallée. Elle en reprit de fief après la mort de son mari, en 1770. François Blandin, sieur du Crot-de-Châtin, aussi en partie, le vendit, le 23 juin de l'année suivante, à Sébastien Marotte, dont on retrouve, sept ans après, un acte de foi et hommage.

Remoillon, autrefois alternatif (1) avec Corancy, est célèbre par sa pierre druidique, vénérée des villageois d'alentour. Chaque jour, dit-on, elle tourne trois fois sur sa base, à l'heure de midi. Croyez-le, cher lecteur, mais n'y allez pas voir; car, jamais œil curieux et indiscret ne sera témoin de cette merveilleuse rotation. Ce hameau comptait quarante communiants en 1667.

Vaucher a donné son nom à une ancienne famille, actuellement éteinte. Dimanche Sautereau, veuve de Jean de Vaucher, vendit divers héritages, en 1692, à Jacques Sallonnyer, seigneur d'Argoulais.

(1) C'est-à-dire qu'il faisait partie tantôt de la paroisse de Châtin, tantôt de celle de Corancy.

IV.

CORANCY, autrefois COURANCY, *Curtis Ancii*, *Corentiacum*.

Au fond d'une pittoresque vallée, où coule l'Yonne, et qu'entourent, de toutes parts, de hautes montagnes, apparaît le village de Corancy, dominé, au nord-est, par le pic boisé de *Chêne-Fruit*. Son nom, selon Guy Coquille (1), rappelle celui d'un citoyen romain, possesseur d'une villa en ce lieu. A peu de distance, sur les bords de la rivière, viennent s'entasser, chaque année, les produits forestiers du voisinage. L'ancien pont, situé au bas du bourg, était autrefois un lieu de péage au profit des comtes de Château-Chinon, chargés de son entretien. Ces droits se percevaient sur tous les *chariots et charrettes* passant dessus, et sur les animaux *allant et revenant des foires des environs* (2).

La commune de Corancy, jadis de difficile accès, est actuellement traversée par une route départementale et un chemin de moyenne communication, qui passent la rivière sur un pont en pierre, à un kilomètre en amont de l'ancien. Sa population est de douze cent trente-huit habitants et sa superficie de trois mille quatorze hectares. Les forêts n'en couvrent pas moins de treize cent cinquante-cinq. Sous l'ancien régime, elle faisait partie du marquisat de La Tournelle, de l'élection et du grenier à sel de Château-Chinon. Au spirituel, elle ressortissait du diocèse d'Autun et de l'archiprêtré d'Anost. Le patronage de la cure appartenait à l'évêque diocésain; les dîmes étaient perçues par le curé et les seigneurs.

La paroisse semble une des plus anciennes de la contrée.

---

(1) *Hist. du Nivernais.*
(2) Il était dû, pour bœuf et vache, 5 deniers; pour cheval ferré, 20; non ferré, 8; pour brebis et chèvre, 1, et pour porc, 2.

Théobald, curé de Corancy, *presbiter de Corentiaco*, souscrivit une charte avec le prieur de Dompierre-en-Morvand, en 1130 (1). Jean Moreau, pourvu en cour de Rome, mérita, par ses éminentes qualités, d'être honoré du titre d'archiprêtre d'Anost. Il fit, en conséquence, la visite des paroisses de cette circonscription en 1680. A cette époque, il était d'usage que la paroisse se rendît, en procession générale, le 1er mai, en la chapelle de Beauregard, près Arleuf, et le jour de saint Laurent au prieuré de Saint-Christophe, à Château-Chinon.

L'église paroissiale, bâtie dans la partie la plus élevée du village, est sous l'invocation de saint Euphrone, évêque d'Autun; on célèbre sa fête le 4 août. Elle fut reconstruite au quinzième siècle, sur les ruines d'une autre, qui datait de 1115 (2). On y remarquait, en 1667, cinq chapelles érigées en l'honneur de Notre-Dame, de saint Jean-Baptiste, de saint Fiacre, de saint Blaise et de saint Sébastien. Celle qui ouvrait dans le sanctuaire a été changée en sacristie. Les deux que l'on voit à droite et à gauche du chœur étaient seigneuriales. Elles portent encore les noms de chapelles de *Maison-Comte* et de *Lorien* (3). Il existait autrefois, dans cette église, une confrérie de la Sainte-Trinité, composée de vingt-deux membres, qui distribuaient, ce jour-là, du pain aux pauvres des environs. On remarquait naguère plusieurs magnifiques sullys ou ormes sur l'ancien cimetière,

---

(1) Curés de Corancy : Théobald, en 1130; Philippe Bruandet, 1627; Moreau, 1646; Jacob, 1680, portait : *de sable, à une échelle d'or, posée en pal*; il fut inhumé dans le chœur de l'église, en 1704; Claude Feuillet, abbé de Cervon, prit possession le 12 septembre de la même année; Philippe Larleveau, archiprêtre d'Anost, 1710; Lazare Sautereau de Montreuillon, 1er janvier 1742; Emiland Comte, 21 avril 1773; Minard, 8 mars 1790; Charles Morey, 8 mars 1791; Jean-Pierre Pellé, 1er décembre 1845.

(2) Le maître-autel date de 1858, et les vitraux, fondus à Tours, furent posés l'année suivante.

(3) Dans celle de droite, on voit une tombe, sur laquelle est gravée une croix et portant, sur un cartouche, la date MIL. VI, V. On y lit : « Cy » dedans gist et repose discrète personne, messire Philippe Bercoret » premier chanoine,.... Dieu luy fasse pardon. »

contigu à l'église, au sud. Le nouveau, situé à l'est du village, a été établi en 1859.

Le presbytère, bâti près du portail, est dans une magnifique situation, d'où il domine toute la vallée de l'Yonne. Vendu dans la révolution, il fut acquis par le vénérable Charles Morey, curé de Corancy pendant plus d'un demi-siècle. Pourvu de la paroisse en 1791, Charles Morey prêta, comme tant d'autres, le serment schismatique, alors exigé du clergé. Il servit même la révolution en qualité de commissaire de police, charge qui l'exposait alors à diverses missions épineuses. Accusé plus tard de complicité dans un crime, il fut traîné devant les tribunaux et reconnu innocent. A la suite de cette triste affaire, il publia un mémoire justificatif, que nous regrettons de ne plus posséder. Peu de prêtres, sur la fin de leur carrière, ont été entourés d'autant de respect et d'amour. Sa générosité était proverbiale et sa maison l'hôtellerie non-seulement des ecclésiastiques du voisinage, mais encore d'une foule de laïques de toutes conditions. Nommé chanoine honoraire de Nevers, il se retira, quelque temps après, à Château-Chinon, où il mourut en 1851, âgé de quatre-vingt-six ans.

A l'est de Corancy, sur un rocher qui s'élève au milieu des forêts, et dont le ruisseau de Reinach baigne le pied, on rencontre une antique chapelle dédiée à la sainte Vierge. Elle y est honorée d'un culte tout particulier, sous le nom de *Notre-Dame-de-Grâce-de-Faubouloin*. On croit communément que cet oratoire remplaça un autel druidique, et que la fontaine voisine, pour laquelle le peuple professe une grande dévotion, était elle-même sacrée parmi les Celtes du Morvand (1).

---

(1) Elle fut interdite le 27 janvier 1812, par suite d'un assassinat commis le jour de la fête, et rendue au culte quatre ans après, le 2 août. Quelques personnes ont prétendu que la chapelle de Faubouloin avait été construite lors de l'érection de la terre de La Tournelle en marquisat, c'est-à-dire vers 1680, pour servir de cinquième clocher. C'est une

Dans les temps de calamités publiques, les paroisses de Château-Chinon, d'Anost, d'Arleuf et autres, s'y rendent en longues processions, et il est rare que ces pieux pèlerinages ne soient pas couronnés de succès. S'agit-il de demander la pluie après une désolante sécheresse, le curé d'Anost, s'il n'y prend garde, tant est grande la simplicité de nos bons Morvandeaux ! court risque de recevoir, au passage du ruisseau de Reinach ou *Grivaux*, une copieuse et significative aspersion.

Le lundi de Pâques et le jour de la Nativité de la sainte Vierge, fête de la chapelle, le curé de Corancy va célébrer la messe dans ce lieu solitaire et sauvage, où il est toujours précédé d'une foule de fidèles accourus de tous les environs. La jeunesse surtout s'y rend en grand nombre, et, ces jours-là, elle fait trêve avec la dévotion. Ce sont, de toutes parts, des jeux, des danses et autres joyeux ébattements. La fête revêt alors l'air le plus animé, le plus pittoresque. Mais il est rare que ces jours, tout consacrés à une joie folle, enivrante, se terminent sous des auspices aussi enchanteurs que ceux qui ont présidé à l'ouverture.

Après les danses, nos jeunes Morvandeaux n'oublient jamais de s'asseoir autour de tables dressées, çà et là, dans la forêt par des cabaretiers ambulants, et le vin de Bourgogne coule à pleines rasades. Bientôt, les têtes s'échauffant, on passe d'une grande camaraderie à des rixes, quelquefois sanglantes ; alors les tables sont renversées avec les provisions, les instruments de cuisine volent en éclats, et les marchands, les yeux effarés, fuient avec précipitation, tandis que la gendarmerie, accourue, lutte avec énergie au milieu d'une foule hérissée de bâtons d'*argolet* (1).

---

grave erreur. Les archives de l'évêché d'Autun prouvent qu'elle est beaucoup plus ancienne.

(1) Nous avons été nous-même, dans notre enfance, témoin de tout ce que nous rapportons. Mais là, comme ailleurs, le temps a apporté de grandes modifications.

En 1846, il fut établi dans cette chapelle une confrérie de la sainte Vierge, dont le curé est président perpétuel.

Quelques années après, en 1853, il s'éleva, entre la commune de Corancy et la comtesse de Bridieu et Mlle de Beviers de Mauny, sa sœur, un grave procès concernant la propriété de la chapelle et de la chaume qui l'entoure. Cette affaire, perdue par la commune, coûta une somme de deux mille quatre cent quatorze francs.

Le territoire de Corancy était divisé autrefois en deux seigneuries, en toute justice, et quelques fiefs, tous mouvants du comté de Château-Chinon.

La terre d'Aron ou de Corancy proprement dite, comprenait la seigneurie du clocher, et avait sa maison-forte, dont il ne reste plus de vestiges. Elle appartint d'abord aux sires de La Tournelle, et passa, par alliance, dans la maison de Pont. Catherine, fille de Jean de Pont, écuyer, seigneur d'Aringette, la porta en dot à Antoine de Breuillard, chevalier, qui en reprit de fief à Château-Chinon, en 1504. Pierre de Pont la vendit, le 12 août 1583, à Lazare de La Tournelle, seigneur du lieu et de Maison-Comte. Elle fut unie, plus tard, au marquisat de La Tournelle. Amélie-Joséphine Foullon de Doué a transmis les débris de l'ancienne terre de Corancy à Jacques-François-Xavier de Beviers, comte de Mauny. M. de Bridieu et le vicomte de Monteynard, leurs gendres, en jouissent actuellement (1).

Au nord de Corancy, sur une hauteur qui domine les vallées de l'Houssière et de l'Yonne, près du confluent de ces deux rivières, on rencontre le hameau de Maison-Comte, *Domus Comitis*, vulgairement *Maïcomte*. On y remarquait autrefois un château, avec une chapelle seigneuriale, qui subsistait encore en 1560, mais dont il ne reste plus rien. La terre de Maison-Comte, possédée en toute justice par une branche de la maison de La Tournelle, qui en portait le nom, était très-

---

(1) Archives de la Nièvre, liasse de La Tournelle.

ancienne. Elle comprenait, outre ce hameau, une partie des territoires de Corancy et de Chaumard.

Hugues de La Tournelle, dit de Maison-Comte, écuyer, seigneur du lieu en 1290, épousa une noble héritière, nommée Mahaut, qui lui apporta la terre de Villaines-lès-Clamecy. Elle est qualifiée veuve dans la reconnaissance qu'elle fit pour cette dernière au comte de Nevers, en 1323. Philippe, leur fils, seigneur de Maison-Comte, de La Chaise-lès-Saint-Léonard....., donna dénombrement de son *chastel*, de ses hommes et femmes serfs, des dîmes de Chaumard, de son moulin banal, de ses tailles, rentes, coutumes...., en 1351. Jean, son frère, en fit autant pour sa maison de Corancy, et Marguerite de Frasnay, sa belle-sœur, au nom de ses enfants, pour tout ce qu'elle possédait dans la châtellenie de Château-Chinon.

Guy de La Tournelle, seigneur de Maison-Comte, choisit sa sépulture « le dimanche après la Sainte-Luce, 1375, en l'esglise
» de Notre-Dame de Bellevaux, ordre de Presmontrès, au
» costé de la fousse en laquelle ont esté de nouvel et mis furent
» ses père et mère, comme y transportés de aultre lieu, ou-
» quel enterrés avoient esté dès les temps que trespassèrent de
» ce siècle en l'aultre; à laquelle esglise, au profit des religieux
» d'icelle, il laisse quarante sols tornois de rente annuelle et
» perpétuelle pour l'anniversaire de luy testateur, et de noble
» Maguerite de Fresnoy, sa femme, de présent ».

« De rechief, ledict testateur veult et entend que lesdicts
» religieux et leurs successeurs soient payés cy-en avant, chas-
» cun an, perpétuellement, de cent sols tornois de rente....
» pour l'anniversaire de feu noble dame Jeanne de Ville-
» Cendrier, jadis sa première femme, et de luy testateur, faire
» et célébrer de cy-en avant, en chascune semaine, deux messes
» pour le remède de leurs âmes (1). »

---

(1) Titre original. Outre Jean de Maison-Comte, qui suit, Guy laissa plusieurs autres enfants, savoir : Guillaume; Tristan, que nous voyons au siége de Château-Chinon, en 1412, puis, l'année suivante, au mariage

Jean de La Tournelle de Maison-Comte reprit de fief du duc de Bourbon, seigneur de Château-Chinon en 1409, « pour sa
» maison-fort, pourpris et dépendances d'icelle, tant en forêts
» que aultres bois quelconques, où ils soient, estangs,
» molins... Item, tous les biens situés dans la chastellenie de
» Chastel-Chinon, tous les hommes et femmes, qui sont ès-
» villes et paroisses de Chaumoys et Corancy, bourdelages, et
» généralement toutes les choses advenues par le partage de
» Guy de La Tournelle, son père, seigneur dudict Maison-
» Comte. Item, le fief de Guillaume de Poissons, tenu en
» arrière-fief dudict duc. Item, la justice haulte, moyenne et
» basse des appartenances dudict Maison-Comte, de Chaumoys,
» de Corancy, jusqu'à l'esglise, celle de Blaisy, et générale-
» ment tous les droits qu'il peut avoir en ladicte chastelle-
» nie (1). » Jean laissa plusieurs enfants (2).

Au mois de juin 1431, comme le seigneur combattait dans le camp des ennemis du roi, le capitaine de Beaucaire, cantonné à Château-Chinon, au nom de Charles VII, vint attaquer, avec ses six cents cavaliers, le château de Maison-Comte, et s'en empara.

Michel de La Tournelle, fils du précédent, fit dénombrement de sa seigneurie en 1443, et reconnut que ses justiciables étaient tenus au guet-et-garde de Château-Chinon, *principale forteresse d'alentour*. Il se donna une triste célébrité par l'assassinat de Louis, son frère, qu'il renferma, après l'avoir accablé de coups, dans les cachots de son château, où il mourut. Mais laissons parler le roi dans l'ordon-

---

de Gaucher de Courvol, et qui épousa, en 1421, Jeanne de Bazoches; Hugues III, abbé de Corbigny et de Vézelay, en 1411; George, qui reprit de fief pour Thorigny et laissa deux filles : Alixante, mariée à Guyot de Lamoignon, et Alips, épouse de Pierre de La Bussière.

(1) Paris, archiv. de l'empire, *Aveux et dénombr.*

(2) Michel, qui suit, Louis, Jean, seigneur de Brain et de Maligny, Jeanne.....

nance adressée, le 4 janvier 1444, au bailli de Saint-Pierre-le-Moûtier, pour le faire *appréhender au corps.*

« Charles, par la grâce de Dieu, roy de France, au bailly de
» Saint-Pierre-le-Moûtier, ou à son lieutenant, salut. De la
» part de notre chier et bien-aimé cousin, le duc de Bourbon et
» d'Auvergne, ou de son procureur, nous a esté exposé :
» Michel de La Tournelle, dit de Maison-Comte, sujet et jus-
» ticiable de nostre dict cousin, à cause de sa terre et sei-
» gneurie de Chastel-Chinon, ja pieça par ancienne haine et
» malveillance que il avoit contre un sien frère, appelé Loys
» de La Tournelle, print son dict frère au bras en allant au
» marché de Chastel-Chinon ou ailleurs, et iceluy battit et fist
» battre par d'aultres, jusqu'à effusion de sang, et, ainsi battu,
» le fist mener, sur une charrette à bœufs, en son chastel de
» Maison-Comte, auquel lieu il le fist mettre en prison, bien
» étroitement, en laquelle il a esté pendant long-temps en
» grant poureté et misère; en laquelle prison, par le moyen
» d'aulcunes viandes et poyson, que ledict Michel luy bailla ou
» fist bailler, est allé de vie à trépas. Pour occasion duquel
» faict, le procureur de notre dict cousin en sa terre et justice
» de Chastel-Chinon et ses officiers ont faict faire information;
» après laquelle information faicte, ledict Michel s'est absenté
» de la terre et justice de notre dict cousin, et est allé demourer
» hors d'icelle et des limites dudict bailliage, afin que il ne fust
» prins et pugny du faict par les officiers de notre dict cousin,
» par le moyen de laquelle chose ledict Michel de Maison-
» Comte pourroit demourer impugny dudict cas; ains est mal-
» vais et de malvais exemple...... »

Sur ce, le roi ordonne qu'il soit pris et saisi, partout où il sera trouvé, et livré au bailli de Château-Chinon, pour être puni *comme il convient* (1).

Nous ne savons ce qu'il advint de Michel; toutefois Antoine de Maison-Comte était seigneur du lieu, dix ans plus tard. Il

---

(1) Paris, archiv. de l'empire, p. 1357.

avait épousé Anne de Chandiou, dont il eut Pierre et Anne, puis Jeanne de Cervon, qui se remaria elle-même avec Charles de Laval, auquel elle porta la terre de Frétoy en partie. Jean et Hugues de Coulon, écuyers, se disaient, en 1504, seigneurs en partie de Maison-Comte, à cause de leur mère. Guy de La Tournelle donna dénombrement, en 1560, de cette terre, qui fut unie, un siècle plus tard, au marquisat.

Aimon Le Bourgoin, écuyer, fit aveu, en 1353, du fief de *Maigny*, au finage de Corancy.

La Manille, au sud, formait un autre fief, consistant en tailles, cens, rentes, corvées, champarts, mainmorte et cent journaux de terre, et mouvant en arrière-fief de La Tournelle. Raolin Pièmère, bourgeois de Château-Chinon, en fit reconnaissance en 1396.

Champfeur, aujourd'hui L'Huis-Labbé, Raunon et Salorges, appartenaient, en 1404, à Jean de Coussay, à cause de Gillette de Poissons, sa femme. Jean Pièmère en reprit de fief en 1504. Un siècle plus tard, ils étaient possédés par Jacques de Champs, écuyer, seigneur de Saint-Léger, prévôt des maréchaux de France *au pays du Morvand*. Jacques II, son fils, prit le nom de Salorges, qu'il laissa à Philippe de Champs, son neveu. Ce gentilhomme épousa successivement Jeanne Richou et Jeanne Baroin ; il laissa deux filles, qui furent religieuses, et un fils, François de Champs, sieur de Salorges en 1777 (1). Celui-ci eut de Monique Millin de Dommartin, son épouse, cinq enfants, dont l'aîné, Jean-Guillaume, sieur de Salorges, jouit de la confiance publique à Château-Chinon, où il exerce la médecine. François-Marie Gaucher de Champ-Martin, seigneur de Moncey, possédait, à la fin du dernier siècle, le fief de L'Huis-Labbé, que Claudine, sa fille, porta à Jean-Jacques-Henri Vyau de Sarrasin. Celui-ci en donna reconnaissance en 1786.

(1) Marie Moreau possédait le domaine de Salorges en 1786.

Pierre Tridon fit aveu pour le moulin de Raunon en 1504, et Jacques Sallonnyer en 1665.

Lorien, au sommet des montagnes de l'est, et Vouchot, perdu dans les forêts, au sud, étaient des fiefs ruraux reconnaissant la même mouvance. Claudine de Chissey, veuve de Guy de La Tournelle, accorda, le 1er mars 1573, des droits de pacage dans son bois de *Sanclerge* pour *quatorze porcs et un vérat* à Léonard Guyot, de Vouchot, moyennant soixante-dix écus sol, au coin du roi, et six sous de rente annuelle. Cette concession fut rendue exécutoire dans la justice de Maison-Comte, la même année, et confirmée en avril 1616.

Neuvelle, jolie maison de campagne adossée à une haute montagne, couverte de bois, à l'ouest, était aussi un fief rural, qui a été possédé long-temps par la famille Pétitier. Jacques, sieur du Breuil, conseiller du roi et président en l'élection de Château-Chinon, en 1697, portait : *d'argent, à une aigle éployée de sable*. Jean-Baptiste Pétitier laissa Neuvelle à Simon-Pierre-Jean, son fils, issu de son union avec Jacquette Millin de Dommartin. Celui-ci épousa Jeanne-Henriette Changarnier, sœur du célèbre général de ce nom, dont il a eu deux filles. Il fut long-temps président du tribunal civil de Château-Chinon, où il est mort le 12 septembre 1863, à quatre-vingt-neuf ans.

V.

DOMMARTIN, *Domnus Martinus*.

Ce village est agréablement situé dans la vallée, à l'ouest de Château-Chinon. Il a été ainsi nommé du saint thaumaturge des Gaules, auquel sa vieille église est dédiée; on en célèbre la fête le 4 juillet. De Dommartin, la vue se porte avec délices sur la chaîne des hautes montagnes du Morvand, qui l'entourent d'un demi-cercle, et particulièrement sur la ville de Château-Chinon, dominée par les ruines de son vieux château, et jadis couchée à ses pieds comme un esclave à ceux de son maître. Par un beau soleil couchant d'été, on voit jaillir de chacune des fenêtres comme autant d'éclairs, qui produisent un charmant coup d'œil.

La commune de Dommartin, peuplée de quatre cent cinquante habitants, comprend un territoire de treize cent vingt hectares, dont deux cent deux sont occupés par les bois. Elle forma, de bonne heure, une paroisse, que l'évêque Bernard de Saint-Saulge donna, en 1160, au chapitre de sa cathédrale. C'était jadis l'une des trente-neuf qui dépendaient de l'archiprêtré de Châtillon-en-Bazois. Au civil, elle relevait du comté, du bailliage, de l'élection et du grenier à sel de Château-Chinon.

L'église paroissiale, bâtie au centre du village, est une construction du douzième siècle. Elle est surmontée d'un petit clocher en bois, et n'offre rien de remaquable. Il y existait, au dernier siècle, une célèbre confrérie de Saint-Martin, dont faisaient partie beaucoup de personnes honorables des environs, et jusque d'Avallon et de Saulieu (1). Lemoyne, curé de Dommartin en 1697, portait : « De sinople, à un capuchon d'argent (2). » La paroisse perdit son titre dans la première révolution ; mais il lui fut rendu en 1831.

Elle formait, sous la féodalité, une seigneurie avec haute, moyenne et basse justice, et possédait un château ou maison-forte, dont on ne retrouve aucun vestige. Jeanne de Mello, comtesse d'Eu et de Château-Chinon, ayant assigné à *son chier et féal cousin*, Guillaume de Mello, seigneur d'Espoisse, une rente noble de *trois cents livres de terre en récompensation de ses bons, grands et agréables services*, lui permit de l'asseoir sur divers endroits de sa châtellenie. Le 5 février 1351, Gauthier de Brienne, duc d'Athènes, comte de Bercy et d'Eu, manda à ses officiers de Château-Chinon de procéder à l'*assignation et assiète* de cette rente. Elle fut, en

---

(1) Registre de la confrérie.
(2) Paris, *Armorial de la généralité de Moulins-en-B.*

effet, assise sur le *lieu de Dommartin*, qui devint ainsi une seigneurie particulière dans la mouvance du comté (1). Cette terre passa des mains du donataire dans celles de Hugues de Châlons, sire d'Arlay, qui la légua à Jean, son neveu. Celui-ci obtint du roi, en 1396, des lettres de souffrance, où le monarque s'exprime ainsi : « Nostre amé et féal cousin et
» chambellan, Jehan de Châlons, seigneur d'Arlay, nous a ex-
» posé en complainte que le chastel et la chastellenie de Dom-
» martin ont esté de très-long-temps à nostre amé et féal cousin
» feu Hugues de Châlons, chevalier, son oncle..... (2) »

Charles VI retira ces lettres de souffrance le 31 août de la même année. Deux ans après, le 22 novembre, Jean de Châlons vendit tous ses droits sur Dommartin au duc de Bourbon, seigneur de Château-Chinon, pour *seize cents francs d'or* (3). Depuis cette époque, la terre de Dommartin ne fut plus séparée du comté. Néanmoins, on y remarquait plusieurs fiefs ruraux, dont la justice était unie à celle du bailliage. Celui du chef-lieu était tenu par la famille Millin, qui en prenait le nom.

Robert Millin, conseiller en l'élection de Nevers, vivait en 1697. Son frère, sieur de Mont-Giraud, était alors gentilhomme de la fauconnerie du roi. Claude Millin, écuyer, capitaine exempt des gardes-du-corps du duc d'Orléans, portait : « De gueules,
» à un chevron d'or, accompagné, en chef, de deux épis de lin
» d'argent, posés en sautoir, et, en pointe, d'un épi de millet de
» même (4). » Claude-Gabriel fut docteur en Sorbonne et chanoine de Nevers.

Monique Millin de Dommartin, fille de Pierre-François, receveur des tailles et conseiller du roi en l'élection de Château-Chinon, épousa, vers 1770, François de Champs, sieur de Salorges. Le dernier membre de cette famille est mort à Château-

---

(1) Paris, archiv. de l'empire ; Inventaire du Bourbonnais.
(2) *Ibid*, pag. 326 et 327.
(3) Lettre au bailli de Saint-Pierre-le-Moûtier.
(4) Paris, armorial de la généralité de Moulins

Chinon, en 1832. La charge de procureur fiscal du comté était comme héréditaire dans cette maison.

Le Doué, dans une gorge, au sud, fut long-temps tenu en fief par la famille Pommier, qui en portait aussi le nom.

Le Pavillon, petit manoir féodal, dans une plaine, au sud, servit de refuge, pendant la terreur, aux prêtres persécutés. Il appartient depuis long-temps à la maison de Champs.

VI.

FRETOY-EN-MORVAND, autrefois FROTOYS, *Frotoyum*.

A douze kilomètres environ au nord-est de Château-Chinon, le touriste, qui suit la route sinueuse de cette ville à Saulieu, se trouve brusquement au pied d'un petit manoir du dix-huitième siècle, avec ses deux tourelles isolées; dans le flanc de la montagne, qui se dresse en face, sont quelques chaumières éparses: c'est ce qu'on nomme pompeusement le *bourg* de Fretoy. Il fut presque entièrement consumé par les flammes en 1861.

La commune de Fretoy ne compte que cinq cent cinquante habitants (1). Son territoire, l'un des plus froids du Morvand, est arrosé par deux ruisseaux flottables : la *Montagne* et *Reinach* ou *Grivaux*, sources de l'*Houssière*. Il se compose d'une surface de quatorze cent quatre-vingt-dix-sept hectares. Les vastes forêts, qui l'enveloppent de toutes parts, en couvrent neuf cent quarante-quatre. Restent donc cinq cent cinquante-cinq hectares, livrés à une maigre culture.

Ancienne dépendance du comté de Château-Chinon, Fretoy ne formait pas une paroisse, mais simplement une annexe de Planchez, avec lequel il est encore uni pour le spirituel. Ce

---

(1) L'un d'eux, Léonard Rabeux, fut envoyé au tribunal révolutionnaire, à Paris, par le district de Château-Chinon, en mars 1794, pour propos contre le représentant Leflot.

petit bénéfice, à la collation du chapitre d'Autun, ne valait que quatre-vingt-dix livres. Les dîmes se partageaient, par tiers, entre les comtes de Château-Chinon, le seigneur du lieu et le curé de Planchez. Celui-ci était tenu autrefois d'y célébrer la messe tous les dimanches et les principales fêtes de l'année. Mais, au dix-septième siècle, il ne l'y disait plus que le matin de Noël, et les jours de Saint-Martin et de Saint-Mayol. En 1667, on comptait à Fretoy quatre-vingts communiants (1).

L'église, dédiée à saint Martin, couronnait le monticule situé derrière le château. Outre le grand autel, il y en existait deux autres érigés en l'honneur de la sainte Vierge et de saint Mayol. La nef, sans dallage, était, à l'époque ci-dessus, couverte d'os de morts. On voit, par un acte de foi et hommage de 1350, que déjà il y avait un cimetière public. Cette église fut détruite dans la révolution ; actuellement il n'en reste plus que le souvenir.

Au nord de Fretoy, près de la forêt de *Verdun*, on rencontre un petit hameau, de récente création, nommé le *Fou-de-Verdun*. Il a été ainsi appelé d'un énorme hêtre, qu'on y remarquait naguère. C'était, sans contredit, le roi des forêts du Morvand ; car il avait près de quarante mètres de haut. Ce lieu était jadis aimé de la jeunesse, qui s'y rendait en foule au sortir des assemblées de Faubouloin. On y voyait alors des marchands forains et des cabaretiers ambulants. Ceux-ci traitaient, sans façon, leur joyeuse clientèle en plein air, sur le gazon, où chacun s'installait à l'ombre des buissons.

L'ancienne seigneurie de Fretoy, fief de Château-Chinon, consistait en la justice haute, moyenne et basse, en tailles, rentes, coutumes, dîmes, usages..... Elle appartenait, au treizième siècle, à une noble famille de ce nom. Joseph et Guillaume de Fretoy en firent aveu en 1340. Hugues et Humbert renouvelèrent ce devoir en 1354. Le premier laissa une fille, Béatrix, sous la tutelle de Colette des Meloises, sa mère.

(1) On y trouva jadis un sceau du quatorzième siècle, sur lequel on lisait : *Sigillum Johannis dicti sainte, curati de Fretoy.*

Jean Ier de Fretoy, dit de Ronnaulx, et Hugues II, fils du second, donnèrent dénombrement de leur fief en 1389. Simon, tant en son nom qu'en ceux d'Isabeau, sa mère, de Jeanne, sa sœur, et d'Églantine, sa femme, fit, le 3 mars 1398, divers échanges de biens et de serfs dans les paroisses de Dommartin, de Saint-Hilaire et de Saint-Léger, avec Jean Regnauld, de Château-Chinon, nouvellement affranchi.

Jean II, seigneur de Fretoy et de Quincize, laissa de Marguerite de Comoy, sa femme, Guillaume, dont la fille aînée, Marguerite de Fretoy, épousa noble Guillaume des Champs. Anne, la seconde, fut mariée à Simon de Chevigny. Ces deux gentilshommes reprirent de fief en 1504.

La terre de Fretoy passa, un peu plus tard, à Pierre Le Roy de Carreau, baron d'Allarde, seigneur de Cuy et de Marcilly. Pierre-Jean, Eustache-Louis, ses fils...., en jouirent ensuite. Françoise Le Roy la porta à Paul Junot, qui en était possesseur en 1698. Jacques, leur fils, légua Fretoy, en 1733, à Jean et Anne Parent, ses neveux. Le premier ayant épousé Marie Besave, en eut Jacques-Edme-François, et plusieurs autres enfants, sur lesquels ce fief fut vendu, par décret, au bailliage de Château-Chinon, le 27 septembre 1770, pour vingt-quatre mille livres. L'acquéreur, Pierre Gory de Cour, bourgeois de Chaumotte, mort le 17 mars 1786, laissa, de Jeanne Feuillet, sa femme, quatre enfants (1).

Jeanne-Victoire, l'aînée, porta Fretoy, le 1er mai 1778, à Pierre Limanton de Jaugy, avocat en parlement et maire de Tannay, dont la fille, Marie-Victoire-Adelaïde, épousa Jacques-Henri, comte de Chabannes, qui en a été le dernier seigneur. Auguste de Chabannes, l'un de leurs six enfants, vendit cette terre, vers 1835, à M. Hippolyte Cottin.

Lavault, *Vallis*, ancien fief démembré de la seigneurie, a été ainsi nommé de sa situation au fond d'une vallée, qu'arrose le

---

(1) Henri, Jeanne-Victoire, qui suit ; Marie-Adelaïde et Françoise-Pierrette.

ruisseau de Reinach, et qu'entourent, de toutes parts, de hautes montagnes boisées. Celle de Bouchot, la seule dont les flancs soient livrés à l'agriculture, se fait remarquer par son bouquet de bois, au levant. Ce hameau possède la mairie et l'école. L'Huis-Vacher, La Montagne et Roche-Masson, sont d'autres dépendances de la commune.

Charles de Laval, écuyer, seigneur de La Boulaye, de Fretoy-sur-Lucenay, d'Aigrevault, possédait, en 1460, Lavault, qu'il tenait de Jeanne de Cervon, sa femme, veuve d'Antoine de Maison-Comte. Pierre-Jean Moreau en reprit de fief en 1785.

VII.

GLUX-EN-GLAINE, autrefois LIEU, *Locus*, *Glanum in Bosco*.

Sur la cime des plus hautes montagnes du Morvand, à seize kilomètres au sud de Château-Chinon, on rencontre la commune de Glux, peuplée de sept cent quatre-vingt-cinq habitants. Son territoire, d'une superficie de deux mille deux cent sept hectares, dont mille neuf sont couverts de forêts, est le plus froid de la contrée. Le sommet du Beuvray, au sud, et celui du Prenelay, au nord-ouest, se montrent enveloppés de frimas pendant la moitié de l'année. Cette commune a l'honneur de donner naissance à l'Yonne. Sa source se trouve près du hameau des Lamberts, au nord du chef-lieu : Elle est si faible par elle-même, qu'elle serait impuissante à faire tourner un de nos petits moulins du Morvand. Ses eaux, retenues dans un étroit réservoir, s'élancent, lorsqu'elles recouvrent la liberté, avec tant de rapidité, dans la sombre vallée de son nom, qu'elles suffisent à emmener huit ou dix mille décastères de bois de moule qui, chaque année, viennent s'entasser au port des Lamberts.

La paroisse de Glux, jadis située partie en Bourgogne et partie en Nivernais, est une des plus anciennes du Morvand. Elle doit cet avantage au voisinage du Beuvray, montagne célèbre dans les temps anciens, et connue, au moyen-âge, par ses assemblées périodiques, où affluaient les populations de toutes les provinces circonvoisines (1). Une partie du plateau de cette montagne, aux flancs hérissés de forêts, dépend de son territoire.

Par une bizarrerie assez singulière, la paroisse de Glux fut toujours unie au diocèse de Nevers (2), tandis que celle de Villapourçon, sa voisine, relevait de celui d'Autun. Le patronage de la cure, *cura de Loco*, appartenait à la prieure de Marcigny-lès-Nonains, qui le céda, en 1619, aux comtes de La Roche-Milay. Ces seigneurs percevaient les dîmes de toute la paroisse, à l'exception de celles de l'Echenaut et de *Treffien*, dues à la *chapelle Saint-Martin en l'haut du Beuvray* (3). Mais ils les abandonnèrent, dans la suite, au curé, en augmentation de sa portion congrue et à condition qu'il leur payerait, chaque année, une rente de dix livres.

Le curé-chapelain de Glux devait jadis, en vertu d'un traité fait « au temps immémorial et antien, entre les moines
» de Saint-Martin d'Autun et ses prédécesseurs, aller à Saint-
» Prix-sous-Beuvray, toutes les festes solempnelles et mysté-
» rieuses de l'année, y comprenant les cinq grandes Nostres-
» Dames, les jours et festes de monsieur saint Prix et la Transla-
» tion de saint Benoist, célébrer une première messe et y tenir le
» confessionnal s'y besoing y estoit; administrer les sacremens
» aux infirmes de cette paroisse depuis le ru dudit lieu tirant

---

(1) *Voir* l'article de La Roche-Milay.
(2) Archiprêtré de Châtillon-en-Bazois.
(3) Terrier de Saint-Symphorien d'Autun du 17 août 1454.
    « Aux terres de la *Pouge*, en venant férir au terrage vers chez Galle-
» mart et le grand chemin, tendant d'Autun à Moulins-Engilbert, et la
» muraille de Guyot de Laschenault, que tient, à présent, Pierre de La
» Bussière, enférant entre l'osche du Forny et le champ du Crot, en
» tirant à un prez dit la Teste-du-Marault, et de là à Lieux, l'esglise
» Saint-Symphorien prend tout le dîme; de là, en tirant vers le Beuvray,
» elle doit avoir la moitié, et monsieur de La Roche-de-Milay l'autre
» moitié. »

» en sus vers Glux, en tout temps, *et partout ailleurs* de la-
» dicte paroisse en l'absence du curé de Saint-Prix, et assister
» aux obsèques des chefs et maistres d'hostel du village de
» Chaux, moyennant les dîmes en partie de ce hameau et six
» gros en argent, payables par le sacristain de Saint-Prix, au
» jour de la Circoncision (1) ».

Pierre de Vaucoret, curé de Glux, ayant manqué à ce service, fut cité à l'officialité de Nevers, en 1572, par Alexandre d'Estemps, vicaire perpétuel de Saint-Prix. Les deux ecclésiastiques s'étant rendus en cette ville, firent, le 3 décembre, devant Comming, prêtre, gardenote apostolique, un arrangement amiable, par lequel le premier abandonnait les dîmes de l'année et payait trente-cinq livres pour les frais de l'instance. Gilbert Bériard, l'un de ses successeurs, reconnut, en 1670, que le presbytère était dans la totale justice de Glaine (2).

Le village de Glux est assis sur le flanc d'une montagne, en face du Beuvray, qui se dresse au sud. Il est assez bien bâti et très-salubre. Pierre Cloix mourut en 1846, à l'âge de quatre-vingt-dix-sept ans et Marie Dufresne en 1852, à cent deux. Chaque maison devait au seigneur un droit de bourgeoisie et les trois quarts du prix en cas de vente. On voit au château divers objets antiques, découverts au Beuvray; ce sont des urnes cinéraires, des médailles..... Une plaque de cheminée, du dix-septième siècle, porte un écusson parti de trois coquilles et d'un chevron, accompagné de trois merlettes, et timbré d'un casque avec deux lions pour supports.

L'église, dont les comtes de La Roche-Milay abandonnèrent la seigneurie, en 1655, à Nicolas Jeannin de Castille, baron de Montjeu, est dédiée à saint Denis. Le chœur, formé d'une abside romane et précédé d'une arcade retombant sur des pieds droits

---

(1) Titre original.

(2) Curés de Glux : Pierre de Vaucoret, en 1570; Jean de Montcharmont, 1625; Gilbert Bériard, 1670 ; Gilbert Dubosc, 1713; Garnier, 1832; Tostivint, Latour et Meyronnine.

à impostes, semble dater du douzième siècle. Le clocher, surmonté d'une flèche en bardeau, date de la même époque. La nef, agrandie en 1843, est sans caractère. C'est, en somme, un édifice assez misérable.

La plupart des hameaux de la commune, tels que les Cléments, les Couraulx, les Faucillons, les Lamberts, les Vaillants..., portent le nom de leurs anciens habitants. A L'Huis-Chaise, au nord-est, sous la montagne de *Gamez,* il existe une mine de plomb argentifère, reposant sur une gangue de chaux. Un nommé Lesage entreprit de l'exploiter en 1785; mais il l'abandonna bientôt, à cause des dépenses qui absorbaient le produit. Le minerai donnait 64 p. 0/0.

L'Echenaut, bâti dans la vallée, près de l'ancienne voie qui traversait ces parages et de la nouvelle route d'Autun à Moulins-Engilbert, est le hameau le plus important et le mieux construit de la commune. On croit qu'il y exista une antique villa romaine. Au dernier siècle, le samedi, veille de la Pentecôte, un loup enragé descendit du Beuvray, où il avait dévoré une pauvre bergère et quelques pièces de bétail, et attaqua trois hommes de ce hameau. L'un d'eux fut horriblement défiguré. En 1756, le comte du Jeu se disait seigneur en partie de l'Echenault.

Le 7 septembre 1814, un orage épouvantable s'abattit sur la commune de Glux et y causa de grands ravages.

Sur le flanc septentrional du Beuvray, dans la dépendance de la commune, se trouvait autrefois un couvent de cordeliers connu sous le nom de *Maison de Beuvray* ou de *Couvent de Bibracte, monasterium Bibractense.* Il fut fondé, selon une opinion probable, au quatorzième siècle, par les hauts barons de La Roche-Milay. Une ceinture de fossés l'entourait de toutes parts. Cette précaution était nécessaire dans des temps où le pays était exposé sans cesse aux excursions de troupes de pillards, surtout dans un lieu si désert. Il n'en reste rien aujourd'hui. Près de là, se trouvait un moulin, qui en dépendait, et dont le souvenir revit dans le nom de l'*Écluse du Moulin.* Le procès-verbal d'arpentage des terres de l'abbaye de Saint-

Symphorien, sur la montagne, fait par l'ordre de Claude de La Madeleine de Ragny, évêque d'Autun, en 1627, le cite, en outre, sous ces termes : *Antien molin du couvent des pères cordeliers de Beuvray*.

Guy Gaillard était gardien de cette maison en 1424. Au mois d'avril de la même année, un des religieux, frère Etienne Charlot, fut arrêté à La Roche-Milay, comme partisan du Dauphin, depuis Charles VII, et mené en prison à Autun. Il s'était rendu, dit-il, en ce lieu pour confesser le baron de La Roche, Philippe de Vienne, comte de Listinois. Prévenu qu'il allait être arrêté, il voulut se sauver par une fenêtre du château en nouant les draps de son lit; mais ils se rompirent et il tomba dans les fossés, où il se blessa et fut saisi.

Interrogé par le chancelier, Nicolas Rolin, le 26 du même mois, il confessa qu'en passant à Dijon, il avait vu une demoiselle appelée *la petite reine* (1), qui l'avait chargé d'aller à Bourbon-l'Archambault, pour prévenir la dame du lieu, Marie de Berry, « que il y avoit plusieurs gens dans la ville de Lyon qui avoient » vendu cette ville au comte de Salisbury, et que l'on devoit » tuer, dans ladicte ville, tous ceulx qui estoient du parti du » Dauphin; qu'étant retourné à Beuvray, il dit aux religieux » que il alloit voir *sœur Colette*; mais que, au lieu de cela, il » s'estoit rendu à Ternan, et de là au chasteau des Brusles, au- » près du seigneur de Marry...., qui lui avoit donné des chevaux » et un valet pour le conduire à Bourbon-l'Archambault, et de » là à Chantelle, où estoit madame de Bourbon..... laquelle lui » donna des lettres pour porter au Dauphin, qui alors estoit à » Bourges.... (2) ».

Charles de Mello, baron de La Roche-Milay, et sa femme reconnurent, en 1432, devoir, chaque année, à Jean Esperon,

---

(1) Odette de Champdivers, retirée à Dijon, depuis la mort de Charles VI, qu'elle avait consolé dans son imbécillité.

(2) Archives de Dijon. *Voir* cet interrogatoire dans M. Bulliot : *Système défensif des Romains*, p. 244.

prieur de Saint-Symphorien, *ung franc, à cause de la chapelle des cordeliers de Beuvray*. En 1448, les *frères Mineurs* du lieu ayant fait une quête à Autun, le cardinal Rolin leur donna *ung franc*.

Ce couvent fut ruiné par un incendie dans les premiers jours de janvier 1538. Il renfermait alors cinq religieux, savoir : « Frère Pierre Maulpain, gardien ; frère Bernardin Mouschot, » frère Jehan de Gray, frère Olympe Morelat, et frère Jehan » de Marry, novice. »

Le 31 du même mois, la mère de ce dernier, Charlotte de Boutillat, dame de La Bussière, se trouvant à Beuvray avec son fils aîné, Léger de Marry, Jean se prosterna en terre à ses pieds et à ceux des religieux, ses confrères, « et leur re- » montrant le bon vouloir et volonté que il avoit en la religion » de monseigneur saint François, en laquelle il vouloit demourer » à jamais et espéroit faire profession en temps dehu, il les » requit de luy permettre de disposer à sa volonté ». Cette permission lui ayant été accordée, il donna, sur les trois mille livres tournois, prix de la vente de son patrimoine, une somme de cent livres, payable en cinq ans, savoir : vingt livres à chaque jour de la Nativité de Notre-Seigneur, pour la réparation et l'entretien du couvent, « lequel depuis peu de » temps avoit esté du tout par feu bruslé, desmoly et n'estoit » reffaict (1) ».

Le 19 juillet 1567, les chanoines d'Autun octroyèrent « aux » religieux et gardien du couvent de Beuvray, en aulmônes, » pour et afin de plus soigneusement vaquer à l'estude des » lettres sainctes et oraisons, ung ponson de vin d'anniversaire » et deux sextiers de seigle, mandant à leurs commis ès-caves, » et controlleur ès-greniers.... leur délibérer lesdicts ponson de » vin et sextiers de graine ».

Le couvent de Bibracte fut détruit trois ans après par l'armée calviniste, lorsqu'elle traversa ces parages pour se rendre

(1) Titre original.

d'Autun à Moulins-Engilbert. Les pères, retirés en la dernière de ces deux villes, firent des tentatives pour le rétablir; car, une cloche, qui se trouve au château de Concley, porte cette inscription : *F. Jean Gaudart, gardien du couvent de Bevvret, a faict fondre cette cloche l'an 1634;* mais ce fut sans résultat durable. Ses dépendances furent définitivement réunies à la maison des cordeliers d'Autun.

Comme un procès, *qui auroit cousté des frais considérables,* était sur le point de s'élever entre eux et le propriétaire voisin, « le révérend père Rigollier, gardien de ce couvent, Henry
» Rigollier, ancien deffiniteur, père de province, Estienne
» Arcelin, vicaire, Edme Fornier, bachelier de Sorbonne, an-
» cien gardien, et aultres pères discrets, assemblés en commu-
» nauté au son de la cloche, assistés de Claude Masson, subs-
» titut de Jacques de Ganay, chevalier, seigneur de Marault,....
» et père temporel dudict couvent, » vendirent le tout, le 12 novembre 1737, par acte reçu Brossard, notaire à Autun, à Étienne Marceau, marchand à Glux, moyennant une somme de deux cents livres, « payée, comptée et nombrée auxdits pères
» cordeliers en monnoye ayant cours et une rente foncière et
» perpétuelle de cinq sols, payable à Autun, les jour et feste de
» saint Martin d'hiver ».

Ces dépendances, de treize arpents d'étendue, se composaient « de l'ancienne place où autrefois estoit basty le couvent des
» pères cordeliers sur la montagne de Beuvray, entièrement
» desmoly, masure qui y peut estre, qui n'est qu'une vieille
» cave, une mauvaise pâture, les arbres qui y sont, et généra-
» lement tout ce qui appartenoit sur ladicte montagne de Beu-
» vray aux pères cordeliers, qui y estoient establis, réunis au
» couvent d'Autun, sans réserve.... (1) »

Sous l'ancien régime, le territoire de la commune de Glux se partageait entre la châtellenie de Glaine et le comté de La Roche-Milay. Les deux justices seigneuriales étaient limitées

---

(1) Archiv. du château de Glux, titre de vente.

par le chemin qui traverse le village de l'Echenault, par la *Fontaine-Morte*, le ruisseau de *la Bise*, la fontaine des *Clouseaux*, celle de *Moncelle*, le passage du port des Lamberts, le ruisseau de la fontaine d'Yonne jusqu'au *fossey du Mitay* (1). En 1307, Girard de Chastillon, baron de La Roche-Milay, reconnut tenir en fief du duc de Bourgogne tout ce qu'il possédait « en la ville de Lieu, en hommes, maisons, prés, terres, » manses, tènements, bois, taillis, cens, coutumes, justice » grande et petite (2) ».

La terre de Glux et les dépendances de l'ancienne *chapelle de monsieur saint Martin en l'haut du Beuvray* (3), appartiennent actuellement à M. le vicomte Ernest d'Aboville, ancien lieutenant d'artillerie, qui les tient de Laure-Charlotte-Noémie Bertrand de Rivière, sa femme.

La maison d'Aboville, originaire de Normandie, tire son nom d'un antique fief situé dans la paroisse de Gonneville, près Cherbourg. Elle est titrée comte et marquis. Ses armes sont : « *De* » *synople, au château flanqué de deux tours, couvertes et* » *girouettées ; le tout d'argent, ajouré et maçonné de sable,* » avec une couronne de marquis et deux lions pour supports. »

Le plus ancien de ses membres connus est Guillaume d'Aboville, qui fit une fondation, en 1171, en l'abbaye de Saint-Etienne de Caën. Thomas, seigneur de Ruvilly, fut maintenu, le 5 février 1456, dans sa noblesse, comme étant *né, extrait et procréé d'ancienne race et de famille noble* (4). M. le

(1) Terrier de Glaine, 1670.
(2) Archiv. de Dijon ; *Recueil des fiefs de l'Autunois*, t. II, p. 34.
(3) Les dépendances de cette chapelle, dites *les fossés de Beuvray*, furent acquises, le 30 novembre 1659, de l'abbé de Saint-Symphorien d'Autun, par Claude et Etienne de Coujard, à titre d'entrage perpétuel, rente et cens. Une alliance les fit passer dans la famille Marceau et une seconde dans celle de Rivière. (*Voir* les articles de La Roche-Milay et de Saint-Léger-sous-Beuvray.)
(4) Cette maison a formé trois branches, dont l'une s'est établie en Lorraine. Ses principales alliances sont avec les maisons de Longueil,

vicomte d'Aboville a de son union six enfants, trois fils et trois filles (1).

VIII.

MONTIGNY-EN-MORVAND, *Mons iguitus, Montiniacus in Morvenno.*

Située au nord-ouest de Château-Chinon, la commune de Montigny compte onze cents habitants et une superficie de deux mille quatre-vingts hectares, dont quatre cent seize sont en bois. Son territoire, qui s'étend sur la rive gauche de l'Yonne, est riant et découvert. Au centre s'élève une montagne nue, dont le sommet domine la jolie vallée de Chassy. Sur le flanc méridional est bâti le chef-lieu; il a pris son nom de sa situation élevée et des feux qu'on allumait autrefois sur la montagne, pendant la nuit, pour servir de signaux, d'où montagne de feu. Ce village est petit et mal bâti. L'église paroissiale, dédiée à saint Léger, évêque d'Autun, et antérieurement à la sainte Trinité, dont la fête donne encore lieu à une assemblée considérable, n'est guère plus somptueuse que les édifices qui l'entourent. Le chœur, reconstruit au seizième siècle, est la seule partie voûtée. Le clocher en bois, qui s'élevait sur le milieu du toit, fut abattu en 1840, et remplacé par une tour, sous laquelle ouvre le portail de l'ouest. La sacristie est antérieure de quelques années. Au nord, on remarque le presbytère, espèce de castel,

---

de Covert, de Suhard, de Fulconis, de Rouyer, Brigeat de Lambert, de Fréville, de Bonnemetz, Martin de Vraine, de Drouin de Rocheplatte, de Hennot...... Elle a produit des lieutenants généraux des armées du roi, des gouverneurs de provinces, des inspecteurs généraux d'artillerie, des grands officiers de l'ordre royal et militaire de Saint-Louis, de l'ordre impérial de la Légion-d'Honneur, des sénateurs et pairs de France.... (Généalogie d'Aboville.)

(1) Louise-Caroline-Marie-Isabelle, Jean-Marie-Roger, Albert-Marie-Henri, Charles-Gabriel-Marie-Christian, Françoise-Marie-Alix et Marie.

armé d'une haute tour, où mourut, en 1834, le vénérable abbé de Cotignon, curé de Montigny depuis de longues années (1).

Cette paroisse, jadis de l'archiprêtré de Châtillon-en-Bazois, était un bénéfice à la collation du chapitre de Nevers. Elle comptait alors plusieurs hameaux, tels que ceux d'Enfer, de Paradis, du Pont-de-Pannecière et de Prégermain, alternatifs avec Mhère, dont ils dépendent actuellement ; par conséquent, ils faisaient partie tantôt du diocèse d'Autun, tantôt de celui de Nevers. Les dîmes se partageaient entre le curé, le chapelain de Tavenault et le baron de Chassy, qui tenait celles de L'Huis-Béliard en fief du comte de Château-Chinon, auquel il en fit hommage en 1773.

Dans la vallée, au sud, est un réservoir, appelé l'*Étang-du-Bruys* ; il donne naissance à un ruisseau flottable de même nom. On remarque auprès quelques vestiges d'une antique maison-forte, ruinée par les Armagnacs en 1412. Ce manoir seigneurial formait, avec ses dépendances, un fief en toute justice, comprenant une partie du village de Montigny, les hameaux de Velle et de L'Huis-Gourdin, et mouvant en partie du comté de Château-Chinon et en partie de la châtellenie de Montreuillon. Cette terre appartenait, en 1426, à noble Pierre Bondault, écuyer, qui la tenait de Damise du Bruys, sa femme. Ce pieux seigneur donna, la même année, à la chapelle de Saint-Jean-Baptiste de Tavenault, du consentement de son épouse, les dîmes *assises dans la paroisse de Montigny*, sur les hameaux du Bruys, de L'Huis-Gourdin, de Vaux, de Velle et autres lieux, ainsi que trois pièces de pré, de *quinze chars* de foin, et autant de morceaux de terre, de la contenance de *quarante-une boisselées*. Ces dîmes, *partie froment et partie seigle et avoine*, produisaient annuellement *douze minées, mesure de Montreuillon*. En 1760, le chapelain de Tavenault

---

(1) Ses successeurs ont été : Chartron, qui passa à Lucenay-les-Aix et à Saint-Parize-le-Châtel, puis à Varzy ; Lecœur, plus tard aumônier de l'hôpital Bon-Secours, à Paris, puis de celui de Lariboisière ; Chevalard.

les afferma au curé de Montigny pour soixante livres. La part du baron de Chassy valait ordinairement vingt-trois minées (1).

Jean Bondault, écuyer, seigneur du Bruys, de Marcilly, de Pierre-Sèche et de Tavenault, était, en 1470, gouverneur de *la ville et comté de Château-Chinon* (2). Comme il n'avait pas de postérité, il légua ses seigneuries à Pierre Leroy de Carreau, époux de Paule de Marot, sa nièce. Leur petit-fils, Joachim de Carreau, engagea, en 1632, le droit de dîmes du Bruys à Blaise Cornu, abbé de Bellevaux. Cette cession occasionna plus tard un procès entre ses successeurs et le chapelain de Tavenault.

En 1750, Pierre Pitoys, dit le marquis de Quincize, s'intitulait seigneur du Bruys, de Montigny-en-Morvand..... Il vendit cette terre, peu de temps après, à Antoine de La Forest, sieur de Cuzy et de Marcilly.

Chassy, au nord, était jadis le siége d'une importante baronnie qui comprenait une partie du territoire de la commune. Comme le manoir seigneurial, à l'exception de la chapelle, dédiée à saint Bernard, se trouve sur celle de Montreuillon, nous en parlerons à l'article de cette dernière.

Charnoy, au nord-ouest, sur la route de Moulins-Engibert à Chassy, est un petit castel du dix-septième et du dix-huitième siècle. Il formait, avec ses dépendances, un fief mouvant de la châtellenie de Montreuillon, et s'étendait sur le village de Montigny en partie. Jean de Prie en était seigneur en 1351 et Jacques de Barvault en 1695. Pierre-Jacques Girard de Vannes, lieutenant-général des armées du roi, le posséda plus tard. Il avait épousé Françoise de Bèze de La Blouse, dont il n'eut qu'une fille, Marie-Jeanne-Françoise, qui posa, le 16 août 1751, la première pierre du château de Sermoise. L'inscription, rappelant ce souvenir, atteste la grande piété de cette noble famille. L'unique héritière de la maison de Vannes s'unit, quelques

---

(1) Archiv. de Château-Chinon.
(2) Étienne Bondault, écuyer, assista au siége de cette ville en 1412; Charles en était juge-gruyer en 1445.

années après, à haut et puissant seigneur Louis-Marie-Gabriel-César de Choiseul-Bussière, brigadier des armées du roi, ambassadeur à la cour de Sardaigne, auquel elle porta ses grands biens. De cette union naquirent deux filles: Louise, mariée à Renaud-César-Louis de Choiseul, baron de Chassy, et Charlotte-Ferdinande-Marie, qui épousa le comte Armand-Sigismond de Sérent, dont nous aurons occasion de parler plus tard. Le château de Charnoy est aujourd'hui affecté à une école de frères de la doctrine chrétienne.

L'Huis-Picard, dans la vallée de l'Yonne, et Vaux, hameau considérable, bâti dans une gorge, au sud-est, étaient deux fiefs mouvants du comté de Château-Chinon, et appartenant à la maison de Choiseul, dont nous trouvons un dénombrement en 1773 (1).

Aringes, au sud-est, dans les bois, était tenu, en 1323, par Hugues de Villegraignon, écuyer qui, cette année, en fit reconnaissance au comte de Nevers. Barthélemi, fils de Guillaume, en fit autant pour ses hommes du lieu et leurs tènements. Jean de Prie, seigneur de Charnoy, renouvela ce devoir en 1351. Les autres dépendances de la commune sont Bonin, L'Huis-André, La Bergerie, L'Huis-le-Cas...

IX.

MONTREUILLON, *Mons Rupilionis, Mons Rumitio.*

Ce bourg, le plus considérable et le mieux bâti de tout le canton, est situé au fond d'une étroite vallée qu'arrose le ruisseau du *Bruys*, près de la rive gauche de l'Yonne, à deux cent cinquante mètres seulement au-dessus du niveau de la mer. On passe la rivière sur un pont en pierre de trois arches. A un kilomètre plus bas, se dresse le magnifique pont-aqueduc, construit en 1841, pour le passage de la rigole de dérivation qui

(1) Archiv. de Château-Chinon.

porte une partie de ses eaux dans le canal du Nivernais. Ce pont, œuvre gigantesque, digne des Romains, compte cent cinquante-deux mètres de long sur trente-trois et demi de hauteur. Il se compose de treize arches ayant chacune huit mètres d'ouverture. C'est une des curiosités du Morvand.

On croit que Montreuillon fut autrefois fermé de murs. Au dix-septième siècle, on y remarquait une petite garnison composée de quelques cavaliers, parmi lesquels nous citerons Jean Laumosnier, Guillaume Rinc, Jean-Christophe Kauf..... Il s'y tenait anciennement plusieurs *foires et festaiges*, dont le revenu, avec *la juridiction du bourg*, avait été donné en 1167, par Guy, comte de Nevers, à l'évêque de Bethléem, chassé de la Terre-Sainte par les Sarrasins, et qu'il avait établi dans son hôpital de *Panthénor-lès-Clamecy* (1). Cette concession, confirmée par Guy II, son frère et son successeur, et par la comtesse Mahaut, femme d'Hervé de Donzy, fut rétrocédée au comte Robert, en 1291 (2). Il ne se tient actuellement en ce bourg qu'un apport, avec louage de domestiques, le 24 juin de chaque année.

Montreuillon est le chef-lieu d'une commune de douze cent trente-quatre habitants. Son territoire, d'une superficie de trois mille quatre cent quatre-vingt-treize hectares, dont seize cent quatre-vingt-quatre sont couverts de forêts, est très-accidenté.

La paroisse, jadis de l'archiprêtré de Châtillon-en-Bazois, de l'élection de Nevers et du grenier à sel de Moulins-Engilbert, était un prieuré-cure fondé par les anciens seigneurs du pays, qui le donnèrent à l'abbé de Saint-Martin de Nevers. Le prieur-curé avait droit de justice dans l'enclos de sa maison, située autrefois dans la prairie, au pied de la butte de Saint-Maurice. Il était décimateur dans tout le territoire; mais il devait une portion congrue, *bonne et suffisante*, au vicaire perpétuel de Saint-Maurice, ancienne paroisse connue sous le nom de

---

(1) Guy Coquille, *Hist. du Nivernais*, petit in-4°, p. 91.
(2) *Ibid*, p. 64.

Lesgone, aliàs *Tesgone-lès-Montreuillon*, et dont l'église fut détruite vers 1700. Le patronage de cette dernière appartenait aussi à l'abbé de Saint-Martin (1). Ces deux paroisses furent souvent réunies sous l'administration du prieur ; mais elles avaient chacune leurs registres particuliers, ainsi que le constate celui de 1656, en tête duquel on lit : *Liber baptisterii ecclesiæ parochialis sancti Jacobi de Monte Rupilione, in quo etiam multi ex Sancti Mauritii parochiâ inscribuntur.*

Montreuillon s'honore d'avoir eu pour prieur-curé Edouard Bargedé, qui monta sur le siége épiscopal de Nevers en 1705. Mais il n'administra la paroisse que très-peu de temps (2).

L'église prieurale et paroissiale était sous le vocable de saint Jacques, apôtre. On en célébrait jadis la dédicace le 3 mars. L'abside, sous laquelle régnait autrefois un caveau, destiné à le sépulture des prieurs, est de style roman et date du commencement du douzième siècle. De chaque côté ouvre une chapelle ajourée d'une fenêtre à meneau, surmontée d'un quarte feuille. Celle du sud, bâtie vers la fin du quinzième, a perdu sa voûte, dont on voit encore les amorces. L'autre, dédiée à la sainte Vierge, appartenait aux seigneurs de Chassy; elle est du style ogival tertiaire. La nef, surmontée d'un clocher en bois, est sans caractère ; néanmoins la charpente, visible à l'intérieur, indique le seizième siècle. La *grosse cloche*, bénite en 1739, eut pour parrain Gabriel-César de Choiseul, baron de Chassy, et pour marraine Louise-Charlotte de Foudras, dame d'Oussy.

(1) Guy Coquille, *Hist. du Nivern.*, petit in-4°, p. 64.
(2) Prieurs connus : J. Berthault, en 1629; Archange Rollot, 1656, inhumé dans le *charnier des prieurs*, le 3 avril 1682 ; Jean de Fosse, son neveu, lui succéda ; Edouard Bargedé, 1683, passa, l'année suivante, à Saint-Arigle de Nevers; Lebrun, 1684; Richou, 1695 ; Paichereau, 1704; Beaulaton, 1731, mort le 23 mai 1744; F. Daudet, *idem*; Brillard, 1747; Isambert, *prieur, curé de Saint-Maurice*, 1764 ; Nicolas Javain, docteur en théologie, 1784..... Fauveau, 1832; passe à La Martinique et devient chanoine de Saint-Denis; Vivier, 1835; il est nommé curé de Guérigny, puis de Saint-Saulge, où il est mort; Picard, décédé en 1862; Picault.

Près du bourg se trouvait autrefois une *maison-Dieu* ou hôpital rural, dont la chapelle était à la collation de l'évêque diocésain. L'oratoire que l'on voyait, au dernier siècle, sur la rive droite de l'Yonne, près du pont, était peut-être la chapelle de cet établissement.

Il existe à Montreuillon une maison religieuse tenue par trois sœurs de la *Providence de Portieux*. Elle fut fondée en 1855 par la pieuse munificence de Marie-Élie-Charles, duc de Talleyrand-Périgord, et d'Albéric-César-Guy, comte de Choiseul, pour l'instruction des jeunes filles et la visite des malades. Les fondateurs lui ont affecté une rente de mille francs et le bois de chauffage.

Montreuillon était, au dernier siècle, le siége d'une des trente-deux châtellenies du duché de Nevers, de laquelle mouvaient cent seize fiefs. Les revenus de cette châtellenie, sur lesquels on prélevait, chaque année, une rente de cinquante livres pour marier une fille pauvre, et une autre de douze, due à l'abbesse du Reconfort, s'élevaient de deux cent cinquante à trois cents livres. Ils se composaient du produit de la glandée de *L'Haste-le-Comte*, de la prévôté (1), du greffe, des amendes, du péage par terre dans le bourg.... Un incendie ayant dévoré, en 1605, la maison du greffier, le fermier de la châtellenie, Jean Piretouys, perdit tous ses papiers et ne put rendre ses comptes (2).

A la suppression de la châtellenie et de la prévôté, en 1790, il fut créé à Montreuillon un canton, avec justice de paix, qui avait dans son ressort la paroisse du lieu, celles de Blismes, de Chaumard, de Dun-sur-Grandry, de Montigny-en-Morvand, de Poussignol et de Saint-Maurice. Mais il n'y subsista que jusqu'au mois de février 1800. Dès-lors ce bourg entra dans le rang des simples villages.

---

(1) François Besave était juge-prévôt de Montreuillon en 1673 ; noble François-Éléonor Girard, en 1679.....

(2) Archiv. de la préfecture de Nevers.

Près de ses murs, au sud, on remarquait autrefois un château seigneurial, connu sous le nom de *Chambrun*. Il renfermait une chapelle, dite *in castro*, dont le patronage était à l'évêque diocésain.

Hugues Le Roux de Champallemant, *Hugo Rufus de Campo Alamano*, près de partir pour la croisade, donna, pour *le remède de son âme*, en 1147, son domaine, en franc-alleu, de Montreuillon à l'abbaye de Corbigny. Le mercredi avant la saint Thomas 1252, Renaud, damoiseau, et Achard, chevalier, fils de Hugues Rabuteau, seigneur de la paroisse en partie, reconnurent devant Albert, official de Nevers, qu'ils avaient légué et assis sur un pré sept sous de rente à l'église Saint-Jacques, pour fonder l'anniversaire de leurs ancêtres. Jean Senaudi, chevalier, confessa aussi que Jean, son père, avait fait don d'une rente de cinq sous à cette église, pour le *remède* de son âme (1).

Renaud de Montreuillon, écuyer, fonda, en 1268, son anniversaire dans l'abbaye de Saint-Léonard, pour une rente de *cinq sous de forts nivernais*, ce que reconnut Raoul, son frère, trois ans après. Hugues et Guillaume de Villegraignon, écuyers, se disaient seigneurs de la *motte et chastel de Montreuillon*, en 1300. Hugues II et Barthélemi en reprirent de fief vingt-trois ans après. Guillaume des Champs, sieur de Saint-Maurice, de Montreuillon, en partie, en 1495, épousa Marguerite de Fretoy, dame de Quincize, et en eut une fille, Marguerite des Champs, qui porta ces fiefs à Guillaume de Grossouvre, seigneur de Pesselière. Il reprit de fief en 1563. François d'Escoraille renouvela ce devoir en 1629.

François Thomelier, écuyer, sieur de Chambrun, mourut, en 1742, à soixante-dix ans, et fut inhumé dans la chapelle nord de l'église. Cette seigneurie passa peu de temps après dans la maison de Choiseul.

Chassy, *Cassiacum*, château, armé de quatre tours

(1) Archives de la préfect. de Nevers.

rondes, est gracieusement assis sur la rive gauche de l'Yonne, dans la jolie vallée de son nom, où viennent se croiser plusieurs routes. Il fut reconstruit en 1649, sur les ruines d'une antique maison-forte, dont on voit encore des restes de fossés. Au-dessus de la porte principale est sculpté l'écusson aux armes de Jacques Ier de Choiseul et de Madeleine de Malain, baronne de Lux, son épouse. Il est supporté par deux lions et timbré d'un casque avec lambrequins, mais très-mutilé. La chapelle est dédiée à saint Bernard, en souvenir du passage à Chassy de l'illustre abbé de Clairvaux, en 1146 (1). Bien que séparée du château par un simple chemin, elle se trouve sur le territoire de Montigny-en-Morvand. Reconstruite par Hubert de Choiseul, au commencement du dix-huitième siècle, elle a été proprement restaurée en 1824. On s'y rend en procession des paroisses voisines dans les temps de calamités.

La baronnie de Chassy, seigneurie en toute justice, mouvante du duché de Nevers, s'étendait sur trois paroisses, savoir : Montreuillon, Montigny et Mhère. On croit que la terre désignée dans le testament du bienheureux Varé sous le nom de *Cassiacum*, n'est autre que Chassy. Le monastère de Flavigny, auquel il l'avait léguée, l'aurait bientôt perdue par l'injustice des grands.

Quoi qu'il en soit, cette terre appartenait en 1305 à noble Robert de Compont, dit d'Auxois, écuyer, seigneur d'Aringes, dont une fille la porta en dot à Hugues de Varigny. De leur union vinrent quatre enfants : Philibert, Robert, Mahaut et Jeanne. Ces deux dernières furent mariées à Jean et Pierre du Bois, écuyers, qui se disaient seigneurs en partie de Chassy en 1406. Jean de Varigny et Jean de Caroble ou Quaroble, son parent, en reprirent de fief dix-huit ans plus tard. Philippe de Varigny, sieur du Chemin, et Dieudonné de Caroble, écuyer, en étaient possesseurs en 1504. Louise, fille du premier, porta

(1) La tradition porte que le saint abbé, en traversant les montagnes du Morvand, faillit être dévoré par les loups.

Chassy en partie à Claude d'Esguilly, issu d'une noble maison de Bourgogne, tandis que le reste passait à Guillaume de Monsaulnin.

Jacques d'Esguilly, fils du précédent, épousa, en 1560, Claude de Chastellux, et acquit, quelques années plus tard, de Guillaume de Montsaulnin, ses droits sur Chassy, dont il reprit de fief en 1575. Il n'eut qu'une fille, nommée Françoise, mariée, trois ans après, à François Ier de Choiseul, comte de Chevigny, seigneur de Fresnoy, gentilhomme ordinaire de la chambre du roi et chevalier de son ordre, qui fut la souche des Choiseul du Morvand (1). De cette union naquirent trois fils : Jacques, Jean-Alexandre et Jean.

Jacques Ier de Choiseul, comte de Chevigny, baron de Chassy, seigneur de Bussy, d'Enfer, de Montautier, du Chemin, des Bordes, près Anthien, en 1630, fit rebâtir le château. Il épousa Madeleine de Malain, baronne de Lux, dont il eut quatre enfants (2).

---

(1) Cette très-noble et très-puissante maison descend, selon le père Viguier, de Hugues, comte de Bassigny, en Champagne. L'abbé Le Laboureur pense, au contraire, qu'elle est sortie des comtes de Langres, dont ces seigneurs étaient premiers vassaux.

Elle a produit un grand nombre d'hommes distingués dans l'épée, la prélature et les sciences, entre autres, quatre maréchaux de France; des lieutenants-généraux des armées, des gouverneurs de provinces et de places fortes, des grands chambellans de nos rois, des ambassadeurs auprès des premières cours de l'Europe, des ministres d'Etat, des membres des diverses académies françaises, des ducs, des pairs... En un mot, c'est une des plus anciennes, des plus nobles et des plus illustres maisons de France.

Elle a formé un grand nombre de branches, parmi lesquelles nous citerons celles d'Aigremont, de Clémont, d'Aillecourt, de Beaupré, de Chevigny, de Francières, d'Esguilly, d'Hostel, de Bussière, de Meuse, du Plessis, de Praslin, de Traves.

(2) François, qui suit; Catherine, Balthazarde-Marie, religieuse, et Jeanne, mariée à Hugues-Antoine de Gasse ou du Gast, seigneur de Rouvray et Chaudenay.

François II, comte de Chevigny, baron de Chassy, seigneur du Chemin, de Montautier..., s'unit en 1665 à Paule de La Rivière, qui lui apporta la baronnie de Giry et lui donna huit enfants (1). Hubert, l'un d'eux, marquis de Choiseul, comte de La Rivière, baron de Chassy, seigneur d'Enfer..., brigadier des armées du roi, fut un homme distingué par sa valeur et fort considéré. Il eut de Henriette-Louise de Beauveau, sa seconde femme, deux fils (2).

César-Gabriel, l'aîné, duc de Praslin, baron de Chassy, de Conforgien, de Thoisy-la-Berchère..., suivit avec distinction la carrière militaire, où il parvint aux grades de lieutenant-général des armées du roi et de chevalier de ses ordres. Il fut gouverneur de la province de Bretagne, ambassadeur *près Leurs Majestés Impériales*, pair de France, ministre d'État..., et mourut en 1785, laissant d'Anne-Marie de Champagne-la-Suze trois enfants (3).

Renaud-César-Louis, son fils, maréchal de camp des armées du roi, fut élu de la noblesse aux États généraux de 1789 et mourut peu de temps après. Guyonne-Marguerite-Philippine de Durfort de Lorge, son épouse, lui avait donné trois fils et deux filles (4).

César-Hippolyte, le puîné, baron de Chassy, épousa, le 2 mai 1780, Louise-Joséphine de Choiseul, sa cousine, dont il eut, entre autres, Albéric-César-Guy, comte de Choiseul, et

---

(1) Hubert, qui suit; François-Léonor, comte de Chevigny; Charles-Sébastien, chevalier de Saint-Jean de Jérusalem, lieutenant de vaisseau: Edme, N... chevaliers de Malte; Catherine et Angélique-Françoise, religieuse.

(2) César-Gabriel, qui suit, et Gabriel-Hubert.

(3) Renaud-César-Louis, qui suit; Elisabeth-Céleste et Adelaïde.

(4) Antoine-César, duc de Praslin, mestre de camp du régiment de la reine, député de la noblesse d'Anjou, en 1789, sénateur, en 1799, et commandeur de la Légion-d'Honneur, marié à Charlotte-Antoinette-Marie-Septimanie O'Brien de Lhomond, fille de Charles, comte de Clarc, maréchal de France; César-Hippolyte, qui suit; René-César, Bonne-Désirée et Alix-Julie.

Marie-Nicolette, mariée à Augustin-Marie-Elie, duc de Talleyrand-Périgord, prince de Chalais, aujourd'hui propriétaire de Chassy.

Oussy, autrefois Ocy, hameau situé sur la rive droite de l'Yonne, appartenait en 1316 à Pernelle de Sully, comtesse de Dreux, dame de Pars ou Père. Jacques Bongars en était seigneur en 1549. François, son petit-fils, en reprit de fief du duc de Nevers un demi-siècle après.

Cette terre passa ensuite à Jacques de Choiseul, qui la possédait en 1640 (1). Ce gentilhomme s'unit à Jeanne de Brachet, qui lui donna sept enfants (2).

Antoine, l'un d'eux, seigneur d'Oussy, de Bussière, de Montsauche..., était gouverneur de Château-Chinon en 1667. Il laissa ses domaines à Jean-Edme, son fils, et celui-ci à François-Bernard-César, marquis de Choiseul, mort au château d'Alligny, en 1749.

Moutcheru, sur une montagne, près de la rive gauche de l'Yonne, a donné son nom à une famille actuellement éteinte.

Saint-Maurice fut érigé en haute justice, par le prince de Vergagne, duc de Nevers, en 1714, en faveur de Pierre Pitoys. Il appartenait, en 1139, à Robert des Champs, écuyer, qui tirait son nom d'un ancien fief situé près des bois, aujourd'hui simple ferme à la maison de Choiseul. Michaut des Champs en fit aveu en 1406. Guillaume eut de Marguerite de Fretoy, sa femme, dame de Quincize, une fille unique, qui le porta en partie à Guillaume de Grossouvre, seigneur de Pesselière. Edmée de La Croix, se disait aussi dame de Vauclaix et des Champs, en 1590.

Denise des Champs porta ce dernier fief et Saint-Maurice, au commencement du dix-septième siècle, à Pierre Pitoys,

---

(1) Ses frères furent Jean de Choiseul, chevalier de Malte, et *révérend père en Dieu* Jacques de Choiseul, dit l'abbé d'Esguilly.

(2) Marie-Jacqueline, Antoine-François, Antoine, Madeleine, Rogère-Françoise, Marie-Charlotte-Anne et Jeanne-Henriette.

qui en était seigneur en 1616. Pierre IV, leur descendant, vendit Saint-Maurice pour huit mille livres, en 1760, à Simon-Pierre Sautereau.

La Grignon, autrefois Villegraignon, au sud, donna son nom à une noble famille éteinte depuis long-temps. Hugues et Guillaume de Villegraignon étaient, comme nous l'avons vu, seigneurs de *la motte et chastel* de Montreuillon et d'Aringes, en 1300.

Montchançon, sur une hauteur, Romon et Releur ou Arleure étaient jadis alternatifs avec Blismes, et Marigny avec Mhère. Ce dernier fut long-temps tenu en fief par la famille Girard, dont une branche portait le nom en 1667.

X.

POUSSIGNOL-BLISMES, *Pussigniolum, Possignctum, Belisma.*

Quoique formée de deux anciennes paroisses, cette commune ne compte pourtant que sept cent trente habitants. Son territoire, généralement découvert, est traversé, du sud au nord, par la route de Moulins-Engilbert à Chassy. Il comprend une superficie de deux mille six cent quatre-vingt-neuf hectares, dont neuf cent vingt-huit sont en bois. On y voit plusieurs étangs, mais aucun cours d'eau quelque peu important.

La paroisse, dont le siége est à Blismes, était jadis, ainsi que celle de Poussignol, qui lui est unie, de l'archiprêtré de Châtillon-en-Bazois, de l'élection et du grenier à sel de Château-Chinon. Le patronage de ces deux anciennes cures appartenait au chapitre de la cathédrale de Nevers, auquel il avait été donné, en 1160, par l'évêque Bernard de Saint-Saulge. Le curé de Blismes jouissait des dîmes, avec droit de poursuite, dans toute la paroisse. Il lui était dû, en outre, une gerbe de passion par charrue et deux sous six deniers par feu. Claude Morlé, curé en 1689, ayant réclamé une portion congrue du prieur de Saint-

Christophe et de l'abbé de Corbigny, ceux-ci lui abandonnèrent les dîmes de Montchançon et de Meuleau. Claude Balmelès, son successeur, docteur en théologie et bénéficier des chapelles Saint-Claude et Sainte-Croix de la ville des Vans, au diocèse d'Uzès, fit refaire le terrier des droits de sa cure en 1695. On voit par cette pièce, qu'elle possédait des biens à Bonin, près Montigny-en-Morvand.

Le village de Blismes est agréablement situé sur un plateau, d'où l'on jouit d'une vue variée. Il n'est pas considérable, mais assez bien bâti. On y trouve un bureau de perception et un établissement religieux, composé de deux sœurs de Portieux et fondé aux frais de la commune, en 1855. Il s'y tient une foire le 11 novembre.

L'église paroissiale, dédiée à saint Martin, a été agrandie en 1836. Elle se compose d'un chœur en abside, remontant au douzième siècle, et d'une nef sans caractère, flanquée, au sud, d'une chapelle du seizième, éclairée par une baie ogivale, avec meneaux trilobés. Le clocher, formé d'une tour carrée, sans architecture, est disposé de manière à présenter, à sa base, une autre chapelle faisant face à la première.

Le presbytère, situé à l'extrémité orientale du village, fut construit en 1832. L'ancien, beaucoup plus rapproché de l'église, au nord, fut aliéné dans la première révolution. Claude Quoy, curé de Blismes en 1613, se reconnut débiteur d'une rente de seize sous huit deniers envers François de Choiseul, seigneur de la paroisse en partie (1), pour quelques pièces de terre tenues de lui en bourdelage, à cause de son presbytère.

Poussignol, bâti dans une vallée, au sud-est, était un prieuré-cure, dépendant de l'ancienne abbaye de saint Léonard de Corbigny, et chargé d'une rente de onze livres envers la châtellenie de Montreuillon. L'abbé abandonna, vers le milieu du dernier siècle, tous les biens de ce prieuré, à titre de cens, à Sébastien Pellé de Chausse, conseiller du roi en l'élection de Château-

---

(1) A cause du fief de Lacour.

Chinon, et, plus tard, président du district de cette ville. Le nouveau possesseur en donna reconnaissance en 1784, et se confessa débiteur de la rente de onze livres envers le châtelain de Montreuillon.

L'ancienne église prieuriale et paroissiale était dédiée à saint Franchy, moine nivernais. Elle est en partie détruite et sert actuellement de magasin à foin. Jean-François Pitoys, écuyer, seigneur de Quincize, conseiller du roi et président au bailliage royal et siége présidial de Saint-Pierre-le-Moûtier, obtint du comte de Château-Chinon, en 1700, la permission d'y bâtir une chapelle, en l'honneur de la sainte Vierge, pour la célébration des messes fondées en cette église par Pierre Pitoys, son aïeul; mais à condition qu'il ne pourrait jamais prétendre à la seigneurie du clocher, ni *apposer litre ou ceinture* sur les murs. Cette concession fut approuvée, l'année suivante, par l'évêque de Nevers. Les *grands dîmes* de la paroisse appartenaient, par moitié, en 1473, aux religieuses de Marcigny-lès-Nonains et à Jean de Chandio, seigneur de Poussains, et le *petit dîme* à Pierre Pitoys de Quincize, en 1622.

Nous avons vu plus haut que Sébastien Tridon, curé de Poussignol et chanoine d'Avallon, en 1638, donna un grand scandale à ses paroissiens par le déréglement de ses mœurs et l'abjuration publique du catholicisme, qu'il fit au *prêche de Coulon*. Le dernier de ses successeurs, le vénérable abbé Pannetrat, mort curé de Corbigny et chanoine de Nevers, en 1835, a laissé un exemple bien différent. Cet homme de foi, ayant refusé le serment schismatique, exigé du clergé, fut arrêté par ordre du comité révolutionnaire, en 1792, et traîné des prisons de Nevers jusqu'à Brest, d'où il ne revint qu'après la chute du farouche Robespierre.

Il existait autrefois au hameau de Vaumely une chapelle rurale, et une autre, dite *chapelle du Lac*, dans les environs. Celle-ci était dédiée à saint Émiland. Elles servirent toutes deux, en 1777, de limites pour les droits de chasse accordés par le comte de Château-Chinon au seigneur de Quincize.

Sous l'ancien régime, le village de Blismes se divisait en deux fiefs, dont le principal comprenait l'église et la plupart des maisons environnantes ; il mouvait du duché de Nevers, à cause de la châtellenie de Montreuillon. L'autre relevait du comté de Château-Chinon.

Le premier, avec moyenne et basse justice, appartenait, en 1540, à Benoît Le Cas, écuyer. Charles de Blismes, son fils, issu de son union avec Alexante d'Esguilly, en vendit une partie, le 1er janvier 1574, à Pierre Pitoys, procureur en l'élection de Château-Chinon. Le prince de Vergagne, Jules-François Mazarini-Mancini, accorda, le 19 janvier 1714, à Pierre Pitoys III, moyennant une somme de huit cents livres, le droit de haute justice, en accroissement de fief, à Blismes et à Saint-Maurice-lès-Montreuillon. Pierre IV vendit cette seigneurie, en 1770, à Simon-Pierre Sautereau.

L'autre fief, avec haute justice, était tenu par la maison de Chassy. Jacques d'Esguilly en fit aveu à Château-Chinon en 1560. François de Choiseul, son gendre, renouvela ce devoir un demi-siècle plus tard. Ses descendants l'ont toujours possédé depuis cette époque.

Buchot appartenait, en 1770, à Paul-Joseph de Cotignon, et dix-sept ans après, à Joseph-François, son fils. La maison de Chabannes en était propriétaire au commencement de ce siècle.

Buxy ou Bussy, *Boxum*, était tenu en fief, en 1353, par Léonard de Chandio, chevalier, qui en donna dénombrement au comte de Château-Chinon. Un siècle plus tard, Jean de Chandio fit aveu pour Buxy, Poussains, Poussignol, Vaumely et Ville-Thibert. Jean II, seigneur en 1460, se disait écuyer d'écurie ordinaire du roi. Jean et Jacques de Pont, sieurs d'Aringette, possédaient ce fief en partie en 1503, et Pierre en 1576. Sébastien Tridon, lieutenant-général au bailliage de Château-Chinon, en était revêtu au commencement du siècle suivant. Il portait : *D'or à un trident d'azur, posé en pal*. Claude Richou, avocat en parlement, se disait sieur de Bussy en 1669. François Blandin, lieutenant-général du bailliage, et Claude Millin, procureur fiscal, en jouirent après lui. Ce fief fut acquis le 12 juin 1771, par Sébastien Marotte et Claudine de Vallery, sa femme, qui firent aveu le 12 février de l'année suivante. Charles-Aimé, leur fils, donna dénombrement, tant en son nom qu'en celui de ses frères et sœurs, de Bussy et de Champfeur, treize ans après.

Poussains, dont on voyait la maison-forte à l'entrée d'un bois, au sud de Poussignol, était possédé en toute justice par une noble famille, qui en prenait le nom. Jean de Poussains, écuyer, seigneur du lieu en 1339, portait : *D'or, à deux chats-huants de sable, se regardant, becqués, et éclairés d'or.... à l'étoile d'azur en chef.* Noble Huguenin, son fils, reprit de fief, treize ans plus tard, pour la *motte de Poussains, les fossés environnants.....* et Guillaume, en 1367. Guillaume II fit aveu pour sa *maison, motte et fossés* où il demeurait, en 1396, et pour Buchot, Poussignol et Ville-Thibert. Jean de Chandio renouvela ce devoir en 1453, et Pierre vingt ans après. Claude Richou, avocat en parlement, en fit foi et hommage en 1669. Jacquette, sa fille, porta le domaine de Poussains à Claude Millin, dont les armes étaient : *D'or, à une fasce de gueules, chargée d'une pincette d'argent* (1).

Sébastien Pellé de Chausse, sieur de Poussains en 1770, acquit, neuf ans plus tard, pour une rente de douze cents livres, les droits de Jeanne, sa sœur, veuve d'Antoine de Chardenon, chevalier de Saint-Louis, et laissa ses biens à Sébastien de Poussignol et à Pierre de Champigny, ses fils. M. Michel-Ernest Pellé de Champigny, agronome distingué, est actuellement propriétaire de Poussignol, où il a fait bâtir une jolie chapelle.

Quincize, au sud-ouest de Blismes, était jadis alternatif avec cette paroisse et celle de Poussignol. On y remarque un vaste manoir du dix-septième siècle, flanqué d'un pavillon et de deux tours rondes, et auquel on arrive par une longue avenue d'arbres, qui lui donne un aspect grandiose. Quincize, avec ses dé-

(1) *Armorial de la généralité de Moulins-en-B.*, Paris.

pendances, formait une seigneurie en toute justice, mouvante du comté de Château-Chinon. L'*ouche du Pilori* rappelle le souvenir d'un signe patibulaire érigé pour l'exécution des sentences criminelles.

Cette terre appartenait, en 1350, à Guillaume de Quincize, écuyer, qui reprit de fief l'année suivante. Jean et Hugues de Fretoy, frères, et Jean de Chavannon en étaient coseigneurs trente-neuf ans plus tard. Le premier épousa Marguerite de Comoy, qui testa, en 1453, et fonda, moyennant une rente de quatre livres, un service anniversaire pour le *remède de son âme* dans l'église de Blismes. De cette union naquirent Jean II et Guillaume de Fretoy. Jean laissa deux filles, Marguerite et Anne, mariées l'une à Guillaume des Champs, et l'autre à Guillaume de Chevigny, qui firent aveu en 1504 (1).

Marguerite des Champs, fille du premier, porta Quincize et Montreuillon en partie à Guillaume de Grossouvre, écuyer, sieur de Pesselière. On voit par le terrier, que ce gentilhomme fit refaire en 1560, que les sujets de la seigneurie, hommes et femmes serfs, étaient au nombre de vingt feux, et que le possesseur devait au comte de Château-Chinon une rente noble de dix-neuf livres quatre sous.

La comtesse douairière, Anne de Montafié, saisit Quincize, en 1616, sur Claude Bruandet, qui vendit ce fief, trois ans après, à Pierre Ier Pitoys, seigneur de Saint-Maurice, bailli et gouverneur de Château-Chinon. Elle fit remise de ses droits de retrait et de quint à l'acquéreur, à condition qu'il referait le terrier du comté. Pierre était issu d'une noble maison de Bourgogne, qui posséda les terres de Monthelon, en partie, de Mercurey, de Menetreux-le-Pitoys... Il portait : *D'azur, à une croix ancrée d'or*. Ce gentilhomme fut parrain avec la comtesse douairière de Château-Chinon, en 1617, de la principale cloche de l'église de cette ville, où il fonda, vingt ans plus tard, un couvent de capucins. Il se réserva, pour lui et sa famille, le

(1) Archives du château de Quincize.

droit de sépulture dans l'église de cette communauté, où il fut, en effet, déposé le 22 août 1648.

Pierre II, son fils, né de son union avec Denise des Champs, fut garde-du-corps de Son Altesse Royale, frère du roi. Il succéda à son père, non-seulement dans ses seigneuries de Quincize, du Bruys, de Saint-Maurice, de Buxy..., mais aussi dans sa charge de bailli. Il eut de Françoise Le Bourgoing quatre enfants (1). Jean-François, l'aîné, fut conseiller du roi et président au bailliage royal et siége présidial de Saint-Pierre-le-Moûtier. Il mourut en 1722, dans un âge encore peu avancé, et laissa un fils, Pierre III, dit le *marquis de Quincize*, et une fille, Marie-Louise, mariée à Jacques-Louis de La Ferté-Mehun, comte de La Roche-Milay, seigneur de Solière....

Pierre fut grand bailli d'épée du bailliage royal de Saint-Pierre-le-Moûtier, gouverneur pour le roi de la ville de Château-Chinon et commandeur des ordres de Notre-Dame-du-Mont-Carmel et de Saint-Lazare. N'ayant point eu de postérité de Marie Brenot, son épouse, il vendit, le 29 janvier 1759, Quincize et ses autres biens à Simon-Pierre Sautereau, conseiller et secrétaire du roi, stipulant pour lui et pour Lazare-Jean Sautereau, son fils, bachelier en Sorbonne. Le prix fut de cent mille livres en principal. Il s'était réservé le titre de seigneur de Quincize et divers droits honorifiques, qu'il céda encore à l'acquéreur quatre ans après.

Simon-Pierre Sautereau obtint du comte de Château-Chinon, en 1777, moyennant une somme de cent livres, des droits de chasse très étendus. Il portait : *D'argent, à la croix d'or, accompagnée de quatre merlettes* (2). Le marquis de Mascrany, comte de Château-Chinon, séjourna quelque temps, l'année précédente, au château de Quincize.

Sautereau laissa deux filles : Anne-Simone, mariée au baron

---

(1) Jean-François, qui suit ; Gaspard, seigneur d'Estoules ; Pierre, sieur de Saint-Maurice, et Charlotte.

(2) Paris, *Armorial de la généralité de Moulins-en-Bourbonnais*.

Thomas-Gaston Boissel de Montville, pair de France, qui vendit Quincize au baron Mounier, et Marie-Reine-Jeanne, épouse de Louis-Joseph Pieffort.

Le nouvel acquéreur repassa bientôt sa terre à M. Jean-Baptiste Guillaume de Sermiselles, qui en jouit actuellement (1).

La famille Guillaume est originaire d'Arnay-le-Duc, et elle jouissait du droit de sépulture dans l'église paroissiale. Un tableau, appendu dans la chapelle Notre-Dame, et représentant divers personnages de cette maison, portait cette légende : *Virtutibus eorum cognoscetis eos*. Elle avait droit d'entrée aux États de Bourgogne, où l'on n'était admis qu'à titre de gentilhomme de race. Plusieurs de ses membres se sont distingués dans la robe et l'épée. Gabriel, surnommé le *Beau-Parleur*, fut un avocat célèbre. Pierre, sieur d'Orbigny, prit une part glorieuse au siége de Candie et fut tué, en 1672, à l'assaut d'Orsay. Barthélemy, seigneur de Sermiselles et de Lautreville, mourut à Dettingue, en 1743. Ce dernier laissa deux fils, dont l'un, le chevalier de Sermiselles, cordon rouge et doyen de l'ordre royal de Saint-Louis, décéda en 1824. Auguste, son neveu, périt glorieusement à Wagram.

Les armes de cette famille sont : *D'azur, à la croix patée d'or, embrassée de deux palmes, liées en pointe*. Sa devise est : *Spes et fides*.

Près de Quincize se trouvaient jadis *Plan-Bernard* et *Villars*, hameaux détruits. Ce dernier mouvait en arrière-fief du château de cette seigneurie.

Estoules, où l'on voyait autrefois un manoir féodal, était un fief relevant aussi du comté de Château-Chinon. Guyot et Hugues d'Estoules en firent aveu en 1351. Robert du Chaillou renouvela ce devoir un siècle après. Jean Piemère et les héritiers de Guillaume Bongars en donnèrent dénombrement, en 1504, et

---

(1) M. de Sermiselles avait épousé Sophie-Elisabeth Sallonnyer, décédée le 16 février 1864, à soixante-dix-sept ans. De cette union sont nés MM. Ernest de Sermiselles, savant bibliophile, et Gustave.

Marguerite de Monteauney en 1567. Philibert du Criot, écuyer, laissa ce fief à René, son fils, et à Hugues de Vezon, son gendre, qui le cédèrent, le 11 août 1612, pour vingt-quatre mille livres, à Claude Bruandet, *capitaine ordinaire des charrois de l'artillerie* de France. Guillaume de Vaulin, prêtre, seigneur d'Estoules, en partie, accorda, en 1690, des droits d'usage à la famille Le Cas, et vendit, peu de temps après, cette terre à Pierre Pitoys, qui l'unit à sa seigneurie de Quincize.

Les Ranglaux étaient tenus en fief, au milieu du quinzième siècle, par Jean de Rochery, écuyer. François Guillot, notaire, les vendit, en 1663, à Pierre Pitoys. Une sentence de 1682 débouta le duc de Nevers de ses prétentions à la mouvance de ce fief, et l'attribua au comte de Château-Chinon.

La Thibert, autrefois *Ville-Thibert*, appartenait, aux treizième et quatorzième siècles, à la maison de Chandio. Marie-Louise-Françoise Pitoys de Quincize la porta en dot, vers 1725, à Jacques-Louis de La Ferté-Meun, seigneur de Solière, qui la vendit le 30 octobre 1756, pour trente mille livres, à Pierre Pitoys, son beau-frère. Celui-ci la repassa de même, trois ans après, le 29 janvier, à Simon-Pierre Sautereau, dont la fille, Marie-Reine-Jeanne, épousa Louis-Joseph Pieffort. M. le marquis de Croix en est actuellement propriétaire.

XI.

SAINT-HILAIRE-EN-MORVAND, *Sanctus Hilarius*.

A l'ouest de Château-Chinon, au fond de la vallée que parcourt, en serpentant, la route de Nevers, on rencontre le village de Saint-Hilaire, presque caché dans le groupe d'ormes antiques qui entourent sa vieille église. Il ne se compose que de quelques chaumières, au milieu desquelles on remarque un petit couvent, tenu par trois sœurs de la Charité de Nevers.

Cette maison fut fondée en 1834, par la pieuse munificence de Jean-Baptiste-Marie, marquis de Chabannes, pour l'éducation de la jeunesse et la visite des malades.

L'église, dédiée au saint évêque dont le pays porte le nom, est un édifice bas et mesquin, dans lequel il existe des morceaux de constructions de toutes les époques. En somme, elle est si misérable, qu'elle forme un contre-sens avec la piété bien connue des habitants de la commune. On y voit deux chapelles latérales, dont l'une, celle du sud, est dédiée à saint Pierre, et l'autre à la sainte Vierge. Cette dernière était autrefois sous le vocable de saint Hilaire, devenu plus tard titulaire de la paroisse. Elle appartenait jadis à la maison d'Argoulais, à laquelle elle fut cédée le 7 décembre 1738, par le curé, les fabriciens et autres principaux habitants, à charge de l'entretenir en bon état et de payer une somme de trois cents francs, qui fut employée à la construction d'une sacristie. L'acquéreur, Claude-François Sallonnyer de Monbaron, seigneur d'Argoulais, de La Montagne.... y fonda, cinq ans plus tard, une messe fixée au 6 juin, à perpétuité, moyennant une rente de quatre livres, au capital de cent vingt (1).

On croit que saint Mamert fut autrefois titulaire de la paroisse, dont il n'est actuellement que patron secondaire. Toutefois son culte y est encore en grand honneur. Le dimanche qui suit le 11 mai, jour de sa fête, il se tient au chef-lieu une nombreuse assemblée, connue sous le nom d'apport. On portait jadis, dans les temps de chaleurs ou de pluies excessives, sa statue en procession jusqu'à la fontaine de *L'Huis-Chamart*, où on la plongeait par trois immersions consécutives. Le peuple tenait à cette pratique, un peu superstitieuse, et le curé ne pouvait guère s'y refuser, sans encourir une grave responsabilité.

La commune de Saint-Hilaire renferme une population d'environ cinq cent cinquante habitants. Son territoire, arrosé d'un côté par le *Gara*, et de l'autre par le *Venon*, est peu

(1) Archives du château de La Montagne.

accidenté. Il comprend une surface de deux mille soixante-quinze hectares, dont trois cent cinquante-trois sont en bois.

L'érection de la paroisse remonte au moins au onzième siècle. L'évêque Fromont donna le patronage de la cure, en 1130, à l'abbé de Saint-Martin de Nevers, auquel il fut bientôt contesté par le chapitre de Saint-Cyr ; mais Bernard de Saint-Saulge le lui confirma en 1222, et dès-lors toute contestation cessa (1).

Le territoire de Saint-Hilaire, par suite de sa proximité de Château-Chinon, se couvre d'élégantes villas, au milieu desquelles on remarque l'antique manoir d'Argoulais, *Argoletum*. Ce château est situé dans une gorge, au nord-est du village ; il n'offre, par lui-même, rien de curieux ; mais la chapelle, bâtie en 1859, sur les plans de M. Parthiot, architecte à Château-Chinon, et bénite par Mgr Dufêtre, évêque de Nevers, est un petit édifice gothique, remarquable par la pureté du style et par son élégance.

Ancien fief simple, Argoulais fut érigé en seigneurie avec justice haute, moyenne et basse, en faveur de Claude-François, marquis de Chabannes, le 24 juillet 1781, au nom du comte de Château-Chinon, par Bourceret, commis à terrier. Il appartenait, en 1504, à noble Pierre de Marry, écuyer, qui le vendit, quelque temps après, à Dimanche Vaucoret, lieutenant au bailliage de cette ville. L'acquéreur en fit dénombrement en 1559. Claudine, sa fille, le porta à Jean Sallonnyer, auquel le Morvand doit de la reconnaissance pour avoir perfectionné l'art du flottage. Jean vivait encore en 1604 (2). François, son fils, fit une

---

(1) Curés connus de Saint-Hilaire : de Vaucoret, en 1670 ; François de Vallery, 1670 ; Louis Richou, 1679 ; Lazare Moreau, 1700 ; François Jacquand, 1721 ; François-Marie Jacquand, 1754 ; Pirel, 1787, mort martyr de la foi ; Petitier, ancien chanoine de N.-D. d'Autun, en 1802 ; Portrait, autrefois religieux de la chartreuse de Bonpas, chanoine honoraire d'Autun et de Nevers ; Hodmond, en 1830, transféré à Luzy ; Jean-B. Perdriat, en 1862.

(2) Il laissa trois fils : François qui suit ; Guillaume, seigneur de Peron, et Jean.

reprise de fief trente-trois ans après et s'unit à Louise Béliart, qui vendit l'*ouche du Champlin* pour bâtir la maison des Capucins de Château-Chinon. Jacques Sallonnyer, issu de ce mariage, fut seigneur d'Argoulais et lieutenant criminel au bailliage royal de Saint-Pierre-le-Moûtier. En 1667, il épousa Claude-Marguerite Gascoing (1), dame de Montbois, et, en deuxièmes noces, Marie-Madeleine Girard (2), dont il eut Guillaume, écuyer, seigneur du Pavillon, lieutenant criminel de robe courte, et Claude-François Sallonnyer de Monbaron, sieur du lieu et d'Argoulais. Le premier laissa de Charlotte Dollet, son épouse, une fille unique, Marie-Madeleine Sallonnyer, mariée, le 1er juillet 1715, à *haut et puissant seigneur* Paul, comte de Chabannes, seigneur de Huez et d'Apiry, dont vinrent huit enfants (3). Le second s'unit à Françoise d'André et alla résider au château de La Montagne, qu'il avait acquis. Il soutint, en 1723, contre le marquis de Mascrany, comte de Château-Chinon, pour les droits seigneuriaux, un grave procès où il fit intervenir plusieurs gentilshommes du voisinage, et qui durait encore à sa mort, en 1743. Il publia un long *Mémoire* où la moralité du marquis n'était point épargnée, et pour lequel il aurait pu être inquiété. De ses quatre enfants, les deux aînés furent tués sous les drapeaux. Marie-Paule, sa fille, mourut avant lui. Jean-Marie de Monbaron, le plus jeune, se trouva ainsi seul héritier de ses vastes domaines, qui constituaient, à Saint-Hilaire, *la majeure partie de la communauté*. Le dimanche 31 mai 1778, il voulut, comme son père, entreprendre un procès contre le seigneur de Château-Chinon, et réunit, à cet effet, tous les habitants de la paroisse, qu'il désirait faire intervenir, et leur dit que le

---

(1) Cette famille portait : *d'azur au sautoir d'or*.

(2) Marie-Madeleine Girard était veuve en 1724.

(3) Louis-Jacques, abbé commandataire de Launay et vicaire général de Nevers ; Claude-François, dont nous allons parler ; Guillaume-Hubert, dit l'abbé d'Apiry ; Louis-Antoine, vicomte de Chabannes ; Jacques-Gabriel, tué sur mer ; Claude-Joachim, lieutenant ; Marie-Madeleine, et Charlotte-Césarée.

comte voulait mettre leurs biens de bourdelage, et qu'ainsi il serait l'héritier de tous ceux qui décéderaient sans enfants. Il mourut trois ans après, au château de La Montagne, et légua ses seigneuries aux enfants de Paul de Chabannes, son oncle. Claude-François, marquis de Chabannes, seigneur d'Argoulois, de Monbaron, de Montbois...., chevalier de Saint-Louis, capitaine de cavalerie, le puîné, vint alors se fixer à Saint-Hilaire, et c'est de cette époque que date l'établissement de la maison de Chabannes dans le Morvand.

Cette famille, l'une des plus anciennes, des plus nobles et des plus illustres de France, descend de Guillaume III de Mathas, issu des comtes d'Angoulême de la première race. Ce seigneur épousa, en 1126, Amélie, fille de Jourdain III, *sire de Chabanais et de Confolent*, et en eut deux fils, qui relevèrent le nom et les armes de leur mère.

Eschivat, sire de Chabanais, s'unit à Matabrune de Ventadour, fille d'Eble IV, et veuve du vicomte d'Aubusson, qui lui apporta la terre de Charlus-le-Pailloux, dont le château était encore possédé par leurs descendants en 1600.

Peu de familles ont eu l'avantage de contracter des alliances aussi illustres. Elle en compte dans plusieurs maisons souveraines d'Europe, notamment dans la maison royale de France. Antoinette de Chabannes, fille de Geoffroy, seigneur de la Palice...., épousa, le 8 novembre 1481, Charles de Bourbon, prince de Carency, aïeul d'Antoine de Bourbon, roi de Navarre et père de Henri IV. Gilbert de Chabannes, baron de Curton et de Rochefort, s'unit, le 30 août 1484, à Catherine de Bourbon-Vendôme, grand'tante de ce prince ; Jean, à Suzanne de Bourbon, comtesse de Roussillon....; en tout cinq alliances. De là vient à ces seigneurs l'avantage d'être, depuis quatre cents ans, titrés : *cousins du roi*, honneur qui leur fut confirmé par Louis XV en 1769 (1), et par Louis XVIII en 1819.

---

(1) « Aujourd'huy deux aoust mil sept cent soixante-neuf, le roy
» étant à Compiègne, voulant donner à la maison de *Chabannes* une

Il y a eu dans cette maison deux maréchaux et trois grands maîtres de France ; des gouverneurs de provinces et de places fortes; plusieurs lieutenants-généraux, des chevaliers des ordres du roi, des chevaliers d'honneur des reines, des chambellans de nos rois et des ducs de Bourgogne, des pairs de France....

Elle a produit diverses branches établies en Nivernais, en Bourbonnais et en Auvergne. Les principales sont celles des comtes de Dammartin, des marquis de La Palice, de Pionsat, des seigneurs de Curton, de Seignes, de Nozerolles, de Moriol, du Verger et de Trucy.

La branche du Verger, à laquelle appartiennent les de Chabannes du Morvand, s'établit en Nivernais en 1570, par le mariage de François de Chabannes, comte de Seignes, avec Valentine d'Armes, dame du Verger, de Sainte-Colombe et de Trucy. Ses armes sont : *de gueules, au lion d'hermines, armé, lampassé et couronné d'or.*

Claude-François, seigneur d'Argoulais, fit, en qualité de ca-

» marque particulière de la bienveillance dont Sa Majesté l'honore con-
» sidérant aussi son ancienne illustration, les grandes alliances qu'elle
» a contractées, dans les temps les plus reculés, avec plusieurs maisons
» souveraines de l'Europe, et l'inestimable avantage qu'a cette famille
» de cinq alliances directes avec Sa Majesté.... comme aussi les grands
» hommes qui en sont issus, et qui se sont autant illustrés par leurs ser-
» vices, par leur attachement et leur zèle pour Sa Majesté, que pour les
» rois, ses prédécesseurs, que par les grandes charges, emplois, hon-
» neurs et dignités dont ils ont été revêtus ... Sa Majesté a déclaré et
» déclare, veut et entend que les enfants et descendants, mâles et fe-
» melles, du sieur Jacques-Charles, comte de Chabannes, et du sieur
» Jean, marquis de Chabannes, son cousin, nés et à naître en légitime
» mariage et leurs descendants, en ligne directe, soient qualifiés *cousins*
» de Sa Majesté dans toutes les lettres qu'elle leur écrira, ainsi que dans
» toutes les provisions de charges, ou emplois, commissions, édits, dé-
» clarations, lettres patentes, ou aultres pièces, qui seront expédiés en
» leur faveur.... de la même manière qu'il en a été usé par le passé,
» tant à l'égard des aînés, que des branches cadettes de cette maison,
» sans qu'il puisse leur être fait, à l'avenir, aucune difficulté....

» Signé : LOUIS. »

pitaine de cavalerie, les campagnes de la guerre de *Sept-Ans*, et fut fait prisonnier à la défense du village de Holtshausen. Il épousa, le 26 janvier 1764, Marie-Henriette Fournier de Quincy, dame du lieu, qui fut envoyée à la mort, par le tribunal révolutionnaire, le 15 mars 1793. Il en eut cinq enfants (1).

Jean-Baptiste-Marie, marquis de Chabannes, l'aîné, chevalier de Saint-Louis, fut élevé enfant d'honneur à la cour du roi. Il était capitaine au régiment Royal-Normandie, lorsque la révolution éclata. La Restauration le créa pair de France en 1815, et l'appela bientôt après à l'inspection des gardes nationales de la Nièvre.

La révolution de juillet l'ayant rendu, pour refus de serment, à la vie privée, il se retira dans son château d'Argoulais, où il a vécu jusqu'au 15 février 1850, dans la pratique de toutes les vertus civiles et religieuses, et y est mort de la mort du juste, à l'âge de quatre-vingt-un ans. Cornélie-Zoé-Vitaline de Boisgelin, son épouse, autrefois dame-comtesse du chapitre noble de Remiremont, ne lui a survécu que jusqu'au 29 juillet, deux ans après. Elle était fille de Charles-Eugène, comte de Boisgelin, capitaine de vaisseau et gouverneur de Saint-Brieuc, d'une ancienne famille de Bretagne, dont les armes étaient : *écartelé, au 1er et 4 de gueules, à une molette d'éperon d'argent, à cinq raîs ; aux 2 et 3, d'azur plein.*

Ces deux vertueux époux, dont les sentiments n'étaient pas moins distingués que la naissance, ont laissé de précieux souvenirs de bienfaisance. De leur union vinrent trois enfants (2).

M. Eugène-Henri-François, marquis de Chabannes-du-Verger,

---

(1) Jean-Bapt.-Marie, qui suit ; Henri-Louis-Jacques, comte de Chabannes ; Marie-Cécile ; Henriette-Suzanne, mariée : 1° à Joseph-Camille Fournier, vicomte d'Armes ; 2° à Eusèbe Hélion, marquis de Barbançois-Jarzay, sous-gouverneur du duc de Bordeaux ; Louise-Suzanne, femme de Gilbert-Antoine, comte de Sartiges-Sourniac.

(2) Eugène-Henri-François, qui suit ; Isaurie-Eugénie-Anne, mariée, le 11 août 1811, à Henri-Amable, comte de Dreuille, et Louise-Henriette-Pauline, épouse d'Édouard-Charles, comte de Saint-Phalle.

leur fils, ancien lieutenant-colonel au régiment de *Chasseurs-Allier*, sous-lieutenant des gardes-du-corps du roi, est aujourd'hui propriétaire d'Argoulais. Il avait épousé, le 29 décembre 1819, Gabrielle-Lucrèce-Zoé de Vidaut de La Tour, fille d'Anne-Gabriel-J.-J., comte de la Bâtie, et de Louise-Gabrielle-Françoise Planelli de La Valette, de la famille des derniers comtes de Château-Chinon, décédée le 13 juin 1844, laissant cinq enfants (1).

Chaligny, castel du dix-septième siècle, avec deux tourelles carrées, au sud de Saint-Hilaire, a donné son nom à une branche de la famille Sallonnyer. Ce fief simple fut érigé en justice et seigneurie le 15 juillet 1781, au nom du comte de Château-Chinon, par Bourceret, commis à terrier, en faveur de Paul-François Sallonnyer, écuyer, seigneur du lieu et de Mont-en-Genevray, moyennant six cents livres de bellemain et une rente noble de six, payables, chaque année, le 26 décembre Il fut accordé, en même temps, au seigneur de Chaligny, des droits de chasse et de pêche depuis la Creuse jusqu'à Chaumotte et à l'église paroissiale. Le comte ratifia, l'année suivante, cette concession *pour l'amitié* qu'il portait au sieur de Chaligny (2).

Ce fief appartenait, en 1504, à Edme de La Courcelle, fils de Guillaume, écuyer, sieur de Châtin en partie. Jeanne des Ruaux, sa veuve, le vendit, quatre ans plus tard, à Jean de Pont, seigneur de Buxy et d'Arengette, dont la famille possédait une chapelle dans l'église Saint-Romain de Château-Chinon.

Pierre Sallonnyer, seigneur de Nion, secrétaire des *maison et finances* de la duchesse d'Orléans, capitaine de la

---

(1) Gilbert-Marie-Gabriel, comte de Chabannes ; Edme-Paul, mort en Crimée ; Laurent-Amable, vicomte de Chabannes, marié, le 28 octobre 1857, à Marie-Louise-Anne-Marg. de Bourbon-Busset ; Francisque-Charles, Marie-Antoinette-Lucrèce, et Gabrielle-Thérèse-Marie.

(2) Archiv. de la s.-préf. de Chât.-Chin.

bourgeoisie de Nevers, épousa, le 2 novembre 1696, Jeanne-Marguerite Gueneau, et en eut Guillaume de Chaligny, capitaine d'infanterie au régiment du Véxin. Celui-ci s'unit lui-même, le 23 juillet 1731, à Anne, fille de Charles Rousseau, bailli de Lormes, qui lui donna deux fils : Paul-François, sieur de Chaligny, et Jacques-Claude, maréchal-de-camp des armées du roi, tous deux chevaliers de Saint-Louis (1).

Le premier fut marié, par contrat du 9 mai 1776, à Jeanne-Pierrette Rapine de Sexi, et en eut Marie-Martiale, épouse de Claude-François-Benoît de Bèze, et François de Chaligny, chevalier de la Légion-d'Honneur et sous-préfet de Château-Chinon sous la Restauration, mort en février 1833. Celui-ci avait épousé Euphrasie Bruneau de Vitry, qui lui donna trois enfants : François, qui s'unit à Hortense Routy de Charodon, et deux filles mariées dans les maisons de Beaumont et de Charodon.

La famille Sallonnyer est ancienne dans le Morvand, où elle a possédé plusieurs fiefs et formé diverses branches. Ses armes sont : *d'azur, à une salamandre d'or, lampassée de gueules, dans les flammes* (2). Elle est, selon quelques écrivains, originaire de Provence, et eut pour auteur Imbert de Solas, natif de Salon, d'où serait venu le nom de Sallonnyer (3). « C'était, » disent-ils, un capitaine de réputation, qui entra, en 1390, au » service de Philippe-le-Hardy, duc de Bourgogne, et s'attacha, » après la mort de ce prince, *occis à la journée d'Azincourt*, » à la personne de son fils, Jean, comte de Nevers et de Rethel. » Celui-ci l'ayant nommé capitaine-gouverneur de Moulins-Engilbert, Imbert s'y serait fixé et y serait mort dans un âge très-avancé.

Près Chaligny sont les anciens fiefs de La Creuse et de La Roche, unis à la seigneurie en 1781.

(1) Jacques-Claude épousa Marie-Madeleine Aupepin de La Mothe, qui lui donna deux filles, mariées dans les maisons de La Chaumelle et de Sermiselles.
(2) Sa devise est : *Virtus in extremis*.
(3) Généalogie de la maison Sallonnyer.

Mouasse, autrefois *Moisse*, jadis alternatif avec Saint-Léger, possède une élégante chapelle, dédiée à la sainte Vierge et bénite en 1836, par Mgr Paul Naudo, évêque de Nevers. Alexandre de Villescot, écuyer, en était seigneur en 1300. Il eut de Magneron, sa femme, une fille, qui porta Mouasse, Chevannes et Villacot dans la maison Letors. Jean, garde-scel de la châtellenie de Moulins, issu de cette union, en reprit de fief à Château-Chinon en 1396. Jeanne de Beaulsecret en fit autant pour La Fosse. Jean Cotignon, sieur de La Fosse et de Mouasse, fit aveu des dîmes de Saint-Léger en 1459 (1). François, son petit-fils, donna dénombrement de Mouasse et le laissa à Claude, qui en était pourvu en 1586. Guillaume, sieur de Mouasse et de La Fosse en 1627, eut pour successeur François Cotignon, qui épousa d'abord Edmée de Bréchard, puis Marie Tridon, qualifiée veuve en 1699. Il portait : *d'azur, à un sautoir d'or, accompagné, en chef, d'une étoile de même* (2).

Jean-François, issu du premier mariage, s'unit à Marguerite de Courvol, dont il eut onze enfants (3). A sa mort, en 1717, il fut inhumé dans la chapelle de sa famille, à Saint-Léger.

Edme-Roger de Cotignon, écuyer, seigneur de Mouasse, épousa, le 22 octobre 1729, Éléonore-Amable Danguy, dame de Monteuillon-lès-Luzy. Leur fille unique, Anne-Françoise, porta ce fief et ses dépendances en dot, le 23 septembre 1751, à Pierre-Jean, chevalier, comte de Certaines, seigneur de Villemolin, qui en fit aveu vingt-un an après. Ce seigneur ayant émigré pendant la terreur, Mouasse fut vendu nationalement en 1793.

Cette terre appartient actuellement à la branche cadette de Champs de Saint-Léger. Louis-Jacques, fils de François-Marie,

---

(1) Maroles, titres de Nevers.
(2) Bibliothèque impériale, Paris, *Armorial de la généralité de Moulins-en-B.*, manuscrit.
(3) Edme-Roger, qui suit; François-René, trésorier et vicaire général de Nevers; Marie-Jeanne, femme de Gabrielle de Lavenne....

seigneur du lieu, épousa Marie-Augustine-Henriette de Bréchard, fille de Pierre, sieur de Brinay, et de Marie-Anne du Clerroy (1). Il est mort au château de Mouasse le 13 septembre 1836, et sa veuve en 1858. De leur union sont nés quatre fils et trois filles (2). Henri-Louis-Augustin, le troisième, en est aujourd'hui propriétaire. Il a épousé Louise-Ernestine Collard de Sordet, dont il a plusieurs enfants (3).

Chaumotte, pavillon seigneurial, à l'ouest, était tenu en fief simple au quatorzième siècle, par la famille Letors, de Moulins-Engilbert. Drouyn reconnut, le 26 septembre 1377, y posséder, indivise avec ses frères, la quatrième partie d'un muid de blé, les enfants Collemeau de *Saint-Ylier*, ou Saint-Hilaire, la femme Autixier, de Chaumotte, leurs meix et tènements (4). Jeanne Feuillet porta Chaumotte en dot à Pierre Gory de Cour, qui en reprit de fief en 1770. Jeanne-Victoire, leur fille, fit passer cette propriété et Frétoy à Pierre Limanton de Jaugy, avocat en parlement et maire de Tannay, dont elle eut Victoire-Marie-Adelaïde, mariée à Jacques-Louis-Henri, comte de Chabannes. De ce mariage sont nés six enfants (5). Henriette-Antoinette, mariée à Pierre-Auguste Vernin d'Aigrepont, et Adelaïde-Cécile-Victoire, épouse d'Adolphe-Nicolas Mulot de Villenault, jouissent actuellement de Chaumotte.

(1) Jean de Bréchard, seigneur de Brinay en 1699, portait: *barré d'argent et d'azur de six pièces*.

(2) Maurice, comte de Bréchard, propriétaire de Brinay, marié, en 1839, à Edwige de Montagu, dont il a dix enfants : Paulin-Gilbert, Henri-Louis-Augustin, qui suit; Mélanie, épouse de Paul de Ladmiraut, lieutenant-général, commandeur de la Légion-d'Honneur; Alfred, Louise et Aglaé.

(3) Léontine, Marie-Henriette, Xavier-Jean-Marie, Marie-Louise-Mélanie, Marie-Albertine-Joséphine....

(4) *Mémoire* pour M. de Mascrany.

(5) Louis-Henri-Victor, comte de Chabannes; Auguste, Henriette-Antoinette, Armand-Marcellin, Balthasar, Adelaïde-Cécile-Victoire, et Antoine-Edmond-Eugène, marié, le 12 juin 1851, à Aline-Jeanne de Choiseul-Praslin.

Champigny, à l'ouest, était possédé, en 1771, par Edme Vaucoret, lieutenant au bailliage de Château-Chinon. Il appartient actuellement à une famille qui en porte le nom.

La Motte-Vacheresse, à l'est, où se trouvait une maison-forte, détruite depuis long-temps, était tenue en fief, en 1504, par Claude de Marry, qui en fit aveu à Château-Chinon.

La Corcelle, ou Courcelle, jadis alternative avec Dommartin, a été le berceau d'une famille noble de ce nom, aujourd'hui éteinte. Paul-Pierre-Marie Le Sage, écuyer, garde-du-corps du roi, capitaine de cavalerie, en était seigneur du chef de son épouse, fille de Jean-Jacques Bruandet et de Madeleine-Guillaume, en 1785. Elle est aujourd'hui la propriété de M. Louis Moreau, président du tribunal de Château-Chinon.

La Faulotte ou Folotte, ancien fief, a donné son nom à une branche de la famille Étignard, qui habite actuellement Paris, et possède des forêts à Château-Chinon-Campagne.

Moulinette, jadis à J. Petitier-Boisfranc, appartient actuellement à M. Chouet, juge de paix de Château-Chinon, qui en a fait une jolie maison de campagne.

A Champcheur, divisé entre la commune de Saint-Hilaire et celle de Château-Chinon-Campagne, se trouve la fontaine des *Gueux*, qui jouit d'une certaine célébrité.

Chevannes, fief aux de Champ-Martin de Moncey, payait les dîmes au prieur de Château-Chinon.

XII.

SAINT-LÉGER-DE-FOUGERET, Sanctus Leodegarius.

Cette commune, peuplée de douze cent vingt-huit habitants, fut appelée, en 1703, *Fougeret-la-Montagne*. La similitude de nom l'a fait confondre souvent avec Saint-Léger-de-Fourcheret, près Quarré-les-Tombes, notamment en ce qui concerne la naissance de Vauban. Elle est située à huit kilomètres environ au sud de Château-Chinon, et renferme une superficie de trois mille deux cent dix-neuf hectares, dont onze cent soixante-cinq sont en bois. Le *Gara* et le *Guignon* y prennent leur source. Celui-ci forme une belle cascade au lieu dit le *Crot-de-l'Ours.*

La paroisse de Saint-Léger remonte, pour le moins, au onzième siècle. L'évêque Bernard de Saint-Saulge la donna, en 1160, au chapitre de sa cathédrale, qui conserva le patronage de la cure jusqu'à la révolution. Les dîmes se partageaient entre le curé et les divers seigneurs du voisinage, qui les tenaient en fief du comté de Château-Chinon (1). L'abbé Michel Morin, curé de Saint-Léger, en 1839, quitta bientôt ce poste pour se consacrer à l'éducation de l'enfance, comme clerc de Saint-Viateur, et passa enfin dans l'Inde, en qualité de missionnaire (2).

Le village de Saint-Léger est remarquable par sa situation au sommet d'une montagne. Du portail de l'église, on jouit, d'un beau coup d'œil sur le Bazois. Mais les amateurs du grandiose ne manquent pas de visiter surtout le mamelon situé au nord-ouest. De là, un magnifique panorama se développe aux regards des curieux. Les pics du Mont-d'Or et du puy de Dôme, qui se dressent dans un lointain vaporeux, terminent le tableau.

L'église paroissiale, dédiée au saint évêque dont le pays porte le nom, fut dévorée, le 16 avril 1852, par un terrible incendie, allumé par imprudence, et qui consuma, en même

---

(1) Le quart de celles du bourg, de L'Homme, des Pierres, du Verdier, des Bordets, de Lavault, du Cloiseau ou Clinseau, du moulin de la Buée, des Chevannes et de Mouasse, produisait au seigneur de Saint-Léger cinquante-deux boisseaux de seigle, six de froment, autant de sarrasin et quatorze d'avoine. Michel Larlevaux fit hommage, en 1626, d'un quart de celles du bourg, et Jean Rebréget, en 1699.

(2) Curés connus de Saint-Léger : Martin Cassier, en 1580; Courault, 1622; des Ulmes, 1634; Lantault, Millin, Boulenot, André, 1690; Thoumelin, 1693; Clergeault, 1710; Gaucher de Vernois, 1727; Guillier, 1750; Massin, 1782; Thibault, intrus, 1792; Dubois Ier, en 1803; Dubois II, 1811; Étienne Charollois, 1815; transféré à Château-Chinon; Barbier, 1821; Morin, 1839; Bricard, 1842; Claude-Antoine Monsinjon, 1848.

temps, une partie des chaumières environnantes. Elle se composait alors d'un chœur, terminé en abside, d'une nef, surmontée d'un mauvais clocher en bardeau, et de deux chapelles latérales. L'année suivante, on éleva, sur ses fondements, l'édifice actuel, dont la dépense fut de quarante-huit mille francs. Son style est le roman, qui, par sa sévérité, s'allie si bien avec l'aspect du Morvand. Il a quarante-quatre mètres de long sur neuf de large; cette proportion est un peu défectueuse. Comme l'ancien, il se compose d'une abside, d'une nef et de deux chapelles latérales formant transsept. Dans le chœur, au nord, il existe une troisième chapelle, avec une porte particulière, qui appartient à la famille de Champs de Saint-Léger. Sur le portail de l'ouest s'élève un joli clocher en pierre renfermant trois cloches, fondues à Saint-Léger peu de temps après la construction de l'édifice. Le 5 septembre 1853, comme on décintrait les deux premières travées de cette église, la voûte, encore peu affermie, s'écroula et ensevelit, sous ses décombres, cinq ouvriers imprudents; trois furent tués. Cette nouvelle église, dont la reconstruction est due au zèle et aux bienfaits en partie de M. Albert de Champs de Saint-Léger, maire de la commune, fut consacrée solennellement par Mgr D.-A. Dufêtre, évêque de Nevers, le dimanche 5 septembre 1854. Au nord du monument se trouve un établissement religieux, composé de trois sœurs de Saint-Joseph, de Bourg, dû à la pieuse munificence de la maison de Saint-Léger.

A deux kilomètres, à l'ouest, s'élève le manoir des anciens seigneurs de la paroisse. Il est bâti dans une gracieuse vallée et entouré de belles dépendances. Dans la cour est un grand bassin, alimenté par un jet d'eau. Ce château fut reconstruit, au dernier siècle, sur l'emplacement d'une antique maison-forte, dont il ne reste qu'une tour.

La terre de Saint-Léger, seigneurie en toute justice, avec droit d'instituer juge, greffier, sergent, garde-bois...., droit de pêche, de chasse...., mouvait, pour deux tiers du duché de Nevers, et pour un tiers du comté de Château-Chinon. Elle appartient, de temps immémorial, à la maison de Champs. Cette noble famille tire son nom d'un ancien fief situé au sud de Saint-Léger, dans la sombre vallée du *Guignon.* Elle offre le rare exemple d'une fixité de six siècles. Ses armes sont : *d'azur, à cinq mandragores d'argent, mal ordonnées, au franc quartier...... chargé de cinq mouchetures d'hermine* (1).

Raoulin de Champs, damoiseau, donna dénombrement de son fief en 1353. Guillaume Ier, sieur de Champs, consentit, en 1390, un bail de plusieurs héritages à Guyot Pannetier, du village de *Crévières.* Il laissa deux fils : Hérard et André, qui se firent le partage des biens de sa succession le 27 octobre 1419. Le puîné, sieur de Champs et de Lange, épousa Jeanne de Rigny, qui lui laissa aussi deux fils : Philippe et François, écuyers. Le premier fit aveu, en 1466, pour les fossés de sa maison de Champs et pour la terre de La Mothe. Il était mort neuf ans après, alors que Antoinette d'Arouer, sa femme, partagea ses biens entre leurs enfants. François, le second, s'unit, le 3 février 1460, à Juliette d'Osnay, et en eut, entre autres, un fils, Pierre de Champs, marié, le 7 janvier 1489, à Guillemette de Bussy. Il reçut en *avance d'hoirie la terre et seigneurie de Champs, sise en la paroisse de Saint-Léger,* qu'il laissa, en 1537, à ses trois enfants (2).

François II, l'aîné, institué, par sa mère, héritier universel de ses domaines, épousa, l'année suivante, Claude de Chandio. Il acquit de Léonard et de François Cotignon certains droits qui leur appartenaient au finage de Champs. François III, son fils, seigneur du lieu, de Champcourt, près Achun, épousa Louise Tridon, dame de Bussy, qui lui donna cinq enfants (3). Ils se firent le partage de ses biens le 10 avril 1610.

(1) *Armorial général de France.*

(2) François, qui suit; Jean, seigneur de Lange, à cause de Jeanne, sa femme ; il faisait partie de l'arrière-ban, en 1504; et Marie, qui épousa, le 31 janvier 1519, noble homme Claude Lebault, sieur de Montjou.

(3) 1° François, seigneur de Champcourt, qui laissa de Madeleine des Prés six enfants, savoir : François-Gaspard, lieutenant de la citadelle Saint-Jean de Marseille, maintenu dans sa noblesse d'extraction, en 1657;

Louis, le puîné, seigneur de Saint-Léger, laissa, de son union avec Marie de Blanchefort, fille d'Adrien, sire d'Asnois, et de Henriette de Salazar, deux fils : François et Hector, dont l'un s'établit en Angleterre, où ses descendants existent encore sous le nom de Saint-Léger, et portent les mêmes armes que ceux du Morvand.

Jacques, le troisième, sieur de Champs et de Salorges, *prévôt provincial des maréchaux de France au pays de Morvan*, obtint, en 1638, à cause de la dérogeance de son père, et sur production de titres de noblesse remontant à 1390, des lettres de relief, en vertu desquelles il fut reconnu, le 8 août 1657, noble d'extraction. Il avait épousé, le 7 août 1616, Françoise Doreau, fille de noble Jacques, seigneur de Travaux, dont il eut trois fils (1).

François IV, le puîné, seigneur de Saint-Léger, de Champs, de Salorges..., conseiller du roi et prévôt de maréchaux, à Château-Chinon, testa en 1686, et choisit sa sépulture dans la chapelle de l'église de Saint-Léger. Il eut de Françoise Moreau, sa femme (2), fille de Jean, conseiller du roi au grenier à sel de Château-Chinon, six enfants (3).

Gaspard-François, le second, cornette de cavalerie, fut marié d'abord à Catherine de Sauvage, puis, en 1693, à Gasparde de Courvol. Il laissa deux fils et deux filles (4). Marie-François,

---

Anne, Marguerite, Claude, Marie et Jeanne ; 2° Louis, qui suit ; 3° Jacques, dont il va être parlé ; 4° Claude, mariée à Claude de Bourdoiseau.....

(1) Jacques, sieur de Salorges ; Fançois, qui suit, et Louis.

(2) La famille Moreau portait : *d'azur, à un franc quartier d'argent, chargé d'une tête de More de sable.*

(3) François, Gaspard-François, qui suit ; Jacques, souche de la branche du Creuzet ; Philippe, chef de celle de Salorges ; Jeanne, épouse de Henri Gaucher de Champ-Martin, sieur de Moncey, et Marie, femme de Claude Borne, sieur de Grandpré.

(4) François-Marie, dont nous allons parler ; Louis-Jacques, chevalier de Saint-Louis, lieutenant au régiment de Poitou, mort à quatre-vingt-dix-sept ans ; Marie-Françoise, mariée à N. Pagani de La Chaise, seigneur du lieu, de Précy, de Cherault...., et Françoise-Emmanuelle.

l'aîné, seigneur de Saint-Léger, capitaine au régiment de Poitou, chevalier de Saint-Louis et pensionnaire du roi, se vit, en 1792, gardé à vue dans son manoir, où une seule chambre lui fut assignée pour lui et son épouse; ses biens furent séquestrés. Il laissa de son union avec Marie-Pierrette-Jeanne d'Ougny, deux fils: Paul-Augustin de Champs de Saint-Léger, chevalier de Saint-Louis, et Louis-Jacques, mort au château de Mouasse en 1836.

Le premier épousa Barbe de La Chapelle, dont il eut M. Albert de Champs de Saint-Léger, chevalier de la Légion-d'Honneur, conseiller général de la Nièvre, actuellement propriétaire du château de ses aïeux, où il fait sa résidence. De son mariage avec Claire-Thérèse Thiroux de Gerdilliers sont nées deux filles: Cécile et Berthe. L'une a épousé le baron Charles de Varey, et l'autre le vicomte Rémond de Gassart.

Champs, *Campi*, berceau de la noble famille dont nous venons de parler, était un fief en toute justice dans la mouvance du comté de Château-Chinon. On n'y voit aucuns vestiges de l'ancienne maison-forte dont Philippe de Champs, écuyer, fit aveu en 1466. Guillaume, sieur du Creuzet, en reprit de fief en 1778. C'est actuellement la propriété de M. Henri de Champs, de Mouasse.

Le Cloiseau, aujourd'hui Clinzeau, au sud-ouest, était tenu en fief, en 1699, par noble Jean des Ulmes. Ce gentilhomme portait: *D'argent, à un lion de gueules, armé et lampassé de sable, au chef de pourpre* (1). Cette famille a donné un curé à la paroisse de Saint-Léger.

Les Anglois, avec une maison seigneuriale du seizième siècle, jouissaient aussi de la justice haute, moyenne et basse. Robert de Montsaulnin en reprit de fief du duc d'Athènes, seigneur de Château-Chinon, en 1351.

Tilleux, dans le bois, à l'est, fut long-temps possédé en toute justice par la famille Cotignon.

(1) Paris, *Armorial de la généralité de Moulins-en-B.*

Bouteloing, dans le flanc d'une montagne, était tenu également en toute justice, en 1504, par Guillaume de Migné, écuyer, qui en fit aveu, la même année, à Château-Chinon.

Ces trois fiefs furent acquis, dans la dernière moitié du dix-huitième siècle, par Jacques Girardot de Chamont, bourgeois de Paris. Sa veuve, Louise-Marie Foissin, en donna dénombrement en 1778. Paul Girardot de Préfond et Jacques de Champ-Dauphin, leurs fils, les vendirent, le 28 mai 1783, à Jacques Étignard de la Folotte, dont les descendants possèdent encore les forêts de leur dépendance.

Ravery, sur le ruisseau de ce nom, appartenait, en 1504, à Adrien de Montsaulnin, qui le tenait en toute justice. On y voyait encore des restes de la maison seigneuriale quand Gilbert de Cotignon en reprit de fief à Château-Chinon, en 1682. L'ancien moulin banal de ce nom et Bouteloing appartiennent actuellement à la famille Richou, venue depuis plusieurs siècles de la province de la Bretagne à Château-Chinon, où elle a toujours rempli, avec honneur, diverses charges publiques. Claude Richou, avocat en parlement, seigneur de Buxy en 1697, portait: *d'argent, à trois molettes à cinq points de gueules, au chef de sinople* (1). Claude II fut conseiller du roi en l'élection de Château-Chinon, et Jean receveur au grenier à sel. Claude III a laissé des *Mémoires* manuscrits sur la ville et le comté de Château-Chinon, en 1713. Jean-Nicolas remplit les mêmes charges que les précédents. Lazare-Alexis était bailli et gouverneur du comté en 1787; il fut plus tard président du tribunal de Château-Chinon. Guillaume-Gabriel a rempli long-temps les fonctions de juge d'instruction.

Traclin, dans la vallée, au nord-est, était possédé en toute justice, en 1301, par Robert Millin et Pierrette de Poissons. Pierre II, Guillaume de Migné et Jean Cornillat en firent aveu à Château-Chinon, un demi-siècle plus tard. Léonard Cotignon en prenait le nom en 1512. Pierre Millin en jouissait en 1699.

(1) Paris, *Armorial de la généralité de Moulins-en-B.*

XIII.

SAINT-PÉREUSE-EN-MORVAND, *Sanctus Petrusius.*

Au sommet d'un magnifique plateau, dominant les grasses vallées du Bazois, à quatre cents mètres au-dessus du niveau de la mer, se montre gracieusement assis l'antique village de Saint-Péreuse. De là, on jouit d'un des plus ravissants coups d'œil du Morvand. Son nom rappelle un précieux souvenir, celui d'un saint prêtre, auquel cette partie des Noires-Montagnes doit sa conversion au christianisme. Vers la fin du cinquième siècle, Péreuse, pressé par un religieux dévouement, se rendit en ces lieux pour détruire le culte des idoles, encore très-enraciné et très-populaire. Le nom de Solière, *Solis lucus*, nous dit, en effet, que cette localité était alors un bois consacré au soleil, et celui de Chandiou, *Campus Deorum, de Campo Deo*, que l'endroit où s'élevait cet ancien manoir, aux ruines grandioses, aux souvenirs chevaleresques, était voué spécialement aux dieux du pays. C'est contre ce foyer de l'erreur que s'avança le nouvel apôtre. Le ciel secondant son zèle, de nombreuses conversions surexcitèrent son ardeur. Mais enfin, saisi par une troupe de païens ameutés, il fut mis à mort et son sang vint engraisser le champ du père de famille qu'il avait défriché. Ses restes mortels, recueillis par les nouveaux chrétiens, furent enterrés dans le lieu même de son supplice. Son tombeau devint bientôt célèbre par le concours des fidèles et par les miracles qui s'y opéraient. On y éleva un oratoire, qui fut changé, un peu plus tard, en abbaye. Charles-le-Chauve donna ce monastère, au neuvième siècle, à l'église de Nevers, à laquelle Charles-le-Gros le confirma, le 15 des calendes de janvier 888. Il devint, dans la suite, un chapitre de chanoines. On croit que la maison abbatiale se trouvait près de l'église, au sud.

Le village de Saint-Péreuse a été plusieurs fois dévoré par les flammes. Un vaste incendie en consuma une partie en 1847.

Dix ans après, un nouveau sinistre détruisit le reste. Il est actuellement assez bien bâti. Une assemblée y a lieu le 11 mai de chaque année.

La commune de Saint-Péreuse, peuplée de neuf cents habitants, est assise sur la lisière du Morvand. Au bas de la montagne commence le sol calcaire du Bazois. Son territoire comprend une superficie de seize cent sept hectares, dont cinq cents sont en bois. On y trouve une assez bonne quantité de vignes. « A l'endroit de Saint-Péreuse, dit Guy Coquille, entre Châ-
» tillon et Chastel-Chinon, une petite montagne se jette hors
» de la suite des autres, vers le soleil couchant, qui a le midy
» droit en face, sans obstacle d'aucune autre montagne au-de-
» vant; et à cause des hautes montagnes du Morvan, qui luy font
» abry, elle n'a les premières heures du soleil levant, qui sont
» toujours fraîches et font les gelées en avril; et la même mon-
» tagne, par son dos, luy faict abry du septentrion. Ainsi le lieu
» où sont les vignes sur cette montagne a le soleil trois ou
» quatre heures avant midy, et tout le reste de la journée, qui
» est la grande chaleur du jour. Cela est cause, avec la bonté
» du plant, qu'en ce lieu seul, et en nulle autre part en Morvan,
» sont les vins bons et excellents. »

La paroisse, jadis de l'archiprêtré de Châtillon-en-Bazois, de l'élection et du grenier à sel de Château-Chinon, est très-ancienne. Le patronage de la cure, d'après une charte de 1161, appartenait alors à l'abbé de Saint-Martin d'Autun, à cause de son prieuré de Commagny. L'évêque Bernard de Saint-Saulge, en énumérant les églises de son diocèse, qui relevaient de ce monastère, cite positivement celle de Saint-Péreuse (1).

Néanmoins, l'ancien pouillé du diocèse en attribue la collation au chapitre de Saint-Cyr. Les dîmes de grains et de vin, à raison de la treizième gerbe ou tine, se partageaint entre le curé

---

(1) *In prioratu de Commagniaco...... ecclesiam de sancto Petrusio, cum suis appendiciliis.*

et le seigneur (1). Celles de Solière appartenaient en partie au bénéficier de la chapelle *Saint-Blaise et Saint-Marc* de Moulins-Engilbert.

L'église paroissiale, dédiée au saint apôtre du pays, dont on célèbre la fête le 12 novembre, occupe, avec le presbytère, la pointe occidentale du plateau. Elle a été reconstruite en 1864, sur les plans et devis de M. Andoche Parthiot, architecte à Château-Chinon. Son style est le roman et sa forme celle d'une croix latine. Elle se compose d'un chœur en abside, d'un transsept, et d'une nef précédée du clocher. Sa longueur totale est de trente mètres quarante centimètres, sa largeur, dans la croix, de seize mètres, et dans la nef de huit. L'adjudication a été faite moyennant une somme de quarante mille francs, dont dix mille ont été généreusement fournis par les maisons de Saint-Maur et de Saint-Péreuse, qui ont obtenu, en reconnaissance, la concession des chapelles latérales, dédiées à la sainte Vierge et à saint Péreuse, en payant néanmoins chacune une rente de vingt-cinq francs à la fabrique.

L'ancienne église, aussi de style roman, datait du douzième siècle. L'abside, peu profonde, était précédée du chœur, voûté en berceau, et surmonté d'une tour disgracieuse, qui semblait plus moderne. La nef, où l'on voyait une lourde tribune en bois, était sans caractère, si ce n'est une porte latérale, à trilobes, du quatorzième siècle, qui était murée.

Dans le flanc de la montagne, au couchant, près du nouveau cimetière, on remarque deux pans de muraille épais et solides. C'est tout ce qui reste du château des sires de Saint-Péreuse. Ils sont là, depuis des siècles, bravant la fureur des vents et des tempêtes. La décadence de cette forteresse féodale date probablement du siége que lui firent subir, en juillet 1474, les troupes de Louis XI; du moins, elle était en ruines en 1555. Cette année-

---

(1) Curés connus : Huet, en 1628; Moreau, 1671; Boucher, 1703; Gaudry, 1763; Contant, 1803; Illennet, 1811; Boulenot, 1813; Roussel, 1827; Rouillée, *id.*; Poudroux, 1831; Béraud, 1835, et J. Balloux, 1859.

là, Anne de La Tournelle, femme de Jean de Saint-Père, baron de Chandiou, voulant faire hommage au sire de Saint-Péreuse pour la vigne *A-La-Taulpine*, se présenta, le 4 octobre, devant la porte de son *chastel, de présent en ruine et décadence*, se mit à genoux et en baisa le seuil.

Au sud, à mi-côte, se voit le gracieux château de Besne, édifice de la fin du quinzième ou du commencement du seizième siècle. Il est armé de quatre tours, avec machicoulis, et conserve tout son aspect féodal, si ce n'est les fossés, qui ont été comblés. Les souterrains sont curieux ; mais la chapelle est fort simple.

L'ancienne terre de Saint-Péreuse avait le titre de baronnie et mouvait en partie du comté de Château-Chinon et en partie du duché de Nevers. Elle jouissait de la justice haute, moyenne et basse et de tous les droits féodaux du temps. Étienne et Jacques de Beaumont, chevaliers, en étaient seigneurs en 1285. Une alliance la fit passer à Jean de Saillenay, écuyer, qui en reprit de fief en 1323. Jeanne, sa fille, la porta, avec Beaumont, en dot à Hugues de Montaigu, baron de Couches, descendant de Hugues III, duc de Bourgogne. Ce gentilhomme en donna dénombrement en 1353, et la laissa à Philibert, son fils, qui fit aveu quatorze ans plus tard. Jean et Odot de Montaigu étaient barons de Couches et de Saint-Péreuse, en 1401.

Le premier épousa Jeanne de Mello, sœur et héritière de Guillaume, sire d'Espoisse, dont il eut Claude et Catherine. Claude ayant succédé à son père dans les baronnies de Saint-Péreuse, d'Espoisse...., fonda, en 1469, le chapitre de Couches et mourut des blessures qu'il avait reçues au combat de Bussy. N'ayant pas eu de postérité de Louise de La Tour, son épouse, il testa en faveur de Claude de Blaizy ou Blézy, son neveu. Celui-ci ne laissa que des filles. Suzanne, l'aînée, s'unit à Philippe Ier de Rochechouard, qui reprit de fief en 1524. Christine-Charlotte et Philippe II de Rochechouard, ses descendants, renouvelèrent ce devoir en 1596. Les autres filles de Claude de Blaizy furent sans doute mariées à Antoine de Meuillan, seigneur de Breyssieux; à Jacques, baron de Cadillac; à Antoine Desprez, à Claude et Jean de Chalamont, sires de Rochebaron, dont on trouve des aveux vers le même temps.

Ces derniers vendirent, croyons-nous, leur part de la baronnie de Saint-Péreuse à Guillaume de Grandrye, écuyer, grenetier de Moulins-Engilbert, seigneur du lieu, de La Montagne, qui prenait le titre de sieur de Besne à la même époque. Charles, l'un de ses fils, qui lui succéda, fut receveur des aides et tailles du Nivernais, et trésorier du duc de Nevers, en 1562. Il fournit seize cents livres pour les frais des gens d'armes commis à la défense de la province, sous le commandement de La Fayette. Cet argent lui fut remboursé sur le produit de la vente des *reliquaires et argenteries* du clergé de Nevers (1). Dix ans plus tard, le baron de Saint-Péreuse était honoré du titre de maître d'hôtel ordinaire du roi, et demeurait chez les Grisons en qualité d'ambassadeur de Sa Majesté (2). Comme il ne laissait pas de postérité, il légua, en 1571, Besne et ses dépendances à Pierre de Grandrye, seigneur de Chovance, son neveu, qui reprit de fief sept ans après.

Pierre donna Saint-Péreuse en dot à Elisabeth, sa fille, lors de son mariage avec *haut et puissant seigneur* Paul de Damas, chevalier de l'ordre du roi, qui le transmit de même à Jacques de Mesgrigny, baron d'Aunay. Celui-ci laissa plusieurs enfants, savoir: deux filles, mariées dans la maison de La Ferté-Solière, et un fils, Jean-Charles de Mesgrigny, lieutenant-général des armées du roi, qui donna dénombrement pour Saint-Péreuse en 1737.

Marie-Claire-Aimée, sa fille, porta la baronnie, le comté d'Aunay et les autres biens de sa famille à Louis Le Peletier de Rosembo, président à mortier au parlement de Paris. Charles-Louis-David, comte d'Aunay, leur fils, en reprit de fief en 1778, et vendit, quelques années après, Saint-Péreuse, Besne

---

(1) Archiv. comm. de Nevers.
(2) Archiv. du château de La Montagne.

et leurs dépendances à Pierre-François Tassin, écuyer, d'une famille noble, originaire de l'Orléanais.

Cette maison remonte à Jean Tassin, l'un des défenseurs d'Orléans, en 1429. Ses armes sont : « D'argent, au chevron de » gueules, accompagné, en chef, de deux étoiles et d'un » croissant d'azur, et, en pointe, d'un aigle essorant de sable. » Elle a formé diverses branches, savoir : de Charsonville, de Beaumont, de Lavallière, de Villemor, de Villepion, de Moneville...

Pierre-François avait épousé Louise-Adelaïde Hudaut, dont il eut Adelaïde-Pierre-François Tassin de Saint-Péreuse, qui s'unit, le 20 avril 1800, à Catherine-Madeleine-Pauline-Julien de Courcelles. Pierre-Amédée, issu de cette alliance, officier de hussards, épousa, le 17 avril 1828, Amélie-Joséphine-Charlotte Barbé de Jaubert d'Hamerville, et mourut encore jeune, laissant cinq enfants (1).

Solière, et non Saulière, comme on l'écrit vulgairement, sur un autre plateau, au sud, possède un beau château à l'itatienne, bâti en 1786. A côté, on remarque une jolie chapelle, de style roman, construite sur les plans de MM. Delarue et Parthiot, architectes. Sa longueur est de douze mètres et sa largeur de cinq. Elle fut bénite le 18 juillet 1859, par Mgr Dufêtre, évêque de Nevers. Un peu plus loin se trouve l'ancienne maison seigneuriale, où il existait aussi une chapelle.

La terre de Solière, fief en toute justice, dans la mouvance du comté de Château-Chinon et du duché de Nevers, ne jouissait encore, en 1469, que de la moyenne et de la basse (2). Elle appartenait, au treizième siècle, à Hugues de Verrières, chevalier, qui testa, en 1293, et choisit sa sépulture dans l'abbaye de Bellevaux, dont il fut bienfaiteur. Agnès de Fontenay, sa

---

(1) J.-B.-Edouard-Amédée, Eugène-Paul-Auguste, Louis-François-Henri, Charles-François-Emmanuel et Marie-Joséphine-Béatrix-Elisabeth.

(2) Le lieu dit le *Pilori* rappelle le signe patibulaire de cette justice.

veuve, en fit aveu la même année. Guillaume de Solière parut au siége de Château-Chinon en 1412. Un siècle plus tard, ce fief était aux mains de Guillaume de Marry, sieur de Montécot, dont la sœur épousa Guyot de Courvol, sire du Tremblay. Il appartenait, en 1650, à Jean Sallonnyer, baron de Chandiou. Catherine, sa fille, le porta à Claude de Laferté-Meun, qui se disait seigneur de Solière, baron de Chandiou, en 1677. De leur union vinrent François-Marie, Jean-Baptiste, Jean-François de Laferté-Solière. Le premier épousa, le 2 juillet 1701, dans la chapelle de Cuzy, près Cervon, Anne Leroy, qui lui apporta la seigneurie de ce nom. Jacques-Louis, leur fils, acquit, vers 1735, le comté de La Roche-Milay, où il se fixa. Ce gentilhomme étant mort d'une *manière imprévue*, en 1768, Marie-Louise-Françoise Pitoys de Quincize, son épouse, « craignant qu'il n'eût pu faire en faveur des pauvres,
» pour lesquels il fut toute sa vie rempli de commisération, les
» dispositions qu'il aurait souhaité », légua à ceux des paroisses du comté de La Roche-Milay, et particulièrement à ceux de Saint-Péreuse, « où reposaient ses ancêtres », huit mille livres en argent, et, treize ans plus tard, ses propres joyaux. Ces deux vertueux époux laissèrent plusieurs enfants, dont l'aîné fut comte de La Roche-Milay. Jacques-Louis II, le puîné, dit le vicomte de Solière, rebâtit le château, et se montra, pendant la révolution, partisan des patriotes, auxquels il offrit des subsides (1). Néanmoins il passait, dans le peuple, pour un homme dur et redoutable. Le lieu qu'il choisit pour sa sépulture confirme, en quelque sorte, la bizarrerie de son caractère. Il fit construire, dans les dernières années de sa vie, au fond du bois auquel le château est adossé, sur le bord d'un sombre étang, un tombeau, où il fut déposé le 24 décembre 1824 (2). Le comte de Laferté-

---

(1) Archiv. de la sous-préfect. de Château-Chinon, registres du district.

(2) Jean-Joseph de Maux, son frère, est mort à Besolles, près Solière, en 1848.

Champlâtreux, son neveu et son héritier, fit élever sur ce tombeau une belle chapelle gothique, qui n'a pas été achevée. Il vendit la terre de Solière à M. Grangier de La Marinière, et partit pour Beyrouth, où il s'est fixé.

Revendue au comte Denis Benoist d'Azy, elle est actuellement la propriété de M. George-Léon-René du Pré de Saint-Maur, son gendre, qui a bâti la chapelle et établi le parc. Il a aussi fondé, en 1859, près de Solière, une maison religieuse tenue par trois sœurs de la *Providence* de Portieux.

L'ancien fief du Chemin, mouvant de Château-Chinon, était tenu, en 1504, par noble Claude du Verne, seigneur de Cuy.

Niry, dans la vallée, à l'ouest, était possédé, en 1783, par la maison de La Cleste.

La Pommerée, autrefois Montjardin, était, au onziéme siècle, à la maison de Chandiou. Elle appartenait, en 1558, à Balthazar de La Tournelle, seigneur du lieu et de Poissons, qui la laissa à ses descendants.

Villars rappelle un souvenir romain. On y découvrit jadis divers objets antiques. Ce fief était aussi de la mouvance du comté de Château-Chinon, et tenu, en 1535, par Hector Berthelon, sieur de Champausserain.

La commune de Saint-Péreuse jouit d'une grande salubrité. Jean Beautemps, mort en 1840, ne comptait pas moins de cent huit ans. Sa sœur mourut à cent cinq.

CANTON DE CHATILLON-EN-BAZOIS.

Formé de quinze communes, ce canton n'en possède qu'une seule sur le sol granitique du Morvand, encore est-elle unie, pour le spirituel, au doyenné de Château-Chinon.

I.

DUN-SUR-GRANDRY, *Dunum*.

Située au nord de Saint-Péreuse, la commune de Dun-sur-Grandry est peu importante. Sa population est de sept cent soixante-quinze habitants, connus par leur esprit religieux. Son territoire, très-découvert, est traversé par la route de Moulins-Engilbert à Chassy, et par celle de Château-Chinon à Aunay. Il est arrosé par la rivière de Venon, qui l'enveloppe dans une sorte de demi-cercle. On y récolte un peu de vin.

La paroisse, jadis de l'archiprêtré de Châtillon-en-Bazois, est très-ancienne. Le patronage de la cure appartenait à l'abbesse de Nevers, et les dîmes en partie étaient perçues par le curé. Elle comprend, outre le chef-lieu, divers hameaux, savoir : Montchougny, Champausserain, Creuzeverne, Courcelles, Mésière, Grandry, Vaussegré et Verpoux. Dun-sur-Grandry relevait autrefois, au civil, de la châtellenie de Montreuillon. Il fit partie, pendant dix ans, du canton qui avait été créé en ce bourg, en 1790.

Le chef-lieu est bâti sur le flanc nord-ouest d'une montagne, dont le sommet compte trois cent soixante-seize mètres au-dessus du niveau de la mer. Son nom, que l'on écrit vulgairement D'hun, mais à tort, est celtique et signifie hauteur, montagne. Trompé par cette orthographe vicieuse, un écrivain moderne a cru rencontrer là, comme à Dun-les-Places, un souvenir du passage des Huns. Son surnom vient d'un hameau, situé au nord, dont nous parlerons plus bas. On y remarque quelques belles maisons.

L'église se trouve, avec le presbytère, en dehors du village, à l'est. Elle est dédiée à saint Jean-Baptiste, dont la fête se célèbre le 29 août. C'est un édifice de petite dimension et qui n'a rien de remarquable. Le chœur, seul voûté, rappelle le style du douzième siècle. Sur le milieu du toit s'élève le clocher, renfermant deux petites cloches.

Champausserain, bâti sur le flanc méridional de la montagne, possède un castel du seizième siècle. Il formait un fief mouvant de la châtellenie de Moulins-Engilbert et devait, chaque année, une rente de vingt-deux sous tournois, huit gelines, *bonnes et suffisantes*, payables au *jour et feste de monsieur saint Estienne*, à l'abbaye de Bellevaux.

Hector Berthelon, écuyer, fit aveu pour ses seigneuries de Champausserain et de Villars, en 1535. Édouard Goussot, qui le possédait, dans le siècle suivant, le laissa à Jean, son fils, sur lequel il fut vendu, par décret, en 1686. Jacques-Louis Fontaine et Jean-Baptiste Paumier l'acquirent le 26 juillet 1757. Anne Robin, veuve du premier, en reprit de fief dix-huit ans plus tard (1).

Creuzeverne, à l'est, fut incendié en 1847, en même temps que Saint-Péreuse, par des flammèches portées par le vent.

Grandry, *Magnus rivus*, bâti sur le bord d'un gros ruisseau, d'où lui est venu son nom, possédait autrefois un manoir seigneurial, dont on reconnaît encore l'emplacement. Ce hameau, avec ses dépendances, formait une terre en toute justice, mouvante du comté de Château-Chinon et de la châtellenie de Montreuillon. Il fut le berceau d'une noble famille de même nom, qui portait: « D'argent, à trois trèfles de sinople posés 2 et 1. » Hugues-Joannin de Grandrye, *alias* Bongars, vendit, en 1406, tout ce qu'il possédait en ce lieu à Joannin Thibault de Grosse-Borne, pour cinquante livres d'or. Huguenin de Grandrye, chevalier, seigneur, en 1468, laissa cette terre à Guillaume, son fils, grenetier au grenier à sel de Moulins-Engilbert. Cette famille acquit, au commencement du seizième siècle, la seigneurie de La Montagne, près Saint-Honoré, puis celle de Saint-Péreuse, où nous la voyons fixer sa demeure.

Charles, maître d'hôtel ordinaire du roi, son ambassadeur

(1) Archives du château de Quincize.

chez les Grisons, légua, en 1571, ses domaines à Pierre de Grandrye, son neveu, sieur de Chovance, dont la fille, Elisabeth, épousa haut et puissant seigneur Paul de Damas, chevalier, et lui porta Grandry et Besne. De nouvelles alliances les firent passer successivement dans les maisons de Mesgrigny et Le Peletier de Rosambo, comtes d'Aunay. Grandry est à deux cent soixante-quatorze mètres seulement au-dessus du niveau de la mer.

CANTON DE LUZY.

Formé de la pointe méridionale du Morvand, le canton de Luzy se compose de douze communes. Il renferme une population d'autant de mille âmes, et une superficie de trente-un mille cinq cent soixante-neuf hectares, dont six mille huit cent quarante-quatre sont couverts par les forêts. Sa circonscription est celle d'un doyenné qui compte aussi douze paroisses.

L'aspect du pays est, en général, moins âpre et moins sévère que dans le reste du Morvand. La vallée de l'Halène, qui le partage en deux parties presque égales, est riante et assez fertile. Quelques écrivains ont assigné le cours de cette rivière comme formant, de ce côté, la limite de notre contrée ; mais la chaîne des collines de *l'Appenelle*, aux sommets hérissés de forêts, présente trop d'analogie avec le Morvand, pour que nous nous rangions de leur sentiment. Nous ne nous arrêterons donc qu'aux limites du canton lui-même.

Les trois grandes époques de notre histoire nationale avaient laissé là, comme dans les autres parties de nos montagnes, de nombreux monuments ; c'étaient des dolmens druidiques, des voies romaines, des villas, des camps retranchés, des urnes cinéraires, des médailles, des abbayes et prieurés, de sombres manoirs. L'Halène et le ruisseau de *Séglise*, son affluent, sont les deux seuls cours d'eau qui méritent d'être cités. De belles routes coupent le pays en tous sens.

I.

LUZY, *Lisci villa*, *Luziacum*, *Lausia*.

Cette petite ville, chef-lieu d'une commune de deux mille trois cent douze habitants, est agréablement située sur les bords de l'Halène, dans une vallée assez large pour former une plaine. Elle est dominée, à l'ouest, par les hauteurs de l'Appenelle, d'où l'on jouit d'une vue riante et grave tout à la fois. Son territoire, borné à l'est par les hautes montagnes de *Dône*, présente une superficie de quatre mille cent soixante-sept hectares, dont quatre cent vingt sont en bois.

Luzy est la plus petite des villes du Morvand et même du Nivernais. Son enceinte a si peu d'étendue, que l'étranger, en y arrivant, croit entrer dans un gros bourg seulement. Son industrie est presque nulle et son commerce peu développé, à cause de sa situation au milieu des terres et loin des principaux débouchés. Néanmoins, ses six foires annuelles, fondées par les anciens seigneurs, qui percevaient des droits sur chaque tête de bétail que l'on y conduisait, et le gros marché qui s'y tient tous les mercredis, depuis la Toussaint jusqu'à la mi-carême, sont bien fréquentés. Un autre petit marché, pour les comestibles, y a lieu le vendredi.

On remarquait jadis à Luzy une halle où les ducs de Nevers avaient droit de minage sur chaque mesure de froment, de seigle, d'avoine et autres céréales qui s'y vendaient. Un grenier à sel, dont les bâtiments se trouvaient près de l'hôpital, y fut établi, au quinzième siècle, pour toutes les paroisses environnantes. Le roi François Ier, par lettres-patentes du 10 janvier 1516, en abandonna au comte de Nevers les *proufit*, *revenu*, *émoluments*, ainsi que les *amendes et forfaitures y relatives* (1). Jean Ballart en était grenetier en 1570.

(1) Archiv. de la préfecture.

Les savants ne sont d'accord ni sur l'origine de Luzy, ni sur l'étymologie de son nom. La Mothe-Tors, dans sa *Bibracte*, imprimée en 1688, et Rosny prétendent que l'une et l'autre sont dues à Liscus, noble éduen et vergobret du temps de César, qui, le premier, y aurait bâti une magnifique villa ou maison de plaisance. Courtépée et quelques autres, s'appuyant sur une ancienne tradition populaire, ont prétendu que Luzy était autrefois pour les Éduens, ce que l'Olympe était pour les Grecs, un lieu consacré à la joie et aux plaisirs publics, un rendez-vous pour la jeunesse de Bibracte qui, à certaines époques, s'y livrait à la danse, à la musique, aux courses, d'où *ludi*, jeux, dont on fit, dans la suite, Luzy (1). Mais l'opinion la plus probable, selon nous, est celle qui fait dériver ce nom de deux mots celtiques, *luz* étang, et *zy* deux. On sait, en effet, que les belles prairies qui avoisinent la ville étaient anciennement des marais fangeux ou étangs, que l'on dessécha, dans la suite, à cause de l'insalubrité qui résultait de ce voisinage.

Quoi qu'il en soit, on ne peut douter que ce lieu n'ait été habité dès les temps les plus reculés. Si nous n'osons nous inspirer de l'opinion de ceux qui y placent un collége de druides, du moins nous tenons pour certain, avec beaucoup d'autres, qu'il y exista une villa romaine. La voie antique qui y aboutissait, les médailles de César, d'Antonin-le-Pieux, de Gordien.., et autres objets qu'on y a découverts, en sont une preuve qui exclut toute espèce de doute.

A la villa romaine succéda naturellement la forteresse féodale, dont il ne reste que des pans de murs informes, de deux mètres d'épaisseur, et une tour découronnée, renfermant deux étages voûtés. Cet antique manoir des nobles barons de Luzy s'élevait sur le côté nord-ouest de la ville, qu'il dominait orgueilleusement de sa masse. Une ceinture de murailles, hérissée de hautes tours, des fossés profonds, qu'inondaient les eaux de

---

(1) *Descript. de Bourg.*, tome III, page 492.

l'Halène (1), une porte, armée de tourelles avec machicoulis et précédée d'un lourd pont-levis, le défendaient contre toutes tentatives du dehors. Au-dessus de la porte d'entrée brillait l'écusson aux armes de la famille, qui étaient : « De gueules au » chevron d'argent, accompagné de trois étoiles d'or, posées 2 » et 1 (2). » Une chapelle, dédiée à sainte Catherine, et dont le patronage appartenait au seigneur, complétait cette féodale demeure (3).

C'est autour de ce vieux manoir que la ville de Luzy, comme celles de Château-Chinon, de Lormes, de Moulins-Engilbert, se bâtit plus tard. Elle ne se composa d'abord que de quelques cases de pauvres serfs, attachés au service du château, ou venus des campagnes pour chercher, à l'ombre de ses fortifications, une sûreté qu'ils ne trouvaient pas ailleurs.

Affranchie au treizième siècle, l'humble bourgade prit bientôt un air d'aisance inaccoutumée, et sa population en reçut un notable accroissement. Mais, sans cesse décimée par la peste et autres maladies contagieuses de l'époque, qui y causaient des ravages d'autant plus fréquents, que le pays était alors plus insalubre, elle ne put prendre un développement considérable. L'histoire nous a conservé le souvenir d'une terrible épidémie qui, au seizième siècle, désola cette petite ville. Le fléau sévissait avec tant de violence, que les échevins et les notables, désespérant de l'efficacité de tout secours humain, s'adressèrent au ciel, et s'engagèrent, par un vœu solennel, à se rendre, chaque année, processionnellement à la chapelle de Saint-Sébastien d'Uchon, pélerinage alors très-renommé contre la peste.

(1) Il était dû au seigneur, pour le passage de cette rivière, un droit de péage, dont Dimanche Savry était fermier en 1667.

(2) Lachesnaye des Bois.

(3) Marie d'Albret, comtesse de Nevers, donna, en 1508, ce bénéfice à frère Sébastien Fournier, religieux de Saint-Martin de Nevers, et fils de Durand Fournier, son médecin.

La maladie cessa presque subitement; aussi les habitants, pleins de reconnaissance pour une protection si visible, se montrèrent toujours fidèles à leur vœu, et se rendirent, en effet, tous les ans, le 20 janvier, à Uchon, en procession générale, et ne cessèrent ce pieux pélerinage qu'en 1790. Toutefois, la procession se fait encore, de nos jours, dans l'intérieur de la ville (1).

Au quatorzième siècle, les habitants de Luzy, menacés dans leurs personnes et dans leur fortune par les troupes de maraudeurs de l'époque, résolurent de se clore de murs. Ils élévèrent donc, avec la permission du baron du lieu, autour de leur *bourg*, une ceinture de murailles, qu'ils flanquèrent de huit grosses tours, dont quelques-unes subsistent encore; ils creusèrent, en outre, des fossés profonds, qu'ils inondaient à volonté. Deux portes, armées de tourelles, couronnées de créneaux et précédées de ponts-levis, donnaient entrée dans la place et complétaient le système de défense.

Luzy est, sans contredit, l'une des localités du Morvand où la foi chrétienne pénétra de meilleure heure. L'histoire nous apprend que déjà, au cinquième siècle, il y avait près de ses murs une église, où un pieux enfant du Morvand, saint Germain, qui devint, dans la suite, évêque de Paris, se rendait, chaque jour, pour satisfaire à ses devoirs religieux. Il est donc certain que la paroisse est extrêmement ancienne, et c'est probablement à cette cause qu'elle dut l'honneur de devenir un des vingt-six archiprêtrés du diocèse d'Autun, dont elle n'a cessé de faire partie jusqu'au rétablissement du siége épiscopal de Nevers, en 1822. Sa circonscription archipresbytérale comprenait environ vingt-cinq paroisses, situées sur les deux rives de l'Arroux, plusieurs prieurés, une commanderie de Malte (2)..... Les

---

(1) Pièces manuscr.
(2) Les paroisses de cet ancien archiprêtré étaient Charbonnas, Chiddes, Cuzy, Detty, Étang, La Boulaye, La Comelle, Laizy, Milay, Montmort, Poil, La Roche-Milay, Notre-Dame de Luzy, Saint-Pierre de cette ville,

dîmes se partageaient entre le curé, le duc de Nevers, l'abbé de Cluny, le seigneur de La Roche-Milay et la chapelle de Saint-Martin du Beuvray (1).

La ville de Luzy possédait jadis deux églises paroissiales, dont le patronage appartenait à l'évêque diocésain et à l'abbé de Cluny, qui l'exerçaient alternativement. Celle de Notre-Dame, supprimée en 1776, était un édifice ancien, mais étroit et dont le chœur seul était voûté. Elle portait, en 1706, des signes évidents de consécration. La nef, encore existante en partie, s'adosse presque aux ruines du vieux château, et fait partie de l'hôtel de ville. Les murs, appuyés de contre-forts plats, et les baies annoncent le douzième siècle. Lorsque naguère on opéra le nivellement de son ancien cimetière, pour le transformer en place publique, on découvrit le corps d'un vertueux prêtre en état de parfaite conservation, bien qu'il fût mort depuis de longues années.

L'église Saint-Pierre, encore aujourd'hui paroissiale, est une construction très-ancienne et fort bizarre. Le chœur, de style roman du onzième siècle, est, avec celui de Liernais, le plus exigu que nous connaissions. Il se compose d'une abside, précédée de quatre arcades qui supportent la tour du clocher; c'est la seule partie qui soit voûtée. On remarque, à l'intérieur, les traces de la foudre qui y tomba vers 1834. La nef, vaste carré, cintré en plâtre, est flanquée de sept chapelles de divers styles, quatre au sud et trois au nord, qui appartenaient à des particuliers.

On lit au-dessus de la porte latérale, à l'extérieur, l'inscription suivante, gravée en lettres capitales romaines :

Saint-Didier-sur-Arroux, Saint-Gengoux, Saint-Nizier-sur-Arroux, Saint-Seine, Semelay, La Tanière, Thil-sur-Arroux, Vandenesse-sur-Arroux.....; la commanderie de Tourny; les prieurés de Saint-André-lès-Luzy, d'Avrée, de Semelay, de Vanoise, de Thil-sur-Arroux........

(1) Archiv. de la Nièvre et du château de Glux; terrier de Saint-Symphorien de 1454.

« Cy-devant gist Mᵉ Hiérosme de La Vernée, plus ancien
» patricien de Luzy, lequel, pour l'honneur qu'il porte à sainte
» Anne, a fondé, à perpétuité, aux curés dudit Luzy, XV livres de
» rente, chacun an, par contrat passé par-devant Mᵉ Toussainct
» Lardereau, notaire, le XXX décembre 1633 ; à la charge que
» les curés diront, tous les jours de mardi au soir, en l'esglise
» de céans, la *Quirielle* de sainte Anne avec un *Libera* sur sa
» fosse, et le jour de saint Hiérosme, Vigiles et une grande
» messe des morts, tous les ans. Lequel est décédé le.... mil six
» cens..... Priez Dieu pour luy. »

Au fond de la chapelle qui avoisine l'autel, à gauche, on lit :
« Cy-gissent Mᵉ Pierre Virot, notaire royal....., Françoise
» Bouton, sa femme, Mᵉ Nicolas Virot, procureur du
» roy, dame Françoise Nault, sa femme, lesquels ont fondé, à
» perpétuité, une messe, les litanies du saint nom de Jésus et
» le *Stabat* avec deux *Libera*, tous les vendredis. Une messe,
» les litanies de la Vierge et un *Libera*, tous les samedis. Un
» *Sancta* et *Libera*, tous les dimanches. Les vespres du saint
» Rosaire et un service des trépassés le jour de saint François,
» moïennant XXII livres, par contract reçeu Dijon, le IIII avril
» M.DC.XXV. — XXVIII livres XV sous, par le testament
» de la D. Nault, reçeu Repoux, notaire royal, le XXᵉ mai
» M.DC.XXVIII, et par contract reçeu Dijon, le XVIIIᵉ décem-
» bre M.DC.XXVIII. — XV livres par contract reçeu Dijon, le
» VIᵉ décembre M.DC.XXVIII. Le tout des rantes bien assignées
» au proffit des curez de Luzy par les susdits contracts à eux
» délivrés. Priez Dieu pour eux. »

« Claude Repoux, notaire royal, gendre desdits Virot et
» Bouton, et Anne Virot, leur fille, ont faict graver ceste
» pierre. »

Dans la dernière chapelle, au nord, est une troisième inscription portant : « Gist en cette chapelle Mᵉ Charles Ballard,
» grenetier ancien de Luzy, lequel a fondé aux curés dudit
» Luzy, quatre livres tournois de rente, chacun an, à perpé-
» tuité, assignée sur son pré Graillet, par contract reçeu

» Repoux, notaire royal, le 21 juillet 1634. A la charge que
» lesdits curés dudit Luzy diront, tous les dimanches de l'année,
» à l'issue des vespres, un *Sancta* et un *Libera* sur la fosse,
» comme aussi le quatriesme novembre, feste de sainct Charles
» Borromée, la veille, Vespres, et le jour Vigiles et une messe
» des trépassés..... »

Près de la chaire, sur une pierre scellée dans le mur, on lit :
« Cy-devant gist dame Marguerite Symonin, vivante femme de
» M⁰ Jehan Bertrand, laquelle a fondé, à perpétuité, aux curés
» de Luzy, chacun an, trois livres dix sous de rente, assignée
» sur le grand pré Morin, par contract receu Repoux, notaire
» royal, le 5 janvier 1692, à la charge que lesdits curés dudit
» Luzy diront, chacun an, la veille de sainte Marguerite,
» Vespres, et le jour, Vigiles et grand'messe des trépassés.
» Laquelle décéda le quinziesme mars an susdit. »

Une cinquième inscription se lit, près du portail de l'ouest, sur une plaque de marbre noir, tenue par un ange assez délicatement sculpté : « Cy-devant gist M⁰ Jehan Symonin, curé de
» céans et archiprêtre de Luzy, lequel, pour l'honneur qu'il
» doit à la sainte Vierge, a fondé, à perpétuité, aux curés de
» Luzy, la somme de douze livres dix sous de rente sur son
» estang de Couveau, par contrat passé par-devant Bonneaut,
» notaire, le XXIII septembre 1633, à la charge que lesdits
» curés diront, tous les jours de feste de Notre-Dame, *Matines*,
» et le jour desdites festes, à l'entrée de la nuit, le *Gaude*
» *Maria*, avec un *Libera* et *De Profundis* sur la fosse ; et le
» jour de sainte Anne, Vigiles et la grand'messe des mortz.
» Le tout en l'esglise de céans. Lequel trépassa le 22 avril
» M.VC⁰.XXXV. Priez Dieu pour luy. »

La nef de l'église Saint-Pierre a été considérablement agrandie en 1818. Par suite du déblai, opéré dans ces dernières années, pour l'entrée en ville de la route de Moulins-en-Bourbonnais, elle se trouve, pour ainsi dire, suspendue au-dessus du sol ; on n'y arrive qu'en montant un escalier de vingt marches. Cet édifice, qui serait à peine convenable pour une campagne, déshonore la ville de Luzy. C'est un contraste frappant avec la piété bien connue des habitants. Il faut espérer qu'à l'exemple de tant d'autres, ils doteront bientôt leur pays d'une église plus digne de Dieu et d'eux-mêmes.

Jean-Baptiste Mallapart, curé en 1792, fut arrêté, ainsi que ses deux vicaires, Durand et Saclier, et renfermé, avec eux, d'abord à Moulins-Engilbert, puis au grand séminaire de Nevers, et, de là, transporté par la Loire jusqu'à Brest, où il mourut de privations et de misère au mois de juin 1794, à l'âge de cinquante-cinq ans. Ses deux vicaires, dont l'un, M. Saclier, devint plus tard chanoine, vicaire général et promoteur du diocèse d'Autun, durent à leur jeunesse et à la force de leur tempérament, le bonheur de revoir leur pays et leurs familles. L'année précédente avait expiré sous la hache révolutionnaire Denis Repoux, honnête citoyen de Luzy, auquel l'accusateur public ne put reprocher que de prétendues tendances royalistes, accusation aussi honorable que banale, mais suffisante alors pour perdre l'homme le plus irréprochable (1).

Luzy, comme tous les bourgs de l'époque, eut, au douzième siècle, un établissement public, destiné au soulagement des pauvres malades, et connu sous le nom de *léproserie*, à cause de la lèpre, maladie horrible et fort commune dans ces temps reculés, puis sous celui de *maladrerie*, qui rappelle encore son antique destination. Cette maison se trouvait aux portes de la ville, ainsi qu'il était d'usage alors de placer ces sortes d'établissements ; elle avait été fondée par les anciens barons du lieu. Plus tard, Luzy fut doté d'un hôpital dit de *Saint-Jacques*, du nom de l'apôtre auquel la chapelle était dédiée, et dont le revenu, d'abord fort modique, fut augmenté des biens de la léproserie, que lui attribua un édit de Louis XIV, du 24 février 1696. Le revenu de la maison actuelle, située au pied du vieux château, est d'environ

---

(1) Il avait été d'abord emprisonné à Moulins-Engilbert. Ses armes étaient : *De gueules à une chaire d'or*. (Armorial de la généralité de Moulins-en-B.)

quatre mille cinq cents francs. Cet hôpital fut reconstruit en 1824. Il est tenu par quatre sœurs de *Saint-Paul de Chartres*, et renferme sept lits. Une dame Nault, de Luzy, et le marquis Émile de Leusse, ancien propriétaire de Chigy, en ont été, dans ces derniers temps, les principaux bienfaiteurs (1).

On voit, dans la chapelle de cet établissement de charité, une antique statue de la sainte Vierge pour laquelle le peuple professe une singulière dévotion. Elle est connue sous le nom de *Notre-Dame-de-Palluau*, qui lui vient d'une ancienne chapelle rurale, où elle se trouvait autrefois.

Près de la ville, au sud, on remarque une haute muraille, conservant encore sa forme de pignon. Elle est là, luttant contre les vents et les tempêtes, comme un témoin toujours subsistant de la piété des siècles passés. C'est, avec un pan de mur latéral, tout ce qui reste d'un prieuré de bénédictins, autrefois maison conventuelle, et connu sous le nom de *Saint-André-lès-Luzy*. Ce monastère était, à ce que l'on croit, un des plus anciens du Morvand. Quelques écrivains ont avancé qu'il fut élevé sur les ruines d'un collège de druides, et que les évêques d'Autun, ses fondateurs, le donnèrent, au dixième siècle, à la célèbre abbaye de Cluny. Il faisait partie de la mense abbatiale. Ses biens, non compris les dîmes, s'affermaient, en 1780, *douze cents livres*. Sa haute, moyenne et basse justice, à laquelle furent réunies, au seizième siècle, celles des prieurés d'Avrée et de Semelay, avait le titre de bailliage et ressortissait, pour les cas royaux, de celui de Saint-Pierre-le-Moûtier (2).

L'église prieurale, dont il ne reste que la haute muraille que

(1) Le vertueux marquis de Leusse est mort beaucoup trop tôt pour Luzy. Il se préparait à doter cette ville d'un établissement de *frères de la doctrine chrétienne*, et destinait à cette bonne œuvre une somme de cinquante mille francs, lorsqu'il fut atteint, à Châlons-sur-Saône, d'une fluxion de poitrine, qui l'emporta en trois jours. Malheureusement pour le pays, les choses ne se trouvaient pas assez avancées, et tout en est resté là.

(2) Terrier de 1768.

nous venons de citer, était une construction de style roman, qui remontait au commencement du douzième siècle. Elle avait environ trente-trois mètres de long sur douze ou quatorze de large. Le chœur, avec abside, était précédé d'un transsept légèrement développé. Au-dessus, s'élevait une grosse tour de même style, percée de fenêtres géminées, que surmontait un toit pyramidal. Le silence des tombeaux règne maintenant en ce lieu qui retentit si long-temps de la voix des moines et du chant des louanges du Seigneur; c'est le cimetière de la ville. Ainsi, les cendres des fidèles de la paroisse de Luzy se mêlent, sans cesse, à celles de saints religieux qui depuis long-temps se sont endormis du sommeil du juste, et qui reposent dans cet ancien sanctuaire.

Il se tint, en 1150, dans ce prieuré, une nombreuse assemblée, que présidait en personne l'abbé de Cluny. Il s'agissait de rétablir la paix entre Ponce de Montboissier, abbé de Sainte-Madeleine de Vézelay, et le comte de Nevers, Guillaume III. Tout le monde connaît la cruelle persécution que ce dernier et son successeur exercèrent, au douzième siècle, contre les bons moines de Vézelay et leur supérieur, pour les forcer à reconnaître leur suzeraineté.

L'abbé de Cluny, désireux de faire cesser une contestation qui tournait au mal de la religion et troublait le repos de ses frères, convoqua à Luzy les deux contendants, qui s'y rendirent accompagnés, l'un de ses moines, et l'autre des barons de la province. Là, on examina les titres produits par les deux parties; puis l'assemblée, après avoir mûrement délibéré, se prononça contre Guillaume, qui confessa ses torts, promit de ne plus inquiéter à l'avenir l'abbé de Vézelay ni ses moines, et de vivre en meilleur voisinage avec eux.

L'heureuse conclusion d'une si grave et si importante affaire, remplit de joie tous les assistants. On s'embrassa, selon l'usage, et on résolut de se rendre à Cluny pour célébrer et cimenter une réconciliation à laquelle chacun s'estimait heureux d'avoir travaillé. Mais cette paix jurée, cette bonne harmonie solennellement rétablie, ne devaient durer que jusqu'au retour du comte (1).

Neuf ans après, on vit encore accourir vers ce prieuré, de diverses parties du royaume, des évêques en grand nombre. Ils s'y étaient donné rendez-vous pour aller ensuite à Rome, afin de mettre aux pieds d'Alexandre III, qui venait de ceindre la tiare pontificale, le témoignage de leur soumission et de leurs respects. Comme l'abbé de Cluny s'était déclaré pour l'antipape Victor, ils voulurent le déposer et offrirent, en conséquence, sa charge à Ponce de Vézelay. Mais celui-ci n'avait pas oublié les bons procédés de son confrère; il refusa cette offre et tout en resta là (2).

La justice se rendait à Luzy, au nom des ducs de la province, dans un bailliage, dont les appels se portaient à la pairie de Nevers, de là, au parlement de Paris, et les cas royaux au siége présidial de Saint-Pierre-le-Moûtier. Le personnel se composait d'un bailli, d'un lieutenant-général, d'un procureur du fisc, d'un greffier, de plusieurs sergents..... Le ressort de cette justice était le même que celui de la châtellenie.

Le grenier à sel était régi par un président, un grenetier, un contrôleur, un procureur et un receveur (3).

Luzy était autrefois le siége d'une antique baronnie, dont mouvaient un grand nombre de fiefs, pour la plupart très-importants (4); elle remontait aux premiers temps de la féodalité. D'abord propriété de l'église d'Autun, qui la tenait de la pieuse générosité des rois de France, elle passa, plus tard, aux comtes de Nevers. Ils la possédaient en fief de l'évêché,

(1) *Chronique de Vézelay*, p. 76.
(2) *Ibid;* pièces inédites.
(3) Charles Ballard était grenetier en 1615.
(4) C'étaient, entre autres, Crona, Cuzy, Écrots, Étang, La Perrière, Mazilles, Montarmin, Monteuillon, le Grand et le Petit-Marié, Monceau-lès-Loups, Saint-Didier-sur-Arroux, Savigny-l'Étang, Tourny, Uchon.....

ainsi que le constate l'aveu fait par Hervé de Donzy, en 1209, à Gauthier, cinquante-septième évêque de ce siége, et rapporté par Saulnier dans son *Autun-Chrétien*. Ces seigneurs l'unirent à leur châtellenie de Savigny-Poil-Fol, à titre d'arrière-fief, mais elle resta toujours l'une des quatre baronnies de l'évêché d'Autun (1). Le baron était tenu de porter le prélat lors de son entrée solennelle dans sa ville épiscopale.

Possédée à ce titre, au onzième siècle, par une noble famille du nom de Luzy, cette baronnie passait dès-lors pour un des plus puissants fiefs de la province de Nivernais. Pierre, sire de Luzy, jouissait, au commencement du siècle suivant, d'une considération assez grande pour que les papes ne dédaignassent pas de s'adresser à lui dans les circonstances graves; c'est ainsi que Eugène III, en recommandant au duc de Bourgogne et aux autres principaux seigneurs de châtier les habitants de Vézelay, révoltés contre leur seigneur-abbé, écrivit au baron de Luzy :

« Nous ne croyons pas devoir vous laisser ignorer que les
» perfides habitants de Vézelay ont chassé leur abbé de son
» monastère et veulent enlever ce patrimoine à saint Pierre...
» Vous connaissant pour homme noble, puissant et soumis au
» prince des Apôtres, nous espérons que vous ne laisserez pas
» une telle audace impunie. Nous vous mandons de chasser de
» vos terres les gens de Vézelay qui pourraient s'y trouver,
» jusqu'à ce qu'ils aient réparé leur faute. Nous voulons que
» vous ordonniez à vos sujets de les arrêter comme parju-
» res, traîtres et excommuniés, et de s'emparer de leurs
» biens (2). »

Ce seigneur assista, en 1146, à l'assemblée de Vézelay et partit, l'année suivante, avec Luce, sa noble épouse, et ses frères, pour la Palestine. Ceux-ci ont formé diverses branches, dont l'une

---

(1) Les trois autres étaient celles de Couches, de La Motte-Saint-Jean et de Montperroux. (COURTÉPÉE, tome III, p. 416.)

(2) *Chronique de Vézelay*, p. 83.

subsiste encore (1). Elvis, fille de Pierre, porta la terre de Luzy à Simon Ier de Semur, chevalier, baron du lieu. Ils eurent, entre autres enfants, Simon II, baron de Luzy, de Semur-en-Brionnais, de Bourbon-Lancy, de Marcigny...... Celui-ci épousa Marie de Bourgogne, sœur du duc Eudes II, et vivait encore en 1256, époque où il fit un échange avec Guichard de Bourbon. Il laissa une fille, Jeanne de Semur, qui s'unit à Jean Ier de Châteauvillain, noble et preux chevalier, auquel elle porta les grands

(1) Bernard de Luzy, damoiseau, était seigneur de Velars, en 1248, et Sybille, sa sœur, dame de Dyo. Berthe entra en religion en 1300. Pierre II épousa Hellénon de Talaru de Chalmazel, dont il eut Pierre III, baron d'Oyé, et Thomas, qui reprirent de fief, en 1380, pour tout ce qu'ils possédaient dans la baronnie de Luzy. Le premier épousa Agnès de Montaigu, et laissa un fils, Jean de Luzy, qui renouvela ce devoir en 1401. Ferri en fit autant en 1438. Thomas, le second, s'unit à Marguerite, dame de Pelissac, en Velay, dont le château, en ruines, se voit entre Yssingeaux et Tence. Jourdain de Luzy, son fils, fut père de Guillaume, et celui-ci d'Annet, qui servit long-temps dans les guerres de Louis XI contre le duc de Bourgogne.

Jean Ier, fils d'Annet, épousa Marguerite de Tournon, nièce de Claude, évêque de Viviers, et en eut Claude Ier de Luzy, chevalier, marquis de Pelissac, baron de Queyrières, seigneur de Fay... Celui-ci laissa, de son union avec Claire Pichon du Besset, François, qui lui succéda; Louis, auteur de la branche de Palliers, Anne et Françoise.

Le premier eut de Françoise de Baronat Claude II, marquis de Pelissac, baron de Queyrières, seigneur de Marlhy..., qui épousa, en 1618, Jeanne de Pantrieux, d'où vinrent Jean II, Claude, seigneur de Bresson, et Marie. L'aîné continua la branche des marquis de Pelissac et fut reconnu noble d'extraction en 1669. Il laissa de Marie d'Anstelingent-Dodieu cinq enfants. Imbert de Luzy de Pelissac, l'aîné, marquis de Couzan, s'unit, en 1698, à Marie-Anne Portail, dont il eut plusieurs héritiers, tous morts sans postérité.

Claude, fils puîné de Claude II, seigneur de Bresson, fut la souche d'une branche de ce nom, qui s'établit en Dauphiné, où elle subsiste encore. Elle est actuellement représentée par le général de division de Luzy de Bresson, marquis de Pelissac, chevalier de Saint-Louis.

Louis de Luzy, deuxième fils de Claude Ier, marquis de Pelissac, et de Claire Pichon du Besset, a formé une branche qui habite encore en Velay. Il laissa de Jeanne Franck, noble Alexandre, seigneur de

biens de sa maison. Ce seigneur accorda, en 1266, moyennant cinquante livres en argent, deux cents bichets de seigle et quinze chars de paille, un droit de haute justice au prieuré de Marcigny-lès-Nonains. Il fonda, huit ans après, de concert avec Girard de Beauvoir, évêque d'Autun, à Semur-en-Brionnais, une collégiale de douze chanoines, auxquels il octroya le droit de pêche dans *ses eaux de Loire, à la réserve du saulmon* (1). Jean laissa au moins deux enfants : Marie, qui épousa, en 1280, Geoffroy de Dyo, et Guy ou Guyon de Châteauvillain, qui s'unit, en juillet 1284, à Isabeau de Châtillon-en-Bazois, dame de Jaligny. Celui-ci, à la prière de son père, fut reçu, la même année, à foi et hommage pour les baronnies de Luzy et d'Uchon, par le comte de Nevers, et pour celles de Semur, de Bourbon-Lancy et de Thil, par le duc de Bourgogne. Il eut de son union plusieurs enfants : Jean II, baron de Luzy, de Semur..., qui épousa Marguerite de Poitiers, que nous voyons faire aveu pour Luzy, après la mort de son mari, en 1363; Jeanne, qui fut mariée en 1320 à Guichard, chevalier, comte de Beaujeu, et Marie à Guillaume II de Mello, sire d'Espoisse (2). Jean mourut probablement sans postérité; car la baronnie passa à Guichard, son beau-frère, dont le fils, Édouard de Beaujeu, l'échangea, le 10 septembre 1397, par procuration, à Louis de Champa-

Palliers et de Meyniers, qui s'unit, en 1637, à Jeanne de Grailh, dont il eut Jean-François et deux filles. Celui-ci épousa Marie du Cluzel, qui lui donna Jean II de Luzy de Pelissac, seigneur de Palliers, marié en 1692, à Claudine de Baillard, d'où vinrent cinq enfants. Jean III, l'aîné, en laissa lui-même quatre. Jean-Baptiste, seigneur de Meyniers, fut père d'Augustin, chevalier de Saint-Louis, qui s'unit, en 1811, à Louise-Philippine-Olympe d'Aurier de Pressac. Leur fils, M. Louis, comte de Luzy, habite actuellement le château de Lavée, près Yssingeaux. N'ayant eu de son union avec Cyprienne Bravard de Laboisserie que trois filles, Henriette, Gabrielle et Berthe, en lui finira cette branche de l'antique famille de Luzy.

(1) COURTÉPÉE, nouvelle édit., tome III, p. 86.
(2) Paris, archiv. de l'empire, gros in-4°, manuscrit, en parchemin p. 387; COURTÉPÉE, nouv. édit., tom. III, p 183.

gne, comte de Sancerre, seigneur de Charenton, de Condé..., maréchal et connétable de France, pour la châtellenie de Chamelot. Celui-ci reçut, quatre ans après, l'aveu de Guy de Grateloup, pour la maison-forte de ce nom, et mourut, en 1402, à l'âge de soixante ans (1). Le comte ne fut jamais marié, mais il laissa deux enfants naturels, Louis et Jeanne de Sancerre. Jeanne porta la baronnie de Luzy, en partie, à Guichard Dauphin, sire de Jalligny et de Châteldon, conseiller et chambellan du roi; il en donna dénombrement au comte de Nevers, en 1406. Ce seigneur portait : « Ecartelé de Dau-
» phin et de Champagne. » Nous le voyons faire, en 1414, des traités de paix au nom du duc de Bourbonnais, comte de Château-Chinon, et prendre part à plusieurs affaires importantes.

A la mort du bâtard de Sancerre, en 1418, ses créanciers firent vendre, par décret, la baronnie, qui fut adjugée à Bonne d'Artois, comtesse Nevers, pour *cinq mille francs d'or* (2). Cinq ans après, cette princesse nomma Jean de Charency, capitaine du château de Luzy, et Philippe du Verne, capitaine de celui de Decize, ses commissaires pour saisir la place ou château de Maulay sur les héritiers de Jean Lallemant, *exécuté pour ses démérites*. Le duc de Bourgogne, son second mari, attribua, en 1425, par lettres datées de Rotterdam, les rentes, cens et revenus de la baronnie à Marie de Friancourt, sa vie durant, pour ses *bons et agréables services* envers la duchesse (3). Charles de Bourgogne, comte de Nevers, l'érigea en châtellenie en 1442, et l'unit au comté, dont elle ne fut plus séparée (4).

Le duc Louis de Gonzagues et Henriette de Clèves, son épouse, pressés par une tendre charité, fondèrent, en 1573, sur les revenus de cette châtellenie et de celle de Savigny-Poil-Fol, deux rentes, de chacune cinquante livres, pour marier des filles

(1) MAROLES, titres de Nevers.
(2) GUY COQUILLE, *Hist. du Nivern.*, petit in-4°, p. 234.
(3) Archives de Dijon.
(4) GUY COQUILLE, *Hist. du Nivern.*, in-4°, p. 234.

pauvres (1). Chaque fille était élue, le jour de *Pâques-Fleuries*, entre la messe et les vêpres, par trois hommes et trois femmes, nommés dans un conseil, composé du curé de la paroisse et de six notables. Elle recevait, le lundi de la Pentecôte, devant la porte de l'église, le contrat de mariage, avec une bague de cinq sous, dite *bague de souvenance de mariage et prières*, qu'elle portait au pouce. Le fermier de la châtellenie payait alors à la fille *seize écus et quarante sous*, en retenant toutefois les cinq sous de la bague et autant pour le parchemin du contrat (2). Les choses se passaient ainsi dans toutes les autres châtellenies du Nivernais, où ces deux nobles époux avaient fait de semblables fondations.

Cette châtellenie et celle de Savigny s'affermaient ordinairement par bail de cinq ans. Lazare de Coujard, fermier en 1667, payait huit cent dix-huit livres deux sous par an. Le droit de péage en ville produisait cinquante-six livres et deux sous.

La paroisse de Luzy renfermait jadis plusieurs fiefs mouvant de la baronnie. Celui de Mazilles, situé dans la plaine, à l'est, avait été décoré du titre de comté par Louis XIV, en faveur de Gaspard des Jours. Le château fut rebâti, au dernier siècle, sur les ruines d'une maison-forte, dont il reste encore une tour.

La terre de Mazilles, seigneurie en toute justice, appartenait, en 496, à un noble citoyen romain, nommé Eleuthère. Eusébie, sa pieuse épouse, y mit au monde, cette année-là, un fils, qui reçut, au baptême, le nom de Germain. « Près du bourg de
» Luzy, dit Hugues de Flavigny, dans le manoir de la naissance
» de saint Germain, ni chiens, ni oiseaux ne peuvent enlever de
» proie qu'aussitôt ils ne meurent, ce qui est prouvé par l'ex-
» périence. » Néanmoins quelques auteurs le font naître à Autun.

Ces deux vertueux époux confièrent bientôt cet enfant de bénédiction à un digne prêtre de leur famille, à Scapillon, qui fit

---

(1) Préfecture de Nevers, archives de la Nièvre.
(2) Archiv. de La Chaux.

passer dans le cœur de son élève des sentiments pieux, dont il ne se départit jamais ; ils lui méritèrent d'être élevé sur le siége de Paris, devenu vacant par la mort d'Eusèbe, prélat qui semble avoir appartenu à la famille de sa mère.

Les auteurs de la vie du saint évêque rapportent qu'il ne laissait passer aucun jour sans se rendre, même pour l'office de la nuit, au monastère de Saint-André-lès-Luzy, distant de deux kilomètres du château de son père. La tradition locale indique encore le lieu où il passait l'Halène, au sud de la ville. Ce grand prélat, l'honneur et la gloire des Gaules, aimait singulièrement les montagnes qui l'avaient vu naître ; aussi venait-il, de temps en temps, se délasser des fatigues du saint ministère dans le château de sa famille. Il mourut à Paris, le 28 mai 576, à l'âge de quatre-vingts ans. Le monastère de Saint-Germain-des-Prés lui devait sa fondation (1).

Mazilles, après avoir passé en beaucoup de mains, appartenait, en 1467, à noble Pierre de Poiquières, seigneur de *Cotabre*, qui, cette année, en reprit de fief.

François des Jours, seigneur de Mazilles en 1570, laissa cette terre à Etienne, son fils, dont nous trouvons des aveux en 1579 et en 1597. Jérôme épousa Jeanne de Ganay, et en eut, entre autres, Jacques, capitaine appointé dans la compagnie des gens d'armes de la garde du roi, mestre de camp et chevalier de ses ordres. Celui-ci s'unit, en 1686, par contrat passé au château de Monteuillon, à Marie de Courvol, fille d'Alexandre, gentilhomme servant du duc de Brabant, et, en 1698, à Françoise Le Prestre, fille de Pierre, sieur de Montarmin.

Jean-Gaspard des Jours, comte de Mazilles, seigneur de Montarmin, du Monceau, de La Goutte, en 1740, fut maréchal-de-camp des armées du roi, et chevalier de Saint-Louis. Il eut pour successeur Pierre-Claude, capitaine au régiment *Royal-Dragons*, qui vivait encore à la fin du dernier siècle. Etienne,

---

(1) Fortunat, *Vie de saint Germain* ; Gagnard, *Hist. de l'Église d'Autun* ; dom Pitra, *Hist. de Saint-Léger*.

son frère, seigneur de Pommeray et autres lieux, était capitaine de vaisseau. L'un et l'autre furent décorés de la croix de Saint-Louis. Cette famille, dont le dernier membre, Louis-Sébastien, comte de Mazilles, est mort au commencement de ce siècle, portait : *D'or, au lion d'azur, au chef échiqueté d'azur et d'or de trois tires.* Marolles lui donne pour armes : *De gueules, à l'annule d'argent, à la bordure engrelée de même;* ou : *D'argent, à deux mains l'une dans l'autre au naturel, vêtues de gueules, posées en fasce sur un cœur de gueules en pointe; au chef chargé d'un trèfle d'or entre deux étoiles de même.*

Montarmin, castel du quinzième siècle, au sud de Luzy, donna son nom à une noble famille, qui le posséda long-temps. Jean de Montarmin assista au siége de Château-Chinon, en 1412. Henri, son fils, et Jean de La Chapelle en reprirent de fief en 1466. Léonard de Montarmin laissa cette seigneurie, vers 1550, par son testament, à Catherine Bongars, son épouse. Elle fut adjugée, peu de temps après, à Guillaume des Jours, lieutenant du bailli de Nivernais, sieur du Monceau. François Vaget, écuyer, juge des châtellenies de Luzy et de Savigny, était possesseur d'une partie en 1571.

Un dénombrement donné, quatre ans plus tard, décrit ainsi le château : « Une maison-fort construite en une tour carrée, » une vis ronde au-devant d'icelle, joignant de ladicte tour, » ensemble, la court fermée de murailles; hors d'icelle, l'esta- » blerie, une vollière joignant desdites murailles, le jardin de » ladicte tour et maison-fort derrière icelle.... »

Pierre de Chargères, seigneur de Montarmin et d'Esteyaux, avait épousé Jeanne de Merans, qui se remaria à Charles du Crest, sieur de Ponay et de Chigy, dont elle eut, entre autres enfants, une fille nommée Françoise. Celle-ci porta Montarmin en partie à Pierre Le Prestre, écuyer, seigneur de Vauban, cousin-germain du maréchal de ce nom. Françoise, issue de cette union, le fit passer à Jacques des Jours, comte de Mazilles, en 1698. Leurs descendants l'ont possédé jusqu'à la fin du dernier siècle. Il appartenait en 1854 au docteur Jadioux.

Reliure serrée

Monteuillon-lès-Luzy, au sud-est, était possédé, en 1430, par Jean de Gordon, écuyer. Ce gentilhomme laissa de Jeanne Mathey, sa femme, une fille, Philiberte, mariée à Philibert Mottin, seigneur de Monteuillon en 1464. Un siècle plus tard, ce fief appartenait à Gilbert du Crest, sieur de Ponay, de Chigy..... Sa veuve, Anne Le Bourgoin, fit aveu au duc de Nevers en 1575, et Jacques, son fils, sept ans après. François du Crest en était revêtu en 1591, et Denis en 1653. Celui-ci épousa Françoise de Ramilly, fille de Louis, sieur de Charnay, dont il nous reste de nombreuses pièces de procédures.

Vers ce temps-là, Monteuillon en partie appartenait à Adrien Danguy, écuyer, qui s'unit à Éléonore de Chaulgy-Roussillon. Il en eut un fils, nommé Philibert, lequel reprit de fief en 1682; il commandait, douze ans plus tard, l'*escadron de la noblesse du Nivernais*. Éléonore-Amable, sa fille, porta Monteuillon à Edme-Roger de Cotignon, sieur de Mouasse (1). C'est actuellement la propriété de la maison Caillery, d'Autun.

Le fief Berthelon, à Luzy, avec chapelle dans l'église Saint-Pierre, a pris ce nom d'une ancienne famille, qui le posséda long-temps. Jean de Jacquinet, écuyer, sieur de Faulin, en jouissait en 1695. Il portait : *D'azur, à une fasce d'argent, chargée d'un lion passant de sinople*. Charlotte Vaget, sa veuve, le vendit, du consentement de François de Faulin et d'Elisabeth de Jacquinet, ses enfants, à François Cortet, notaire royal, et à Pierrette de Chargères, sa femme. L'ancienne maison seigneuriale, armée de deux tours, se trouve près de l'église; elle appartenait naguère à la famille Guyot-d'Amfreville, originaire de Normandie.

Trésillon, au nord-est, était tenu en fief, à la fin du dernier siècle, par Claude Nault de Champagny, chevalier de Saint-Louis et maréchal-de-camp des armées du roi; il mourut en 1807, âgé de quatre-vingt-quatre ans. Denis Nault, avocat en parlement, conseiller ordinaire du prince de

---

(1) MAROLES, titres de Nevers.

fondé, et Nicolas Nault, maire perpétuel de Luzy en 1699, portaient : le premier, *D'azur, à un lion d'or;* le second, *D'or, un navire de sable et un chef d'argent* (1).

La Chaise, au sud-est, a donné son nom à une branche de la famille de Coujard, qui l'habite encore. Les dîmes de ce hameau et de celui de Montraigne, ou Moraigne, appartenaient, par moitié, au curé de Luzy et à la chapelle de *monsieur saint Martin, en l'haut du Beuvray.*

II.

AVRÉE, *Avreum, Avraium, Ecclesia de Avreis.*

Au nord-ouest de Luzy, dans la vallée de l'Halène, près de sa rive gauche, est un petit village de chétive apparence : c'est Avrée. L'église paroissiale, dédiée à sainte Madeleine, en occupe le centre. Cet édifice, de style roman, remonte, pour le moins, au commencement du douzième siècle. A côté de l'abside, précédée d'une arcature garnie d'un arc-doubleau, s'élève le clocher, dont la haute flèche a disparu depuis longtemps. C'est une tour carrée, ayant, sur chaque face, deux baies, séparées par une colonnette, à chapiteau roman, et comprises sous une arcature en plein-cintre. Dans la nef, on remarque une statue de saint Antoine de la fin du seizième siècle, dont la base est ornée d'un écusson, chargé d'une tête de More, accompagnée de trois étoiles.

La commune d'Avrée est à environ sept kilomètres de Luzy. Elle occupe un sol argilo-siliceux et une superficie de douze cent soixante-cinq hectares, en y comprenant les deux cents que couvrent les forêts. La paroisse, peuplée de trois cent trente-un habitants, est très-ancienne. Guy Coquille, dans son *Histoire du Nivernais,* rapporte que l'évêque Fromond la

(1) Paris, *Armorial de la généralité de Moulins-en-B.*

donna, en 1121, aux chanoines de l'église Saint-Cyr, qui conservèrent le patronage de la cure jusqu'à la révolution. Honoré de Virgile, écuyer, issu d'une famille noble du Nivernais, qui portait : *D'azur, à la bande d'argent, surmontée de trois fleurs de lis d'or* (1), la gouvernait en 1699. Jean Rebréget, curé pendant la terreur, livra ses lettres de prêtrise, qui furent brûlées par la *Société populaire* de Moulins-Engilbert, en novembre 1793. Les dîmes se partageaient entre le curé, les possesseurs du Fort-de-Lanty, de la Bussière et de Chaumigny. L'abbé de Cluny était seigneur du clocher, à cause de son prieuré d'Avrée, dont il réunit la haute justice à celle de Saint-André-lès-Luzy, au seizième siècle (2).

Supprimée en 1801, cette paroisse a été réunie successivement à Fléty et à Lanty. Les seigneurs de La Montagne y possédaient un fief en toute justice, dans la mouvance de la châtellenie de Savigny-Poil-Fol. Une antique voie romaine, qui descendait du Beuvray, passait l'Halène à peu de distance d'Avrée, et se dirigeait ensuite sur Decize.

III.

CHIDDES, *Chidees*.

La commune de Chiddes, la septième du canton, est à neuf kilomètres au nord de Luzy. Elle renferme une population de onze cent quarante-quatre habitants et une superficie de deux mille six cent quatre hectares, dont quatre cent soixante-dix-huit sont en bois. La voie romaine, que nous avons citée à l'article précédent, traversait son territoire, au sud; la route de Luzy à Moulins-Engilbert le parcourt à l'ouest. Les vainqueurs des Gaules y ont laissé d'autres monuments de leur passage.

(1) *Dictionn. de Courcelles.*
(2) Terrier de 1768.

Près de Montcharlon, au nord-ouest, dans un champ encore connu sous le nom de *Ville-Romaine*, il existait autrefois une antique villa. Des fragments de marbre, de tuiles à rebords, de poterie, des médailles des empereurs Probus, Alexandre-Sévère, Adrien, Dioclétien, Constance-Chlore et Constant Ier, y ont été découverts en diverses circonstances. La carrière de Champ-Robert et la mine de fer hydraté-pyriteux, dont les produits servent aujourd'hui à alimenter les forges du Creuzot, furent, selon M. Gillot (1), connues et exploitées par les Romains. Au moulin de Mont-Jouan, *de Monte Jovis*, on a observé une masse considérable de kaolin parfaitement blanc.

Chiddes, l'une des sept paroisses qui formaient les dépendances de l'ancien comté de La Roche-Milay, fit partie, pendant dix ans, du canton qui avait été créé dans cette dernière. Elle était jadis du diocèse d'Autun et de l'archiprêtré de Luzy. Le patronage de la cure appartenait anciennement à l'abbé de Cluny, codécimateur avec le curé, les seigneurs de La Roche, de Chanlevrier et de La Vallée, et, en dernier lieu, à l'évêque diocésain. J. Picard, curé en 1520, fut un des bienfaiteurs de la chartreuse d'Apponay.

Le village de Chiddes est agréablement situé sur une butte d'où la vue s'étend au loin vers le sud, et près d'un ruisseau, affluent de celui de la Séglise. Il n'est pas considérable, mais assez bien bâti. Un terrible incendie le consuma presque tout entier en 1804. Il s'y tient, chaque année, le jour de saint Jean-Baptiste, un apport avec louage de domestiques; il y a été transféré d'une antique chapelle rurale, dédiée à ce saint, et connue sous le nom de *Saint-Jean-des-Curtils*.

Cette chapelle, avec ses dépendances, formait un fief ayant droit de justice haute, moyenne et basse, qui mouvait de La Roche-Milay, et appartenait aux anciens seigneurs de Chanlevrier. Autour de l'édifice, régnait une place où se rangeaient les marchands et les *cabaretiers ambulants*, qui y accouraient

(1) *Annuaire de la Nièvre*; *Le Nivernais*, p. 185.

de tous les environs au jour de la fête patronale. Les premiers devaient aux seigneurs le droit d'*étalage*, *aunage* et *mesurage*; les seconds étaient tenus envers eux chacun à *une pinte de vin et un gâteau* (1). Le curé de Chiddes célébrait, ce jour-là, l'office paroissial dans la chapelle; aux autres fêtes du saint Précurseur, il y disait *une messe à dévotion* (2).

L'église paroissiale, dédiée, comme celle de Milay, à saint Maurice, chef de la légion thébéenne, portait encore, en 1729, des marques de consécration. C'est un édifice roman, dont l'abside seule est voûtée. L'arc-doubleau du chœur et celui de l'abside reposent sur des colonnes engagées; leurs bases, munies de griffes, et les chapiteaux, imités de l'antique, accusent la fin du douzième siècle. Les fenêtres de l'abside ont été bouchées et remplacées par un œil-de-bœuf d'effet disgracieux. Le clocher, placé au-dessus du chœur, est de même style et de même date. Il porte, sur trois faces, des baies géminées, séparées par des colonnettes grossières. Une chapelle a été récemment ouverte dans la nef, près du chœur, au sud.

Les habitants de Chiddes, comme retrayants du château de La Roche-Milay, étaient tenus au guet-et-garde autour de cette forteresse, aux réparations de ses fortifications en partie, et devaient contribuer *à la solde des soldats du roi, lorsqu'il y en avait* (3).

Le territoire de la commune se partageait ci-devant en plusieurs fiefs et seigneuries, tous mouvant du comté de La Roche. Les principaux étaient Chanlevrier, Champ-Robert, Couloise, Montcharlon, La Verchère et Villette-lès-Forges.

---

(1) Archives de La Roche-Milay.

(2) Curés connus : Marceau, en 1629, mourut âgé de plus de cent ans; Delaporte, 1712; Lanssard, 1730; Bernard Brossard, 1731; Tripier, 1768; Clément, 1788; Massin, 1789; d'Amfreville, curé de Semelay et de Chiddes en 1804; Donet, 1821; Geoffroy, 1828; Garnier, 1837; Agulhon, 1839; Bricard, 1848; Lherbet, 1858; Tardivon, 1861; Charles Fougeroux, 1863.

(3) Archiv. de La Roche.

Chanlevrier, vieux castel féodal, flanqué de deux ailes et bâti dans une gorge, au nord, sur les ruines d'une antique maison-forte, était autrefois le siége d'une seigneurie en toute justice, avec fief et arrière-fief. Des titres anciens rappellent que les manants de sa dépendance étaient tenus au guet-et-garde autour de ce château en temps de guerre et d'imminent péril; mais non à *battre l'eau des fossés*, pour empêcher le *coassement des grenouilles*, ainsi que le raconte l'*Album du Nivernais*, d'après un opuscule plaisant plutôt qu'historique. Le seigneur de Chanlevrier devait, pour faire foi et hommage de son fief, se présenter *devant la porte du château* de La Roche, avec ses titres en main, mettre un genou en terre, et faire serment au suzerain, après quoi il était *admis au baiser sur la bouche* (1).

Charles Le Bourgoing s'acquitta de ce devoir en 1516. Gabriel, son petit-fils, seigneur de Chanlevrier, de Champ-Robert, de Saint-Jean-des-Curtils, de Mirloup, de Montcharlon...., le renouvela, quatre-vingts ans après, sur une sommation du bailli de La Roche.

En 1674, la comtesse douairière Marie-Élisabeth Morin, saisit féodalement les revenus de Chanlevrier, pour devoir non fait. Trois ans après, elle fit remise, moyennant *deux mille livres*, de son droit de *retenue et de quint* à Pierre Bruneau de Vitry, chevalier d'honneur au Châtelet de Paris, acquéreur de cette terre et des autres seigneuries citées plus haut (2). Noble Pierre-Étienne de Vitry, son petit-fils, épousa Gabrielle de Reugny, dame du Tremblay et de Poussery; il fit hommage de ce dernier fief à Château-Chinon en 1773, et laissa ensuite ses domaines à ses cinq enfants. Marie-Philippine, sa fille aînée, porta Chanlevrier et ses dépendances à Annibal-Denis-Philibert Thiroux de Saint-Félix, dont le fils, Philippe, épousa Charlotte

---

(1) Archiv. de La Roche.
(2) Terrier de 1706. La famille de Vitry tire son nom de Vitry-sur-Loire, village peu éloigné de Bourbon-Lancy.

de Saulieu de La Chaumonerie. De cette union est né M. Raoul Thiroux de Saint-Félix, aujourd'hui possesseur de cette terre.

La famille Thiroux, originaire d'Autun, a donné plusieurs viergs à cette ville. Claude, élu aux états de Bourgogne en 1658, fut anobli l'année suivante (1). Jean, pieux et savant bénédictin, a beaucoup travaillé aux quatre premiers volumes de la *Gallia Christiana*. Thiroux de Crosne fut intendant des provinces de Lorraine et de Normandie, et dernier lieutenant-général de police de Louis XVI; il périt sur l'échafaud pendant la Terreur. Thiroux de Gervilliers, chevalier de Saint-Louis, fut brigadier des armées de ce prince. Thiroux, comte de Montdésir, est mort lieutenant-général et cordon rouge, sous la Restauration. Cette famille s'est alliée, en ces derniers temps, aux maisons de Pracomtal, d'Anglejean et de Champs de Saint-Léger.

Champ-Robert, *Campus Rotberti*, dans les montagnes, au nord, est connu par sa carrière de marbre blanc, à larges facettes, et par sa mine de fer, aujourd'hui en exploitation. Ce hameau possédait autrefois une maison-forte, dont on remarque encore quelques vestiges à l'entrée d'un bois voisin. Il était le chef-lieu d'une antique seigneurie, qui donna son nom à une noble famille, aujourd'hui éteinte. Cette terre fut partagée, dans la suite, et forma deux fiefs en toute justice. Pierre Berthier, qui en était possesseur en 1399, en donna, la même année, dénombrement à La Roche. Philippe de Moroges en fit autant en 1512. Ce gentilhomme portait : *D'azur, au chevron d'or, à une étoile d'argent, en pointe, au chef cousu de gueules, chargé de trois étoiles d'or*. Charles Le Bourgoing la vendit, en 1677, à Pierre Bruneau de Vitry. Gabriel Vestu, président au siège présidial d'Autun, était alors seigneur de l'autre partie.

A Couloise, au sud-ouest, sur la voie romaine, il existait également un antique manoir, détruit depuis long-temps. Ce fief appartenait, au quatorzième siècle, à l'abbé de Cluny, qui le céda pour une rente perpétuelle de quatre-vingt-cinq livres

---

(1) *Mémoires de la société éduenne*, p. 121; COURTÉPÉE, tome VI.

douze sous. Pierre de La Bussière, seigneur du lieu, de Chiddes... en fit aveu à La Roche en 1445. Guillaume de Paris renouvela ce devoir en 1615, et Gabriel, son fils, un demi-siècle après. Il fut vendu par décret, en 1672, sur Marguerite de La Boue, veuve de ce dernier, et adjugé à François de Rolland, seigneur de Coyron, duquel il passa, par alliance, à Antoine Saladin, comte de Montmorillon. Celui-ci le revendit, en 1724, à Claude-François Sallonnyer de Monbaron, sieur de La Montagne, pour trente-un mille livres.

Tous les habitants étaient tenus de conduire leurs fournées au moulin banal de la seigneurie, sous peine d'amende et de la confiscation de la farine.

Villette-lès-Forges, *Villula à Fabricis*, sur une hauteur, tire son nom d'un établissement romain et d'anciennes usines métallurgiques, situées dans son voisinage. Ce hameau formait jadis deux fiefs, avec moyenne et basse justice, dans la mouvance de La Roche-Milay. L'un appartenait à la maison de Chanlevrier et l'autre à celle de La Bussière, sur laquelle il fut vendu par décret et adjugé, en 1672, à François de Rolland, seigneur de Martigny. Hector-Antoine Saladin de Montmorillon le revendit, cinquante-deux ans après, à Claude-François Salonnyer de Monbaron, sieur de La Montagne. Le moulin banal des Forges, auquel les sujets de la seigneurie devaient conduire leurs fournées, produisait au possesseur, en 1711, cent vingt boisseaux de seigle, mesure de Luzy, *deux gâteaux*, d'un demi-boisseau de farine chacun, et deux chapons (1).

Champcery, *Campus Cereris*, nom qui rappelle la consécration antique de cette localité à Cérès, déesse des moissons ; Champ-Regnault, *Campus Reginaldi*; Assiard, autrefois alternatif avec Saint-Gengoux ; Fourchure, La Goutte-Tillot, Mirloup étaient autant de fiefs, jouissant aussi de la moyenne et basse justice. La haute appartenait au comte de La Roche-Milay.

(1) Archiv. de La Roche-Milay; terrier de 1706.

La Verchère, avec le *village du Glien*, au nord, dans le flanc d'une montagne, était tenue en toute justice, en 1570, par Jean de Moroges, seigneur du Plessy. Robert de Paris la vendit en 1707, au nom des enfants mineurs de Jacques, son frère, sieur de La Bussière, à Pierre Bruneau de Vitry. Une branche de la famille de Coujard en porte le nom.

Dans les montagnes de ces parages se trouvait naguère un dolmen remarquable, vulgairement nommé *Pierre-de-Prabis*. Une curieuse légende populaire racontait ainsi l'origine de ce grossier monument : « Un jour le diable s'empara d'un bûche-
» ron, beau jeune homme, du reste, et se préparait à l'em-
» porter au noir séjour, lorsque apparut une *belle dame*
» *blanche*, dont le cœur compatissant fut touché du triste sort
» du pauvre campagnard. Le délivrer des griffes de Satan fut
» la première pensée de la noble *Prabis*; car tel était le nom de
» la belle dame dont la rencontre avait été si opportune. Mais
» quel moyen va-t-elle prendre ? Elle connaît l'orgueil qui
» bouillonne au fond de tout l'être de l'esprit infernal, et c'est
» à cette passion, principe de sa perte, qu'elle s'adresse tout
» d'abord.

« Prince d'un puissant empire, lui dit-elle, noble et géné-
» reux Lucifer, vous ne mépriserez pas ma prière; je viens
» vous redemander ce jeune homme qui m'est cher à plus d'un
» titre; je vous assure que ma reconnaissance ne restera
» pas au-dessous du bienfait. Un trône digne de vous sera élevé
» par mes soins dans ce lieu même, et vous régnerez sur toutes
» ces montagnes. »

« J'y consens, répondit l'ange déchu, avec un sourire qui
» tenait du grognement du pourceau, et où perçait la four-
» berie, j'y consens, pourvu qu'il soit dressé avant qu'appa-
» raisse l'astre maudit, dont les rayons fatiguent mes regards
» et me forcent à quitter cet hémisphère. »

» Déjà les premiers feux de l'aurore avaient doré les cam-
» pagnes, déjà le sommet des montagnes commençait à blan-
» chir au loin, et l'esprit de mensonge ne doutait pas que le

» soleil ne parût sur l'horizon avant l'exécution de la promesse.
« Deux voyages, pour le moins, au flanc de la montagne, se
» disait-il en ricanant, deux voyages dans un si bref délai,
» seraient chose au-dessus du pouvoir des puissances de mon
» empire. »

» Aussitôt la condition acceptée, Prabis, prompte comme
» l'éclair, vole à la montagne et en arrache trois rochers;
» puis, plaçant le plus gros sur sa tête, et saisissant les deux
» autres de chacune de ses mains délicates, elle revient, plus
» rapide que la biche, déposer son pesant fardeau aux pieds
» du diable, qui commençait à frémir de rage.

» En un clin d'œil le principal bloc couronne les deux autres
» et le trône est élevé. Il était temps ; car, à peine l'admirable
» Prabis, rayonnante de joie, s'était-elle élancée sur la pierre
» pour suivre des yeux Lucifer dans sa fuite, que les rayons
» du soleil vinrent dorer sa blonde chevelure. »

Le dolmen a disparu ; mais le souvenir de la dame blanche est resté.

IV.

FLÉTY, *Flactiacus*.

Ce village, jadis section de Tazilly, a été érigé en commune en 1853. Son aspect est généralement triste et monotone. Il forme, avec ses dépendances, une très-ancienne paroisse, peuplée de quatre cent soixante-cinq fidèles et relevant jadis de l'évêché d'Autun et de l'archiprêtré de Bourbon-Lancy. Le patronage de la cure appartenait à l'évêque. Les dîmes se partageaient entre le curé du lieu, celui de Savigny, le commandeur de Tourny, la chartreuse d'Apponay et le seigneur de Ponay.

L'église paroissiale, dédiée à saint Léger, remontait au onzième siècle ; mais elle a été remaniée, à différentes époques, tellement qu'il ne reste de la construction primitive que quelques substructions, notamment au clocher, accolé à la nef, au nord. Il y existe deux chapelles. Celle du nord est moderne. L'autre, où l'on voit, sur des consoles, de grossières statues de saint Jean-Baptiste, de saint Étienne, de saint Antoine et de sainte Anne, est plus ancienne. Dans la baie, qui l'éclaire, au milieu de verres de couleurs, est une vierge du seizième siècle. Derrière le maître-autel, se trouve un rétable doré, assez élégant, du commencement du dix-huitième. Sous l'abside règne un ancien caveau, converti en étable. La seigneurie du clocher appartenait autrefois au marquis de La Nocle. Dans un déblai, opéré en 1859, pour dégager l'église, on découvrit tout autour une couche de charbon, qui annonçait qu'elle fut incendiée, au seizième siècle, par les calvinistes. Sur le cimetière on remarque une croix de cette époque.

Acquise, avec le presbytère, en 1793, par un nommé Navault, elle passa bientôt à un sieur Thierriat, et enfin à la commune le 5 octobre 1825. Le presbytère fut revendu par l'acquéreur à l'abbé Desjours, curé de Tazilly, puis de Fléty, qui le rétrocéda à Louis-Sébastien, comte de Mazilles. La veuve de ce dernier l'abandonna, le 28 décembre 1828, au curé, à condition qu'il en ferait donation à la paroisse, ce qu'il a exécuté le 22 janvier 1846. L'abbé Desjours a desservi Fléty depuis le rétablissement du culte, en 1801, jusqu'au 16 juin 1855, qu'il mourut. Il avait laissé tomber l'église et le presbytère dans un triste état de délabrement. Son successeur, M. Pourny, les a proprement réparés.

Au milieu du village, composé seulement de trois ou quatre habitations, on remarque un vieux castel quadrangulaire, flanqué d'une tour d'escalier, offrant encore les consoles d'un machicoulis. Il a appartenu à la maison de Mazilles, de laquelle il a passé à une famille de paysans, qui l'habite.

Au nord-ouest, sur une éminence, on voit une motte, entourée de fossés, encore bien dessinés; ce sont les restes du château de *La Goutte*. Cet antique manoir, avec ses dépendances, formait un fief que Claudine Ballard porta en dot, en 1559, à Jean de Chargères, seigneur de Sapinières, fils de Nicolas, sieur de Tourny, et d'Anne de la Menue.

La maison de Chargères ou Chargières est originaire de Savoie, où elle était connue dès les temps les plus reculés. Fixée, dans la suite, en Bourbonnais, elle s'établit, au quinzième siècle, dans le Morvand, où elle s'est toujours maintenue depuis cette époque et y a formé plusieurs branches. Elle est titrée marquis et comtes de Chargères et du Breuil. Ses armes sont : *D'azur, au lion d'or, lampassé de gueules, surmonté de trois trèfles d'argent, rangés en chef*, avec une couronne de marquis, et deux lions pour supports. Elle a formé des alliances avec les maisons de Damas, du Crest, de Chissey, de Bataille, de Mathieu, de Charry, d'Aligray, de Bongars, d'Angély, de Vichy, de Grillon.....

Outre le marquisat du Breuil, en Charolais, les baronnies de La Mothe-Bouchot, de Beaudésir, et la terre de Sapinières, en Bourbonnais, elle a possédé, en Morvand, les seigneuries de La Goutte, de Tourny, de Vaux, de Magny, de Montigny, de La Creuzille, de Chigy-le-Mizieu, de Pommeray, de Montécot, du Plessy, d'Echenault, du Gué, de La Cœudre, de La Boutière, de Villars, d'Arcenay....

De l'union de Jean de Chargères et de Claudine Ballard, dame de La Goutte, vinrent huit enfants (1). Laurent, le puîné, seigneur de La Goutte, épousa, le 10 novembre 1607, Marguerite d'Apurillon, dont il eut trois fils et une fille (2). Claude, l'aîné, étant mort sans postérité, Hugues, son frère, lui succéda et mourut lui-même sans laisser d'héritiers, bien qu'il eût épousé, le 1er février 1639, Marie des Jours. Le fief de La Goutte passa

---

(1) Denis, seigneur de Sapinières; Laurent, qui suit ; Thas, souche des marquis du Breuil; Pierre, sieur d'Estevaux et de Montarmin; Claude, tige des seigneurs de Vaux; Hugues, sieur de Chigy-le-Mizieu ; Marie et Madeleine.

(2) Claude et Hugues, qui suivent; Charles, souche de la branche des seigneurs de Magny, de La Creuzille et de La Cœudre, et Catherine.

alors à Pierre de Chargères, son neveu, qui en jouissait encore en 1700.

Tourny, dans la vallée, sur la rive gauche de l'Halène, était une antique commanderie de l'ordre de Malte, fondée, selon l'opinion commune, par les barons de Luzy, dont elle relevait. On y voyait, au dernier siècle, une chapelle, où le curé de Fléty célébrait la messe, tous les quinze jours ; elle est actuellement changée en habitation. Tout auprès, sont des restes de tours de l'ancienne maison des chevaliers.

Outre la commanderie, Tourny formait un fief en toute justice, qui appartenait, en 1450, à Durand de Chargères, écuyer, dont les descendants prirent le nom (1). Ce gentilhomme épousa Philippe des Vernois, qui lui donna, entre autres enfants, Nicolas et Gaspard.

Le premier succéda à son père dans les seigneuries de Tourny, du Breuil... Il transigea, le 16 août 1515, avec ses frères et sœurs, pour leurs droits dans la succession maternelle, et épousa, huit ans plus tard, Anne de la Menue, veuve de Philippe de Moroges et dame de Montécot, du Plessy, de Montcharlon et de La Verchère. Son corps fut déposé, en 1557, dans l'église de Fléty, où il avait fondé son anniversaire.

Denis, l'aîné de ses cinq enfants (2), seigneur de Tourny, du Breuil..., fit le partage des biens paternels avec ses frères, la même année. Il s'unit, dix ans après, par contrat, reçu Bayard, notaire, à Bénédicte de Vingles, veuve de Claude de Genelard, et en eut Antoine-Jean de Chargères de Tourny, homme d'armes de la compagnie de Tavannes, en 1592. Celui-ci fit aveu pour les redevances qu'il possédait à Chiddes, à Buzon, à Vanoise, -Gengoux, le 22 juin 1598, et épousa Mar-

(1) Il était fils d'Antoine de Chargères, seigneur de Sapinières, capitaine de cent hommes d'armes, et d'Anne du Crest.

(2) Les quatre autres furent Jean, souche de la branche de La Goutte; Charles, tige de celle de Pommeray ; Louis, mort assassiné, et Pierre baron du Breuil.

guerite de Vingles, qui lui donna trois enfants (1), puis, en 1636, Guillemette Bernat, dont il en eut autant (2).

Claude, seigneur de Tourny, de Montigny, de Roche, s'étant uni, par contrat du 15 août 1624, à Marguerite de Mathieu, fille de Robert, sieur de Varennes, de La Vallée, et de Catherine de Reugny, en eut six enfants (3). Antoine III, l'aîné, capitaine au régiment de la marine, fit ses preuves de noblesse devant Lambert d'Herbigny, intendant de la généralité de Moulins, et épousa, le 31 mars 1669, Edmée d'Aligray, qui lui donna un fils, Claude II, chevalier, seigneur de Tourny, de Roche, de La Croix-Marnay..., lieutenant d'infanterie. Celui-ci laissa de Louise de Charry, fille d'Eustache, seigneur de Lurcy-le-Bourg, trois fils et une fille (4).

François, le puîné, obtint, en 1746, une sentence, qui lui assignait la préséance à l'église de Fléty sur Eustache de Chargères, sieur de Vaux. Il laissa de Claude de Jacquinet, dame des Planches, fille de Paul, sieur de Cussy, cinq enfants (5).

Jean-Julien, le second, seigneur de Tourny, de Roche, s'unit, le 25 novembre 1776, à Marie-Elisabeth de Moncrif, dame de Verneuil, dont il n'eut pas de postérité.

Vaux, *Vallis*, château moderne, bâti en tête d'une vallée, au nord-ouest, formait, avec ses dépendances, un autre fief, qui appartint long-temps à la maison du Crest de Ponay. Claude de Chargères, cinquième fils de Jean, seigneur de La Goutte,

---

(1) Claude, qui suit; Roland, seigneur d'Antrezy, et Bénédicte, femme de Jean de Bataille.

(2) Claude, sieur d'Arcenay; Hugues, seigneur des Boisards, et Léonard.

(3) Antoine, qui suit; Simon, capitaine au régiment de Picardie; Hugues, Joachim, chevalier de Malte; Pierrette, mariée à Guillaume de Ponard, sieur de Marié, et Marguerite, religieuse.

(4) Pierre, François, seigneur de Tourny, Jean et Barbe.

(5) Claude de Chargères, chanoine de la cathédrale d'Autun; Jean-Julien, qui suit; Barbe-Marguerite, Jacqueline-Antoinette, religieuses, et Jeanne.

en était possesseur au commencement du dix-septième siècle. Il épousa, le 22 novembre 1616, Françoise Gontier, dont il eut Claude, marié lui-même, le 18 octobre 1661, à Jeanne de Jacquinet. François de Chargères, leur fils, laissa Vaux à Eustache, issu de son mariage, célébré le 20 mars 1682, avec Isabelle de Bongars. Celui-ci s'unit à Marie-Anne Saulaget, qui lui donna un fils, Didier de Chargères, seigneur de Vaux, et deux filles. Didier n'eut, de son union avec Anne du Crest de Ponay, que des filles.

Guillaume-Hippolyte, comte de Chargères, quatrième fils de Charles, chevalier, comte du Breuil, marquis de Curdin, baron de La Motte et de Beaudésir, lieutenant au régiment d'Austrasie et garde-du-corps du roi, et de Marguerite du Crest, était propriétaire de Vaux lorsqu'il mourut en 1864. Il avait épousé, le 22 octobre 1826, Louise Pinot, dont il a laissé trois enfants : MM. Charles de Chargères, marquis du Breuil, marié, le 25 septembre 1850, à Berthe Pomelin de Raucourt (1); Ernest, vicomte de Chargères, qui a épousé, le 28 août 1855, Maclovie de Rotalier (2), et Clotilde, femme de M. Henri de Montauduoin, d'une famille de l'Orléanais. Les autres dépendances de la commune sont : les Bois-de-Fléty, les Bois-de-Vaux, Châtillon, Largolet, Chauvetière, Chaneau, la Forêt-Chenue, Lauverget, Cuvigny, Prairiaux, le Champ-du-Bois, Recoulon, Roche, Varsandat.....

V.

LANTY, *Lantiacus*.

Supprimée en 1801, l'antique paroisse de Lanty resta unie à celle de Remilly, sa voisine, jusqu'en 1847, qu'un nouveau

---

(1) Il a eu trois enfants : Edgard, Hippolyte et Fernande.
(2) Dont il a quatre héritiers : Madeleine, Henri, Georges et Isabelle.

titre lui fut rendu. Elle n'a été érigée en commune qu'en 1862. Jusque-là, elle avait aussi formé une simple section de Remilly. Comprise jadis dans le diocèse d'Autun, elle relevait alors de l'archiprêtré de Bourbon-Lancy. Le patronage de la cure appartenait à l'évêque. Les dîmes se partageaient entre le curé, le seigneur et la chartreuse d'Apponay.

Lanty est agréablement situé sur le flanc méridional d'une montagne, au bas de laquelle circule la route de Luzy à Nevers. Du sommet de cette montagne, on jouit d'un beau coup d'œil sur le Morvand et sur les grasses vallées du Bazois. On y remarque des vestiges d'anciens fossés. C'est là, sans doute, que se trouvait autrefois la résidence des seigneurs du lieu. Lanty possède quelques clos de vignes.

L'église paroissiale, dédiée à Notre-Dame, la Nativité, est un petit édifice du douzième siècle. L'abside est précédée d'un chœur avec arcades en plein-cintre, supportant le clocher. Ce dernier est ajouré, sur trois de ses faces, de baies séparées par une colonnette à chapiteau grossièrement sculpté. Celles de la nef sont percées en meurtrières. La porte occidentale a son linteau porté par deux consoles. Au-dessus on remarque un arc de décharge.

Le village de Lanty, avec ses dépendances, formait une seigneurie en toute justice, qui comprenait l'église et le presbytère et jouissait de tous les droits féodaux du temps. Elle était possédée, au onzième et au douzième siècle, par une noble famille de ce nom, dont les armes étaient : *D'argent, à la fasce de gueules, accompagnée de cinq merlettes de même, posées 3 et 2.* Hugues de Lanty prit la croix à Vézelay, en 1146, et Guillaume suivit saint Louis dans la croisade de 1248. Nous voyons Philibert et Guyot assister au siége de Château-Chinon, en 1442 (1). Mais alors la terre de Lanty était sortie de leur maison, puisque, en 1405, elle était divisée entre cinq

---

(1) Nous retrouvons la famille de Lanty, en 1448, possédant le fief du Moulan, près Saint-Gengoux, commune de La Roche-Milay.

seigneurs : le sire de Ternant, pour un tiers, le sieur de Chaumigny, pour un autre, et ceux du Fort-de-Lanty, de Montgrainbaut, près Charbonnat.... pour le dernier tiers. En 1585, elle était encore tenue par les possesseurs des mêmes fiefs, sinon que le sieur du Fort avait pour coseigneurs ceux de Cirandé et de Poussery. La justice était commune entre tous et exercée par un juge-prévôt, un procureur et un greffier.

Dans la vallée, au sud-ouest, se voient les restes du Fort-de-Lanty, recouverts en partie par des broussailles. Ce château se composait, en 1585, d'un grand corps de logis, flanqué d'une grosse tour ou donjon, hérissé de machicoulis. Au bout de la cour, on voyait un portail en ruine, où aboutissait une ceinture de fortes murailles. De larges fossés, que l'on franchissait sur un *double pont* en bois, enveloppaient le tout. Un étang voisin fournissait l'eau pour les inonder. Entre les deux ponts se trouvait *une motte, circuite de murailles,* en laquelle *il paraissoit* y avoir eu autrefois un bâtiment (1).

Le Fort-de-Lanty et ses dépendances constituaient une terre en toute justice, haute, moyenne et basse, dans la mouvance de la châtellenie de Savigny-Poil-Fol. Isabelle de La Chapelle en donna dénombrement en 1381. Henri de Breschard en était seigneur en 1405, et Louis Berthelon, écuyer, sieur de Mazilles, un siècle plus tard. Gaspard des Jours, sire du Monceau, en fit refaire le terrier en 1585. Anne, sa fille, porta le Fort et Villars, près Saint-Parize-le-Châtel, à Pierre du Four, écuyer, que nous voyons en possession de ces terres en 1633. Celui-ci portait : *D'azur, à un chevron d'or, accompagné, en chef, de deux tours d'argent, et en pointe, d'un oiseau de même* (2).

De leur union naquirent Henri, Suzanne et Marie. Cette dernière fit passer ces deux seigneuries à Jacques de Forestier, écuyer, dont les enfants vendirent le Fort-de-Lanty et ses dépendances, en 1680, à Louise-Françoise de Bussy-Rabutin, fille du

(1) Archives du château de Rivière ; terrier.
(2) *Armorial de la généralité de Moulins-en-B.*

fameux Roger, et veuve de Gilbert de Langehac, marquis de Coligny. Cette dame, sur laquelle son père exerçait, depuis douze ans, un empire vraiment tyrannique, résolut enfin de s'y soustraire. Elle se décida à épouser Henri-François de La Rivière, chevalier, seigneur de Toussy ou Toucy. Le contrat fut passé, à l'insu du père, à Sainte-Reine, le 3 mai 1681. De là, elle se rendit au château de Lanty, où elle pressa Henri-François de la suivre. Il y arriva bientôt, en effet, et le mariage fut célébré, en la tribune du manoir, par du Poisson, curé de la paroisse, en présence d'une amie de la dame de Lanty et des domestiques de la maison.

A peine Roger de Rabutin eut-il connu la démarche de sa fille, qu'il entre dans une violente colère. Il se rend immédiatement à Lanty et force cette femme à le suivre à Paris. Elle y accoucha d'un fils, qu'il cacha avec soin (1). Bientôt il la contraignit, le poignard sur la gorge, à dire qu'elle n'avait pas consenti au mariage ; qu'elle avait été surprise et trompée. Il s'ensuivit un long et scandaleux procès, auquel prirent part les parents des deux parties.

Après quinze audiences, la cour déclara le mariage valide et enjoignit à Louise-Françoise de Rabutin de se réunir à son mari. Elle déclara en même temps l'enfant légitime; mais il mourut à l'âge de dix ans (2).

Par suite de ces tristes débats, le Fort-de-Lanty revint sans doute à ses anciens maîtres; car, Fiacre de Forestier s'en disait seigneur en 1711, et Pierre, chevalier de Saint-Louis, maréchal-des-logis des mousquetaires à cheval de la garde du roi, dix ans après. Le maréchal de Villars prenait aussi le titre de seigneur de Lanty en 1729.

Montenteaume, petite maison-forte du quinzième siècle, au pied de la montagne de Lanty, est de forme carrée et surmontée d'un toit pyramidal. Elle était défendue, sur trois

(1) Il avait prit le nom de *du Mas*, et sa fille celui de *Dupuis*.
(2) Archives du château de Rivière.

faces, par des assommoirs, dont il ne reste plus que les consoles. Les fenêtres sont en accolade. La seigneurie de ce nom appartenait, en 1367, à Henri de Lanty, dit de Montenteaume. Huguenin de L'Hôpital, surnommé de Lanty, la possédait en 1405. Jean, son fils, sieur du Moulan, la laissa à Hugues, et celui-ci à Honoré, Jean et François, qui firent aveu en 1520. François II, fils de ce dernier, transmit Montenteaume à Pierre, qui vivait en 1626. René de Lanty est connu par son caractère violent et provocateur; il fut tué en duel vers 1630 (1). Le roi confisqua alors ce fief, qui passa ensuite aux familles Méchine et du Verne.

Le seigneur de Montenteaume jouissait d'une rente de huit sous, une poule et deux boisseaux d'avoine sur la chartreuse d'Apponay. Le curé de Lanty avait droit à une autre rente de *une livre sept sous* sur ce monastère, à cause du fief du Charnay ou de La Charnaye. Pierre Cotignon, sieur du lieu, en 1638, est connu par un poème de plus de cinq mille vers sur la vie et les travaux de Jésus-Christ.

Au Brouillat se voit une motte avec fossés. Ce sont, sans doute, les ruines de l'ancien Fort-de-Lanty, dont nous avons parlé; car nous ne pensons pas, contrairement à quelques archéologues, qu'il occupât le sommet de la montagne. Au Charnay est une butte antique, ceinte de fossés.

VI.

MILAY, *Milayum*.

La commune de Milay, à six kilomètres au nord-est de Luzy, renferme une population de onze cent quarante-huit ha-

---

(1) Les armes de cette famille de Lanty étaient : « D'azur, à trois bandes d'or et dix étoiles de même, posées 4, 3, 2 et 1. » (*Armorial de la généralité de Moulins-en-B.*)

bitants. Son territoire, l'un des plus découverts du Morvand, comprend une surface de trois mille sept cent cinquante-sept hectares, dont deux cent trente-trois sont en bois. Il était jadis compris partie en Nivernais et partie en Bourgogne, d'où naissaient différentes juridictions au civil. La paroisse est très-ancienne. Elle ne dépend du diocèse de Nevers que depuis le concordat de 1801. Le patronage de la cure appartenait autrefois à la prieure de Marcigny-lès-Nonains, monastère du Brionnais, fondé en 1054 par saint Hugues, sixième abbé de Cluny, aidé de son frère, Geoffroy, baron de Semur. Elle le céda, le 8 mai 1619, avec les dîmes de la paroisse (1), au baron de La Roche-Milay qui, dès-lors, fut chargé de payer au curé sa portion congrue de trois cents livres (2). Les biens dépendant du presbytère étaient chargés, envers le seigneur, de quatre livres en argent et d'un boisseau de froment de bourdelage.

Le village de Milay est bâti sur une hauteur, d'où l'on jouit d'une assez jolie vue. A un kilomètre au-dessous passe, la route de Luzy à Château-Chinon, qui en rend l'accès facile. L'église paroissiale occupe, avec le presbytère, le sommet du plateau; elle est dédiée à saint Maurice, chef de la légion thébéenne. Son style est le roman du commencement du douzième siècle. Elle se compose d'une abside, appuyée de contre-forts plats et éclairée par trois fenêtres symboliques, dont la centrale a été murée; d'un chœur, flanqué de deux chapelles, formant transsept, et dont les absidioles ont été démolies; d'une nef éclairée par six baies en meurtrières, trois au sud et trois au nord. Au-dessus du chœur, s'élève une grosse tour carrée, portée par quatre arcades en plein-cintre et à pieds-droits. La

---

(1) La chapelle Saint-Martin, *en l'haut du Beuvray*, levait la moitié des dîmes; l'autre moitié se partageait entre la prieure et le baron de La Roche. (Terrier de Saint-Symphorien d'Autun, 1454.)

(2) Curés connus : Hardault, en 1681; Demarck, 1688; Courault, 1724; Alexandre, 1767 : fidèle à sa foi, il refusa le serment schismatique en 1790 et signa depuis *prêtre catholique romain*; il mourut en 1816; Peschaud, 1824; Ferdinand Paillet, ancien professeur, 1859.

voûte, en coupole, est soutenue par quatre trompes s'élevant des angles. Le portail occidental, appuyé de deux contre-forts plats, a été remplacé, en 1863, par un nouveau, flanqué de colonnes et surmonté de deux grandes baies, séparées par une autre colonne, et d'un goût qui n'est pas exempt de reproches.

On croit que cette église a été bâtie sur l'emplacement d'un temple païen et d'une ancienne villa résidence des prêtres attachés à son service. On y a découvert, à diverses époques, des objets antiques, tels que débris de marbre, de poterie; des tuiles à rebords, des sarcophages en grès et des conduits souterrains, en briques, solidement construits, qui durent servir à l'écoulement du sang des victimes. L'histoire nous apprend que nos rois donnèrent aux églises la plupart des biens appartenant aux temples des idoles du paganisme. Or, Milay était une seigneurie ecclésiastique, qui ne passa en mains laïques qu'en 1619. C'est donc un fait acquis à l'histoire de cette localité. Le presbytère, situé au sud, fut vendu dans la révolution. Il a été racheté dernièrement par la commune.

Le nom de Milay vient, selon les uns, du mot *miles* ou soldat, et, selon d'autres, d'une *pierre milliaire* ou colonne, que les Romains plantaient sur les grands chemins pour marquer les distances. Ces deux sentiments sont également plausibles, si l'on fait attention que Milay est à peu de distance du Beuvray, où les cohortes romaines étaient cantonnées pendant l'été, et d'où elles descendaient, en hiver, dans la vallée, et aussi à la position de ce village près d'une ancienne voie qui venait de la montagne. La dédicace de cette église et de celle de Chiddes, sa voisine, au glorieux capitaine de la légion thébéenne, à saint Maurice, n'aurait-elle pas été faite en considération des souvenirs militaires, dont le pays était rempli?

On trouve à Milay un établissement religieux, composé de trois sœurs *du Saint-Enfant-Jésus*, de Chauffailles; il fut fondé par la commune en 1860.

La terre de Milay, avec haute justice, ayant rang de bailliage, était tenue en franc-alleu, et mouvait directement du roi à cause de sa *grosse tour et boulevard* de Saint-Pierre-le-Moûtier. Cette dépendance de nos rois consacre l'origine que nous lui avons assignée plus haut. Elle appartenait au monastère de Marcigny-sur-Loire dès le onzième siècle. Une bulle du pape Urbain II, donnée en 1096, quarante-deux ans après la fondation de ce couvent, la confirme aux religieuses. On voit par cette bulle qu'elles possédaient déjà des biens en treize diocèses. Les prieures sont presque toutes sorties des premières maisons de France. On n'y recevait que des filles nobles. En 1311, il y avait quatre-vingt dix-neuf religieuses. La sainte Vierge comptait pour la centième : *nostra centesima*. Sa prébende était recueillie et distribuée, chaque jour, aux pauvres. Un religieux, sous le titre de prieur, avait l'administration du spirituel et du temporel de la maison.

Le 29 octobre 1570, dom Jean Cotignon, docteur en théologie, grand prieur de Cluny et de Marcigny, céda à Philibert Bertrand et à Pierre de La Meuloise ce qui pouvait appartenir au monastère dans la succession de Marie Bergier, femme serve de la seigneurie. Un demi-siècle plus tard, le 8 mai 1619, la prieure, du consentement de ses religieuses, vendit Milay pour une rente annuelle et perpétuelle, *franche de toutes charges et payable en froment*, à René de Rousselé, chevalier, baron de La Roche, et à Marguerite de Montmorency, son épouse. Le roi Louis XIII, à la prière de ce seigneur, la réunit à la baronnie, par lettres patentes du mois d'août suivant. Il fut arrêté que les reprises de fief se feraient à la chambre des comptes de Paris (1).

Le 10 novembre 1769, Louise Pitoys de Quincize, comtesse douairière de La Roche, dame de Milay, légua un capital de deux mille livres aux pauvres de la paroisse. Les arrérages devaient être distribués, chaque année, aux plus nécessiteux.

Près du village, au sud, est l'ancien fief de La Meuloise, avec moyenne et basse justice. Il appartenait, au quinzième siècle, à une famille de ce nom. Noble Jean de La Meuloise,

---

(1) Archives de La Roche, terrier de 1706.

écuyer, fut bienfaiteur de la commanderie de Tourny, à laquelle il légua une rente de *trois livres quatre deniers*. Hugues de Chazeuil le vendit, dans la suite, au baron de La Roche.

La Vallée-de-Milay, *Vallis militum*, au nord-ouest, sur la rive gauche de la Séglise, possède un manoir seigneurial du dix-huitième siècle. On voit, sur un devant de cheminée mutilé, des fragments d'une inscription grecque et latine. Ce château, avec ses dépendances, formait une seigneurie, en toute justice, mouvant en fief du donjon de La Roche-Milay. On croit que ce fut autrefois une terre ecclésiastique, avec titre de prieuré. Hugues de Ternant, chevalier, légua, en 1240, douze deniers à *l'église Saint-Pierre de La Vallée*. Diverses circonstances font conjecturer que ce petit monastère aurait été fondé par les barons de La Roche-Milay et donné, par eux, aux religieuses de La Fermeté-sur-Ixeure, desquelles il aurait passé à l'abbé de Cluny.

Quoi qu'il en soit, La Vallée appartenait, en 1405, à Guy Moreau, vierg d'Autun, et, en 1585, à Robert de Mathieu, puis à Jean, son fils. Elle passa ensuite dans la maison d'Arlay, d'Autun. Charles d'Arlay, comte du Bourg, conseiller au parlement de Bourgogne, et seigneur de ce fief en 1694, s'acquit une triste célébrité par ses violences. De son château, où il avait réuni ses gens et plusieurs autres vauriens, il se rendit avec eux à Poil. Là, entrant dans l'église, il jure, blasphème, tire des coups de fusil et se livre à toutes sortes d'excès. Il fallut que la châtelaine du Monceau, comme dame du clocher, se transportât sur les lieux pour mettre fin à tant d'abominations. L'affaire allait être portée devant le roi, lorsque le marquis de Montbrun intervint en faveur du coupable auprès du seigneur du Monceau et l'apaisa. Il fut condamné seulement à payer *trente louis d'or* pour réparer les dégâts faits à l'église.

Quelques années après, il ravagea la terre du Moulan en haine de Gilbert de Berger, seigneur de Rivière. Il allait, avec ses gens, chasser jusque sous les murs de son château, pour le provoquer, et il finit par déterminer Antoine de Berger, son frère, à lui *déclarer la guerre*. Un rapport, dressé contre lui, raconte qu'il avait voulu tuer un sieur Destouches, et, faisant allusion à sa qualité d'ancien président au parlement, dit qu'il était plus propre à violer les lois que d'en procurer l'observation (1). Il vendit le moulin de Boussé en 1725, en réservant le *franc-moulu* du château de Rivière, et laissa La Vallée à Nicolas-Marie d'Arlay, qui en était possesseur quelques années plus tard. Celui-ci transmit cette terre, par donation entre vifs, le 26 avril 1777, à Charles-Léopold, marquis de Jaucourt, chevalier des ordres du roi, lieutenant-général de ses armées et de l'île de Corse, et gouverneur de Valenciennes, qui en a été le dernier seigneur. Il est mort sous la Restauration.

Lavault, *Vallis*, au nord, avec une maison de campagne, appartenait, en 1592, à Gabriel de Lanty, qui en donna dénombrement à La Roche-Milay. Il avait épousé Jeanne de Berger, dont il eut plusieurs enfants. Jean, son petit-fils, en était seigneur en 1662. Celui-ci eut de Jeanne II de Berger, sa femme, Louis de Lanty, qui en jouissait en 1699. Lavault est actuellement la propriété de M. Rollet de La Rue.

La Creuzille, ainsi nommée de sa position dans une gorge, a été long-temps tenue en fief par la maison de Chargères. Charles en était seigneur en 1670, et Jean-Marie, fils de Pierre, en 1750.

Magny, où l'on voit une belle maison moderne, appartenait, en partie, en 1585, à la trésorerie de Nevers. Antoine de Potillon en fit aveu en 1640, et Jacques de Méru, sieur d'Orsa et de Thil, en 1716.

Charles de Chargères se disait aussi seigneur de Magny, en partie, vers 1645. Il laissa de Louise de Bourguignon quatre enfants (2). Paul, l'aîné, qui lui succéda, s'unit, le 18 décembre 1677, à Elisabeth du Crest de Barnaud, dont il eut Lazare, seigneur de La Cœudre et de Rodon, marié, le 20 juin 1679, à Marie-Charlotte des Prés. La maison de Montsaulnin le possédait naguère.

(1) Archives du château de Rivière.
(2) Paul, qui suit ; Jean, Pierre et Lazare.

Montigny, bâti sur une hauteur, au sud, près d'une antique voie romaine, se divise en petit et grand. Il formait ainsi deux fiefs, dont l'un appartenait à la maison du Crest, et l'autre à celle de Chargères. Claude du Crest en fit aveu à La Roche-Milay en 1605, et Jean vingt ans après. Cette branche en prenait le nom en 1730.

Jean de Chargères, écuyer, seigneur de Sapinières, de Chigy-le-Mizieu et de Tourny, était possesseur de l'autre fief en 1590, et Claude, son fils aîné, trente-quatre ans après. Celui-ci le laissa à Simon, son puîné, capitaine au régiment de Picardie, qui en jouissait encore en 1699. Un membre de la famille Guyot d'Amfreville, originaire de Normandie, en portait le nom en ces derniers temps.

Le Marié, au sud-ouest, était aussi divisé en grand et petit. Guillaume de Ponard le possédait en 1690. Il épousa Pierrette de Chargères, fille de Claude, seigneur de Tourny. Jean, son fils, s'unit à Françoise du Crest, dont il eut Louis, sieur de Marié. Cet ancien fief est aujourd'hui la propriété du général Changarnier. La maison seigneuriale est du dix-huitième siècle.

Le Petit-Marié appartenait, en 1692, à Pierre de Chargères, écuyer. Louis, son fils, issu de son union avec Jeanne de Ponard, en était seigneur en 1730. Il épousa, la même année, Pierrette de Ponard, sa cousine, dont il eut Guillaume, qui vivait encore en 1789.

Chevrette, possédée par la maison de Ponard, était, en dernier lieu, la propriété de celle d'Amfreville.

La Garde, *Guardia*, offre diverses substructions antiques et rappelle l'établissement d'un poste militaire sur la voie romaine qui traversait ces parages. La tradition locale rapporte qu'il y exista autrefois un couvent, ce qui n'est peut-être qu'un souvenir confus de ce fait. Cet ancien fief a donné son nom à une famille qui le posséda au quatorzième siècle. Renaud de La Garde, dont la sœur, Jeanne, épousa Guyot de Torcy, en était seigneur en 1400. Jean fit, en 1540, une liquidation avec Philibert de Houppes, son beau-frère. La Garde entra ensuite dans la maison Gondier, dont une branche en prit le nom.

L'Étang-de-la-Planche, au sud-est, était possédé, en 1401, par Alips de Thil, veuve de Richard de Montaigu, et par Arthur de Langon, procureur au bailliage de Luzy. Hugues, Guy, Érard et Jean du Monceau se disaient seigneurs de l'Étang-de-la-Planche, en 1407. Jacques de Méru, sieur de Magny et d'Orsa, fit foi et hommage pour La Planche, à Luzy, en 1716. Claude de Coujard renouvela ce devoir en 1789. La maison Coujard de La Planche est originaire de la banlieue de Château-Chinon, où se trouve un ancien fief de ce nom. Emiland de Coujard était membre de la confrérie du Saint-Sacrement de cette ville au seizième siècle (1). Claude et Etienne, frères, acquirent de l'abbé de Saint-Symphorien d'Autun, le 30 novembre 1659, la terre dite *les fossés de Beuvray* (2). Philiberte de Coujard fit une fondation dans l'église de La Roche-Milay, en 1653. Les armes de cette famille sont : « D'or, à une cigogne de sable (3). »

M. Coujard de La Planche, conseiller général de la Nièvre, propriétaire actuel, a rebâti le château. Ce manoir, entouré d'un beau parc, est flanqué de quatre tourelles et orné d'un beau péristyle en granit rosé.

VII.

POIL, autrefois POY, *Piclia*.

Cette antique paroisse a été érigée en commune par décret impérial du 9 mai 1860. Jusque-là, elle avait fait partie de celle de La Roche-Milay, sa voisine. La population, qui était de

---

(1) Registre de la confrérie.
(2) Archives du château de Glux.
(3) Paris, archives de l'empire; *Armorial de la généralité de Moulins*.

treize cent cinquante habitants, a été successivement réduite à huit cent six. En 1833, on lui enleva treize hameaux, et, en 1860, douze, qui furent attribués à La Roche-Milay (1). Son territoire, jadis partagé entre la Bourgogne et le Nivernais, occupe le versant méridional du mont Beuvray. Les Romains y ont laissé de nombreux vestiges de leur passage ; nous citerons, entre autres, le tumulus que l'on remarque à l'est du village et les ruines d'une antique villa, dont on rencontre les débris entre le Carzot et la Corne-du-Bois. On y a découvert des tronçons de colonnes, des restes de mosaïque, des tuiles à rebords, des médailles.....

Ancienne dépendance du diocèse d'Autun et de l'archiprêtré de Luzy, la paroisse de Poil n'a été réunie à l'évêché de Nevers qu'à la restauration de ce siége épiscopal, en 1822. Le patronage de la cure appartenait autrefois au chapitre d'Autun, et la seigneurie du clocher aux comtes de La Roche-Milay, qui la cédèrent, au dix-septième siècle, aux seigneurs du Monceau. Les dîmes se partageaient entre le curé, la chapelle Saint-Martin, *en l'haut du Beuvray*, et les seigneurs du voisinage.

Le chef-lieu, situé dans une plaine aquatique, ne se compose que de quelques chaumières, au centre desquelles se voient l'église et le presbytère. Celui-ci fut reconstruit en 1726, par les soins du curé Chaveau et de Jacques de Méru, seigneur de Thil et de La Ranche. Il est bien bâti, mais singulièrement délabré. L'église, dédiée à saint Romain, est une jolie construction de style roman. Au-dessus du chœur s'élève la tour du clocher, surmontée d'une flèche en bardeau. De chaque côté, sont des chapelles, formant, avec le reste de l'édifice, une croix latine. Celle du nord, qui appartient à la maison d'Estevaux, est de l'époque de la renaissance et très-propre. L'autre, jadis aux seigneurs de Villette, sert actuellement de sacristie. La nef, naguère vaste carré, sans style, a

---

(1) Divers hameaux, comme Le Bec, Césars, Sarriou, Chas, Sanoye, Vernaron, Bié, Duverniaux, Saignes, Jondôt, ont tout à fait disparu.

été voûtée en 1863 et divisée en bas-côtés, au moyen de colonnes cylindriques en granit. Cette église a été cédée à la commune par la famille Bertrand de Rivière, qui l'avait acquise dans la première révolution (1).

La paroisse de Poil renfermait autrefois plusieurs fiefs et seigneuries, tous mouvants du donjon de La Roche-Milay. Celui du Monceau, aujourd'hui *Mouceau*, avait dans sa dépendance Le Verne et L'Epinay, et jouissait des honneurs de l'église. Le manoir seigneurial se voit à un kilomètre, à l'ouest. Il est bâti en forme d'équerre et ne conserve que les deux tours de la façade du nord; celles du sud ont été rasées. Les fossés sont presque intègres et pleins d'eau.

Ce château fut assiégé, en 1589, par le seigneur de La Bussière, que soutenaient ceux de La Roche-Milay, de Chaumigny, de Cuzy, de Merans, de La Goutte, de Niault, de La Pommeraye, de Ponay, de Rivière, de Thars, de Villette, de La Vallée, de Varennes et du Verne. On remarquait, parmi les assaillants, le capitaine *La Plante*, ayant sous ses ordres un certain nombre de soldats, connus sous les noms de guerre de *L'Espérance, Le Bois, La Forge, Joli-Cœur, Le Meix, La Plume, La Rose, La Prune*...... Ils tinrent le château étroitement serré pendant plusieurs jours et y entrèrent, par capitulation, le 30 septembre.

Les dépendances du Monceau se composaient de trois domaines. Sa haute, moyenne et basse justice s'exerçait à Poil et comprenait ce village et Les Jours, près Saint-Léger (2). Elle commençait, d'après le bornage de 1670, à la Maison-de-Bourgogne, remontait la rivière jusqu'au moulin de *Chanlevrier*, confinait avec celles du Jeu et de Lavault, touchait

(1) Curés connus : Jean Laizon, en 1454; Bonnet......; Philibert de La Crotte, 1631; Ballard, 1675; Jacques de Chevannes, écuyer, chanoine d'Autun et seigneur de Concley, 1689; Brunet, Bonnamour, 1699; Chaveau, 1712; Nuguet, 1753; Nicolas Bonnet, 1763; Claude Leblanc, 1768; Mougin, 1781; Philippe Duruisseau, 1784; Renoud, 1833.

(2) Juges : Zacharie Caillery, en 1670; Joseph Geoffroy, 1706; Joseph-René Dubosc.....

aux fontaines de *La Chazotte* et de *Montchauveau*, suivait le chemin de *Toulon à Château-Chinon* et finissait au *Poirier-au-Chien* (1). Girard du Monceau était seigneur du lieu, en 1374. Hugues, Guy, Érard et Jean, ses fils, reprirent de fief pour l'Étang-de-la-Planche, en 1400. Pierre parut au siége de Château-Chinon, en 1412. Gaspard des Jours, sieur du lieu, de La Chasseigne, de Layer et du Fort-de-Lanty, en fit refaire le terrier en 1584. Gaspard II, son fils, et Louis Olivier, son gendre, étaient seigneurs du Monceau, de Poil et des Jours en 1608.

Guillaume Olivier parut, en 1670, à la confection du terrier de Glaine, où il démontra que ses auteurs jouissaient du droit de pêche dans *la rivière de la Maison-de-Bourgogne, du côté du Nivernais, d'autant que ses jours ont été expédiés sur la planche, près du village de L'Homme* (2). Il avait épousé Marie du Clerroy, fille de Charles, sire de Mary, et, en deuxièmes noces, Marie Gascoing, qui fit enregistrer, après sa mort, en 1697, ses armes à la généralité de Moulins-en-Bourbonnais.

Claude de Marchand, écuyer, seigneur de La Fouchardière, commandeur de l'ordre de Notre-Dame du Mont-Carmel, capitaine des gardes-du-corps du roi, acquit le Monceau par décret, le 13 août 1685. Il testa le 20 janvier, treize ans plus tard, et légua ses biens à Pierre de Chargères, comte de La Mothe, et à Antoine, son frère, baron du Breuil; mille livres à Philibert Danguy, seigneur de Monteuillon, et une rente perpétuelle de vingt-six pour faire célébrer, chaque semaine, une messe pour le *remède* de son âme. Anne-Jeanne de Blanchefort, sa veuve, lui survécut jusqu'au 24 juin 1719. Cette dame choisit sa sépulture *au côté de la grande porte* de l'église de Poil, et défendit de placer une tombe sur sa fosse. Elle voulut qu'à ses funérailles assistassent quatre prêtres seulement

(1) Terrier de Glaine, 1670.
(2) *Ibid.*

et douze pauvres, à chacun desquels on donnerait trente sous. Les cordeliers d'Autun reçurent deux cent quatre-vingts livres pour célébrer cent messes dans *l'église de Poy, pour le remède de son âme*. Elle légua, en outre, cent livres à sa sœur, religieuse à Corbigny, trois cents au monastère du Reconfort, et soixante mesures de seigle aux indigents de la paroisse.

Le Monceau fut acquis, peu de temps après, par Jean-François de Laferté-Meun, qui en était seigneur en 1728. Hugues-Antoine, son fils, le possédait en 1775. Cette ancienne terre appartient actuellement à M. Edouard de Vitry, qui la tient de son épouse.

Villette, *Villula*, à l'ouest, est un château du dix-huitième siècle, rebâti sur les ruines d'une antique maison-forte par Denis de Velle, vicaire général d'Autun. Il est situé à l'entrée d'un bois, qui pourra, plus tard, former un beau parc. Ce nom rappelle un souvenir romain. Honoré de Lanty, seigneur du Moulan, en reprit de fief à La Roche-Milay, en 1520. Michel Le Noble, maire de Saulieu, renouvela ce devoir, six ans après. Un siècle plus tard, Villette appartenait à Scipion Le Mareschal, garde-scel et président en la chambre des comptes de Nevers, et, en 1685, à Jacques, Gilbert et Jean Enfert, frères. Le premier légua, dix ans après, douze cents livres à l'église de La Roche-Milay, pour l'entretien de la lampe du Saint-Sacrement et la célébration de soixante messes par an, à perpétuité.

Gilbert, *alias* Gabriel Enfert, seigneur de Villette, en partie, s'étant rendu, au mois de juin 1706, à Beaune pour se faire installer comme auditeur au parlement, s'en revint par Châlons-sur-Saône, et fut assassiné à quatre kilomètres en deçà de cette ville.

A la nouvelle de sa mort, le château fut pillé et dévasté; tous les meubles furent enlevés. Ses héritiers : Michel de Velle, ancien bailli, maire et subdélégué de Saulieu, auditeur en la chambre des comptes de Dôle, Sébastien Moreau, Jean Berthauld des Vernes et Lazare Collard, avocats en parlement, au nom de Pierrette et Eugénie Cortelot de Noiron et de Dominique Bizouart, leurs femmes, firent publier un monitoire contre les ravisseurs (1). Michel de Velle laissa de Marie Rouge, son épouse, plusieurs enfants, dont l'aîné, Claude, fut inhumé, à l'âge de trente ans, dans la chapelle de sa famille, à Poil; Denis, le puîné, chanoine et official d'Autun, rebâtit le château; il bénit, le 20 octobre 1764, la chapelle de Concley et mourut quelques années après. Françoise Charpentier de Fouronne ayant porté Villette à Thomas-André-Marie Davigneau, chevalier, président au bailliage d'Auxerre, celui-ci vendit ce fief à la maison de Laferté, qui le repassa de même, en 1824, à Jean-Louis Bouhéret, d'Autun; son petit-fils, Edme-Denis, en est actuellement possesseur.

Concley, *Castellum Conclusum*, manoir du règne de Louis XV, a pris ce nom de sa position dans une vallée enfermée de montagnes. On y voyait jadis une chapelle, de seize pieds de long sur quatorze de large, construite en 1676, et bénite, le 1er mars de l'année suivante, par messire de La Thoison, curé de Saint-Léger-sous-Beuvray, avec défense d'y placer une cloche pour appeler les habitants du voisinage aux offices. Pourtant on y remarquait naguère celle de l'ancien couvent des cordeliers de Beuvray, fondue en 1634. Cette chapelle fut rebâtie avec le château; car, nous voyons une seconde bénédiction faite le 20 octobre 1764, par Denis de Velle, grand vicaire et official d'Autun, seigneur de Villette.

La terre de Concley, seigneurie en toute justice, haute, moyenne et basse, mouvait noblement du comté de La Roche-Milay. Jean Ier de Chevannes, écuyer, en reprit de fief en 1494. Jean II, procureur du roi à Autun, en 1660, eut de Josephte Enfert, sa femme, deux fils: Jean III, qui lui succéda; Jacques-François, chanoine d'Autun et curé de Poil, et une fille, Anne, mariée à noble Jean Vestu, écuyer, conseiller et secrétaire du roi. Le premier s'unit à Françoise de Chappe, et se disait, en 1706, seigneur de Concley et autres lieux.

(1) Archives de Dijon.

Ce fief passa ensuite à Denis-François de Champeaux, seigneur de Saulcy et de La Boulaye, chevalier de Saint-Louis, capitaine de cavalerie et lieutenant des maréchaux de France, à Autun. Il rebâtit le château et laissa d'Antoinette-Françoise de Morey deux enfants : Denis-Anne, seigneur de La Boulaye, et Françoise-Émilie, mariée, en 1786, à Charles-François-Xavier-Népomucène Collins de Gévaudan, auquel elle porta Concley. Leur fils en est aujourd'hui propriétaire.

Cette famille, titrée comte de Gévaudan, est originaire des Cévennes en Languedoc, qu'elle quitta, il y a environ trois cents ans, pour se fixer en Auvergne et en Bourbonnais, où elle posséda les seigneuries de Saint-Priest, de La Poivrière, de Reillat, du Montet..... Ses armes sont : « D'azur, au sautoir » d'argent, chargé en cœur d'une aigle éployée de sable, » accompagnée, en pointe, de trois tiges de lis, du second » émail. »

La chapelle Saint-Martin de Beuvray possédait à Concley, en 1454, le meix de Jean Guyon, qui lui payait, chaque année, *ung franc* de rente, à la Saint-Martin d'hiver.

Estevaux, autrefois Haulte-Vaux, *Alta Vallis*, dans une vallée, à l'ouest, possède un château du dernier siècle, avec un beau parc. A côté, on remarque une jolie chapelle, du style de la renaissance, reconstruite en 1821, sur l'emplacement d'une plus ancienne, et bénite le 6 octobre de l'année suivante. Le curé de Poil va, le jeudi de chaque semaine, y célébrer la messe.

La seigneurie d'Estevaux, fief double, avec la moyenne et basse justice, mouvait du comté de La Roche-Milay. Guillaume d'Estevaux, écuyer, en fit aveu en 1490. Il laissa de Jeanne de Ferry, son épouse, trois enfants: Jeanne, Guillaume et Jeanne. L'aînée des deux filles s'unit à Jean Ier de Merans, écuyer, capitaine du château de La Roche-Milay et garde-scel aux contrats de cette baronnie, en 1536, et la seconde à Pierre Ier de Chargères, fils de Jean, seigneur de La Goutte.

Jean II de Merans succéda à son père dans sa charge de

capitaine de La Roche-Milay et assista, en 1589, au siége du château du Monceau. Gaspard, son fils, laissa de N. de Berger, sa femme, quatre enfants (1). Charles, l'aîné, vivait en 1630, et se disait seigneur d'Estevaux et de Pierrefitte. Françoise de Merans, sa fille, porta ces terres à Charles du Clerroy, son cousin. Françoise, issue de leur union, ayant épousé Jean-François de Laferté, lui fit passer Estevaux, dont il était possesseur en 1722. François, Jacques et Jean, leurs fils, en jouirent ensuite.

Pierre Ier de Chargères, seigneur en partie d'Estevaux, laissa de Jeanne de Merans, sa femme, plusieurs enfants. Pierre II, son petit-fils, s'unit lui-même à Jeanne de Merans, sa cousine, fille de Gaspard, et en eut Lazare, Philippe, Françoise, Suzanne et Bénigne, au nom desquels l'aîné fit aveu pour ce fief en 1679. Jeanne de Merans se remaria, après la mort de son mari, avec Charles du Crest, seigneur de Ponay et de Montarmin, dont elle eut, entre autres, Françoise du Crest, qui s'unit, le 5 décembre 1661, à Pierre Le Prestre, fils de Paul, sieur de Vauban. De cette union vinrent Jean, tué au régiment de Beaujolais; René, capitaine, mort au même régiment; Françoise, mariée, en 1698, à Jacques des Jours, seigneur de Mazilles, et Antoinette, morte sans alliance.

La maison de Laferté vendit Estevaux, dans la dernière moitié du dix-huitième siècle, à Zacharie-Bertrand de Rivière, procureur fiscal du bailliage de La Roche-Milay. Louise de Rivière, sa petite-fille, a porté cette terre, le 21 décembre 1852, à M. Aimé-Charles de Bodin, baron de Galembert, auteur d'un ouvrage intitulé : *Souvenirs d'un voyage en Sicile* (2).

La maison de Galembert, originaire du Cambrésis, remonte

---

(1) Charles, qui suit; Guy, marié à Rachel de Rognan; Jeanne, femme de Pierre II de Chargères, et Suzanne, épouse de Jean-Baptiste du Clerroy, seigneur de Mary.

(2) In-12, Autun, 1861. Il est écrit dans un style pur et élégant, et surtout dans un excellent esprit.

à Foulques Le Baudin (1), grand prévôt de Cambray, en 1420. Une charte de l'abbaye de Saint-Aubert qualifie ce gentilhomme : de chambellan de l'évêque et seigneur de Villers. Sa filiation régulière commence à Jean de Baudain, écuyer, seigneur de Villers et châtelain du château de Selles, en 1340. Ses armes sont : *D'azur, à un chevron d'or, accompagné de trois roses de même, deux en chef et une en pointe ; au chef d'argent, chargé de trois merlettes d'azur*, avec une couronne de comte et deux lions pour supports.

Elle a formé plusieurs branches, dont les principales sont celles de Boisrenard, de Vaux et de Galembert. Elle est titrée barons et comtes (2).

Au bas de Poil se trouvait un petit fief, en toute justice, nommé L'Espinay, qui donna son nom à une famille. Il était uni à la seigneurie du Monceau.

La Chasseigne a aussi donné le sien à une maison, dont nous voyons un membre assister au siége de Château-Chinon en 1412. La famille des Jours a possédé long-temps ce fief et celui de Layer, qui fut auparavant à celle de Lanty.

Montchagny était un domaine au curé de Saint-Gengoux.

Thil, *Tilum*, seigneurie avec justice haute, moyenne et basse, possède encore un ancien manoir. On y trouvait jadis une chapelle, où, par privilége, se célébrait la seconde messe du jour de Noël. Alips de Thil, dame du lieu, épousa Richard de Montaigu, dont elle était veuve, lorsqu'elle reprit de fief, en 1400, pour l'Étang-de-la-Planche.

---

(1) Ce nom s'est écrit : Le Baudin, de Baudain et de Bodin.

(2) Ses principales alliances sont avec les maisons de Haucourt, d'Esne, de Hertaing, de Longueval, de Montmorency, d'Ongnies, de Lury, de Neuville, de Marivert, de Gratemesnil, de Bugy, de L'Esglise, Tascher de La Pagerie, de l'Aiglhoult, de La Taille, de Fougeroux, de Courcy, de Bréda, de Villeneuve, de Lamborty, de Massol, de La Ferrière, de Tullières, de Trimond, Berthier de Grandry, de Richomme, de Vansay..... (*Armorial de la noblesse de France*, généalogie de la maison de Bodin.)

Thil passa plus tard dans la maison de Méru. Jean était châtelain de La Roche-Milay en 1520. Jacques, maître à la chambre des comptes de Dijon, fut seigneur de Thil, de La Ranche et de Magny en 1716. Il laissa de N. de Chanlon, son épouse, plusieurs enfants, savoir : Antoine, Charles, Étienne.... Louise-Charlotte de Méru porta Thil, Orsa, Magny, vers 1760, à François, comte de Sigondet, seigneur du lieu, d'Avrilly, capitaine de vaisseau, dont le fils, Guy, en a été le dernier seigneur.

Possédé ensuite par les maisons de Montsaulnin, de Mandelot, Thil appartient actuellement à la famille Caillaut, d'Autun.

Pierrefitte, *Petra Ficta*, au pied du Beuvray, appartenait, en 1510, à Guillemette de Berger, qui en reprit de fief à La Roche. Une alliance fit passer cette seigneurie à Gaspard de Merans, sieur d'Estevaux. Celui-ci la laissa à Charles, son fils, dont la petite-fille, Françoise du Clerroy, épousa Jean-François de Laferté-Meun. Une partie des dîmes se payait à la chapelle de Saint-Martin de Beuvray.

Montenteaume, fief en toute justice, avec maison seigneuriale, appartenait, en 1494, à Jean de Chevannes, seigneur de Concley, qui le laissa à ses descendants. Les dîmes étaient perçues par le prieur de Saint-Symphorien d'Autun, à cause de la chapelle Saint-Martin, *en l'haut du Beuvray*. Gabriel Vestu, président au présidial d'Autun, en était possesseur en 1731.

VIII.

REMILLY, *Rumiliacum*, *Remiliacum*.

Près de la rive gauche de l'Halène, que l'on passe sur un pont à quatre arches, construit en 1832, à quinze kilomètres environ au nord-ouest de Luzy, on rencontre l'antique village de Remilly. Il n'offre rien de remarquable, si ce n'est un manoir du quinzième siècle, flanqué d'une tour d'escalier, armée de machicoulis, et d'une tour angle. Sa vieille église, dédiée à saint Barthélemy, est un édifice misérable, où l'on ne reconnaît presque aucune trace de la construction du onzième siècle; il n'y existe plus de voûte. Un mauvais clocher en bois, placé sur le centre, est tout ce qui la distingue des constructions voisines. Le nouveau cimetière, établi à l'est, fut béni solennellement au mois de février 1844.

La commune de Remilly, dont celle de Lanty a été distraite en 1862, compte six cent soixante-seize habitants. Son territoire, traversé, de l'est à l'ouest, par l'Halène, comprenait, avec la section de Lanty, une superficie de quatre mille six cent soixante hectares, dont seize cent vingt-cinq sont en bois.

Le sol est montagneux au sud et marécageux au nord. Cette localité conserve de nombreux vestiges de l'époque gallo-romaine. Ce sont des fragments de voies ferrées, des ruines d'antiques villas, des débris de tuiles à rebords, de poteries, d'urnes cinéraires....., notamment aux *Milleries*, à deux kilomètres au nord-est, au champ de la *Presle* et au Charnay.

Au premier endroit, actuellement en terre labourable, il exista un établissement de grande importance, si l'on en juge par les ruines qu'on y remarquait autrefois, et surtout par les quatre embranchements de voies romaines qui y aboutissaient. On voit deux tertres auprès de Montreuil et un autre, dit vulgairement *Château-des-Besaces*, au confluent du ruisseau de *Bulvin* dans l'Halène. Quelques archéologues les regardent comme faisant autrefois partie d'un système de défense, élevé par les vainqueurs des Gaules, pour protéger le pays.

La paroisse de Remilly, jadis de l'archiprêtré de Moulins-Engilbert, existait dès le onzième siècle. L'évêque de Nevers, Fromond, donna le patronage de la cure au chapitre de sa cathédrale, qui le vendit, le 13 mars 1685, au prieur d'Apponay, pour six livres en principal et une rente annuelle de une livre, payable, chaque année, le mardi de *Quasimodo*, avec la condition de ne nommer à *ladicte cure qu'une personne suffisante et capable* (1).

Guillaume Billaud, prêtre, acquit, le 6 juillet 1511, la place de l'ancienne maison-forte du lieu pour une rente annuelle de sept deniers. Il la revendit, le 4 octobre 1525, aux religieux d'Apponay pour huit sous, un *picotin d'avoine* de bourdelage et une rente de sept deniers, payable à la Saint-Martin d'hiver (2).

De l'autre côté de la rivière, sur une hauteur, au nord, on rencontre Saint-Michel-en-Longue-Salle, *Sanctus Michaël in Longâ Silvâ*, surnommé ainsi des vastes forêts qui l'entourent. Ce village était jadis le siége d'une seconde paroisse, annexée le 25 octobre 1682 à Remilly. Le patronage de la cure appartenait au prieur de Sémelay; les dîmes se partageaient entre ceux d'Apponay, de Coulonges-lès-Cercy et de Mazille. L'ancienne église paroissiale, dédiée à l'archange, dont ce lieu porte le nom, sert actuellement de magasin à foin. C'est un édifice du douzième siècle. Il n'en reste plus que l'abside et le chœur, au-dessus duquel s'élevait un clocher en bois, qui a été abattu. Sous la première, on voit une ancienne crypte avec un autel et une fontaine, dite de Sainte-Claire, où il se faisait naguère un grand pélerinage. Le seuil du portail de l'ouest, remplacé par une porte de grange, est formé d'une pierre tombale, portant une figure de chevalier sous une arcade trilobée; elle date du treizième ou du quatorzième siècle. L'inscription, en caractères gothiques, est indéchiffrable. Dans la vallée, au nord, de l'autre côté du ruisseau, sur lequel se trouvait autrefois un moulin, on remarque une motte, entourée de larges fossés et ombragée

---

(1) Titre de concession.

Curés connus de Remilly: Guillaume Billaud, en 1511;.... Sauvaget, 1660; Vaffard, 1673; Doreau, 1682; Mars, 1711; Guiller, 1760; il se retira à Moulins-Engilbert en 1792; Sauvageot, 1804; transféré à Cercy-la-Tour; Louis Rebréget, 1833.

(2) C'est sans doute la butte que l'on voit dans le pré de la *Rivière*, au nord, près Remilly, et qu'on appelle encore *le vieux château*.

» ment l'énergie, la force d'une race neuve, mais non l'intel-
» ligence d'un peuple civilisé. Il n'entre dans leur composition
» que deux éléments, la matière et la force, et cette simplicité
» les a rendus éternels.

» Derrière ce rempart national, ce camp des tribus de la
» vallée, s'abrite un culte en harmonie avec l'esprit de ces
» peuples enfants. Ce qui les frappe, c'est toujours la force
» dans la nature comme dans les hommes. Les hauts lieux,
» les arbres, les rochers, les fontaines, tous les éléments
» apparents du monde, tout ce qui étonne leur ignorance, tels
» sont les dieux qui prennent naissance dans leur imagination.

» ..... Le sommet du Beuvray était marqué d'avance pour un
» pareil culte. Tantôt voilé de toutes les brumes du Morvand,
» qui s'y donnent rendez-vous, tantôt livrant à l'œil un espace
» sans bornes, qui embrassait presque toute la confédération
» éduenne, il devenait forcément le centre religieux de toute
» la cité. De tous les points du territoire, la demeure des dieux
» protecteurs apparaissait dans sa puissante majesté; elle
» résumait l'unité des tribus.... »

La nature elle-même, en élevant le temple, avait pris soin d'y placer aussi l'autel. Çà et là, on voyait sortir du sol des rochers grisâtres, dont le sacrificateur gaulois prit possession. Deux sources limpides, encore vénérées des populations du voisinage, sous les noms des deux saints qui, autrefois, possédèrent des oratoires sur la montagne, coulent de son sommet et se précipitent, de cascade en cascade, jusqu'au fond de la vallée. Du sein des sombres forêts, qui couvrent encore les flancs abrupts du mont sacré, s'élevaient des chênes aériens, naturellement disposés pour recevoir les offrandes et les instruments des sacrifices.... Ainsi, se trouvait réuni, dans un même lieu, tout ce qui faisait alors l'objet de la vénération publique, tout ce qui constituait le matériel du culte druidique. Il était donc naturel aussi que le plateau du Beuvray, s'il ne fut pas le siège de la vieille Bibracte, devînt le lieu le plus vénéré, le sanctuaire le plus redouté de toute la Celtique.

C'est là, dit un écrivain moderne, que le peuple des villes et des campagnes se rendait en foule, à certaines époques de l'année, mais particulièrement au printemps, pour assister aux prédications des pontifes du pays ou aux plaids des vieillards, choisis pour rendre la justice. C'est là, à travers les monuments du culte, que les femmes, les enfants et les vieillards venaient, dans le temps d'une guerre dangereuse, chercher la sécurité et le salut, tandis que les hommes valides, tranquilles sur le soin des leurs, versaient leur sang sur les champs de bataille.

Les Romains, après la conquête, ne dédaignèrent pas la montagne sainte du Morvand. Ils établirent, sur son sommet, un vaste camp retranché, le plus magnifique des Gaules. Ils ouvrirent des voies militaires pour y donner un plus facile accès et permettre aux légions, cantonnées à sa cime, de se porter, avec armes et bagages, sur tous les points où la paix et la tranquillité publiques seraient troublées. Un *horreum* ou magasin de vivres pour les hommes et de fourrage pour les chevaux, y fut établi, et, à côté, une somptueuse villa. L'endroit du plateau, où se trouvaient ces antiques constructions, est encore connu sous le nom de *Parc-des-Chevaux* (1).

Exilées sur ce sommet glacé, les légions, après en avoir chassé les divinités de la Gaule, y établirent le culte des dieux de leur patrie, et y firent revivre les fêtes qui leur rappelaient les printemps de l'Italie. Flore, Maïa, déesses des fleurs et de la jeunesse ; Mercure, le dieu des marchands, et jusqu'à l'impudique Vénus, y eurent leurs autels. Les fêtes des nouvelles divinités, qui s'y célébraient, avec pompe, le premier mercredi de mai, la revue des cohortes romaines, qui avait lieu ce jour-là, y amenaient, en foule, la jeunesse et les curieux, non-seulement d'Augustodunum et de ses environs, mais encore des cités les plus reculées des Gaules.

(1) Des débris de tuiles cannelées ou à rebords, de vases, de poterie antique, des urnes cinéraires, des médailles gauloises et romaines y ont été découverts, à diverses époques.

De leur côté, les marchands, attirés par le culte de leur dieu protecteur et par l'espoir du gain, y accouraient de tous les pays. Ainsi s'établit cette foire du premier mercredi de mai, connue, au moyen-âge, sous le nom de *lite* ou *laite du Beuvray*, et que Guy Coquille dit avoir été célèbre dans toute la France. « Et en ladicte cime, encores aujourd'huy, se tient une
» foire renommée par toute la France, qui représente beaucoup
» d'antiquité ; car elle se tient, chacun an, le premier mercredy
» du mois de may. Au temps du paganisme, les marchands
» souloient sacrifier et faire leurs vœux à Maïa... et à Mercure,
» son fils, en ce mois de may, pour avoir leur faveur au trafic
» de leurs marchandises.... » « Et on voit encores aujourd'huy,
» que cette foire est à jour de mercredy, dit de Mercure, et au
» mois de may, dit de Maia (1). »

A la revue des légions succéda, sous la féodalité, un *Champ-de-Mai* de la noblesse des environs, puis, enfin, une revue des vassaux des baronnies de Glaine et de La Roche-Milay, et un tournoi qui ne cessa qu'en 1547.

Rien de plus curieux, de plus intéressant que le spectacle tout militaire que présentait alors le sommet du Beuvray. A la voix du haut baron de La Roche-Milay, une foule de seigneurs, bardés de fer, s'élancent sur leurs vigoureux coursiers et accourent, le casque baissé, la lance en avant, suivis de leurs varlets et de leurs hommes d'armes ; bientôt ces rudes champions exécutent, avec toute la vitesse que peut comporter leur pesante armure, les évolutions alors en usage, se livrent des combats singuliers, s'entre-choquent rudement, et, enfin, défilent, au pas de course, avec armes et bagages.

C'est au sortir d'un semblable tournoi que le baron Jean de Châtillon-en-Bazois, suivi de tous les seigneurs réunis au Beuvray, se rendit, *cum armis et equitaturis*, en 1253, au Château-d'Autun, pour délivrer Guy de La Perrière, son vassal,

(1) *Histoire du Nivernais*, p. 11. Cette foire était, comme la Saint-Martin, une époque pour les transactions, dans tout le voisinage.

détenu dans les prisons des chanoines, et s'attira, en punition de cette audace, le châtiment exemplaire dont nous parlerons bientôt.

Au quatrième siècle, les fêtes païennes et le culte des dieux de Rome et de la Grèce étaient encore en honneur au sommet de cette montagne. Saint Martin, évêque de Tours, cet apôtre si connu par son zèle pour la destruction des idoles, qui venait comme nous l'avons vu ailleurs, de renverser, au péril de sa vie, un chêne druidique sous les murs mêmes d'Augustodunum, ne pouvait laisser subsister un culte impie, dont il avait entendu raconter des choses révoltantes. Il se rendit donc, en 376, au Beuvray, sans autre secours que celui de la prière et parvint à détruire les autels des fausses divinités. Mais ce ne fut pas sans courir les plus grands dangers pour sa vie. Le peuple, qui apprend peu, mais qui n'oublie rien, raconte que le saint évêque, poursuivi par les païens ameutés, franchit d'un bond, avec sa monture, le large et profond ravin de Malvaux, *Mala vallis*, et alla tomber sur un rocher, connu encore actuellement sous le nom de *Roche-du-Pas-de-l'Ane*. Les villageois croient naïvement y reconnaître les vestiges du pied de l'âne de saint Martin. Ce souvenir, cette vénération persistante des habitants de la contrée consacrent, à défaut de l'histoire, la conversion des anciens indigènes par le thaumaturge des Gaules.

A la place des autels païens, on éleva bientôt un oratoire, qui reçut le nom de saint Martin et devint, à son tour, le but d'un célèbre pèlerinage. Les deux sources du plateau furent dédiées, l'une à saint Pierre et l'autre au saint évêque, dont le nom est ainsi resté, jusqu'à nos jours, deux fois inscrit sur la montagne.

Les foires du Beuvray avaient lieu, l'une le premier mercredi de mai, et l'autre le 2 juillet. Cette dernière, la moins ancienne, *était franche*. Mais les barons de La Roche-Milay, comme seigneurs féodaux, percevaient des droits considérables sur chaque pièce de bétail que l'on conduisait à la première.

Un tarif *imprimé* et attaché à un poteau, annonçait qu'il leur était dû : « Pour deux bœufs, *six sous;* pour deux taureaux,
» *quatre;* pour une vache veaulée, *deux sous six deniers;*
» pour une vache pleine, *deux sous;* pour une taure, *autant;*
» pour un cheval ferré, *huit sous;* non ferré, *cinq;* pour
» une cavale ferrée, *autant;* déferrée, *quatre sous;* pour
» chaque mouton, *brebis garnie,* chèvre et porc, *cinq*
» *deniers* (1). »

On voyait, près de la chapelle Saint-Martin, des *loges* établies pour les marchands drapiers; des tentes dressées sur le *cimetière,* où l'on vendait du vin; des *estaux* pour les *passeliers,* pour les *ferroillons, vendant œuvre grosse ou factisse;* pour les marchands de *congles* ou courroies de bœufs; pour les *saulniers,* débitant *du sel menu ou du sel blanc, en pain;* pour les *cordiers,* les *fructiers,* les *verriers,* les *tépiniers* ou potiers, les *merciers,* les *pannetiers,* les *jardiniers* et les *marchands de barillets* ou tonneliers (2).

Ces divers commerçants devaient, pour se loger dans les *estaux,* depuis un denier jusqu'à cinq sous, dont le montant se partageait entre le prieur de Saint-Symphorien et le baron de de La Roche-Milay, à l'exception du produit des loges du cimetière, qui était, pour chacune, de quatre deniers, et qui appartenait au prieur seul (3).

Les nobles barons de Glaine, et après eux les sires de La Roche-Milay, recueillaient des sommes assez considérables sur leur foire du Beuvray; mais ils en firent presque toujours, comme nous le verrons plus bas, un pieux usage.

Sur le point opposé du plateau, au nord, ils élevèrent, au quatorzième siècle, un couvent de cordeliers, qui y subsista jusqu'en 1570. Il fut alors brûlé par l'armée calviniste, dans

(1) Terrier de La Roche-Milay, 1706.
(2) Terrier de Saint-Symphorien, 1454.
(3) *Voir,* pour plus amples détails, l'article de Saint-Léger-sous-Beuvray.

sa traversée du Morvand, pour se rendre d'Autun à Moulins-Engilbert (1).

De ces divers établissements chrétiens du Beuvray, il ne restait naguère qu'une croix de bois, plantée là, solitaire, sur les ruines de la chapelle de Saint-Martin. Les nourrices du voisinage venaient, de temps en temps, après s'être lavé le sein dans la fontaine, se prosterner au pied de ce monument champêtre, et y attachaient une jarretière ou un ruban rouge, comme offrande, pour obtenir une sécrétion laiteuse plus abondante. Les malades y déposaient aussi quelques pièces de monnaie et un bâton de coudrier, pour demander la guérison de la fièvre intermittente.

Ce frêle monument avait cédé lui-même aux vents et aux tempêtes et gisait à terre, lorsque le congrès de la *Société française d'archéologie*, dans sa dix-huitième séance, tenue à Nevers, en 1851, décida que, pour perpétuer les souvenirs du Beuvray, une autre croix, en pierre, serait érigée à sa place.

La religion et la science sont sœurs, il est naturel qu'elles se tendent une main amie. La croix monumentale du Beuvray redira aux générations futures qu'au milieu du dix-neuvième siècle, alors que tous les liens sociaux semblaient rompus ou prêts à se briser, les deux nobles sœurs resserraient ceux qui, de tout temps, les ont unies.

Cette croix porte, au-dessus de sa base, sculptée en relief, l'image de saint Martin entrant à Amiens et exerçant cet acte héroïque de charité, que tout le monde connaît. Plus bas, on lit : « A saint Martin, apôtre des Gaules, souvenir de son » passage au mont Beuvray, en CCC.LXXVI (2). »

Le plateau du Beuvray, autrefois si fréquenté et si bruyant, n'est guère visité aujourd'hui que par quelques amis de la science et de l'antiquité. Les réunions périodiques des temps

---

(1) M. Abord, *Histoire de la Réforme*.
(2) *Voir*, pour de plus amples détails, les articles de Glux et de Saint-Léger-sous-Beuvray.

anciens sont tombées ; c'est à peine si l'on en retrouve un fantôme dans la foire actuelle du premier mercredi de mai. Les monuments celtiques ont disparu ; l'ère gallo-romaine n'y revit que dans les vestiges de son camp retranché et dans ses voies brisées ; la féodalité que dans l'histoire, et le christianisme que dans une croix !!! Aux cris des guerriers, au bruit des fanfares ont succédé la voix plus douce, le chant plus langoureux des pâtres du voisinage. Le beuglement de quelques génisses, le bêlement des troupeaux ont remplacé le hennissement des chevaux et le bruyant cliquetis des armes. Une solitude, un silence, à peu près complets, règnent actuellement au Beuvray, et cette solitude et ce silence semblent devoir être éternels !!!

Mais redescendons à La Roche-Milay, dont le château se montre, comme un nid d'aigle, perché à la pointe d'un rocher de granit. Ce bourg, aujourd'hui bien déchu de son ancienne splendeur, est encore, néanmoins, le plus considérable du canton. Mais il ne pourra que déchoir, de plus en plus, par l'abandon forcé où le laissent toutes les voies de communication. Il tire son nom du rocher de cent cinquante mètres d'élévation au sommet duquel il est bâti, et dont la petite rivière de Séglise vient, de ses eaux argentines, baigner le pied. Il se nomma autrefois Roche-de-Milay, et en 1793, *Rocher-Montagne*. Son surnom Milay ou Milet, du latin *miles*, soldat, rappelle la position militaire du Beuvray ou la possession des hauts barons du pays.

Ce bourg, malgré sa position élevée, est dominé, de toutes parts, par de hautes montagnes, qui circonscrivent singulièrement la vue. Celle de Touleurs est la plus remarquable après le Beuvray. Son pic boisé était couronné autrefois par un château-fort, dont il reste encore d'importantes ruines, recouvertes de vieux troncs d'arbres. On croit communément qu'il fut la résidence des anciens seigneurs de la localité. Un manuscrit, que l'on peut voir au château de Rivière, annonce, d'accord avec quelques écrivains, qu'il fut rasé, en 1474, par les troupes du comte de Roussy, maréchal de Bourgogne.

Affranchi dès le treizième siècle, le bourg de La Roche-Milay prit de l'importance, et ses habitants purent s'honorer du titre de *bourgeois*. Au quinzième, ils obtinrent de leur seigneur la permission de se clore de murs; mais ces fortifications et la position difficile du pays ne l'empêchèrent pas de tomber au pouvoir des troupes bourguignonnes. Un terrible incendie le dévora, avec le château et la halle, en 1544 ou l'année suivante.

A la pointe du rocher, sur lequel ce bourg est situé, se dresse le manoir des comtes de La Roche-Milay. C'est un vaste parallélogramme, flanqué de deux pavillons, reconstruit, sous la régence, par le maréchal de Villars. On regrette, pour le coup d'œil, ces anciennes tours, dont l'aspect était si pittoresque. Il n'en reste plus qu'une seule, détachée de l'édifice actuel. Tous les sujets de la baronnie avaient droit, moyennant *cinq sous de rente par feu, de se retraire, avec leur butin*, en temps de guerre, en ce château, où une caserne avait été bâtie *tout exprès* (1).

Inabordable de trois côtés, le donjon de La Roche-Milay était défendu, au sud, par une double ceinture de murailles et de fossés, autour desquels les sujets du comté étaient tenus de faire guet et bonne garde. Ils devaient, en outre, contribuer à la solde *des soldats du roi*, lorsqu'il y en avait au château.

Il se tenait jadis au bourg de La Roche-Milay un marché le lundi de chaque semaine et sept foires par an. Quatre furent obtenues du roi Henri III, en 1582, par René de Rousselé. Elles avaient lieu le premier lundi de mars, les lundis avant la Fête-Dieu, après la Nativité de la sainte Vierge et le jour de saint Thomas. Outre la redevance sur les bêtes que l'on y conduisait, le seigneur prenait *deux blancs* sur tous les marchands de denrées, et un denier parisis sur l'acheteur. Le prieur de Vanoise, par fondation des seigneurs, avait droit à *sept gros et demi* sur le produit des foires et marchés, et le curé de La

---

(1) Terrier de La Roche-Milay.

Roche-Milay à autant. Ce dernier, en vertu d'une autre concession, prenait les langues de tous les gros animaux que l'on tuait dans la *bourgeoisie*; mais hors des limites de la franchise elles appartenaient au seigneur. Celui-ci levait le minage à la halle, bâtie sur la place publique, et percevait les dîmes sur le froment, le seigle et l'avoine. Tous les habitants devaient moudre leurs grains à l'un des deux moulins banaux de la terre et cuire leurs pâtes dans le four public.

La justice seigneuriale se rendait au bourg dans un bailliage, dont le ressort comprenait trente-deux paroisses, en tout ou en partie, et une étendue *de vingt lieues* de pays. Sa juridiction touchait presque aux portes d'Autun, et elle comptait trente-deux justices dans sa dépendance, par appel. Le personnel se composait d'un bailli, d'un juge-lieutenant, d'un procureur fiscal, d'un greffier, de huit procureurs du fait commun, de huit notaires *baronniques* et sergents, de deux huissiers audienciers et de quatre gardes des eaux et forêts (1).

Le lundi après *Quasimodo*, le bailli avait *accoutumé tenir une assise*, dite *grands jours*, où tous les juges des arrière-fiefs ou arrière-justices étaient obligés de se présenter en personnes. Faute par eux de *comparoir* au jour fixé, ils étaient condamnés à dix livres d'amende, avec défaut pour la première et la deuxième fois. A la troisième, il était ordonné que leurs justiciables plaideraient devant le bailli de La Roche-Milay, en première instance, jusqu'à ce qu'ils eussent obéi. Cette assise avait succédé à la revue des vassaux eux-mêmes, au sommet du Beuvray (2).

A la suppression des institutions féodales, ce bailliage fut remplacé par une justice de paix, qui comprenait, dans son res-

---

(1) Baillis connus : Jean Letors, en 1427; Hugues de Druy, 1438; Jean de Merans, 1570; Jean Dubosc, 1624; Guy Coquille, 16.....; Gilbert Enfert, 1672; Zacharie Caillery, 1690; Jean Geoffroy, 1700; Joseph-René Dubosc, 1703; François Dubosc, 1724.....

(2) Archives du château de La Roche-Milay.

sort, les paroisses de La Roche-Milay, de Saint-Gengoux, de Chiddes, de Milay, de Poil et de Villapourçon. Un nouveau remaniement supprima ce canton, en 1800, et réunit les communes de sa dépendance à celui de Luzy. La Roche-Milay n'est donc actuellement qu'une simple commune rurale, dont le commerce ne consiste que dans ses foires. Le bourg, où l'on n'arrive qu'au moyen de chemins raides et escarpés, est bien déchu de son ancienne importance. Les révolutions l'ont tué.

La paroisse, à laquelle a été réunie celle de Saint-Gengoux, ne comprenait jadis guère que le chef-lieu, Couveau, Vanoise et Le Verne; mais elle est très-ancienne. Hugues de Ternant, chevalier, légua, en 1240, cinq sous à l'église *Saint-Pierre de La Roche-de-Milay*. Elle faisait autrefois partie du diocèse d'Autun et de l'archiprêtré de Luzy. Le patronage de la cure appartenait à l'évêque diocésain; les dîmes se partageaient entre le curé et le seigneur; mais si les habitants allaient labourer hors du territoire de la paroisse, la chapelle Saint-Martin du Beuvray prenait la dîme.

L'église, bâtie dans le centre du bourg, est peu digne de sa destination. Elle se compose d'un chœur, flanqué de deux chapelles, et d'une nef; le tout est sans caractère architectural. Le curé, François Mandiot, y fit établir, en 1628, par le ministère du père Melchior de Vienne, prédicateur capucin, la confrérie du Saint-Scapulaire. Gabriel Papillon, l'un de ses successeurs, y fit aussi établir celle du Saint-Sacrement, le 1er février 1690, par le père Augustin de Courcelles.

Berthier Berthault y fonda, en 1552, quatre messes par an, pour une rente perpétuelle de six livres, assise sur sa maison de La Roche-Milay. Le baron François de Montmorency en légua une autre de *un boisseau de seigle*, pour *faire mener, chaque année, le jour de Pasques, après les vespres, une procession solempnelle à la grand'croix du bourg, où se fesoit une station*, pendant laquelle le curé devait réciter, à *haulte voix*, un *De profundis*. Marguerite, sa fille, donna aussi, le 5 février 1627, *le pré de Chiffonne*, ou *Chiffonné*, assis au finage du Poirier-au-Chien, aux cordeliers d'Autun, afin qu'ils vinssent célébrer, chaque année, dans l'église de La Roche-Milay, deux grand'messes, l'une le 20 juillet, jour de sainte Marguerite, sa patronne, et l'autre le 10 novembre, fête de saint René, patron de son mari.

Le 19 février 1673, Philiberte de Coujard, femme de Jean Girard, apothicaire à La Roche-Milay, légua une rente de six livres, assise sur ses biens du lieu, pour faire chanter le *Stabat*, pendant le carême. Jacques Enfert, seigneur de Villette, fit don, en 1715, d'une somme de douze cents livres pour acheter un fonds de terre, dont le revenu devait être employé à l'entretien de la lampe du Saint-Sacrement et à faire célébrer annuellement trente messes basses. René Dubosc, marchand à Versailles et originaire de La Roche-Milay, y fonda, en 1734, cent autres messes, au moyen d'une somme de mille livres, qui fut placée à rente sur le seigneur de Rivière. Enfin Léonard Sallonnyer donna à la cure ses biens de Machefert, et Françoise de Méru, sa femme, mille livres dans le même but (1).

En 1727, un mauvais prêtre, Léonard Rigogne, s'empara, de sa propre autorité, de l'administration de la paroisse et y conféra les sacrements sans juridiction. Deux curés, envoyés successivement par l'évêque, ne purent en prendre possession. Il fallut procéder juridiquement contre ce mercenaire, et ce ne fut qu'au bout de deux ans, qu'on parvint à l'expulser. Les pièces de la procédure le représentent comme un homme *violent, colère, blasphémant contre Dieu et les saints, impudique et ivrogne* (2). Joseph Alexandre assista à l'assemblée préparatoire des états généraux, à Nevers, en 1787. Nicolas Gauthier, prêtre

---

(1) Terrier de La Roche-Milay; archives du château de Rivière.

(2) Curés connus de La Roche-Milay : Jean Bailezy, en 1552; François Mandiot, 1625; Jean de Méru, 1703; Léonard Tannier, 1734; Joseph Alexandre, 1769; Nicolas Gauthier, intrus......; Vacher, 1830; Bonnamour, Chantret, Pannetier.

intrus, livra ses lettres de prêtrise, qui furent brûlées à Moulins-Engilbert, en 1793.

SEIGNEURIE.

La terre de La Roche-Milay se composait, en dernier lieu, de quatre domaines, de treize forêts, dont les principales étaient celles de *Châtillon*, de *La Grande-Gabrielle*, de *La Gravelle*, de *Touleurs*....., et de dix-neuf étangs, *pouvant nourrir onze mille poissons*. Les rentes produisaient, année commune, mille dix livres et les lods et ventes autant. La plupart des titres furent brûlés en 1792.

Cette terre, autrefois beaucoup plus considérable, était une puissante baronnie, la seconde du Nivernais. Louis XIV lui conféra le titre de comté à la fin du dix-septième siècle, en faveur de Joseph-René de Rousselé, chevalier, colonel d'un régiment d'infanterie, et *aide de camp des armées du roi*. Elle était mouvante du duché du Nivernais, à cause de la châtellenie de Moulins-Engilbert, et comptait elle-même, dans la dépendance de son donjon, trente-trois seigneuries en toute justice et plus de cinquante avec la moyenne et basse seulement (1).

(1) C'étaient: La Bazolle, Le Bazoy-en-Bourgogne, Le Berriard, Champ-Robert (fief double), Chanlevrier, Chaumigny, Chiddes, Concley, Couloise, Estevaux-Ribaude, Étangs-de-Poil, Étang-Verdeau, L'Espinay, Layer, L'Homme, Les Jours, Marry-sous-la-Vieille-Montagne (fief double), Montécot, Montenteaume, Le Monceau, Patigny, Le Plessy, Saint-Jean-des-Curtils, La Vallée, Vanoise, La Verchère, Villette....., avec haute et basse justice; Bois-de-Velle, La Boutière-lès-Sommant, Braconne, La Bussière, Buzon, Champcery, Champ-Regnaut, La Chasseigne, Charency, Chevannes, Chigy-le-Monial (fief double), Chevrette, La Chazotte, Corcelle, Couveau, La Creuzille, Fourchure, Gissy, La Goulaine, La Goutte-Tillot, Guillaume-Blanc, Igornay, Las, Lavault, Lionge, Marolle, Mirloup, Le Mois, Monestoy, Montchagny, Moncharlon, Montcoulon, Petit et Grand-Montigny, Le Mouceau, Le Moulan, Montregnard et Rivière, Orsa, Pierrefitte (fief double), Rangères, Roche, Saint-Prix,

On prétend qu'au moyen-âge, les hauts barons de La Roche-Milay étaient assez puissants pour mettre trois mille hommes de guerre sur pied. Ils avaient le droit de battre monnaie et leur baronnie s'étendait sur sept paroisses, savoir : La Roche, Saint-Gengoux, Chiddes, Milay, Poil, Glux et Villapourçon. Ils possédaient, en outre, beaucoup de droits seigneuriaux dans vingt-quatre autres (1). Les prieurés de Vanoise, de Saint-Jean-des-Curtils, de Sémelay, de La Vallée, le couvent des cordeliers de Beuvray..., furent fondés par eux. Les abbayes de Bellevaux, de La Fermeté-sur-Ixeure, de Sept-Fonts, le chapitre d'Autun... eurent une large part à leurs bienfaits. On les vit, dans les croisades et toutes les guerres de la patrie, marcher valeureusement à la tête de leurs vassaux et de leurs hommes d'armes.

Possédée d'abord par la noble et puissante maison de Glane, la baronnie de La Roche-Milay entra dans celle de Châtillon-en-Bazois, issue d'une branche cadette des comtes de Nevers, par le mariage d'Alix de Glane avec Jean Ier de Châtillon, dit de La Roche dans une charte de 1171. Ce seigneur en reprit de fief, le jeudi avant la Saint-Laurent 1185, de Robert, comte de Nevers, son cousin. Il fonda son obit à Sept-Fonts pour une rente de quatre livres sur la foire de Beuvray et mourut en 1220, laissant deux fils, Odon et Jean. Odon, sire de La Roche-Milay, de Glane et de La Perrière, fonda, en 1236, l'anniversaire de sa mère à Bellevaux pour une rente de *cent sous de forts nivernais* sur sa *lite* ou *laite du Beuvray*. Il ratifia, en même temps, celle de *dix livres huit sous* que cette vertueuse dame avait léguée aux religieuses de La Fermeté-sur-Ixeure, alors au nombre de

Sommant, Tillot, Tour-de-Brion, Tour-de-Laizy, Vautheau, Vaux, Villette-lès-Forges (fief double).....

(1) Savoir : Brion, La Chapelle-Aumant, La Comelle, Étang, Fléty, Grury, Igornay, Issy-l'Évêque, Laizy, Marly, Monthelon, Onlay, Saint-Benin-sous-Sainte-Vigne, Saint-Didier, Saint-Honoré, Saint-Léger-sous-Beuvray, Saint-Prix, Savigny-l'Étang, Sémelay, Sommant, La Tanière, Tazilly, Thil-sur-Arroux et Verrières.

quatre cents (1). Ce seigneur eut de graves démêlés, en 1250, avec l'abbé de Cluny pour la garde-gardienne du prieuré de Sémelay.

Jean II, son neveu, sire de Châtillon-en-Bazois, de La Roche-Milay....., homme ardent et belliqueux, passa la revue de ses vassaux au sommet du Beuvray en 1253. Il se rendit de là, comme nous l'avons déjà dit, à la tête de ses gens, au Château-d'Autun pour tirer Guy de La Perrière, sire du lieu et de La Roche-Milay, en partie, de la prison des chanoines. Condamné pour ce fait à suivre, nu-pieds et en chemise, une procession publique dans les églises d'Autun, de Nevers, de Châlons-sur-Saône, de Mâcon et de Langres, il dut, en outre, tenir sa terre en arrière-fief du chapitre et lui payer, sa vie durant, une rente de vingt livres.

Jean abandonna, quelques années après, la baronnie et la seigneurie de La Perrière à Henri de Châtillon, dit Plotons, son frère, qui lui en donna dénombrement en 1282; il fit lui-même aveu au comte de Nevers trois ans après (2). Henri reconnut, en 1288, *la liberté et la franchise* des habitants de La Roche-Milay.

Girard de Châtillon fut un seigneur d'une grande fierté. Il refusa, en 1326, de faire foi et hommage à Louis II, comte de Nevers. Quoique sa baronnie et son château eussent été, jusque-là, *mouvans, jurables et rendables* du comté, il prétendit qu'ils étaient tenus en franc-alleu. Le comte, se voyant dans la nécessité d'armer, pour faire respecter ses droits, préféra la voie d'accommodement, et lui promit mille livres pour la mouvance de La Roche-Milay et cinquante pour chacune des maisons-fortes du Bazoy-en-Bourgogne, de Champ-Robert et de Montécot. Il lui accorda, en même temps, le droit de justice

---

(1) Archiv. de La Roche-Milay.

(2) Girard et Guy, ses fils, traitèrent, en 1258, avec Pierre d'Estrées, fils de Guillaume, son gendre, pour ses droits. (MAROLLES, *Titres de Nevers.*)

haute, moyenne et basse, à Villapourçon, à condition que les appels se porteraient au bailliage de Moulins-Engilbert et non à La Roche-Milay.

L'année suivante, Girard, *aliàs* Robert, donna dénombrement de sa baronnie au comte de Nevers. Il portait : « Losangé » de plusieurs pièces, avec une dame de conseil s'appuyant » sur les deux cornes de l'armure. » Deux autres dames soutenaient l'écusson, autour duquel on lisait : *Robertus de Castellione* (1).

Le baron de La Roche-Milay laissa deux filles. L'aînée épousa Guillaume de Mello, chevalier, seigneur de Saint-Bris, et Jeanne, la puînée, Girard de Bourbon, sire de Vitry. Ces deux gentilshommes jouirent de la baronnie par indivis. Isabelle, fille de Girard, fut mariée à Bernard de Montaigu, dit Griffons, seigneur de Listinois. Louis, leur fils, eut, en 1401, de longs démêlés avec Guillaume II de Mello, son cousin, pour la terre de La Roche-Milay; mais une sentence du palais des requêtes, rendue huit ans après, le maintint dans ses droits. Il fut gouverneur du Nivernois et Donziois, et l'un des commissaires nommés, en 1414, pour conclure un traité de paix entre le duc de Bourgogne et le comte de Château-Chinon. Nous trouvons, en 1406, un aveu fait au comte de Nevers, par Nicolas Rolin, chancelier du duc de Bourgogne, pour une rente de cinq cents livres, qu'il avait acquise sur la baronnie de La Roche-Milay, et un second en 1454.

Louis de Montaigu laissa deux filles. Isabeau, l'aînée, s'unit à Charles de Mello, qui prenait le titre de sire de La Roche-Milay, en 1426, et fit aveu en 1464; la seconde épousa Philippe de Vienne. Celui-ci accorda de nouvelles lettres d'affranchissement à ses sujets du Morvand, le 11 juillet 1455. Anne, sa fille, porta la baronnie, les seigneuries de Listinois et de Montaigu, à Jean de Vienne, seigneur de Montbis, son cousin. Gaspard, leur fils, en reprit de fief en

---

(1) Marolles, *Titres de Nevers*.

1516. Ce seigneur, altier et batailleur, ayant été tué en duel, en 1535, son corps fut, en dépit des lois canoniques, inhumé dans l'église paroissiale. Mais une sentence de l'official d'Autun ordonna qu'il serait exhumé, *jeté à la voirie* ou déposé en terre profane. Jeanne d'Aumont, sa femme, fille de Ferri, se remaria à Philibert de Chassonaye, seigneur des Montilles. Elle passa, selon l'usage, le premier mercredi de mai 1547, la revue de ses vassaux au Beuvray, et accorda, l'année suivante, des droits de chasse dans ses forêts au seigneur de Rivière. Son second mari était mort en 1557.

Dix ans après, la baronnie de La Roche-Milay appartenait à François de Montmorency, chevalier, capitaine de cinquante hommes d'armes *des ordonnances de Sa Majesté*, conseiller du roi et son chambellan, seigneur de Bouteville, de Corbeil, châtelain de Crève-Cœur-en-Auge. Il en fit refaire le terrier par le notaire Jacques Bailezy, et la laissa à Marguerite, sa fille, issue de son union avec Louise de Noyon de Gébert, et mariée à René de Rousselé, chevalier, marquis de Laché, ou Chassé, conseiller d'État, qui en reprit de fief du duc de Nevers, en 1594. Cette dame donna, le 22 août 1608, un emplacement pour bâtir le presbytère, moyennant une messe, à perpétuité, le jour de sainte Marguerite, sa patronne, et un *Libera* sur la fosse de ses prédécesseurs.

René de Rousselé, que les chroniques du temps représentent comme un seigneur *pieux, belliqueux et plein de bravoure*, laissa deux fils : François, chevalier d'honneur de la duchesse d'Orléans, marquis de Laché, et Joseph-René, colonel d'infanterie, aide de camp des armées du roi, comte de La Roche-Milay. Celui-ci épousa Marie-Élisabeth Morin, dont il eut aussi deux fils (1). Henri-Anne-René de Rousselé, l'aîné, succéda à son oncle dans le titre de marquis de Laché, et François-Nicolas-Joseph, guidon des gens d'armes de la reine, fut comte de La Roche-Milay.

(1) Il mourut vers 1675.

Ces deux seigneurs jouirent ensemble, sous l'autorité de la comtesse douairière, leur mère, du marquisat de Laché, du comté de La Roche-Milay, dont ils firent refaire le terrier, en 1706, et des seigneuries des Bordes, de Gizieux, du Pont-d'Aisy, de Tafermeau.. Ils vendirent, peu de temps après, la terre de La Roche à l'immortel vainqueur de Denain, Louis-Hector, maréchal, duc de Villars, pair de France, grand d'Espagne de première classe, chevalier des ordres du roi et de la Toison-d'Or, prince de Marigues, vicomte de Melun, marquis de La Nocle, baron de Ternant, gouverneur de Provence... qui rebâtit le château. Cet homme illustre mourut le 17 juin 1734. Sa veuve, Jeanne-Angélique Roque de Varengeville, revendit La Roche-Milay à Jacques-Louis de Laferté-Meun, seigneur de Solière. Celui-ci étant mort subitement, sa femme, Marie-Louise Pitoys de Quincize, « craignant qu'il n'eût pu faire, » à cause de la manière imprévue dont il était décédé, les dispo- » sitions qu'il aurait souhaité envers les pauvres, pour lesquels » il fut, toute sa vie, rempli de commisération, voulant sup- » pléer, de ses propre deniers, à ce qu'il aurait fait lui-même, » légua aux indigents des paroisses du comté et de celle de Saint-Péreuse une somme de huit mille livres, qui lui était due par Simon-Pierre Sautereau, marchand de bois, et s'en dévêtit immédiatement. Elle voulut que les arrérages, qui étaient de trois cent vingt livres par an, leur fussent distribués aussi par égale portion. Le 1er mai 1781, comme elle était près de mourir, elle leur légua, en outre, tous ses bijoux (1). Heureux les riches dont le cœur sait ainsi compatir aux besoins des pauvres! La famille de Laferté-Meun possède encore l'ancienne terre de La Roche-Milay.

A l'ouest, dans le flanc de la montagne, près de la nouvelle route de Château-Chinon à Luzy, qui est venue heureusement ouvrir à la circulation cette plage, jadis presque inabordable, se trouve Vanoise, autrefois Valnoise, *Vallis noxia*. C'était un

---

(1) Archives du château de Rivière.

ancien prieuré, « où il souloit y avoir des religieux de Cluny,
» mense de La Charité-sur-Loire ». On y voyait, au dix-huitième siècle, une grande église, dite *Notre-Dame de Vanoise*,
dont il ne reste pas de vestiges. Hugues de Ternant, chevalier,
seigneur de Roussillon, en partie, et de la Petite-Verrière, lui
légua, en 1240, une somme de *cinq sous*. Le culte de Notre-
Dame de Vanoise était très-populaire.

Ce monastère fut fondé par un saint prêtre, Hugues de
La Roche, issu des seigneurs du pays, qui le donna, en 1070,
au prieuré de La Charité. Comme tant d'autres, il fut tué par
la commande. En 1706, il n'y avait que le seul prieur, qui
pouvait l'être *à simple tonsure*. La garde-gardienne appartenait
au comte de La Roche-Milay. Les dépendances de cette maison
consistaient en diverses pièces de terre et un domaine, dit
Rousseille. Le prieur jouissait de la haute, moyenne et basse
justice, du droit de pêche dans la *Séglise*, d'usage et pacage
dans la forêt de Touleurs, où il pouvait prendre bois mort,
mort-bois et conduire ses porcs de l'auge de mars. Il était décimateur, en partie, de Saint-Gengoux et de treize hameaux, dans
la paroisse de Villapourçon. Mais Antoine Rabouhot fit l'abandon
de ce dernier droit, en 1614, à René de Rousselé, baron de
La Roche-Milay, pour une rente perpétuelle de *quatre-vingt-
dix* boisseaux de seigle, mesure de La Roche, et *requérable*
au château, à la Saint-Martin d'hiver (1).

Dans la transaction ci-dessus, le seigneur dit expressément :
« Qu'il y a consenti, pour terminer le procès que le prieur lui
» avoit intenté, imiter les pieuses intentions de ses prédécesseurs,
» fondateurs de ce prieuré, pour en augmenter la dotation et
» avoir part aux prières et bonnes œuvres qui s'y font (2). »

Le prieur jouissait, en outre, d'une rente de quatre-vingts
livres sur la terre de La Roche-Milay. Il avait dans sa mouvance
le fief ou domaine de Champ-Regneault, près Chiddes. Jac-

(1) Archives du château de La Roche.
(2) Terrier de La Roche-Milay, 1706.

ques Bongars, doyen du chapitre d'Avallon, était pourvu de Vanoise en 1511 et Barthélemi Coquille, chanoine de Nevers, en 1540.

Antoine Rabouhot, prieur commandataire, acquit, le 8 janvier 1652, de Pierrette Jouleau, veuve de Pierre Dubosc, sieur de Beauregard, le domaine de ce nom, autrement dit de Vanoise. Beauregard est actuellement une belle maison de campagne à M. Bertrand, notaire à La Roche-Milay.

Jeanne d'Aumont accorda, en 1554, à la famille Magnien, de Vanoise, moyennant *trente livres d'entrage* et une rente annuelle de quatre sous, payable à la Saint-André, d'amples droits d'usage et pacage dans sa forêt de Touleurs. Cette famille pouvait y prendre le bois mort pour son chauffage, le mort-bois pour *cloisonner, selon ses nécessités, et bois vif pour maisonner; y mener cochons et truies*, pourvu qu'ils fussent *de l'auge de mars, et aultres bestes*, toute l'année.

Un peu plus haut, à la jonction de trois vallées, est l'ancien fief du Verne, qui a donné son nom à une noble famille. Guillaume, l'un de ses membres, parut au siége de Château-Chinon, en 1412.

En remontant la vallée du sud-est, on rencontre Machefert, avec un moulin, jadis banal, et une belle maison moderne. Ce lieu appartenait au curé de La Roche-Milay, qui le tenait de la pieuse munificence de Léonard Sallornyer et de Françoise de Méru, sa femme.

Couveau, dans la montagne, au sud, était un fief, avec moyenne et basse justice, sur lequel le comte de La Roche-Milay, seigneur haut justicier, avait droit à une rente de quatre livres trois sous. Jeanne de Couveau le porta, vers la fin du quatorzième siècle, au connétable Jean de Lhospital, dit de Lanty. Il vivait en 1401. Jean Piard, écuyer, sieur de Couveau, obtint, en 1538, de Jeanne d'Aumont, dame suzeraine du lieu, la permission de fortifier son manoir.

Saint-Gengoux, *Sanctus Gendulphus*, dans le flanc des montagnes, à l'ouest, était le siége d'une très-ancienne paroisse, aujourd'hui réunie à La Roche-Milay. Elle dépendait aussi du diocèse d'Autun et de l'archiprêtré de Luzy. Le patronage de la cure appartenait aux religieuses de Marcigny-lès-Nonains, qui le cédèrent, le 5 mai 1619, au baron de La Roche-Milay, seigneur haut justicier dans toute l'étendue de la paroisse. Celui-ci fit, plus tard, l'abandon des honneurs de l'église et de la place publique au seigneur de Rivière. Le curé était à portion congrue. La moitié des dîmes appartenait à la chapelle *Saint-Martin, en l'haut du Beuvray*, et le reste au prieur de Vanoise et au comte de La Roche-Milay.

L'église, dédiée d'abord au saint dont le pays porte le nom, fut mise, dans la suite, sous le vocable de saint Laurent; mais le culte de saint Gengoux est encore très-populaire et sa statue en grande vénération. Cette église, aujourd'hui simple chapelle, est un édifice roman du commencement du douzième siècle. L'abside, la seule partie qui soit voûtée, présente des pilastres cannelés, comme on en voit dans plusieurs églises de Bourgogne. Au-dessus du chœur, s'élevait une tour byzantine, avec des baies géminées. La nef, diminuée de moitié, sert actuellement de sépulture pour la famille de Rivière. On y voit les tombes de six de ses membres. Hugues de Ternant, chevalier, légua, en 1240, douze deniers à cette église (1).

Dans la vallée, au sud-est, se trouve l'ancien fief du Bériard, jadis avec droit de justice haute, moyenne et basse, et d'usage et pacage dans la forêt de Touleurs. Un peu plus haut, à l'angle de deux chemins, on voyait une maison-forte, dite Le Moulan, dont il ne reste plus de traces. Jean de Lhospital ou de Lanty en était seigneur en 1427. Honoré, Jean et François de Lanty se disaient sieurs du Bériard et du Moulan en 1520 (2). Jean II en reprit de fief en 1599. Il laissa de Marguerite Boursault un fils, René de Lanty, marié à Marguerite de Berger, dont il eut

(1) Curés de Saint-Gengoux : Jean Berger, en 1666; Jean Porcher, 1694; Gilbert Dubosc, 1727; Charles Buffet, 1780.

(2) Isabelle de Lanty, leur sœur, épousa Guillaume de Berger.

Françoise, que nous voyons, en 1637, sous la tutelle de Philippe du Crest, second mari de Marguerite, puis sous celle de Hugues de Berger, son oncle. Cette noble héritière étant morte sans postérité, ses biens passèrent à Angélique et Bénigne du Crest, ses sœurs utérines, dont l'une épousa Hugues II de Berger et l'autre Jacques-René de Chaulgy, seigneur de Savigny-l'Étang.

Rivière, *Riparia*, château flanqué d'une tour, dans le flanc d'une haute montagne, au sommet boisé, fut rebâti dans le cours du dix-huitième siècle. Au fond de la vallée, qu'il domine, coule la Séglise, d'où lui est venu son nom. Il jouissait de la moyenne et basse justice, ainsi que l'ancien fief de Mont-Regnard, qui lui est contigu ; la haute lui fut concédée au dix-septième siècle. Cette terre eut presque toujours les mêmes seigneurs que Le Moulan et Le Bériard.

Isabelle de Lanty porta Rivière en dot à Guillaume de Berger, écuyer, qui en jouissait en 1507. Les armes de ce gentilhomme étaient : « D'azur, à deux houlettes d'argent, posées en pal (1). » Jean, leur fils, obtint du baron de La Roche-Milay, en 1548, des droits d'usage et pacage pour ses porcs de l'auge de mars et de chasse dans les forêts de *Touleurs, de Chastillon et aultres adjacentes, à une demi-lieue à la ronde, pour chevreuil et aultres bestes rousses*, à la réserve du *cerf ou biche*, qu'il devait porter au château baronnial sous peine d'une amende à la volonté du bailli (2). Il eut de Jeanne Simon plusieurs enfants (3).

Léger de Berger, l'aîné, seigneur de Rivière et de Mont-Regnard, laissa ces fiefs à Hugues II, son fils, marié à Jeanne Jouleau, puis à Angélique du Crest, qui lui apporta Le Moulan et Le Bériard. Celui-ci obtint, en 1623, le droit de haute justice,

---

(1) Paris, *Armorial de la général. du Bourbonnais*.
(2) Archiv. du château de La Roche-Milay.
(3) Léger, qui suit ; Pierre, curé de Blain, en 1561 ; Alexandre, receveur au grenier à sel de Château-Chinon.....

et fit confirmer, en 1649, les précédentes concessions. Il eut, de ses deux épouses, cinq enfants (1). Gilbert, l'un d'eux, capitaine de deux cents chevau-légers de la garde du roi, chevalier de Saint-Louis, était seigneur de Rivière, du Moulan..... en 1694. Il affranchit, le 26 novembre 1711, pour une somme de cent livres, divers héritages de La Vallée des droits féodaux dus à cause du fort de Lanty. Claude, issu de son union avec Jeanne Bastenet, fut aussi capitaine de chevau-légers de la garde. Jeanne de Berger fit passer Rivière, Le Moulan..... à Alexandre Charpentier de Vallery, sieur de Fouronne, qui en reprit de fief le 11 mars 1744. Françoise de Fouronne, leur fille, s'unit à Thomas-André-Marie Davigneau, gouverneur et lieutenant-général du bailliage d'Auxerre. Ce seigneur vendit ces fiefs, le 29 septembre 1763, à Zacharie Bertrand, ancien procureur fiscal de Milay et de La Vallée, et à Marguerite Martin, sa femme, pour cinquante-trois mille livres, en principal, et neuf cent soixante-trois de pot de vin. Zacharie-Denis Ier Bertrand de Rivière, leur fils, épousa, en 1775, Marie-Joséphine Marceau, dame d'Onlay, en partie, de Levault....., et fut inhumé, à côté de son père et de sa mère, dans l'église de Saint-Gengoux. Il laissa de son mariage Zacharie-Denis II de Rivière, qui s'unit à Anne de Drouhin de Bouville, dont il eut quatre filles (2). Charlotte-Adélaïde, l'aînée, a porté Rivière, le 26 septembre 1836, à M. Jean-Antoine de Sanhard, marquis de Sasselange, d'une très-ancienne famille de Languedoc.

La maison de Sanhard, Saignard ou Saniard, *de Synardo*, porte: « D'azur, à un sautoir d'or », avec une couronne de marquis, et deux lions pour supports. On la croit issue des anciens comtes souverains de Privas. Elle est titrée barons et

(1) Gilbert, dont on va parler; Gaspard, qui fonda, le 11 novembre 1721, quarante messes dans l'église de Saint-Gengoux et trente dans la chapelle de Rivière; Antoine, Claudine, religieuse.....

(2) Charlotte-Adélaïde, qui suit; Laure-Charlotte-Néomi, qui a épousé le vicomte d'Aboville; Louise, mariée au baron de Galembert.....

marquis, et remonte, par une filiation régulière, à Jean de Sanhard, chevalier, qui vivait en 1354.

Exclusivement adonnée à la carrière des armes, cette famille a produit des lieutenants-généraux et des officiers de tous grades, dont la plupart sont morts sur les champs de bataille. Tous ont été décorés de la croix de l'ordre royal et militaire de Saint-Louis, depuis son institution. Les principales branches qu'elle a formées, sont celles des comtes de Choumouroux et des marquis de Sasselange. Ses alliances sont presque toutes avec de vieilles familles de chevalerie (1).

Le marquis de Sasselange a, de son union, deux filles : Marie-Gabrielle et Jeanne-Denise. L'aînée a épousé, le 15 février 1859, Alban de Jerphanion, d'une famille déjà alliée à celle de Sanhard. Le contrat de mariage a été honoré des signatures du comte et de la comtesse de Chambord.

X.

SAVIGNY-POIL-FOL, autrefois SAVIGNY-POY-FOU,

Saviniacum, Savigniacum.

Sur une hauteur, à dix kilomètres environ, à l'ouest de Luzy, loin de toutes voies de communication, le touriste rencontre un village, composé de chaumières dispersées et de chétive apparence ; c'est Savigny-Poil-Fol, jadis siége de l'une des trente-deux châtellenies du duché de Nivernais. Nous défions le mortel le plus perspicace de deviner, au premier coup d'œil, quelle

---

(1) Savoir : de Lathoreille, de Saint-Laurent, de La Gazelle, de Bonnissol, de Vertamy, des Bost, de Crémeaux, Chapot d'Allard, de Planchol, de Langon, Fay de Maubourg, Sobeyran de Châteauneuf, de Rochebonne, de Bauny de Boissy, de Gerlande, de Baux, de Brun, de Bonnafoux, de La Rochenégly, de La Navette, de Canson de Rivoire, de Colonna-Ornano...... (Généalogie de la maison de Sanhard.)

fut son ancienne importance ; là, plus de forteresse féodale, plus de vassaux empressés, plus de bailli, plus de vie ; Savigny n'est plus qu'un cadavre.

La commune, peuplée de trois cent soixante-cinq habitants, comprend une superficie de mille sept cent trente hectares, dont sept cent quarante-six sont couverts par les bois. La paroisse, autrefois du diocèse d'Autun et de l'archiprêtré de Bourbon-Lancy, remonte au neuvième siècle. Le patronage de la cure appartenait à l'évêque, qui l'aurait cédé, selon un ancien pouillé, au chapitre d'Avallon. Les décimateurs étaient le curé, la chartreuse d'Apponay, le seigneur de Pommeray.... Supprimée en 1801, et réunie à Tazilly, cette paroisse recouvra enfin son titre en 1845.

Sa vieille église, dédiée à saint George, occupe le point culminant de la colline. Il faut descendre plusieurs marches pour y pénétrer. Elle se compose d'un chœur, avec abside, voûté à nervures prismatiques, d'une exécution grossière et reposant sur des colonnes, placées dans les angles ; la clé de voûte porte le monogramme du Christ. Une arcade ogivale sépare le chœur de la nef. Celle-ci, formée d'un vaste carré, sans architecture, est flanquée, au sud, d'une chapelle, autrefois seigneuriale. On y voit d'anciens autels fort délabrés, et une pierre tombale du quatorzième siècle. Cet édifice, d'origine romane, a été remanié plus tard. La construction primitive se remarque au porche, voûté en berceau, ainsi qu'aux deux espèces de chapelles qui l'accompagnent. Le plus ancien curé connu est Michel Radon, qui vivait en 1365. Jean de Vissuzaine eut, au seizième siècle, un vif démêlé avec Michel d'Ennezel, seigneur de Bois-Gizet, qui avait obtenu, au moyen de la promesse d'un calice d'argent, la permission de bâtir dans l'église une chapelle, qu'il dédia à l'archange son patron. Homme de mauvaise foi, d'Ennezel refusa plus tard le calice promis ; mais une sentence du bailli de Savigny, rendue sur les poursuites du curé, l'obligea à tenir sa parole. Gorce fut nommé à la cure de Savigny en 1845.

Tout près de l'église, au nord, il existe une motte antique, entourée de fossés, restes du château des ducs de la province, seigneurs du pays. La baronnie de Luzy releva, jusqu'en 1443, de la châtellenie de Savigny. La comtesse Mahaut, veuve de Hervé de Donzy, fonda, en 1226, son anniversaire à Apponay pour une rente de *quarante bichets de seigle rez* et autant *d'avoine combles*, payable sur les revenus de cette terre. Marguerite de Bourbon, comtesse de Nevers, confirma cette fondation en 1258, et ordonna à son châtelain de l'acquitter exactement. Charles II, duc de Nevers, de Mantoue, de Montferrat, prince d'Orches, de Charleville......, pair de France, vendit la haute justice et les droits de châtellenie, en 1648, au marquis de Saint-André-Montbrun, seigneur de La Nocle, avec la charge de payer, chaque année, la rente en grains due à la chartreuse d'Apponay. Charlotte, petite-fille de l'acquéreur, porta Savigny à Jacques du Puy de Montbrun, son cousin, qui en jouissait en 1713. César-François-Melchior, comte de Vogué, maréchal des armées du roi, gouverneur de Montmédy, baron de Ternant, seigneur de Fours...... en était revêtu à la fin du dernier siècle.

Au bas du village de Savigny, on voit un vieux manoir du seizième siècle, à demi-ruiné et flanqué d'une tourelle.

Pommeray, au sud-ouest, était jadis un fief en toute justice auquel appartenait la seigneurie du clocher. Il était tenu, en 1309, par Huguenin de Maigny, écuyer, dont la fille, Béatrix, épousa Jean d'Alexandre de Savigny. Celui-ci en fit aveu en 1340 et le laissa à ses fils, Hugues, Barthélemi et Henri, qui en jouissaient en 1371 (1).

Charles de Chargères, troisième fils de Nicolas, sieur de

---

(1) La maison de La Palice prenait le titre de seigneur de Savigny, en partie, au quatorzième siècle. Catherine de La Palice épousa Michaut de Issespent, qui en reprit de fief en 1408. Jean de Charency renouvela ce devoir, au nom de Jeanne de Champ-Robert, sa femme, en 1444.

(Maroles.)

Tourny, du Breuil...., était seigneur de Pommeray en 1558. Il épousa Jeanne de La Boutière, dame du lieu, dont il eut François, Claude, Madeleine..... qui reprirent de fief en 1598. Le premier laissa, de Françoise de Vichy, fille de Jacques et de Philiberte de Douhars, entre autres enfants, Charles II de Chargères de La Boutière, sieur de Pommeray, marié, le 11 juin 1628, à Charlotte de Caron, dame de Bierry. De cette union vinrent deux filles : Françoise et Jeanne. La première épousa, le 13 septembre 1649, Claude d'Anstruther, l'un des vingt-cinq gentilshommes de la garde écossaise du roi, lequel fit ériger Bierry en baronnie, sous le nom d'Anstrude. La seconde fut mariée, six ans après, à Jacques de Damoiseau, seigneur de La Mothe-lès-Rouvray. Etienne des Jours, chevalier de Saint-Louis, ancien capitaine de vaisseau, était possesseur de Pommeray en 1789.

Chanaux, fief avec justice, appartenait, en 1612, à Jean de Mathieu, seigneur de La Vallée, de Varennes....., qui le tenait de Madeleine de Chargères, son épouse.

Le fief de l'*Étang*, avec maison-forte, était, en 1408, à Jean de Brassy ou de Brascier. Celui de Bois-Gizet, peut-être aujourd'hui Le Bost, avait pour seigneur, au seizième siècle, Michel d'Ennezel, dont il a été parlé. Le Moulin-du-Comte rappelle le souvenir des ducs de Nevers; Chastel, celui d'un ancien château. La Place et La Sarrée sont d'autres dépendances de la commune.

XI.

SÉMELAY, *Simuliacum, Semelayum*.

Ce bourg est bâti sur un plateau, dont l'Halène baigne le pied, à douze kilomètres de Luzy. Il est dominé, au nord-est, par de hautes montagnes, d'un aspect sévère, et connu par la défaite d'une compagnie gasconne, en 1368 (1). Quelques écrivains font venir son nom du celtique *Se-me-lac*, ou habitation sur la montagne. D'autres pensent, avec plus de vraisemblance, qu'il a été formé de celui de *Sémélé*, mère de Bacchus, le dieu du vin, qui aurait eu un temple en ce lieu. Des découvertes modernes semblent justifier cette opinion. Une fouille, opérée à peu de distance de l'église, en 1830, mit au jour une enceinte carrée, ayant tous les caractères des constructions romaines, et les restes d'une mosaïque, assez bien conservée. Autour de ces ruines, gisaient vingt-six squelettes, symétriquement disposés. Des fouilles postérieures ont amené la découverte de plusieurs tombes en grès. Tout atteste que, dans l'antiquité païenne, cette localité fut très-fréquentée.

La commune de Sémelay renferme une population de douze cent vingt-quatre habitants. Le territoire, qui va toujours en s'inclinant jusqu'au bord de l'Halène, est très-accidenté. Sa superficie est de trois mille trois cent cinquante-quatre hectares, dont huit cent quarante-cinq sont en bois. Il produit un peu de vin et beaucoup de céréales. La route de Moulins-Engilbert le traverse, au nord, et y décrit de longues sinuosités.

La paroisse, jadis du diocèse d'Autun et de l'archiprêtré de Luzy, est une des plus anciennes du Morvand. Elle doit son origine à un antique prieuré de bénédictins bâti, au onzième siècle, par la puissante maison de Châtillon-en-Bazois, qui le donna à la célèbre abbaye de Cluny. Le fondateur s'étant réservé la garde-gardienne du nouvel établissement, la transmit à ses descendants. L'un d'eux, Odon de Châtillon, sire de La Roche-Milay, eut, à cette occasion, en 1250, de graves démêlés avec Guillaume III, abbé de Cluny, dans la mense duquel le prieuré se trouvait. Après de longues et infructueuses discussions, les parties convinrent enfin de s'en remettre au jugement d'Ancel de Pommard, évêque d'Autun. La sentence du prélat fut souscrite par l'abbé et le baron. Celui-ci, satisfait de la décision,

---

(1) Lebeuf, *Mémoires*, 1848, tom. III. p. 251.

jura, sur les *saints Evangiles*, que jamais il n'inquiéterait le prieur, ni les moines. Voulant, en outre, procurer l'observation de ce traité par ses descendants, il soumit, pour cet effet, tous ses biens aux évêques d'Autun, avec le droit de les mettre en interdit et d'excommunier les possesseurs, s'ils contrevenaient, quelque jour, à ce qui avait été arrêté (1). La maison des moines se trouvait près de l'église, au sud.

L'abbé de Cluny réunit, vers 1275, ce monastère à celui de Saint-André-lès-Luzy. Il avait, comme prieur de Sémelay, le patronage de la cure du lieu, et celui des anciennes paroisses de Saint-Michel-en-Longue-Salle et de Pouilly-en-Bazois. Sa haute, moyenne et basse justice s'étendait sur la maison conventuelle et sur toutes ses dépendances. Elle fut réunie elle-même, au seizième siècle, à celles d'Avrée et de Saint-André, et forma dès-lors un bailliage connu sous ce dernier nom. Le cardinal de Bouillon était prieur de Sémelay en 1701. Ses successeurs firent renouveler le terrier en 1768.

L'église prieurale, aujourd'hui simplement paroissiale, est dédiée à saint Pierre. Elle est bâtie dans la partie supérieure du bourg, qu'elle domine de sa grosse tour. C'est un vaste édifice de style roman, du onzième siècle, et de forme basilicale. Le chœur, terminé en abside, est percé de trois fenêtres symboliques, dont les pieds-droits sont garnis de colonnes. Le transsept est assez développé et présente deux absidioles. La nef est séparée des bas-côtés par huit piliers carrés, flanqués de quatre colonnes, cantonnées en croix. Les chapiteaux, quoique grossièrement sculptés, sont néanmoins précieux pour l'histoire de l'art. On y voit représentés le paradis, l'enfer, la tentation d'Eve, la volupté, le crime de Sodôme... Sur le point d'intersection s'élève une tour romano-byzantine, à toit pyramidal, percée, sur chaque face, de baies géminées. Un éboulement, survenu en 1782, emporta toute une travée et écrasa le por-

---

(1) *Gallia Christiania*, tom. IV. p. 401 ; GAGNARD, *Histoire de l'église d'Autun*, p. 128.

tail, qui était, dit-on, fort curieux. L'édifice ne compte plus que trente-trois mètres dans œuvre. Le curé Bouhéret assista à l'assemblée préparatoire des états généraux, qui se tint à Nevers (1).

Au-dessous du bourg, sur le bord de la rivière, se trouve la butte de Montécot, dont le nom semblerait rappeler celui de Cotus, cet Éduen qui disputa la dignité de vergobret à Convictolitan et faillit mettre sa patrie en révolution. Sur cette butte, que dessinent des fossés profonds, il existait une tour féodale, dont on remarque encore des ruines. Elle était, au moyen-âge, le siége d'une seigneurie en toute justice, qui mouvait en fief du duché de Nevers, et en arrière-fief du comté de La Roche-Milay, ainsi qu'il résulte d'un accord fait, en 1326, entre Girard de Châtillon et Louis II de Crécy, comte de Nevers (2).

Un peu plus bas, dans la vallée, se montre le manoir seigneurial du Plessy, avec ses deux tours et son donjon. Il formait, avec ses dépendances, une terre, en toute justice, haute, moyenne et basse, qui reconnaissait, en vertu du même traité, la double mouvance de la précédente.

Ces deux fiefs eurent presque toujours les mêmes maîtres. Philibert de Champ-Robert, dit de Poligny, était seigneur de Montécot en 1390. Jeanne, sa fille, le porta, en 1414, à Jean de Charency, écuyer, qui en donna dénombrement au comte de Nevers, trente ans après. Philippe de Moroges, sieur de Montécot, du Plessy, de Champ-Robert, de La Bussière, de Montcharlon...., en reprit de fief en 1512. Jean, son fils, épousa

---

(1) Les curés connus de Sémelay sont: Simonin, en 1600; Bonneau, 1622; Etienne Carrin, inhumé dans l'église en 1683; il fit construire l'ancien presbytère, au nord de l'église; Jean Carrin lui succéda la même année; Marceau, en 1714; Charles Alexandre, 1761; Claude Matrier 1773; Sauvageot, 1781; Bouhéret, 1782; Guyot d'Amfreville, 1802; Henri-François Renaud, 1812; François Dumas, 1837; Barth.-Hilaire Boëre, 1853; Michel Conin, 1857.

(2) La tour de Montécot servit à César-François Cassini de Thury de point d'observation pour la carte.

Madeleine de Lodines, dame de Saint-Michel-en-Longue-Salle, et sa fille Guillaume de Marry. Ils en jouissaient, par indivis, en 1530. Robert de Montécot ayant fait reconnaissance de fief au sire de Ternant, en violation du droit de celui de La Roche-Milay, vit saisir ses seigneuries, en 1530, par les officiers de ce dernier (1).

Jean de Champ-Robert se désista de toutes ses prétentions sur Montécot et Le Plessy, en 1545, en faveur de Jacques de Reugny et de Jeanne de Courvol, son épouse. Celui-ci engagea Montécot, neuf ans plus tard, au chapitre d'Autun, dont on retrouve un aveu en 1605. Il avait eu, d'un premier mariage avec Louise de Marcilly, deux fils : Claude, seigneur du Plessy et de Thaix, et Gabriel, sieur de Riégeot, qui s'unit successivement à Anne de Paris et à Catherine de Rochechouart. Marie-Anne de Paris porta Montécot et Le Plessy, en partie, à Charles-Henri de Ruel, qui en jouissait en 1699. Ces deux fiefs appartenaient, aussi en partie, en 1577, à Nicolas de Chargères, écuyer, sieur d'Estevaux et de Chigy-le-Mizieu, qui en fit aveu à La Roche-Milay.

Pierre-Antoine de Jaucourt, marquis d'Espeuilles, baron d'Huban, seigneur de Frémouzet, possédait Montécot et Le Plessy en partie, en 1721. Édouard Potrelot de Grillon et Pierre de Chargères, son beau-frère, qui en jouissaient en 1767, soutinrent, cette année-là, un long procès contre Jean-Marie Sallonnyer de Monbaron, seigneur de La Montagne, pour les droits de préséance dans les églises de Sémelay et de Saint-Honoré. Ce dernier ayant produit des titres de fondation, par lesquels ce privilége avait été accordé à ses prédécesseurs, fut maintenu dans son droit. Guillaume, fils d'Édouard Potrelot de Grillon, en était seigneur en 1789. Sa petite-fille, Louise Pinot, épousa, le 22 octobre 1826 Guillaume-Hippolyte, comte de Chargères, et lui porta Le Plessy. M. Ernest, leur fils puîné, a bâti en 1863, un peu au-dessus du vieux manoir de ce nom, un magnifique château, flanqué de quatre tourelles à cul-de-lampe.

(1) Archiv. de La Roche-Milay.

Frémouzet, dans une vallée, au nord-ouest, et Le Vernay, gros hameau situé un peu plus haut, sur le chemin de Sémelay à Saint-Honoré, formaient une troisième seigneurie, avec justice haute, moyenne et basse, mouvante de La Montagne. Elle appartenait, en 1719, à Pierre-Antoine de Jaucourt, marquis d'Espeuilles, baron d'Huban, de Brinon-lès-Allemands, seigneur du Plessy..... Cette branche des Jaucourt-d'Espeuilles eut pour auteur Pierre Ier de Jaucourt, troisième fils de Louis, sire de Villarnoult, et d'Élisabeth de La Trémouille, qui laissa sept enfants. Pierre II, l'aîné, en eut quatre de Madeleine du Faur de Pibrac. Pierre-Antoine, l'un d'eux, épousa Marie de Monginot. De cette union vinrent Pierre-Antoine II, seigneur de Frémouzet; Étienne-Auguste, Louis, chevalier de Jaucourt, célèbre dans la république des lettres, et deux filles : Marie-Josèphe et Isabelle. Le premier s'unit à Suzanne-Marie de Vivans, qui lui donna Louis-Pierre, comte de Jaucourt, mestre de camp de cavalerie et seigneur de Frémouzet; Étienne-Vivant, vicomte de Jaucourt, colonel d'infanterie, et Armand-Henri.

L'aîné fut marié à Élisabeth-Sophie Gilli, dont il eut François-Arnould, marquis de Jaucourt, et Élisabeth-Suzanne (1).

Marry-sous-la-Vieille-Montagne et Marry-lès-Bois, au nord de Sémelay, étaient, au douzième siècle, une seigneurie en toute justice, mouvant en fief du duché de Nevers, et en arrière-fief de La Roche-Milay. On y voyait encore, au quinzième, une maison-forte, dont il ne reste plus de vestiges. Guy de Marry, chevalier, seigneur du lieu, assista, en 1146, à l'assemblée de Vézelay, et partit, l'année suivante, pour la Palestine. Ses descendants semblent avoir porté indifféremment le nom de Marry ou de La Bussière. Philibert Testefort, écuyer, fit aveu pour sa maison-forte, en 1408. Jacques et Marguerite de La Bussière en donnèrent dénombrement en 1464.

La terre de Marry fut partagée, vers le commencement du seizième siècle, et forma deux fiefs; l'un fut uni à la sei-

---

(1) La Chesnaye-des-Bois.

gneurie de La Montagne, et l'autre à celle de La Bussière. Guillaume de Marry, mort avant 1538, laissa deux fils, dont l'un se fit cordelier au couvent de Beuvray.

La Bussière, *Buxeria*, sur une hauteur, près de la route de Luzy, à l'est de Sémelay, est un castel en partie du quinzième siècle et en partie moderne. Sa position mérite de fixer l'attention des amis des beaux paysages. La vue, après avoir plongé, avec délices, dans la vallée de Milay, se repose sur les Dônes et sur la chaîne des montagnes de l'Autunois, qui ferment l'horizon. Sur la terrasse, près du manoir, on voyait, en 1721, une chapelle de quinze pieds de long, sur onze de large. Les caves du château ont été creusées dans le roc.

Le 15 mai 1541, on arrêta à La Bussière un praticien, Pierre Moreau, qui s'était enfui d'Autun; il venait de commettre une horrible profanation dans l'église Saint-Jean-de-la-Grotte. Ramené en cette ville, il fut brûlé, le 4 juin, avec son complice, Nicolas Charbonnier, sur le champ Saint-Ladre, *comme luthérien*.

La seigneurie de La Bussière, d'abord avec la moyenne et basse justice, reconnaissait la même mouvance que la précédente. Hugues et Guy de La Bussière, *aliàs* de Marry, assistèrent, en 1146, à l'assemblée de Vézelay, où ils prirent la croix. L'année suivante, ils souscrivirent l'acte de donation faite par Ponce de Montempuys au prieuré de Coulonges, près Cercy-la-Tour, et s'acheminèrent vers la Palestine. Jean Testefort, écuyer, seigneur de La Bussière, acquit des droits d'usage et de chasse dans les bois de la châtellenie de Moulins-Engilbert, en 1327. Guillaume de La Bussière, son fils, fit aveu pour son manoir du lieu, en 1374. Philibert Testefort donna dénombrement de sa maison-forte de Marry, en 1408. Pierre, seigneur de La Bussière, de Marry, de Chiddes, de Las, de Buzon..., prit part au siége de Château-Chinon, et donna dénombrement de ses fiefs, en 1445. Il laissa deux enfants, Jacques et Marguerite, qui firent aveu pour la maison-forte de Marry, en 1464. Guillaume Ier de La Bussière, ou de

Marry, son frère, écuyer, seigneur du lieu, de Chevannes-Ribaude, de La Comelle..., accorda des droits d'usage dans les bois de La Bussière, en 1460, à René Boret, qui paya, pour droit d'entrage, *quatre moutons, de trois ans environ, et six chez de poullailles* (1).

Guillaume II, seigneur de Marry, de La Bussière, de Montécot, de Solière..., eut de Charlotte de Boutillat trois enfants : Léger, qui lui succéda ; Jean, religieux au couvent de Beuvray, et une fille mariée dans la maison de Lodines. Jean vendit ses droits, en 1538, à Philibert de Barvault, son beau-père, seigneur de Montmort.

Léger assista, en 1546, au mariage d'Antoinette de Reugny du Tremblay, et laissa une fille, Jeanne de Marry, qui porta La Bussière à noble Imbert de Paris, chevalier, seigneur d'Artay et de Bonneron, l'un des cent gentilshommes de la cour du roi. Ce seigneur donna plusieurs pièces de terre en bourdelage à des hommes serfs, moyennant trente-deux livres tournois de belle-main, une rente annuelle de deux boisseaux de seigle, trois corvées et autant de gelines (2). Jeanne mourut jeune, laissant trois fils (3), au nom desquels Imbert reprit de fief, en 1575. Jacques, le puîné, seigneur de La Bussière, de Guerchy et de Charron, épousa Marie Courtois, qui lui donna cinq enfants. Ils se firent le partage de ses biens en 1663.

Edme de Paris, dit de La Bussière, seigneur du lieu, portait : *D'azur, à une bande d'or, accostée de deux demi-vols, alaisée de même, et de deux étoiles d'argent au haut*

---

(1) Archives de La Bussière.

(2) Imbert de Paris se remaria à Catherine de Rochechouart, veuve elle-même de Jacques de Reugny, seigneur de Montécot. De cette union vint Anne de Paris, épouse de Gabriel de Reugny, fils de Jacques.

(3) Claude, seigneur de La Bussière, en partie, marié à Jeanne de La Forest, dame de Savigny-sur-Canne et de Bazole, dont il eut une fille, Charlotte, qui s'unit, le 14 novembre 1610, à Jean de Courvol ; Jacques, qui suit ; et Guillaume, aussi seigneur, en partie, de La Bussière, qui épousa Perronne de Vellerot.

TOME I.

de chaque demi-vol (1). Il épousa Bénigne de Courvol, sa cousine, et en eut deux filles : Marie, femme de François de Burdelot, sieur de Monteuille-lès-Forêts, et Marguerite, mariée, en 1669, à Antoine de Montcorps, seigneur de Chéry (2).

Jean de Paris, se disant aussi seigneur de La Bussière, en 1703, laissa deux fils, Jean et Robert.

Cette terre passa ensuite à messire Maillard, qui en prit le nom. Il la vit saisir, en 1731, par les officiers de la chambre des comptes de Nevers, pour devoir non fait. On fit vendre ses meubles et son cheval pour *fruits en pure perte*. Ce seigneur laissa une fille, Catherine, mariée à Étienne Aladane, lieutenant de maréchaussée, auquel elle porta La Bussière. Marie-Claude, issue de cette union, épousa, en 1769, dans la chapelle du château, François de Cullon, chevalier de Saint-Louis, sieur de Chavigny. Jean-Baptiste du Gas de Martelay, aussi chevalier de Saint-Louis et gouverneur de Montbrison, se disait en même temps seigneur de La Bussière, à cause de Catherine-Antoinette Desbatisse, sa femme; il mourut au château, en 1778. Cet ancien fief appartient actuellement à la famille Charleuf.

Le Martray, au sud-est, formait un fief simple, chargé d'une rente en seigle envers la chartreuse d'Apponay. Il appartenait, en 1699, à Louis Cotignon. Claude Bonneau, sieur du Martray, en 1775, avait épousé Marie-Anne Charleuf, morte à trente-deux ans. Il laissa un fils, Claude-Marie Bonneau du Martray, chevalier de la Légion-d'Honneur et membre du conseil général de la Nièvre. Celui-ci s'unit à Marie-Sophie Richou, dont il a eu quatre enfants : Charles-François-Alexis, propriétaire du château de Mary, près Moulins-Engilbert; Louis-Adrien, ancien capitaine d'artillerie, maire de Vandenesse ; Edmond, chevalier de la Légion-d'Honneur, chef d'escadron d'état-major, actuellement propriétaire du Martray, et Honorine.

(1) *Armorial de la généralité de Moulins-en-B.*
(2) Généalogie de Courvol.

Un décret impérial, du 14 juin 1859, a autorisé la famille Bonneau à ajouter à son nom patronymique celui du Martray.

XII.

TAZILLY, *Taziliacus.*

Ce village, bâti dans les terres, à huit kilomètres environ à l'ouest de Luzy, est le chef-lieu d'une commune de six cent soixante-quatre habitants. Son territoire, granitique et argilosiliceux, renferme du minerai de fer de deuxième qualité. On y remarque quelques clos de vigne. La paroisse, jadis du diocèse d'Autun et de l'archiprêtré de Bourbon-Lancy, paraît très-ancienne. Le patronage de la cure appartenait au chapitre de Ternant et la seigneurie du clocher au marquis de La Nocle. Les dîmes se partageaient, par quart, entre le curé de Notre-Dame de Luzy, l'abbé de Cluny, le comte de La Roche-Milay et le seigneur du Fort-de-Lanty. L'église, de style roman, a été remaniée au seizième siècle. Elle est dédiée à saint Denis, l'Aréopagite, et se compose d'un chœur, avec abside, et d'une nef, flanquée de deux chapelles, formant transsept. Les baies s'ouvrent en meurtrières et annoncent le onzième siècle. Au-dessus du chœur, s'élève une grosse tour carrée, que supportent des arcs en plein-cintre. Une petite porte, en accolade, du seizième siècle, donne entrée, au sud. Dans le mur de la chapelle méridionale, se trouve encastrée une espèce de console, dont nous ne connaissons pas l'usage. Elle est décorée de trois écussons, fort mutilés; l'un présente un chevron, un autre un lion... Les fonts baptismaux, du seizième siècle, portent l'écusson échiqueté, avec les armes de France, de Philippe de Ternant, chevalier de la Toison-d'Or. La cloche, fondue en 1733, eut pour parrain *très-haut et très-puissant seigneur* Honoré-Armand, marquis de Villars, grand d'Espagne de première classe, mestre de camp d'un régiment de cavalerie de son nom, gouverneur, en survivance, du comté de Provence et des terres adjacentes ; et pour marraine *très-haute et très-puissante dame* Jeanne-Angélique Roque de Varengeville, épouse de Louis-Hector, duc de Villars, pair et maréchal de France, aussi grand d'Espagne de première classe, chevalier de tous les ordres du roi et de la Toison-d'Or, prince de Martigues, vicomte de Melun, marquis de La Nocle, comte de La Roche-Milay, baron de Ternant... (1) Gautron était alors curé de Tazilly, et Antoine Perrin, en 1789. L'église, entourée du cimetière, conserve encore des traces de l'incendie qui la dévora dans le courant du seizième siècle.

Au lieu dit *La Chapelle-de-Barnault*, sont les restes de l'ancien manoir de ce nom, avec fossés, qui remplaça un *castrum* romain. Les fondations ont deux mètres d'épaisseur. On y a découvert des fragments de tuiles à rebords et des couches de charbon, qui annoncent une destruction par le feu. Dans la butte, se trouvent les vestiges d'un puits. La maison du Crest posséda long-temps ce fief ; une branche en prenait le nom. Elisabeth du Crest de Barnaud avait épousé Paul de Chargères, sieur de Magny. Elle mourut le 18 décembre 1677.

La seigneurie de Tazilly, unie au marquisat de La Nocle, eut des possesseurs de son nom. Jean de Tazilly, chevalier, l'un d'eux, en fit aveu à Ternant, en 1461.

Près du village, à l'est, on remarque le castel de Marsandey, flanqué d'une tourelle carrée ; il porte tous les caractères d'une construction du seizième siècle. Jean de Mathieu, époux de Madeleine de Chargères, en était seigneur au commencement du dix-septième. Ses descendants en jouirent long-temps après lui. Cette maison a possédé les fiefs d'Eschenault, du Gué.... à Saint-Honoré.

Chigy, avec château moderne, sur une hauteur, au sud, se divisait jadis en deux parties, dont l'une se nommait Chigy-le-

---

(1) Inscription de la cloche.

Monial, ce qui rappelle une possession monastique, et l'autre Chigy-le-Mizieu. On y voyait une chapelle, fondée en 1643, par Charles du Crest, écuyer, seigneur de Montarmin et de Ponay. Elle était desservie par les chanoines de Ternant, tenus d'y célébrer la messe tous les vendredis, en carême, et *deux vendredis l'un*, pendant le reste de l'année.

Ce hameau formait jadis deux fiefs, avec justice moyenne et basse, dans la mouvance du comté de La Roche-Milay. Gilbert du Crest, écuyer, était seigneur de *Chigy-le-Gros*, de Ponay et de Montarmin, en 1570. Marguerite Le Bourgoing, sa veuve, en fit aveu, cinq ans après, et le laissa à François, leur fils, et celui-ci à Charles. François II, seigneur de Chigy, en 1697, portait : « D'azur, à trois bandes d'or, au chef d'argent, chargé d'un » lion issant de sable, couronné, lampassé, armé de gueules et » accolé à un griffon d'or (1). » Il avait épousé Jeanne de La Menue. Madeleine du Crest de Chigy porta ce fief à Denis-François de Jarsaillon, sieur de Nidy, l'un des deux cents chevau-légers du roi, qui vivait au milieu de dernier siècle.

Jean de Chargères, écuyer, seigneur de Sapinières, de Chigy-le-Mizieu...., en 1560, laissa ce dernier à Hugues, son sixième fils, issu de son union avec Claudine Ballard. Antoine Monchanin, procureur fiscal d'Issy-l'Évêque, en fit foi et hommage en 1706.

Chigy était possédé, au milieu du dix-septième siècle, par Pierre Bruneau, marquis de Vitry, seigneur de Chanlevrier. Le marquis Émile de Leusse a laissé cette terre à M. Bignon, son gendre, qui en est actuellement propriétaire.

Ponay-lès-Savigny, château du dix-huitième siècle, dans une gorge, semble tirer son nom des étangs qui l'avoisinaient. Il remplaça une ancienne maison-forte, siège d'une seigneurie en toute justice, mouvante de la châtellenie de Savigny-Poil-Fol. Jean des Choux, écuyer, en était investi en 1270. Marguerite, sa fille, porta ce fief à Jean de Semur, chevalier, fils

(1) Marolles, titres de Nevers; *Armorial de la généralité de Moulins.*

d'Hérardin, qui en fit aveu à la cour des comptes de Nevers, en 1327, et sa veuve en 1353. Robert, issu de leur union, était encore seigneur de Ponay un demi-siècle après. Guyot de Semur en donna dénombrement en 1437 (1).

Un siècle plus tard, cette terre appartenait à Gilbert, *aliàs* Philibert du Crest. Anne ou Marguerite Le Bourgoing, sa veuve, en reprit de fief en 1575. Trois ans après, Jean de Thibert, tuteur des enfants de Jean de Balorre, fit devoir, au nom de ses pupilles, pour la quatrième partie. Hugues du Crest, seigneur de Ponay, de Montarmin et de Chigy, en 1584, épousa Madeleine de Chargères (2), et en eut, entre autres enfants, Charles, qui vivait en 1643. Jacques, sieur de Ponay en 1697, portait : « D'azur, à trois pals d'or (3) ». François du Crest de Ponay, chevalier, épousa Louise de Virgile, dont il eut Marie-Françoise, mariée, le 26 novembre 1750, à Jean de Chargères, seigneur de La Cœudre, de La Creuzille...., officier au régiment d'Alsace. Ponay est actuellement la propriété de la famille Cortet.

CANTON DE MOULINS-ENGILBERT.

Ce canton, situé entre ceux de Luzy et de Château-Chinon, occupe le versant sud-ouest des hautes montagnes du Morvand. Il se compose de dix communes, dont quatre, celles d'Isenay, de Montaron, de Maux et de Vandenesse, sont assises, en partie, hors du sol granitique, et, par conséquent, en dehors des limites que nous nous sommes tracées ; elles auront néanmoins leur article, afin de ne pas en laisser la description incomplète. Son territoire, ici gras et fertile, là maigre et presque stérile, produit du vin, du blé, du seigle et des châ-

---

(1) Archives de La Roche-Milay.
(2) *Nobiliaire universel*. Généalogie de la maison de Chargères.
(3) Marolles, titres de Nevers.

taignes. Il est arrosé par plusieurs rivières et ruisseaux, tous affluents de l'Aron. Cette dernière est bordée d'excellentes prairies, où l'on engraisse une grande quantité de bétail. Le canal *du Nivernais* offre un débouché facile et très-avantageux aux produits de la contrée.

On trouve dans ce canton de belles carrières de pierre de taille, un établissement thermal assez fréquenté, une fonderie considérable de projectiles pour l'artillerie de terre et de mer, une ferme-école. Des routes le parcourent en divers sens et le font communiquer avec tous les pays voisins. L'ère celtique, l'époque gallo-romaine, le moyen-âge... y ont laissé de nombreuses traces de leur passage, ainsi que nous le verrons en parlant de chaque commune.

I.

MOULINS-ENGILBERT, *Molinæ Angelberti*, *Molendini*.

Cette petite ville est bâtie sur la limite sud-ouest du Morvand, dans un bassin étroit, au confluent du *Gara* et du *Guignon*, qui vont ensuite, sous le nom d'*Anizy* ou de *Moulins*, se jeter dans l'Aron. Elle était autrefois le siége d'une puissante châtellenie, d'un grenier à sel, puis d'un district, avec tribunal de première instance. C'est actuellement un simple chef-lieu de canton Ses armes sont : « De gueules, à une croix » encrée d'or. » Elle compte, avec sa banlieue, environ trois mille deux cents habitants et comprend une superficie de trois mille neuf cent cinquante-un hectares, dont mille deux cent cinquante-deux sont couverts de forêts.

Moulins-Engilbert, ainsi que son nom l'indique, doit son origine à d'anciennes usines, que mettaient en mouvement les eaux des deux petites rivières citées plus haut. Quant à son surnom d'*Engilbert* que, dans son bouillant patriotisme, elle avait échangé, en 1793, contre celui de *République*, il vient d'une ancienne famille féodale, dont la forteresse la dominait, au nord.

Assis à la pointe d'un rocher de granit, le château du sire Angilbert était, par sa situation et par les ouvrages de défense qui le protégeaient, une des plus redoutables forteresses féodales du Morvand. Il n'en reste que quelques tours découronnées et des pans de murs, noirs et déchiquetés, que le lierre enlace de ses mille bras. L'entrée, aux deux côtés de laquelle se trouvaient les cachots, était fermée d'une double porte en fer et défendue par des tours, armées de créneaux et de machicoulis et percées de meurtrières.

En pénétrant dans l'intérieur, on se trouvait incontinent sur la place d'armes, qu'entourait une ceinture de hautes murailles, hérissées de tours, puis on entrait dans la cour d'honneur. D'obscurs souterrains régnaient sous toute l'étendue du noble édifice. Une chapelle, complément nécessaire d'un manoir féodal, se voyait au milieu de l'ensemble. Elle était dédiée à saint Anastase et avait un prêtre attaché à sa desserte. Jean Alexandre en était chapelain, en 1480, et Guillaume Courtois, en 1499. Ils recevaient dix livres tournois et devaient y célébrer deux messes par semaine (1). Entre l'église et le portail du château, sous un pâté de maisons, qu'on a eu l'heureuse idée de faire disparaître, on voit un dédale de souterrains, disposés en couloirs, et flanqués d'espèces d'absidioles, rangées en quinconces. La plupart sont taillés dans le roc. A quelle époque remontent ces souterrains ? quelle en était la destination ? Nous l'ignorons. Toutefois ces sortes de catacombes méritent de fixer l'attention des archéologues.

On croit communément que cette forteresse ne fut pas bâtie sur un sol vierge, mais qu'elle remplaça une antique villa, dont l'existence est d'ailleurs attestée par des médailles, des débris de tuiles à rebords et de poterie romaine, que l'on découvrit autrefois

(1) Archives de la Nièvre.

alentour. Elle fut acquise, avec ses dépendances, en 1216, de messire de Bursay, par Hervé de Donzy, comte de Nevers, qui l'érigea en châtellenie et mit dans son ressort un grand nombre de fiefs. Ses successeurs y placèrent, dans la suite, un capitaine-gardien, avec plusieurs hommes d'armes sous ses ordres, pour veiller à la défense du pays (1).

Attirés par l'importante et agréable situation de ce château, et par sa position au centre des terres nivernaises, ces seigneurs y faisaient eux-mêmes souvent leur résidence. Ils y donnèrent, à diverses époques, des fêtes splendides, auxquelles on voyait accourir la haute noblesse de la province. C'est là, au milieu d'une cour brillante, que fut célébré, en 1290, le mariage de Louis Ier de Flandre avec Jeanne, comtesse de Rethel. Si on en croit quelques écrivains, ce serait encore dans ce château qu'aurait eu lieu, le 30 novembre 1424, celui de Bonne d'Artois, veuve de Philippe de Bourgogne, avec Philippe-le-Bon (2).

Le 6 mai précédent, comme la comtesse se trouvait, avec une cour nombreuse, à Moulins-Engilbert, il s'éleva, en présence de Gérard de Damas, seigneur de Marcilly et gouverneur du Nivernais, une forte discussion, *accompagnée de paroles injurieuses*, entre Simon Ostringler, chevalier, et Guyot de Maumigny,

---

(1) Jean *du Plessoiz* remplissait cette charge en 1367, et Imbert Sallonnyer au commencement du siècle suivant. Étienne du Pontot en était gouverneur en 1523. Lazare Sallonnyer, nommé par lettres patentes de Charles II de Gonzague, du 3 septembre 1606, fut remplacé par Jacques, son fils, le 5 juillet 1535.

La châtellenie fut affermée, en 1611, à Jean Raffand, pour trois cent quarante-cinq livres tournois; en 1643, à Étienne Roux, pour trois cent soixante; en 1678, à Jean Rebréget, pour cinq ans, moyennant deux mille deux cents; il paya, en outre, cinquante livres, par an, pour les filles *aumônées*, entre autres, à Madeleine Gueneau; en 1734, à François Dubois, pour deux cent quarante-cinq livres. (Archives de la Nièvre.)

Il était dû au curé d'Onlay, en aumône, sur cette châtellenie, quarante-trois sous, et au prieur de Sémelay, dix.

(2) Guy Coquille, *Hist. du Nivernais*, petit in-4°, p. 216.

écuyer. Celui-ci jeta son *gaige* à son adversaire, qui ne le releva pas. Ajourné par le gouverneur au 16 suivant, on vit, ce jour-là, Guyot arriver à la tête d'une foule de gentilshommes, *ses parents et amis*, qui lui formaient une escorte d'honneur. Mais Simon ne parut point. Après divers autres ajournements infructueux, Guyot requit un défaut, qui lui fut délivré, le 11 août, par Pierre Lamiche, lieutenant du gouverneur (1).

Charles de Bourgogne y convoqua, en 1463, les états du Nivernais pour la rédaction de la coutume. L'assemblée se réunit, chaque jour, pendant la durée des séances, dans la grande salle, et y arrêta tous les articles du nouveau code, à l'exception des neufs derniers, sur lesquels on ne put s'entendre. Louis XI y séjourna après la bataille de Sermages, en 1475. Les échevins de la ville dépensèrent quatre-vingt-dix livres pour défrayer le roi et sa suite. En 1517, le comte, se trouvant à Moulins-Engilbert, son châtelain, Henri Cotignon, en paya cent onze pour les dépenses des palefreniers et des chevaux, *y compris la ferrure*, le foin, la paille et la chandelle (2). Marie d'Albret, comtesse douairière de Nevers, s'étant rendue de Decize à Moulins-Engilbert, en 1523, fut reçue par Étienne du Pontot, capitaine-gouverneur de la ville, à la tête de ses hommes d'armes, et par le clergé et les habitants, *en grande liesse*. On lui offrit, selon l'usage du temps, six tasses d'argent, artistement ciselées, dont elle se montra *moult reconnoissante* (3).

C'est autour de cette forteresse féodale que se forma peu à peu la ville. Celle-ci n'était encore, au onzième siècle, qu'une bourgade de peu d'importance ; elle se développa lentement pendant

---

(1) « Sçavoir faisons que pour ce que audict jour d'huy ledict messire » Symon Ostringler n'est venu soy présenter ne comparus d'aultres » pour luy, iceluy chevalier avons mis et mettons en deffaut, et audict » Guyot de Maulmigny, pour ce présent, comparent et attendu soufflt, » avons donné et donnons deffaut. » (Généalogie de la maison de Maumigny).

(2) Archiv. de la Nièvre.

(3) Copie manuscrite du procès-verbal de réception.

le cours du suivant. Mais, au treizième, elle se trouva à même de se libérer, à prix d'argent, du lien de la servitude, et s'érigea en commune.

L'affranchissement ayant donné un nouvel essor à son commerce et à son industrie, sa prospérité s'accrut. Les habitants en profitèrent pour se clore de murs, et mettre ainsi leur fortune à l'abri d'un coup de main. Ils s'adressèrent donc, par l'entremise des échevins, à Marguerite de Flandre, et obtinrent, en 1386, la permission nécessaire. Dès-lors ils se mirent à l'œuvre et élevèrent, du côté où les fortifications du château laissaient le bourg à découvert, une muraille *de six cents toises de long*, sur huit mètres environ de haut et deux d'épaisseur, et la flanquèrent de huit ou dix grosses tours. Ils creusèrent, en outre, des fossés qu'inondaient les eaux du Guignon. Deux portes, armées de tourelles à créneaux et de machicoulis, dites l'une *porte Notre-Dame*, l'autre *porte Saint-Antoine* (1), et un guichet, donnaient entrée dans la place. Le tout formait, en y comprenant le château, une enceinte de deux mille mètres environ. Néanmoins, ces fortifications ne l'empêchèrent pas de tomber, en 1474, au pouvoir de l'armée bourguignonne, commandée par le comte de Roussy. Mais la victoire remportée, l'année suivante, par le duc de Bourbon à Sermages, la délivra des ennemis.

Sous l'ancien régime, la ville était administrée par un corps municipal, composé de trois échevins, dont l'un avait le titre de maire, et de douze notables. Le grenier à sel, établi au quatorzième siècle, était régi par un président, un grenetier, un contrôleur et un greffier. François Ier, par lettres patentes du 10 janvier 1510, en abandonna *les proufit, revenu et aultres droits de gabelle*, à Charles de Clèves, ce qui fut confirmé, dans la suite, à ses successeurs. En 1566, il s'y trouvait environ quinze muids de sel. On prélevait, sur le prix de vente de chaque minot, *douze deniers tournois* pour les pavés d'Orléans,

---

(1) Celle-ci se trouvait au bout de la rue *Saint-Antoine*, près de la chapelle des ursulines.

huit pour les réparations de l'église Saint-Étienne de Bourges, *quinze* pour le paiement des juges du présidial de Saint-Pierre-le-Moûtier, et *vingt pour les manants et habitants* de Moulins-Engilbert (1). Guillaume de Grandrye, écuyer, seigneur de La Montagne, était grenetier de Moulins-Engilbert en 1520, et Albert, son fils, huit ans plus tard.

La justice se rendait en cette ville, au nom des ducs de Nevers, dans une prévôté et un bailliage, dont le ressort s'étendait sur plusieurs paroisses. Le personnel se composait d'un juge-lieutenant, d'un juge criminel assesseur, d'un prévôt, d'un procureur fiscal, d'un procureur du fait commun, d'un greffier et de plusieurs sergents. Les appels se portaient à la pairie de de Nevers, de là au parlement de Paris, et les cas royaux à Saint-Pierre-le-Moûtier.

Au mois d'août 1367, une sentence, emportant peine capitale et rendue par le juge de Beunas, près Maux, y fut confirmée en ces termes : « Pierre Lamiche, clerc, garde dou scel de
» madame la comtesse de Flandre, d'Artois et de Bourgouingne,
» en la prévosté de Molins-Engilbert, salut.

» Saichent tous que en la présence de Odile Quotignon,
» clerc, et des tesmoins cy-dessoubs, a esté admenez en juige-
» ment Guillaume Le Gros dou Rié, prisonnier en la terre et
» justice de Bunais, pour cause qu'il a esté fatteurs corpables,
» consentans et aidens de la bature faicte en la personne de
» Jehan Le Moëz, aultrement dict le marchant de Mons-en-
» Genebrey, tellement que la mort en est ensuyvie ; et a
» iceluy Guillaume ha esté lehue en juigement la confession
» que il ha faicte sur ce, parmi laquelle il est trovez consen-
» tans, fatteurs et aidens doudict omicide, et laquelle confession
» il n'a en rens contredicte ; mais la approuvée, cogneue et con-
» fessée en juigement, en la presence desdicts tesmoings et de

(1) Extrait du procès-verbal de la prise de possession du grenier à sel par Jacques de Lalande, fermier général des greniers à sel des généralités de Bourges et de Tours.

» plusieurs aultres saiges existens en court, par-devant hono-
» rable homme et saige Pierre de Molins, garde de la justice
» dudict lieu de Bunais, por religieuse et honeste fresre Jehan
» de Taloye, segretain de Comagny, maistre et gouverneur de
» la maison, terre et justice de Bunais. Laquelle confession
» ainsi vehue, lehue et cogneue, ledict prisonnier, *en son*
» *absence*, a esté juigez et condampnez à estre justiciez à mort;
» c'est assavoir de treysner et de pandre, auxquels juigement et
» condampnation, ledict juige et garde de ladicte justice de
» Bunais ha mis et interposé son décret et assentement, et
» incontinent ledict juigement ainsi faict, maistre Denys, *borrel*
» de Nevers, ha iceluy prisonnier prins, et li ha liez les mains
» par devant comme meurtrier, et un chevestre mis au col,
» et incontinent la menez es forches, et, en la présence doudict
» juré et desdicts tesmoings et de plusieurs aultres, ledict pri-
» sonnier ha esté treysnez à la quehue d'un cheval, menez ès
» forches et panduz comme meurtrier, jusque ha ce que
» complissement de justice en ha esté faicte (1)..... »

A la suppression du bailliage ducal et de la prévôté, en 1790, il fut créé dans cette ville un canton et une justice de paix, dont le ressort comprenait huit paroisses (2). La châtellenie elle-même fut remplacée par un district, avec tribunal civil de première instance, duquel dépendaient le canton de Moulins-Engilbert et ceux de Châtillon-en-Bazois, de Luzy, de La Roche-Milay et de Montigny-sur-Canne. Ce district ayant été supprimé, à son tour, au mois de février 1800, ses dépendances concoururent à former l'arrondissement communal de

---

(1) Les témoins de cette affaire furent Pierre Lamiche, l'aîné; Pierre Lamiche, le jeune; Hérard de Ville-Morier, Hugues Lamoignon, Jean Berthelon, Perrin de Roiches, Jean du Chasteaul, Guillaume de Villescot, Louis de Mary, écuyer; Jean Duplessoiz, Olivier de Chaumettes, Jeannon de Broooos, Mathé du Prestrain, Guillaume de La Broce.....

(2) C'étaient Moulins-Engilbert, Commagny, Onlay, Préporché, Saint-Honoré, Vandenesse, Sermages et Maux. Celles d'Isenay et de Montaron dépendaient alors du canton de Montigny-sur-Canne.

Château-Chinon. Néanmoins, Moulins-Engilbert conserva le tribunal civil pendant dix ans.

On ne peut douter que la foi chrétienne n'ait été implantée de bonne heure dans l'endroit, puisque, dès le huitième siècle, il existait un prieuré à peu de distance, au sud. Cependant la ville ne fut érigée en paroisse qu'en 1361 (1). Jusque-là, elle avait formé l'annexe de Commagny, dont le prieur, en sa qualité de curé primitif, conserva la collation jusqu'à 1789 (2). Elle lui fut confirmée par l'évêque Bernard de Saint-Saulge, en 1161 (3).

---

(1) PARMENTIER, *Hist. manusc. des Évêques de Nevers*; *Le Nivernais*, t. II, p. 214; Mgr CROSNIER, *Tableau chronologique de l'hist. du Nivernais*; *Monographie de la Cathédrale de Nevers*, p. 306.

(2) L'auteur d'une certaine brochure, que nous nous abstenons de qualifier, parce qu'elle a été jugée par ses lecteurs, sous le rapport du style comme de l'esprit, s'est récrié, en termes peu parlementaires, contre la date de cette érection. Comme nous ne l'avons pas inventée, nous le renvoyons tout simplement aux ouvrages des écrivains, aussi sérieux qu'honorables, auxquels nous l'avons empruntée. Nous lui ferons remarquer seulement que le passage de la charte de l'évêque Bernard de Saint-Saulge, de l'an 1161, interprété dans le sens qu'il lui donne, prouverait qu'il y avait alors à Moulins-Engilbert au moins cinq ou six paroisses : *Universas, omnes ecclesias de Molendinis*. C'est beaucoup de paroisses pour une ville de six à sept cents toises de pourtour. Il nous permettra, sans doute, de demander, puisqu'il est du pays et qu'il a scrupuleusement interrogé la tradition locale, si elle lui a dit où se trouvaient toutes ces églises, et à quelle époque elles furent détruites.

(3) Les curés connus sont : Jacques Larrivée, en 1548; Jean de Grandrye, doyen de Saint-Léonard de Corbigny, aumônier et *clerc oratoire de la reine Marie*, en 1554; Philibert Chauvelin, nommé en 1570, mourut le 8 novembre 1597; Jean Choppin décéda en 1612; Gaspard Roux n'administra la paroisse que onze ans. Il eut pour successeurs : Jacques Gornillat, mort en 1648; Jean Pougault, prieur de Saint-Michel de Lyon, décédé après onze ans d'exercice du ministère pastoral à Moulins. Il portait : « De sable, à une poulie d'argent. » Nicolas Guiller, nommé l'année suivante, laissa son poste à Joseph Vigouroux, en 1669, et celui-ci à Jean-Baptiste Robert, en 1733. François Isambert fut

Moulins-Engilbert était le siége d'un archiprêtré, qui avait dans son ressort vingt-six paroisses, l'abbaye de Bellevaux, la chartreuse d'Apponay, quatre prieurés et deux léproseries (1).

L'église paroissiale, située au centre de la ville, ne fut primitivement qu'une chapelle, que rebâtit et agrandit, vers 1355, l'évêque de Noyon, Philippe de Moulins. Elle est dédiée à saint Jean-Baptiste, dont la fête donnait lieu autrefois à un grand concours de fidèles, le 24 juin de chaque année. L'apport et le louage de domestiques, qui ont encore lieu ce jour-là, en sont un souvenir permanent. Son style est celui du quinzième siècle (2). Elle ne

pourvu de cette paroisse en 1772, et la gouverna jusqu'en 1804. Édouard-Aubin Ruby, son successeur, décédé en 1821, fut remplacé par François Bossu, qui mourut en 1842. M. Philippe Meslier, chanoine honoraire, ancien curé de Moux, est actuellement doyen de Moulins-Engilbert.

(1) Ces paroisses étaient, outre Moulins-Engilbert : Anizy, Avrée, Cercy-la-Tour, Chevannes, Codde, Commagny, Glux, Isenay, Limanton, Maison-en-Longue-Salle ou Fours, Maux, Montaron, Montigny-sur-Canne, Nourry, Onlay, Pouligny, Préporché, Remilly, Saint-Gratien, Saint-Honoré, Saint-Michel-en-Longue-Salle, Sauzay, Savigny-sur-Canne, Thaix, Vandenesse ; les prieurés étaient ceux de Chevannes, de Commagny, de Mazille et de Saint-Honoré ; les léproseries celles de Moulins-Engilbert et de *Vulliaco*, lieu aujourd'hui inconnu.

(2) L'auteur de la brochure, déjà citée, en nous voyant annoncer, d'un côté, que Philippe de Moulins établit le chapitre de Notre-Dame, en 1378 ; de l'autre, que l'église est du style du quinzième siècle, triomphe avec une joie, qui démontre sa bonne foi ou sa pénétration. « Comment, s'écrie-t-il, avec une spirituelle ironie, il fait fonder un » chapitre en 1378, dans une église bâtie plus de deux cents ans après! » Si toutes les histoires étaient de cette force !... » A ce compliment, nous répondrons seulement qu'elles ressembleraient un peu au *factum* publié à Nevers, en 1864.

Toute l'assurance du critique gît dans un anachronisme de sa façon. En effet, nous ne disons pas que l'église de Moulins-Engilbert a été construite, *primâ vice*, au quinzième siècle ; mais que son style est celui du quinzième siècle ; ce qui est bien différent. Il n'est lecteur, excepté pourtant le sieur P..., qui ne comprenne que nous admettons une reconstruction, d'accord, en cela, avec tous les hommes compé-

manque pas d'élégance, quoique irrégulière; mais sa dimension est sans rapport avec la population de la paroisse. Le chœur, éclairé par de longues fenêtres ogivales, jadis ornées de beaux vitraux peints, serait remarquable, si l'architecte ne s'était mis, en plaçant au-dessus la tour du clocher, dans la nécessité de lui donner une dimension trop exiguë. Cette tour, surmontée d'une haute flèche en bois, est d'une belle exécution. Elle renferme trois grosses cloches, dont l'harmonieux accord frappe agréablement l'oreille. Plus d'un voyageur a suspendu momentanément sa course pour écouter le son doux et mâle tout à la fois, qui s'échappait du beffroi. La plus ancienne fut bénite le 13 juin 1767; la seconde, le 9 mai, huit ans plus tard, et la troisième, en 1807 (1).

La nef, de quatre travées, est à plusieurs degrés au-dessus du sol. Les voûtes sont appuyées par des nervures prismatiques naissant au sommet de piliers cylindriques, sans chapiteaux. Sur le côté nord, on voit trois chapelles, dont l'une sert de baptistère. Les deux autres étaient connues jadis sous les noms de *Champ-Court* et de *Grandrye*. Sébastienne Chevalier, veuve d'Antoine Courtois, bourgeois de la ville, fonda dans cette dernière, le 29 août 1570, une grand'messe, le vendredi de chaque semaine, à perpétuité. Cette messe, *en laquelle* devaient être *offerts pain et vin*, se célébrait à neuf heures du matin et devait être sonnée *ung coup au braisle par une cloche de*

---

tents, comme lui-même l'insinue. Seul, il est d'un avis contraire! L'entêtement ne prouva jamais la science.

(1) La première eut pour parrain François Guiller de Mont, juge civil et criminel au bailliage de Moulins-Engilbert, et pour marraine Françoise de Meun de La Ferté; le parrain de la seconde, bénite par le curé François Isambert, fut Henri Souchon, avocat en parlement, conseiller du roi et receveur au grenier à sel; et la marraine Marie-Anne Pougault, veuve de Pierre Isambert, notaire et procureur; la troisième eut pour parrain Louis-François Viel d'Espeuilles, ancien major au régiment d'Angoulême, conseiller général de la Nièvre, et pour marraine Madeleine-Pauline Sallonnyer.

l'esglise. Elle légua, à cette intention, une rente de dix livres, à laquelle elle en ajouta bientôt trois autres de *une livre* chacune : 1º afin que le célébrant récitât, à l'issue de la messe, *à deux genoux et le plus dévostement que faire se pourroit, la passion de Notre Seigneur Jésus-Christ* ; 2º pour faire dire, chaque samedi, après les *grandes vespres, ung Libera et ung De profundis, sur sa fosse, au devant la chapelle de Grandrye;* 3º enfin pour que les *administrateurs de la fabrique fussent plus enclins* à surveiller l'exécution de ses volontés (1).

Sur le côté sud, est un collatéral, en tête duquel on voit un joli autel, dans le style de la renaissance, nouvellement érigé et dédié à la sainte Vierge. Auprès, il existe une chapelle, dont les nervures viennent reposer sur des appuis aux armes de la famille Sallonnyer. Cette chapelle et le collatéral sont éclairés par trois fenêtres à meneaux, surmontés d'un quarte-feuille, qui semblent avoir appartenu à un édifice plus ancien. Sous cette partie règne une belle crypte, où l'on descend par un escalier intérieur, situé près de celui de la tribune basse, disgracieuse, qui occupe la première travée de l'église. Une petite porte latérale, actuellement murée, y donnait jadis accès de l'extérieur.

Philippe de Moulins, secrétaire des rois Charles V et Charles VI, et successivement évêque d'Evreux et de Noyon, avait fondé, en 1378, pour le salut de son âme et de celles de ses ancêtres, dans une chapelle, contiguë à l'église, bâtie par lui, et dédiée à la sainte Vierge, un chapitre de six chanoines, dont l'un prenait le titre de prévôt (2). Le fondateur dota cette nouvelle communauté de tous les biens qu'il possédait à Moulins-Engilbert et dans les environs, en se réservant, pour lui et sa famille, la collation des prébendes. La bulle

---

(1) Archives de M. Jean-François Lorry, ancien maire de Moulins-Engilbert, dont on admire la belle collection d'autographes.

(2) *Pro suæ suorum que animarum salute, quamdam capellam in honore beatæ Mariæ Virginis, contiguam parochiali ecclesiæ villæ de Molinis, Nivernensis diœcesis, in quodam fundo suo paterno, non sine magnis sumptibus ædificare fecerat....*

d'érection, donnée à Avignon, le 15 des calendes de mai, par le pape Clément VII, fut mise à exécution par Maurice de Coulanges, vicaire général, puis évêque de Nevers. A l'époque de la reconstruction de l'église, la *chapelle*, bâtie par Phillipe de Moulins, fit place au *collatéral* actuel, où le chapitre fut installé. On voyait alors, dans la crypte, deux autels sur lesquels célébraient, tous les jours, quelques-uns des chanoines.

En 1551, Antoine Courtois légua *à chaque chanoine, allant en procession,* aux quatre fêtes de la sainte Vierge, savoir : la Purification, l'Annonciation, la Nativité et la Conception, *six deniers ;* au *coultre, tenant la croix,* autant ; au *courrault, trois.* Claude Goussot fonda aussi une rente de *six sous* pour être distribués de même, le jour de l'Assomption.

Le chapitre avait la collation de la chapelle *Saint-Nicolas et Saint-Marc*, qui dépendait de l'ancienne léproserie ; le titulaire percevait la moitié des dîmes dues aux seigneurs de Solière, dans la paroisse de Saint-Péreuse. Parmi les domaines appartenant à la communauté, nous citerons Le Grand-Macé, terre en toute justice, mouvante en fief de la baronnie de Châtillon-en-Bazois. En 1538, les chanoines élurent et présentèrent au seigneur féodal, en qualité *d'homme vivant et d'homme mourant* (1), Pierre Perraudin, l'un d'eux, pour en faire foi et hommage, et recevoir l'investiture en payant une somme de *six écus sol*. Dix ans après, le fief se trouvant de *nouveau ouvert* par sa mort, ils nommèrent, pour la même fin, Philibert Chauvelin, qui reçut également l'investiture de cette seigneurie moyennant cinq écus.

La demeure des chanoines occupait la place des bâtiments qui furent le berceau de leur fondateur, et se trouvait près du

---

(1) Comme les communautés religieuses ne mouraient pas, les seigneurs féodaux exigeaient, dans l'intérêt de leurs droits de mutation, que tout fief, possédé par elles, reposât sur la tête d'un des religieux, afin qu'à sa mort, il fut déclaré ouvert ou changeant de maître ; c'est ce qu'on appelait l'*homme vivant* et l'*homme mourant*.

chœur de l'église. Les caves, qui règnent sous l'ancien appartement du doyen, sont dignes de remarque.

L'église de Moulins-Engilbert, comme tant d'autres, fut pillée et dévastée par les vandales de 1793. Collot-d'Herbois et Laplanche, en mission dans le département de la Nièvre, y tinrent une assemblée républicaine le 27 avril 1793. Il y avait alors dans la ville quelques hommes dangereux, de ceux qu'on surnommait *terroristes*, parce qu'ils étaient, en effet, l'effroi, la terreur de toute une population, par elle-même paisible. L'un d'eux, Jean S....., vitrier, répétait sans cesse, en pleine rue, « que les affaires n'iraient jamais bien, si on ne » guillotinait, par semaine, un aristocrate de la commune; » qu'il fallait que la guillotine fût en permanence sur la place, » et que, s'il n'y avait point de bourreau, il en servirait lui-» même ».

Étienne S....., serrurier, nommé révolutionnairement officier municipal par Collot-d'Herbois et Laplanche, et chargé de surveiller les détenus, dit en pleine municipalité « qu'ayant un » frère nommé Jacques S..., à la défense de la patrie, s'il » apprenait, un jour, qu'il lui fût fait la moindre égratignure, il » se porterait aussitôt sur les parents des émigrés, en otage » dans la commune, sous la surveillance des autorités, les éven-» trerait tous et en ferait une gibelotte ». Mais le pire de tous était Étienne Roule, *directeur de la poste aux lettres*. Dans la réunion du 27 avril, il n'avait pas craint de dénoncer, à Collot-d'Herbois et à Laplanche, François Vacher, cordonnier, son propre oncle, comme usurier; Edme Sallonnyer, comme aristocrate, et Jean-Baptiste Corbillet, comme entretenant des correspondances avec le prêtres déportés et vendant pour de l'argent de préférence aux assignats.

Associé à un nommé Pesch..., soi-disant *agent militaire supérieur* du département de la Nièvre, il se livra à tous les excès. En novembre 1793, il se rendit à l'église pendant que le prêtre Léonard Ravary célébrait le saint sacrifice, monta en chaire et déclama contre la religion et contre tous *ceux qui allaient à la messe.* Courant trouver son horrible associé, il retourne ensuite à l'église, avec des soldats de l'armée révolutionnaire, arrête le prêtre, s'empare des vases sacrés et les foule aux pieds, en disant stupidement à ceux qui offraient le plus de résistance : « B....., tu as les os plus durs que les autres. » Il en déposa les débris sur le bureau de Pesch......

L'armée révolutionnaire s'étant rendue de Moulins-Engilbert à Château-Chinon, Roule courut après elle, la ramena dans la ville et introduisit plusieurs soldats dans la crypte de la collégiale, d'où ils retirèrent diverses statues, qu'ils brisèrent avec leurs armes.

Lors du passage du représentant du peuple Lefiot de Lavaux, en mars 1794, il se rendit avec lui et les deux frères Pesch..... à l'église, où, blasphêmant contre le christ, il lui dit : « Vieux » b....., tu ne resteras pas long-temps là. » Puis, dressant une échelle, il lui passe une corde au cou et le renverse sur le dallage. Nos vandales en recueillirent les débris, avec ceux des autels et des boiseries, en firent un bûcher dans l'église même et y mirent le feu. Ils s'attaquèrent ensuite aux verrières, représentant les diverses circonstances du martyre de saint Jean-Baptiste, patron de la paroisse, qui étaient renommées par le brillant des couleurs et le fini du travail, et les détruisirent. Il ne resta du magnifique arbre de Jessé, qui s'épanouissait à la rosace, que quelques personnages et *la fleur sur laquelle le souffle du Seigneur s'est reposé.* Les niches du clocher furent dépouillées de leurs statues.

L'église de Moulins-Engilbert s'est ressentie long-temps de ces sottes mutilations, dont le récit provoque le dégoût et la tristesse.

Il y existait autrefois une célèbre confrérie du Saint-Sacrement, fondée vers 1480. Elle ne se composa d'abord que de douze membres, en l'honneur des douze apôtres. On y en ajouta, dans la suite, quatre autres, en mémoire des quatre évangélistes, et deux marguilliers. Le bâtonnier représentait saint Pierre, et les divers membres figuraient les autres apôtres. Le premier dignitaire fut Jean du Pontot, auquel Jean II, son fils, avait succédé en 1542. Après eux vinrent Nicolas et Jean Larrivée... Toutes les familles les plus distinguées de la ville et des environs, parmi lesquelles nous citerons celles de Cotignon, de Grandrye, de Bar, de Maison-Comte.... tenaient à honneur de faire partie de cette pieuse association.

Moulins-Engilbert, outre son chapitre de chanoines, renfermait deux autres communautés, l'une d'hommes et l'autre de femmes. La première était un couvent de Picpus (1), où religieux du tiers-ordre de Saint-François, autrement dits *pénitents*, et la seconde une maison d'ursulines.

Le couvent des Picpus se trouvait à l'extrémité du faubourg de James, au sud, où les anciens bâtiments se font encore remarquer par leur caractère claustral. Il avait été fondé, en 1629, par Gabriel Reullon, juge-lieutenant en la châtellenie de Moulins-Engilbert, et par Marguerite Robert, sa femme, qui le dotèrent, par leur testament, du 23 octobre de la même année, de tous les biens dont ils seraient possesseurs au jour de leur décès. L'église conventuelle, aujourd'hui convertie en étable, était vaste et construite dans le style de la renaissance. Elle fut consacrée, en 1638, sous le titre de l'Annonciation, par Eustache de Chéry, neveu et coadjuteur d'Eustache du Lys, évêque de Nevers. Le fondateur mourut peu de temps après et y fut inhumé. Marguerite Robert, qui lui survécut, fit un codicile ou acte de dernière volonté, le 15 décembre 1646. Dans cet acte elle veut *que, son âme étant séparée de son corps, son dit corps soit inhumé dans la chapelle de l'Annonciation de la vierge Marie des révérends pères franciscains, au lieu et proche de défunt maistre Gabriel Reullon, son mari, et ses frais funéraux estre faicts et fournis par lesdicts révérends pères.... ainsi qu'ils ont esté faicts pour défunct son mary......* Elle donne à treize

---

(1) Picpus est le nom d'un village de la banlieue de Paris, où ces religieux possédaient leur principal établissement, et d'où ceux de Moulins avaient été tirés.

pauvres, qui porteront le luminaire, treize demi-aunes de drap, et à treize femmes autant de boisseaux de froment, s'en remettant, pour le surplus, à la volonté des religieux (1).

En 1772, le père Anastase Laurent, procureur du couvent, fit, au nom du *très-révérend père gardien*, Jean-Marie Fournel, aveu au comte de Château-Chinon pour Le Meix-Linard, au duc de Nevers pour Champcourt et Morillon, et prêta le *serment* d'usage (2). Le père François-Placide Charlet renouvela ce devoir, en 1777.

La maison du Clerroy, insigne bienfaitrice de l'établissement, y avait droit de sépulture. L'aîné de cette noble famille portait le titre de *père temporel* des religieux.

Le couvent des ursulines, situé entre les faubourgs *Saint-Jacques* et *Rolin*, avait été fondé, en 1635, par celui de Nevers. Les bâtiments, dont les murs sont baignés par les eaux du *Gara*, se font remarquer par leur masse, bien qu'ils ne soient plus aussi considérables qu'autrefois. Leur construction date de 1715. La chapelle, qui occupe l'extrémité de l'aile orientale, est vaste, mais d'un mauvais goût. Les cloîtres existent en partie (3).

En 1789, le feu ayant pris dans la pharmacie, se communiqua rapidement aux appartements voisins, et, dans un instant, le bout de l'aile nord se trouva embrasé. Sans la promptitude des secours et le voisinage de la rivière, toute la maison eût été infailliblement consumée par les flammes. La partie incendiée fut démolie. Deux religieuses périrent dans cette affreuse circonstance. Leurs compagnes, au nombre d'environ

---

(1) Extrait de son testament. Elle partagea son mobilier entre ses nièces Charlotte Robert, femme de Philippe Ursin, qui eut la charge de notaire royal ou 400 livres; Jacqueline, Gabrielle et Françoise Clément, Marguerite et Marie Pierre, et Guillemette Ferrand.

(2) Archiv. de la sous-préfecture de Chât.-Chinon.

(3) Ce couvent se trouvait en dehors des fortifications de la ville. La porte *Saint-Antoine* était située près de la chapelle.

soixante (1), furent contraintes, l'année suivante, d'abandonner l'asile de leur vertu, pour se jeter, de nouveau, au milieu d'un monde qu'elles avaient quitté volontairement. Elles possédaient alors le patronage de la cure de Sermages, acquis du chapitre de Nevers, et la plus grande partie des dîmes et des fiefs de cette paroisse, tels que Sermages proprement dit, Chaumes, Villacot..., dont elles firent foi et hommage au comte de Château-Chinon, en 1777. Ces biens furent vendus nationalement en 1790.

Après l'expulsion des religieuses, le couvent servit aux séances de la municipalité et du district. Le tribunal civil de l'arrondissement de Château-Chinon y siégea aussi jusqu'en 1810. Quinze ans plus tard, un petit séminaire y fut établi par les soins de Mgr Millaux, évêque de Nevers, et y resta cinq ans. Il est actuellement occupé par la gendarmerie, la mairie et l'hôpital. Celui-ci y a été transféré, vers 1836, d'une très-modeste maison, située en dehors de l'enceinte de la ville, derrière les bâtiments du grenier à sel et du bailliage, au sud, où il se trouvait antérieurement (2). Il y existait une chapelle aussi pauvre que le reste des édifices. Elle était autrefois à la collation de l'évêque. Les biens de la léproserie, que l'on voyait sur les hauteurs qui dominent Moulins, au sud-est, avaient été réunis à cet établissement au dix-septième siècle. L'hôpital est gouverné actuellement par six sœurs de la congrégation de Nevers, qui s'occupent aussi de l'éducation des jeunes filles.

Plus heureuse que la ville de Château-Chinon, sa voisine, celle de Moulins-Engilbert eut le bonheur de voir s'écouler l'é-

---

(1) En 1720, on comptait, dans cette maison, soixante religieuses professes et plusieurs novices. Elles tenaient alors un nombreux pensionnat de jeunes filles.

(2) L'emplacement a été converti en champ de foire. Près de là se voyait l'ancien cimetière de la ville. Il fut abandonné en 1825, et un nouveau établi au nord de l'église. Sa surface, d'abord de douze ares seulement, fut portée, en 1841, par les soins du maire, Jean-François Lorry, à trente-huit.

poque de nos dissensions religieuses sans en ressentir les terribles conséquences. Elle le dut aux conseils de Louis de Gonzague, duc de Nevers, qui l'empêcha de se jeter dans le parti de la ligue. C'est, sans doute, en considération de cette conduite que l'armée calviniste, victorieuse à Arnay-le-Duc, la traversa, en 1570, sans l'inquiéter, pour fondre sur l'abbaye de Bellevaux, qu'elle brûla, après en avoir égorgé les moines. Déjà, six ans auparavant, les régiments de *Rivollis* et de *Sarelabotz* y avaient passé, sans qu'elle eût eu à déplorer aucun acte de pillage. Henri IV, en reconnaissance de sa fidélité, y transféra, en 1591, le bailliage royal d'Autun, qui y séjourna pendant cinq ans (1).

Depuis le renversement de la domination ducale, les Moulinois ne furent pas toujours aussi calmes, ni aussi pacifiques. En 1793, ils se montrèrent, si on en croit les actes de la municipalité et du district, ardents patriotes et hostiles à la religion de leurs pères.

« Il n'est pas de district, écrivait l'administration locale à la
» Convention, le 19 février 1793, où la révolution soit aussi ai-
» mée et aussi chérie que dans celui de Moulins. Tous les citoyens
» font les vœux les plus sincères pour le succès de la révolution,
» l'anéantissement des tyrans et des ennemis de la chose publi-
» que. Les portes des églises sont fermées..... Tous les prêtres
» ont remis leurs lettres de prêtrise ; deux seulement continuent
» à dire la messe, où beaucoup de citoyens, ignorants ou fai-
» bles, se rendent. On demande qu'ils cessent, de crainte que
» l'ordre public ne soit altéré. »

Le 30 suivant, elle ajoutait : « Les deux prêtres qui disaient
» la messe et exerçaient leurs fonctions mensongères, et un
» troisième, qui avait recommencé, sont arrêtés et incarcérés
» à Moulins. Les autres se sont déjà rendus au chef-lieu pour
» y habiter. Ceux qui s'y refuseront seront incarcérés. Cela a
» porté le dernier coup au fanatisme. »

---

(1) *Gallia Christiana*; Martin, *Chronique de Vézelay*, p. 206; Née de La Rochelle, *Le Nivernais*, tome II, p. 215.

Une nouvelle missive, du 11 juin, portait en effet : « Les
» citoyens du district, désabusés par les lumières que répand
» la philosophie, abandonnent les préjugés, sous lesquels ils
» sont restés trop long-temps courbés. »

Comme de nos jours, les hommes n'étaient pas invariables dans leurs affections et dans leurs idées. Le 30 prairial an III, la *Société populaire* écrivait : « Tous les citoyens ont frémi d'hor-
» reur en apprenant les horribles complots qui avaient été for-
» més contre les jours de Robespierre et de Collot-d'Herbois.
» Chacun d'eux a demandé que le glaive de la loi frappât
» promptement les têtes criminelles de ceux qui avaient voulu
» enlever à la République deux de ses plus ardents fonda-
» teurs. »

Dans sa séance du 30 thermidor suivant, elle disait : « Les
» citoyens n'ont pas appris, sans frémir d'horreur, les attentats
» de Robespierre et de ses complices, et les dangers qui ont
» menacé la République et la représentation nationale. Ils ont
» voué une haine implacable aux traîtres et aux tyrans. »

Soulevés en 1831, sous prétexte de la taxe du pain, les Moulinois formèrent une émeute formidable, à laquelle les populations du voisinage, appelées par le son du lugubre tocsin, prirent une part active. Les autorités de l'arrondissement, assistées des brigades de gendarmerie de Château-Chinon, de Châtillon-en-Bazois et de Luzy, furent méconnues et insultées. Un escadron de cavalerie accourut de Nevers, en toute hâte ; mais l'ordre était rétabli lorsqu'il arriva. Les principaux émeutiers furent arrêtés et traduits devant le tribunal de police correctionnelle, qui en condamna plusieurs à la prison.

La position de la ville de Moulins-Engilbert au fond d'une vallée, et au confluent de deux petites rivières, souvent grossies par la fonte des neiges, l'expose aux inondations. Celle du 3 mai 1835 fut effrayante. Surpris pendant la nuit, les habitants n'eurent que le temps de se réfugier aux premiers étages ou de gagner les toits de leurs habitations. Le lendemain, les rues ressemblaient à autant de torrents, et il était impossible de s'y engager sans périr. Il fallut alors que les plus intrépides montassent, à défaut de bateaux, dans des cuviers à lessive, pour porter des secours et des vivres aux prisonniers de l'inondation.

Le commerce de Moulins-Engilbert n'est entretenu actuellement que par six foires importantes, fondées par les comtes de Nevers, et par un gros marché de bétail, qui a lieu tous les mardis, depuis la Toussaint jusqu'à Pâques. On y trouvait autrefois des fabriques de serge, de crépon et de drap, qui occupaient beaucoup de bras. Notre luxe moderne les a fait tomber. Le faubourg de la *Brosse* possède une carrière de pierres, semées de coquillages et rangées parmi les marbres, à cause du poli dont elles sont susceptibles. Leur couleur, d'un gris d'ardoise, se rapproche beaucoup du marbre de Chouin. La *Rue-Chaude* fut consumée, au quinzième siècle, par un violent incendie, et La Rue-de-James en 1706.

Sur une colline, à l'est, près de la route d'Autun, les curieux ne manquent pas de visiter un petit lac, en forme d'entonnoir, autrefois très-profond ; il se nomme *Lieut-Mer*. On s'accorde à le regarder comme le cratère d'un ancien volcan. On remarque alentour d'autres petits cratères et des matières calcinées.

Moulins-Engilbert est la patrie de Philippe de Moulins, secrétaire de Charles V et de Charles VI, et fondateur du chapitre de cette ville; il mourut évêque de Noyon, en 1407 ; de Michel Cotignon, chanoine et archiprêtre de la cathédrale de Nevers, auteur du *Catalogue historial* des évêques de ce siége, publié en 1606 ; de Jean Sallonnyer, inventeur du flottage en trains, auquel le comte de Soissons, seigneur de Château-Chinon, et Henri IV adressèrent des lettres autographes de félicitation ; de Pierre Cotignon, sieur de La Charnaye, qui publia, en 1638, un poème de plus de cinq mille vers sur les travaux et la vie de Jésus-Christ ; de Michel Alloury, docteur en Sorbonne, qui fut relégué, pour s'être opposé à la bulle *Unigenitus*, à Saint-Malo, en Bretagne, où il mourut en 1684; de Pierre de Frasnay, auteur de *fables sybaritiques et ésopiques* et de la sombre légende des bois de Faye ; de Germain Chauvelin, avocat général, président à mortier, chancelier de France, ministre des affaires étrangères, en 1723, mort disgracié à Issoire, à l'âge de soixante-quatorze ans; de Robert de Chevannes, gentilhomme courageux et fidèle, qui revendiqua, dans les journées des 5 et 6 octobre 1789, l'honneur de mourir le premier pour son roi (1); enfin de Joseph Pougault, curé de Tintury, mort pour la foi, à Brest, en 1795.

Au sud de Moulins-Engilbert, sur une hauteur couverte de vignes, on aperçoit l'antique village de Commagny, *Commagniacum*, autrefois le siège d'un ancien prieuré, le plus riche des sept qui formaient les dépendances du monastère de Saint-Martin d'Autun, et d'une paroisse, qui comprenait toute la banlieue de la ville et la Rue-de-James. Le premier fut fondé, au huitième siècle, sous l'invocation de saint Hilaire, dans une terre donnée à l'abbaye par la reine Brunehaut. C'était une maison conventuelle où vivaient, vers 1354, plusieurs religieux, chargés de la desserte des églises et chapelles du voisinage. Le prieur devait à la maison-mère, le jour de sa prise de possession, *une chape bonne et suffisante*, qui était représentée par une somme de cent cinquante livres.

Guillaume, prieur de Commagny, fut élu, en 1336, par le chapitre général, avec ceux de Saint-Pierre-le-Moûtier, d'Anzy et du Feste, pour gouverner le monastère de Saint-Martin, pendant six ans, à la place de l'abbé, qui en avait compromis le temporel par de folles dépenses. Guillaume de Courvol, l'un de ses successeurs, fit refaire le terrier du prieuré en 1451, par Pierre Bourgeois, notaire, et se donna, trois ans après, une triste célébrité. Le jour de la fête de saint Mathieu, il s'éleva, entre lui et le sacristain du prieuré, une querelle grave, qui eut du retentissement. On était au temps des vendanges.

Le sacristain ayant fait apporter au pressoir de la maison une partie du produit des vignes attachées à son office, les vigne-

(1) *Voyez* l'article de Lormes.

rons de Guillaume de Courvol firent observer au moine *qu'il falloit tailler le marc* encore une fois, afin de lui faire rendre davantage. Comme il leur répliquait, avec vivacité, que, *par leur faute et retard*, il avait déjà perdu un *ponson* de vin, arriva le prieur, qui lui demanda, avec brusquerie, ce qu'il faisait là. « Je suis ici venu, répondit le moine, pour pres-
» sourer ma vendange. » — Le prieur, contredisant que « il ne
» mettroit ja rien sur son pressour », le sacristain ajouta « que
» se venoient deux ou trois p........, ils seroyent ben receus ».

La réponse était peu révérencieuse ; mais Guillaume s'oublia lui-même d'une façon encore plus répréhensible. Il ordonna d'abord au moine de se rendre dans la prison du monastère. Sur son refus d'obéir, « parce que, disait-il, il n'estoit ne larron,
» ne meurtrier, et que il n'y entreroit ja, le prieur, mal meu,
» s'en vint à la personne dudict sacristain et lui donna sur le
» visaige et sur la teste dix ou douze coups de poing, à telle
» mainière que il eut le visaige taint et enflez, et à grant effusion
» de sang par le nez, et incontinent fist prendre le sacristain
» par les sergens et les vallés séculiers, et le fist mettre en
» prison, où il demoura dès-lors jusqu'au lendemain vespres,
» sans boire, ne mangier (1). ».

La réprimande avait excédé de beaucoup les règles de la correction fraternelle, et surtout de la charité chrétienne ; aussi Guillaume fut cité à comparaître devant le chapitre général de l'ordre ; mais il fit défaut. Condamné et excommunié en pleine assemblée, il ne se soumit pas à des peines trop légitimement encourues. Cet homme, altier et irascible, se moqua ouvertement des censures qui le frappaient. Il poussa l'esprit de révolte jusqu'à calomnier scandaleusement l'abbé, et le frappa même avec aussi peu de ménagement que son inférieur. Bientôt, ne gardant plus de bornes, il se mit à dilapider les biens de son monastère par des dépenses criminelles et par

---

(1) *Actes des Chapitres généraux*; M. BULLIOT, *Hist. de l'abbaye de Saint-Martin d'Autun*, tome I, p. 315 et suiv.

des affranchissements inconsidérés. Il en vint jusqu'à commettre plusieurs meurtres (1).

L'abbé de Saint-Martin, justement indigné, déclara, en représailles de ses forfaits et de ceux de Philibert de Courvol, son frère, par une sentence solennelle, tous les membres de cette famille exclus de bénéfices quelconques du monastère, et incapables d'être admis dans son sein, durant quatre générations.

Après cinq ans d'une scandaleuse rébellion, Guillaume se soumit. Il dut fléchir le genou devant l'abbé, se mettre à sa discrétion et à celle du chapitre, renoncer à tout appel et faire serment d'obéissance. Alors il fut absous et relevé de l'excommunication. On lui conserva même la possession de son prieuré, à condition toutefois de réparer ses dilapidations. Il dut, sans doute, ce doux traitement à l'influence da sa famille.

A la mort du prieur François de Boutillat, en 1506, le comte de Nevers saisit les fruits, qu'il rendit à Jean de Salazar, son successeur. Robert Hurault, prieur en 1547, affranchit une pauvre fille serve et orpheline, nommée Marie Rault, moyennant quarante sous. La charte d'affranchissement fait observer que toute fille, en cette position, avait droit à une pareille faveur, en payant la même somme. Etienne Tenon, chanoine de Nevers, prit possession du prieuré le 9 juillet 1566, et le laissa, douze ans après, à André Paradis.

Nous voyons par le terrier de 1451 que le prieur jouissait de tous les droits féodaux de l'époque, comme de justice haute, moyenne et basse (2); qu'il pouvait instituer des officiers

---

(1) M. BULLIOT, *Hist. de Saint-Martin*, tome I, p. 315 et suiv.

(2) La justice était limitée par le pont *Cottions*, le ruisseau, en remontant la vallée, jusqu'au bois du *Tronsoy*; par le *chemin réal* de Mary à Commagny; par un autre chemin, qui traversait les *usages* de Commagny et de Moulins-Engilbert, dits la *Queue-de-Noury*, justice du comte de Nevers, qui passait par le *cloiseau de Champgossieu*, entre les prés *Moreaul* et *de La Vesvre*, et traversait le Guignon; par un troisième chemin pavé, *fait par la royne Brunekilde, au temps que*

connaissant de toutes causes jusqu'à *extinction de mort*, tels que juge, procureur, greffier, sergent, garde-bois, notaire...; qu'il avait prison et pilori pour renfermer et *pugnir les malfaicteurs, selon leurs démérites*; que les condamnés à la peine capitale étaient conduits, *la corde au col*, par ses hommes, de la prison du prieuré au pont *Cottions*, au-dessous de James, où ils étaient livrés aux officiers du comte de Nevers, *chargés de les faire mourir* aux frais de leur maître, tandis que leurs biens étaient confisqués au profit du prieur ; que ses sujets étaient taillables, de condition servile, corvéables....; qu'il jouissait de divers droits de cens, rentes, dîmes, champarts, de lods et vente, de confiscation...; que sa maison, flanquée d'une tour, tenait, d'un côté, à l'église, et que des trois autres elle était fermée de murailles crénelées, avec portail fortifié et *défensable contre ceux qui auroient voulu y entrer rigoureusement ;* enfin, qu'il avait le patronage des paroisses et chapelles de Commagny, de Moulins-Engilbert, de James, de Sainte-Marie, près Achun.... qui lui avait été confirmé par l'évêque de Nevers, en 1161.

L'église prieuriale et paroissiale, aujourd'hui simple chapelle, est dans une belle position, d'où elle domine tous les alentours. Elle est dédiée à saint Laurent, dont la fête donnait lieu autrefois à un grand concours de fidèles. Les proportions en sont remarquables; le style est le romano-byzantin. Le chœur, formé de l'abside et du transsept, est très-intéressant. Au-dessus du point d'intersection, s'élève une haute tour de même style, avec des baies géminées. La nef, jadis réservée aux fidèles, est un vaste carré, sans voûte ni plancher, et à peu près insignifiant. Cette église, aujourd'hui fort dégradée, finira, à la honte de notre siècle, par s'écrouler entièrement. Au-dessous, est la fontaine de *Saint-Gervais*, que le peuple tient encore en grande

---

elle vivoit, royne de France et de Bourgongne, et divisant les bois du prieuré de Commagny et de la baronnie d'Anizy, jusqu'aux usages du Grand-Anizy, et enfin par un quatrième allant de La Charmée à Limanton.... pour revenir au point de départ.

vénération, et à laquelle il attribue la vertu de guérir de la colique. En tête, est une statue du saint, que le vulgaire nomme *saint Zevras*. Dans les temps de sécheresse, on la plongeait dans l'eau pour obtenir de la pluie.

Au mois de septembre 1263, Geoffroy de Champallement, chevalier, et Donnons, son épouse, dame d'Arcilly, donnèrent, par reconnaissance et pour le *remède de leurs âmes*, à Guillaume, abbé de Saint-Martin d'Autun, et à ses religieux, une rente de sept mesures d'avoine *de coutume* sur la manse de Renauld le Sourd, une poule et quatre deniers de cens annuel, dus par Moreau de Chambaul, deux portions dans les bois de *Bertrey* et de *Lavanroylle*, et autant dans celui de *Lafaye*, près Vauzelles. Guillaume, par gratitude, se chargea d'une rente annuelle et perpétuelle de quarante-sept sous de *forts nivernais*, qu'ils devaient à Hugues, seigneur de Commagny, en partie, et à Reine, sa femme, qui lui en firent foi et hommage.

L'ancienne paroisse de Commagny renfermait jadis plusieurs fiefs et seigneuries dont nous allons parler, en commençant par les plus importants.

Mary, *Maresium*, château du quinzième siècle, en partie, situé dans une vallée, près des bords de la rivière de Dragne ou Vandenesse, a pris son nom de son ancienne position dans un lieu aquatique et marécageux. En effet, on remarque, à trois cents mètres environ du manoir actuel, un peu plus près de la rivière, une motte, autour de laquelle se dessine encore, malgré que la charrue y ait passé et repassé, une ceinture de fossés de moyenne dimension. C'est là que s'élevait l'antique habitation des sires de Mary. Les débris de tuiles à rebords, les médailles qu'on y a découverts, prouvent évidemment que le manoir féodal avait remplacé une villa romaine.

Mary, avec ses dépendances, formait une seigneurie, en toute justice, mouvante de la châtellenie de Moulins-Engilbert et qui appartenait, au douzième siècle, à une famille de ce nom. Odon de Mary et Flandine, son épouse, près de partir pour la Palestine, en 1176, firent du bien à l'abbaye de Régny. Ils laissèrent cinq enfants : Hugues, Guillaume, Geoffroy, Marie et Élisabeth.

Guillaume de Mary, écuyer, assista, avec Jean, son frère, sire de Villaine, en 1412, au siége de Château-Chinon, et, l'année suivante, au mariage de Gaucher de *Corvault*, seigneur du Tremblay. Jean de Mary, seigneur du lieu, des Jours..., que nous voyons donner dénombrement de sa maison-forte et de ses dépendances au comte de Nevers, en 1456, avait un frère nommé Guy. Celui-ci ayant embrassé l'état monastique à l'abbaye de Saint-Martin d'Autun, devint prieur du Colombier ; il mena, sous le froc, une vie fort scandaleuse. Accusé devant l'abbé de simonie, de désordres de mœurs et de détournement de chartes importantes, il fut cité à comparaître au chapitre général de l'ordre ; mais, n'en ayant pas tenu compte, il fut condamné, malgré son absence, à une grosse amende et excommunié.

Ses frères, dont l'un était seigneur de Mary, et l'autre sire de Villaine, se chargèrent de le venger d'un châtiment trop bien mérité ; ils se mirent, en conséquence, à tendre des piéges aux religieux de Saint-Martin, et en tuèrent ou maltraitèrent plusieurs.

Poussé à bout par tant d'excès, l'abbé prononça contre cette famille la même sentence que contre celle de Courvol. Le coupable revint, quelque temps après, à résipiscence. Toutefois on n'usa pas envers lui de la même indulgence. On leva, il est vrai, la sentence d'excommunication ; mais il fut privé de son bénéfice, dégradé de l'ordre et de l'habit religieux, et dut restituer, dans dix jours, tous les titres et papiers qu'il avait distraits. Jean II de Mary, sire du lieu en 1478, laissa lui-même un fils, Jean III, dont la fille unique, Anne de Mary, porta cette terre à François de La Perrière, écuyer, seigneur de Pifons, qui en donna dénombrement le 15 mars 1579.

Mary appartenait, en 1630, à Jean-Baptiste du Clerroy, chevalier de Saint-Louis, sieur de Niault et de Villars. Jacques I*er*, son fils, céda, en 1654, diverses pièces de terre et de pré à des manants des environs à titre de cens et de bourdelage. A Jacques succéda Charles, puis Jacques II, dont le fils, Jacques-Joseph, seigneur de Lally, en 1768, épousa Anne-Gilberte de La Mothe d'Apremont, qui lui donna cinq enfants (1). Louis-Marie-Auguste, comte du Clerroy, vendit, le 31 décembre 1804, tant en son nom qu'en celui de ses sœurs, la terre de Mary à Claude-Marie Bonneau, sieur du Martray, pour cent quatre-vingt-dix-sept mille francs. Cette propriété est aujourd'hui possédée par son fils, Charles-François-Alexis Bonneau du Martray, chevalier de la Légion-d'Honneur et conseiller général de la Nièvre. Elle a figuré, dans le partage avec ses frères, pour une valeur de un million cinquante mille francs.

Près du château, au nord, se voit l'ancienne chapelle seigneuriale, édifice du dernier siècle.

Villaines, à un kilomètre environ, au nord de Mary, était aussi une seigneurie en toute justice, mouvante, comme la première, du duché de Nevers. La maison-forte, qui dut, ainsi que le comporte son nom, remplacer une villa romaine, existe encore avec son appareil féodal, comme fossés, pont-levis, machicoulis et assommoirs. Elle était défendue, sur la moitié de son pourtour, par un vaste étang, qui inondait ses fossés. Le portail d'entrée, au sud, conserve aussi son aspect antique. A côté, se trouvait la chapelle castrale, sorte de réduit, peu digne de sa sainte destination.

Cette terre eut, de bonne heure, des seigneurs de son nom. Jacques, écuyer, sire de Villaines, comparut, pour son père, en 1267, à l'arrière-ban de la noblesse de la province. Pierre de Mary donna dénombrement de cette maison-forte au comte de Nevers, en 1346, et Pierre II, trente-neuf ans après. Jean épousa Catherine de Courvol et reprit de fief en 1456. Jean II

---

(1) Louis-Marie-Auguste, qui suit; Marie-Anne, épouse de messire de Breschard; Amélie, mariée à François-Antoine de Beauvais; Hélène-Éléonore, qui s'unit à Charles-Joseph de Monestoy, comte de Chazeron, et Aglaé-Marie, comtesse de Bodinat.

en était seigneur en 1535. Pierre III, sire de Villaines, du Mouceault et de Morillon, à la fin du seizième siècle, portait : *Tranché d'azur, à trois hermines de sable.*

Philibert Le Bourgoing, seigneur de Chanlevrier et de Villaines, en partie, en 1544, laissa ces terres à François, son fils, qui fit renouveler le terrier en 1621. Jean, chevalier, sieur de Chanlevrier et de Faulin, épousa Marie-Suzanne de Montmorency, qui lui donna, entre autres, une fille, mariée à Jean de Jacquinet, écuyer, auquel elle porta Villaines et le Mouceault. Madeleine, issue de cette union, les fit passer ensuite à Jacques du Crest, seigneur de Vandenesse-sur-Arroux et de La Tour-du-Bois. Celui-ci eut, en 1716, un long procès avec Charlotte Duruisseau, dame de Montjou, pour le pré et le buisson *de Charme* (1). Henri-Gabriel, son fils, laissa Villaines à François-Léonard du Crest, chevalier de Saint-Louis, qui en a été le dernier possesseur féodal.

Chevannes-Bureau, avec une maison seigneuriale, composée de deux chambres basses, de deux hautes et d'une tour d'escalier, sur le devant, avait pris son surnom d'une famille qui le possédait au seizième siècle. *Noble homme* Guillaume Bureau, seigneur de Chevannes, en 1564, laissa ce fief à Philippe, son fils, auquel Jean Beaulnez, habitant de Préporché, confessa, le 5 juillet 1580, devoir six minées de seigle et trois d'avoine, payables à la Nativité de Notre-Dame et à la Saint-Martin d'hiver, avec un demi-cent de faix de paille, à cause d'un droit de dîmes au hameau de *Vénissien*, qu'il lui avait cédé. Il avait fait reprise de fief du duc de Nevers le 29 mai 1575. Ses armes étaient : *D'azur, à un bouc rampant d'argent* (2). Pierre Bureau, son fils, écuyer, seigneur de Chevannes, signa, en 1612, le contrat de mariage de Jean du Clerroy avec Judith de Grandrye (3).

---

(1) Archives de Villaines.
(2) MAROLLES, titres de Nevers.
(3) Généalogie de Courvol.

Louis du Bois de Fiennes, marquis de Vandenesse, acquit le fief de Chevannes vers 1673; depuis ce temps, il resta uni au marquisat.

Le 12 juillet 1739, un incendie, allumé par une main criminelle, consuma le domaine de l'Étang, où il périt douze personnes, qui furent inhumées le même jour à Commagny.

Au hameau de James, *de Januâ*, sur une hauteur, entre Commagny et Moulins, il existait anciennement une chapelle, dédiée à Notre-Dame; elle fut bâtie, au onzième siècle, par l'abbé de Saint-Martin d'Autun, et servit autrefois à un prieuré de bénédictins. On y remarque un belle carrière de pierres calcaires micacées, qui fournit de la taille aux diverses localités du voisinage.

Le fief de Champcourt, mouvant de Château-Chinon, était tenu en 1481 par noble Charles Le Tors, écuyer, seigneur de Villacot, que le comte de Nevers prit sous sa garde et protection. Ce prince ordonna à ses officiers de veiller avec soin à ce qu'il ne fût lésé ni dans sa personne, ni dans ses biens. Guyot et François, ses fils, en jouissaient en 1496, et Pierre Le Tors, époux d'Étiennette de Loron, en 1550. La fille de ce dernier le porta à Claude de La Perrière, écuyer, seigneur de Frasnay et du Marais, qui en fit foi et hommage en 1576. Les Picpus de Moulins-Engilbert en étaient seigneurs aux dix-septième et dix-huitième siècles.

La Mothe-du-Plessis, à l'ouest de Moulins-Engilbert, était tenue en fief, en 1367, par Jean du Plessoiz, capitaine-gardien du château de cette ville. Philibert Le Bourgoing en fit aveu en 1456. Guillaume Sallonnyer, écuyer, seigneur de Boux et de Toperet, époux d'Anne Courtois, le possédait en 1590. Jean, leur fils, fut accusé par les échevins de Moulins-Engilbert d'avoir dérogé à sa noblesse, par un acte de commerce; mais il fut confirmé dans ses titres par la cour des aides. Il eut de Claude de Saugy, son épouse, Érard, homme d'armes de la compagnie d'ordonnance du roi, marié le 15 novembre 1540 à Claudine Alloury, qui lui donna deux fils : Guillaume, sieur de Toperet, et Lazare, gentilhomme ordinaire du duc de Genèvois, capitaine-gouverneur du château de Moulins-Engilbert. Celui-ci fut seigneur du Plessis, en vertu d'une transaction qu'il fit avec son frère, le 28 février 1578. Il épousa, par contrat du 25 juillet 1581, Anne de Belzy, et en eut plusieurs enfants. Jacques, l'un d'eux, lui succéda dans la seigneurie de La Mothe et dans la charge de capitaine-gouverneur que lui confia la duchesse de Mantoue, par lettres patentes du 25 juillet 1635. Il laissa de Catherine Duverger six fils, dont cinq furent tués au service du roi. Jean, le seul survivant, fut maintenu dans sa noblessse par arrêt du conseil du roi, le 23 décembre 1669. Il s'était uni, le 17 février 1648, à Claude des Jours, qui lui donna, entre autres, un fils, Jean III, seigneur de La Motte, marié à Anne de Choiseul.

Ce gentilhomme étant mort sans postérité, La Mothe-du-Plessis passa à César-Érard Sallonnyer, capitaine au régiment de Navarre, troisième fils de Pierre, lieutenant criminel, de robe courte, au bailliage de Saint-Pierre-le-Moûtier, et de Marie Rousseau. Celui-ci épousa, le 20 février 1702, Françoise d'Onis, dont il eut François, capitaine au régiment de Vermandois, chevalier de Saint-Louis, mort vers 1760. Il laissa, de Marie-Charlotte Dublé de Beauvoisin, Philibert-François Sallonnyer de La Mothe, gendarme de la garde du roi et lieutenant des maréchaux de France, à Lormes, en 1786.

Le Pavillon, avec une ancienne chapelle, à la jonction des routes de Nevers et de Chassy, était aussi possédé par la maison Sallonnyer. Jacques, capitaine-gouverneur du château de Moulins-Engilbert, en était seigneur en 1635, et Guillaume, lieutenant criminel, de robe courte, au bailliage de Saint-Pierre-le-Moûtier, en 1680.

Près du Pavillon se trouvait un ancien camp, connu sous le nom de *Sermois*, que l'on croit avoir été occupé par une compagnie de Sarmates, et, un peu plus à l'ouest, un autre camp, nommé *Boux*, en souvenir d'une colonie de Boïens. On a découvert dans ces deux retranchements des tuiles à rebords et quelques médailles.

Varennes, autrefois de la paroisse de Sermages, était un fief dans la mouvance de Châtillon-en-Bazois. Anne Courtois le porta, avec Champcourt (1), qui mouvait du comté de Château-Chinon, à Guillaume Sallonnyer, capitaine et gouverneur de Moulins-Engilbert, en 1490. Ses descendants en prirent le nom. Simon Sallonnyer de Varennes, capitaine au régiment de Vermandois, en était seigneur à la fin du dernier siècle. Il laissa de Charlotte Robert, son épouse, une fille, mariée à N. Saulieu de La Chaumonerie, et un fils, Charles de Varennes, lieutenant au régiment du Vexin, décédé au château de La Vaudelle, près Sermages.

La famille Sallonnyer possédait à Moulins-Engilbert, au sud-ouest de l'église, un hôtel, qu'elle tenait de la maison Le Bourgoing; il lui donnait droit aux langues d'aumailles et au produit des fours banaux. Jean Sallonnyer, écuyer, seigneur de Peron, en reprit de fief en 1578. Une alliance l'a porté dans la famille de La Chaumelle.

Le Pontot, petit castel, à l'ouest de la ville, appartenait, au seizième siècle, à la maison de ce nom, qui a donné des capitaines-gouverneurs à Moulins-Engilbert; il passa ensuite aux Chauvelins.

Le Meix-Linard, près Commagny, était tenu en fief par les religieux de Saint-François, dits Picpus. Le père François-Placide Charlet en fit aveu à Château-Chinon, en 1777.

La Brosse, au nord, avec moulin, relevait de la même seigneurie. Guy de La Brosse, médecin de Louis XIII, fondateur du Jardin-des-Plantes, à Paris, en 1626, et grand-oncle du célèbre Fagon, paraît tirer son nom de ce hameau. C'est lui, dit-on, qui donna le tableau que l'on voit à l'église, dans l'ancienne *chapelle Sallonnyer*.

---

(1) Champcourt passa, dans la suite, aux picpus.

II.

ISENAY, *Isnacum, Isenayum.*

Cette petite commune, de cinq cent quinze habitants, est formée de deux anciennes paroisses, comprenant ensemble une superficie de dix-neuf cent trente-sept hectares, dont trois cent six seulement sont en bois. Elle n'appartient au Morvand ni par sa situation, ni par la nature de son sol, en partie calcaire et en partie argilo-siliceux; cependant nous lui donnons place ici, pour ne pas laisser incomplète la description historique du canton, dont elle n'est pas, sous ce rapport, une des moins intéressantes.

Le chef-lieu est agréablement situé sur une hauteur, d'où il domine la verdoyante et riche vallée de l'Aron, que parcourt le canal du *Nivernais.* Son nom vient, selon quelques archéologues, d'un ancien temple d'Isis, divinité égyptienne, dont le culte était autrefois célèbre dans les Gaules. Ce village ne se compose que de sept ou huit habitations, au milieu desquelles s'élève l'église paroissiale, dédiée à sainte Madeleine. C'était naguère un édifice de style roman, du onzième siècle, qui n'avait de mérite que son antiquité; mais la reconstruction du chœur et du transsept, puis celle de la nef, en 1860, en ont fait une des plus jolies églises romanes des environs. Le petit clocher en bois, placé sur le portail de l'ouest, fut frappé de la foudre en 1838. L'ancien presbytère, vendu dans la révolution de 1789, est aujourd'hui occupé par un établissement religieux, composé de deux sœurs de l'Instruction chrétienne. Le nouveau a été bâti en 1831.

Le patronage de la cure et les dîmes de la paroisse appartenaient autrefois au prieuré de Mazilles, dont nous parlerons plus bas. En 1609, François Des Champs, curé d'Isenay, reconnut qu'à chaque prise de possession, il était dû au prieur, une somme de cinquante sous en argent, quatre livres de cire, estimées chacune cinq sous, le tout payable aux termes de Pâques et de la Toussaint, et qu'il était tenu d'assister, dans l'église du monastère, la veille de la fête de saint Germain, aux premières vêpres, et le lendemain à tous les offices (1).

Au commencement de ce siècle, la paroisse fut évangélisée par un vénérable prêtre, Antoine-Sylvestre Receveur, plus connu sous le nom de *père Antoine*. Il y opéra, ainsi qu'à Cercy-la-Tour, où il donna une mission, de grands fruits de salut. Etant tombé malade, il mourut à Isenay le 7 août 1804, à l'âge de cinquante-quatre ans.

A la nouvelle de sa maladie, ses filles spirituelles, les sœurs de la *Retraite chrétienne*, qu'il avait fondées à Autun, accoururent pour lui prodiguer leurs soins. Comme elles lui demandaient ce qu'elles auraient à faire si Dieu le retirait de ce monde : « Vous ferez faire, répond-il, un cercueil, vous y déposerez mon corps et vous m'emmènerez enterrer à Autun; car, je ne voudrais pas être inhumé avec ces gens-ci, qui vivent et meurent comme de vils animaux. Après m'avoir rendu les derniers devoirs, vous retournerez dans vos communautés et vous vous garderez bien de ne jamais abandonner vos saints exercices (2). » La mémoire de cet homme apostolique et le souvenir de ses vertus vivent encore dans les deux paroisses, qui furent témoins de son zèle.

Au sud d'Isenay, sur la rive gauche de l'Aron, on rencontre le village de Mazilles, *villa de Massiliis, Macerias*, dont le port était très-fréquenté avant l'établissement du canal. On y passe la rivière sur un pont de trois arches. Cette localité est fort ancienne, ainsi que l'attestent les débris romains qu'on y découvre à chaque pas. Il y existait, à la fin du dernier siècle, un prieuré de bénédictins, fondé au commencement du neuvième, par un illustre seigneur, qui le donna à l'abbaye de Saint-Germain

---

(1) Terrier de Mazilles, 1609.
(2) Légendaire d'Autun, tome II, p. 119.

d'Auxerre (1). L'histoire ne le désigne que sous le nom de comte Ithier. Comme la garde-gardienne de cette maison appartenait aux ducs de Nevers, cela fait présumer que le fondateur pourrait être un des anciens comtes de la province. Quoi qu'il en soit, ce prieuré fut confirmé à l'abbaye par Carloman, en 886, par Charles-le-Gros, son sucesseur, et, en 1151, par le pape Eugène III (2). Le pontife cite, dans sa bulle, les cinq églises d'Isenay, de Montaron, de Vandenesse, de Saint-Jacques, *et de viridi Prato*, qui étaient dans sa dépendance, et dont les curés devaient, comme on vient de le voir, à leur prise de possession, au prieur chacun cinquante sous en argent et quatre livres de cire, estimées vingt. Ils étaient tenus, en outre, d'assister, la veille de la fête de saint Germain, aux premières vêpres, et, le lendemain, à tous les offices, dans l'église du monastère.

Cette église, vaste construction de vingt-sept mètres de long sur neuf de large, formait l'aile sud du prieuré. Il n'en reste plus que le portail occidental, dont le style accuse une reconstruction du treizième siècle. Le monastère, fut lui-même rebâti au seizième.

Le prieur était seigneur haut et bas justicier *du bourg de Mazilles* et de ses dépendances; il pouvait instituer juge, greffier et prévôt, jugeant toutes causes civiles et criminelles, jusqu'à *la peine de mort inclusivement et exécution d'icelle* (3). Nous voyons, par le terrier de 1609, qu'il possédait quatre cents arpents de bois, de haute futaie, et divers droits d'usage; qu'il était décimateur sur tous ses sujets et justiciables, et, en outre, des paroisses d'Isenay, de Montaron, de Vandenesse, pour la moitié, et de Saint-Michel-en-Longue-Salle, pour le tiers; que la rivière et le moulin, situé en face du monastère, étaient banaux, et

---

(1) *Quas iidem fratres ab Ilerio quondam viro per præstariam quarumdem rerum suarum.... susceperunt.*

(2) *In pago Nivernensi Macerias ad integrum cum ecclesiâ et omnibus appendiciliis.*

(3) Lazare Pougault était juge de Mazilles en 1785.

que, en conséquence, les *manans* de Mazilles ne pouvaient pêcher dans la première sans encourir une amende de soixante-cinq sous, ni conduire leurs fournées ailleurs, à peine de la confiscation de la farine. Mais il devait lui-même à l'abbaye-mère, au jour de la Toussaint, une rente de quinze livres quatre sous et les frais du dîner des moines. Cette dernière redevance fut changée, par l'abbé Guy de Munois, en une rente de dix-huit livres, ce qui porta la dette annuelle à la somme de trente-trois livres quatre sous, qui devait être payée un mois après l'échéance, à peine d'excommunication. Le prieur était aussi tenu, *s'il n'y avait excuse légitime*, de donner à souper aux curés des églises de son patronage, la veille de la fête de saint Germain.

Le plus ancien prieur connu de Mazilles est Odon, qui vivait en 1230. Il fut condamné, huit ans plus tard, comme fauteur d'hérétiques et dépouillé de sa dignité. Hugues Ier lui succéda. Comme l'abbaye de Saint-Germain était grevée de dettes, les maisons de sa filiation furent appelées, en 1256, à lui venir en aide. Le prieur de Mazilles fut alors taxé à deux cents livres, somme considérable pour le temps, et qui montre que ses revenus ne l'étaient pas moins. Guillaume de Moutterant était pourvu du prieuré en 1275, Hugues II de Thiard en 1332 et Pierre de Chitoy en 1408. Sous l'administration d'Antoine de Dyo, un horrible incendie, allumé par l'imprudence d'un serviteur, détruisit, le 18 avril 1462, tous les bâtiments du monastère et en fit un monceau de ruines. La violence des flammes fut telle, qu'on ne put rien sauver : *In tantùm quod nihil penitùs remansit*. C'était le jour de Pâques, à huit heures du matin. L'abbé de Saint-Germain, qui se trouvait heureusement à Mazilles, ce jour-là, fut témoin du désastre; il se chargea de réparer le prieuré, dont il fit reconstruire à neuf les bâtiments : *In meliore statu quàm priùs fuerant*. Les moines de Mazilles étaient alors au nombre de huit.

Claude Ier de Thiard, que nous trouvons à la tête de l'établissement en 1500, fut le dernier prieur régulier. La commende s'empara alors de la maison et la conduisit rapidement à sa ruine. Claude II de Charmes, réduisit, en 1508, les religieux à deux seulement, savoir : un prêtre pour faire l'office et un sacristain pour l'assister. Mazilles fut donné ensuite à Jacques Ier de Thianges, qui en jouissait en 1538. Sous François de Thianges, son successeur et son neveu, le visiteur, Nicolas de Marconville, étant venu, le 8 septembre 1551, à Mazilles, trouva les bâtiments conventuels en si mauvais état, si délabrés, qu'il saisit tous les revenus et les affecta aux réparations. Il allait même nommer *un commissaire ad hoc*, aux frais du titulaire, sans l'intervention de Jacques de Reugny, seigneur du Tremblay, et de Philippe Cormiot, prieur de Coulonges, qui se rendirent garants de l'exécution de ses ordres. L'église possédait alors deux beaux reliquaires renfermant : l'un, des restes vénérés de saint Germain, de saint Fabien, de saint Étienne, de saint Sébastien, de saint Laurent et un morceau de la vraie croix; l'autre, des ossements de saint Thibault et de plusieurs martyrs (1).

Edme Nigot était prieur commendataire en 1558, Jacques II de Charry treize ans après, et Jacques III Flanquin en 1600. Guillaume de Noël, religieux profès de Notre-Dame du Pré-lès-Donzy, ayant obtenu le prieuré, fit refaire le terrier, en 1609, par Jacques Larmier, notaire à Saint-Léger-de-Fougeret, et se fit donner des reconnaissances par tous ses sujets. Il n'en jouit pas long-temps ; car, Germain Jaupin le possédait déjà l'année suivante. Celui-ci le laissa bientôt à Pierre Ier de Carroble, qui paya, en 1620, à l'abbaye de Saint-Germain, six années d'arriéré de la rente de trente-trois livres quatre sous.

Le monastère de Mazilles fut possédé ensuite par Louis de Reugny, en 1666, par Pierre II de Marcellanges, en 1694, par Gilbert Baudrion, en 1711, par Joseph Taillefer, curé de Savigny, en 1720, et par Antoine-Augustin Verron, curé de Souvi-

1) Dom VIOLE, *Hist. manusc. de Saint-Germ.*

gny en Bourbonnais, en 1726. Il fut sans doute le dernier prieur ; car il vivait encore en 1786.

Quatre ans plus tard, le prieuré de Mazilles fut supprimé et ses biens furent vendus nationalement.

Cet antique monastère, avec ses dépendances, appartient actuellement au baron Jean-Henri Espiard, ancien lieutenant des gardes-du-corps du roi, capitaine de cavalerie, et jadis président de la *Société éduenne d'archéologie*, qui le tient de Thérèse Desplaces de Charmasse, son épouse. Son fils, Pierre-Jean Henri, est lui-même un archéologue distingué et fort studieux.

On rencontre, çà et là, à Mazilles, des vestiges d'anciennes constructions. Au centre, se remarque une motte circulaire, dont les fossés sont encore parfaitement dessinés. Là, se trouvait probablement un petit fort, construit pour protéger les habitants, en temps de guerre.

Au sud, est l'ancien fief de Ponard, appelé autrefois Bellandier ; il fut érigé, au seizième siècle, en faveur de Jean de Ponard, écuyer, seigneur de La Verrière-de-la-Boué. Charles, son fils, donna aveu au prieur Guillaume de Noël, en 1609, pour la maison seigneuriale et les deux domaines de sa dépendance. Il laissa d'Elisabeth Denay, son épouse, Jean, marié à Charlotte de Grandval, d'où vinrent trois filles (1) ; Anne, l'aînée, épousa Charles de Raffin, écuyer, seigneur de Salmaise en Mâconnais. Ce gentilhomme vendit Ponard, en 1667, à Louis de Montchanin, bailli de La Nocle, qui lui donna son nom. Isaïe, son fils, lieutenant de cavalerie, en était possesseur au commencement du dix-huitième siècle.

Remontons à Isenay. Ce village était le siége d'une très-ancienne seigneurie, en toute justice, dont la tour féodale se voyait à un kilomètre, à l'est ; elle dut servir, sous l'occupation

---

(1) Anne, qui suit ; Gabrielle, mariée à Denis du Crest, sieur de Ponay, et Léonarde, qui s'unit à François de Fieubert, seigneur de La Perrière. (Archiv. de Mazilles.)

romaine, de poste fortifié pour la défense de la vallée de l'Aron, qu'elle dominait. Il n'en reste plus qu'une motte, entourée de fossés. Cette terre fut réunie, en 1380, au Tremblay, tour imposante qui s'élève sur une hauteur, à l'ouest.

Isenay appartenait, dès le treizième siècle, à la maison de Courvol, dont les armes sont : « D'azur, à une croix ancrée » d'or, cantonnée, en chef, de deux étoiles d'argent (1). » Plusieurs de ses membres ont été inhumés dans une petite chapelle de l'église, qui lui appartenait.

Gaucher Ier, chevalier, seigneur de Corvol-d'Embernard, d'Isenay..., en 1301, laissa trois fils (2). Gaucher II, l'aîné, donna dénombrement de son château d'Isenay et de ses dépendances au comte de Nevers, et fit, en même temps, aveu pour sa terre de Closmont, qu'il tenait d'Isabeau, sa femme (3). Guy, son fils, conclut, en 1372, avec Jean d'Isenay, le jeune, agissant tant en son nom qu'en celui de Jean d'Isenay, son oncle, et de Jeanne, sa sœur, épouse de Pierre de Contremoret, une transaction par laquelle il lui fut permis de bâtir, sur la rivière d'Aron, un moulin, encore nommé *Moulin d'Isenay*.

Il acquit, le 21 juin 1380, de *frère* Thomas de La Comelle, prieur de Moutiers-en-Puysaie, pour cent *florins d'or*, la terre du Tremblay-lès-Saint-Gratien, *de Tremblayo*, que Guillaume, frère du vendeur, avait acquise lui-même, douze ans auparavant, de Huguenin de Saint-Gratien, écuyer, pour une pareille somme (4). Le 2 juin 1382, la justice d'Isenay fut déclarée commune entre ce seigneur, pour la moitié, et Jean d'Isenay et ses neveux de Contremoret, pour l'autre moitié.

(1) Ce nom s'est écrit Corvol, Courvault et Courvol. Cette maison est originaire de Corvol-d'Embernard.

(2) Gaucher II, qui suit; Jean d'Isenay, seigneur du lieu en partie, et Guy, père de Jean et de Jeanne d'Isenay.

(3) Il laissa aussi trois fils : Guy, qui suit, Jean et Girard.

(4) L'acte passé par Jean Robiqueaul, clerc, tabellion, sous le scel de la prévôté d'Auxerre, fut ensuite ratifié par Hugues, abbé de Saint-Germain, dont relevait le prieuré de Moutiers.

Guy ou Guyot de Courvol testa le 2 novembre 1390 et choisit sa sépulture dans sa chapelle de l'église d'Isenay. « Il veut et
» entend, dit-il, que le jour de son enterrement, ses funé-
» railles soient faites par soixantes prestres....; qu'un de ses
» chevaulx soit conduit à l'offerte et monté par un de ses varlets,
» couvert de son armure, comme il convient pour la gloire de
» Dieu et du peuple (1)..... »

Guyot, qui n'avait point eu de postérité de Thomasse de Dissi, dame de Solière, son épouse, laissait pourtant trois bâtards : Seguin, Guillaume et Jean, auxquels il donna *quelques meix et tènemens*, à titre de bourdelage, dans sa terre d'Isenay, et institua son légataire universel Gaucher III de Courvol, damoiseau, fils de Jean d'Isenay, son frère. Il ne mourut point de cette maladie ; aussi Gaucher n'entra en jouissance de la seigneurie du Tremblay et autres que le 2 novembre 1396. Celui-ci épousa, cinq ans plus tard, *noble damoiselle* Jeanne, fille de Jean Le Bidault de Montaron, seigneur du lieu et de Poussery, veuve de Guyot de Champ-Robert (2), et en eut sept enfants (3).

(1) Il régla son luminaire à cent livres de cire, sur lesquelles seraient prises douze torches, portées, à ses funérailles, par douze pauvres, auxquels on distribuerait autant d'aunes de drap ; le reste devait être fabriqué en cierges, pour éclairer la chapelle funèbre où son cercueil serait déposé et ses armes seraient *peintes et semées*. Il ordonna que, le jour de son décès, on ferait une aumône générale, et il fonda, pour le remède de son âme, un service anniversaire, composé de trois grand'messes par semaine : une en l'honneur de la sainte Vierge, le dimanche, avant celle de la paroisse ; une du Saint-Esprit, le mercredi, et une des morts, le vendredi... Il voulut que la cloche de son hôtel du Tremblay fût donnée à l'église et servît à sonner ces offices.

(2) Elle en avait eu deux filles : Marie de Champ Robert, qui épousa, le 13 mai 1413, Alexandre de Saint-Gratien, écuyer, seigneur du lieu, et Jeanne, déjà mariée à Jean de Charency, dont la sœur, Huguette, était unie à Perrinet Grasset, capitaine de La Charité, en 1425.

(3) Jean de Courvol, seigneur d'Isenay et de Poussery en partie ; Philibert, qui suit ; Étienne, Catherine, épouse de Jean de Marrey, seigneur du lieu ; Jeanne, mariée à Simon Coignet, écuyer, sieur de Châtenois ; Guillaume, prieur de Commagny.... (Généal. de Courvol, p. 19.)

Jeanne testa le 16 janvier 1438, et choisit sa sépulture dans la chapelle d'Isenay (1). Gaucher mourut lui-même le 17 juin, deux ans plus tard.

Philibert de Courvol, fils puîné des précédents, seigneur du Tremblay, d'Isenay, de Poussery, de Montaron, de Thaix et de Faveray, obtint, en 1447, de concert avec Jean, son frère, seigneur d'Isenay, en partie, du roi Charles VII, la permission de bâtir au Tremblay, une forteresse, *contiguë à son hôtel*, pour protéger le pays, que l'armée bourguignonne venait de ravager, et pour *retraire* les pauvres gens des environs. Ceux-ci durent, en retour, y faire guet-et-garde en temps d'imminent péril, et entretenir, à leurs frais, les fossés. Cette forteresse, d'un aspect formidable, est à triple étage et domine tous les environs (2).

Philibert laissa d'Agnès de Saint-Julien, qu'il avait épousée par contrat du 10 septembre 1454, sept enfants, qui se firent, le 12 avril 1494, le partage de leurs biens (3). Gaucher IV, l'aîné, eut le Tremblay et Thaix; Antoine fut seigneur d'Isenay et de Thaix, en partie; Jean reçut Montaron; Alexandre, gentilhomme servant du comte de Nevers, eut les terres de Faveray et de Villers-sur-Noyers, à la réserve du quart, qui, avec Pous-

---

(1) Elle y fonda quatre messes, aux *Quatre-Temps* de l'année, et trente au jour de son anniversaire. Elle voulut que le jour de son décès on rassemblât le plus possible de prêtres pour lui dire des messes; qu'on fit une aumône générale; que six pauvres, auxquels on donnerait *deux aulnes de bureau* chacun et une paire de souliers, portassent des torches; que chacun des trente jours, qui suivraient son inhumation, il fut célébré, à son intention, une messe de *Requiem* avec oblation de pain, de vin et de chandelle. Elle légua, en outre, à l'église, une rente perpétuelle de vingt sous, assise sur la terre de Jean de Montenteaume.... (Généal. de Courv..)

(2) De ce donjon mouvaient les fiefs de Baudin, de La Bretonnière, du Bailly, de Chaumigny et de Montigny-sur-Canne, en partie, dont le seigneur devait à celui du Tremblay, chaque année, une livre quatorze sous cinq deniers, trois boisseaux d'avoine et trois poules. (Terrier.)

(3) Généalog. de Courv., p. 24 et 25.

sery et une partie de Montaron, forma le lot de Guy, prieur de Saint-Victor de Nevers (1).

Antoine, le puîné, reçut de Gaucher, son frère, à l'époque de son mariage, en 1500, avec Jeanne de Césac, dame de Beaulson et de Grisieux, la terre du Tremblay, et de Guy, son plus jeune frère, celles de Poussery et de Montaron. Cette union ne fut pas de longue durée; Jeanne mourut le 12 octobre 1502. Le 21 août, de l'année suivante, le seigneur d'Isenay convola à de secondes noces avec Philiberte de La Perrière, fille de Jean, seigneur de La Bouë, et de Jeanne de Maumigny. Il laissa de cette dernière, remariée en 1518, à Jean de Lodines, deux enfants : Louis, seigneur du Tremblay, de Poussery,........ qui épousa, en 1531, Philippine de Saint-Père, dame de Vero, et mourut peu de temps après, sans postérité, et Jeanne, mariée, en 1526, à Jacques de Reugny, écuyer, seigneur de Lancray, de Riegeot...., d'une ancienne famille, qui portait : « D'argent et » d'azur de six pièces, et un croissant de gueules, brochant sur » le tout (2). » Jeanne hérita, à la mort de son frère, de tous les biens de sa maison et mourut elle-même dans un âge peu avancé, laissant néanmoins sept enfants (3).

(1) Anne de Courvol, leur sœur, avait épousé, en 1486, Guillaume de Bauldoin, écuyer, seigneur du lieu, et lui avait porté les terres de Seguisy, Brinon.... avec cent écus d'or, et, en secondes noces, Jean de Frasnay, sieur de Mouche; Jeanne, leur autre sœur, s'unit à Ortonge d'Assue, et lui fit passer celles de Châtenois, en partie, et d'Aune, avec quatre cents écus d'or.

(2) Il était fils de Philippe, seigneur de Reugny, et de Catherine de Mary. Il se remaria, après la mort de Jeanne de Courvol, à Catherine de Rochechouard, veuve d'Imbert de Paris, seigneur de La Bussière, laquelle convola, en troisièmes noces, avec Gilbert Le Groing, sieur d'Erculat, le 19 juillet 1552.

(3) Edme de Reugny, marié, en 1554, à Louise de Bongars, dame d'Arcilly; Charles, qui suit; Claude, seigneur de Thaix et du Plessis; Jean, prieur de Notre-Dame-du-Pré; Antoinette, femme de Louis de Marie; Claudine, épouse d'Antoine de Maumigny, puis de Jean de Ponard, et Marguerite.

Charles de Reugny, le puîné, écuyer, seigneur du Tremblay, d'Isenay, de Poussery, de Montaron, de Baudin...... eut de Catherine de Loron, son épouse, fille de Pierre, sieur de Chantereau, le même nombre d'enfants (1). Jean, l'un d'eux, chevalier, seigneur du Tremblay, d'Isenay,.... capitaine de cavalerie, s'unit à Charlotte Regnier de Guerchy, dame du lieu, de Remilly, de Lanty, d'Aulnay, et laissa lui-même un fils et trois filles (2). George de Reugny, chevalier, fut créé par Louis XIV comte du Tremblay pour avoir servi ce prince avec distinction. Il fut successivement capitaine d'une compagnie de chevau-légers, mestre de camp d'un régiment, qu'il leva pour le service du monarque, et commanda, en 1674, les gentilshommes du Nivernais à l'armée d'Alsace, sous le vicomte de Turenne. Il avait épousé, par contrat du 26 juin 1635, Claude-Anne de Choiseul, fille de Claude, baron d'Esguilly, dont il eut trois enfants (3), et en secondes noces, le 4 novembre 1644, Juliette de Saulieu, fille de Jean, seigneur de Niau et de Rameron, d'avec laquelle il se sépara de biens (4).

Louis Ier, comte du Tremblay, son fils puîné, s'unit, le 19 septembre 1688, à Madeleine Garnier, fille de Jean, trésorier de France. Il mourut subdélégué des maréchaux du royaume, et laissa trois enfants. Sa veuve fut condamnée, en 1722, à laisser passer librement sur l'Aron les bateaux, chargés de bouteilles, du marquis de Vandenesse.

(1) Léonard, tué au siége de Montebau, en 1589; Jean, qui suit; François, seigneur de Faveray; Charles, religieux; Claude, prieur de Mazilles et du Pré-lès-Donzy; Louise, épouse de Gilbert de Chevigny; Gaucher, seigneur de Champ-Robert, et Madeleine, religieuse.

(2) George, qui suit; Catherine, femme de François de Popillon, Gabrielle, épouse de François d'Estud, et Anne, religieuse.

(3) Jacques, vicomte du Tremblay, lieutenant de chevau-légers; Louis, qui suit, et Catherine, religieuse.

(4) Il en eut encore trois autres enfants: Jacques, seigneur de Saint-Gratien et de Savigny; Étiennette, femme de François de L'Hôpital, et Françoise-Louise, mariée à François de Saint-Hilaire, comte du Saint-Empire.

Louis II de Reugny, comte du Tremblay, seigneur d'Isenay, de Poussery, en partie, épousa Marie-Etiennette Hugon de Panzy. Anne-Edouard, son frère, s'unit à Gabrielle Millot de Montjardin, qui était veuve en 1764 avec trois enfants : Anne-Edouard II, Louis, mort jeune, et Gabrielle, mariée à Pierre Bruneau, marquis de Vitry, sieur de Chanlevrier, auquel elle fit passer Poussery, Pouligny, le Bazoy et Montaron, en partie. Anne-Elisabeth de Reugny porta le Tremblay à Nicolas-Antoine-François-Xavier, marquis de Fussey, seigneur des Baugis, de Chissey.....

Le marquis Louis de Vitry, fils aîné de Pierre, vendit le Tremblay, tant en son nom qu'en celui de ses frères et sœurs (1), à M. Petit, ancien maire de Paris, qui a restauré la tour dans le style de l'époque.

Baudin, autrefois Bauldoin, à l'est, était tenu en fief, en 1486, par Guillaume de Bauldoin, marié, cette année-là, à Anne de Courvol, fille de Philibert, seigneur du Tremblay, qui lui apporta les terres de Brinon et de Seguisy. Il passa, dans la suite, à la maison de Reugny, qui l'unit à la principale seigneurie. La famille Thirault, propriétaire d'une partie de Baudin, a donné plusieurs maires à Isenay.

Au lieu dit *la Justice*, se trouvait autrefois le signe patibulaire de la justice du Tremblay et de ses dépendances. Un peu plus bas est l'ancien fief de La Bretonnière, qui mouvait de sa tour féodale et jadis aux de Jarsalion.

Sauzay ou Sozay, *de Sauzayo*, était le siège d'une seconde paroisse, dont le patronage appartenait à l'abbé de Saint-Léonard de Corbigny (2). L'église, dédiée à saint Jean-Baptiste (la décollation), a été convertie en étable. Près de là, est le Pavillon, qui a été possédé par la famille Sallonnyer.

---

(1) Savoir : Gabriel, Alexandre, Marie-Philippine, mariée à Annibal-Denis Thiroux de Saint-Félix, auquel elle porta Chanlevrier, et Euphrasie, qui épousa François Sallonnyer de Chaligny.

(2) Ancien pouillé du diocèse.

Le Mouceaulx était une dépendance du marquisat de Vandenesse.

III.

MAUX, autrefois MOYES, *Mosium*, *Mala*.

Comme la précédente, la commune de Maux est formée de deux anciennes paroisses et ne compte néanmoins que six cents habitants. Son territoire, en partie calcaire et en partie argilo-siliceux, est bas et couvert. Il est coupé, en sens divers, par trois routes, qui laissent le chef-lieu dans une sorte de triangle, sans communication. Sa superficie est de deux mille deux cent neuf hectares, dont cinq cent sept sont occupés par les bois.

La paroisse de Maux, jadis de l'archiprêtré de Châtillon-en-Bazois, de l'élection de Nevers et du grenier à sel de Moulins-Engilbert, est ancienne. Le patronage de la cure appartenait au chapitre de Nevers, et la seigneurie du clocher au baron de Chandiou. Les dîmes se partageaient entre le curé et le seigneur.

Le village de Maux est assis dans une vallée, près d'un petit ruisseau, qui alimentait autrefois un vaste étang, sous la chaussée duquel se trouvait un moulin banal, dont il reste encore quelques ruines. Il ne se compose que de l'église, du presbytère, d'un petit couvent de sœurs de l'Instruction chrétienne, et de deux chaumières. L'église paroissiale, dédiée d'abord à saint Didier, est actuellement sous le vocable de saint Michel. Elle est petite, mais fort propre. L'abside, de style roman, remonte au douzième siècle. On découvrit naguère, en démolissant le grand autel, un petit trésor, composé de mille pièces de monnaie, à l'effigie du roi François Ier et des comtes de Gien et de Châteauroux (1).

(1) *Le Nivernais*, tom. II, p. 213.

L'abbé Guillier, curé de cette paroisse, a laissé des notes sur les désastres de l'hiver de 1709. Il nous apprend qu'il mourut un tiers de la population. En effet, les décès s'élevèrent à quarante-neuf, tandis que les naissances ne furent que de onze. Cet ecclésiastique appartenait sans doute à la famille Guiller de Mont ; il portait : *D'azur, à une cuillère d'argent renversée, posée en pal* (1).

Le siège de la seconde paroisse se trouvait à Abon, *Abonis Villa, de Alto Bono*, village situé dans la riche vallée du Venon et traversé par la route de Moulins-Engilbert à Nevers, à deux kilomètres environ de Maux. C'était un prieuré-cure, dans la dépendance de l'abbaye Saint-Léonard de Corbigny. Le prieur était seigneur haut et bas justicier et décimateur. Il devait, chaque année, en vertu du testament de Philippe Maréchaux, du mois d'août 1283, aux religieux de Saint-Léonard, une rente de quarante sous et une demi-mesure de bon vin. Pierre Alloury, prieur d'Abon en 1570, a laissé quelques manuscrits historiques. Paul Sallonnyer, en 1739, était, en même temps, chanoine de Moulins-Engilbert. Sébastien Pellé de Chausse fut le dernier titulaire.

L'église prieurale et paroissiale, aujourd'hui simple chapelle, était dédiée à saint Donat, évêque de Besançon ; sa fête attirait à Abon un grand concours de fidèles. La fontaine voisine était en vénération parmi le peuple, et avait, dit-on, la vertu de guérir de la fièvre, si fréquente dans les environs, et de diverses autres maladies.

La seigneurie de Maux appartenait, au dix-septième siècle, à la famille Alixant. François, conseiller et médecin du roi, en 1697, portait : *D'azur, à une bande d'argent, accompagnée de trois étoiles de même, rangées deux en chef et une en pointe.* Aspasie Alixant de Maux, l'une de ses descendantes, épousa François Le Roy de Prunevaux. Quelques membres de la famille de Laferté-Meun ont aussi porté ce nom.

(1) Paris, *Armorial général du Bourbonnais*

Chandiou ou Chandio, *Campus Deorum*, *de Campo Deo*, vieux château en ruines, vers l'est, a donné également le sien à une ancienne famille, qui portait : *D'hermines, à une fasce de gueules*. Ses débris grandioses frappent encore l'imagination des amateurs. On se sent saisi d'un mouvement de tristesse en voyant ces longs pans de murs, que le lierre enserre de ses mille bras, ces vastes cheminées, qui s'élancent dans les airs, ces tours, encore menaçantes dans leur délabrement, ce portail de la cour où l'on craint, pour ainsi dire, de s'engager, bien qu'il soit vide de sa herse, ces sombres souterrains, d'où l'on croit entendre s'échapper les gémissements de quelques malheureux prisonniers…… Tout émeut l'âme !

Ce château était autrefois le siége d'une seigneurie, en toute justice, avec titre de baronnie et mouvante de la châtellenie de Moulins-Engilbert. On dit que le baron avait, dans les temps anciens, le droit de battre monnaie.

Jean de Chandio, *aliàs* de Chandéo, se distingua, en 1359, dans la guerre contre les Anglais. Hugues, son fils, baron du lieu, ayant épousé Jeanne de Vallery, en eut Pierre, seigneur de Brinay et de Poussignol. Celui-ci sortait d'être armé chevalier, lorsque, le premier, *il vint*, en 1449, *ayant par-dessus son harnais une cotte d'armes vestue, qui estoit écartelée de Chandio et de Beaufremont, à Saint-Laurent-lès-Châlons*, toucher l'écu de Jacques Delalain, pour le combattre (1). Il reprit de fief pour Chandiou, sept ans après, et mourut capitaine-gouverneur d'Auxerre en 1490 (2). Marguerite, sa sœur, avait épousé Guillaume de La Tournelle, que nous voyons prisonnier de guerre en 1433. Pierre laissa d'Hélène de Chabannes, entre autres, deux fils, Jean et Philippe. Le premier fut écuyer d'écurie ordinaire du roi Louis XI, dont il reçut, en 1478, *mille écus d'or pour ses bons et agréables services;* il eut de son épouse, fille d'Antoine de Rochefort, sire

---

(1) *Hist. du bon chevalier Jacques Delalain.*
(2) Leboeuf, *Mémoires*, tom. III, nouv. édit., p. 369.

de Châtillon-en-Bazois, Antoine, baron de Bussy-le-Grand, chambellan du roi et bailli du pays de La Montagne, et François, sieur d'Origny. Le second, Philippe, seigneur de Chandio, s'unit à Jeanne de Damas, à laquelle Guyot de Grandrye fit aveu pour sa maison de Moulins-Engilbert, en 1489. De ce mariage vinrent Jean, baron de Chandio, marié à Claude de Fournay, et mort sans postérité, en 1543; Jacques, abbé de Bellevaux, et Jeanne, qui épousa Antoine de La Tournelle, seigneur de Maison-Comte et de Villaines-lès-Clamecy (1).

Anne de La Tournelle, issue de cette dernière union, porta Chandiou, Abon, Le Verne, Villaines, Martigny......, à Jean de Saint-Père, écuyer, qui en était possesseur en 1550. Cinq ans après, le 4 octobre, elle reprit de fief pour sa vigne *A-la-Taul-pine*, des officiers du baron de Saint-Péreuse, alors absent. Elle se présenta devant la porte du *châtel de présent en ruine et décadence*, où elle se mit à genoux et en baisa les pierres (2). Antoinette, leur fille, porta Chandiou et Poissons à Philippe de Bigny, écuyer, qui fit aveu en 1575. Claude, issu de leur union, en était seigneur en 1608.

Cette terre passa ensuite dans la maison Sallonnyer. Dominique, baron de Chandiou, en 1680, laissa une fille, Catherine Sallonnyer, mariée à Claude de La Ferté-Meun, dont elle eut trois fils : François-Marie, Jean-Baptiste, seigneur de Chandiou, et Jean-François (3).

Au bois *Robinet*, entre Chandiou et Solière, on a découvert des objets antiques, des médailles et des restes d'une voie romaine.

Beunas, autrefois Bunays, *Busnacum*, castel du quinzième siècle, sur la rive gauche du Venon, était une ancienne terre, avec justice haute, moyenne et basse. Donnée à l'abbaye de Saint-Martin d'Autun par Charles-le-Chauve, elle lui fut con-

---

(1) Ils eurent deux enfants, Pierre et Anne, qui suit.
(2) Titre original.
(3) *Voir* l'article Saint-Péreuse.

firmée, en 924, par le roi Raoul (1). Elle était de la manse de l'abbé ; mais, en 1334, Jean de Marigny, pour se décharger du soin de pourvoir à la fourniture *des vestements, pelisses, harengs* et autres menues dépenses des moines, la leur abandonna avec *tous ses revenus, émoluments,* comme *tailles, corvées, usages, censives, coustumes, mainmorte, hommes et femmes serfs, manses, maisons, terres, prés, forêts, vignes, pesches, décimes*..... (2).

En 1367, Guillaume Le Gros du Rié fut condamné par Pierre de Moulins, *garde de la justice de Bunais,* à être traîné à la queue d'un cheval et ensuite pendu, pour avoir battu Jean Le Moez, mort des coups qu'il lui avait portés. Ce jugement fut exécuté à Moulins-Engilbert, où maître Denis, *borrel de Nevers,* s'était rendu pour cette fin (3).

Jean de Châtillon-en-Bazois fonda, en 1256, l'anniversaire de son père et de sa mère *dans l'église de l'abbaye, qui l'assit sur la grange de Bunais,* moyennant l'abandon qu'il fit au monastère des *droits de justice, cens, coutume, juridiction....., sur les hommes, meix, finaige et territoire d'Urcey,* aujourd'hui Urcier, savoir : *deux mines d'avoine, une trousse de foin, trois sous trois deniers, un septier de vin, quatre corvées et un charroi, avec un charriot attelé de six bœufs* (*unum quarronium de uno plaustro cum sex bobus*), qui lui étaient dus, chaque année, par les habitants de ce hameau.

Il céda aussi aux religieux le fief que la veuve de Guyot de Digoine tenait en ce lieu, où les filles ne pouvaient se marier, ni les garçons embrasser l'état ecclésiastique, sans la permission du seigneur. Il s'engagea, en outre, à ne plus les inquiéter pour le droit de justice prétendu par lui sur les hommes et terres de la *ville dou Rié,* ni pour celui des deux meix *dou Grant-Marzy,* peut-être le Grand-Macé, et même à ne rien

---

(1) M. Bulliot, *Hist. de saint Martin*, tom. II, p. 25.
(2) Charte de concession.
(3) *Voir* l'art. Moulins.

réclamer sur les *coutumes, censives, hommes et revenus* qu'ils possédaient à *Bunais, Abbon, Montchamois, Mont-de-Bosco, Lougrant, Marzy* et *Vauzelle.*

Mont-en-Genevray, *Mons de Bosco*, au sud de Maux, sur la route de Moulins-Engilbert à Chassy, était une seigneurie qui mouvait en partie du roi, à cause de *sa grosse tour et boulevard* de Saint-Pierre-le-Moûtier, et en partie du duché de Nevers. Elle appartenait, à la fin du treizième siècle, à la maison de Norry. Béatrix, dame de Vandenesse, la porta ensuite à Hugues Ier de Bourbon, chevalier, qui fit aveu pour la moitié en 1346. L'autre partie appartenait à Pierre de Norry, écuyer, duquel le chapitre de Saint-Cyr l'acquit par engagement. Le comte de Nevers la fit saisir sur les chanoines, en 1408, pour devoir non fait. Hugues II de Bourbon, seigneur de Montmort, et Guy de La Perrière, son beau-frère, donnèrent dénombrement de leur portion, l'un en 1406 et l'autre en 1409. Le chapitre fut dépossédé de sa moitié par une sentence judiciaire, rendue sur une enquête faite par Michel Cotignon, châtelain de Moulins-Engilbert, en 1469.

La terre de Mont appartenait, en partie, en 1620, à Dominique Sallonnyer, et quinze ans après à Jean, seigneur de Chandiou. Pierre, sieur de Nyon et secrétaire des finances de la duchesse d'Orléans (1), la laissa à François Sallonnyer de Chaligny, son fils, et celui-ci à Paul-François, chevalier de Saint-Louis. Ce dernier eut de Jeanne-Pierrette de Sexi, sa femme, Marie-Martiale Sallonnyer de Chaligny, qui porta Mont à Claude-François-Benoît de Bèze, écuyer, seigneur de Lys.

La maison de Bèze est originaire de Vézelay, où elle exerça long-temps la charge de bailli. Sa filiation authentique remonte à Guillaume, conseiller au parlement, en 1404. Elle a formé deux branches : celle de Lys et Pignole, et celle de La Blouze. Ses armes sont : « De gueules, à la fasce d'or, chargée de trois

---

(1) Jeanne, sa fille, épousa le comte du Clerroy.

» roses, à une clé en pal, placée en pointe. » Le fameux Théodore de Bèze, prieur de Lonjumeau et de Ville-Selve, fils de Pierre, seigneur de La Celle-sur-Eure et bailli de Vézelay, l'a tristement illustrée. On sait qu'il fut un des plus puissants soutiens du calvinisme et qu'il fit la désolation de sa famille, qui s'est toujours distinguée par ses sentiments religieux.

Claude-François-Benoît de Bèze laissa, de son union avec Marie-Martiale Sallonnyer, François-Gaspard, écuyer, ancien officier de cavalerie, actuellement possesseur du château de Mont. Il a épousé Marie-Madeleine-Anne-Charlotte Arnault de La Ronzière, dont il a eu deux enfants : François-Marie-Théodore, marié, le 29 décembre 1858, à Louise-Marie-Mathilde de La Maisonneuve, et Marie-Augustine-Honorine, qui s'est unie à Paul-Alexandre-Gabriel de Fontenay, propriétaire de Sommant.

Les trois dixièmes de la terre de Mont furent acquis, le 30 juin 1712, par François Guillier, qui en prit le nom. Charles et François Guillier de Mont ont été lieutenants aux bailliage et pairie de Nevers.

Guillaume-Claude Gueneau, héritier en partie de Charles-Guillaume, aussi seigneur des trois dixièmes de Mont, vendit cette portion à Guillaume Sallonnyer, en 1757.

Les dîmes du Moulin-Mauguin, joli hameau traversé par la route de Château-Chinon à Nevers, appartenaient au baron de Saint-Péreuse.

IV.

MONTARON, *Montaro, Mons errans*.

Ce lieu a pris son nom de sa position sur une hauteur voisine du cours de l'Aron et isolée de la chaîne du Morvand. Malgré cette situation élevée, Montaron présente un aspect monotone. L'église, dédiée à la sainte Vierge, occupe le point culminant du plateau. C'est un édifice du douzième siècle, d'une pauvreté peu honorable pour le pays. L'abside et le chœur seuls sont voûtés. Au-dessus de ce dernier s'élève le clocher, dont la haute flèche domine les environs. Il est porté par des arcades en plein-cintre. Le portail, de style roman, avec deux colonnettes, a un tympan orné d'une croix sculptée en relief et accostée de deux écussons, grattés pendant la révolution. Cette église fut brûlée par les calvinistes, en 1570.

Le presbytère, situé un peu plus à l'est, est vaste, mais presque en ruines, quoiqu'il ne date que de 1780. Ses dépendances, tant terres que prés, se composent de trois hectares. Aliéné dans la tourmente révolutionnaire, il fut rendu à la paroisse, en 1827, par le marquis Emile de Leusse, propriétaire de Poussery, à condition qu'il ne serait jamais habité que par un prêtre catholique. Cet homme vertueux avait aussi fondé une rente de cent mesures de blé en faveur des pauvres de la commune. Nous croyons qu'elle ne se paye plus.

Montaron renferme environ sept cent cinquante habitants, auxquels un vulgaire ignorant donnait jadis l'épithète injurieuse de sorciers. Son territoire, en partie calcaire et en partie argilo-granitique, est baigné, au nord, par le ruisseau de *Chèvres*, autrefois dit des *Ruaux*, et, à l'ouest, par la rivière d'Aron. Il renferme une superficie de trois mille deux cent quatre-vingt-quatre hectares, dont quinze cent soixante-un sont en forêts.

Cette commune, quoique d'une importance très-secondaire, est formée de trois anciennes paroisses, savoir : celles de ce nom, de Chevannes et de Pouligny-sur-Aron. Ces deux dernières étaient les annexes de la première. Le patronage de la cure, ainsi que la moitié des dîmes, appartenait au prieur de Mazilles, auquel il fut confirmé par le pape Eugène III, en 1151. Le curé, Guillaume Carré, reconnut, au terrier du monastère, en 1600, qu'il était dû à cette maison, à la prise de possession de la paroisse, vingt-cinq sous en argent et une rente de cinq livres de cire, estimées autant, et payables, chaque année, à Pâques et à la Toussaint. Il confessa, en outre, être tenu d'assister, tous les ans, dans l'église du prieuré, aux premières vêpres de la fête de saint Germain et le lendemain à tous les offices. Le prieur reconnut, à son tour, qu'il devait lui donner à souper, s'il n'y avait excuse légitime (1).

François Belin, curé de Montaron pendant la terreur, avait établi dans son presbytère une imprimerie qu'il dirigeait lui-même. Ce prêtre montra une coupable faiblesse dans ces jours malheureux; car, il livra ses lettres de prêtrise, qui furent brûlées à Moulins-Engilbert, le 18 novembre 1793. Il fut nommé, le 27 du même mois, maire de la commune, et parut plusieurs fois à la tribune populaire du district, ce qui n'empêcha pas qu'il fût relégué, l'année suivante, à Saint-Saulge par les commissaires de l'armée révolutionnaire. Mais Belin ayant représenté « qu'il s'était montré » l'ami de la révolution, qu'il avait été le premier à prêter les » serments prescrits par les lois, et qu'il était porteur d'un » certificat de civisme », fut maintenu dans sa résidence de Montaron, et reçut même l'accolade du président de la *Société populaire* (2).

Chevannes-sous-Montaron, *cura de Cheveniis, prope Montem errantem*, dans une vallée, à l'est, était, avec le hameau de Chèvres, un prieuré-cure dans la dépendance de celui de Saint-Révérien. La maison *prieurale et seigneuriale* existe encore; mais l'église, dédiée à saint Barthélemy, a été démolie. La fête patronale donnait lieu à un apport, qui a existé jusqu'en 1789. Eustache de Chéry a été prieur et seigneur de Chevannes. La justice haute, moyenne et basse de ce petit

---

(1) Terrier de 1609. Dom George Viole, *Hist. manusc.*
(2) Curés connus : Guillaume Carré, en 1609; Beuthon, 1647; Hugues Danthault, 1654; Jean Vallon, 1662; Pierre Raffard, 1670; Jean-Baptiste Quillier, 1673; Jacquand, 1715; Simon Etuveneau, 1723; Jean-Marie Pougault, 1764; François Belin, 26 janvier 1768; Montaron est desservi par les curés de Vandenesse durant un quart de siècle; Millard, nommé en 1825; Clément, 1829; Baudot, *id.*, meurt au bout de six semaines; Savary, 1830; Lebrun, 1833; Chailloux, 1839; Jean-Baptiste Soubrier, 1845.

monastère confinait avec celle de Vandenesse, au lieu dit *La Croisette*.

Pouligny, siége de la troisième paroisse, avait encore son église en 1766 ; elle était dédiée à saint Bénigne. La collation de ce bénéfice appartenait au prieur de Sémelay.

Sous l'ancien régime, la paroisse de Montaron renfermait plusieurs fiefs et seigneuries, dont nous allons parler. Au dix-septième siècle, ils furent tous réunis à Poussery. Celui du chef-lieu, avec justice haute, moyenne et basse, mouvait du comté de Château-Chinon. Jean Bidault, écuyer, que nous voyons assister au siége de cette ville, en 1412, le possédait en partie. Jeanne, sa fille, fut mariée, en 1401, dans la maison de Courvol, à laquelle elle porta ce fief. Dès-lors, Montaron suivit le sort de Poussery.

L'autre moitié appartenait à la famille de Digoine. Philiberte ayant épousé Jean de Chavanon, écuyer, capitaine des bois de Vincennes et huissier d'armes du roi, ce seigneur fit aveu, le 19 août 1399, pour la haute justice, la blairie, valant douze boisseaux d'avoine, et pour les tierces, qui produisaient autant de seigle (1).

Poussery, ancien manoir dans la vallée, au nord, ne conserve plus guère de traces de son aspect féodal, quoique désigné encore dans le terrier de 1766, sous le nom de maison-forte. Il se composait alors d'un corps de logis, d'un pavillon, d'une grosse tour carrée, appelée tour de *Champlevoix*, de laquelle mouvait une partie de Montaron, d'une autre petite tour carrée, attenant aux étables, et d'un portail, avec porte-cochère, précédée d'un pont en pierre. Une ceinture de fossés, toujours inondés, entourait l'édifice ; des canaux enfermaient aussi le jardin. Le terrier, refait en vertu des lettres patentes du roi, du 17 novembre 1764, porte que le seigneur jouissait, à l'exclusion de tous autres, de la justice haute, moyenne et basse dans la paroisse entière ; qu'il avait droit de nommer des officiers, jugeant

(1) Paris, archiv. de l'empire.

toutes sortes de causes, jusqu'au dernier supplice inclusivement; qu'il était seigneur des clochers de Montaron et de Pouligny ; qu'il pouvait se faire inhumer, avec les siens, dans le chœur de chacune de ces églises; apposer sur les murs des litres et armoiries; qu'il avait droit de pilori dans le ressort de sa justice, de pêche dans l'Aron et le ruisseau de Poussery, de chasse à cor et à cri...... La haute justice de cette terre confinait avec celle de Vandenesse au lieu dit le *Champ-des-Croix-Bouquin*.

Au nord-ouest, dans le pré de *La Mothe*, sont les restes d'un ancien manoir dit *Le Château-de-la-Guillemette*.

La terre de Poussery, avec quatorze étangs, était divisée, aux quinzième et seizième siècles, en deux fiefs, dont l'un appartenait à Jean Bidault, seigneur de Montaron, en partie, et l'autre à Jean du Bois, écuyer, qui en fit aveu en 1405. Le premier laissa une fille, Jeanne de Montaron, mariée d'abord à Guyot de Champ-Robert, dont elle eut deux héritières (1), et, en secondes noces, à Gaucher de Courvol, sieur d'Isenay et du Tremblay. Les sujets de Poussery s'étant refusés au guet-et-garde, Gaucher les y contraignit par une sentence, rendue au bailliage de Saint-Pierre-le-Moûtier, le 4 novembre 1422. Philibert, son fils, fut maintenu, par une autre sentence de ce bailliage, du 25 mars 1451, dans le droit de faire passer le ruisseau *des Ruaux* dans son pré de *Chaulgy*. Il eut de Jeanne de Saint-Julien sept enfants, qui se firent le partage de ses domaines, le 12 avril 1494. Jean, le troisième, fut seigneur de Montaron, et Guy, prieur de Saint-Victor de Nevers, eut la terre de Poussery (2). Celui-ci testa, six ans après, en faveur d'Antoine de Courvol, son aîné, sieur d'Isenay et de Thaix, en se réservant l'usufruit de ses biens jusqu'à sa mort, arrivée en 1523.

(1) Jeanne, l'aînée, épousa Jean de Charency, et Marie, la puînée, Alexandre de Saint-Gratien.

(2) Généalogie de Courvol.

Le donataire épousa, en 1500, Jeanne de Césac, et se remaria, par contrat du 7 septembre 1504, avec Philiberte de La Perrière, fille de Jean, seigneur de La Bouë. De cette dernière vinrent deux enfants, Louis et Jeanne. Celle-ci fut mariée, en 1526, à Jacques de Reugny; Louis s'unit, cinq ans plus tard, à Philippine de Saint-Père, dame de Vero, et mourut peu de temps après, sans postérité, laissant tous ses biens à sa sœur. Jacques de Reugny étant mort aussi, Jeanne de Courvol se remaria à Gilbert Le Groing, écuyer, seigneur d'Erculat, lequel engagea Poussery, pour sept cents livres, à Charles du Pontot. Elle eut, du premier lit, sept enfants. Le puîné, Charles de Reugny, seigneur du Tremblay, de Montaron....., en laissa, de Catherine de Loron, six, dont le second, Jean, épousa Anne-Charlotte de Reignier de Guerchy, fille de Jean, seigneur du Pontot, d'Aunay, de Poussery en partie, de Remilly..... George de Reugny, chevalier, comte du Tremblay, seigneur d'Isenay, issu de cette union, laissa Poussery et ses annexes à Louis Ier, son fils, né de son mariage avec Claude-Anne de Choiseul. Celui-ci épousa, en 1688, Madeleine Garnier, fille de Jean, trésorier de France, et en eut deux fils : Louis-Alexandre, comte du Tremblay, sieur de Montaron, en partie....., et Anne-Édouard, chevalier, seigneur de Poussery, de Montaron, aussi en partie, de Pouligny et de Saisy. Anne-Élisabeth, fille du premier, fit passer le Tremblay et Montaron à Nicolas-Antoine-François-Xavier, marquis de Fussey, seigneur des Baugis. Le second épousa Gabrielle Millot de Monjardin, dame du lieu, dont il eut trois enfants : Anne-Édouard, Louis, mort jeune, et Gabrielle. Il n'existait plus en 1764. Sa fille porta Poussery et ses dépendances à *haut et puissant seigneur* Pierre-Étienne Bruneau, marquis de Vitry, seigneur de Chanlevrier, qui reprit de fief à Château-Chinon, en 1777. La marquise de Vitry fut renfermée, pendant la terreur, dans les prisons de Moulins-Engibert. Le commissaire Paulmier la remit en liberté, le 19 novembre 1793, avec injonction de divorcer, sous peine d'y être réintégrée *en deux fois vingt-quatre heures.* Elle eut de son union cinq enfants, savoir : Louis, marquis de Vitry; Alexandre, Gabriel, Marie-Philippine, mariée à Annibal-Denis-Philibert Thiroux de Saint-Félix, auquel elle porta en dot la terre de Chanlevrier, et Euphrasie, qui épousa François Sallonnyer de Chaligny, ancien sous-préfet de Château-Chinon.

Poussery fut acquit, au commencement de ce siècle, par Émile de Leusse, dont une fille a épousé le marquis de Raigecourt, aujourd'hui propriétaire de cet ancien fief.

Il y fut établi, en 1840, une ferme-modèle, avec une école d'agriculture et une vacherie expérimentale, sous la direction de M. Salomon. Cet habile agronome dirige encore aujourd'hui l'établissement, sous le nom de ferme-école.

Nous avons vu qu'au commencement du quinzième siècle, Poussery formait deux fiefs, dont l'un appartenait à noble Jean Du Bois, seigneur de La Mothe-Scia. Jean II, son fils, en fit aveu en 1448, et Jean III, en 1489. Noble Philippe de Ferrières, baron de Presle, renouvela ce devoir en 1504, et Étienne du Pontot, quinze ans après. François, fils de ce dernier, seigneur de Poussery, en partie, en 1563, laissa de Claude de Fontenay, sa femme, plusieurs enfants : Charles, qui en fit refaire le terrier; Claude, mariée à Louis Reignier de Guerchy, baron d'Aunay, dont la fille, Anne-Charlotte, porta ce fief à Jean de Reugny, seigneur du Tremblay et de Poussery, en partie... Par suite de cette union, toute la terre de Poussery se trouva réunie dans les mêmes mains.

Drazilly, au nord-est, dans la mouvance du comté de Château-Chinon, relevait en arrière-fief de Poussery. Eliacim et Jean de Bazoy en furent possesseurs. François du Pontot en fit aveu en 1563, et Louis de Reignier, en 1579. Henri Souchon, avocat en parlement, le vendit à Pierre-Etienne, marquis de Vitry, qui en donna reconnaissance, en 1781.

Pouligny-sur-Aron, *Polliniacum*, tire son nom d'un antique *sacellum*, dédié à Apollon, et son surnom du voisinage de la rivière d'Aron. Il formait une seigneurie, en toute justice, annexée à celle de Poussery.

Le Bazoy, presque contigu à Pouligny, a donné son nom à une ancienne famille. Claude du Bazoy, seigneur du lieu, de Pouligny, en partie, et de Saint-Maurice-lès-Saint-Saulge, en l'an 1500, épousa Jeanne de La Forest. Jeanne, leur fille, fut mariée, par contrat du 7 août 1515, à Philibert de Courvol, seigneur d'Isenay. Ce gentilhomme vendit, le 12 décembre, cinq ans plus tard, tout ce qu'il possédait à Pouligny et au Bazoy à Antoine Courtois, marchand à Moulins-Engilbert. Eliacim et Jean de Bazoy se disaient seigneurs de Pouligny, en partie, en 1536. Le tout passa, plus tard, dans la maison de Poussery.

Mussy, actuellement réuni à Saisy, au sud-ouest, avait une maison-forte qui appartenait, avec ses dépendances, en 1583, à Edme de Balorre, écuyer. Ce gentilhomme en reprit de fief, tant en son nom qu'en celui de Claude d'Osnay, sa sœur utérine, en 1604. François, son fils, renouvela ce devoir vingt-six ans après, et Jean de Sarrant en 1699.

Saisy, avec maison-forte, était tenu en fief, en 1351, par noble Gomat, qui en prenait le nom. Michel de La Ferrière, écuyer, y faisait sa résidence en 1580. Guillaume de Balorre, écuyer, sieur de Mussy, ayant acquis ce fief, le laissa à Anne de Mouchet, sa femme, sur laquelle il fut vendu par décret. Saisy et Mussy passèrent ensuite dans la maison de Poussery.

Saint-Firmin, dans les bois, au sud, posséda une ancienne chapelle, d'où lui est venu ce nom. Ce fief était une dépendance de la chartreuse d'Apponay. Le prieur l'engagea à Gaston de Condé, pour une rente de quarante-trois livres quinze sous. Mais dom de Maugarny en fit retrait des mains de Jeanne de Condé, le 26 mars 1636.

V.

ONLAY, *Unliacum, Unlayum.*

Située dans les montagnes, à douze kilomètres environ à l'est de Moulins-Engilbert, la commune d'Onlay, jadis presque inaccessible, est heureusement sortie de son isolement au moyen de la nouvelle route qui traverse ces parages. On y remarque des vestiges d'une ancienne voie romaine, qui passait la petite rivière de Dragne au lieu dit les *Gouttes-du-Pont*. Son territoire, formé de deux mille deux cent quatre-vingts hectares, en compte quatre cent soixante-neuf couverts par les forêts. La population est de sept cent quatre-vingt-dix habitants.

Onlay jouissait du titre de paroisse en 1030. Le patronage de la cure appartenait au chapitre de Nevers, qui le conserva jusqu'en 1789. Les dîmes se partageaient entre le curé et les seigneurs de La Montagne, hauts justiciers du clocher. Le premier jouissait aussi d'une rente sur la paroisse de Villapourçon. Au treizième siècle, le curé Humbert, *presbyter de Unlayo*, possédait, selon l'usage du temps, un troupeau de porcs, qu'il faisait pacager dans les forêts voisines.

Un jour que, *par la négligence et l'incurie du pâtre*, ils s'étaient avancés plus loin que de coutume, ils furent pris par les gens du baron de Roussillon et confisqués. Humbert réclama son cher troupeau ; mais le seigneur ne se laissa pas attendrir. Cependant le vendredi après la fête de saint Mathieu 1298, comme Eudes de Roussillon était étendu sur un lit de douleur, dont il ne devait pas descendre vivant, il se ressouvint du curé d'Onlay et lui légua, par son testament, une somme de douze livres pour réparer l'injustice commise (1).

Le village d'Onlay est assis sur un tertre, au bas duquel coule un ruisseau, affluent de la Dragne. Il est petit, mais fort ancien. On y voyait autrefois une magnifique villa romaine, dont l'existence est attestée par des médailles, des statuettes, des débris d'une belle mosaïque, aux brillantes couleurs, par des tuiles à rebords, des vases, des tronçons de colonnes de marbre...... découverts dans le jardin du presbytère, en 1838. Quelques fragments d'armes, profondément oxydés, des squelettes humains, gisant au milieu des décom-

---

(1) Testament d'Eudes de Roussillon.

bres, firent penser que les barbares du cinquième siècle avaient passé par là.

L'église paroissiale, dédiée à l'assomption de Notre-Dame, est un pauvre édifice, qui n'a que le chœur de voûté, en berceau ogival. Près de cette partie, s'élève une maison religieuse, fondée en 1842 par la munificence de la comtesse du Clerroy, et tenue par trois sœurs de la *Charité chrétienne* de Nevers. Au fond de la vallée, se trouve une source thermale ferrugineuse, analysée en 1843.

Le village d'Onlay formait un fief, en toute justice, mouvant du château de La Montagne. Il a donné son nom à une ancienne famille éteinte depuis long-temps. Boucher d'Onlay, damoiseau, le laissa à Robert, son fils, qui en donna dénombrement en 1323. Mahaut épousa Guillaume de Villescot, écuyer, lequel fit aveu, en 1353, pour ses biens d'Onlay. Perrinet *Li Bongars*, de Montreuillon, donna reconnaissance, tant en son nom qu'en celui de Regnaud, sa femme, et de Mahaut et Agnès, ses brus, en 1346, pour sa maison et ses dépendances. Dans la suite, les seigneurs de La Montagne jouirent directement de cette terre.

Niault, manoir seigneurial, dans une vallée, au nord-est d'Onlay, a été reconstruit, en partie, au dernier siècle. Il ne reste plus de l'ancien qu'une tour et la cuisine, où l'on voit une vaste cheminée avec écusson. La chapelle, située à côté du portail de la cour, est dédiée à la nativité de Notre-Dame et bien tenue. Elle a été rebâtie en 1828.

La terre de Niault, seigneurie en toute justice, appartenait, au quinzième siècle, à la maison d'Anglure. Elle fut acquise, au commencement du dix-septième, par celle du Clerroy, dont les armes étaient : *D'azur, à un mouton passant d'argent, couronné d'or*. Quelques auteurs prétendent que cette dernière était originaire de la province du Maine; mais la généalogie de Courvol dit qu'elle est sortie du Bourbonnais et qu'elle s'établit en Nivernais en 1612. Jean du Clerroy, écuyer, seigneur de La Maisonneuve, de La Jarousse..., capitaine de cent chevau-légers, gentilhomme ordinaire de la maison du roi et gouverneur d'Aigueperse, épousa, en effet, cette année-là, Judith de Grandrye, petite-fille de Guillaume, seigneur de La Montagne. La maison du Clerroy avait jadis, comme insigne bienfaitrice du couvent des picpus de Moulins-Engilbert, droit d'inhumation dans la chapelle de la communauté. L'aîné de ses membres prenait alors le titre de *père temporel* des religieux.

Jean du Clerroy s'unit, en secondes noces, à Suzanne de Merans, dame d'Estevaux. Il laissa plusieurs enfants. Jean-Baptiste, le puîné, lui succéda dans ses seigneuries. Il épousa Madeleine du Crest, fille de Jacques, sire de Villaines, avec laquelle il vivait en 1692. Jacques, leur fils, sieur de Mary, de Niault et de Villars, transmit ces fiefs à Jacques-Joseph, comte du Clerroy, capitaine au régiment de la Sarre, en 1768; celui-ci rebâtit le château (1). Il eut, de son union avec Marie-Anne-Gilberte de La Mothe-d'Apremont, cinq enfants (2).

Louis-Marie-Auguste, comte du Clerroy, chevalier de Saint-Louis, vendit Mary, tant en son nom qu'en celui de ses sœurs, en 1804, et mourut en 1838 plein de jours et de vertus. Il fut inhumé dans le cimetière d'Onlay, où l'on voit son tombeau. Marie-Mélanie Dupuy de Semur, sa veuve, fonda, quatre ans plus tard, la maison religieuse dont nous avons parlé. A sa mort, la terre de Niault a passé à Jacques-Antoine-Marie-Eléonore, comte de La Boulaye, neveu, par sa mère, de feu Louis-Marie-Auguste du Clerroy.

La maison de La Boulaye est originaire de Bretagne, où elle remplit autrefois les charges les plus honorables à la cour des ducs de la province. Pierre-Hercule, sire de La Boulaye, fut

---

(1) Archives du château de La Montagne.

(2) Louis-Marie-Auguste, qui suit; Marie-Anne, femme du sieur de Breschard; Amélie, mariée à François-Antoine de Beauvais; Hélène-Eléonore, qui s'unit à Charles-Joseph de Monestoy, comte de Chazeron, et Aglaé, qui épousa le comte de Bodinat.

chambellan et trésorier des chartes du duc, capitaine de cent chevau-légers..... Cette famille s'établit en Auvergne en 1604, et en Bourbonnais vingt-six ans plus tard. Ses armes sont : *De gueules, au chevron d'or, à trois étoiles d'argent, posées 2 et 1, et accolées de deux hermines.*

Elle se distingue par son ancienneté, par les services qu'elle a rendus à l'Etat, les dignités dont elle a été revêtue et par les belles alliances qu'elle a contractées. Nous citerons, entre autres, les maisons de Rivailon de Coëtquen, de Cambon, d'Espinay, du Châtellier, de Villers, de Kerméle, de Saint-Chaumont, de Bonnevie, du Harlay, de Marillac, de La Croix, de Saint-Julien, du Buisson, de Chaumardy, de Vernoy, Le Turcq, de Beauvais et de Chiseul.

Elle a produit des gouverneurs de places fortes, des maréchaux de camp des armées du roi, des chevaliers de l'ordre......

Charles-François de La Boulaye obtint, en 1668, des lettres de maintenue dans sa noblesse et de confirmation du droit d'entrée dans la chambre et les carrosses du roi.

Charles-Joseph-Nicolas, chevalier, seigneur de Bierre, de Marillac.... fut décoré, par le roi Louis XVI, du titre de comte, en 1782. « N'étant pas raisonnable, dit le monar-
» que, que tant de services demeurassent sans être reconnus,
» ni que l'affection et fidélité avec laquelle le sieur Charles-
» Joseph-Nicolas de La Boulaye, imitant ses ancêtres, qui tous
» ont servi avec la plus grande distinction, demeurassent sans
» marques d'honneur, avons résolu de le décorer et ses enfants
» mâles légitimes du nom et du titre de comte, qualité qui
» doit correspondre à l'ancienneté de sa noblesse, à l'affinité et
» alliance de sang des filles de maisons de qualité dont lui et
» ses enfants sont issus, en attendant qu'il puisse faire ériger
» une de ses terres en comté (1). »

Tard ou Thars, manoir seigneurial, en forme d'équerre, bâti

---

(1) Papiers de famille.

dans le flanc de la montagne des *Forêts,* formait, avec ses dépendances, une seigneurie mouvante de la châtellenie de Moulins-Engilbert. Jean de Perrigny, écuyer, en donna dénombrement en 1412. Marguerite, sa fille, la porta en dot à Léonard de La Menue, qui se disait seigneur de Thars, de Perrigny et de Saint-Loup, en 1441. Jean, issu de cette union, en était possesseur vingt ans après (1). Martin de Thars fit don de son argenterie, pesant cinq marcs, à la nation, en 1793, ce qui n'empêcha pas qu'il fût taxé à deux mille livres par les commissaires de la Convention, Paulmier et Bureau. Jean Martin de Thars, ancien officier de cavalerie, en est actuellement propriétaire. Les comtes de La Roche-Milay jouissaient d'une rente sur ce fief.

Le Vault, sur une hauteur, à l'ouest d'Onlay, a long-temps appartenu à la famille Sallonnyer. Jean, écuyer, sieur du Pavillon, et *juge ordinaire en la ville de Moulins-Engilbert,* le possédait en 1626. Jeanne, sa fille, le porta à Jacques de Ganay, seigneur de Velée. Jérôme, issu de cette union, en était possesseur en 1674, et Jacques-Antoine-François-Xavier, marquis de Ganay, brigadier des armées du roi, gouverneur d'Autun, en 1754. Le Vault est actuellement la propriété de Théodore Miron, dont le frère, Arthur, est président du tribunal civil de Bellac.

Le fief de Dennecy, au sud, était une dépendance de la seigneurie de La Montagne. Celui d'Antrezy appartenait à la maison de Chargères.

VI.

PRÉPORCHÉ, *Pratum porcorum.*

Le nom de ce village, comme celui de Villapourçon, rappelle que le lieu était autrefois destiné à la paisson des porcs, une

___
(1) Son frère épousa Blaisine de Vienne.

porcherie. Nous avons vu ailleurs que cette industrie était très-répandue chez les Gaulois, et même dans notre France du moyen-âge.

Préporché est bâti sur le penchant d'une colline, à trois kilomètres de Saint-Honoré-les-Bains, et à huit environ, au sud-est, de Moulins-Engilbert. Son aspect est généralement pauvre. L'église paroissiale, dédiée à saint Pierre, s'élève dans la partie supérieure. Elle n'est ni grande, ni belle. Au-dessus du chœur, terminé par un pignon, on voit une grosse et laide tour, dépourvue de sa flèche depuis l'incendie de l'édifice par les huguenots, en 1570. Elle renferme deux cloches, fondues en 1838. Le portail de l'ouest, avec colonnettes, est la seule partie caractéristique. Son style est le roman du commencement du douzième siècle. Le presbytère, assis à côté, est l'habitation la plus convenable du village. Le nouveau cimetière, établi au nord-est, fut bénit le 6 octobre 1861. Dans la vallée, au nord, sont les Places, où l'on voit une assez belle maison d'école, bâtie vers 1846.

La commune compte une superficie de deux mille neuf cent cinquante-deux hectares; cinq cent vingt-trois sont en bois, et quatre et demi en vignes. Sa population est de onze cent cinquante habitants. Le territoire est très-accidenté et produit des châtaignes. La paroisse semble très-ancienne. Le patronage de la cure appartenait au chapitre de Nevers, qui en fit l'abandon, au dix-septième siècle, aux picpus de Moulins-Engilbert. Les dîmes se partageaient entre ces religieux, le curé, le seigneur de Villars et celui de La Montagne (1).

On voyait autrefois à Préporché une maison-forte possédée par une famille de ce nom. Pierrette de *Préporcher* épousa N. Le Guast de Maulmin, qui reprit de fief du comte de

---

(1) Curés connus de Préporché : Contant, en 1618; Clément, 1654; Jean Potrelot, 1660; Doreau, 1676; Dechamps, 1696; Gaucher, 1753; Des Ulmes, 1787; Dubois, 1803; Poisat, 1824; Dupuis, 1828; Cadeau, 1830; Gallon, 1832; Prudent Picoul, 1834.

Nevers en 1354. Guillaume, leur fils, en donna dénombrement vingt-six ans plus tard.

A trois kilomètres, au nord-ouest, près des Gauthés, à l'entrée d'un bois, on remarque les vestiges d'une autre maison-forte, avec fossés, connue sous le nom d'Arcy. Elle formait, avec ses dépendances, une terre en toute justice, que possédait une famille de même nom. Jean d'Arcy, chevalier, en était seigneur en 1300. Guillaume, son fils, chanoine de Nevers, reprit de fief vingt-sept ans après. Érard et Henri Alexandre firent de même en 1464. Elle fut acquise, dans la suite, par la maison de Frasnay, d'Anizy, et revendue par elle au seigneur de Vandenesse. Le bois d'Arcy, de *vingt-six boisselées*, était tenu en bourdelage, en 1580, par la famille Pané, qui payait au seigneur, le 26 décembre, quinze sous six deniers, un boisseau d'avoine et une géline.

Montjou, *Mons Jovis*, au nord, rappelle que le lieu était autrefois consacré à Jupiter. Il y existait aussi, dans un temps déjà fort reculé, une maison-forte, qui a été remplacée par une élégante villa. Guyot de Montjou reprit de fief du comte de Nevers en 1332. Hugues, Guyot et Philippe, ses fils, donnèrent dénombrement, dix-sept ans après, de leur maison-forte et de leur droit de chasse dans les bois de la châtellenie de Moulins-Engilbert.

Guillaume Lebault, écuyer, seigneur de Montjou, assista au siége de Château-Chinon, en 1442. Jean, Henri, Agnès et Jeanne, ses enfants, firent aveu en 1455. Celle-ci épousa Érard Tartarin, écuyer, dont nous trouvons une reconnaissance de fief, neuf ans plus tard. Jean, Guyot et Philibert Lebault en étaient possesseurs en 1494. Claude, fils du premier, épousa, par contrat du 31 janvier 1519, Marie de Champs, fille de François, sieur de Saint-Léger, dont il eut Antoine et Guy. Il vendit Montjou, quatre ans après, à Jacquette Aubry, dame de La Montagne, qui unit la justice à celle de la seigneurie. Charles de Grandrye, son fils, fit aveu en 1552. Antoine Genoux, l'un de ses successeurs, revendit ce fief et la terre de La Montagne, le 16 janvier 1714, à

Claude-François Sallonnyer de Monbaron. Le 3 mars de la même année, le domaine de Montjou fut saisi sur Claude Fèvre, qui le possédait à titre de fief simple, et adjugé, par décret, à Charlotte Duruisseau, veuve de Guillaume Alloury, ancien procureur du roi à Moulins-Engilbert, pour trois mille livres (1). Pierre Duruisseau, son père, notaire royal en cette ville, portait : « De » sinople, à un ruisseau ondé d'argent, posé en bande (2). » Elle acquit encore, deux ans après, le 16 septembre, les droits du seigneur de La Montagne, pour une pareille somme.

Cette année-là et la suivante, elle soutint, à la pairie de Nevers, un dispendieux procès contre Jacques du Crest, sire de Villaines, pour l'étang de Rochemorin, le buisson et le pré *des Charmes* (3). Montjou appartient encore à une branche fort honorable de la famille Alloury, qui habite la ville d'Avallon.

Un rapport adressé, en 1801, au conseil général de la Nièvre, constate l'existence d'une mine d'or, d'argent et de plomb, en ce lieu.

Morillon, sur la Vandenesse, à l'ouest, possède une maison seigneuriale. Il y avait jadis une chapelle, bâtie par les picpus de Moulins-Engilbert. L'ancienne voie romaine, qui venait de Saint-Honoré, passait la rivière en cet endroit, sur un pont en pierre. Ce fief a été tenu par la maison de Chargères, par celle de Mary, et, au dernier siècle, par les religieux du tiers-ordre de saint François. Le père Anastase Laurent fit aveu au duc de Nevers, en 1776.

Villars-le-Canis ou Longbout, *Villa Canis*, est un gros hameau, couronnant une hauteur, au nord-est. Il a pris ce nom d'une antique villa romaine, dont on a retrouvé jadis quelques débris. Ce fief appartenait, en 1565, à Antoine Courtois, marchand à Moulins-Engilbert. Il entra, environ un demi-siècle plus tard, dans la maison du Clerroy, qui le conserva jusqu'à nos jours.

(1) Archiv. de La Montagne.
(2) Paris, *Armorial de la généralité de Moulins-en-Bourbonnais*, 1699.
(3) Archiv. de Villaines, pièces de procédure.

Ville-Chiens, *Villa Canum*, aujourd'hui Vénitiens, autre hameau considérable, sur le flanc de la haute montagne de *Genièvre*, et dans la même direction, est divisé en plusieurs groupes de chaumières. Comme le précédent, il tire son nom d'une ancienne villa, où quelque puissant Romain tenait sa meute. On en a reconnu naguère des vestiges certains. Les habitants de Vénitiens étaient tenus, selon un titre de 1574, de se rendre, chaque année, à Moulins-Engilbert, pour faucher le *pré du Comte*. Ils recevaient individuellement six deniers par jour et la nourriture. Pierre Bruneau, marquis de Vitry, seigneur de Chanlevrier, y possédait divers droits féodaux, en 1738.

Les Beaunez ont été ainsi appelés d'une ancienne famille de ce nom. Jean Beaunez reconnut, le 5 juillet 1580, devoir, chaque année, à Philippe Bureau, sieur de Chevannes, six minées de seigle, trois d'avoine et un demi-cent de faix de paille pour un droit de dîmes à *Vénissien*, qu'il lui avait cédé. Cette redevance passa, plus tard, aux seigneurs de Vandenesse.

Au hameau des Garriaux ou Garriots, il existait naguère une *communauté* nombreuse, qui vient de se dissoudre. C'était la dernière de toutes celles qu'on remarquait autrefois en Morvand. Cette division a laissé la plupart des *parsonniers* dans la détresse. Leur misère, triste et silencieuse, dit M. Dupin (1), contrastait avec la bruyante gaieté de Jault.

Lazare Magnien, dit Michot, l'un d'eux, comme un porte-drapeau de la vieille garde, a emporté et conserve, en manière de trophée, dans sa nouvelle demeure, à Préporché, le pot ou marmite en fonte qui servait pour toute la famille.

Les Pané-Garriaux n'ayant pas ensemencé leurs terres, en 1793, les commissaires de la Convention nationale arrêtèrent qu'il serait *loisible aux petits particuliers* de les cultiver aux frais des propriétaires et de s'en attribuer les récoltes, sans que ceux-ci pussent y rien prétendre.

(1) *Morvan*, p. 47.

Franc-Vache, Corcelle, Montgaudon, Les Genets, Neuvelle...
sont d'autres dépendances de la commune.

VII.

SAINT-HONORÉ-LES-BAINS, *Sanctus Honoratus*.

A même cause même effet. Saint-Honoré, sous le nom d'*Aquæ Nisinei*, fut autrefois très-célèbre par ses bains. Il tomba dans l'oubli avec eux, et sa réputation renaît aussi avec eux. Ce bourg, bâti sur le flanc occidental d'une montagne, acquiert, chaque année, de l'importance et voit ses chaumières se changer rapidement en jolies habitations, qui annoncent la civilisation et l'aisance. Au silence des campagnes, ont succédé le bruit et le mouvement des villes. Il est probable que, dans quelques années, la métamorphose sera complète, et que, de simple village, Saint-Honoré prendra rang parmi les plus gros bourgs, sinon parmi les villes. Les trois anciennes voies romaines, qui y aboutissaient autrefois et y amenaient la vie et le commerce, ont été remplacées avantageusement par plusieurs routes modernes ; on peut y arriver aujourd'hui commodément de toutes les directions. Un bureau télégraphique y a été établi dans l'intérêt des baigneurs, qui y affluent pendant la saison thermale. On y jouit d'une vue très-étendue, du côté de l'ouest. Au sud, on remarque le château de La Montagne, avec son vaste parc, dont l'aspect ressemble à celui d'une forêt vierge. Plus loin, se dresse la *Vieille-Montagne*. Son sommet, couronné de grands arbres, domine tous les environs. Nous le recommandons aux amateurs du grandiose. Là, le touriste, placé à cinq cent quarante-deux mètres au-dessus du niveau de la mer, parcourt, d'un œil stupéfait, les vallées grasses et fertiles du Nivernais, et les plaines sablonneuses et boisées du Bourbonnais. Derrière le lointain horizon, à plus de cinquante lieues de distance, il voit se dresser le puy de Dôme, avec ses neiges éternelles.

L'ascension de la Vieille-Montagne n'est pas sans intérêt pour l'archéologue lui-même. Son cône offre d'antiques ruines, sur lesquelles les savants sont divisés. Quelques-uns ont vu dans ces débris les restes d'un temple païen ; d'autres, ceux d'une forteresse, élevée pour la défense de Bibracte, au temps qu'elle couronnait le Beuvray. Toutefois, la féodalité s'en empara plus tard. Les maîtres du pays s'y bâtirent un château, d'où ils pouvaient braver leurs belliqueux voisins sans danger.

Ils ne quittèrent ce poste aérien qu'au quatorzième siècle, alors que les guerres seigneuriales, interdites par nos rois, n'imposaient plus à chacun la nécessité de s'enfermer dans des forts inexpugnables.

Saint-Honoré est le chef-lieu d'une commune d'environ douze cent cinquante habitants. Son territoire comprend une superficie de deux mille quatre cent soixante-quatorze hectares, dont huit cent quatre-vingt-six sont en bois. Il produit beaucoup de céréales, des châtaignes et un peu de vin. La paroisse doit son origine à un ancien prieuré, fondé en 1106, sous l'invocation de saint Honoré, par Hugues de Châtillon, seigneur de La Montagne, qui le soumit au monastère de La Charité-sur-Loire. L'habitation monastique, située près l'église, au sud, se fait remarquer encore par son toit pyramidal. Le patronage de la cure et les dîmes appartenaient au prieur. Celui-ci jouissait de beaux droits seigneuriaux. Sa haute justice comprenait une partie du bourg et un hameau voisin. Le bornage, fait en 1721, montre qu'elle confinait avec celle du marquisat de Vandenesse. Le prieur, Dieudonné de Chandon, céda, en 1733, la justice de Montjournal au seigneur de La Montagne, en échange des dîmes du lieu. Christophe de Sève fit aveu, en 1647, pour un fief qu'il tenait dans la mouvance du prieuré.

L'église prieurale, aujourd'hui simplement paroissiale, est bâtie sur le côté nord du bourg et dédiée à saint Loup. Elle se compose d'une abside, précédée du chœur, de deux chapelles, formant transsept, et d'une nef sans caractère. On y voit six tableaux représentant l'adoration des Mages, saint Jean-Baptiste dans le désert, la purification de Marie, Jésus-Christ chassant les vendeurs du Temple, bénissant les enfants, et la Samaritaine au puits de Jacob; ils sont peu estimés. La tour, qui s'élève au-dessus du chœur, renferme deux cloches bénites vers 1837. On croit que cette église fut construite, en partie, avec les débris des anciens thermes. Toutefois, on remarque, au-dessus du portail de l'ouest, une pierre rompue, portant une inscription latine, qui dut appartenir à un édifice romain. Les huguenots, au sortir du siége d'Autun, en 1570, traversèrent le Morvand et brûlèrent l'église de Saint-Honoré en passant. L'ancien cimetière, aujourd'hui place publique, fut abandonné en 1843. Le nouveau est situé à peu de distance de l'église, à l'est. Près de là, on découvrit naguère des conduits souterrains et beaucoup de débris humains. Le curé Caziot a laissé des notes manuscrites sur le désastreux hiver de 1709. Il nous apprend que, cette année-là, il y eut vingt-cinq naissances et cinquante décès à Saint-Honoré.

A l'extrémité sud-est du bourg, on trouve un petit établissement religieux fondé, en 1833, par le comte Vieil de Lunas. Il est tenu par deux sœurs de la *Sainte-Famille*.

Saint-Honoré, si on en croit la tradition et quelques manuscrits, daterait des temps les plus reculés, et l'emporterait, en ancienneté, sur la plupart de nos villes françaises; sa fondation serait celtique. A l'époque de la conquête romaine, ç'aurait été une ville déjà de quelque importance, et son nom *Arbandata* rappellerait les vertus guerrières de ses habitants et leur adresse à tirer l'arc. Mais, entraînée dans la révolte du Morvand contre les aigles victorieuses, elle attira sur elle la sévérité des nouveaux maîtres et fut ensevelie sous ses décombres.

Arbandata ne serait peut-être pas sortie de ses ruines sans la source minérale, qui coule au pied de la colline sur laquelle elle était assise. Les Romains, grands amateurs des thermes, l'ayant découverte, y fondèrent un établissement public composé de neuf puits, dans lesquels ils enfermèrent la source curative. La carrière de Champ-Robert fournit le marbre nécessaire à leur entreprise. Ainsi s'éleva en Morvand un de ces établissements somptueux qui attestaient le luxe et la civilisation de Rome. Ces nouveaux thermes et la ville, qui se forma sur les ruines d'Arbandata, s'appelèrent, du nom de celui qui avait découvert la source ou qui présida à la fondation des bains, *Aquœ Nisinei*, ou *Eaux-de-Nisiné* (1).

Les Romains, pour compléter leur œuvre, ouvrirent trois grandes voies publiques, rayonnant autour, et les baigneurs purent s'y rendre de tous les points de l'empire. Les vétérans de Caïus Antistius Reginus, qui commandait dans la Nivernie, y trouvèrent bientôt, au rapport d'Aymoin (2), la guérison d'une horrible lèpre. On croit que les Eaux-de-Nisiné furent visitées par Probus et par Constantin-le-Grand, pendant leur séjour à Augustodunum.

Les bienfaits des empereurs, et le grand concours d'étrangers qui affluaient aux Eaux-de-Nisiné, donnèrent bientôt de l'extension à la ville, qui compta, dit-on, jusqu'à quinze mille habitants.

Après une prospérité, toujours croissante, de quatre à cinq cents ans, les Eaux-de-Nisiné, ville et bains, succombèrent sous la fureur des barbares qui, au cinquième siècle, inondèrent les Gaules, et couvrirent le Morvand de ruines. Un silence de mort et une désolation complète régnèrent dès-lors en ce lieu, jusque-là si bruyant. C'est à peine si, long-temps après, quelques pauvres chaumières vinrent se grouper sur l'emplacement de la ville, ruinée par le fer et le feu.

Quant aux thermes, ils restèrent complétement ensevelis sous une masse de terrain, de cinq mètres d'épaisseur, accu-

---

(1) Carte dite de Peutinger, retraçant les voies militaires au temps de Théodose.

(2) *De Antiquitatibus ecclesiasticis*, Cologne, 1500. Ce moine, de Fleury-sur-Loire, mourut en 1008.

mulée par quatorze siècles d'oubli. Dans cet intervalle, les moines du prieuré, possesseurs de l'emplacement et des héritages voisins, y formèrent un étang, qui couvrait tout le parc actuel, et bâtirent, sous la chaussée, un moulin banal pour les besoins de leurs sujets. Ils avaient amené dans cet étang les deux ruisseaux, détournés naguère, et dès-lors la vase, les alluvions, les atterrissements de toutes sortes vinrent, comme à l'envi, s'amonceler au-dessus des travaux romains.

Lorsque, dans l'été, les chaleurs avaient sensiblement diminué les eaux de l'étang, et que les sources restaient à découvert, les paysans des alentours, atteints de maladies cutanées ou de douleurs rhumatismales, couraient se plonger, malgré les nombreux reptiles qui s'y réfugiaient, dans la vase, saturée de matières minérales, et y trouvaient souvent la guérison. Ils recueillaient même du limon et des fucus, très-vantés parmi eux pour diverses éruptions de la peau.

En 1820, on commença le déblai. Cette opération mit au jour une quantité considérable de fragments de marbre, de débris de tuiles à rebords, de briques romaines, de vases antiques, sur lesquels on pouvait lire le nom de l'ouvrier : *Biturix fecit*. On poursuivit les fouilles en 1838. Elles amenèrent des résultats plus complets. Alors parurent d'anciennes piscines, recouvertes de marbre blanc, et on retira du fond des puits plus de six cents médailles des empereurs romains (1).

Tous les savants s'accordent à reconnaître dans les thermes de Saint-Honoré l'*Aquœ Nisinei* de la carte de Peutinger. Leur position géographique, les anciennes voies qui y aboutissaient, leur distance en milles romains de l'antique Augusto-

---

(1) Savoir : Germanicus, Claude, Néron, Vespasien, Titus, Domitien, Nerva, Trajan, Antonin-le-Pieux, Adrien, Faustine, Sabine, OElius-César, Marc-Aurèle, Lucius Verus, Lucille, Commode, Albinus, Alexandre-Sévère, Gordien, Philippe, Claude-le-Gothique, Gallien, Salonin, Tetricus, Constantin-le-Grand, Constantin II, Constant Ier, Constant II, Magnance, Julien-l'Apostat, Valentinien......

dunum, tout le démontre. Si le savant d'Anville n'a pu retrouver, ni fixer, avec certitude, leur emplacement, c'est que les découvertes, dont nous avons parlé, n'avaient pas encore été faites, qu'elles n'étaient pas même soupçonnées. On ne peut rien conclure, non plus, contre l'existence de la ville de ce que l'on ne rencontre pas à Saint-Honoré des ruines considérables; car, il faudrait, pour la même cause, révoquer en doute celle de plusieurs grandes cités gallo-romaines, dont il reste à peine quelques vestiges; nous citerons, entre autres, l'antique *Alexia*, ou *Alise* (1).

Les sources thermales de Saint-Honoré, au nombre de cinq, sont connues actuellement sous les noms de sources de la *Crevasse*, de l'*Acacia*, des *Romains*, de la *Marquise* et de la *Grotte* (2). Leur force d'ascension et leur abondance sont si considérables, qu'elles pourraient faire tourner un moulin de Morvand. Ces sources réunies fournissent plus de neuf

---

(1) Nous visitâmes, le 5 août 1851, le beau plateau du Mont-Auxois, où se trouvait cette ancienne capitale des Mandubiens. Nous avons admiré, les *Commentaires* de César en main, l'exactitude de la description qu'il en donne; son emplacement sur un sommet très-élevé, *admodum edito loco;* les deux rivières qui coulent de chaque côté de la montagne, *cujus collis radices, duo ex duabus partibus flumina subluebant*; cette plaine de trois mille pas environ, qui s'étendait au bas de la ville, et nommée aujourd'hui plaine des *Laumes*; ces autres collines, de même hauteur, qui entournaient la ville, *reliquis ex partibus, colles, mediocri interjecto spatio, pari altitudinis fastigio oppidum cingebant*......; tout est vrai, tout est exact. Eh bien ! quelques tuiles à rebords, quelques briques, quelques monceaux de pierres brutes, çà et là entassés par les cultivateurs, quelques fragments de voies antiques, sont tous les monuments qui attestent, à part l'histoire et la tradition, l'existence de cette grande ville.

(2) Les sources de la *Crevasse* et de l'*Acacia*, placées l'une près de l'autre, semblent avoir une origine commune; leur température est identique.

Celles des *Romains* et de la *Marquise* fournissent de l'eau à cinq puits communiquant entre eux, tellement qu'en plaçant une pompe dans l'un ils se vident tous en même temps.

cents mètres cubes d'eau en vingt-quatre heures, tandis que celles de Bourbon-Lancy n'en donnent que trois cent soixante-treize, et celles de Vichy cent soixante-douze.

Leur température est de trente-un à trente-deux degrés centigrades.

Au-dessus des puits des *Romains*, on a construit une grande salle d'inhalation, de neuf mètres sur huit. Les malades y respirent l'hydrogène sulfuré, qui s'en exhale, au moyen d'une roue hydraulique horizontale, à palettes hélicoïdes, tournant sans cesse au fond de chacun d'eux. La température, ici, varie de vingt-quatre à vingt-sept degrés centigrades.

Les eaux de Saint-Honoré furent analysées, en 1786, par le docteur Regnault, de Lormes. Le savant Bacon, l'un des médecins de Catherine II de Russie, en fit l'acquisition, en 1812, et les soumit à l'appréciation du célèbre Vauquelin. Il avait trouvé, disait-il, de précieux documents dans les bibliothèques d'Allemagne, qu'il parcourut en archéologue passionné, après la mort de l'impératrice de toutes les Russies, en 1796. Comme beaucoup de savants, Bacon n'était pas riche. Ses pérégrinations avaient, d'ailleurs, absorbé ses petites économies. Les bains de Saint-Honoré n'étaient pas encore connus; les chemins, en outre, n'étaient pas praticables, et sa pénurie ne lui avait pas permis de pratiquer les fouilles nécessaires et de mettre les thermes dans un état convenable. Sa position devint déplorable, et il fut réduit à manger, comme nos paysans, des pommes de terre, cuites à l'eau, pour sa nourriture ordinaire. Un jour, quelqu'un l'ayant surpris partageant son frugal repas avec un grand chien de Sibérie, compagnon fidèle de sa fortune : « Voyez, s'écria-t-il plein de tristesse, mon pauvre » chien vit bien mal, et moi je vis comme un chien; cependant » nous gardons des trésors (1). » Il fut exproprié. On a de lui un opuscule intitulé : *Observations sur la nature et les heureux effets des eaux thermales et minérales de Saint-Honoré*.

(1) CHARLEUF, *Journal de la Nièvre*, numéro du jeudi 21 juillet 1864.

Il dit qu'il les employait avec succès « dans toutes les espèces
» d'asthmes, suffocations et autres affections produites, par l'é-
» paississement visqueux des humeurs ».

Un autre médecin, nommé Pillien, en fit, à son tour, l'analyse, et publia, en 1817, à Auxerre, une brochure portant ce titre : *Essai topographique, historique et médical sur les eaux thermales de Saint-Honoré*, où il les recommande aussi contre les affections de poitrine. « On les emploie, dit-il, avec avan-
» tage dans les phthisies pour cause nerveuse, catarrhale,
» scrofuleuse, rhumatismale, ou bien lorsqu'elles se montrent
» à la suite d'une éruption cutanée, traitée sans précautions. »

Le marquis d'Espeuilles, ayant acheté les thermes, en 1837, fit faire, l'année suivante, les fouilles dont nous avons parlé, et finit le déblai en 1853. Grâce à son zèle et à sa fortune, il a pu rendre à l'établissement romain son lustre d'autrefois et procurer aux malades un puissant moyen de cure. Il a fait de nouveau analyser ces eaux, en 1851, par Henri Ossian, membre de l'Académie de Médecine de Paris.

Il résulte de ces diverses analyses, que les eaux thermales du Morvand offrent, comme il a été dit, une température de trente-un degrés ; qu'elles sont sulfureuses, alcalines, sensiblement iodurées ; qu'elles présentent, dans leur composition chimique, quelque ressemblance avec celles de la chaîne des Pyrénées ; enfin, qu'elles agissent d'une manière efficace contre les gastralgies, les laryngites chroniques, les maladies de l'utérus, des intestins..... Nous renvoyons, pour plus de détails sur leur propriété, aux savantes observations publiées par Henri Ossian, Ch. Racle, G.-Camille Allard et E. Collin, médecins de ces eaux.

Il se tient à Saint-Honoré deux foires par an. Celle du 15 mai fut accordée par lettres patentes du roi Henri II, à la prière de Charles de Grandrye, seigneur de La Montagne, en 1556, et celle du 15 novembre, par Henri IV, en 1598. Elles avaient

---

(1) Archiv. du château de La Montagne.

lieu autrefois près du château, d'où leur vint le nom vulgaire de *foires de la Montagne*. Les seigneurs percevaient des droits féodaux sur chaque pièce de bétail qu'on y conduisait. Les marchands forains pouvaient établir des *loges* pour étaler leurs marchandises, en payant chacun un *gâteau* par foire. Un marché s'y tenait chaque semaine. On voyait alors derrière le manoir une halle, qu'un terrible ouragan, qui enleva le toit de plusieurs chaumières, renversa le 24 juin 1773. La foudre y ayant mis le feu, la couverture de chaume fut portée par le vent jusqu'au hameau de Clusebardenne, qu'elle incendia. Les ruisseaux, transformés en torrents impétueux, emportèrent les chaussées de sept étangs de la seigneurie, et comblèrent de terre et de pierres celui du prieuré.

Le château de *La Montagne*, au sud du bourg, est bâti sur un monticule, à la pointe d'un bois, nommé le *Deffend*, qui lui forme un parc naturel. Ce nom vient de son antique situation au sommet de la *Vieille-Montagne*, qui se dresse à l'est. Il se compose d'un grand corps de logis, flanqué de deux ailes. Sa reconstruction, qui ne date que de la fin du dernier siècle, eut lieu sur l'emplacement d'une antique maison-forte, dont il reste encore des vestiges de fossés. A l'extrémité de l'aile du nord, se trouve la chapelle, où sont inhumés plusieurs membres de la famille d'Espeuilles (1). Les dépendances de cette maison sont magnifiques. Au-dessous, il existe une poterie, établie en 1847; ses produits sont renommés pour leur beauté et leur qualité.

La terre de La Montagne se composait jadis de sept cents quinze hectares de forêts, où le prieur et les habitants de Saint-Honoré avaient droit d'usage et pacage; de onze domaines et de treize étangs, savoir : sept grands et six petits (2). Elle

---

(1) Sur le palier de l'escalier d'honneur, on voit un groupe, représentant une chasse au sanglier, avec ce cri : « A moi, Morvand. »

(2) La justice de l'*Étang-Rapine* appartenait aux picpus de Moulins-Engilbert, qui la vendirent au seigneur en 1660.

mouvait en fief, pour les deux tiers, des sires de Châtillon-en-Bazois, et pour l'autre tiers, des ducs de Nevers. Une transaction eut lieu pour la mouvance entre les suzerains, en 1535. Cette seigneurie avait elle-même dans sa dépendance plusieurs fiefs, tels que Antrezy, Dennecy, Chanclos, Le Gué, Eschenault, Frémouzet, Onlay..... Sa haute justice, décorée du titre de bailliage, s'étendait sur les paroisses de Saint-Honoré, de Préporché, d'Onlay et de Sémelay, en partie. Le sire de La Montagne était seigneur laïc de ces églises, jouissait du droit de guet-et-garde pour son château, de pêche, de chasse, même dans plusieurs forêts dépendant du comté de La Roche-Milay..... et de diverses autres redevances utiles et honorifiques dans les paroisses de Moulins-Engilbert, de Commagny, de Maux et de Blismes (1).

Hugues Ier, de Châtillon-en-Bazois, seigneur de La Montagne, fonda, comme nous l'avons vu, le prieuré de Saint-Honoré, en 1106. Hugues II, sire de Jalligny, reconnut, en 1241, que son château était *jurable et rendable, à grande et petite force*, de la comtesse Mahaut, veuve d'Hervé de Donzy (2). Huguenin en fit autant, en 1251. Jeanne de Bourbon, veuve de Guillaume de Bourbon, reprit de fief, tant en son nom qu'en celui de Guyot, Léonard, Guillaume, Jeanne, Catherine et Yolande, ses enfants, en 1386.

Catherine de Bourbon porta La Montagne à Antoine de Beaulmont, *alias* de Toulongeon, seigneur de Traves, de La Bastie... qui fit refaire le terrier en 1427. On lit dans cette pièce : « La haute justice de mesdits seigneurs est située au finage de » Montescot, en un champ, proche le chemin tendant à Saint-» Michel-en-Longue-Salle. » Robert de Damas était seigneur de La Montagne en 1463, et Pierre de La Boutière au commencement du seizième siècle.

Cette terre fut acquise, vers 1525, par Guillaume Ier de Gran-

---

(1) MAROLLES, *Inventaire des titres de Nevers*.
(2) *Le Nivernais*, t. II, p. 190.

drye, écuyer, seigneur du lieu et de Besne, grenetier de Moulins-Engilbert. Ce gentilhomme laissa de Jacquette Aubry, sa femme (1), cinq enfants (2). Charles, le puîné, seigneur de La Montagne, en partie, de Besne...., chevalier de l'ordre du roi, gentilhomme ordinaire de sa chambre, ambassadeur chez les Grisons, fut élu de la noblesse aux états généraux d'Orléans, avec Guy Coquille, en 1561. N'ayant point eu de postérité, il légua ses biens à Jeanne Bolacre, son épouse, et à Pierre et Guillaume de Grandrye, chevaliers, gentilshommes de la chambre du roi, sieurs de Ruère, du Montceau et du Crot-d'Achun, ses neveux, qui en firent le partage en 1571 (3).

Guillaume II, seigneur de La Montagne, de Montjou, de Rangère, de La Chaume.... épousa Marie Bataille, dont il eut une fille, mariée à Jean de Chandon, écuyer, conseiller d'État et premier président à la cour des aides de Paris, qui reprit de fief en 1596. Anne, leur fille, porta cette terre et ses dépendances en mariage à Pontus de Ciberand, bailli de Mâconnais, sieur de Broye et de Jarnasse, puis à Jean de Mathieu. Elle testa, le 1er novembre 1639, en faveur de Christophe de Sève, chevalier, seigneur de Stinville, et de Jeanne de Mathieu, sa femme. Ceux-ci laissèrent un fils, Charles de Sève, qui fonda, au moyen d'une rente de *dix livres*, dans la chapelle du château, *deux messes haultes*, fixées aux jours de saint Christophe et de saint Charles, pour lui et pour son père.

Geneviève-Antoinette, sa fille, fit passer la seigneurie à noble

---

(1) Cette dame fit refaire le terrier de La Montagne en 1537, et se remaria avec Jean Lin, enseigne de la garde écossaise du roi, avec lequel elle vivait encore dix ans après.

(2) Albert, grenetier de Moulins-Engilbert; Charles, qui suit; N., mariée à Guillaume Bongars, seigneur d'Arcilly; Catherine, qui épousa, par contrat du 14 décembre 1533, Guillaume des Jours, sieur du Montceau, de Grateloup..... lieutenant du bailli de Nivernais, et Élisabeth, religieuse à Nevers. Celle-ci abandonna, le 12 janvier 1540, sa part des biens paternels à ses deux frères, pour une pension de trente livres.

(3) Archives du château de La Montagne.

Antoine Genoud, chevalier, sieur de Guibeville, dont elle n'eut pas de postérité. Elle vendit La Montagne, le 16 janvier 1714, à Claude-François Sallonnyer de Monbaron, seigneur d'Argoulais, pour trente-six mille livres. Celui-ci épousa d'abord Françoise André de Charency, puis Marie-Madeleine Girard de Vannes, marquise d'Espeuilles. Il eut de la première quatre enfants. Les deux aînés ayant été tués, l'un à la bataille d'Atteinheim, en 1744, et l'autre, deux ans après, à celle de Raucourt, et Marie-Paule étant morte sans alliance, Jean-Marie, le plus jeune, resta seul possesseur des grands biens de sa maison. On voit par l'aveu, donné en 1777, qu'il n'avait pas encore rebâti le château, puisqu'il parle d'une grosse tour carrée, appelée le donjon (1).

Comme il n'avait pas de postérité, il testa en faveur des enfants de Paul, comte de Chabannes, et de Marie-Madeleine Sallonnyer, sa cousine germaine, en 1781. Le vicomte de Chabannes vendit La Montagne et ses annexes, tant en son nom qu'en celui de ses cohéritiers, le 16 septembre 1785, pour une somme de quatre cent seize mille livres, à Pierre Viel, chevalier, comte de Lunas, seigneur d'Aglan et de Lamenais, capitaine de cavalerie au régiment de la reine, et à Louis-François, son frère, marquis d'Espeuilles, major au régiment d'Angoulême, conseiller général de la Nièvre (2). Ce dernier avait épousé Marie-Julie-Suzanne-Françoise de Roquefeuille, dont il a laissé Antoine-Théodore, marquis d'Espeuilles, ancien conseiller général de la Nièvre, sénateur, actuellement propriétaire de La Montagne, et une fille, Louise-Delphine-Marie, mariée au comte Edmond de Certaines.

---

(1) La généalogie de la maison Sallonnyer dit qu'il le rebâtit dans sa forme actuelle avec l'intention d'y établir un chapitre de chanoines. De là, les deux grandes ailes qu'on y remarque.

(2) Ils étaient petits-fils de Claudine-Marguerite-Antoinette-Marie Girard d'Espeuilles, marquise de Saint-Remi. Leur famille, originaire de Normandie, portait : « De gueules, à une ville enceinte de murs, » flanquée de tours, le tout d'argent, maçonnée de sable; au chef cousu » d'azur, chargé d'un croissant d'argent entre deux étoiles de même. «

Le marquis d'Espeuilles a été le restaurateur des bains de Saint-Honoré. Il avait d'abord épousé une fille de la maison Le Peletier de Rosambo ; en dernier lieu, il s'est uni à Louise de Châteaubriand, nièce du célèbre vicomte de ce nom.

Le 18 novembre 1793, le *citoyen* Bureau, commissaire pour la taxe des *riches et aristocrates*, à Moulins-Engilbert, imposa la famille Viel de Lunas à six mille livres, puis à douze, et enfin à vingt-cinq mille.

Dans le bourg de Saint-Honoré se trouvaient jadis trois arrière-fiefs, savoir : Champclos, Eschenault et Le Gué. Celui-ci appartenait, en 1489, à Guyot du Gué, écuyer. Jean Ier de Mathieu, sieur d'Eschenault, fit refaire le terrier en 1518. Jean II, l'un de ses descendants, les posséda tous trois Il avait épousé, en 1578, Jeanne-Madeleine de Chargères, veuve de Hugues du Crest, dont il eut trois fils : Antoine, Robert et Pierre de Mathieu. L'aîné fit aveu au château de La Montagne, en 1656. Il eut avec Christophe de Sève, pour les droits d'usage et pacage, de longs démêlés, qu'il termina, deux ans plus tard, par le conseil de Jacques de Paris, seigneur de La Bussière, et de Jean de Jacquinet, sire de Villaines.

Antoine de Mathieu mourut en 1660, laissant ses biens à Pierre, son frère, sieur d'Eschenault, de Thars, de Rodon et de Villars, et à Jean, son neveu, fils de Robert et de Catherine de Reugny-du-Tremblay, seigneur du Brouillat, de Mézerai et de La Vallée, qui s'en firent le partage le 28 janvier de l'année suivante. Jean eut, pour son droit d'aînesse, *la maison et pourpris de Champclos, avec ses aisances et appartenances.* Jeanne, sa sœur, fut mariée à Claude de Chargères, seigneur de Tourny.

La Cœuldre, fief sur l'ancienne voie romaine du Beuvray, était possédée, en toute justice et franc-alleu, en 1250, par Geoffroy de La Rupelle. Agnès, sa veuve, et Guillaume, son fils, la vendirent, en 1274, à Robert des Barrois. Elle passa, plus tard, dans la maison de Mathieu, dont nous venons de parler, et de celle-ci aux de Chargères.

Lazare, fils de Paul de Chargères, sieur de Magny, en était possesseur dans la dernière moitié du dix-septième siècle. Il épousa, le 20 juin 1679, Marie-Charlotte des Prés, dont il eut quatre enfants (1). Eustache, seigneur de La Cœuldre, de Rodon, l'aîné, s'unit à Gabrielle de Sauvages.

Marie-Madeleine, leur fille, porta ce fief et Eschenault à son cousin Charles, marquis de Chargères, chevalier de Saint-Louis, seigneur d'Arcenay et de Prémiens, lieutenant de cavalerie, en 1766. Celui-ci entra, à son tour, dix ans plus tard, en procès avec le sieur de La Montagne, pour le droit d'usage dans les bois de *Vauvray*.

Malade et gardé à vue dans son manoir de Saint-Honoré, pendant la terreur, Charles répétait souvent à ses féroces gardiens : « Vous n'aurez ma croix que lorsque vous m'aurez arraché la vie, et je ne vous rendrai mon épée que quand je vous l'aurai passée au travers du corps. » Il laissa un fils, Eustache, marquis de Chargères, chevalier de Saint-Louis, seigneur d'Arcenay, qui suivit Louis XVIII dans l'émigration, et deux filles, renfermées avec leur mère dans les prisons de Moulins-Engilbert. Marie-Gabrielle-Pierrette, la plus jeune, épousa, en 1805, Louis Bouez d'Amazy, et mourut en 1853. Leur fils, Ernest, vendit Saint-Honoré au marquis d'Espeuilles.

La fontaine de Tussy jouit d'une grande réputation parmi le peuple, qui lui attribue la vertu de guérir de la fièvre intermittente. Le malade doit s'y rendre en personne et sans être aperçu d'*âme qui vive*. Arrivé près de la fontaine, il s'arrête et lui dit mystérieusement : « Bonjour, fontaine, donne-moi ton bonheur, comme je te donne mon malheur. » Puis, formant rapidement trois signes de croix sur la source, avec le sou d'offrande, il se retourne brusquement, jette la pièce de monnaie par-dessus son épaule gauche et disparaît. Les six cents

---

(1) Eustache, qui suit; Jean-Marie, seigneur de La Creuzille et de La Cœuldre; Joseph, sieur de Rodon, chevalier de Saint-Louis, et Madeleine.

médailles, trouvées au fond des puits de l'établissement thermal, y avaient été déposées, sans doute, dans le même but.

VIII.

SERMAGES, autrefois SERMAIGES, *Sarmagum*, *Sermagiæ*.

Le nom de cette commune rappelle, selon quelques archéologues, une colonie de Sarmates, préposés, sous les Romains, à la garde d'un camp retranché, dont le presbytère actuel occuperait l'emplacement. Ce lieu semble, en effet, avoir été fortifié dans des temps fort reculés.

Sermages, peuplé de sept cent cinquante habitants, ne remonte civilement qu'à l'année 1841. Jusque-là, il avait fait partie, sous le titre de *Faubourg-Saint-Pierre*, de la commune de Moulins-Engilbert. Son territoire, traversé, du nord au sud, par la route de Château-Chinon à Decize, est généralement découvert. Il renferme une superficie de deux mille deux cent huit hectares ; quatre cent quatre-vingt-deux sont en bois ou buissons. Au nord-ouest, dans les *Champs-de-la-Bataille*, on découvrit autrefois des débris d'armes et des ossements nombreux. C'est là, selon quelques auteurs, que se donna, le mardi 20 juillet 1475, une furieuse bataille entre les troupes de Louis XI, commandées par le duc de Bourbon, et celles de Charles-le-Téméraire, duc de Bourgogne et comte de Château-Chinon, à la tête desquelles se trouvait le maréchal Antoine de Luxembourg, comte de Roussy. Dans cette sanglante affaire, que nous avons rapportée plus haut, il resta deux mille morts sur le terrain et autant furent faits prisonniers par l'armée royale. Les découvertes, faites en ce lieu, le nom que conservent les divers héritages, ne permettent guère de douter que la bataille en question n'y ait été livrée.

La paroisse de Sermages, jadis dépendance du comté, de l'élection, du grenier à sel de Château-Chinon, et de l'archiprêtré de Châtillon-en-Bazois, est très-ancienne. Le patronage de la cure fut donné, en 1121, par l'évêque Fromond, au chapitre de la cathédrale de Nevers (1). Celui-ci le céda, au dix-septième siècle, aux ursulines de Moulins-Engilbert, qui l'exercèrent jusqu'en 1789. Elles jouissaient, comme dames de Sermages, d'une partie des dîmes et le curé de l'autre. Les enfants de N. Cotignon, Jean, Erard, Drouyn, Michel, Pierre, Jean, Guillaume, Bonne et Jeanne, reprirent de fief du comte de Château-Chinon, pour la moitié de ces dîmes, en 1456. Sermages ayant perdu, à l'époque du concordat, son titre de paroisse, un nouveau lui fut accordé en 1827. Le curé le plus ancien connu est Denis Petit, qui vivait en 1570.

Le chef-lieu est agréablement situé dans une vallée, qu'arrose le Guignon, à quatre kilomètres, au nord de Moulins-Engilbert. L'église paroissiale, dédiée à saint Pierre, est un édifice roman de la fin du douzième siècle et fort propre. Le chœur, terminé par une abside, est surmonté d'une voûte en berceau. Celle de la nef ne date que de 1863. Le clocher, qui s'élève entre ces deux parties, est supporté par quatre arcades et couronné par une haute flèche, couverte en bardeaux. De chaque côté, sont deux chapelles du quinzième siècle. Celle qui ouvre dans la nef, au nord, fut bâtie, vers 1492, par Guillaume Sallonnyer, seigneur de Varennes, hameau dépendant alors de la paroisse de Sermages. Elle en porte encore le nom. Comme le chœur, la nef est terminée, à l'ouest, par une autre abside, ce qui donne à cette église un aspect un peu original. Cette seconde abside, avec la travée qui la précède, fut construite, en 1854, aux frais de Pierre Bergèras, curé de la paroisse, et de J.-M. Duvernoy, propriétaire des Maillards. Elle forme une jolie chapelle, bénite le 22 mai suivant, par M. Pierre Cortet, vicaire général de Nevers, sous le vocable de Notre-Dame de la Salette, dont la statue couronne la pointe extérieure du toit. Il s'y fait un grand pèlerinage le 19 septembre de chaque année. Ce

---

(1) Guy Coquille, *Hist. du Nivern.*, p. 64.

nouveau sanctuaire semble favorisé des dons de la reine du ciel.

Près de l'église, au sud, se trouve l'ancien presbytère, aliéné dans la révolution. Le nouveau est bâti sur une butte, au nord-ouest. Derrière cette maison, il existe un petit couvent, fondé par le curé, en 1840, et tenu par trois sœurs de la Providence de Besançon.

La paroisse de Sermages renfermait jadis plusieurs fiefs, dans la mouvance et la haute justice du comté de Château-Chinon. Celui du chef-lieu était tenu, en 1353, par Jean de Piemère, écuyer, seigneur de Monbaron. Chaumes, à l'ouest, appartenait, à cette époque, à une famille de ce nom. Jeanne de Chaumes le porta, au quinzième siècle, à Henri Letors, sieur de Chevannes.

Villacot, sur un monticule, au sud, et dont le nom accuse une origine romaine, était possédé, en 1300, par Alexandre de Villescot. Ce gentilhomme eut de Magueron, son épouse, une fille, mariée dans la maison Letors. Jean, son petit-fils, garde-scel de la châtellenie de Moulins-Engilbert, en fit aveu en 1396. Charles Letors, écuyer, seigneur de Saint-Hilier et de Champcourt, laissa Sermages et Villacot à Guyot et Henri, ses fils, qui reprirent de fief, à Château-Chinon, en 1504 (1). Pierre, issu de l'union du puîné avec Jeanne de Chaumes, était seigneur de Chevannes, de Chaumes, de Sermages et de Villacot, en 1550. Une alliance porta ces biens à Claude de La Perrière, dont la fille, Jeanne, épousa Antoine de Bonnay, écuyer, qui fit reconnaissance en 1641. François, leur fils, renouvela ce devoir vingt-quatre ans après. Les ursulines de Moulins-Engilbert acquirent, un peu plus tard, Chaumes, Sermages et Villacot, dont elles firent aveu à Château-Chinon, par procureur, en 1770.

Champ-Martin, fief de cinquante boisselées de terre, appartenait, en 1354, à Érard de Thianges, à cause de Jeanne, sa

---

(1) Archives de l'empire et de Château-Chinon.

femme. Il entra ensuite dans la famille Gaucher, qui en portait le nom.

Moncey, castel bâti sur le flanc d'une haute montagne, dont le Guignon baigne le pied, formait, avec ses dépendances, une seigneurie mouvante du duché de Nevers. Il passa de la maison de Champs de Saint-Léger, à Henri Gaucher de Champ-Martin, écuyer, par son mariage avec Jeanne, fille de François. Il en était seigneur en 1680. Claude, son fils, laissa ce fief à François-Marie, qui fit aveu en 1773. Celui-ci ayant émigré pendant la révolution, Moncey et les domaines de Chevannes, de Saint-Léger et du Verdier furent vendus nationalement. Jean des Ulmes se disait aussi seigneur de Moncey, en 1699, et *noble homme* Michel de Cotignon en 1774. Près de là, est une montagne haute de quatre cent quarante-neuf mètres, au sommet de laquelle on voyait jadis un signal. C'est le point le plus élevé de la commune.

Au sud-est de Sermages apparaît le château de La Vaudelle ou Vodelle, couronnant un monticule. Il fut bâti, en 1810, par Charles Sallonnyer de Varennes, ancien émigré, chevalier de Saint-Louis; il y mourut le 24 mars 1851, laissant à sa famille et à ses amis le souvenir des plus aimables vertus. Il avait épousé, en 1809, Joséphine du Crest, dont il eut deux filles : Edwige, mariée, en 1827, à Paulin de Champeau de La Boulaye, et Césarine, qui épousa, en 1834, Édouard d'Ennery de La Chesnaye, ancien capitaine d'infanterie, chevalier de la Légion-d'Honneur, et actuellement propriétaire de La Vaudelle, où il fait sa résidence.

La maison d'Ennery de La Chesnaye, porte : « D'argent à la » fasce de sable, accompagnée, en chef, de trois merlettes de » même. » Elle est originaire d'Écosse, d'où elle vint s'établir en France, à la fin du seizième siècle. Fixée d'abord dans l'Orléanais, elle passa, en 1796, dans le département de la Nièvre, où Jacques-Édouard, père du propriétaire de La Vaudelle, épousa, trois ans après, Catherine de La Ferté-Meun.

De son mariage avec Césarine Sallonnyer de Varennes,

Édouard de La Chesnaye a eu deux filles. Marthe, l'aînée, s'est unie, en 1857, au vicomte de Gaulmyn, d'une ancienne famille du Bourbonnais, et l'autre, nommée Marie, a épousé, en 1860, Édouard de Masson d'Autume, issu d'une maison originaire de la Franche-Comté. La terre d'Autume fut érigée en marquisat en 1750.

Outre le chef-lieu et les hameaux dont il a été parlé, on trouve encore dans la commune de Sermages Le Champ-Cougnard, Les Febvres, La Baume, La Grande-Montée, Magot, Mougneau.....

IX.

VANDENESSE, *Vandisca*, *Vandenessa*.

Ce bourg, le plus considérable du canton, est agréablement situé sur la rivière de même nom, qui l'enferme dans un demi-cercle. Il se compose de trois groupes d'habitations: le *Bourg*, au centre; le *Care*, au sud-ouest, et la *Boudelle*, sur la rive gauche. La route de Moulins-Engilbert à Decize le traverse, du nord au sud, et franchit la rivière sur un beau pont, construit en 1838. La commune comprend une superficie de trois mille deux cent cinquante hectares; seize cent trois sont en forêts. Sa population est d'environ douze cent cinquante habitants.

Vandenesse, selon quelques archéologues, a été ainsi nommé de deux mots celtiques: *vand isca*, qui signifient rivière des montagnes. On y remarquait autrefois une verrerie importante, qu'a remplacée avantageusement un haut-fourneau, qui livre des projectiles pour l'artillerie de terre et de mer. Près de l'établissement métallurgique, est l'ancienne église paroissiale, aujourd'hui abandonnée. Elle se compose d'une abside romane et d'une nef sans caractère. Cet édifice était si exigu et si misérable, qu'on dut enfin lui en substituer un autre, plus digne de sa destination et plus en rapport avec l'importance du pays. En effet, le 4 juillet 1858, on bénissait et on posait la première pierre du futur monument, dont l'érection est spécialement due au zèle pieux et intelligent de Louis-Adrien Bonneau du Martray, maire de la commune. Les plans et devis ont été dressés par Louis Lenormand, architecte de la magnifique église de Dun-les-Places, et les travaux exécutés sous la surveillance de Pierre-François-Victor Leroy. L'édifice, bâti dans le style roman de la première moitié du douzième siècle, se compose d'une abside, éclairée par trois fenêtres symboliques, d'un transsept et d'une nef, à trois travées, avec des voûtes d'arêtes, d'une parfaite exécution. Sur le portail occidental, s'élève une tour en pierres de taille, formant narthex, dont la hauteur est de trente-deux mètres. La longueur totale de l'église est de trente-trois ; sa largeur, dans le transsept, de dix-huit, et dans la nef de neuf mètres cinquante centimètres.

Les travaux de construction étant terminés, Mgr Frédéric-Gabriel-Marie-François de Marguerie, évêque d'Autun, sur l'appel de Mgr D.-A. Dufêtre, évêque de Nevers, alors malade, se rendit, le lundi 1er octobre 1860, à Vandenesse pour consacrer cette nouvelle église. L'acte authentique, déposé dans le tombeau du maître-autel, est ainsi conçu :

« L'an 1860, le 1er octobre, nous, évêque d'Autun, nous
» rendant aux instances de Mgr l'évêque de Nevers, avons con-
» sacré cette église et cet autel en l'honneur de saint Saturnin,
» évêque et martyr, et nous y avons déposé les reliques des saints
» martyrs Savinien, Potentien et Adrien ; nous avons accordé
» un an d'indulgences à toutes les personnes présentes à la céré-
» monie, comme aussi nous accordons quarante jours d'indul-
» gences, dans la forme usitée, à tous les fidèles qui visiteront
» cette église le jour anniversaire de sa dédicace. »

Le prélat consécrateur était assisté de Mgr Crosnier, protonotaire apostolique et archidiacre du diocèse de Nevers, et de tous les curés des environs. Parmi la foule des fidèles, accourus à la solennité, on remarquait Auguste-Marie-Élie-Charles de Talleyrand, duc de Périgord, prince de Chalais, propriétaire de l'ancienne terre de Vandenesse et bienfaiteur de la nouvelle église ; le marquis Antoine-Théodore d'Espeuilles, sénateur ; le comte Benoist d'Azy, ancien député, et toutes les notabilités du voisinage (1).

Près de l'ancienne église, est un établissement religieux, avec salle d'asile, fondé en 1846 par la munificence du duc de Périgord. Il est composé de trois sœurs de la *Charité chrétienne de Nevers*.

Sous l'ancien régime, il se tenait à Vandenesse trois foires annuelles et deux marchés par semaine. Les seigneurs percevaient les droits d'usage sur chaque pièce de bétail qu'on y conduisait et sur toutes les marchandises et les céréales qui se vendaient à la halle. Ces foires et ces marchés, étant tombés pendant la révolution, on y a établi naguère une nouvelle foire et un marché le vendredi.

La paroisse de Vandenesse fut érigée, en 1032, par Hugues-le-Grand de Champallement, évêque de Nevers. Elle fut desservie primitivement par les religieux du prieuré de Mazilles, dont le *Pont-aux-Moines*, situé au sud du château, rappelait le souvenir. Mais, dès la première moitié du douzième siècle, on y trouvait un vicaire perpétuel, à la nomination du prieur, auquel ce droit fut confirmé, en 1151, par le pape Eugène III. En 1609, le curé reconnut devoir, chaque année, au collateur, cinquante sous en argent et quatre livres de cire, estimées vingt sous, aux jours de la Toussaint et de Noël. Il confessa, en même temps, être tenu d'assister, comme ceux d'Isenay et de Montaron, tous les ans, dans l'église du monastère, aux premières vêpres de la fête de saint Germain, et le lendemain, à tous les offices. Mais le prieur devait, *s'il n'y avoit excuse légitime*, lui donner à souper.

---

(1) On lit au-dessus du portail, à l'intérieur, l'inscription suivante :

D. O. M.

SVB INVOCAT. B. SATVRNINI EPI. ET MAR. HANC ECCL. SVMPTIB. FIDELI.
PAROCHIÆ. VANDENESSE. PRÆSERT. MARIÆ. ELIÆ CAROLI.
DE TALLEYRAND. DUCIS PETROCORENSIS. ET LUDOV.
ADRIANI. BONNEAU. DU. MARTRAY. DICTI. LOCI. MAJORIS..........

Les dîmes appartenaient au curé. Une transaction du 16 mai 1408, entre Pierre de Chitoy, prieur de Mazilles, Pierre de Noury, seigneur de Vandenesse, et tous les habitants du lieu, d'une part, et le curé Guy Garin, de l'autre, régla qu'elles seraient payées de treize gerbes l'une, au lieu de dix-neuf. Une autre transaction de 1571, entre Pierre Blondeau et ses paroissiens, établit le montant des redevances pour l'*administration des sacrements*.

Guillaume Tollet, curé de Vandenesse, fut élu évêque constitutionnel de Nevers, le 23 novembre 1791, et sacré à Paris le 27 mars de l'année suivante. Il était né à Moulins-Engilbert le 12 août 1735, de Claude Tollet, marchand tanneur, et d'Anne Isambert. Arrêté en 1794, il comparut, le 22 avril et les deux jours suivants, devant le tribunal révolutionnaire, installé dans la cathédrale, et allait être condamné à la guillotine, comme tant d'autres; mais quelques personnes ayant déposé qu'elles « avaient
» toujours connu Guillaume Tollet, ci-devant évêque constitu-
» tionnel de la commune de Nevers et administrateur du dépar-
» tement, comme un excellent patriote, ne fréquentant que les
» sans-culottes et soutenant les malheureux, notamment les
» patriotes opprimés et incarcérés dans l'affaire du 19 au 30 jan-
» vier 1792, il fut mis en liberté (1) ». Il assista, le 13 novembre 1795, à la réunion des évêques intrus, à Paris, et souscrivit la lettre encyclique, où ils soutenaient la légitimité de leur élection.

Le concordat de 1801 étant venu heureusement mettre fin aux malheurs de l'Église de France, Guillaume Tollet se dépouilla, sans regret, d'une dignité qu'il lui eût été donné de conserver légitimement. Il préféra finir ses jours dans son ancienne paroisse, qu'il administra de nouveau, comme curé, jusqu'à sa mort, arrivée en 1805. Revenu de son erreur, il expia sa faute dans les larmes de la pénitence et mourut regretté. Nous avons de lui une lettre adressée au sous-préfet de Château-Chinon, en

(1) Nevers, procès-verbal de la séance.

réponse à celle de ce fonctionnaire, qui lui annonçait sa nomination à la place de maire de Vandenesse ; elle lui fait honneur.

« J'ai reçu, lui dit-il, votre lettre du 22 prairial an VIII. Si je
» n'ai pas vu sans émotion que le gouvernement m'honorait de
» sa confiance, je vous avoue franchement que je n'ai pas lu sans
» surprise les mots de votre adresse : *Au citoyen Tollet, ex-*
» *ministre du culte, nommé maire*. Je présumais que notre
» nouvelle révolution avait fait disparaître pour toujours de notre
» langue les termes injurieux d'*ex* et de *ci-devant*. Je me suis
» trompé, puisque vous vous en servez. Je me dois à moi-même
» et à mon état de vous *observer* que c'est à tort que vous me
» qualifiez d'*ex-ministre du culte*. Je n'ai jamais abjuré ma
» religion. Je ne rougis et ne rougirai jamais de l'Évangile, et je
» me glorifierai toujours d'être ministre de Jésus-Christ ; ces
» principes sont invariables. Je vous *remarquerai* encore que je
» ne changerai point mon costume et que je n'assisterai point à
» ce qu'il vous plaît d'appeler *fêtes nationales*, à moins qu'elles
» ne soient liées avec la religion. Si cette manière de penser ne
» peut vous convenir, un mot, et vous recevrez, par le même
» courrier, ma démission.

» GUILLAUME TOLLET,

» *Évêque.*

» Vandenesse, le 28 prairial an VIII, de
  Jésus-Christ le 17 juin 1800. »

Le sous-préfet ne répondit pas ; il se contenta d'inscrire en marge de cette lettre : « Sans réponse ; ce citoyen étant néces-
» saire à la place de maire, où il serait difficilement remplacé. »

Près du bourg, au centre d'une belle prairie, on remarque un vaste assemblage d'édifices, dont l'aspect féodal fixe tout d'abord les regards de l'étranger qui arrive à Vandenesse; c'est l'antique manoir des seigneurs du pays. Il se compose de plusieurs tours, reliées entre elles par des constructions irrégulières, de diverses époques, mais spécialement du quinzième siècle. Aujourd'hui il n'en existe plus que la moitié. Lorsqu'il était entier, ses sept tours présentaient un aspect imposant. Au centre était une cour d'honneur, où l'on arrivait en passant sous un portail hérissé de machicoulis et percé de meurtrières. On ne voit plus de traces de ses anciens fossés.

En avant de ce *chastel et maison-forte*, se trouvait une basse-cour, ceinte de murailles et renfermant un grand colombier. On y pénétrait par un autre portail encore debout, solidement fermé. A l'extrémité du jardin, il y avait une *halle* pour le manége des chevaux.

La terre de Vandenesse, à laquelle furent annexées celles de Nourry, de Givry et Pouligny-le-Bois (1), était une seigneurie, en toute justice, érigée en marquisat par lettres patentes du roi Louis XIV, de l'an 1663, en faveur de Louis du Bois de Fiennes, marquis de Leuville. Il fut reconnu, par un arrangement, de 1705, entre les officiers de la chambre des comptes de Nevers et Jean Rollot, procureur du prince de Carignan, que le château était mouvant du duché et que toutes ses dépendances relevaient du comté de Château-Chinon. Sa haute justice avait le titre de bailliage. Les exploits se rendaient dans une *grande halle* située devant l'ancienne église. Là, se trouvait un pilori à huit piliers, pour l'exécution des sentences criminelles.

Le seigneur avait droit d'instituer tous les officiers de justice, tels que bailli, lieutenant, gruyer, procureur fiscal, greffier, notaires authentiques, huissiers, sergents pour la garde des eaux et forêts..... Il jouissait des droits ordinaires sur les foires et marchés, de péage sur les bêtes et marchandises passant par Vandenesse, d'étalage, de poids et mesures, d'aunage, de banvin, de fournage, d'échouette, de servage, de lods et ventes, de forestage, de confiscation, de langues d'aumailles, de banalité pour ses moulins de Vandenesse et de Nourry, pour les rivières d'*Aron*, de *Dragne*, pour les ruisseaux d'*Anzon*, de *Saint-Honoré* jusqu'à l'étang de *Chèvres*, et de là jusqu'à celui

(1) Aujourd'hui les Coupes-de-Pouligny, près Montigny-sur-Canne.

de *Chevannes*. Personne ne pouvait y pêcher, avec quelques engins que ce fût. La chasse lui appartenait exclusivement, et sans qu'aucun put porter fusil, tendre lacets, colliers, pantines, merlières..... Il lui était dû un demi-boisseau d'avoine et six œufs, par feu, à la Saint-Martin d'hiver (1).

Tous les justiciables devaient faire guet-et-garde autour de son manoir, en temps de guerre et d'imminent péril. Un ordre général du juge de Vandenesse, du 10 mars 1574, les appela à remplir ce devoir, par crainte des ligueurs qui couraient le pays. Divers fiefs, comme Poussery, en partie, Le Bazoy, La Mothe-de-Scia....., mouvaient de son donjon. De vastes forêts, dites *grands bois de Vandenesse, de trois mille boisselées* d'étendue, et situées du côté de Saint-Honoré et de Moulins-Engilbert, en dépendaient (2).

Cette terre appartenait, au quatorzième siècle, à une noble famille de son nom. Jean Longin de Vandenesse en donna reconnaissance en 1324, et Jean II vingt-six ans après. Pierre Ier de Noury ou Norry était seigneur du lieu, de Vandenesse, de Givry, de Brèves..... en 1374. Il laissa de Jeanne, *aliàs* d'Isabeau de Montboissier, fille de Jean, plusieurs enfants (3). Pierre II, l'aîné, reprit de fief, en 1407, pour ces terres, pour Montigny, en partie, Asnan, Jailly, Tannay et Moraches..... Étienne en fit autant, sept ans plus tard (4).

Jeanne de Noury porta Vandenesse et ses annexes à Louis de Beaufort, comte d'Alais, marquis de Canillac. Ce gentilhomme en fit aveu à Château-Chinon, au nom de sa femme, en 1443. Il reçut lui-même, cinq ans après, l'hommage de Jean du Bois, pour Poussery, en partie, et La Mothe-Scia, et laissa ses do-

(1) Archives de Vandenesse, terrier.
(2) *Ibid.*
(3) Pierre, qui suit; Jean, archevêque de Vienne, puis de Besançon, mort en 1440; Jean, évêque d'Auxerre, ensuite archevêque de Vienne; Anne, mariée à N. de Montaigu.... (Lebeuf, *Mémoires*, 1848, tome II, p. 37.)
(4) Jean de Noury, seigneur de Thorigny, en 1697, portait : « D'azur, » à un sautoir d'or, accompagné de quatre couronnes antiques de même. »

maines à Jacques, marquis de Canillac, son fils, qui les possédait en 1485.

Quelques années plus tard, cette terre entra dans la noble maison de Chabannes. Jacques II, maréchal de France, fils de Geoffroy, seigneur de La Palice....., et Jean de Vandenesse, dit *le Petit-Lion*, son frère, en jouirent simultanément. Ce dernier donna dénombrement en 1504. Le 28 avril de la même année, il se désista de son droit de fournage et de tierces en faveur des gens de sa seigneurie, moyennant un boisseau de froment par feu, et leur accorda, pour une pareille redevance en seigle, payable le lendemain de Noël, un droit d'usage, pour leur chauffage seulement, dans ses forêts.

Jean de Chabannes, auquel sa valeur mérita le surnom cité plus haut, commandait deux mille hommes de pied dans la campagne d'Italie, sous Louis XII, en 1509. A la bataille d'Aignadel, il eut l'honneur de faire prisonnier Barthélemi Alviano, général des Vénitiens, et montra beaucoup de courage à celle des Géants. Il fut tué, au mois d'avril 1524, à la retraite de Rebec, en même temps que son ami Bayard. L'auteur de l'histoire du *chevalier sans peur et sans reproches* dit que « ce fust un gros dommage pour la France que la mort
» du seigneur de Chabannes-de-Vandenesse; qu'il estoit de petite
» corpulence, mais qu'en hautesse de cœur et en hardiesse
» personne ne le despassoit (1) ». Il avait épousé Claude Le Viste, dame d'Arcy et veuve de Geoffroy de Balzac; il en eut deux filles : Françoise, mariée d'abord à Louis de Miolans, puis à Jean de Poitiers, sieur de Saint-Vallier, et Claude, religieuse (2). Le maréchal, son frère, laissa de Jeanne de Montberon sept enfants (3).

(1) « Il estoit, dit Brantôme, fort petit de corsage, mais très-grand » en courage; de sorte qu'on l'appeloit le Petit-Lion. »

(2) Généalogie de la maison de Chabannes, 1864, p. 24.

(3) Geoffroy, Charles, qui suit; Jeanne-Françoise, mariée à Jacques de Montboissier, marquis de Canillac; Marie, femme de Claude de Savoie, comte de Tende; Charlotte, Marguerite et Louise, religieuses.

Charles de Chabannes, le puîné, seigneur de La Palice, de Montaigu-le-Belin, de Châtel-Perron, de Vandenese, de Pouligny-le-Bois....., l'un des gentilshommes du roi Henri II, fut tué au siège de Metz, le 25 décembre 1552. Il avait épousé successivement Anne de Mendoze et Catherine de La Rochefoucauld, dont il eut, entre autres, Suzanne de Chabannes, mariée à noble Jean Ollivier, sieur de Montceau, marquis de Leuville....., auquel Louis de Regnier, chevalier, fit aveu pour le fief de La Mothe-Scia, en 1576.

Françoise Ollivier, leur fille, porta Vandenesse, en partie, à Pierre du Bois de Fiennes, seigneur de Maron, de Fontaines, baron de Neuvy, lieutenant des armées du roi, qui en jouissait avec François Ollivier, son beau-frère, en 1606. Louis du Bois, marquis de Leuville, de Givry, comte de Fontaines et de Maron, colonel du régiment de Limousin, leur fils, fut un homme de grande considération. Il obtint, en 1663, comme nous l'avons vu, l'érection de Vandenesse et de ses annexes en marquisat, trois foires annuelles et deux marchés par semaine. Quatre ans après, il acquit, par échange, les droits du seigneur de Poussery dans cette terre; puis, en 1673, le fief des Bois-d'Arcy, et établit la verrerie dont nous avons parlé. Il était mort en 1704, époque où ses trois fils reprirent de fief pour leurs biens du Morvand (1).

Louis-Thomas du Bois de Fiennes-Ollivier, marquis de Leuville, de Vandenesse, comte de Fontaines, baron d'Anizy, colonel d'infanterie et grand bailli de Touraine, ayant voulu écouler, par la rivière d'Aron, les produits de sa verrerie, un bateau, chargé de bouteilles, fut saisi par la comtesse du Tremblay; mais une sentence de 1722 lui donna gain de cause. Il fit refaire, trois ans après, le 7 juin, le terrier de ses seigneuries par Guiller, notaire. Charlotte, sa fille, porta Vandenesse en dot à Charles-Léonard de Baylens, marquis de Poyanne, dont elle

---

(1) Louis-Thomas, qui suit; Alexandre-Thomas, colonel du régiment de La Marche, et Pierre-François, marquis de Givry.

eut une fille, Marie-Caroline-Rosalie, au nom de laquelle ce gentilhomme reprit de fief, le 13 janvier 1777, pour Arcilly. Celle-ci épousa, l'année suivante, Élie-Charles de Talleyrand, duc de Périgord, grand d'Espagne de première classe, mestre de camp du régiment Royal-Normandie. Il portait : « De » gueules, à trois lionceaux d'or, armés, couronnés et lam- » passés d'azur. » Leur fils, Augustin-Marie-Élie-Charles, prince de Chalais, est aujourd'hui propriétaire de Vandenesse, qu'il a doté d'un établissement religieux.

Noury, *Noriacum*, au nord, était, à la fin du dernier siècle, le siège d'une seconde paroisse, actuellement réunie à la précédente. Le patronage de la cure appartenait au chapitre de Saint-Cyr. Sa vieille église n'existe plus. Ce village a été le berceau d'une noble et puissante maison, dont nous avons parlé plus haut. La seigneurie du lieu, avec haute, moyenne et basse justice, dans la mouvance du comté de Château-Chinon, resta toujours unie à celle de Vandenesse, depuis Jean de Noury, qui vivait en 1351 (1). Son ancienne maison-forte se voyait, à l'ouest du village, près de la route de Moulins-Engilbert. Il en reste une motte, entourée de fossés, profondément dessinés. Le terrier de 1725 dit qu'il subsistait encore des murs de deux grosses tours, appelées *tours de Noury* (2).

Givry, *Givriacum*, sur un plateau, au nord-ouest, formait, avec ses dépendances, un fief, en toute justice, dans la mouvance de Noury. On y voyait des vignes et un pressoir, en 1725. Givry a toujours reconnu les mêmes seigneurs que Vandenesse.

La Mothe-Scia, dont le nom et le souvenir revivent dans celui des *Hattes-de-Scia*, près de l'Aron, à l'ouest, était un autre fief, en toute justice, mouvant du marquisat. Il appartenait au sieur de Poussery, qui l'échangea à Louis du Bois

---

(1) Jean, sire de Norry et de Vandenesse, fait aveu, en 1351, de sa maison-forte de Norry, que tenait alors Marguerite de Thianges, sa mère.

(2) Archiv. de Vandenesse, terrier, p. 52.

de Fiennes, marquis de Leuville, en 1667. Le pont en fonte de même nom, sur lequel on passe la rivière, fut construit par les soins de Claude-Marie Bonneau du Martray, en 1814, et coûta trois mille francs.

Les Crais, fief avec justice, dans la mouvance de Vandenesse, étaient tenus, en 1576, par Arthur de Ponard, qui en fit aveu cette année-là.

Dans les bois, au sud-est, on rencontre le grand étang de Chèvres, pouvant nourrir *deux mille carpes*. Sous la chaussée, il existait naguère un haut-fourneau, qu'il mettait en mouvement. Plus loin, à droite de la route de Saint-Honoré, dans un champ, on voyait une ancienne chapelle, dédiée à saint Jacques, qui a été démolie depuis peu d'années. Elle était vaste, assez bien construite et se composait d'une abside et d'une large nef. C'est, sans doute, cette chapelle que le pape Eugène III confirma au prieur de Mazilles, en 1151, sous le titre d'église Saint-Jacques.

X.

VILLAPOURÇON, *Villa Porcorum.*

Ce nom rappelle un lieu affecté, à l'époque gallo-romaine, au nourrissage des porcs, une métairie spécialement destinée au soin de ces animaux, en un mot, une porcherie. Peut-être même cette localité était-elle déjà, sous l'ère celtique, consacrée à ce genre d'exploitation. Strabon rapporte, en effet, que les Gaulois, dès les temps les plus reculés, s'adonnaient à élever de nombreux troupeaux de porcs. Nous avons vu plus haut, qu'au treizième siècle, les forêts du Morvand servaient de paisson à ces animaux, en grand nombre, et que cette industrie était une des principales ressources des châteaux, des monastères et des presbytères.

La commune de Villapourçon, située à seize kilomètres environ à l'est de Moulins-Engilbert, occupe un sol très-accidenté. Sa superficie est de cinq mille deux cent soixante-seize hectares; quinze cent quatre sont couverts par les forêts de la *Gravelle*, de *Faulin* et de *Prenelay*, qui se dressent au nord-est. L'aspect de ces montagnes boisées est très-sévère, surtout dans la saison des frimas; mais la vallée de Villapourçon, vue du château des Moynes, est délicieuse. Le sol, généralement maigre, est néanmoins assez fertile dans les vallons. Le ruisseau de *Dragne*, principale source de la rivière de *Vandenesse*, est le seul cours d'eau qui mérite d'être cité. Il fait tourner trois moulins. Cette commune, peuplée de deux mille sept cent deux habitants, était jadis presque inabordable; mais aujourd'hui deux belles routes sillonnent son territoire et se croisent au lieu dit *le Puits*.

La paroisse, bien qu'enclavée, de toutes parts, dans l'ancien diocèse de Nevers, faisait néanmoins partie de celui d'Autun et relevait de l'archiprêtré de cette ville. Le patronage de la cure appartenait alors à l'évêque, et la seigneurie du clocher aux comtes de La Roche-Milay (1). Les dîmes de treize hameaux étaient perçues par le prieur de Vanoise, tenu, en conséquence, aux frais d'entretien du chœur de l'église et du presbytère. Mais le prieur Antoine Rabouhot ayant vendu ce droit, en 1614, à René de Rousselé, baron de La Roche-Milay, les possesseurs de cette terre furent dès-lors chargés de ce soin. Toutefois il paraît qu'ils s'en acquittaient ordinairement fort mal; car, on trouve plusieurs sommations faites par les curés de la paroisse pour les y contraindre. Les dîmes des autres hameaux se partageaient entre le curé et les seigneurs du Mouceau et de Neuilly.

Villapourçon est bâti en tête de la vallée de son nom, sur un tertre, entre deux petits ruisseaux qui, à leur réunion, au bas du village, font tourner un moulin. Il ne renferme guère qu'une douzaine d'habitations, au centre desquelles s'élève l'église pa-

---

(1) Alix, dame de Glane, légua, en 1233, deux sous à l'église de *Ville es Porcos*. (Archiv. d'Autun.)

roissiale, dédiée à saint Symphorien. Cet édifice, jadis fort pauvre, mais aujourd'hui proprement tenu, se compose d'un chœur en abside, flanqué de deux chapelles, et d'une grande nef, le tout sans caractère. Près du portail de l'ouest, sur le côté nord, est la tour du clocher, surmontée d'une flèche en ardoises et construite en 1844. L'ancien clocher ayant été abattu dans la révolution, l'église en resta dépourvue jusqu'à cette époque et la cloche fut déposée sur le cimetière, qui entourait alors l'édifice; c'est aujourd'hui une place publique. Le nouveau cimetière, près du village, au nord-est, fut inauguré le 25 avril 1842, et agrandi de moitié, en 1860. La cloche, refondue trois ans plus tard, fut bénite le 9 août. Elle eut pour parrain le baron Jean-Marie-Félix Cottu, et pour marraine Agathe-Henriette-Élisabeth Le Nain, son épouse. Le presbytère, situé au sud-ouest de l'église, est misérable et peu digne d'une grande paroisse. A côté, se voit une espèce de vieux manoir, flanqué d'une tour, mais fort délabré.

Quelques meurtres, commis à Villapourçon, ont suffi, bien qu'ils ne soient le fait que d'un petit nombre, pour donner une mauvaise réputation aux habitants. En 1817, le curé Marceau, mort quelques années après, à quatre-vingt-six ans, fut attaqué, au milieu de la nuit, par cinq ou six de ses paroissiens, qui disaient lui apporter une lettre. L'un d'eux, armé d'un sabre, s'avance pour frapper le vieillard, alors au lit, mais l'instrument de mort atteint la poutre, qui pare le coup. Le prêtre, saisissant le bras du meurtrier, lui arrache l'arme homicide, qu'il tourne contre ses agresseurs et les contient jusqu'à ce que les cris de la servante, qui s'était échappée à la faveur des ténèbres, viennent les forcer à prendre précipitamment la fuite. Marceau, malgré son grand âge, les poursuivit jusqu'à l'extrémité du village et reconnut le nommé Lacroix, qui fut condamné, le 25 juin, à la peine de mort; mais elle fut commuée en celle des travaux forcés, à perpétuité (1).

(1) Ses successeurs ont été : Pannetrat, mort dans la Martinique; Jean Bion, transféré à Lormes; Pratmel, nommé ensuite à Arleuf; Lherbet, Martin, qui a passé à Saint-Pierre-le-Moûtier; Goguelat,

Peu de temps après, fut assassiné le meunier de Fragny. La nouvelle en étant parvenue à Château-Chinon, le procureur du roi partit aussitôt, accompagné d'un détachement de la garde nationale à cheval et de la gendarmerie, et se rendit sur le théâtre du crime, où déjà l'avaient précédé le juge de paix de Moulins-Engilbert et la brigade de cette ville. « En entrant dans
» la maison du meunier, dit-il, ce fut un spectacle affreux, un
» véritable abattoir. Le meunier avait eu la tête broyée à coups
» de pieu ; sa femme était sans connaissance et perdait le sang
» par les oreilles ; le fils avait une jambe gravement blessée, ce
» qui ne l'avait pas empêché de faire feu sur les assassins; mais
» le coup avait porté dans une porte d'armoire sans blesser les
» brigands. La servante ayant reconnu le nommé Martin, dit
» Châtelfieux, ce misérable fut saisi dans sa cheminée et révéla
» tous ses complices. »

L'instruction fut longue. Comme elle était enfin terminée, la cour prévôtale de Nevers se rendit à Château-Chinon, le 18 juin, et, dès le lendemain, les débats commencèrent. Le 20, fut rendu un arrêt qui condamnait les huit assassins à la peine de mort, avec sursis pour Martin, qui vit sa peine commuée en vingt ans de travaux forcés. Les sept autres furent exécutés, le lendemain, à Château-Chinon, en présence de plus de quatre mille personnes.

A l'époque des États généraux de 1789, les habitants de Villapourçon réunis votèrent une adresse où perce un esprit déjà avancé. Ils émirent le vœu que les députés du tiers-état ne se missent point à genoux à l'ouverture des séances, « attendu que
» cette position était humiliante pour la nation et ne convenait
» pas pour ses représentants (1) ».

Sous l'ancien régime, Villapourçon formait une importante seigneurie, mouvante de la châtellenie de Moulins-Engilbert. Louis II de Crécy, comte de Nevers, lui accorda la haute justice, en 1327, à condition que les appels se porteraient à Moulins-

---

(1) Archiv. de la préfect. de la Nièvre.

Engilbert et non à La Roche-Milay (1). La famille Dubosc de Neuilly a été long-temps en possession de l'office de bailli de cette justice.

L'ancienne maison-forte des seigneurs se trouvait au lieu dit *La Cour-Basse*, près du hameau de Fragny, à l'ouest. Tous les sujets étaient tenus de faire guet-et-garde autour, en temps de guerre et d'imminent péril. Après la destruction de ce château, au quinzième siècle, les *manants* de la dépendance furent condamnés au même devoir envers la forteresse de La Roche-Milay (2).

Le seigneur jouissait, dans toute l'étendue de la terre, du droit de mesure, de banvin ; de pêche dans la rivière banale de *Dragne*, de chasse, de taverne, de dîmes, de banalité pour ses moulins de Fragny, de Faulin... Odon de Châtillon, sire de La Roche-Milay et de Villapourçon, qu'il tenait d'Alix de Glane, sa mère, reconnut, en 1243, que ses *amés et féaulx de Velle* étaient usagers dans sa forêt de *Faulin*, où ils pouvaient mener paître leurs porcs de l'auge de mars, prendre le bois mort, pour leur chauffage, et du bois vif pour bâtir et pour clore leurs héritages (3).

Jean du Plesseiz, bailli de La Roche-Milay et de La Montagne, leur confirma ces droits, en 1405, au nom de Guillaume de Mello. Cent quarante ans plus tard, Jeanne d'Aumont reconnut que Philibert de Velle et les siens « n'estoient de présent et leurs

---

(1) Archiv. du château de La Roche-Milay.
(2) *Id.* de La Roche-Milay.
(3) *Ego Odo, dominus Castellionis et Rupis* de Milay, *notum facimus...... quod dilecti et fideles mei de Villa* Apourson, *scilicet Guillelmus..... milites..... de feodo meo de villâ* Apourson, *et homines eorum sunt usuagerii simul in forestâ meâ de* Faulin, *tam in vivo bosco quam in mortuo, in eâ pelendo ad calefaciendum, ad ædificandum, et ad claudendum. Et dicti milites..... et homines eorum..... in dictâ parochiâ, per suum dictum usagium, possunt et poterunt, in perpetuum, mittere suos porcos, de propriâ augiâ, in dictam forestam ad pascendum..... Datum anno gratiæ mille CC. quadragesimo tertio, mense maio.*

» prédécesseurs n'avoient esté ci-devant gens serfs et de servile
» condition, ne corvéables, mainmortables et de poursuite de
» ladicte dame, ne de ses prédécesseurs, seigneurs de ladicte
» Roiche-de-Milay ; ains ont esté et sont francs et libres, et sont
» tenus seulement aux droits de bourgeoisie et charges réelles
» de leurs héritaiges, comme les aultres hommes francs de la
» baronnie ; et de tous droits de servitude, mainmorte, cor-
» vées, subjection.... ladicte dame, envers lesdicts de Velle,
» s'est désistée, désaisie et desportée et desporte par ces pré-
» sentes...; et en temps que besoin seroit, les a manumis et
» affranchis..... en les mettant hors de tout joug et lien de
» servitude.... Et, en oultre, a quictté et remis auxdits de Velle
» *quarante sols tournois* sur les redebvances perçues, dues et
» accoutumées payer à ladicte baronnie, moyennant le prix et
» somme de *quatre-vingts écus d'or au soleil* (1). »

Les Moynes, situés dans le flanc d'une montagne, à l'est, ont été ainsi nommés de leurs anciens habitants. Cette propriété fut acquise des héritiers du général Sautereau, en 1851, par le baron Jean-Marie-Félix Cottu, qui a rebâti le château et disposé les alentours avec goût et élégance. De la terrasse du manoir, on jouit d'un charmant coup d'œil sur toute la vallée de Villapourçon. Le nouveau propriétaire a épousé, en 1856, Agathe-Henriette-Élisabeth Le Nain, dont il a trois enfants.

Les Marceaux, au pied de la Gravelle, ont été le berceau d'une nombreuse famille de ce nom. Fragny, dans une jolie position, à l'ouest, posséda une villa romaine. Benoît et Pierre Martinet, avec leurs descendants, nés et à naître, furent affranchis, le 6 février 1580, par François de Montmorency, pour *trente écus d'or au soleil*. La Cour-Basse, qui est voisine, était la résidence des premiers seigneurs du pays. Cussy fut possédé par la maison de Jacquinet ; il a donné son nom à une branche de

---

(1) Sur cette somme, cent dix livres furent payées à Léonard Marlot, pour la charpente de la halle de La Roche-Milay.

la famille Dubosc. Le Monceau et Montserain, dans le flanc du mont *Genièvre*, appartenaient, en 1700, à Louis de Cotignon, écuyer, sieur de Moncey. Neuilly et Maltaverne, au sud-ouest, étaient autrefois de la justice des religieuses de Marcigny-lès-Nonains. Une autre branche de la famille Dubosc prenait le nom du premier. Ces deux hameaux sont de Chiddes, pour le spirituel, depuis 1824.

Rangère, avec moulin, était un fief dans la dépendance des seigneurs de La Montagne. Il a donné son nom à une famille, jadis nombreuse. Pierre de Rangère et Gaspard Berthier, son gendre, furent affranchis, en 1510, par Guillaume de Grandrye, moyennant *quatre-vingt-cinq écus sol*, une rente annuelle de douze sous, une poule et un boisseau et demi d'avoine. Christophe de Sève reprit de fief, en 1647.

Sanglier, près d'une montagne de même nom, était tenu, en 1577, par Honorat Piard. Le Puy ou Puits, à la jonction des routes de Luzy et d'Autun, semble avoir été ainsi appelé d'une ancienne fouille plutôt que de sa situation élevée.

Petiton, dans une profonde vallée, au pied du Beuvray, se nommait anciennement *Petit-Homme*. Les habitants avaient droit d'usage dans les bois de la montagne (1).

Les Butheaux, autrefois Faulin, près d'une forêt de ce nom et sur la nouvelle route de Luzy, étaient tenus en fief, en 1690, par Jean de Jacquinet, écuyer, seigneur de Commagny et de Cussy. Il laissa de Charlotte Vaget, son épouse, deux enfants : François de Faulin et Élisabeth, qui en jouirent après lui.

Sur la montagne, au sud-est de ce hameau, on voyait jadis un gros bloc de rocher nommé vulgairement la *Chaise-à-Butheaux*. C'était une sorte de siége gigantesque, que quelques archéologues ont regardé comme un monument celtique. Son nom serait formé de deux mots : *but*, ou montagne, et *theos*, dieu. De là, ils concluent naturellement qu'il dut être consacré autrefois aux dieux de la Gaule.

(1) Terrier de la chapelle Saint-Martin du Beuvray, 1454.

Au nord, du côté de Fachen, se trouvait une antique chapelle, dédiée à saint Marc et dont il reste à peine quelques vestiges. Elle se nommait vulgairement chapelle de *Faulin*. Denis et Philippe Bazot firent reconnaissance, en 1550, pour le pré *Chamblong*, de vingt charretées de foin, et le champ de la *Chapelle*, de quarante boisselées, tenus en bourdelage du chapelain, auquel ils devaient, pour ces objets, une rente annuelle de trente sous, un boisseau d'avoine et une geline, au jour de saint André. Jean Haubyn, religieux de Saint-Martin de Nevers, était pourvu de ce bénéfice, en 1550, et dom Potentien de La Place, bénédictin de Cluny, en 1573 (1).

Au lieu dit *Ronon*, il existait autrefois une verrerie.

(1) Titre de prise de possession.

FIN DU PREMIER VOLUME.

TABLE DES MATIÈRES.

AVERTISSEMENT, page 1. — Appréciations de l'ouvrage, 5. — Mention très-honorable de l'Académie des inscriptions et belles-lettres, 7.

AVANT-PROPOS. — Exposition des motifs, 9. — Sources et renseignements, 11. — Division de l'ouvrage, 12.

PREMIÈRE PARTIE.

COUP D'ŒIL GÉNÉRAL SUR LE PAYS.

CHAPITRE Ier. — Étymologie du mot Morvand, 15. — Situation de cette contrée, 16. — Montagnes, leur élévation au-dessus du niveau de la mer, leur nature, 17. — Forêts, genre d'exploitation, 18. — Flottage à bûches perdues, en trains, 19. — Rivières et ruisseaux, 21. — L'Yonne et ses affluents, 22. — La Cure et le réservoir des Séttons, 23.

CHAPITRE II. — Mines et métaux, 25. — Thermes de Saint-Honoré, 26. — Sol du Morvand, sa nature, cause de sa stérilité, moyens de le rendre plus fertile, 27. — Productions : le seigle, la pomme de terre, le sarrasin, la vigne, la navette, le chanvre, les petits navets, les fruits, les simples, 27. — Animaux domestiques : Les bœufs, leur espèce, leur utilité, 29. — Les chevaux, leur vigueur, leur réputation, 30. — Les moutons, les porcs, animaux sauvages, 31. — Aspect général du pays, *ibid.* — Température, orages, 33. — Monuments de l'antiquité, dolmens druidiques, 34. — Fées ou prétresses gauloises, 35. — Époque gallo-romaine, postes militaires, voies anciennes, 36. — Le moyen-âge, 37.

CHAPITRE III. — Caractère des Morvandeaux, leur origine, leur tempérament, leur amour des procès, 39. — Leurs mœurs, leur esprit religieux, leur régularité d'autrefois, leurs jurements et superstitions, 41. — Usages païens, vaines observances, 47.

CHAPITRE IV. — Nourriture des Morvandeaux, leur santé robuste, leurs vêtements, 49. — Costumes, 50. — Industrie agricole, 51. — Émigrations, leurs conséquences, 52. — Patois, sa formation, 53. — *La Veuve et le Trésor des Rameaux*, légende morvandelle, 54.

DEUXIÈME PARTIE.

HISTOIRE GÉNÉRALE DU MORVAND.

CHAPITRE Ier. — Coup d'œil sur la Gaule celtique, sa situation, son étendue, sa capitale, 61. — Émigrations gauloises, 64. — Usages des Celtes, leur caractère, leur religion, 66. — Les druides, leurs croyances, leur autorité, leur culte, 68. — Gouvernement du peuple éduen, 72.

CHAPITRE II. — Alliance des Éduens et des Romains, guerre des Séquanes, 73. — Émigration des Helvètes, 74. — Troubles à Bibracte, assemblée à Decize, 76. — Éporédorix et Virdumare, soulèvement général contre les Romains, 77. — Vercingétorix élu généralissime, sa défaite, sa retraite sur Alise, 78. — Conquête des Gaules, 81.

CHAPITRE III. — Révolte et guerre du Morvand, 82. — Tribus insoumises, leur défaite à Moux, à Montsauche, à Dun-les-Places, 83. — Les druides en Morvand, au sixième siècle, 85. — Les Romains construisent des voies militaires, des villas, des thermes, 88. — Le culte de Rome est substitué à celui de la Gaule, 89. — Proscription des prêtres gaulois par Auguste, 90. — Le christianisme aux prises avec le druidisme, 91.

CHAPITRE IV. — L'Évangile est prêché en Morvand, 93. — Saint Andoche à Autun, à Saulieu, son martyre, 94. — Le Beuvray, sa consécration au culte païen, concours à son sommet, 96. — Saint Martin à Autun, au Beuvray, 97. — Les barbares envahissent les Gaules, 100. — Les Bourguignons et les Francs, *ibid*. — Saint Germain à Saulieu, sa mort à Ravenne, son convoi à travers le Morvand; sainte Magnance, 101. — Attila et les Huns, leur irruption, leur défaite, 103.

CHAPITRE V. — Progrès de la religion chrétienne; elle devient dominante, 106. — Fondation d'abbayes, saint Merri en Morvand, sa retraite à La Celle-lès-Autun, il est découvert par ses moines, 107. — Les Sarrasins envahissent les Gaules, leurs ravages, 111. — Ils sont vaincus par Charles Martel, 113. — Saint-Andoche de Saulieu, Saint-Martin d'Autun, Saint-Prix de Flavigny sont dépouillés de leurs biens par ce guerrier, 114. — Mort de Charlemagne, règne tumultueux de son fils, *ibid.* — Les Normands parcourent la France, ils sont vaincus dans l'Avallonnais, 115.

CHAPITRE VI. — La féodalité, son origine, ses conséquences, 116. — Aspect des campagnes et des villes au moyen-âge, 118. — Prieurés et paroisses établis, 119. — Siége et prise d'Avallon par le roi Robert, horrible famine, 121 — Pélerinages pieux, première croisade, 122. — Le pape Calixte II à Saulieu, 123. — Assemblée de Vézelay, deuxième croisade, 124. — Artaud de Chastellux et les preux du Morvand, 125. — Mauvais succès des croisés, leur mort en route, 126. — Parlement de Pierre-Perthuis, condamnation de Gérard de Vienne, 128. — Fondation de la chartreuse d'Apponay, troisième croisade, 129.

CHAPITRE VII. — Affranchissement de Vézelay, d'Avallon, de Saulieu, de Château-Chinon, de Lormes, de Luzy, de Corbigny, 131. — Ligue contre la France, bataille de Bouvines, 133. — Pierre de La Tournelle, son courage; Hugues de Lormes, ses bienfaits, *ibid.* — Hugues fonde la chartreuse du Val-Saint-Georges, 135. — Croisade de Thibault IV, comte de Champagne; 137. — Maladie de saint Louis, son vœu; quatrième croisade, seigneurs du Morvand, *ibid.* — La lèpre, sa nature, ses effets; léproseries fondées, 138. — Saint Louis à Vézelay, 139. — Guerre du comte de Nevers et de l'évêque d'Autun, 140. — Bataille de Saint-Verain, Dreux de Mello, 141. — Invasion des Anglais, leurs ravages; le roi Jean est fait prisonnier, 143. — Les écorcheurs, les routiers, leurs brigandages, 145. — Robert de Martimpuys, ses excès, 147.

CHAPITRE VIII. — La France est divisée en deux factions puissantes, 150. — Les Armagnacs s'emparent de Château-Chinon, 151. — Les Bourguignons assiégent cette ville, ils y entrent par composition, 151. — Assassinat de Jean-sans-Peur; le dauphin, depuis Charles VII, est exclu du trône; guerre à cette occasion, 153. — Claude de Beauvoir prend Cravant, il rend cette ville au chapitre de Saint-Étienne d'Auxerre, 154. — Siége et prise d'Avallon, 156. — Famine, pain de racines de fougère, 157. — Menessaire et Reclenne brûlés par les troupes du dauphin, 158. — Rédaction de la coutume du Nivernais, assemblée à

Moulins-Engilbert, 159. — Louis XI monte sur le trône, troubles, 160. — Traité entre le duc de Bourgogne et ses sujets du Morvand, *ibid.* — Création d'une élection et d'un grenier à sel à Château-Chinon, 163. — Charles-le-Téméraire envoie le comte de Roussy tomber sur le Nivernais, prise de Moulins-Engilbert, 166. — Bataille de Sermages; Louis XI en Morvand, 167. — Malheurs causés par les guerres, 169. — Le duc de Bourgogne meurt, réunion de cette province à la couronne, 171. — Prise de Saulieu et des châteaux de Maraut, Villarnoult, 172. — Grand hiver, gelée des seigles, processions, 173.

Chapitre IX. — La féodalité tombe, 175. — Louis XII en Morvand, Saulieu ravagé par la peste, 176. — Robeurs défaits à Lucenay, 177. — Translation des reliques de saint Lazare d'Avallon, *ibid.* — Luther dogmatise, les huguenots à Corbigny, 178. — Siége d'Avallon par le duc des Deux-Ponts; les calvinistes brûlent les églises, leur cruauté, leurs prêches, 180. — Arrêt des Tixier, 185. — Ligue catholique, 186. — Épidémie, elle ravage Château-Chinon, 187. — Henri IV parvient à la couronne; prise de Saulieu, 189. — Attaque de Lormes, il est défendu par les femmes, 190. — Siége de Château-Chinon, pillage de cette ville; Lormes se rend; attaque et prise d'Avallon, 191. — Invention du flottage, 192.

Chapitre X. — Mort de Henri IV, troubles à cette occasion, 194. — Garnison à Chastellux, prise et reprise de cette forteresse, 195. — Le comte de Montal, le maréchal de Vauban et le prince de Condé, 197. — Grandes gelées, peste à Avallon, 199. — Tridon abjure au prêche de Coulon; disette terrible, 200. — Établissements religieux en Morvand, 201.

Chapitre XI. — Hiver extrêmement rigoureux, disette, 204. — Épizootie, elle ravage la France; famine, 206. — Orage furieux, nouvelle épizootie dans toute l'Europe, 207. — Les seigles germent dans les champs, les foins pourrissent dans les prés, 208. — États généraux, la révolution éclate, 209. — Nouvelle organisation de la France, constitution civile du clergé, persécution, 212. — Collot-d'Herbois et Laplanche à Château-Chinon, 215. — Fouché et Lefiot de Lavaux en Morvand, 217. — Proclamations, 219. — Amour des Morvandeaux pour Napoléon Ier, 223.

Chapitre XII. — Chute de l'Empire, invasion, 224. — Les alliés en Morvand, 225. — Le camp des Latois, arrestation de l'estafette Franz Menzel, 226. — Attaque du château de Lucenay-l'Évêque, 230. — Hubinet au pont de Souvert, 231. — Le chambellan de Forbin-Janson, 232. — Abdication de l'Empereur, départ pour l'île d'Elbe, son

TABLE DES MATIÈRES.

retour en France ; nouvelle invasion, 233. — Le curé et le gendarme, 234. — Famine, 236. — Une bande de voleurs, 237. — La Restauration, visites épiscopales, 238. — Révolution de juillet 1830, gouvernement de Louis-Philippe; incendie de Planchez, 239. — Sécheresse, processions, pont de Gouloux, 240. — Bruits d'incendie, agitation populaire, 242. — Putréfaction des pommes de terre, 243.

Chapitre XIII. — Révolution de février 1848, proclamation de la république, 245. — Émeutes à Arleuf, à Planchez, à Bazoches, à Chastellux, leur répression énergique, 246. — Incendie à Brassy, vol de vases sacrés à Dun-les-Places, 247. — Le choléra à Château-Chinon, à La Chaise; le socialisme, 247. — Fondation d'étaolissements religieux, 249. — Monastère de la Pierre-qui-Vire, 250. — Construction d'églises, 251. — La basilique de Dun-les-Places, sa consécration, son fondateur, 252. — Le réservoir des Sétons, son inauguration, 253. — Bénédiction de la chapelle de Notre-Dame du Morvand, 259. — Ouragan, 261. — Crime de Claude Jeannin, son exécution, 262.

TROISIÈME PARTIE.

DESCRIPTION ET HISTOIRE LOCALE DU MORVAND.

Ancienne division de la contrée, 263.

Morvand nivernais, 264.

Canton de Chateau-Chinon, son étendue, ses monuments, 265.

Chateau-Chinon, sa situation, sa description, 265. — Vieux château sa fondation, son nom, 269. — Prieuré de Saint-Christophe, 270. — Affranchissement, fortifications de la ville, 271 — Maison-Dieu ou hôpital, 273. — Capucins, 275. — Paroisse et curés de Château-Chinon, 276. — Confréries, 278. — Église, 279. — Gouvernement, subdélégation, élection, grenier à sel, *ibid.* — District, tribunal de première instance, industrie et commerce, 283. — Guerres, siéges et désastres, 285. — Épidémies, 289.

Ancien comté, son importance, 290. — Fiefs et mouvances, 292. — Seigneurs et comtes, 293. — Maisons de Château-Chinon, *ibid*; — de Lormes, 294; — de Mello, 296; — de Brienne, 298; — de Bourbon, 301; — de Bourgogne, 304; — de Longueville, 307; — de Bourbon-Condé, 308; — de Savoie, 309; — de Mascrany, 312.

CHATEAU-CHINON-CAMPAGNE, description, 314. — Monbaron, 316. — Montbois, 317. — Précy, Coujard, Vermenoux, 318. — Montsaulnin, Fachon, 319.

ARLEUF, ses antiquités, 320. — Paroisse, curés, église, 321. — Château de La Tournelle, 324. — Érection en marquisat, seigneurs, 325. — Maisons de La Tournelle et Foullon de Doué, *ibid* — Beauregard, ses seigneurs, 332. — Poissons, Le Chaz, Les Carnés, Les Pâquelins, 334.

CHATIN, patronage de la cure, paroisse et curés, 336. — Le Crot-de-Châtin, Remoillon et sa pierre druidique, 337.

CORANCY, situation, paroisse, église, curés, 338. — Chapelle de Fauboulein, 340. — Terres d'Aron, de Maison-Comte et seigneurs, 342. — La Manille, L'Huis-Labbé, Salorges, 346. — Lorien, Vouchot et Neuvelle, 347.

DOMMARTIN, sa population, son église, 347. — Ancienne châtellenie, 348. — Famille Millin, Le Doué, Le Pavillon, 349.

FRETOY, son ancienne église, le Fou-de-Verdun, 350. — Terre et seigneurs, 351. — Lavault, 352.

GLUX-EN-GLAINE, source de l'Yonne, paroisse, 353. — Église, 355. — L'Echenaut, le couvent de Beuvray, 356. — Seigneurie et maison d'Aboville, 359.

MONTIGNY-EN-MORVAND, situation, église, 361. — Paroisse, Le Bruys, 362. — Charnoy, 363. — L'Huis-Picard, Aringes, 364.

MONTREUILLON, paroisse, 364. — Église, prieurs-curés, 366. — Châtellenie, canton, 367. — Chambrun, baronnie de Chassy, 368. — Familles de Compont, de Varigny, de Quaroble, de Choiseul, de Talleyrand-Périgord, 369. — Oussy, Montcheru, Saint-Maurice, 372. — La Grignon, Montchançon, 373.

POUSSIGNOL-BLISMES, territoire, paroisse, 373. — Église, Poussignol, 374. — Chapelles de Vaumely, du Lac, 375. — Buchot, Buxy, 376. — Poussains, Quincize, 377. — Maisons de Quincize, de Fretoy, des Champs, Pitoys de Quincize, Santereau, de Sermiselles, 378. — Étoules, Les Ranglaux, La Thibert, 380.

SAINT-HILAIRE, 381. — Église, fontaine de L'Huis-Chamart, 382. — Argoulais, familles de Marry, Vancoret, Sallonnyer de Monbaron, de Chabannes, 383. — Chaligny, ses seigneurs, 388. — Mouasse, Lafosse, 390. — Chaumotte, 391. — Champigny, La Motte-Vacheresse, La Corcelle, La Folotte, Moulinette, Chevannes, 392.

SAINT-LÉGER-DE-FOURCHERET, 392. — Paroisse, église, curés, 393. —

TABLE DES MATIÈRES. 627

Château et seigneurie, 394. — Maison de Champs de Saint-Léger, 395.
— Champs, Le Cloiseau, Les Anglois, Tilleux, 397. — Bouteloing,
Ravery, Traclin, 398.

SAINT-PÉREUSE-EN-MORVAND, son nom, son origine, 399. — Paroisse,
dîmes, 400. — Église, vieux château, 401. — Besne, baronnie, seigneurs,
402. — Solière, château, 404. — Le Chemin, Niry, La Pommerée,
Villars, 406.

CANTON DE CHATILLON-EN-BAZOIS, 406.

DUN-SUR-GRANDRY, paroisse, église, 407. — Champausserain, Creuzeverne, Grandry, 408.

CANTON DE LUZY, aspect, antiquités, 409. — Luzy, son nom, son
origine, château, 410. — Affranchissement, peste, fortifications, 412. —
Églises, 414. — Léproserie, hôpital, 417 — Prieuré de Saint-André-
lès-Luzy, 418. — Bailliage, grenier à sel, baronnie, 420. — Maisons
de Luzy, de Luzy-Pelissac, de Semur, de Châteauvillain, de Beaujeu,
de Sancerre, 421. — Bonne d'Artois, comtesse de Nevers, acquiert la
châtellenie, 424. — Fondation de Louis de Gonzagues, ibid. — Mazilles,
Saint-Germain, 425. — Montarmin, 427. — Monteuillon-lès-Luzy, le fief
Berthelon, Trésillon, La Chaise, 428.

AVRÉE, église, paroisse, 429. — Prieuré, dîmes, 430.

CHIDDES, 430. — Chapelle Saint-Jean-des-Curtils, 431. — Église et
curés, 432. — Chanlevrier, 433. — Champ-Robert, Couloise, 434. —
Villette-lès-Forges, Champcery..., 435. — La Verchère, La Pierre-de-
Prabis, légende, 436.

FLÉTY, son église, 437. — Château de la Goutte, maison de Chargères, 438. — Tourny, 440. — Vaux, 441.

LANTY, 442. — Le Fort-de-Lanty, Roger de Bussy-Rabutin, 444. —
Montenteaume, Le Brouillat, 445.

MILAY, 446. — Ses antiquités, son nom, 448. — Fief aux religieuses
de Marcigny, 448. — La Meuloise, La Vallée, 449. — Lavault, La Creuzille, Magny, 451. — Montigny, Le Grand et Le Petit-Marié, Chevrette,
Lagarde, La Planche, 452.

POIL, 453. — Château du Monceau, ses dépendances, ses seigneurs,
455. — Villette, 457. — Concley, 458. — Estevaux, maison de Galom-
bert, 459. — L'Espinay, Thil, Pierrefitte, Montenteaume, 461.

REMILLY, sol, antiquités, paroisse, 462. — Saint-Michel-en-Longue-
Salle, 464. — Chartreuse d'Apponay, sa fondation, ses prieurs, 465. —
Seigneuries de Remilly, 473; — de Boux ou Botz, famille de Maumi-
gny, 474; — de La Bone, 476; — de Saint-Michel-en-Longue-Salle, 478.

La Roche-Milay, 478. — Le mont Beuvray, ses antiquités, Saint-Martin, 479. — Bourg de La Roche-Milay, son château, ses foires, 487. — Bailliage, canton, 489. — Paroisse, église, fondations, curés, 490. — Seigneurie, fiefs en mouvant, barons et comtes, 492. — Prieuré de Vanoise, 497. — Le Verne, Machefert, Couveau, Saint-Gengoux, 499. — Le Bériard, Le Moulan, Rivière, 500. — Maison de Sasselange, 502.

Savigny-Poil-Fol, 503. — Château, Pommeray, 505.

Sémelay, sa situation, son nom, 506. — Église, 508. — Montécot et Le Plessy, 509. — Frémouzet, Marry-sous-la-Vieille-Montagne, La Bussière, Le Martray, 511 et suiv.

Tazilly, son église, 515. — Marsandey, Chigy, 516. — Pouay-lès-Savigny, 517.

Canton de Moulins-Engilbert, 518.

Moulins-Engilbert, son nom, son origine, son vieux château, 519. — Affranchissement, fortifications, grenier à sel, bailliage, 523. — Paroisse, curés, église, 526. — Chapitre, Philippe de Moulins, 529. — Profanation de l'église pendant la terreur, 531. — Confrérie, couvent de picpus, 532. — Ursulines, 534. — Correspondances révolutionnaires, 536. — Émeute, inondation, commerce, 537. — La Lieut-Mer, hommes remarquables, 538. — Commagny, prieuré et prieurs, 539. — Mary, ses seigneurs, 543. — Villaines, 545. — Chevannes-Bureau, 546. — James, Champcourt, La Mothe-du-Plessis, Le Pavillon, Varennes, Le Pontot, Le Meix-Linard, La Brosse, 547.

Isenay, sa situation, son nom, 550 — Mazilles, prieuré et prieurs, le fief Ponard, 551. — Seigneuries d'Isenay et du Tremblay, maisons de Courvol, de Reugny, de Vitry, 555. — Baudin, Sauzay, 561.

Maux, sa situation, 562. — Abon, prieuré-cure, 563. — Chandiou, famille de ce nom, 564. — Beunas, 565. — Mont-en-Genevray, maison de Bèze, 567.

Montaron, son église, ses curés, 568. — Chevannes, prieuré-cure, 570. — Pouligny, Poussery, son château, ses seigneurs, 571. — Le Bazoy, Mussy, Saisy, Saint-Firmin, 575.

Onlay, son église, 575. — Château de Niault, maisons du Clerroy et de La Boulaye, 577. — Thard, Le Vault, 579.

Préporché, 580. — Châteaux d'Arcy, de Montjou, 582. — Morillon, Villars, 583. — Vénitiens, Les Beaunez, les Garriaux, 584.

Saint-Honoré-les-Bains, La Vieille-Montagne, 585. — Prieuré, église, 586. — Arbandata, conquête romaine, thermes de Nisiné, leur fondation, leur ruine, leur propriété, leur restauration, 587. — Château et seigneurie de La Montagne, 593. — Maisons de Châtillon-en-Bazois, de Bourbon, de Grandrye..., Sallonnyer de Monbaron, Vieil d'Espeuilles, 594. — Fiefs de Champelos, du Gué, d'Echenault, de La Cœuldre, 597. — Familles de Mathieu, de Chargères ; fontaine de Tussy, 598.

Sermages, paroisse, église, 599. — Villacot, Champ-Martin, 601. — Châteaux de Moncey, de La Vaudelle ; maison d'Ennery de La Chesnaye, 602.

Vandenesse, son nom, sa nouvelle église, 603. — Érection de la paroisse, Guillaume Tollet, évêque et curé, 605. — Château et terre, 607. — Maisons de Vandenesse, de Noury, de Beaufort, de Chabannes, Ollivier, Du Bois de Fiennes, de Poyanne, de Talleyrand-Périgord, 609. — Noury, Givry, La Mothe-Scia, 612. — Les Crais, chapelle Saint-Jacques, 613.

Villapourçon, 613. — Paroisse, dîmes, église, 614 — Assassinat du meunier de Fragny, 615. — Seigneurie, 616. — Château des Moynes, Les Marceaux, 618. — Rangère, Sanglier, Les Butheaux, 619.

FIN DE LA TABLE DU PREMIER VOLUME.

ERRATA.

Page 157, ligne 7, en 1438, *lisez* : en 1435.
— ligne 12, trois ans après, *lisez* : six ans après.
Page 205, note 2, et de Guillot, *lisez* : et de Guiller.
Page 471, avant-dernière ligne, sur laquelle le général, *lisez* : sur laquelle somme le général.
Page 472, note, ligne 6, qui lui avait été léguées, *lisez* : qui lui avaient.
Page 560, note, ligne première, Montebau, *lisez* : Montauban.

www.ingramcontent.com/pod-product-compliance
Lightning Source LLC
Chambersburg PA
CBHW051327230426
43668CB00010B/1175